交通与数据科学丛书 9

现代交通流理论

主　编　高自友

副主编　贾　斌　四兵锋

编　委　（按拼音排序）

郭仁拥　姜　锐　李树凯　李新刚

梁　哲　刘志远　龙建成　屈云超

任华玲　孙会君　田钧方　谢东繁

杨立兴　赵小梅　镇　璐

科学出版社

北　京

内 容 简 介

本书分为上篇、下篇和附录。上篇为道路交通流理论,包括道路交通流特性、元胞自动机模型、车辆跟驰模型、宏观连续模型、多车道交通流模型、行人流理论及模型、交叉交通流理论、道路交通流的理论发展与展望等章节。下篇为网络交通流理论,包括交通网络系统、交通网络平衡理论基础、动态网络交通流模型、基于 day-to-day 的交通网络平衡模型、公交网络流量平衡分析、多方式交通网络平衡流量模型、基于流量均衡的交通系统优化模型、网络交通流理论发展与展望等章节。附录包括轨道交通车流组织优化、水运交通流、航空网络设计与优化和城市交通流理论与方法面临的挑战。

本书系统介绍了交通流理论中的基础知识和经典内容,同时融入了近年来交通流理论的新发展,可作为交通运输工程一级学科和以交通运输系统为研究背景的系统科学一级学科高年级本科生、硕士与博士研究生的教学参考书。

图书在版编目(CIP)数据

现代交通流理论 / 高自友主编. —北京:科学出版社,2024.6
(交通与数据科学丛书)
ISBN 978-7-03-077521-4

Ⅰ.①现… Ⅱ.①高… Ⅲ.①交通流–研究 Ⅳ.①U491.1

中国国家版本馆 CIP 数据核字(2024)第 013704 号

责任编辑:王丽平 孙翠勤 范培培 / 责任校对:彭珍珍
责任印制:张 伟 / 封面设计:蓝正设计

科学出版社 出版
北京东黄城根北街 16 号
邮政编码:100717
http://www.sciencep.com
北京九州迅驰传媒文化有限公司印刷
科学出版社发行 各地新华书店经销
*
2024 年 6 月第 一 版 开本:720×1000 1/16
2025 年 1 月第二次印刷 印张:41 1/2
字数:834 000
定价:288.00 元
(如有印装质量问题,我社负责调换)

丛 书 序

　　交通科学在近 70 年来发展突飞猛进，不断拓展其外延并丰富其内涵；尤其是近 20 年来，智能交通、车联网、车路协同、自动驾驶等概念成为学者研究的热点问题的同时，也已成为媒体关注的热点；应用领域的专家及实践者则更加关注交通规划、土地利用、出行行为、交通控制和管理、交通政策和交通流仿真等问题的最近研究进展及对实践的潜在推动力。信息科学和大数据技术的飞速发展更以磅礴之势推动着交通科学和工程实践的发展。可以预见在不远的将来，车路协同、车联网和自动驾驶等技术的应用将根本改变人类的出行方式和对交通概念的认知。

　　多方式交通及支撑其运行的设施及运行管理构成了城市交通巨系统，并与时空分布极广的出行者之间形成了极其复杂的供需网络/链条。城市间的公路、航空、铁路和地铁等日益网络化、智能化，让出行日益快捷。有关城市或城市群的规划则呈现"住"从属于"行"的趋势。如此庞杂的交通系统激发了人们的想象力，使交通问题涉及面极广，吸引了来自不同学科和应用领域的学者和工程技术专家。

　　因此，为顺应学科发展需求，由科学出版社推出的这套《交通与数据科学丛书》将首先是"兼收并蓄"的，以反映交通科学的强交叉性及其各分支和方向的强相关性。其次，"'数''理'结合"，我们推动将数据科学与传统针对交通机理性的研究有机结合。此外，该丛书更是"面向未来"的，将与日新月异的科学和技术同步发展。"兼收并蓄""'数''理'结合"和"面向未来"，将使该丛书顺应当代交通科学的发展趋势，促进立足于实际需求和工程应用的实际问题开展科研攻关与创新，进而持续推动交通科学研究成果的"顶天立地"。

　　该丛书内容将首先是对交通科学理论和工程实践的经典总结，同时强调经典理论和实践与大数据和现代信息技术的结合，更期待据此提出的新理论、新模型和新方法；研究对象可为道路交通、行人流、轨道交通和水运交通等，可涵盖车车和车路联网技术、自动驾驶技术、交通视频技术、交通物联网和交通规划及管理等。书稿形式可为专著、编著、译著和专题等，中英文不限。该丛书主要面向从事交通科学研究和工程应用的学者、技术专家和在读研究生等。

　　该丛书编委会聚集了我国一批优秀的交通科学学者和工程应用专家，基于他们的治学态度和敬业精神，相信能够实现丛书的目标并保证书稿质量。最后，上海麓通信息科技有限公司长期以来为丛书的策划和宣传做了大量工作，在此表示由衷的感谢！

张 鹏

2019 年 3 月

前　　言

现代交通流理论先后被交通运输工程一级学科和以交通运输系统为研究背景的系统科学一级学科列为高年级本科生与研究生的核心课程，本书就是面向该核心课程编写的教学参考书。编写组根据本书面向的学习对象，即高年级本科生、硕士与博士研究生，从全局把握核心内容的深度与难度，从内容组织上体现出面向不同学习对象的内容层次，从而使本书具有更加广泛的适用性。本书编写任务分工充分考虑编者的专业优势与研究特色。如贾斌、姜锐等负责道路交通流方面内容的撰写；四兵锋、孙会君等负责网络交通流部分内容的撰写；杨立兴、李树凯等负责轨道交通流部分内容的撰写；邀请了水路运输领域著名学者镇璐编写水运交通流部分，航空运输领域著名学者梁哲教授编写航空网络设计与优化方面的内容。另外，在内容组织上，本书也尽量覆盖当前研究的最新进展，以拓宽读者的视野。

世界上第一部交通流理论书籍（后被世界多所高校选定为教材）是由美国运输研究协会（Transportation Research Board（TRB），其前身是公路研究协会Highway Research Board（HRB））交通流理论委员会 1964 年发布并出版的第 79 号专题报告，它从当时《交通科学》（*Transportation Science*）刊物中选取了一些相关论文及章节，由两位学者 Gerlough 和 Capelle 主编，其主要内容是关于道路交通流方面的，包括流体力学方法、波动理论、车辆跟驰和加速干扰、排队论方法、交通流模拟、实验和应用等。1987 年，在第一部的基础上，美国运输研究协会又修订出版了第二部交通流理论专著由第 165 号专题报告发行，由 Gartner、Messer 和 Rathi 主编，包括九个章节，内容如下：导论，流量、流速和密度的测量，交通特性的统计分析，交通流模型（基本图理论），驾驶人信息处理特性，车辆跟驰和加速干扰，交通流流体运动模型，排队模型（包括在交叉口延误），交通流模拟。目前，国内外采用或编写的交通流理论教材则主要就是以上述的第二部交通流理论书籍为蓝本，主要内容包括交通流特性、交通流中人的因素、车辆跟驰理论、连续流模型、网络宏观交通流、交通影响模型、无信号交叉口理论、信号交叉口理论，以及交通仿真等。进入 20 世纪 90 年代，交通检测技术的日益进步为交通流研究提供了更加丰富的数据支撑，计算机技术的快速发展则为交通流研究提供了新的方法途径，道路交通流理论和网络交通流理论均吸引了大量国内外知名学者从事相关研究，并取得了一系列的研究成果。在此背景下，1999 年，美国运输研究协会更新了交通流理论专著，由 Richard、Henry 和 Hani 主编。与此同时，交通流理论的方法逐渐拓展至铁路、水运、航空等多种交通方式，逐渐形成并完善了多模式交通流理论与方法。

进入新世纪，大数据、互联网和人工智能等新技术与各行业深度融合，交通系统逐渐展现出新特征，可以预见，未来城市交通系统将是以万物互联、全息感知等新技术为基础，以新一代交通基础设施和交通工具为载体，具备高度智能管理模式的新型交通系统。对交通流理论而言，新技术的应用和新业态的发展等必然带来更加复杂的影响因素，从而为交通流研究带来新的挑战。总之，全新交通运输技术与系统的革新将会在很大程度上对当前的交通流模式带来变革性影响，这些新方法与新技术将如何影响交通系统已经成为当前交通流领域研究的热点与难点，然而当前的教材却很少涉及。

为更好发展交通运输工程学科及系统科学思维在交通运输领域的应用，编者充分利用团队在系统科学与交通运输工程两个学科交叉教学经验和科研成果，并在查阅了大量国内外研究成果及资料的基础上，编写了这本针对高年级本科生、硕士与博士研究生的教学参考书——《现代交通流理论》。本书选择了交通流理论中的基础知识和经典内容，同时融入了近年来交通流理论的新发展，包括大数据驱动的交通流模型方法、自动车的控制模型与方法、道路混合交通流的建模与分析方法、宏观基本图理论、多方式交通网络平衡流量模型等。

现代交通流理论涉及内容广泛，包括道路交通流、网络交通流等及其最新进展。近年来，交通流理论的研究内容更是辐射到水运、航空等领域。为了使本书的编写内容能够全面涉及现代交通流理论与方法体系，同时能够涵盖不同领域的最新研究成果，编者组组织了道路交通流、网络交通流、自动驾驶、水运、航空等领域的知名专家学者对书稿的知识体系进行了深入研讨与全面修订。经过多轮次的讨论修订，形成了具有鲜明特色的《现代交通流理论》书稿目录，书稿全面梳理了交通流理论的基本研究体系与方法，并希望能够帮助学生了解前沿交通流理论的最新发展动态。

本书分为上篇、下篇和附录。上篇为道路交通流理论，包括道路交通流特性、元胞自动机模型、车辆跟驰模型、宏观连续模型、多车道交通流模型、行人流理论及模型、交叉口交通流理论、道路交通流的理论发展与展望等章节。下篇为网络交通流理论，包括交通网络系统、交通网络平衡理论基础、动态网络交通流模型、基于 day-to-day 的交通网络平衡模型、公交网络流量平衡分析、多方式交通网络平衡流量模型、基于流量均衡的交通系统优化模型、网络交通流理论发展与展望等章节。考虑到部分高校设置有轨道交通、航空运输以及水路运输的专业方向，本书专门对这三个方向与交通流相关的研究成果进行了梳理，并将其列在附录中，包括轨道交通车流组织优化、水运交通流和航空网络设计与优化；在附录的最后还对未来城市交通流理论与方法面临的挑战进行了阐述。

　　本书由北京交通大学高自友任主编，贾斌和四兵锋任副主编，参加编写的人员包括：北京交通大学的姜锐、孙会君、杨立兴、谢东繁、李新刚、赵小梅、李树凯、任华玲、屈云超，北京航空航天大学的郭仁拥，同济大学的梁哲，东南大学的刘志远，合肥工业大学的龙建成，天津大学的田钧方，上海大学的镇璐。本书共包含 17 章内容和 4 个附录，其中，第 1 章绪论由高自友、贾斌、李新刚负责编写；第 2 章道路交通流特性由姜锐、贾斌、田钧方负责编写；第 3 章元胞自动机模型由贾斌、田钧方、李新刚负责编写；第 4 章车辆跟驰模型由赵小梅、谢东繁、田钧方负责编写；第 5 章宏观连续模型由姜锐、田钧方负责编写；第 6 章多车道交通流模型由谢东繁、贾斌、田钧方负责编写；第 7 章行人流理论及模型由屈云超、贾斌、李新刚负责编写；第 8 章交叉口交通流理论由李新刚负责编写；第 9 章道路交通流的理论发展与展望由谢东繁、姜锐、贾斌、高自友负责编写；第 10 章交通网络系统由孙会君、四兵锋负责编写；第 11 章交通网络平衡理论基础由四兵锋负责编写；第 12 章动态网络交通流模型由龙建成负责编写；第 13 章基于 day-to-day 的交通网络平衡模型由郭仁拥负责编写；第 14 章公交网络流量平衡分析由任华玲负责编写；第 15 章多方式交通网络平衡流量模型由四兵锋负责编写；第 16 章基于流量均衡的交通系统优化模型由刘志远负责编写；第 17 章网络交通流理论发展与展望由四兵锋、高自友负责编写；附录 A 轨道交通车流组织优化由杨立兴、李树凯、高自友负责编写；附录 B 水运交通流由镇璐负责编写；附录 C 航空网络设计与优化由梁哲负责编写；附录 D 未来城市交通流理论与方法面临的挑战由高自友负责编写。

　　感谢北京航空航天大学的黄海军教授，北京交通大学的邵春福教授、毛保华教授和关伟教授在本书编写过程中给予的指导和帮助。感谢北京交通大学交通系统科学与工程研究院在本书编写过程中给予的多方面支持。此外，研究生陈晓静、尚影、郑士腾、李春鸿、王婷、杨一涛、刘家林、郑钰琪、王郅祺、绳晓露、任芷媛等在文本与格式校对、文献整理、图片处理等方面做了大量工作，在此表示感谢。

　　本书的编写得到了国家自然科学基金项目（72288101、72242102、71971015、71931002）的资助，在此表示感谢。此外，在本书的编写过程中，广泛参考了国内外的文献资料，谨向这些资料的原作者们和出版单位表示衷心的感谢！

　　本书涉及内容广泛，鉴于编者水平，书中难免有不妥之处，敬请批评指正。

编　者

2022 年 10 月于北京交通大学

目　　录

上篇　道路交通流理论

下篇　网络交通流理论

第 1 章　绪　　论

　　城市是人类社会经济、文化、政治活动的中心，城市交通系统是承载这些活动的基本构件。随着城镇化进程的推进，机动车保有量显著增加，我国大、中城市普遍出现了严重的交通拥堵，以及由此引发的交通污染和交通安全等问题。日益严重的交通问题制约了城市的运行效率，已经成为全社会面临的老大难问题。科学地"诊治"城市交通"病"是我国社会、经济发展过程中提出的重大需求。"诊治"城市交通"病"的第一步应该是全面系统、深刻入微地研究城市交通需求和交通流的形成机理。机理清楚了，就可以从本质上发现交通拥堵、交通环境污染和交通安全事故的产生原因和规律，为科学地制定城市交通规划、设计和发展先进的交通管理与控制技术打下坚实的理论基础。

　　交通流是交通需求的实现结果，是交通需求在有限的时间与空间上的聚集现象。城市交通涉及人、车、路、环境，以及管理控制的相互作用，交通流的形成与演变过程是极其复杂的，其与自然界中的任何粒子流的运动规律都不一样，蕴涵着大量的基础科学问题。综合运用行为科学、交通工程和信息科学知识，用数学物理模型刻画人的出行决策、车辆跟驰和交通流量的网络分布，揭示城市交通流的自组织演变规律与拥堵突现轨迹，是交通流研究的核心内容。

　　近十年来，随着移动互联、云计算、大数据、人工智能以及自动驾驶等新兴技术和产业的出现和发展，交通参与者的出行方式和体验正在发生着深刻变革，从而使得交通流的时空分布特征发生着前所未有的变化，新的模拟技术和方法层出不穷，并越来越多地被用来描述和分析交通流运行规律、揭示交通现象以及服务于政府管理与决策。

　　本书将从两个方面介绍现代交通流理论，一是城市交通网络中车辆的微观运动特性，即道路交通流层面；二是城市交通网络宏观分布规律，即网络交通流。"微观"指的是对司机驾驶行为的研究，揭示速度、密度和流量三个参数之间的瞬态和稳态关系，再现各种交通拥堵现象的发生和发展过程，比如，因扰动（并线、抛锚、追尾）产生的拥堵，因不合理信号控制产生的路口拥挤，因基建施工和临时社会活动产生的拥挤，还有因非线性、奇怪吸引子产生的拥挤"幽灵"等等。"宏观"指的是研究交通需求在网络上的实现过程，研究出行者是如何决定自己的出发时间的、是如何选择路径的，最后导致怎样的路段流量分布，要将巨大数量的微观离散个人决策结果转化为宏观网络聚集现象，即研究从微观拥堵到宏观拥挤的转变过程。

1.1　交通流理论的发展简史

伴随着汽车工业、交通运输业和科学技术的发展，交通流理论产生并不断发展，在不同时期、不同阶段，交通流理论的研究需求和技术背景也都不同。下面分别从道路交通流和网络交通流两个方面介绍交通流理论的发展。

1.1.1　道路交通流理论的发展

（1）创始阶段，统计分布模型建立

20 世纪 30 年代至第二次世界大战结束这一时期是交通流理论的创始阶段。在此期间，发达国家为了发展汽车工业和道路建设，需要摸索道路交通的基本规律，以便对其进行科学管理。

这一时期车辆保有量低，大部分道路上行驶的车辆相互干扰较少，能够相对自由地行驶。因此假定道路上行驶的车辆各自独立，车辆的空间/时间分布是随机的，各个车辆的启动/行驶/停止均符合某种确定或随机过程。通常采用概率随机方法进行分析，并用统计分布表示不同条件下的交通流稳态特性。

此阶段代表性人物有格林希尔治，其代表性成果是基于交通状况调查数据，建立了描述交通流现象和规律的数学模型，即流量–速度–密度（简称流速密）关系模型（Greenshields et al., 1935）。尽管这些成果在后人看来有诸多不足和局限性，但是属于开创性和奠基性的工作，所提的流速密关系揭示了交通流基本参数的内在相关性，在宏观、中观和微观交通流研究领域常常被视为理论基础。因此，人们普遍认可格林希尔治是交通流理论的鼻祖。

（2）快速发展阶段，数学物理理论模型建立

第二次世界大战结束至 20 世纪 50 年代末这一时期是交通流理论的快速发展阶段。在此期间，发达国家的公路和城市道路里程迅猛增长，汽车拥有量大幅度上升，交通规划、管理与控制已经提上议事日程。如何科学地进行交通规划、管理与控制，需要交通流理论提供技术和方法支持。

第二次世界大战结束，全世界进入休养生息的状态，各个国家急需发展社会生产力，工业生产促使计算机诞生，汽车工业使得发达国家进入快速代步时代。社会经济的快速发展使交通流理论获得了高速发展，快速发展成为此阶段的显著特点。由于汽车拥有量显著增长，车辆之间相互影响严重，车辆处于跟随行驶状态。因此这一时期开始运用动力学方法研究车辆列队在无法超车的单一车道上行驶时后车跟随前车的行驶状态，并用动力学模型表达并进行数学分析。

此阶段代表性成果有：派普斯（Pipes, 1953）基于刺激–反应原理，采用动力学微分方程建立的车辆跟驰模型，由此发展出车辆跟驰理论；莱特希尔和

惠特汉（Lighthill and Whitham，1955）提出了交通流的一维连续性流体动力学模型，创立了交通波理论；鲁契尔（Reuschel，1950）利用运筹学成功解析了跟驰模型；还有无信号交叉口理论（unsignalized intersection theory）、排队论（queuing theory）等。

（3）稳步发展阶段，理论模型补充与完善

20 世纪 50 年代末至 20 世纪 90 年代初是交通流理论的稳步发展阶段。在此期间，汽车普及以至进入寻常百姓家，交通拥堵、环境污染成为世界各国大中城市面临的越来越严重的问题，交通流理论需要进一步发展以应对这些问题。现实需求和科技革命促使交通流理论稳步发展。这一时期的研究主要是对车辆跟驰理论、交通波理论、无信号交叉口理论等的补充与完善。

此阶段代表性成果有：Newell（1955）提出了"速度–间距函数"的概念，以描述如何保持安全车距；Bando 等（1995）提出了"密度–最优速度"的概念，反过来强调了不同密度下可能到达的最优车速；Payne（1971）则从车辆跟驰理论出发，建立了以密度梯度作为期望项描述交通波加减速的动量方程。

（4）元胞自动机仿真模型发展阶段

20 世纪 90 年代初至 21 世纪初是元胞自动机（cellular automata，CA）交通流仿真模型大发展的阶段。元胞自动机的概念最早由 Brown 和 von Neumann（1950）提出，用于模拟生命系统所具有的自复制功能。但研究者很快发现这类简单的模型能方便地描述复杂动态系统中大量存在的自组织、涌现和混沌等诸多复杂现象。因此，元胞自动机随后就被广泛用于物理、生物、工程等各个领域。用元胞自动机来模拟交通流省去了复杂的偏微分方程求解，并通过简单的微观局部规则揭示了发生宏观行为的原因，被认为是一种有效的交通流研究工具。组成元胞自动机的各个元胞，其在空间上的相互作用和在时间上的因果关系都是局部的，因此特别适合于并行处理。因此，基于元胞自动机模拟的交通流仿真在近年来引起了许多研究者广泛的研究兴趣。

Cremer 和 Ludwig（1986）最先基于 Wolfram 提出的 184 号基础元胞自动机规则，研究了如何利用确定性元胞自动机建立交通流模型。后续研究者在该模型的基础上进行改进，提出了许多新的模型，以模拟更真实复杂的交通情况。特别是 Nagel 和 Schreckenberg（1992），以及 Fukui 和 Ishibashi（1996）提出的用于描述高速公路交通流的一维元胞自动机模型引起了一系列后续扩展研究。

（5）数据驱动模型发展阶段

21 世纪初以来，随着大数据、云计算、移动互联网、电子计算机技术等的快速发展，人工智能和汽车工业也得到了迅猛发展，网约车技术已经基本成熟，共享自行车和共享汽车在很多城市投入使用，自动驾驶车辆和服务也即将进入应用阶段。数据和技术的融合正在使人类迈进"出行即服务"的时代。新技术、新服务正在不断改变着人们的出行行为，进而影响着交通流的时空特性，势必推动交通流理论不断发展。原有的模型和方法体系会不断被修正和完善，同时会不断产生新的模型和方法体系。这一时期可界定为大数据阶段。

1.1.2 网络交通流理论的发展

（1）静态交通分配（STA）理论

20 世纪 50 年代，英国道路研究所的 Wardrop（1952）提出了两个网络交通分配的原则，为网络交通流的发展奠定了基础。第一原则叫交通时间相等性原则或用户均衡原则，即任意一个 OD 对之间所有被使用的路径上的时间都是相等的，它不大于任何未被使用的路径的时间。第二原则是网络总行驶时间或平均时间最小。很明显，第一原则假设所有车辆都自己做决定、力争极小化自己的行驶时间，第二原则却设置了一位网络管理者，由他给大家安排路径。Wardrop 和其他研究人员发现，路径选择都是个人行为，大多数情况下第二原则实现不了。Wardrop 原则是现代交通分配理论的源头。

Beckmann 等（1956）建立了求解用户均衡交通分配问题的数学规划模型；Smith（1979）证明了该模型最优解的存在性、唯一性以及稳定性；Dafermos（1980）在对平衡原理进一步细致分析的基础上提出了变分不等式模型，他们的研究工作使交通网络平衡理论形成了比较完整的体系。

（2）交通网络随机均衡（SUE）模型

在经典的交通平衡理论中，假设出行者可以掌握整个路网的全部信息，显然，这并不符合实际。在实际的出行过程中，出行者对交通网络状况不可能完全了解，且存在一些难以量化的随机因素，因此，应该将出行费用看作一个随机变量。如果仍采用 Wardrop 平衡原则作为出行者的路径选择原则，这样的平衡配流问题就是随机平衡配流问题。Daganzo 和 Sheffi（1977）最早研究了随机交通分配问题，随后 Sheffi 和 Powell（1982）找到了等价的随机用户均衡模型；Fisk（1980）的工作则侧重于构建流量加载形式为 Logit 的等价优化模型；Daganzo（1982）将离散选择模型应用于随机用户均衡配流问题。交通网络随机用户均衡模型涉及以下六个方面的问题：路径集的确定、路径选择的类似性、算法收敛性、目标函数的计算方法、用户费用的计算方法，以及路径选择模型的参数标定。

（3）动态交通分配（DTA）模型

静态交通分配研究交通行为的长期稳态结果，但交通流显然具有时变特征，应该更进一步研究网络交通流的运动过程。动态交通分配（dynamic traffic assignment，DTA）模型就是针对这个问题的，其是发展智能交通系统（intelligent transportation system，ITS）的基础，具有非常重要的研究意义。动态交通分配问题的研究最早可以追溯到 Vickrey（1969）提出的瓶颈模型和 Yagar（1971）提出的基于仿真方法的 DTA 模型。由于 DTA 问题的复杂性，早期 DTA 问题的研究发展较为缓慢。Merchant 和 Nemhauser（1978）采用数学规划的方法提出了最早的系统最优 DTA（system optimum DTA，SO-DTA）模型。由于 SO-DTA 问题的建模比较容易，20 世纪 80 年代有关 DTA 问题的研究主要集中于 SO-DTA 问题。同时期，Smith（1984）提出逐日（day-to-day）的 DTA 问题。

20 世纪 90 年代是 DTA 理论的快速发展时期。在此期间，变分不等式问题被广泛应用于描述基于用户平衡的 DTA（user equilibrium DTA，UE-DTA）问题，使得 UE-DTA 问题能够很好地用数学模型描述。Daganzo（1994）提出元胞传输模型（cell transmission model，CTM）近似求解 Lighthill-Whitham-Richards（LWR）宏观交通流连续模型。随后，CTM 作为交通流传播模型被广泛应用于 UE-DTA 问题和 SO-DTA 问题。2000 年以后，DTA 的相关理论和方法得到进一步的发展和完善，形成了成熟的数学建模和求解方法体系。

（4）交通网络优化相关模型与算法

如何通过各种手段引导居民的出行行为，进而调控交通需求在时空上的分布状态，使整个交通系统的运行更加有效，这个问题也引起了众多经济学家和管理学家的关注。交通管理的对象是包括人、设施以及交通工具在内的各类交通要素，而不同要素之间彼此作用、相互制约，其管理机制更加复杂。因此，交通管理研究必须基于多学科交叉融合，是典型的综合交叉科学。交通网络优化问题包括网络设计（Friesz and Shah，2001；Gao et al.，2005；Lo and Szeto，2009）、拥挤收费（Verhoef，2002；Yang and Huang，2005；Zhang and Ge，2004；Liu et al.，2010）、停车管理（Tam and Lam，2000；Anderson and de Palma，2004）等。

交通网络设计问题可以追溯到早期的最优网络问题。最优网络问题的研究目的是，在一个备选集合中选择一些适当的边以最小化新的网络中所有起讫点对之间的最短距离之和。LeBlanc（1975）最早通过构建一个混合整数规划模型研究了离散交通网设计问题。因其重要性，交通网络设计问题逐渐成为交通运输与管理领域一个研究热点。交通网络设计通常被认为是一个领导者–追随者的博弈问题。因此，大部分文献将网络设计问题构建为非线性双层规划模型，其中，上层（决策者行为）决定是否修建新的道路、是否开辟新的线路、提升多少能力等，而下层（出行者行为）是路径选择模型，属于交通流量分配问题，是对上层决策的响应。一直以来，由于非线性双层规划模型的复杂性，交通网络设计被认为是一个极具挑战性的全局优化问题，研究人员通常设计启发式/元启发式算法进行求解。

道路拥堵收费的概念最早由庇古（Pigou，1920）提出的，该措施可以将拥挤产生的外部成本内部化。收费的原则很简单，在拥堵条件下，价格应较高，在拥堵较少的时间和地点，价格应较低，以阻止道路被过度使用。然而关键问题是如何在复杂的经济和技术环境下，以简单而实用的方式选择合适的价格。从实际应用的角度来说，实施拥挤收费不仅要考虑技术可行的高效收费机制，还要获得公众的普遍支持。在 20 世纪中期，拥挤收费在理论建模方面取得了一些开创性工作，代表性成果包括 Wardrop（1952）、Walters（1961）、Beckmann（1965）和 Vickrey（1969）等。20 世纪末至 21 世纪初，由于现代城市所面临的城市交通问题越来越突出，性质也在不断变化，拥挤收费这一主题特别引起了经济学家和交通研究人员的广泛兴趣。代表性成果包括 McDonald（1995）、Lo 和 Hickman（1997）、Button 和 Verhoef（1998）、Verhoef（1996）、McDonald 等（1999）、Santos（2004）、Yang 和 Huang（2005）。2011 年，Yang 和 Wang（2011）将可交易路票的概念引入到道路拥挤收费中，引起了大量的后继研究工作。

1.2　现代交通流理论研究内容

交通流理论的研究内容随着科技的进步和交通运输业的发展一直在扩充与丰富。现代交通流理论选择了交通流理论中的基础和经典内容，同时融入了近年来交通流理论的新发展，全书共包括 21 个部分。第 1 章为绪论，第 2 到 9 章为道路交通流理论，第 10 到 17 章为网络交通流理论，附录 A 到附录 D 分别为轨道交通、水运交通、航空交通的相关内容以及未来城市交通流理论与方法面临的挑战。

（1）绪论
本教材编写背景，交通流理论发展史，主要研究内容及其分类。

（2）道路交通流特性
道路交通流特性的概述，采集数据的几种基本调查方法及其特点和适用范围；交通流特性中最基本的三个参数（流量、密度、速度）的基本概念、计算公式和关系模型；交通流动力学中交通流参数的变化规律和互相关系，交通流动力学的理论基础、基本假设及演化特性；三相交通流理论基本概念和内容、交通流的三相划分和其假设及该理论框架下的几种典型模型。

（3）元胞自动机模型
元胞自动机的概念，元胞、元胞空间、邻居等构成成分的基本定义，元胞自动机的演化规则和基本特征；初等元胞自动机等经典模型的原理和构建方式，经典元胞自动机交通流模型——NaSch 模型；元胞自动机在当代社会的发展与应用，元胞自动机在非机动车流建模方面的发展。

（4）车辆跟驰模型
驾驶员的交通特性对交通流的影响，基于驾驶员特性的车辆跟驰模型；经典车辆跟驰模型的原理、基本假设和构建方式，车辆跟驰模型的一般表示方法；线性跟驰模型的两类稳定性（局部稳定性和渐近稳定性）的概念和判别标准，线性跟驰模型的局限性，非线性跟驰模型及其适用的交通流状况；车辆跟驰模型的发展与应用，跟驰理论存在的不足和今后的主要研究方向及研究前景。

（5）宏观连续模型

流体动力学理论和交通流理论两者之间的差异与联系；LWR 模型的原理和基本假设，波的分类与特性，车流连续性守恒方程的建立和解析解的求解，LWR模型的基本特征、优劣势和精确性；CTM 模型的原理和构建方式，元胞传递规则，CTM 模型和 LWR 模型的联系与区别；高阶连续模型的基本定义与内容，高阶连续模型的构建方法；流体动力学模型的发展与应用，流体动力学理论存在的不足和今后的主要研究方向，流体力学模型的研究前景。

（6）多车道交通流模型

多车道交通流模型的基本概念和内容及其与单车道交通流模型的联系与区别；多值元胞模型、单向多车道元胞自动机模型、双向双车道模型的基本原理，车道变换规则；基于车辆跟驰换道模型的基本原理与构建方式，车道变换规则；多车道宏观模型的基本概念和优越性；多车道模型的发展与应用，多车道模型理论存在的不足和今后的主要研究方向，多车道模型的研究前景。

（7）行人流理论及模型

行人交通的基本定义，行人交通对社会的重要意义；行人流的微观特性和宏观特性，特性之间的内在联系，个人因素和环境因素对各个特性的影响；经典行人流模型的基本原理和构建方式，社会力和地面场在模型中所代表的意义，用经典行人流模型描述或预测行人流状态；行人流模型在当代社会的发展与应用，行人流模型理论存在的不足和今后的主要研究方向，该理论的研究前景。

（8）交叉口交通流理论

交叉口交通流的基本概念，无信号交叉口交通流理论中的可插车间隙理论的基本原理与建模方法，二路停车控制和四路停车控制交叉口交通流特性；信号交叉口通行能力的基本定义与计算方法，经典信号交叉口延误模型的基本原理，稳态延误模型、时间依赖延误模型，以及上游交叉口影响、感应控制信号交叉口交通流的基本特性。

（9）道路交通流的理论发展与展望

道路交通流研究的最新成果主要集中在自动互联汽车与宏观交通流理论。自动互联环境下交通流模型、演化特性分析及管控策略；宏观基本图的基本概念、性质、影响因素及在交通管控中的应用。

（10）交通网络系统

交通网络流理论的基本概念、功能和用途。交通运输系统分析的基本内涵、主要内容和作用。交通运输系统分析的必要性和重要性。交通运输系统分析的理论基础和应用场景。交通网络的基本概念和基本特征。图论中一些基本问题，如最大流、最短路问题、运输路线规划等和交通运输系统相关的问题；交通网络的基本特征。交通网络与其他网络的异同；最短路径搜索算法，如标号设定法（label setting method）、标号修正法（label correcting method）及这几种算法的区别和联系。几种适用于交通网络的最短路算法。

（11）交通网络平衡理论基础

交通网络平衡理论的起源和发展过程；交通网络平衡理论基本概念和应用。交通网络平衡模型和最优化问题的关系；Wardrop 第一、第二原理和 Beckmann 转换式。Beckmann 模型的数学性质；用户均衡和系统最优之间的内在联系；弹性用户平衡的概念，与用户均衡问题的区别与联系；弹性需求用户均衡的定义和数学表达式；等价的数学规划表达式，并利用 KKT 条件证明其等价性；常见的离散选择模型和随机用户平衡的基本概念；随机用户均衡的假设、等价条件、数学规划表达式及其求解算法。用户平衡问题的敏感度分析的概念和应用；敏感度分析的理论基础；利用隐函数存在定理和线性方程组解的性质去推导用户均衡问题的敏感度矩阵。

（12）动态网络交通流模型

交通网络动态平衡模型的基本概念；交通网络动态平衡问题和用户均衡问题的区别与联系；动态网络加载模型的基本概念和方法；动态网络加载模型的基本概念；动态网络加载模型与静态网络加载模型的区别与联系；动态用户平衡模型的假设、均衡条件、数学模型及其性质和求解方法；动态系统最优与动态用户平衡，静态系统最优的区别与联系；动态系统最优模型的假设、均衡条件、数学模型及其性质和求解方法。

（13）基于 day-to-day 的交通网络平衡模型

基于 day-to-day 交通网络动态平衡模型的基本概念、分类和应用；分析 day-to-day 交通网络动态平衡问题的特点，与其他交通网络平衡问题的区别与联系。基于路径的 day-to-day 交通网络动态平衡问题的概念、特点、模型假设、平衡条件、数学模型及其性质、求解算法和步骤；基于路段的 day-to-day 交通网络动态平衡问题的概念、特点、模型假设、平衡条件、数学模型及其性质、求解算法和步骤；双动态交通网络动态平衡问题的概念、特点、模型假设、平衡条件、数学模型及其性质、求解算法和步骤；day-to-day 交通流控制的目标、方法和理论基础。day-to-day 交通流控制方法的起源和发展过程；若干种 day-to-day 交通流控制策略。

（14）公交网络流量平衡分析

公交网络交通流量平衡模型的基本概念；公交网络流量平衡问题和用户均衡问题的区别与联系；公交网络与常规交通网络的区别与联系。基于频率的公交网络平衡模型基本概念、模型假设和平衡条件。基于时刻表的公交网络平衡模型基本概念、模型假设和平衡条件；公交网络系统优化模型与基于频率的/基于时刻表的公交网络平衡模型的区别与联系；公交网络系统优化模型的假设、平衡条件和数学模型。

（15）多方式交通网络平衡流量模型

多模式交通流量平衡模型的基本概念；多模式出行方式对大城市中交通的可持续发展的重要作用；多模式交通网络的基本概念；多模式交通网络的表示方法；公交网络与常规交通网络的区别与联系；多模式路段阻抗的数学表达式及其性质；多模式交通网络用户平衡与常规用户均衡问题的异同；多模式交通网络用户平衡的条件、数学规划表达式和求解算法；多模式交通网络系统最优与常规系统最优问题的异同；多模式交通网络系统最优与多模式交通网络用户平衡问题的内在联系；多模式交通网络系统最优的均衡条件和等价数学规划表达式。

（16）基于流量均衡的交通系统优化模型

交通网络优化问题的基本概念、特点和难点；Stackelberg 博弈理论的基本概念；利用该理论建立交通网络优化的数学模型；双层规划在交通网络优化中的应用，比如网络设计问题，拥挤收费问题等；交通网络设计问题的起源和发展过程；交通网络设计问题的基本概念和应用范围；交通网络设计问题的建模过程，连续性网络设计问题和离散型网络设计问题；网络设计问题的特点，解决网络设计问题的若干求解算法；道路拥挤收费问题的基本概念；若干种道路拥挤收费方案；拥挤收费的网络评估方法和费率优化设计方法。

（17）网络交通流理论发展与展望

网络交通流理论的研究进展，主要包括静态网络交通流理论、动态网络交通流理论、基于 day-to-day 的网络均衡模型、公交网络平衡流量建模及基于网络交通流的系统优化；各领域研究热点与难点（为本领域研究人员提供借鉴与参考）。

（18）附录 A 轨道交通车流组织优化

轨道交通是指铺设特定轨道线路、配备运输车辆及运营服务的公共交通模式，与其他交通方式相比，具有运量大、速度快、安全舒适、准点率高、服务时间长和节能环保等突出优点。城市轨道交通发展现状；其运营里程和运行规模的变化趋势；轨道交通流组织及优化问题中的列车运行图问题、基于客流的运行图问题以及节能优化问题。

（19）附录 B 水运交通流

水运交通流概述，包括基本图、影响因素、特性分析等；水运交通流的建模方法，包括蒙特卡罗、元胞自动机和智能体等建模方法；水运交通流模型的应用，包括航行安全评估、航道通过能力评估和港口运营管理等。

（20）附录 C 航空网络设计与优化

航空公司相关的航线网络设计与优化，以及空管相关的空域规划、空中交通流量管理。航线网络结构主要介绍了城市对航线网络和轴辐式航线网络，并就其特征作简要对比；航线网络模型主要介绍了连接网络模型和时空网络模型，以及扩展模型；空域规划主要介绍各国空域分类方案及比较和扇区设计；空中交通管理主要介绍考虑机场容量的单机场地面等待问题和关注扇区容量的空中交通流量管理问题。

（21）附录 D 未来城市交通流理论与方法面临的挑战

未来城市交通特征和现代城市交通流理论与方法面临的挑战。未来城市交通特征主要包括：万物互联、多元化、多维度的全息交通感知；智能化、电动化、绿色化的交通工具；定制化、个性化、多样化的交通出行；多方式、无缝化、立体化的交通切换；数字化、精准化、智能化的交通治理。现代城市交通流理论与方法面临的挑战主要包括：城镇化进程导致城市交通供需失衡愈发显著；新一轮科技革命所引发的交通新业态与新模式为城市交通管理带来全新挑战；不断涌现的新特征使得大规模、网络化城市交通系统的建模与求解极其复杂；复杂不确定场景下的城市交通系统的韧性运行与应急保障能力面临巨大挑战。

1.3　现代交通流理论研究的分类

（1）传统交通流研究和现代交通流研究的分类

传统交通流理论是指以数理统计、随机过程等传统数学物理方法为基础，对交通流稳态特性进行分析的理论。其特点是交通流模型的限制条件较为苛刻，模型推导过程比较严谨，模型的物理意义明确。

现代交通流理论是指以计算机仿真和人工智能等现代分析方法为研究手段，对交通流动态特性进行分析的理论。其特点是所采用的模型或方法不追求严格的数学推导和明确的物理意义，而重视模型或方法对真实交通流的拟合效果。

传统和现代交通流理论并非截然可分的两种理论体系，只不过是它们采用的研究手段和期望达到的研究目的有所区别，在研究不同的问题时两者各有优缺点。

（2）道路交通流理论微观、宏观和中观的分类

不同的道路交通流模型往往分别侧重描述交通流的两个层次，即"微观"层次和"宏观"层次。

从"微观"层次出发，可以研究和模拟个体车辆在道路环境中的运动状态，并最终综合出车辆相互作用下的群体运动特征，以期真实再现路网中的交通流情况。其主要包括车辆跟驰模型和元胞自动机模型。然而这类方法往往需要较为繁琐的计算仿真，且不一定能直接地总结出定性的结论。

从"宏观"层次出发，忽略个体车辆行为的影响，将车流视作一个整体研究对象，借助可压缩的流体力学或统计物理的已有理论进行分析，并最终得到具有指导意义的集体平均行为测量和控制参数。其主要包括各种交通流连续介质模型和统计物理模型。然而这类方法往往需要引入不完全符合实际的物理假设和解释，且不能完全直接和真实地反映道路交通流的运动状态。

在微观、宏观描述方法之间，还存在一个能够把两者联系起来的中观描述方法，这就是基于概率描述的气体动理论模型（gas-kinetic-based model）。由于该模型的未知参数太多，使用起来过于复杂，发展相对较慢。

当然，"宏观"和"微观"并不是相对立的。如何更好地结合"宏观"描述的场景和"微观"粒子的相互作用，提出更为可靠的交通流模型是研究的重要方向之一。

（3）网络交通流静态和动态的分类

静态交通配流模型假设 OD 间的交通需求量都是稳定不变的，交通流分布形态是固定的，路段上分配的交通量也是不变的，这种模型主要针对长期稳态的交通系统，一般只能用于较长时间的交通计划。而实际交通网络中的交通需求具有随时间变化的性质，这使得交通网络上的交通流具有动态特性。动态交通配流模型假设 OD 需求和交通条件是随时间变化的，符合 ITS 环境下对交通分配的需求，这样的模型显然是极其复杂的。静态配流模型对于中长期交通规划是有效的，但要分析交通流的高峰、低谷等时变现象，应该使用动态交通配流模型。

参 考 文 献

Anderson S P, de Palma A. 2004. The economics of pricing parking[J]. Journal of Urban Economics, 55(1): 1-20.

Bando M, Hasebe K, Nakayama A, et al. 1995. Dynamical model of traffic congestion and numerical simulation[J]. Physics Review E, 51(2): 1035-1042.

Beckmann M J, McGuire C B, Winsten C B. 1956. Studies in the Economics in Transportation[M]. New Haven: Yale University Press.

Beckmann M J. 1965. On optimal tolls for highways, tunnels and bridges[J]. Vehicular Traffic Science, 3: 331-341.

Brown G W, von Neumann J. 1950. Solutions of Games by Differential Equations[M]. Princeton: Princeton University Press, 73-79.

Button K J, Verhoef E T. 1998. Road Pricing, Traffic Congestion and the Environment: Issues of Efficiency and Social Feasibility[M]. Cheltenham: Edward Elgar Publishing.

Cremer M, Ludwig J. 1986. A fast simulation model for traffic flow on the basis of Boolean operations[J]. Mathematics & Computers in Simulation, 28: 297-303.

Dafermos S. 1980. Traffic equilibrium and variational inequalities[J]. Transportation Science, 14(1): 42-54.

Daganzo C F. 1982. Unconstrained extremal formulation of some transportation equilibrium problems[J]. Transportation Science, 16: 332-360.

Daganzo C F. 1994. The cell transmission model: a simple dynamic representation of highway traffic[J]. Transportation Research Part B, 28(4): 269-287.

Daganzo C F. Sheffi Y. 1977. On stochastic models of traffic assignment[J]. Transportation Science, 11: 253-274.

Fisk C. 1980. Some developments in equilibrium traffic assignment[J]. Transportation Research Part B, 14(3): 243-255.

Friesz T L, Shah S. 2001. An overview of nontraditional formulations of static and dynamic equilibrium network design[J]. Transportation Research Part B, 35(1): 5-21.

Fukui M, Ishibashi Y. 1996. Traffic flow in 1D cellular automaton model including cars moving with high speed[J]. Journal of the Physical Society of Japan, 65: 1868-1870.

Gao Z Y, Wu J J, Sun H J. 2005. Solution algorithm for the bi-level discrete network design problem[J]. Transportation Research Part B, 39: 479-495.

Greenshields B D, Bibbins J R, Channing W, et al. 1935. A study of traffic capacity[J]. Highway Research Board, 14: 448-477.

LeBlanc L J. 1975. An algorithm for the discrete network design problem[J]. Transportation Science, 9: 183-199.

Lighthill M J, Whitham G B. 1955. On kinematic waves: II: a theory of traffic flow on long crowded roads[J]. Proceedings of the Royal Society of London, Series A, Mathematical and Physical Sciences, 229: 317-345.

Liu J, Zhou F, Wang M. 2010. Simulation of waterway traffic flow at harbor based on the ship behavior and cellular automata[J]. Proceedings-International Conference on Artificial Intelligence and Computational Intelligence, 3: 542-546.

Lo H K, Hickman M D. 1997. Toward an evaluation framework for road pricing[J]. Journal of Transportation Engineering ASCE, 123: 316-324.

Lo H K, Szeto W Y. 2009. Time-dependent transport network design under cost-recovery[J]. Transportation Research Part B, 43(1): 142-158.

McDonald J F, d'Ouville E L, Liu L N. 1999. Economics of Urban Highway Congestion and Pricing[M]. New York: Springer.

McDonald J F. 1995. Urban highway congestion[J]. Transportation, 22: 353-369.

Merchant D K, Nemhauser G L. 1978. A model and an algorithm for the dynamic traffic assignment Problems[J]. Transportation Science, 12(3): 183-199.

Nagel K, Schreckenberg M A. 1992. Cellular automaton model for freeway traffic[J]. Journal de Physique I (France), 2: 2221-2229.

Newell G F. 1955. Mathematical models for freely flowing highway traffic[J]. Operations Research, 3(2): 176-186.

Payne H J. 1971. Models of freeway traffic and control[J]. Mathematical Model of Public Systems, 1(1): 51-61.

Pigou A C. 1920. The Economics of Welfare[M]. London: Macmillan and Co.

Pipes L A. 1953. An operational analysis of traffic dynamics[J]. Journal of Applied Physics, 24(3): 274-281.

Reuschel A. 1950. The movement of a column of vehicles when the leading vehicle is uniformly accelerated or decelerated [J]. Magazine of the Austrian Engineer and Architect Association, 95:59-62, 73-77.

Santos G. 2004. Road Pricing: Theory and Evidence[M]. Amsterdam: Elsevier JAI.

Sheffi Y, Powell W B. 1982. An algorithm for the equilibrium assignment problem with random link times[J]. Networks, 12(2): 191-207.

Smith M J. 1979. Existence, uniqueness and stability of traffic equilibria[J]. Transportation Research Part B, 13(4): 259-304.

Smith M J. 1984. The existence of a time-dependent equilibrium distribution of arrivals at a single bottleneck[J]. Transportation Science, 18(4): 385-394.

Tam M L, Lam W H K. 2000. Maximum car ownership under constraints of road capacity and parking space[J]. Transportation Research Part A, 34(3): 145-170.

Verhoef E T. 1996. The Economics of Regulating Road Transport[M]. Cheltenham: Edward Elgar Publishing.

Verhoef E T. 2002. Second-best congestion pricing in general networks: heuristic algorithms for finding second-best optimal toll levels and toll points[J]. Transportation Research Part B, 36: 707-729.

Vickrey W S. 1969. Congestion theory and transport investment[J]. The American Economic Review, 59(2): 251-260.

Walters A A. 1961. The theory and measurement of private and social cost of highway congestion[J]. Econometrica, 29: 676-699.

Wardrop J G. 1952. Some theoretical aspects of road traffic research[C]. Proceedings of the Institution of Civil Engineers, Part II, 1: 325-378.

Yagar S. 1971. Dynamic traffic assignment by individual path minimization and queuing[J]. Transportation Research, 5(3): 179-196.

Yang H, Huang H J. 2005. Mathematical and Economic Theory of Road Pricing[M]. Amsterdam: Elsevier Science.

Yang H, Wang X L. 2011. Managing network mobility with tradable credits[J], Transportation Research Part B, 45(3): 580-594.

Zhang H M, Ge Y E. 2004. Modeling variable demand equilibrium under second-best road pricing[J]. Transportation Research Part B, 38: 733-749.

上篇

道路交通流理论

第 2 章 道路交通流特性

2.1 概　述

　　从高空往下看，道路上行进的车流具有类似于气体或者液体的流动性，因此研究者将在道路上行进的车流称为交通流，并用流量、速度、密度等物理量进行描述。交通流呈现复杂的动态演化特性，开展交通流理论分析和建模的前提是弄清交通流的演化特性。本章首先从交通流构成的基本单元（即车辆）出发，介绍车辆在道路上的行驶轨迹特性和相关参数及其观测方法；然后给出交通流基本参数的概念及其实测特性，在此基础上详述基本图的概念及类型；接下来介绍交通突变（traffic breakdown）现象与道路通行能力、幽灵塞车现象、交通振荡的凹增长模式等交通流演化的相关特性与概念；最后介绍近年来新兴的三相交通流理论。

2.2 交通数据采集

2.2.1 车辆行驶轨迹数据

　　在 (t,x) 平面上，表示时间 t 与车辆位置 $x(t)$ 之间对应关系的曲线称车辆轨迹。一般情况下，轨迹只表述车辆的纵向运动，不含车辆的横向位置和方向的相关信息。车辆轨迹图（也称为时空图）不仅可以读取车头时距、车头间距、瞬时速度等车辆行驶相关信息，还可以获取交通流流量、密度、占有率等交通流运行的宏观信息。例如：轨迹上某点的一阶导数表示车辆在该点的速度（$v = \mathrm{d}x/\mathrm{d}t$），二阶导数表示车辆在该点的加速度（$a = \mathrm{d}^2x/\mathrm{d}t^2$），因此轨迹上的水平部分表示车辆停止而直线部分表示匀速运动。如图 2.1 所示，曲线（a）表示一辆车首先向正方向前进，然后慢慢减速到停止，之后反向运动。曲线（b）表示一辆车向前行驶，停止一段时间后继续前行。曲线（c）由于存在同一时间对应不同位置的点，例如 t_0 时刻，因此不能代表车辆轨迹。有效的车辆轨迹必须是时间 t 与位置 x 严格的一一对应关系。通常我们研究的车辆轨迹表示车辆在一个车道上沿一个方向运动，如图 2.2 所示，从图中不仅可以发现交通堵塞在逐渐形成并且向交通流上游方向传播，还可以提取堵塞的传播速度等信息。

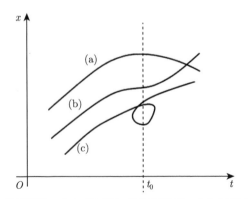

图 2.1　车辆轨迹：（a）和（b）是车辆轨迹；（c）不是车辆轨迹

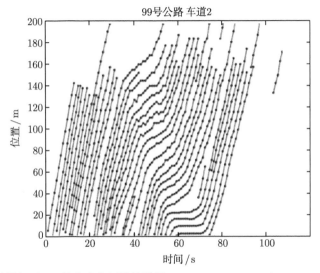

图 2.2　美国加州 99 号公路车辆轨迹数据（www.ece.osu.edu/~coifman/shock）

　　车辆轨迹数据的采集常通过视频采集技术和安装全球定位系统（global positioning system，GPS）设备两种方法实现。视频采集技术的基本原理是通过摄像机拍摄交通流，然后对获取的视频进行处理，提取出车辆轨迹以及相关交通流参数信息。图 2.3 是美国联邦公路局下一代仿真（next generation simulation，NGSIM）项目的一个视频采集场所（I80 号高速公路）及其车辆轨迹图。通过在公路附近的一座高楼上架设 7 个摄像机分别拍摄 7 个连续路段采集该地点的交通流视频，然后再通过视频处理软件提取出车辆的轨迹数据。

　　全球定位系统（GPS）是一种以空中卫星为基础的高精度无线电导航的定位系统。通过在车辆上安装 GPS 设备可以直接获取精确的时间和精确的位置等车辆行驶信息。图 2.4 是北京交通大学姜锐等组织由 25 辆车组成的车队交通流实验时，利用高精度

GPS 设备采集到的车辆轨迹数据（Jiang et al.，2015）。

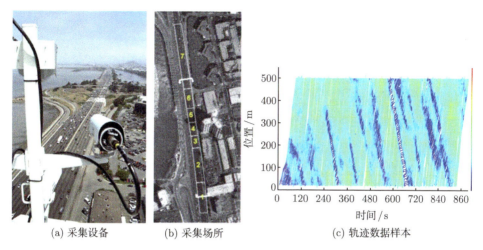

(a) 采集设备   (b) 采集场所   (c) 轨迹数据样本

图 2.3 NGSIM 项目概况：（c）中横向从左到右代表时间流逝方向，纵坐标从下到上表示道路方向，颜色代表速度大小（单位：km/h）取自：（www.fhwa.dot.gov）

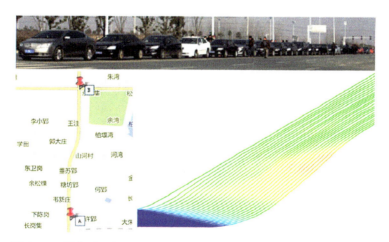

图 2.4 利用 GPS 设备采集交通流实验数据：上图是交通流实验现场，下左图是实验地点，下右图是参与实验的车辆轨迹数据样本，横向从左到右代表时间流逝方向，纵坐标从下到上代表道路方向，颜色代表速度大小

2.2.2 道路断面数据

  道路断面数据指固定地点的交通流参数数据，常通过安装在该地点的交通检测器设备来获取。

  环形感应线圈检测器是应用较早同时也是目前最为成熟的一种检测技术。预先将多个通有一定工作电流的环形线圈埋在路面下，当车辆通过线圈或停在线圈上时，车辆引起线圈回路电感量的变化，从而检测出车辆的存在和离开，如图 2.5 所示。

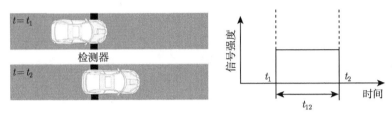

图 2.5　环形感应线圈检测器工作原理

一个检测器可以直接测量如下变量。

（1）车头通过检测器的时刻 $t = t_1$。

（2）车尾通过检测器的时刻 $t = t_2$。

只通过一个检测器无法获取车辆速度等重要信息，因此常以两个检测器为一组设置在道路上，并且两个检测器的距离非常近，例如 1 米。根据车辆通过这两个检测器的时间差可测得车辆行驶速度 v。由于两个检测器的距离非常近，因此 v 的测量比较精确。基于此，还可以推算如下变量。

（1）车辆长度 l_{veh}：$l_{\text{veh}} = v(t_2 - t_1)$。

（2）车辆类型：通过车辆长度可以判断车辆的类型。

（3）车头时距（time headway）h：前后两辆车到达检测器的时间差。

（4）车间时距（time gap）g：前车车尾与后车车头到达检测器的时间差。

（5）车头空距（spatial headway）s：　前后两辆车的车头之间的空间距离，$s = vh$。

（6）车间空距（spatial gap）d：前车车尾与后车车头的空间距离，即车头间距减掉前车长度，$d = s - l_{\text{veh}}$。

注意，这里车辆长度、车头间距、车间空距的计算均是在车辆匀速运动的基础上。

2.3　交通流基本参数

2.3.1　交通流量

交通流量 q：单位时间内通过观测点的车辆数目，如下式所示：

$$q = \frac{N}{T} \tag{2.1}$$

式中，T 为观测时间，N 为观测时间内通过观测点的车辆数目。

根据车头时距的定义，观测时间 T 等于在该时间段内通过的所有车辆的车头时距的和，即 $T = \sum_{i=1}^{N} h_i$。因此，交通流量还可以写成如下的形式：

$$q = \frac{N}{T} = \frac{N}{\sum_{i=1}^{N} h_i} = \frac{1}{\frac{1}{N}\sum_{i=1}^{N} h_i} = \frac{1}{h} \tag{2.2}$$

式中，h 为平均车头时距。

一般说来，车流并不是均匀一致的，它是随着时间和空间的改变而变化的。正是由于这一点，测量交通流中有关变量时，所得到的观测值实际上是一个统计值。为了保证实测数据的可靠性，1985 年的《高速公路通行能力手册》（*Highway Capacity Manual, HCM*）规定，实际观测的时间间隔不能低于 15 分钟，当然根据不同的实际条件，仍然存在以 5 分钟或 1 分钟为间隔的实测数据。

2.3.2 密度和占有率

密度（density）是指在单位长度道路上的车辆数，常用字母 ρ 表示：

$$\rho = \frac{N}{L} \tag{2.3}$$

式中，N 和 L 指长度为 L 的路段内车辆数为 N。由定义可知，密度是很难通过检测器进行测量的参数。

占有率（occupancy）是指车辆通过检测器的时间在总时间中所占的比例，可用下式表示：

$$\text{occupancy} = \frac{\sum_{i=1}^{N}(L_i + d)/v_i}{T} = \frac{1}{T}\sum_{i=1}^{N}\frac{L_i}{v_i} + \frac{d}{T}\sum_{i=1}^{N}\frac{1}{v_i} \tag{2.4}$$

式中，v_i 和 L_i 分别为第 i 辆车的速度和长度，d 为检测器的长度。

亦可以根据占有率直接计算车辆密度，即

$$\rho = \text{occupancy} \times \rho_{\text{jam}} \tag{2.5}$$

式中，ρ_{jam} 为堵塞密度，即道路上发生致密堵塞时的车辆密度，但如 Knospe（2002）指出，当在观测时间间隔 T 内，通过探头的车辆速度存在很大波动的情况下，这一算法结果亦有很大误差。

实测统计方法不同，结果也会有很大的差异。因此，在进行交通实测以及分析实测数据时，必须采用合适的统计方法。同样，处理交通流模型模拟结果与实测数据时，应该采用分析实测数据时所用的同一种统计方法。

2.3.3　速度

根据物理学定义，速度具有如下的表达形式：

$$v = \frac{\mathrm{d}x}{\mathrm{d}t} = \lim_{(t_2-t_1) \to 0} \frac{x_2 - x_1}{t_2 - t_1} \tag{2.6}$$

式中，t_1 和 t_2 为先后两个测量时间，x_1 和 x_2 分别为车辆在 t_1 和 t_2 时刻的位置。在实际应用中，一般采用的是车辆的平均速度，而不是瞬时速度。目前，比较常用的计算平均速度的方法有两种，算术平均与调和平均。

算术平均：平均车辆速度按下式计算，即

$$\bar{v}_s = \frac{1}{N} \sum_{i=1}^{N} v_i \tag{2.7}$$

式中，v_i 表示第 i 辆车的速度，而车流密度则根据流量-密度关系式求出：$\rho = q/\bar{v}_s$。然而，使用该方法存在着一个缺陷：用这种方法计算出的拥挤交通下的车流密度往往过低，这是因为算术平均得到的是时间的平均速度，而 $q = \rho\bar{v}$ 中定义的则是空间平均速度。在这种算法下，两种平均速度被混淆在一起，因为使用探头只能测得交通流微观量的时间序列，所以只能获得时间平均量而无法获得空间平均情况，因此无法从根本上解决这一矛盾。

调和平均：平均车辆速度按下式进行计算，即

$$\bar{v}_t = \frac{1}{\dfrac{1}{N} \sum_{i=1}^{N} \dfrac{1}{v_i}} \tag{2.8}$$

车流密度同样根据流量-密度关系式求出：$\rho = q/\bar{v}_t$，调和平均算法算出的密度可达到的范围比用算术平均算法算出的密度高得多，但使用调和平均算法也会遇到问题，它对小速度时的测量误差太敏感。

2.4　流量-密度实测特性

交通流测量中的一个典型测量结果就是流量-密度关系图，它用来展示交通流量 q 和车辆密度 ρ 之间的函数关系。显然，当道路上没有车辆，即密度 $\rho = 0$ 时，$q = 0$，在密度达到最大值 ρ_{jam}，即道路上发生致密堵塞时，交通流量也降为 0，交通流量在中间密度范围内存在一个最大值，实测的流量-密度关系往往是间断的，看起来像是希腊字母 λ 的镜像，这个反 λ 的两个分支分别用来定义自由流和拥挤流（见图 2.6）。

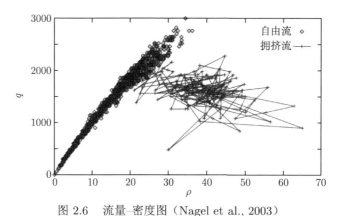

图 2.6 流量–密度图（Nagel et al., 2003）

对自由流状态，流量和密度呈准一维关系，可以根据实测数据拟合得到一个明确的流量-密度函数关系 $q(\rho)$，其具体形式依赖于外部条件。相对而言，拥挤状态下 $q(\rho)$ 的关系式就不明确了。因为数据点分布在一个比较大的二维区域中，很难用一个函数关系来描述。

自由流区和拥挤区之间存在一个相互重叠的部分，这一区域被称为亚稳态区：在该区域内，车流有可能处于自由流状态，也有可能处于拥挤状态（Edie，1961；Hall and Agyemang-Duah，1991；Kerner and Rehborn，1996b）。亚稳态区域的存在导致了回滞现象（hysteresis）的发生，即发生自由流到拥挤流这一相变时的交通流量往往高于相反方向相变的流量（见图 2.7）。

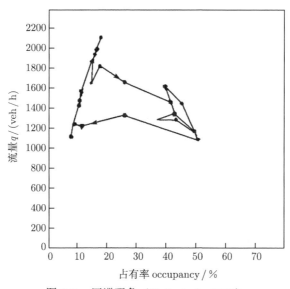

图 2.7 回滞现象（Hall et al., 1986）

2.5　基　本　图

2.5.1　均匀、稳定与平衡态交通流

考虑变量 $z(x,t)$，其中 x 表示位置，t 表示时间：

- 如果 $z(x,t) = z(t)$，则称 z 是均匀的（homogeneous）
- 如果 $z(x,t) = z(x)$，则称 z 是稳定的（stationary）

均匀交通流即其特征参数（例如速度、密度和流量等）不随位置改变的交通流。稳定交通流即其特征参数不随时间改变的交通流。均匀稳定的交通流状态称为平衡状态（equilibrium state）的交通流。

2.5.2　基本图的概念

流量 q、速度 v 和密度 ρ 是表征交通流宏观特性的三个基本参数。在交通流理论中，平衡状态下，存在如下三个关系：

- $q = q(\rho)$
- $v = v(\rho)$
- $v = v(q)$

其中，流量和密度之间的关系称为"基本图"。需要指出的是，这三种关系代表相同的信息，即从一个关系可以推断出另两个关系。三者之间的关系，如图 2.8 所示。

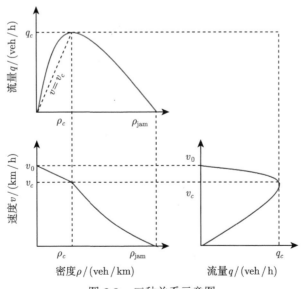

图 2.8　三种关系示意图

在图 2.8 所示的基本图中，包括了一些特征变量，具体介绍如下：

- 自由流速度 v_0，车流密度趋于零，车辆可以畅行无阻运行时的平均速度；它等于函数 $q(\rho)$ 在原点的斜率。
- 通行能力 q_c，这是流量-密度曲线上的峰值，是图中最大流量数，有时也称为临界流量。
- 临界密度 ρ_c，是流量达到极大时的密度，即 $q = q_c$ 时的密度。
- 临界速度 v_c，是流量达到极大时的速度，即 $q = q_c$ 时的速度。
- 堵塞密度 ρ_{jam}，是车流密集到所有车辆基本上无法移动（$v = 0$）时的密度，即 $v = 0$ 和 $q = 0$ 时的密度。

2.5.3 基本图的影响因素

基本图的形状通常受到如下因素的影响：

- 道路类型，如车道宽度、曲率、坡度，以及路面质量。
- 车辆组成，如小汽车、卡车等。
- 出行特征，即与出行目的和驾驶员熟悉道路程度相关的出行类型，如在相对较短的距离内进行的日常通勤会表现出不同于长途假日出行的特征。
- 交通措施，如永久性或暂时性的限速等。
- 照明条件，如黑暗（有或无道路照明）和日光。
- 天气条件，如干燥、下雨、大雾等。

2.5.4 常用的基本图模型

（1）Greenshields 模型

1935 年，Greenshields 等（1935）提出了速度–密度线性关系模型，该模型是交通流理论中最古老的模型之一。它基于一个简单的假设，即平均速度随密度线性下降。其公式为

$$v(\rho) = v_0 \left(1 - \frac{\rho}{\rho_{\text{jam}}} \right) \tag{2.9}$$

式中，v_0 为自由流速度，ρ_{jam} 为阻塞密度。根据流量-速度-密度关系，可得到关于流量的函数 $q(\rho)$：

$$q = \rho v \ \Rightarrow \ q(\rho) = \rho v_0 \left(1 - \frac{\rho}{\rho_{\text{jam}}} \right) = \rho v_0 - \rho^2 v_0 / \rho_{\text{jam}} \tag{2.10}$$

此时，在通行能力处，q、ρ 和 v 的临界值为

$$\frac{\mathrm{d}q}{\mathrm{d}\rho} = 0 \Rightarrow \frac{\mathrm{d}q}{\mathrm{d}\rho} = v_0 - 2\rho v_0 / \rho_{\text{jam}} = 0 \Rightarrow \rho_c = \rho_{\text{jam}}/2 \tag{2.11}$$

将上式代入式（2.9），可以得到临界速度：

$$v_c = v_0 \left(1 - \rho_c/\rho_{\text{jam}}\right) = v_0/2 \tag{2.12}$$

进一步得到临界流量

$$q_c = \rho_c v_c = \frac{1}{4} v_0 \rho_{\text{jam}} \tag{2.13}$$

将 $\rho = q/v$ 代入式（2.9），可得到流量与速度的关系：

$$v = v_0 \left(1 - (q/v)/\rho_{\text{jam}}\right) \Rightarrow 1 - v/v_0 = (q/v)/\rho_{\text{jam}} \tag{2.14}$$

即

$$q(v) = v\rho_{\text{jam}} - \left(\rho_{\text{jam}}/v_0\right) v^2 \tag{2.15}$$

Greenshield 模型由于其简单的形式，仍然被广泛使用，其基本图如图 2.9 所示。然而，对于高速公路来说，它仍旧偏离了现实，因为在小密度情况下，v 并没有那么强烈地减少，而且临界密度远小于堵塞密度的一半。

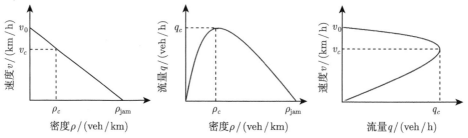

图 2.9　Greenshields 模型速度-密度关系图、基本图及速度-流量关系图

（2）Pipes-Munjal 模型和 Del Castillo-Benitez 模型

Greenshield 模型是一个凹型光滑基本图模型，Pipes-Munjal 模型（Munjal and Pipes，1971）和 Del Castillo-Benitez 模型（Del Castillo and Benitez，1995）是另两个典型的凹型光滑基本图模型。其基本图如图 2.10 所示，其速度-密度关系分别为

$$v = v_0 \cdot \left[1 - \left(\frac{\rho}{\rho_{\text{jam}}}\right)^n\right] \tag{2.16}$$

式中，n 是一个大于 0 的实数。

$$v = v_0 \cdot \left\{1 - \exp\left[\frac{C}{v_0} \cdot \left(1 - \frac{\rho_{\text{jam}}}{\rho}\right)\right]\right\} \quad \text{（指数曲线）} \tag{2.17a}$$

$$\text{或} v = v_0 \cdot \left\{ 1 - \exp\left[1 - \exp\left(\frac{C}{v_0} \cdot \left(\frac{\rho_{jam}}{\rho} - 1 \right) \right) \right] \right\} \quad \text{(最大灵敏度曲线)}$$

$$(2.17b)$$

式中，C 表示运动波的传播速度。

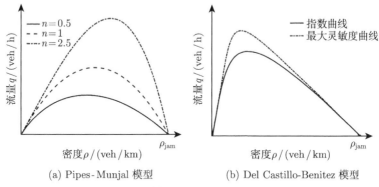

(a) Pipes-Munjal 模型   (b) Del Castillo-Benitez 模型

图 2.10   Pipes-Munjal 模型和 Del Castillo-Benitez 模型基本图

（3）三角形和梯形基本图模型

交通流元胞传输模型常采用三角形基本图，如图 2.11 所示，流量函数 $q(\rho)$ 由两条直线来表示。这个模型有三个参数：v_0，q_c（或 ρ_c）和 ρ_{jam}。

$$q(\rho) = \begin{cases} v_0\rho, & \rho \leqslant \rho_c\,(\text{自由流}) \\ \omega\left(\rho_{jam} - \rho \right), & \rho > \rho_c\,(\text{拥挤流}) \end{cases} \quad (2.18)$$

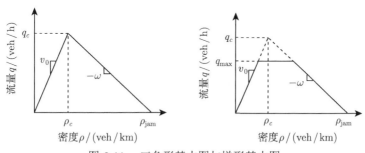

图 2.11   三角形基本图与梯形基本图

式中，$\omega = q_c / \left(\rho_{jam} - \rho_c \right)$ 表示扰动的传播速度。

若考虑最大流量限制，三角形基本图模型就转变为梯形基本图。

$$q = \min \left\{ v_0\rho, q_{max}, \omega(\rho_{jam} - \rho) \right\}, \quad 0 \leqslant \rho \leqslant \rho_{jam} \quad (2.19)$$

（4）存在拐点的基本图模型

1993 年，Kerner 和 Konhäuser（1993）首次使用存在拐点的平衡速度-密度关系，以防止高阶宏观交通流模型出现车流密度超出堵塞密度的情况。其基本图如图 2.12 所示，其速度-密度关系为

$$v(\rho) = v_0 \left[\frac{1}{1 + \exp\left(\frac{\rho/\rho_{\text{jam}} - 0.25}{0.06}\right)} - 3.72 \times 10^{-6} \right] \tag{2.20}$$

1998 年，Lee 等（1999）提出了另一种存在拐点的基本图，其平衡速度–密度关系为

$$v(\rho) = v_0 \left[\frac{1 - \rho/\rho_{\text{jam}}}{1 + E\left(\rho/\rho_{\text{jam}}\right)^4} \right] \tag{2.21}$$

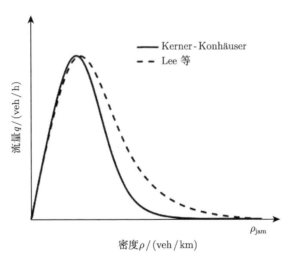

图 2.12   带拐点的流量–密度图

（5）存在间断点的基本图模型

Edie（1965）是第一个指出在通行能力附近，基本图可能会出现不连续的情况的研究者，即自由流分支对应的通行能力值（"自由流通行能力" q_{c1}）比拥挤状态对应的"排队通行能力" q_{c2} 要高。即存在"通行能力陡降"（capacity drop）。其基本图如图 2.13 所示，其流量-密度关系为

$$q(\rho) = \begin{cases} 54.9\rho \cdot \exp(-\rho/163.9), & 0 < \rho \leqslant 50 \\ 26.8\rho \cdot \ln(162.5/\rho), & 50 < \rho \leqslant \rho_{\text{jam}} \end{cases} \tag{2.22}$$

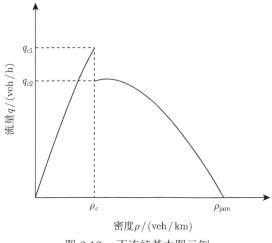

图 2.13   不连续基本图示例

2.6   交通流演化特性

车辆的相互作用导致交通流呈现复杂的时空演化特性。本节介绍交通突变现象、幽灵堵塞、交通振荡的形成和发展等典型演化特性。

2.6.1   交通突变现象与道路通行能力

交通突变[①]（traffic breakdown[②]）一般意义上指自由流至拥挤流的突然变化（或者称为相变），对应于速度的突降。交通突变现象通常发生在交通瓶颈处。交通流突变之后，通行能力大部分情况下是下降的，如图 2.14 所示[③]。交通突变现象具有如下特征：

（1）交通突变分为自发式和诱发式两类。自发式交通突变描述没有受到外界因素的干扰，当前瓶颈附近自然发生的交通突变（图 2.14(a)）；诱发式交通突变则是由于外界因素导致的交通突变，例如下游堵塞传播至当前瓶颈导致的交通突变（图 2.14(b)）。

（2）在给定观察时长内，自发式交通突变现象的产生概率是交通流量的增函数，如图 2.15 所示。

（3）交通突变现象及其逆相变在流量-密度图上形成回滞环。

---

① breakdown 的中文译文并不统一，文献中还有"崩溃""失效""陡降"等译文。

② 有些文献中也有 traffic flow breakdown 的提法。

③ 有些文献（Banks, 2009; Lorenz et al., 2001; Sun et al., 2014）报告了交通突变发生后，通行能力反而增加的现象，感兴趣的读者可参阅上述文献。本章所指的交通突变现象，如无特殊说明，都对应于通行能力下降。

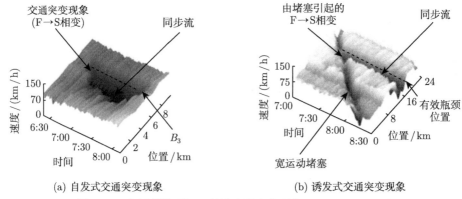

(a) 自发式交通突变现象   (b) 诱发式交通突变现象

图 2.14　入匝道瓶颈 B_3 处的交通突变现象（Kerner，2004）

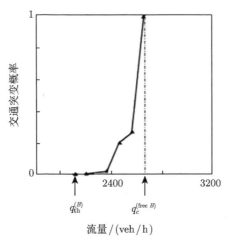

图 2.15　入匝道附近的交通突变现象在给定观察时长 $T_{\mathrm{av}} = 10$ min 内的发生概率

（Persaud et al., 1998）

　　为了识别交通突变，我们首先需要确定交通瓶颈的位置，即交通拥挤产生的位置，其次还需要确定速度陡降的程度和陡降的持续时间。不同研究对交通突变的定义有所区别。例如，Lorenz 和 Elefteriadou（2000）将其定义为速度降至 90 km/h 以下，并且持续时间不少于 15 分钟；Brilon（2005）将其定义为 5 分钟内平均速度降至 70 km/h 以下。

　　道路通行能力是道路设计时需要考虑的重要因素之一，常被用来确定道路的几何设计特征（例如车道数），确定主干道和信号交叉口处的设计方案，评估道路设施承载力能否应对未来交通需求等等问题。道路通行能力表示单位时间内通过道路设施断面的最大车辆数量，常被当作一个确定的值，但是在不同交通条件下这个值会随时间变化。

1950 年版 HCM 给出的高速公路路段单车道通行能力为 2000 veh/h/lane，但在 2010 年版中该值为 2400 veh/h/lane。另外，道路通行能力还与自由流速度相关，例如自由流速度为 75 mile/h（≈120 km/h）时，通行能力是 2400 veh/h/lane；自由流速度降到 55 mile/h（≈90 km/h）时，通行能力为 2250 veh/h/lane。

道路通行能力与交通突变密切相关。交通突变产生前的自由流最大流量、突变起始点对应的流量和突变发生后的拥挤流最大流量都是道路通行能力的备选数值，如图 2.16 所示。至于使用哪个作为通行能力值，目前并没有形成共识。2010 年版道路通行能力手册的通行能力值更接近于突变产生前的自由流最大流量。

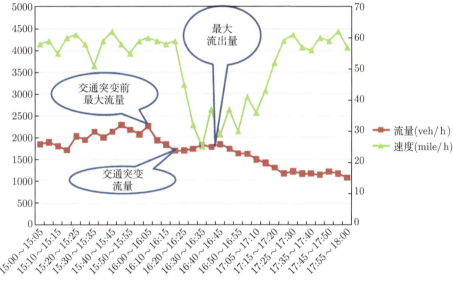

图 2.16　入口匝道瓶颈处交通突变（Elefteriadou and Lertworawanich，2003）

上述的通行能力研究都是基于基本图思想，认为在交通瓶颈处存在一个特定的自由流高速公路通行能力，这个特定的值可能是固定的也可能是随机的。三相交通流理论认为道路通行能力存在一个发生交通突变的临界值和最大值，实际交通中存在无限多个介于交通流量临界值和最大值之间的通行能力。图 2.15 表明在给定观察时长 $T_{av} = 10$ min 内：① 流量 $q = q_c^{(\text{free } B)}$ 对应的交通突变现象发生概率 $P_{\text{FS}}^{(B)} = 1$；② 流量 $q = q_{\text{th}}^{(B)}$ 对应的交通突变现象发生概率 $P_{\text{FS}}^{(B)} = 0$；③ 在流量范围 $q_{\text{th}}^{(B)} \leqslant q \leqslant q_c^{(\text{free}B)}$ 内，道路上保持自由流的概率为 $P_C^{(B)} = 1 - P_{\text{FS}}^{(B)}$。因此三相交通流理论认为，在 s_0 内，通行能力 $q_C^{(B)}$ 等于瓶颈下游以概率 $P_C^{(B)}$ 保持的自由流流量，该定义表明：① 通行能力具有概率特性；② $q_c^{(\text{free}B)}$ 是最大通行能力；③ $q_{\text{th}}^{(B)}$ 是最小通行能力；④ 区间 $[q_{\text{th}}^{(B)}, q_c^{(\text{free}B)}]$ 内的任意值都是道路通行能力。

2.6.2　交通拥挤与幽灵堵塞

交通拥挤（traffic congestion）是最为常见也是研究最为广泛的一种交通现象。交通拥挤意在描述车辆无法自由行驶的交通状态。产生交通拥挤的原因多种多样，但是我们观测到的大多数交通拥挤都出现在交通瓶颈的上游：如道路缩减（车道数目减少导致有效路面宽度变窄）上游和交叉路口的上游（Daganzo et al., 1999）。在交通瓶颈处由于道路的局部通行能力降低，交通拥挤易于在瓶颈的上游出现；而在瓶颈下游一边多为典型的自由流状态。另外，交通事故也会造成道路局部通行能力的降低，因而它也是产生交通拥挤的一个原因。

交通堵塞（traffic jam）是一种特殊的交通拥挤现象。在堵塞内部，车辆常处于停顿状态或者速度非常低的时走时停状态。"幽灵堵塞"现象（不知何种原因自发形成的交通堵塞）的频繁出现使得对交通堵塞的研究成为一个非常有趣的研究领域。Treiterer（1975）通过分析一系列的多车道高速公路的航拍图，得到了这种自发形成的交通堵塞的实测证据。图 2.17 是根据文献中的实测数据画出的车辆轨迹图。图 2.17 中的每一条线对应着高速公路的一条车道上一辆车的运行轨迹，而不连续的轨迹则对应于车辆的换道。这一时空图（即车辆的轨迹曲线）比较清楚地显示了一个交通拥堵的形成及传播。在开始阶段车辆之间分散得比较开，即车辆处于自由行驶的状态；然后，由于自发的波动，出现了一个车辆密集区并最终发展成堵塞；堵塞稳定存在一定的时间后，在没有任何明显原因的情况下，又逐渐消失。图 2.17 不仅证实了交通堵塞的自发生成，还表明这类的堵塞可以向

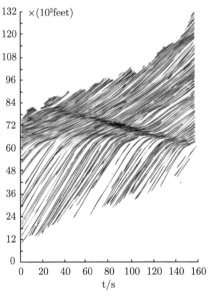

图 2.17　航拍图像中提取的车辆轨迹（Treiterer，1975）

上游（车辆行驶的反方向）传播。这一点很容易理解：当阻塞区内的车速非常低或完全静止时，上游来车不断加入到堵塞中，使得阻塞区的上游边缘向车辆运行的反方向传播；而处于阻塞区下游边缘的车辆又不断地驶离阻塞区，使得下游边缘也向上游传播，因此，整个阻塞区不断地向上游传播。关于在没有干扰条件下形成的交通堵塞的更为详细的分析，可参见文献（Kerner and Rehborn，1996(a)，1996(b)；Kerner et al.，1998；Kerner，1998）。

2.6.3　交通振荡的凹增长模式

Jiang 等（2014，2015）在一段 3.2 km 长的城市道路上组织了由 25 辆车组成的车队的交通流实验。实验过程中，车队头车保持恒定的速度行驶，其他车辆跟随其前车行驶，并且在实验过程中不允许变换车道。数据分析发现：①振荡在车队中不断形成并且沿着车队向队尾方向传播（如图 2.18 所示）；②振荡在形成与传播过程中，呈现凹增长规律，即以车辆编号（头车编号为 1，队尾车辆编号为 25）为横坐标，车辆的速度标准差为纵坐标时，车辆的速度标准差是车辆编号的凹函数（如图 2.19 所示）。随后，Tian 等（2016）在美国 NGSIM 项目提供的 101 号高速公路的车辆轨迹数据里也发现了凹增长规律。进一步，Jiang 等（2018）开展了 51 辆车的车队跟驰实验以及 11 辆车的高速跟驰实验（Huang et al.，2018），进一步验证了凹增长规律。对美国的环道跟驰实验的数据分析表明（Zheng et al.，2022），交通振荡亦呈现凹增长。

交通振荡呈现凹增长的原因在于，即使头车匀速运动，后车也无法保持匀速运动，从而两车头间距呈现显著振荡，如图 2.20 所示。这表明跟驰过程中，驾驶员的期望间距和速度并非呈一一对应关系。进一步分析表明（Tian et al.，2019）车辆跟驰过程主要取决于速度调整效应以及随机性，而后者则是一个均值回归过程。

需指出，交通振荡凹增长特性表明传统的交通流理论值得商榷，因为传统交通流模型中交通振荡呈现凸增长特性。详见第 4 章。

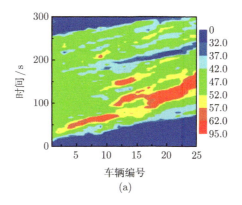

(a)

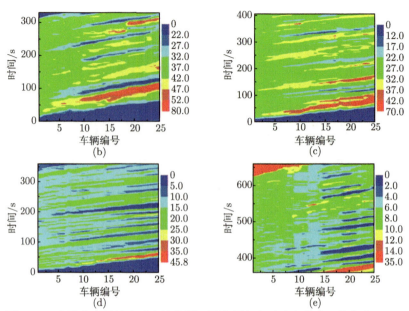

图 2.18   车队典型的速度时空演化图：图中颜色表示速度大小，单位为 km/h
（Jiang et al., 2014）

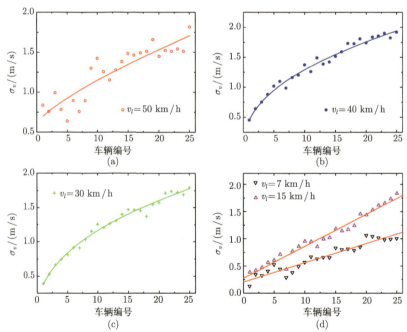

图 2.19   车辆跟驰实验中各车辆的速度标准差σ_v：车队头车以 v_l 匀速运行，图中实线表示拟
合曲线（Jiang et al.,2014）

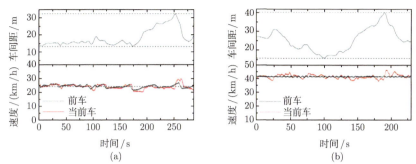

图 2.20　车队头车速度以及第二辆车在不同实验组中的速度和车头间距时间序列
（Jiang et al., 2015）

2.7　三相交通流理论

三相交通流理论提出以后，迅速成为交通流研究中的一个热点。该理论否定了传统交通流理论中的基本图方法。关于三相交通流理论，仍存在很大争议。该理论自身也存在着一些问题和自相矛盾。本节介绍三相交通流理论基本概念和内容，了解交通流的三相划分及其假设，介绍关于三相交通流理论的争议。

2.7.1　交通流的三相划分

（1）自由流

当交通处于自由流状态时，车流密度较低，车辆之间基本没有干扰，车辆以期望速度行驶。在流量-密度图上，自由流的流量基本上是其密度的递增函数。该函数关系在自由流的最大密度与最大流量（$\rho_{\max}^{(\text{free,emp})}, q_c^{(\text{free,emp})}$）处截止，如图 2.21 所示。

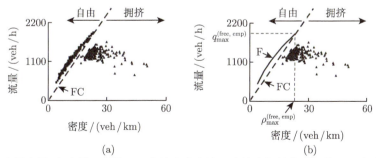

图 2.21　实测流量-密度图：虚线 FC 左边为自由流，右边为拥挤交通。将 FC 左边的所有点用一条曲线表示就得到（b）。"emp"表示实测（Empirical）（Kerner，2009）
FC 指分隔自由交通（Free）和拥挤交通（Congested）的线。F 指自由流（Free flow）

（2）拥挤流

设自由流的最低速度为　$v_{\min}^{(\text{free,emp})}\left(=\rho_{\max}^{(\text{free,emp})}/q_c^{(\text{free,emp})}\right)$，则平均速度小于

$v_{\min}^{(\text{free,emp})}$ 的交通流称为拥挤流。拥挤流在流量-密度图上呈现二维散布状态，如图 2.21 所示。三相交通流理论将拥挤流进一步分为同步流和宽运动堵塞这两种状态。

宽运动堵塞：宽运动堵塞是其下游波面以恒定速度（v_g）向交通流上游方向传播的移动堵塞。宽运动堵塞可以穿过自由流、同步流或任何道路瓶颈，如图 2.22 所示。在宽运动堵塞内部，车辆速度和流量都非常低，近乎为零。宽运动堵塞的"运动"用意描述堵塞以一个局部稳定的结构沿交通流上游方向传播。宽运动堵塞的"宽"主要反映堵塞内部结构宽度要远远大于其上下游波面的宽度。宽运动堵塞的上下游波面指其与自由流或者同步流的分界面。

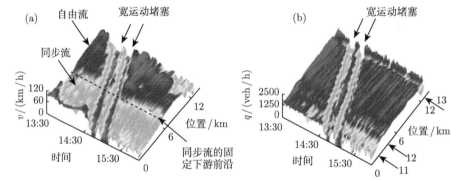

图 2.22　宽运动堵塞穿越 I1、I2、I3 等交叉口，并在自由流和同步流中传播的情况
（Kerner，2004）

堵塞线：在流量-密度图上，宽运动堵塞的特征速度 v_g 可以用一条直线段表示。这条线段称为堵塞线（jam line，常用字母 J 表示）。堵塞线的斜率即为特征速度 v_g，如图 2.23 所示，其中 $\rho_{\max}$ 是堵塞密度，对应速度为 0；$\rho_{\min}$ 是宽运动堵塞下游波面对应的密度，其流量为 q_{out}。

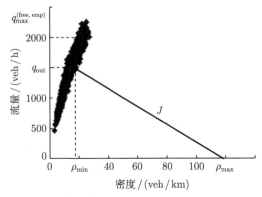

图 2.23　堵塞线示意图（Kerner and Rehborn，1997）

同步流：没有宽运动堵塞的拥挤流称为同步流。与宽运动堵塞不同，同步流的下游波面通常固定在瓶颈处。在同步流内部，车辆的行驶速度明显低于 $v_{\min}^{(\text{free,emp})}$，但其流量可以和自由流流量相当，如图 2.22 所示。同步流的"流"意在车辆没有明显的停顿，车流处于流动状态。同步流中的"同步"主要反映在这种状态下，不同车道上的车辆运动状态有趋于同步的趋势。简单理解，同步流就是没有堵塞的拥挤流。

2.7.2 三相交通流理论的基本假设

三相交通流理论给出很多假定，本小节介绍其中主要的几个假定。

（1）稳态的拥挤交通流占有一个二维区域而不是一条曲线，如图 2.24 所示。所谓稳态，是指均匀稳定无随机波动的一种理想状态。在此区域内，不管车头距的大小，只要车辆速度相等，车辆就不会加速或减速。图中 F 代表自由流状态，阴影区域代表稳定的同步流状态。这个基本假设否定了交通流基本图的存在性。三相交通流理论认为交通流仿真模型的动力学特征由其稳态解的性质决定。稳态解为二维散布状态的仿真模型与基本图框架下的仿真模型对交通流时空演化特性的模拟存在定性和定量的差别。

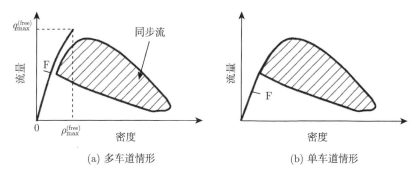

(a) 多车道情形   (b) 单车道情形

图 2.24　Kerner 的三相交通流理论假设示意图（Kerner, 2004）

需要指出，Kerner（2004）在其假设中提出，对于多车道的稳态，自由流与同步流区域存在间隙，见图 2.24(a)，而单车道的稳态则不存在间隙，见图 2.24(b)。但 Kerner 并未说明为何多车道和单车道的假设有上述区别。此外，在 Kerner 提出的大多数仿真模型中，无论是单车道还是多车道模型，稳态时的自由流与同步流二维区域均不存在间隙。多车道模型和单车道模型的区别就是增加了换道规则。而在其提出的 ATD 模型（Kerner and Klenov, 2006）中，单车道时，稳态的自由流与同步流区域却存在间隙。以上假设与模型自相矛盾、令人费解。

（2）交通流中存在三种相变，自由流到同步流、自由流到堵塞，以及同步流到堵塞。同一密度下，引发自由流到同步流的相变的临界扰动幅度远小于引发自由流到堵塞的相变的临界扰动幅度。因此，同一密度下，发生自由流到同步流的相变概率远远大于发生自由流到堵塞的相变概率。这造成从自由流到宽运动堵塞的相变往往要经历两次相变，首先 F→S 的一阶相变①使自由流转变为同步流；然后 S→J 的一阶相变使宽运动堵塞在同步流中产生。从自由流到宽运动堵塞的直接相变（F→J）只有在交通瓶颈的强度非常大的情况下才会发生。

对于同步流到堵塞的相变，在给定同步流的速度时，临界扰动幅度随着密度的增加而减小，相变概率逐渐增大，在 J 线上，临界扰动幅度达到最大值，其相变概率为零。位于 J 线以下的同步流，在任何扰动下都不会发展为堵塞。随着同步流速度的减小，临界扰动幅度整体逐渐减小，相变概率增幅变大。当同步流速度小于 $v_{\rm syn}^{\rm min}$ 时，临界扰动幅度总是为零，因此同步流不能稳定存在。

2.7.3　驾驶行为与相变机理

Kerner 等通过对驾驶行为进行数学建模构建了各类三相交通流的仿真模型，并且利用这些驾驶行为和模型仿真来解释实际观测到的各种交通流现象。

（1）F→S 一阶相变的产生机理

三相交通流理论通过速度调整行为和过加速行为的相互作用机制来解释 F → S 一阶相变的产生机理。

①速度调整（speed adaption）行为：如果前方车辆速度高于跟驰车辆速度，跟驰车辆会加速行驶；如果前方车辆速度低于跟驰车辆速度，跟驰车辆会减速行驶。当车辆间距在一定范围内时，跟驰车辆通过速度调整行为将其速度大小调整至其前车速度大小，而不考虑其空间间距变化带来的影响，如图 2.25(a) 所示。

②过加速（over-acceleration）行为：使跟驰车辆从较低的速度状态调整为较高的速度状态的加速行为。过加速行为意在描述在前车没有加速并且其行驶速度小于后车速度这种情况下后车出现的加速行为。在单车道情况下，Kerner 等构建的模型中，过加速行为体现为车辆的随机加速。而在多车道情况下，Kerner 等指出过加速行为主要体现为车辆的加速换道过程（见图 2.25(b)）。

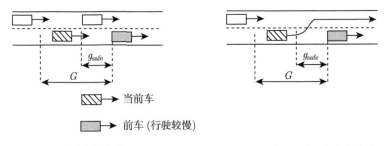

　　　　(a) 速度调整行为　　　　　　　　　(b) 车辆过加速行为 (多车道情形)

图 2.25　车辆速度调整行为和车辆过加速行为的定性解释（Kerner，2009）

G 表示同步空间间距（synchronization space gap）；$g_{\rm safe}$ 表示安全空间间距

---

① 一阶相变可理解为相变前后交通流量会发生突降。

Kerner 认为自由流的内部扰动会存在两种变化趋势：通过速度调整行为使车流向同步流发展的趋势[①]；通过过加速行为使车流向自由流发展的趋势。若过加速行为的作用强于速度调整行为，扰动会逐渐减小至消失，否则扰动会逐渐增大，导致 F→S 一阶相变。

（2）S→J 一阶相变的产生机理

三相交通流理论通过速度调整行为和过减速（over deceleration）行为的相互作用机制来解释 S→J 一阶相变的产生机理。若前车突然减速，由于反应延迟，后车通常在一段时间之后才开始减速。如果这段延迟时间足够长，为了避免撞车，后车会在较长时间内保持减速行驶状态，造成其速度低于前车速度。这种减速行为称为过减速行为。如果车辆过减速行为的累加效应强于速度调整行为，最终会导致车辆减速至零的状态，也就发生了 S→J 的一阶相变。

（3）三相交通流理论框架下的拥挤模式

通过对德国 A1、A3、A5 和 A44 等高速公路交通流的长期观测和数据分析，Kerner 等发现孤立瓶颈道路系统的拥挤交通流可以划分为全面模式（general pattern，GP）和同步流模式（synchronized flow pattern，SP）。在 GP 中，先出现同步流，接着宽运动堵塞在同步流中连续出现。如果宽运动堵塞是间断地出现，那么道路上可能会只有一个或有限个宽运动堵塞，此时称为消退全面模式（dissolving GP，DGP）。在 SP 中，不会出现宽运动堵塞，但可以细分为运动同步流模式（moving synchronized flow pattern，MSP）、扩展同步流模式（widening synchronized flow pattern，WSP）以及局部同步流模式（localized synchronized flow pattern，LSP）。图 2.26 描绘了带有孤立瓶颈的开边界道路上，由瓶颈诱发的相图和拥挤模式。

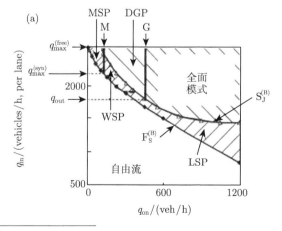

① 实验数据分析表明（Jiang et al.，2018；Tian et al.，2019），速度调整效应起到稳定交通流的作用。因此，速度调整行为使车流具有向同步流发展的趋势这一提法值得商榷。

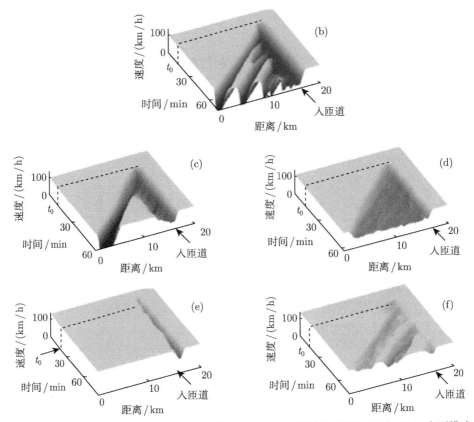

图 2.26   三相交通流理论的相图和拥挤模式：（a）三相交通流理论的相图；（b）全面模式
（GP）；（c）消退全面模式（DGP）；（d）扩展同步流模式（WSP）；（e）局部同步流模式
（LSP）；（f）运动同步流模式（MSP）（Kerner and Klenov, 2002）

2.7.4   三相交通流理论的争议

自三相交通流理论提出后，基本图理论（以 Helbing 为代表）与三相交通流
理论就开始了争论，主要有：

1）Helbing 认为交通流中存在同质性阻塞模式（homogeneous congested pat-
tern，HCT），但仅当道路通行能力降到 700 veh/h 以下时，才能观测到 HCT
（Schönhof and Helbing, 2009）。现在的高速道路上，除非发生交通事故，从而关
闭部分道路，否则无法观测到 HCT，如图 2.27 所示。

对此，Kerner 回应认为 Helbing 等得到 HCT 结果是由于

● 他们使用了一种自适应光滑（adaptive smoothing）方法对数据进行了处理，
从而使数据失真。然而，Helbing 等在最新的论文中又做出回应（Treiber et al.,
2010），他们指出即使不使用光滑方法处理数据，仍可得到 HCT。

• 计算机采集速度数据的方法存在问题。如果在该路段，道路探头在一分钟内测得的所有车辆速度均小于 20 km/h，则计算机将这一分钟内的平均速度设为 10 km/h。1 分钟内没有车辆通过该探头时，计算机将平均速度设为零。图 2.28 显示在 469.9 km 和 470.7 km 位置处，只能观测到速度在 0 和 10 km/h 两个值之间变化。据此，Kerner 认为只有当平均速度大于 30 km/h 时，平均速度值才可用来判断车流均匀与否。Kerner 还指出，观察流量数据发现（图 2.28），交通流的流量变化呈现复杂的时空特性，因此 HCT 结果是错误的。

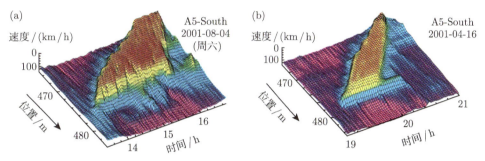

图 2.27　实测的 HCT：注意图中速度坐标由上至下增加（Schönhof and Helbing，2007）

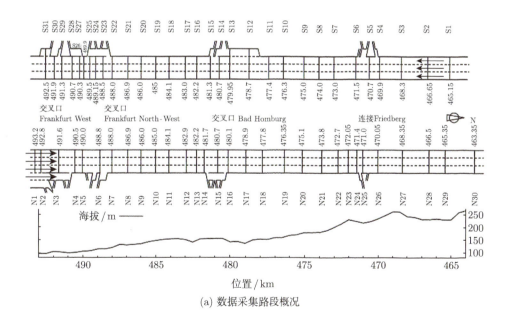

(a) 数据采集路段概况

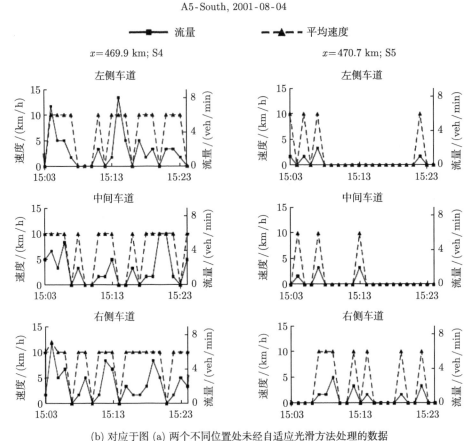

(b) 对应于图 (a) 两个不同位置处未经自适应光滑方法处理的数据

图 2.28   未经自适应光滑方法处理的数据（Kerner，2008）

针对强瓶颈，Kerner 发表了一篇题为 "A theory of traffic congestion at heavy bottlenecks" 的论文（Kerner，2008）。文章指出，随着瓶颈强度的增加，GP 模式将发生变化，交通流呈现不规则结构，从而无法观测到宽运动堵塞序列。Kerner 给出了道路上冰雪造成的一个强瓶颈处的交通流演化特性，如图 2.29 所示。

Jin 等（2015）亦开展了相关的实测和实验研究，结果表明，交通流中不存在 HCT。这是因为当速度差不大时，车辆间距会发生变化，但驾驶员通常并不会对这一变化做出反应。直到车头间距很大或者很小时，驾驶员才会加速减小间距或者减速避免撞车。这些加速和减速过程产生的扰动在交通流中的传播和演化造成了交通流的不稳定。

Treiber 等（2010）还指出 HCT 存在与否都不影响基于基本图方法的模型的应用，因为这些模型可以通过调节参数，来控制是否生成 HCT。

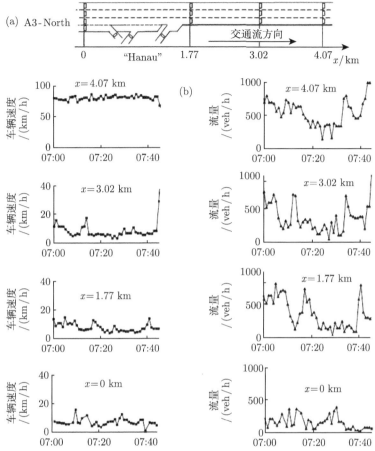

图 2.29 道路上冰雪造成的一个强瓶颈（位于 4.07 km 和 3.02 km 之间）处的交通流演化特性：可看出车流量存在很大波动（Kerner，2008）

2）关于 WSP，Helbing 似乎也接受了弱瓶颈强度下存在 WSP 这一现象（Helbing et al.，2009；Schönhof and Helbing，2009；Treiber et al.，2010）。他们使用类似图 2.30(a) 所示的基本图，其 II、III 区的分界位于临界密度之右，这样即可以模拟得到 WSP，其对应状态落在图中粗线上。此时得到的相图与图 2.30(b) 有所不同，如图 2.30(c) 所示。

Kerner 的回应：Kerner 早在 Helbing 提出该观点之前就已经批判了该观点，他指出该方法无法模拟自由流至同步流的一阶相变（Kerner and Klenov，2006）。Kerner 提出了一种基本图方法模型，其中自由流分支和拥挤流分支之间存在间断，且自由流、同步流和堵塞相中的车辆运动方程不同（Kerner and Klenov，2006）。Kerner 的模型可以模拟自由流至同步流的一阶相变，但无法模拟同步流数据的二维散布。

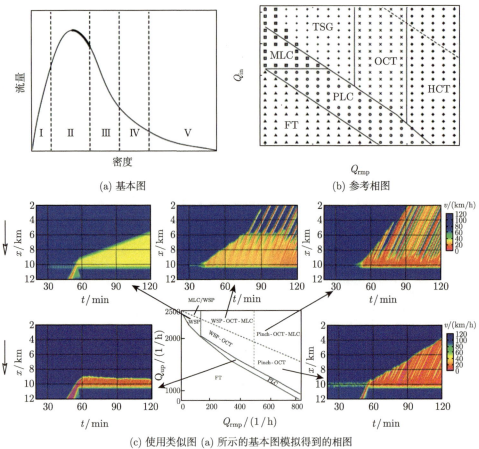

(a) 基本图

(b) 参考相图

(c) 使用类似图 (a) 所示的基本图模拟得到的相图

图 2.30　相图的模拟（Treiber et al., 2010）

3）关于 GP，如图 2.31 所示，Helbing 认为这是由位于下游的入匝道 D6 和位于上游的出匝道 D4 共同作用造成的（Schönhof and Helbing, 2009）。入匝道和出匝道之间的交通流是同步流，出匝道附近的交通流处在挤压区，出匝道上游是时走时停交通。Helbing 认为 Kerner 将 D6 作为一个孤立瓶颈来对待是错误的；在一个真正的孤立瓶颈处，观测不到 GP。

4）Helbing 认为，有些交通流现象用简单的单车道单车种交通流模型无法解释，它们是混合交通流，道路地形、天气状况等所造成的（Schönhof and Helbing, 2009）。例如，同步流数据的二维散布（这一现象是 Kerner 提出三相交通流理论的直接原因）可能是由车辆混合等原因造成的（Treiber and Helbing, 1999; Nishinari et al., 2003）；第二类同步流可能是由速度限制造成；天气原因将造成 q_{out} 的不同。

两种理论的争论还在于实际交通的不可控性。观测人员只能被动观测,不能主动控制和调节瓶颈强度,因此争论无法解决。在现有的实测数据条件下,争论的双方可能谁都无法说服对方。Helbing 指出,交通流理论的进一步发展需要更多更详细的数据,包括使用航拍的方法获得车辆的运动轨迹。在 Kerner 于 2009年出版的新书中也开始采用浮动车和视频数据。

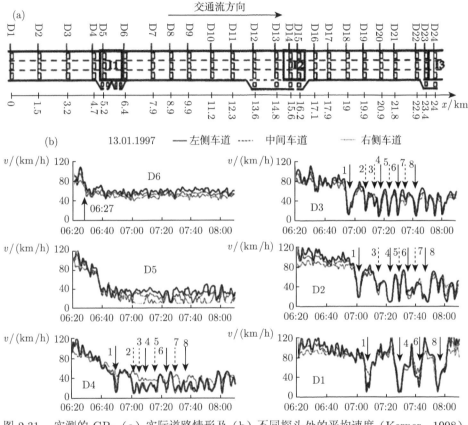

图 2.31 实测的 GP:(a)实际道路情形及(b)不同探头处的平均速度(Kerner,1998)

笔者认为:仅仅被动观测还不够,因为无法对交通流条件,如入流量、瓶颈强度等进行控制,使其连续变化从而获得充分的数据。交通流理论的进一步发展可能还需要大规模的可控交通流实验。例如,Sugiyama 等(2008)的交通流实验证实了没有瓶颈的环道交通流中可自发形成堵塞,见图 2.32;Jiang 等(2014,2015,2018)的交通流实验发现了交通振荡的凹增长规律。类似的可控交通流实验应该是交通流研究人员以后的重要研究方向。

图 2.32   单车道环道的交通流实验现场（Sugiyama et al.,2008）

复习思考题

1. 请画出下表所示模型的基本图并分析其通行能力、临界密度和临界速度。

作者	模型	参数
Greenberg （Greenberg，1959）	$v = v_0 \ln\left(\dfrac{\rho_{\text{jam}}}{\rho}\right)$	v_0、ρ_{jam}
Underwood （Underwood，1961）	$v = v_0 e^{-\frac{\rho}{\rho_{\text{jam}}}}$	v_0、ρ_{jam}
Drake，Schofer，May （Drake et al.,1967）	$v = v_0 e^{-\frac{1}{2}\left(\frac{\rho}{\rho_{\text{jam}}}\right)^2}$	v_0、ρ_{jam}
Drew （Drew，1965）	$v = v_0\left[1 - \left(\dfrac{\rho}{\rho_{\text{jam}}}\right)^{n+\frac{1}{2}}\right]$	v_0、ρ_{jam}、n

2. 请给出能够描述下表所示检测器数据的基本图模型（密度单位：veh/km，流量单位：veh/h）。

密度	流量	密度	流量	密度	流量	密度	流量
25	1510	38	1985	50	1406	35	1915
58	1850	25	1510	21	1498	54	1925
47	1918	28	1553	21	1498	37	1615
25	1510	6	463	77	1356	33	1411
28	1553	39	1495	44	1145	80	1284
25	1510	28	1553	62	1637	2	156
6	430	25	1510	75	1567	25	1642
11	806	28	1553	28	1622	69	1500
18	1250	22	1538	2	120	34	1409
41	1939	1	89	29	1711	24	1543
72	1188	86	1308	99	989	24	1322

参 考 文 献

Banks J H. 2009. Flow breakdown at freeway bottlenecks[J]. Transportation Research Record, 2099(1): 14-21.

Brilon W. 2005. Randomness and reliability in freeway traffic flow. Delft, Netherlands: TRAIL Research School.

Daganzo C F, Cassidy M J, Bertini R L. 1999. Possible explanations of phase transitions in highway traffic[J]. Transportation Research Part A, 33(5): 365-379.

Del Castillo J M, Benitez F G. 1995. On the functional form of the speed-density relationship, Part-II: empirical investigation[J]. Transportation Research Part B, 29(5): 391-406.

Drake J S, Schofer J L, May A D. 1967. A statistical analysis of speed density hypotheses[J]. Highway Research Record, 154: 53-87.

Drew D R. 1965. Deterministic aspects of freeway operations and control[J]. Highway Research Record, 99: 48-58.

Edie L C. 1961. Car-following and steady-state theory for non-congested traffic[J]. Operations Research, 9(1): 66-77.

Edie L C. 1965. Discussion of traffic stream measurements and definitions[C]. 2nd International Symposium on the Theory of Traffic Flow,Paris, France.

Elefteriadou L, Lertworawanich P. 2003. Defining, measuring and estimating freeway capacity[C]. 82nd Annual Meeting of the Transportation Research Board, Washington, DC.

Greenberg H. 1959. An analysis of traffic flow[J]. Operations Research, 7(1): 79-85.

Greenshields B D, Bibbins J R,Channing W, et al. 1935. A study of traffic capacity[C]. Highway Research Board, 14: 448-477.

Hall F L, Agyemang-Duah K. 1991. Freeway capacity drop and the definition of capacity[J]. Transportation Research Record, 1320: 91-98.

Hall F L, Allen B L, Gunter M A. 1986. Empirical analysis of freeway flow-density relationships[J]. Transportation Research Part A, 20(3): 197-210.

Helbing D, Treiber M, Kesting A, et al. 2009. Theoretical vs. empirical classification and prediction of congested traffic states[J]. The European Physical Journal B, 69(4): 583-598.

Huang Y X, Jiang R, Zhang H M, et al. 2018. Experimental study and modeling of car-following behavior under high speed situation[J]. Transportation Research Part C, 97: 194-215.

Jiang R, Hu M B, Zhang H M, et al. 2014. Traffic experiment reveals the nature of car-following[J]. PloS One, 9(4): e94351.

Jiang R, Hu M B, Zhang H M, et al. 2015. On some experimental features of car-following behavior and how to model them[J]. Transportation Research Part B, 80: 338-354.

Jiang R, Jin C J, Zhang H M, et al. 2018. Experimental and empirical investigations of traffic flow instability[J]. Transportation Research Part C, 23: 157-173.

Jin C J, Wang W, Jiang R, et al. 2015. Understanding the structure of hyper-congested traffic from empirical and experimental evidences[J]. Transportation Research Part C, 60: 324-338.

Kerner B S, Klenov S L. 2002. A microscopic model for phase transitions in traffic flow[J]. Journal of Physics A, 35(3): 31-43.

Kerner B S, Klenov S L. 2006. Deterministic microscopic three-phase traffic flow models[J]. Journal of Physics A, 39(8): 1775-1809.

Kerner B S, Konhäuser P. 1993. Cluster effect in initially homogeneous traffic flow[J]. Physical Review E, 48(4): R2335-R2338.

Kerner B S, Rehborn H. 1996a. Experimental features and characteristics of traffic jams[J]. Physical Review E, 53(2): R1297-R1300.

Kerner B S, Rehborn H. 1996b. Experimental properties of complexity in traffic flow[J]. Physical Review E, 53(5): R4275-R4278.

Kerner B S, Rehborn H. 1997. Experimental properties of phase transitions in traffic flow[J]. Physical Review Letters, 79(20): 4030-4033.

Kerner B S, Schreckenberg M, Wolf D E. 1998. Traffic and Granular Flow'97[M]. Singapore: Springer, 239.

Kerner B S. 1998. Experimental features of self-organization in traffic flow[J]. Physical Review Letters, 81(17): 3797-3800.

Kerner B S. 2004. The Physics of Traffic: Empirical Freeway Pattern Features, Engineering Applications, and Theory[M]. New York: Springer.

Kerner B S. 2008. A theory of traffic congestion at heavy bottlenecks[J]. Journal of Physics A, 41(21): 215101.1-215101.4.

Kerner B S. 2009. Introduction to Modern Traffic Flow Theory and Control [M]. Berlin: Springer.

Knospe W, Santen L, Schadschneider A, Schreckenbery M. 2002. Single-vehicle data of highway traffic: Microscopic description of traffic phases[J]. Physical Review E, 65(5): 056133.

Lee H Y, Lee H W, Kim D. 1999. Dynamic states of a continuum traffic equation with on-ramp[J]. Physical Review E, 59(5): 5101-5111.

Lorenz M, Elefteriadou L. 2000. A probabilistic approach to defining capacity and breakdown, Transportation Research Circular E-C018[C]. Proceedings of the 4th international symposium on highway capacity.

Lorenz M R, Matt L, Elefteriadou L. 2001. Defining freeway capacity as function of breakdown probability[J]. Transportation Research Record, 1776(1): 43-51.

Munjal P K, Pipes L A. 1971. Propagation of on-ramp density perturbations on unidirectional two-lane and three-lane freeways[J]. Transportation Research, 5(4): 241-255.

Nagel K, Wagner P, Woesler R. 2003. Still flowing: Approaches to traffic flow and traffic jam modeling[J]. Operations Research, 51(5): 681-710.

Nishinari K, Treiber M, Helbing D. 2003. Interpreting the wide scattering of synchronized traffic data by time gap statistics[J]. Physical Review E, 68(6): 067101.

Persaud B N, Yagar S, Brownlee R. 1998. Exploration of the breakdown phenomenon in freeway traffic[J]. Transportation Research Record, 1634(1): 64-69.

Schönhof M, Helbing D. 2007. Empirical features of congested traffic states and their implications for traffic modeling[J]. Transportation Science, 41(2): 135-166.

Schönhof M, Helbing D. 2009. Criticism of three-phase traffic theory[J]. Transportation Research Part B, 43(7): 784-797.

Sugiyama Y, Fukui M, Kikuchi M, et al. 2008. Traffic jams without bottlenecks - experimental evidence for the physical mechanism of the formation of a jam[J]. New Journal of Physics, 10(3): 033001.

Sun J, Zhang J, Zhang H M. 2014. Investigation of the early-onset breakdown phenomenon at urban expressway bottlenecks in Shanghai[J]. Transportmetrica B, 2(3): 215-228.

Tian J F, Jiang R, Jia B, et al. 2016. Empirical analysis and simulation of the concave growth pattern of traffic oscillations[J]. Transportation Research Part B, 93: 338-354.

Tian J F, Zhang H M, Treiber M, et al. 2019. On the role of speed adaptation and spacing indifference in traffic instability: Evidence from car-following experiments and its stochastic model[J]. Transportation Research Part B, 129: 334-350.

Treiber M, Helbing D. 1999. Macroscopic simulation of widely scattered synchronized traffic states[J]. Journal of Physics A, 32(1): 17-23.

Treiber M, Kesting A, Helbing D. 2010. Three-phase traffic theory and two-phase models with a fundamental diagram in the light of empirical stylized facts[J]. Transportation Research Part B, 44(8-9): 983-1000.

Treiterer J. 1975. Investigation of traffic dynamics by aerial photogrammetry techniques[R]. Columbus, Ohio: Ohio State University Technical Report PB, No. EES-278.

Underwood R T. 2008. Speed, volume and density relationships. Quality and theory of traffic flow, yale bureau of highway traffic[R]. New Haven, Connecticut: Yale University Report, 141-188.

Zheng S T, Jiang R, Tian J F, et al. 2023. A comparison study on the growth pattern of traffic oscillations in car-following experiments[J]. Transportmetrica B, 11(1), 706-724.

第 3 章　元胞自动机模型

3.1　概　　述

　　交通流理论的研究目标是建立能描述实际交通一般特性的交通流模型，寻找交通流动的基本规律，以揭示交通拥堵产生的机理。根据研究方法的不同，可以将各种交通流模型分为微观车辆跟驰模型和元胞自动机模型，以及宏观连续模型和中观气体动理论模型。元胞自动机交通流模型是在 20 世纪 80 年代提出、20 世纪 90 年代得到迅猛发展的一种新的交通流动力学模型。人们把元胞自动机理论应用于交通流的研究，采用离散的时空和状态变量，规定车辆运动的演化规则，并通过大量的样本平均来揭示交通运行规律。由于交通元素从本质上说是离散的，用元胞自动机理论来研究交通，就避免了离散-连续-离散的近似过程，因此其具有独特的优越性。与其他模型相比，元胞自动机模型在保留交通这一复杂系统的非线性行为和其他物理特征的同时，更易于计算机操作，并能灵活地修改其规则以考虑各种真实交通条件，如路障、高速公路出入匝道、驾驶员过度反应引起的随机慢化等。自元胞自动机模型被应用于交通流模拟以来，广大学者又掀起了对交通流理论研究的兴趣。Wolfram 的 184 号规则（Wolfram，1983）可以看作是最简单的元胞自动机交通流模型。在 20 世纪 90 年代，Nagel 和 Schreckenberg 提出著名的 NaSch 模型（Nagel and Schreckenberg，1992）之后，元胞自动机交通流模型开始受到了各领域研究学者的广泛关注，并提出了诸多改进模型，使得元胞自动机交通流模型得到了长足的发展。在综述文献（Chowdhury et al.，2000；Maerivoet and Moor，2005）中对现有模型进行了较为详细的总结。本章将对元胞自动机的基本知识以及一些经典的元胞自动机交通流模型进行介绍。

3.2　元胞自动机定义、构成和特征

3.2.1　元胞自动机的物理定义 [①]

　　元胞自动机（cellular automata，CA）实质上是定义在一个由具有离散、有限状态的元胞组成的元胞空间上，并按照一定的局部规则，在离散的时间维度上演化的动力学系统（Chopard and Droz，1998）。

---

①不同领域对元胞自动机的定义的出发点和侧重点均有一定的差异，这里仅就最常用的物理学定义加以介绍。

在元胞自动机中，空间被一定形式的规则网格分割为许多单元。这些规则网格中的每一个单元都称为元胞（cellular），并且它只能在有限的离散状态集中取值。所有的元胞遵循同样的作用规则，依据确定的局部规则进行更新。大量的元胞通过简单的相互作用而构成动态系统的演化。不同于一般的动力学模型，元胞自动机不是由严格定义的物理方程或函数确定，而是由一系列的演化规则构成。元胞自动机相当于传统物理学中近距离作用的"场"，是场的离散化模型。元胞自动机的精神是利用大量的简单元件，通过简单的连接和简单的运算规则，在时空中并行地持续运行，以模拟出复杂而丰富的现象。

3.2.2　元胞自动机的构成

元胞自动机最基本的组成单位包括元胞、元胞空间、邻居及规则四个部分，另外还应包括元胞的状态。简单讲，元胞自动机可以视为由一个元胞空间和定义于该空间的变换函数所组成。

（1）元胞

元胞又可称为单元或基元，是元胞自动机的最基本的组成部分。元胞分布在离散的一维、二维或多维欧几里得空间的晶格点上。元胞的形状会随元胞空间划分的不同而不同。某一时刻，每个元胞只能有一个状态（status）。状态可以是 $\{0,1\}$ 表示的二进制形式，也可以是 $\{S_0, S_1, \cdots, S_i, \cdots, S_N\}$ 表示的整数形式离散集合。严格意义上，元胞自动机的元胞只能有一个状态变量。但在实际应用中，常常根据需要添加其他的状态变量。例如，在研究车辆交通的元胞自动机模型中，对于被车辆所占据的元胞，其参量还应包含车辆的位置和车辆的速度等变量。

（2）元胞空间

元胞所分布在空间上的网格点的集合就是我们所说的元胞空间。

理论上，它可以是任意维数的欧几里得空间的规则划分。目前的研究工作多集中在一维和二维元胞自动机上，三维及三维以上的元胞自动机的研究相对较少。对于一维元胞自动机，元胞空间的划分只有一种；而高维的元胞自动机，元胞空间的划分则可能有多种形式。对于最为常见的二维元胞自动机，二维元胞空间通常可按三角形、四方形或六边形三种网格排列，如图 3.1 所示。

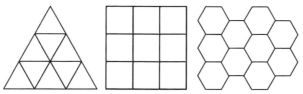

图 3.1　二维元胞空间的三种划分形式：三角网格、四方网格和六角网格（从左到右）

对于一维元胞自动机，元胞空间的划分只有一种形势，即等距分段式。而高维的元胞自动机，元胞空间的划分则可能有多种形式。对于最为常见的二维元胞自动机，二维元胞空间通常可按三角、四方或六边形三种网格排列。

这三种规则的元胞空间划分在构模时各有优缺点：

● 三角网格的优点是拥有相对较少的邻域数目，这一点在某些时候很有用。而缺点是在计算机上表达和显示不方便，往往需要转换为四方网格。

● 四方网格的优点是直观而简单，而且特别适合于在现有计算机环境下进行表达和显示。其缺点是某些情况下不能较好地模拟各向同性的现象。

● 六边形网格的优点是能较好地模拟各向同性的现象。其缺点同三角网格一样，在计算机上表达和显示较为困难复杂。

（3）邻居

按定义，元胞自动机演化规则是局部的，对指定元胞的状态进行更新时只需要知道其邻近元胞的状态。某一元胞状态更新时所要搜索的空间域叫做该元胞的邻居。原则上，对邻居的大小没有限制，只是所有元胞的邻居大小都要相同。而实际上往往只由邻接的元胞构成邻居，如果邻居太多，则演化规则的复杂性可能是无法接受的（规则的复杂性通常随邻居内元胞数量呈指数增长）。在一维元胞自动机中，通常以半径 r 来确定邻居，距离一个元胞 r 内的所有元胞均被认为是该元胞的邻居。二维元胞自动机的邻居定义较为复杂，但通常有以下几种形式（我们以最常用的规则四方网格划分为例）：Von Neumann 型；Moore 型；扩展的 Moore 型和 Margolus 型。具体的邻居定义方式，限于篇幅这里不再赘述，有兴趣的读者可参阅贾斌等（2007）所著专著。

（4）元胞空间的边界条件

实际上在模拟指定的元胞自动机演化规则时，不可能处理无限的网格，系统必须是有限的、有边界的。显然，属于元胞空间边界的网格点不具有其他内部格点一样的邻居。为了确定这些边界格点的行为，可以指定不同的演化规则，以考虑适当的邻居。即对边界格点的信息进行编码，并根据这些信息来选择不同的演化规则。按照这种方法，还可以定义几种具有完全不同行为的边界，如图 3.2 所示。

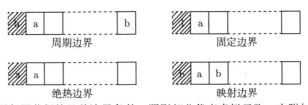

图 3.2   通过扩展邻居获得的几种边界条件：阴影部分代表虚拟元胞，它附加在网格末端使得
边界节点和内部节点一样具有完整的邻居结构（这里为左端边界）

① 周期型边界（periodic boundary）：周期型是指相对边界连接起来的元胞

空间。对于一维空间，元胞空间表现为一个首尾相接的"圈"。对于二维空间，上下相接，左右相接，从而形成一个拓扑圆环面（torus），形似车胎或甜点圈。周期型空间与无限空间最为接近，因而在理论探讨时，常以此类空间作为试验，进行相关的理论分析和模拟。

② 固定边界（constant boundary）：所有边界外元胞均取某一固定常量，如 0、1 等。

③ 绝热边界（adiabatic boundary）：边界外邻居元胞的状态始终和边界元胞的状态保持一致，即具有状态的零梯度。

④ 映射边界（reflective boundary）：在边界外邻居的元胞状态是以边界元胞为轴的镜面反射。

除上述几种外，还有其他一些边界处理方式，如道路交通流研究中常用的开口式边界等。需要指出的是，在实际应用中，尤其是二维或更高维数的模型构建时，各种类型的边界处理方式不是孤立的，它们之间可以相互结合。如在二维空间中，上边界可采用映射型，下边界可采用绝热型，而左右边界可采用周期型。具体采用哪几种处理方式，要根据所要解决问题的边界特征来进行合理选择。

（5）演化规则

演化规则就是根据元胞当前状态及其邻居状况确定下一时刻该元胞状态的动力学函数，简单讲，就是一个局部状态转移函数。

如元胞 i 的局部演化规则如式（3.1）所示，即

$$f: S_i^{t+1} = f(S_i^t, S_N^t) \tag{3.1}$$

这里，f 表示状态转移函数（或局部演化规则）；S_N^t 表示 t 时刻 i 元胞的邻居元胞的状态。可以说，演化规则是元胞自动机的灵魂所在，一个元胞自动机模型是否成功，关键在于演化规则设计得是否合理，是否真实反映出了客观事物内在的本质特征。演化规则的灵活性又使得元胞自动机在非常广的范围内得以应用。

3.2.3 元胞自动机的特征

从上述各种元胞自动机的构成及其演化规则上可以看出，经典元胞自动机的一般特征为：

（1）同质性　元胞空间内的每个元胞的变化都服从相同的演化规则；

（2）齐性　元胞的分布方式相同，大小、形状相同，元胞空间划分整齐；

（3）并行性　各个元胞状态变化相对独立，相互影响局部化，因此特别适合于并行仿真；

（4）时空局部性　每一时刻每个元胞仅与其周围少数邻居相互影响，因此元胞自动机中信息传递速度有限。很多情况下，信息传递范围也有限；

（5）维数高　在动力系统中一般将变量的个数视为维数。如果将每个元胞的状态视为整个系统中的变量，则元胞自动机是一类高维甚至无穷维动力系统；

（6）复杂性　简单的元胞自动机演化规则往往可以产生极为复杂的构形，这为实际复杂系统的仿真分析提供了基础。

至此，读者可能认为，可以把时空离散的数值方法看作是元胞自动机，这种观点对深入理解元胞自动机是非常不利的。元胞自动机的价值及其丰富的内容源于其演化规则的内涵。一般情况下，直接在元胞水平上有清晰的动力学物理解释或直观解释；而像微分方程离散解这样的数值方法，是从更高层次的数学抽象到较简单的、易处理形式的映射结果。元胞自动机模拟的基本原理是按照反方向进行的。

在 1986 年，Cremer 和 Ludwig（1986）初次将元胞自动机运用到车辆交通的研究中。由于交通元素从本质上来说是离散的，用元胞自动机理论来研究交通，就避免了离散-连续-离散的近似过程，因此有其独特的优越性。另外，20 世纪 80 年代以来，计算机水平日新月异的发展为元胞自动机的应用提供了强有力的支持。因此，在进入 20 世纪 90 年代后，元胞自动机在交通流理论研究领域中得到了广泛的应用。现有的元胞自动机交通流模型主要可以分为单车道元胞自动机模型、多车道元胞自动机模型、双向交通元胞自动机模型和城市路网元胞自动机模型等，下面分别对各个类别中的一些经典元胞自动机模型加以介绍。

3.3　单车道元胞自动机模型

3.3.1　184 号规则

最为基本的一维元胞自动机模型就是由 Wolfram 命名的 184 号规则（Wolfram，1983）。其演化规则为：如果在 t 时刻，一个元胞及其右侧邻居是黑色的，或者该元胞是白色的并且其左侧邻居是黑色的，那么该元胞就会在 $t+1$ 时刻取黑色；否则，该元胞取白色。我们将 184 号规则赋予车辆交通的含义：如图 3.3 所示，黑色代表元胞被一辆车所占据，白色表明该元胞上没有车辆。当 t 时刻一个元胞是空的而其左侧元胞有车时，$t+1$ 时刻，其左侧邻居上的车辆向右行驶，并占据该元胞；如果一个元胞上有车，而其右侧邻居也有车时，该元胞上的车辆因前方没有行驶空间而停留在原地不动。不难看出，对于 184 号规则，某一元胞 n 在下一时刻 $t+1$ 的状态（是否被车辆所占据），是由它本身 n 加上其前后两个元胞 $n+1$ 和 $n-1$ 共三个元胞在 t 时刻的状态所确定。如果用 1 和 0 来表示某一元胞是否被车辆所占据，那么将图 3.3 中的 8 种情况的演化结果看成一个二进位制数 “10111000”，化为十进制后即为 184。这正是 Wolfram 将此模型命名为 “184 号规则” 的原因所在。图 3.4 展示了在 184 号规则下初始时刻一些车辆随机分布在道路上的演化过程，可以发现其演化图案和交通流理论研究中得到的车辆时空演化图非常相似。

图 3.3 184 号规则

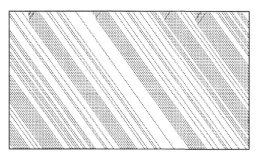

图 3.4 184 号规则的演化过程：初始状态为一些车辆随机分布在道路上

184 号规则虽然简单，却已经可以反映车流自由运动相和局部堵塞相之间的相变现象，并且该模型成为后续一些重要交通模型（如 NaSch 模型和 BML 模型）发展的基础。

3.3.2 NaSch 模型

1992 年，Nagel 和 Schreckenberg（1992）提出了著名的 NaSch 模型。与 184 号规则相比，NaSch 模型将车辆的最大速度扩展到大于 1 的情况，并且引入了随机慢化。该模型具有 4 步并行更新规则：

（1）加速

$$\tilde{v}_n = \min\left(v_n + a, v_{\max}\right)$$

（2）减速

$$\tilde{v}_n = \min\left(\tilde{v}_n, d_n\right)$$

（3）以随机概率 p 随机慢化

$$v'_n = \begin{cases} \max\left(\tilde{v}_n - b, 0\right), & \text{如果 rand}() < p \\ \tilde{v}_n, & \text{否则} \end{cases}$$

（4）位置更新

$$x'_n = x_n + v'_n$$

式中 x_n 和 v_n 分别表示 t 时刻第 n 辆车位置和速度；x'_n 和 v'_n 分别表示 $t+1$ 时刻第 n 辆车位置和速度；L_{veh} $(L_{veh} \geqslant 1)$ 为车辆长度；$d_n = x_{n+1} - x_n - L_{veh}$ 表示 n 车和前车 $n+1$ 之间空的元胞数；p 表示随机慢化概率；rand() 是 0 和 1 之间由均匀分布产生的随机数；v_{max} 为最大速度；a 和 b 分别表示加速度和随机减速度。规则 ① 反映了司机倾向于以尽可能大的速度行驶的特点。规则 ② 确保车辆不会与前车发生碰撞。规则 ③ 引入随机慢化来体现驾驶员的行为差异，这样既可以反映随机加速行为，又可以反映减速过程中的过度反应行为。这一规则也是堵塞自发产生的至关重要因素。NaSch 模型的演化过程可以参考图 3.5。

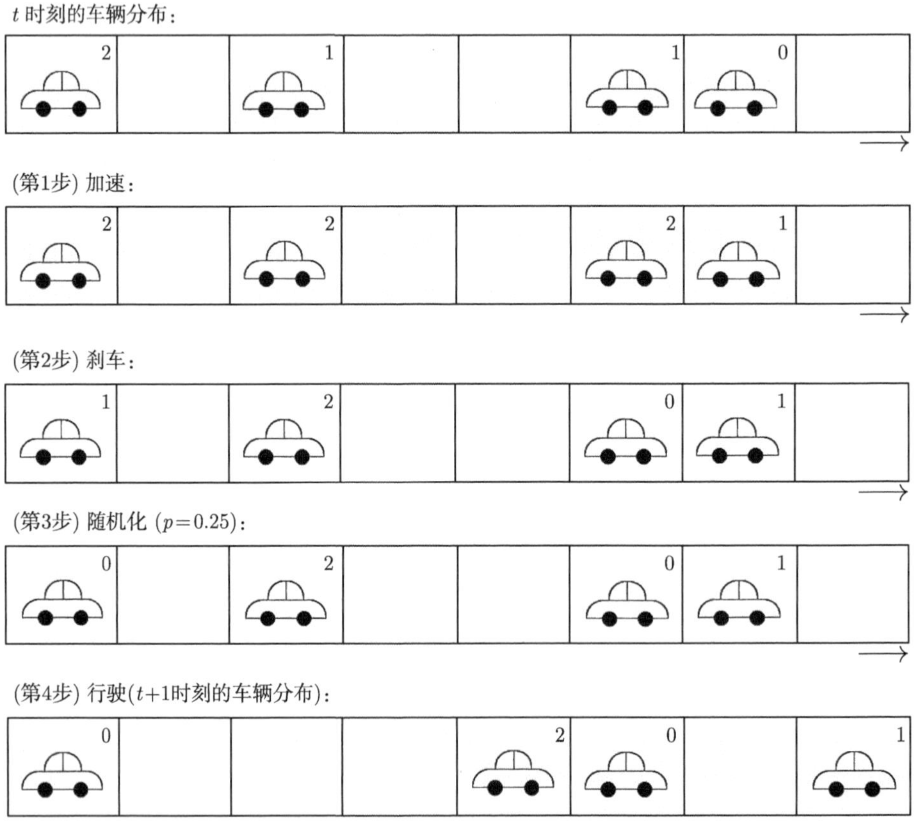

t 时刻的车辆分布：

(第1步) 加速：

(第2步) 刹车：

(第3步) 随机化 $(p=0.25)$：

(第4步) 行驶($t+1$时刻的车辆分布)：

图 3.5　NaSch 模型的演化过程示意图：这里我们假定模型参数 $v_{max} = 2$ 和 $p = 0.25$，因此只有 1/4 的车辆会在随机慢化步中减速（Chowdhury et al., 2000）

　　NaSch 模型虽然具有十分简单的形式，但却可以描述一些实际交通现象。比如 NaSch 模型可以模拟出自发产生的堵塞现象以及拥挤交通情况下的时走时停波等。图 3.6 是周期性边界条件下，由 NaSch 模型模拟得到的不同时刻车辆在不同位置的时空图，其中的数字表示车的速度，0 对应于停止的车辆，点则表示在该位置上没有车。图 3.7 是 Tadaki 等（2013）在室内棒球场进行的周期性边界下交通流实验的场地图和轨迹图，车辆初始为均匀分布，场地为设计的环形道路。通过比较实验得到车辆轨迹图，可以发现用 NaSch 模型得到的模拟结果和实验轨迹图比较相似，也就是说，NaSch 模型在一定的程度上可以模拟出实际的交通状况。图 3.8 显示了 NaSch 模型的典型时空图，仿真过程中，每个元胞的长度设置为 $L_{\text{cell}} = 7.5 \text{ m}$，车辆的长度设置为 $L_{\text{veh}} = 1L_{\text{cell}} = 7.5 \text{ m}$，表示一辆车占据一个元胞。其余参数值见表 3.1。

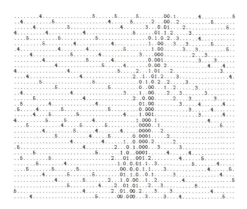

图 3.6 利用 NaSch 模型模拟得到车辆运动的时空图（Chowdhury et al., 2000）

(a) 实验场地鸟瞰图：场地为半径 50 米
（周长 314 米）的环形场地

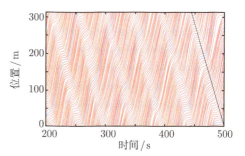

(b) $\rho = 95.54$ veh/km 时，实验得到的轨迹图

图 3.7 Tadaki 等（2013）在室内棒球场进行的周期性边界下交通流实验的场地图和轨迹图
（Tadaki et al., 2013）

表 3.1 NaSch 模型参数取值（Nagel and Schreckenberg, 1992）

参数	$v_{\max}$	a	b	p
含义	最大速度	加速度	随机减速度	随机慢化概率
单位	L_{cell}/s	$L_{\text{cell}}/\text{s}^2$	$L_{\text{cell}}/\text{s}^2$	—
取值	5	1	1	0.3

图 3.8(a) 为自由流，图 3.8(b) 是拥挤流，并产生了时走时停交通。图 3.9(a) 显示了 v_{max} 取不同值时的基本图，图 3.9(b) 显示了 p 取不同值时的基本图。流量取得最大值 q_{max} 时的密度对应临界密度 ρ_c，基本图被临界密度 ρ_c 划分为两个分支。当车辆密度小于临界密度 ρ_c 时，车流为自由流；当车辆密度大于临界密度 ρ_c 时，车流为拥挤流。由图 3.9(a) 可以看出，随着 v_{max} 的增大，最大流量 q_{max} 变大，临界密度 ρ_c 变小。由图 3.9(b) 可以看出，随着 p 的增大，最大流量 q_{max} 减小，临界密度 ρ_c 也变小。

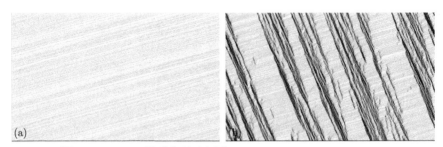

图 3.8　NaSch 模型典型时空图：（a）$\rho = 0.08$;（b）$\rho = 0.25$

NaSch 模型是可以重现道路交通流基本特征的一个最小化模型，四个规则缺一不可。如果要捕捉更为复杂的交通现象或考察更为复杂的交通条件，就需要添加新的规则。在交通实测中人们发现，交通流具有亚稳态、回滞以及同步流等复杂的交通现象和特征，为了能够模拟出这些现象，人们提出了各种各样的改进模型。在接下来的章节中我们将对一些比较典型的改进模型做详细的介绍。

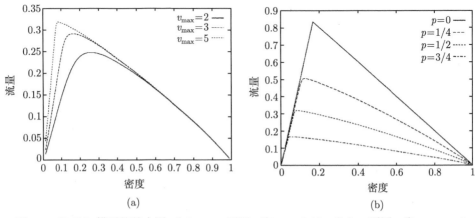

图 3.9　NaSch 模型的基本图：（a）v_{max} 不同，取 $p = 0.25$；（b）p 不同，取 $v_{max} = 5$

3.3.3 慢启动规则模型

比较典型的慢启动规则模型包括 TT 模型（Takayasu and Takayasu，1993）、BJH 模型（Benjamin et al.，1996）和 VDR 模型（Barlovic et al.，1998）。TT 模型和 BJH 模型通过改进 NaSch 模型的加速步实现慢启动，而 VDR 模型通过改进随机慢化步实现慢启动。慢启动规则的引入不仅可以模拟出亚稳态和回滞现象，而且在高密度区还可以模拟出相分离的现象。下面对比较常用的 VDR 模型进行介绍。

依赖速度的随机慢化（velocity-dependent-randomization，VDR）模型同 NaSch 模型相比，VDR 模型中的随机慢化概率不再是固定不变的，而是如式（3.2）所示，是车辆速度的函数，$p = p(v)$。在 NaSch 模型的基础上，需要添加一条规则来确定随机慢化概率：

$$p(v) = \begin{cases} p_0, & \text{如果 } v = 0 \\ p, & \text{如果 } v > 0 \end{cases} \tag{3.2}$$

并且取 $p_0 > p$。这就意味着，在上一时刻静止的车辆在新时刻的随机慢化概率要大于上一时刻运动的车辆，即慢启动规则。这一步需要放在第（1）步加速的前面来执行，也就是说，随机慢化概率是由上一时刻更新结束后车辆的速度决定的。

图 3.10 给出了 VDR 模型的一个典型的基本图，仿真过程中，每个元胞的长度设置为 $L_{\text{cell}} = 7.5\text{m}$，车辆的长度设置为 $L_{\text{veh}} = 1L_{\text{cell}} = 7.5 \text{ m}$，其余参数值见表 3.2。我们可以看出：在一定的密度范围内，初始状态不同时一个密度点所对应的车流量也是不同的，也就是说存在着亚稳态。图 3.11 是 VDR 模型的一个典型的时空分布图，该图清晰地展示出：均匀亚稳态具有一定的生存寿命，在经过一定的时间演化后，该均匀态会逐渐衰退并导致相分离现象的发生。出现亚稳态和相分离的模型参数条件是：$p_0 \gg p, v_{\text{max}} > 1$。$p \ll 1$ 会导致堵塞区是致密的，而在自由流区很难有新的堵塞的产生。

表 3.2　VDR 模型参数取值（Barlovic et al.，1998）

参数	v_{max}	a	b	p_0	p
含义	最大速度	加速度	随机减速度	慢启动概率	其他情况的随机慢化概率
单位	L_{cell}/s	$L_{\text{cell}}/\text{s}^2$	$L_{\text{cell}}/\text{s}^2$	—	—
取值	5	1	1	0.75	1/64

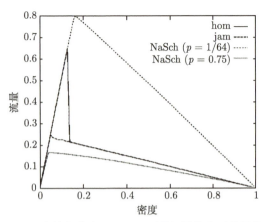

图 3.10　致密堵塞（jam）和均匀分布（hom）两种初始状态下得到的 VDR 模型的基本图

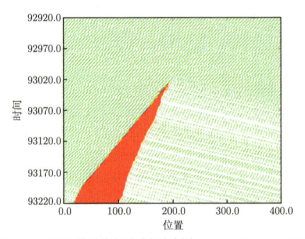

图 3.11　VDR 模型的典型时空分布图（$p = 0.01$，$\rho = 0.2$）

　　上面对慢启动规则的讨论结果是通过计算机模拟周期性边界条件下的具有有限尺寸的系统得到的。讨论结果表明，模型基本图具备亚稳态和回滞的特征。那么，当系统的尺寸趋于热力学极限即 $L \to \infty$ 时结果又是如何呢？模拟结果表明：随着系统尺寸的增加，亚稳态密度区域逐渐减小。由此我们可以推测当 $L \to \infty$ 时，亚稳态密度区域消失，也就是说，在热力学极限下，基本图的下侧分支（由致密堵塞的初始状态得到的分支）是稳定的，而上侧分支（由均匀分布的初始状态得到的分支）不复存在。因而，只有在系统尺寸有限或在自由流区的车辆均确定性地（无随机干扰因素）运动的情况下，才会出现基本图中密度和流量不一一对应的现象。不过上述的讨论与交通实际是密切相关的，因为在实际系统尺度（比如 $L = 10000$ 对应的实际道路长度是 75 km）下观测到回滞效应。

3.3.4 速度效应模型

以上模型中，有一个共同特征，在从 $t \to t+1$ 的时间步中，车辆速度更新规则只考虑了 t 时刻两车的距离，而没有记入前车运动的影响，即都把前车作为静止的粒子处理，由此造成模拟速度小于实际车辆速度，对伴有随机慢化的交通流，所得基本图其流量远小于实测数据。

为解决这一问题，Li 等（2001）提出了一个能近似考虑前车速度效应（velocity effect，VE）的模型。相对于 NaSch 模型，对减速步做了改进，加入了前车速度可能的影响。将减速步改为

$$\tilde{v}_n = \min\left(v_n, d_n + \hat{v}_{n+1}\right)$$

其中，$\hat{v}_{n+1}$ 是 $n+1$ 车在 $t \to t+1$ 时间步里的虚拟速度，其具体形式为

$$\hat{v}_{n+1} = \min\left(v_{\max} - b, v_{n+1}, \max\left(0, d_{n+1} - b\right)\right)$$

该变量代表了前车在记入随机慢化效应后，按 NaSch 模型演化规则所能得到的最小可能速度。式中，v_{n+1} 表示前车的速度，d_{n+1} 表示前车与其前车的车头间距。该式一方面考虑了前车的速度效应，另一方面又可确保在模型的更新过程中不会发生撞车。如果 $\hat{v}_{n+1} = 0$，那么 VE 模型就退化为了 NaSch 模型。

对 VE 模型进行模拟，每个元胞的长度设置为 $L_{\text{cell}} = 7.5$ m，车辆的长度设置为 $L_{\text{veh}} = 1L_{\text{cell}} = 7.5$ m，其余参数值与 NaSch 模型参数取值相同，详见表 3.1。在存在交通噪声时（$p > 0$），得到的基本图较之 NaSch 模型更接近于观测数据（见图 3.12）；在无噪声时（$p = 0$），能得到亚稳态和滞后现象（见图 3.13）。

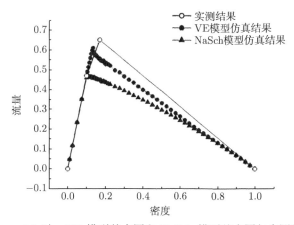

图 3.12　$p = 0.3$ 时，VE 模型基本图和 NaSch 模型基本图与实测数据的比较

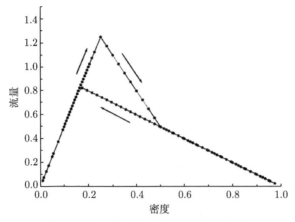

图 3.13　确定性 VE 模型下的滞后现象

3.3.5　KKW 模型

2002 年，Kerner 等（2002）提出了能够重现三相交通流典型特征的微观元胞自动机交通流模型，即 KKW 模型。该模型引入了车辆跟驰理论中车辆之间存在作用范围的概念。模型描述如下：

（1）KKW 模型的动态更新部分

$$\tilde{v}_n = \max\left(0, \min\left(v_{\max}, v_s, v_c\right)\right)$$

式中，

$$v_s = d_n$$

$$v_c = \begin{cases} v_n + a, & \text{如果} x_{n+1} - x_n > G(v) \\ v_n + a\,\text{sign}\left(\Delta v_n\right), & \text{如果} x_{n+1} - x_n \leqslant G(v) \end{cases}$$

（2）KKW 模型的随机更新部分

$$v_n' = \max\left(0, \min\left(\tilde{v}_n + a\eta, v_n + a, v_{\max}, v_s\right)\right)$$

式中，

$$\eta = \begin{cases} -a, & \text{如果} \operatorname{rand}() < p_b \\ a, & \text{如果} p_b \leqslant \operatorname{rand}() < p_b + p_a \\ 0, & \text{否则} \end{cases}$$

$$p_b = \begin{cases} p_0, & \text{如果} v_n = 0 \\ p, & \text{如果} v_n > 0 \end{cases}$$

$$p_a = \begin{cases} p_{a_1}, & \text{如果} v_n < v_p \\ p_{a_2}, & \text{如果} v_n \geqslant v_p \end{cases}$$

（3）位置更新

$$x'_n = x_n + v'_n$$

这里，$\Delta v_n = v_{n+1} - v_n$ 表示前后车的速度差，v_{n+1} 是前车速度。v_s 是为了避免碰撞而不能超过的安全速度。v_c 描述了"速度变化"的规律，即加速行为取决于与前车的距离是否在同步距离内。同步距离常采用线性形式 $G(v) = L_{\text{veh}} + kv$，$k$ 为代表跟驰车辆受到前车行驶状态影响的最大时间间距。符号函数定义为

$$\text{sign}\,(\Delta v_n) = \begin{cases} -1, & \Delta v_n < 0 \\ 0, & \Delta v_n = 0 \\ 1, & \Delta v_n > 0 \end{cases}$$

KKW 模型的随机部分包括两部分：加速噪声和减速噪声。减速噪声中 $p_0 > p$ 反映了慢启动效应。加速噪声用于描述三相交通流理论假设的过加速（over-acceleration）驾驶行为（详见第 2 章），而 $p_{a_1} > p_{a_2}$ 则描述低速运动车辆更易采用该行为。

KKW 模型的稳态如图 3.14 所示，对应于由 $q = \rho v_s = 1 - \rho l$（对应图中 U 线：与安全速度有关），$q = \rho v_{\max}$（对应图中 F 线：与最大速度有关）和 $q = (1 - \rho l)/k$（对应图中 L 线：与同步距离的线性形式相关）三条曲线围成的二维区域。规则 $v_c = v_n + a\,\text{sign}\,(\Delta v_n)$ 对应于速度调整效应，只有当交通状态在二维区域时才发生。

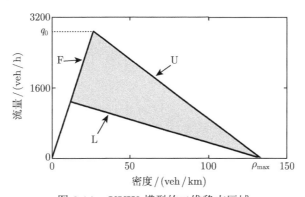

图 3.14　KKW 模型的二维稳态区域

图 3.15 为 KKW 模型基本图。每个元胞的长度设置为 $L_{\text{cell}} = 0.5$ m，车辆的长度设置为 $L_{\text{veh}} = 15L_{\text{cell}} = 7.5$ m，表示一辆车占据 15 个元胞。其余参数值见表 3.3。可以看出，基本图被两个临界密度分为三个密度范围，并且存在自由流、同步流和堵塞三个分支。当密度 $\rho < \rho_{c_1}$ 时，交通流处于自由流状态。当密

度大于 ρ_{c_1} 时，如果从致密堵塞开始，交通流处于自由流和堵塞共存的状态，如图 3.16(a) 所示。当密度 $\rho_{c_1} < \rho < \rho_{c_2}$ 时，如果从均匀状态开始，交通流将处于同步流状态，如图 3.16(b) 所示。当密度 $\rho > \rho_{c_2}$ 时，即使从均匀状态开始，交通流最终也会演化为堵塞与自由流共存的状态。仿真结果还表明，KKW 模型的同步流流量变化是非单调的，这可能与参数的取值有关。

表 3.3　KKW 模型参数取值（取自：Kerner et al., 2002）

参数	$v_{\max}$	A	k	p_0	p	p_{a_1}	p_{a_2}	v_p
含义	最大速度	加速度	最大同步时距	慢启动概率	其他情况的随机慢化概率	随机加速概率	随机加速概率	临界速度
单位	L_{cell}/s	L_{cell}/s^2	s	—	—	—	—	L_{cell}/s
取值	60	1	2.55	0.425	0.04	0.2	0.052	28

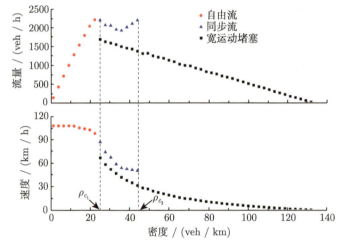

图 3.15　KKW 模型的基本图

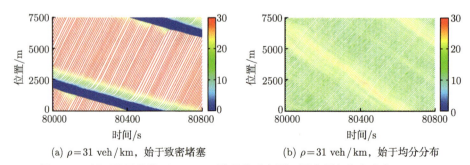

(a) $\rho = 31$ veh/km，始于致密堵塞　　　　　(b) $\rho = 31$ veh/km，始于均分分布

图 3.16　循环边界条件下，KKW 模型的时空图：图中颜色代表速度（m/s）

3.3.6 刹车灯模型

Knospe 等（2000）提出的刹车灯模型（brake light model，BL 模型）或称舒适驾驶模型（comfortable driving model，CD 模型）考虑了前车刹车灯对于后车驾驶行为的影响，在 NaSch 模型基础上，引入了随机慢化概率函数（3.3）：

$$p\left(v_n, s_{n+1}, t_n^h, t_n^{\mathrm{sa}}\right) = \begin{cases} p_b, & \text{如果 } s_{n+1} = 1 \text{ 且 } t_n^h < t_n^{\mathrm{sa}} \\ p_0, & \text{如果 } v_n = 0 \\ p_d, & \text{否则} \end{cases} \tag{3.3}$$

和考虑了速度期望效应的有效间距（3.4）：

$$d_n^{\mathrm{eff}} = d_n + \max\left(v_{\mathrm{anti}} - g_{\mathrm{safety}}, 0\right) \tag{3.4}$$

式中，s_{n+1} 是车辆 $n+1$ 的刹车灯状态（$s_{n+1} = 1\,(0)$ 表示刹车灯亮（灭））；$t_n^h = d_n/v_n$ 是车辆 n 的车头时距；$t_n^{\mathrm{sa}} = \min(v_n, h)$ 是安全车头时距；h 用于确定刹车灯的影响范围，可以理解为刹车灯对后车的最大影响时距。由于实际的车头时距分布存在小于 1 秒的车头时距（Neubert et al.，1999），为了再现实际车头时距的分布，BL 模型也考虑了速度期望效应，其中 $v_{\mathrm{anti}} = \min(d_{n+1}, v_{n+1})$ 是前车的期望速度；g_{safety} 是安全控制参数。需要指出，只有满足约束条件 $g_{\mathrm{safety}} \geqslant b$ 才能避免事故。随机慢化概率 $p = p_0$ 代表慢启动规则。BL 模型认为如果前方车辆的刹车灯亮（$s_{n+1} = 1$），并且车头间距在相互作用范围内（$t_n^h < t_n^{\mathrm{sa}}$），则随机慢化概率 $p = p_b$。BL 模型的更新规则如下：

（1）决定随机慢化概率 p

$$p = p\left(v_n, s_{n+1}, t_n^h, t_n^{\mathrm{sa}}\right)$$

$$s_n' = 0$$

（2）加速

若 $(s_{n+1} = 0$ 且 $s_n = 0)$ 或 $t_n^h \geqslant t_n^{\mathrm{sa}}$，则

$$\tilde{v}_n = \min\left(v_n + a, v_{\max}\right)$$

否则 $\tilde{v}_n = v_n$。

（3）减速

$$\tilde{v}_n = \min\left(\tilde{v}_n, d_n^{\mathrm{eff}}\right)$$

若 $\tilde{v}_n < v_n$，则 $s_n' = 1$。

（4）以概率 p 发生随机慢化

若 rand( ) $< p$，则 $\begin{cases} v_n' = \max\left(\tilde{v}_n - b, 0\right) \\ \text{若} p = p_b, \text{则} s_n' = 1 \end{cases}$

否则 $v'_n = \tilde{v}_n$。

（5）位置更新

$$x'_n = x_n + v'_n$$

其中，s'_n 表示下一时刻 n 车刹车灯的状态。BL 模型中参数取值如表 3.4 所示。仿真过程中，每个元胞的长度为 $L_{cell} = 1.5$ m，车辆的设置长度 $L_{veh} = 5L_{cell} = 7.5$ m，表示一辆车占据 5 个元胞；时间步长是 1 s。图 3.17 是 BL 模型的基本图：当密度 $\rho < K_1$ 时，交通流为自由流；当密度 $K_1 < \rho < K_2$ 时，交通流由自由流和拥挤流[1]共同组成（图 3.18(a)）；随着密度增加，拥挤流区域逐渐扩大（图 3.18(b)）；当密度 $\rho > K_2$ 时，自由流消失，交通流仅有拥挤流存在（图 3.18(c)）；随着密度进一步增加，堵塞区域逐渐扩大（图 3.18(d)）。

表 3.4　BL 模型参数取值（取自：Knospe et al., 2000）

参数	v_{max}	p_b	p_0	p_d	a	b	g_{safety}	h
含义	最大速度	考虑刹车灯作用的慢化概率	慢启动概率	其他情况的随机慢化概率	加速度	随机减速度	安全控制参数	刹车灯的最大影响时距
单位	L_{cell}/s	—	—	—	L_{cell}/s^2	L_{cell}/s^2	L_{cell}	s
取值	20	0.94	0.5	0.1	1	1	7	6

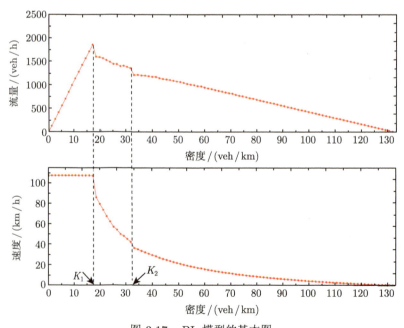

图 3.17　BL 模型的基本图

---

[1] 笔者认为 BL 模型不能模拟符合实际的同步流，因其模拟的拥挤流不能稳定存在，堵塞总会在其内部形成。

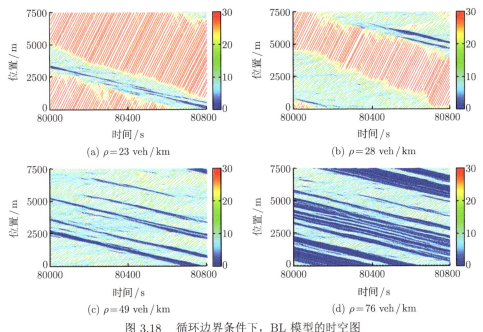

(a) $\rho = 23$ veh/km

(b) $\rho = 28$ veh/km

(c) $\rho = 49$ veh/km

(d) $\rho = 76$ veh/km

图 3.18 循环边界条件下，BL 模型的时空图

随后 Tian 等（2017）在刹车灯模型的基础上考虑了期望时间间距对后车司机驾驶行为的影响，提出了考虑期望时间间距刹车灯模型（desire time gap brake light model，DTGBL 模型），模型规则如下：

（1）决定随机慢化概率 p

$$p = p\left(v_n, s_{n+1}, t_n^h, t_n^{sa}\right)$$

$$s_n' = 0$$

（2）加速

若 $\left(s_{n+1} = 0 \text{ 或 } t_n^h \geqslant t_n^{sa}\right)$ 且 $v_n > 0$，则

$$\tilde{v}_n = \min\left(v_n + a_1, v_{max}\right)$$

否则 $\tilde{v}_n = \min\left(v_n + a_2, v_{max}\right)$。

（3）减速

$$\tilde{v}_n = \min\left(\tilde{v}_n, \lceil d_n^{eff}/T \rceil\right)$$

若 $\tilde{v}_n < v_n$，则 $s_n' = 1$。

（4）以概率 p 发生随机慢化

若 rand（）$< p$, 则 $\begin{cases} v'_n = \max\left(\tilde{v}_n - b, 0\right), \\ 若 p = p_b, 则 s'_n = 1; \end{cases}$

否则 $v'_n = \tilde{v}_n$。

（5）位置更新

$$x'_n = x_n + v'_n$$

其中，规则（1）中随机慢化概率 p 的确定与 BL 模型相同，具体形式如式（3.3）所示。规则（3）中 T 是考虑速度期望效应的期望时间间距；$\lceil x \rceil$ 表示不小于 x 的最小整数。

DTGBL 模型和 BL 模型的区别有如下两点：① 在加速规则中，DTGBL 模型设置了不同的加速能力 a_1 和 a_2。和 BL 模型相比，DTGBL 模型的加速条件要相对宽松，考虑了司机倾向于以较大速度行驶的特点，这样可以使 DTGBLM 模型模拟出速度较高的同步流；② 在减速规则中，DTGBL 模型考虑了司机希望保持期望时间间距的特性，这样可以使 DTGBL 模型模拟的同步流内部不出现堵塞，从而产生符合实测的同步流。

DTGBL 模型中参数取值如表 3.5 所示。仿真过程中，DTGBL 模型的元胞长度为 $L_{\text{cell}} = 1.5$ m，车辆长度 $L_{\text{veh}} = 5L_{\text{cell}} = 7.5$ m，道路长度设置为 7.5 km。DTGBL 模型的基本图和时空图（图 3.19 和图 3.20）表明：DTGBL 模型可以模拟自由流、同步流、阻塞以及自由流到同步流的一阶相变（F→S）（图 3.20(a)）和同步流到堵塞的一阶相变（S→J）（图 3.20(b)）。当交通流密度较小且交通流状态处于基本图同步流分支时，F→S 相变发生后，交通流会演化为同步流和自由流共存的状态，见图 3.20(a)；并且随着密度的增加，同步流区域会逐渐扩大，自由流区域会逐渐减小；当密度足够大时，道路上最终只剩下同步流，见图 3.21(a)。图 3.21(b) 表明 DTGBL 模型模拟的同步流内部没有堵塞，车辆速度维持在一定的范围内波动。

表 3.5　DTGBL 模型参数取值（Tian et al., 2017）

参数	$v_{\max}$	T	p_b	p_0	p_d	g_{safety}	H	a_1	a_2	b
含义	最大速度	期望时间间距	考虑刹车灯作用的慢化概率	慢启动概率	其他情况的随机慢化概率	安全控制参数	刹车灯的最大影响时距	加速度	加速度	随机减速度
单位	L_{cell}/s	s	—	—	—	L_{cell}	s	$L_{\text{cell}}/\text{s}^2$	$L_{\text{cell}}/\text{s}^2$	$L_{\text{cell}}/\text{s}^2$
取值	20	1.8	0.94	0.5	0.1	7	6	2	1	1

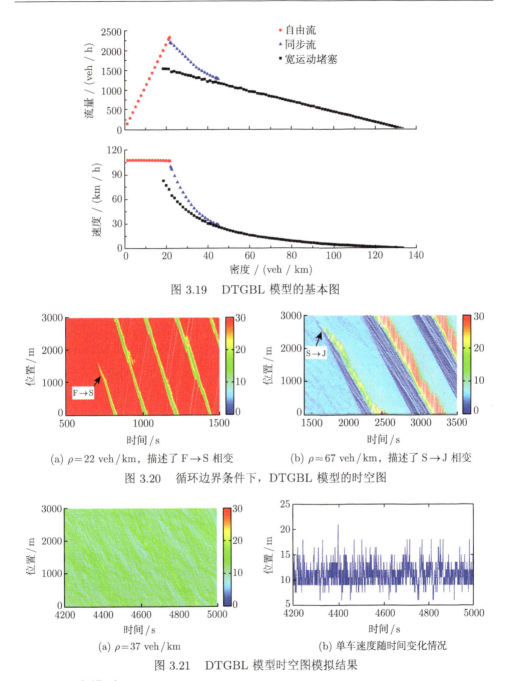

图 3.19　DTGBL 模型的基本图

(a) $\rho = 22$ veh/km，描述了 F→S 相变　　(b) $\rho = 67$ veh/km，描述了 S→J 相变

图 3.20　循环边界条件下，DTGBL 模型的时空图

(a) $\rho = 37$ veh/km　　(b) 单车速度随时间变化情况

图 3.21　DTGBL 模型时空图模拟结果

3.3.7　两态模型

两态模型（two-state model，TS 模型）考虑了两种驾驶状态：保守状态和正常状态（Tian et al., 2015）。如果 $d_n^{\mathrm{eff}} < d_n^{\mathrm{safety}}$，司机则处于保守驾驶状态，此时

司机具有较大的随机慢化概率 p_a 和减速度 $b(\geqslant a)$，否则司机处于正常驾驶状态。模型更新规则如下。

（1）确定随机化参数 p 和减速范围 Δv

$$p = \begin{cases} p_a, & \text{如果 } d_n^{\text{eff}} < d_n^{\text{safety}} \\ p_b, & \text{如果 } v_n = 0 \text{ 且} t_n^{\text{st}} \geqslant t_c \\ p_c, & \text{否则} \end{cases}$$

$$\Delta v = \begin{cases} b, & \text{如果} d_n^{\text{eff}} < d_n^{\text{safety}} \\ a, & \text{否则} \end{cases}$$

（2）加速

$$\tilde{v}_n = \min\left(v_n + a, v_{\max}\right)$$

（3）减速

$$\tilde{v}_n = \min\left(d_n^{\text{eff}}, \tilde{v}_n\right)$$

（4）以概率 p 随机慢化

$$v_n' = \begin{cases} \max\left(\tilde{v}_n - \Delta v, 0\right), & \text{如果 } \text{rand}() < p \\ \tilde{v}_n, & \text{否则} \end{cases}$$

（5）确定 t_n^{st}

若 $v_n' = 0$, 则 $t_n^{\text{st}} = t_n^{\text{st}} + 1$;

若 $v_n' > 0$, 则 $t_n^{\text{st}} = 0$。

（6）位置更新

$$x_n' = x_n + v_n'$$

这里，$d_n^{\text{safety}} = T_{\text{safety}} v_n$ 是车辆之间考虑速度期望效应的安全空距，T_{safety} 是考虑速度期望效应的安全时距。t_n^{st} 表示车辆 n 处于停顿状态的累计时间。若车辆运动则 $t_n^{\text{st}} = 0$。此处慢启动规则添加了条件 $t_n^{\text{st}} \geqslant t_c$。需指出，只有满足约束条件 $g_{\text{safety}} \geqslant b$ 才能避免事故。

图 3.22 为 TS 模型的基本图的仿真结果。仿真过程中，每个元胞的长度设置为 $L_{\text{cell}} = 7.5$ m。车辆的长度设置为 $L_{\text{veh}} = 1L_{\text{cell}} = 7.5$ m，表示一辆车占据 1 个元胞。其余参数取值见表 3.6。仿真结果表明，TS 模型也可以实现自由流、同步流、阻塞以及 F→S（图 3.23（a））和 S→J 的相变（图 3.23（b））。

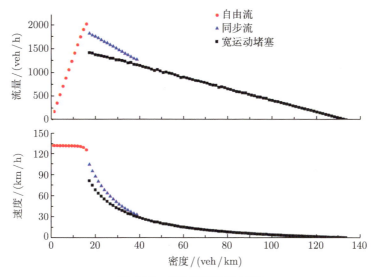

图 3.22 TS 模型的基本图

表 3.6 TS 模型的参数值（Tian et al., 2015）

参数	$v_{\max}$	T_{safety}	p_a	p_b	p_c	a	B	g_{safety}	t_c
含义	最大速度	考虑速度期望效应的安全时距	保守驾驶状态的慢化概率	慢启动概率	其他情况的随机慢化概率	加速度	减速度	安全控制参数	车辆处于停顿状态的累计时间阈值
单位	L_{cell}/s	s	—	—	—	$L_{\text{cell}}/\text{s}^2$	$L_{\text{cell}}/\text{s}^2$	L_{cell}	s
取值	5	1.8	0.95	0.55	0.1	1	1	2	8

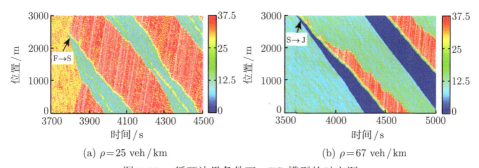

(a) $\rho = 25 \text{ veh}/\text{km}$ (b) $\rho = 67 \text{ veh}/\text{km}$

图 3.23 循环边界条件下，TS 模型的时空图

3.3.8 有限减速能力模型

在上述模型中，车辆具有无限的减速能力，可以在一个时间步长内从任何速度减速到零，这是不符合实际的。Lee 等（2004）提出了考虑车辆有限减速能力的模型。在 Lee 模型中，引入了司机对当前交通状况的估计，分别描述了乐观驾驶环境和悲观驾驶环境中，司机的驾驶行为。并行更新规则如下：

（1）确定安全速度 v_s

$$v_s = \max\left(c \;\middle|\; x_n + \Delta + \sum_{i=0}^{\tau(c)} (c - bi) \leqslant x'_n + \sum_{i=1}^{\tau_l(v_{n+1})} (v_{n+1} - bi)\right) \quad (3.5)$$

（2）确定随机化概率 p

$$p = \max\left(p_d, p_0 - (p_0 - p_d)\, v_n/v_{\text{slow}}\right) \quad (3.6)$$

（3）速度更新

$$\tilde{v}_n = \min\left(v_{\max}, v_n + a, \max\left(0, v_n - b, v_s\right)\right)$$

（4）以概率 p 随机慢化

$$v'_n = \begin{cases} \max\left(0, v_n - b, \tilde{v}_n - a\right), & \text{如果 rand( )} < p \\ \max\left(0, v_n - b, \tilde{v}_n\right), & \text{否则} \end{cases}$$

（5）位置更新

$$x'_n = x_n + v'_n$$

其中，

$$\gamma = \begin{cases} 0, & \text{如果}\, v_n \leqslant v_{n+1} \leqslant v_{n+2}\ \text{或}\, v_{n+2} \geqslant v_{\text{fast}} \\ 1, & \text{否则} \end{cases}$$

$$\Delta = L_{\text{veh}} + \gamma \max\left(0, \min\left(g_{\text{add}}, v_n - g_{\text{add}}\right)\right),$$

$$\tau(v) = \gamma v_n/b + (1 - \gamma)\max\left(0, \min\left(v_n/b, t_{\text{safe}}\right) - 1\right)$$

$$\tau_l(v) = \gamma v_n/b + (1 - \gamma)\min\left(v_n/b, t_{\text{safe}}\right)$$

在实际驾驶中，为保证安全驾驶，司机总是对前车的行驶情况做最坏的打算，也就是说，总以为前车会突然减速。如式（3.5）所示，Lee 模型采用启发式的方法，确定安全速度。在式（3.5）中，c 表示后车的安全速度，即当前车突然减速后，后车以速度 c 行驶并减速，仍可以保证安全的速度。c 的最大值 v_s 表示最大安全行驶速度。同时，γ 是司机对当前交通状况的感受变量，其中 $\gamma = 0$ 表示司机对当前交通状况的估计比较乐观，$\gamma = 1$ 表示司机对当前交通状况的估计比较悲观。v_{fast} 是略低于 $v_{\max}$ 的临界速度，$v \geqslant v_{\text{fast}}$ 表示车辆处于高速行驶状态。$v_n(t) \leqslant v_{n+1}(t) \leqslant v_{n+2}(t)$ 表示车辆 n 处于比前方车辆速度低的行驶状态。这两种状态被认为是乐观驾驶环境。Δ 是车辆间最小的间距，$\tau(v)$ 和 $\tau_l(v)$ 分别是后车和前车从减速到停车所需的时间。g_{add} 是在悲观驾驶环境中，行驶需要的额外安全距离，t_{safe} 是在乐观驾驶环境中，后车能够预测到的其处于安全状态的最大时间步长。式（3.6）对随机慢化概率 p 的定义是慢启动规则的推广。当车辆的速度低于临界速度 v_{slow} 时，p 在 p_d 和 p_0 之间线性变化，并且速度越小 p 越大。

图 3.24 展示了 Lee 模型的基本图。仿真过程中，每个元胞的长度为 $L_{cell} = 1.5$ m，车辆长度 $L_{veh} = 5L_{cell} = 7.5$ m，其余参数如表 3.7 所示。结果表明 Lee 模型也可以再现自由流、同步流、阻塞以及 F→S（图 3.25(a)）和 S→J 相变（图 3.25(b)）。需指出，在 F→S 相变发生后，同步流区域逐渐扩大最终占满整条道路，即 Lee 模型无法模拟同步流和自由流共存的状态。此外，该模型模拟的同步流也比较均匀，参见图 3.26。

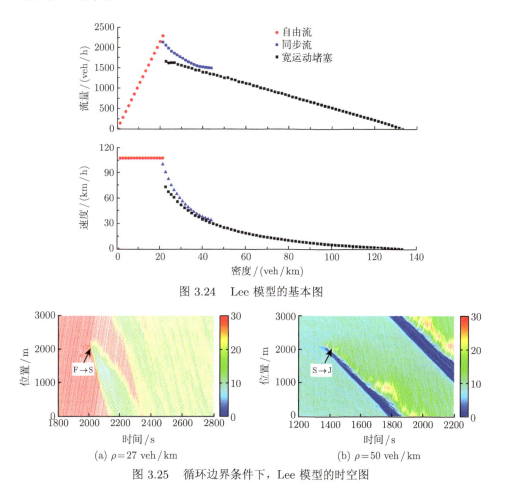

图 3.24 Lee 模型的基本图

(a) $\rho = 27$ veh/km   (b) $\rho = 50$ veh/km

图 3.25 循环边界条件下，Lee 模型的时空图

表 3.7 Lee 模型参数值（Lee et al., 2004）

参数	$v_{\max}$	a	b	v_{fast}	t_{safe}	g_{add}	p_0	p_d	v_{slow}
含义	最大速度	加速度	随机减速度	略低于 $v_{\max}$ 的临界速度	乐观驾驶环境中后车预测其处于安全驾驶状态的最大时间	悲观驾驶环境中后车所需的额外安全距离	慢启动概率	其他情况的随机慢化概率	慢启动临界速度
单位	L_{cell}/s	$L_{\text{cell}}/\text{s}^2$	$L_{\text{cell}}/\text{s}^2$	L_{cell}/s	s	L_{cell}	—	—	L_{cell}/s
取值	20	1	2	19	3	4	0.32	0.11	5

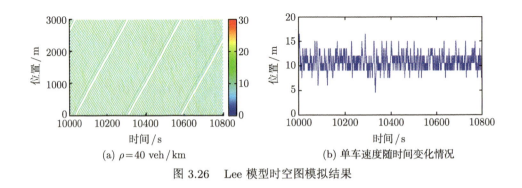

(a) $\rho = 40\ \text{veh/km}$ (b) 单车速度随时间变化情况

图 3.26 Lee 模型时空图模拟结果

3.4 城市路网交通流中的元胞自动机模型

城市内的道路（环道除外）一般都是纵横交错，有很多的交叉路口，形成了一定的路网结构。相对高速公路而言，其结构要复杂得多，对其进行交通流模拟也要困难得多，很难直接按上一节中介绍的一维元胞自动机交通流模型来模拟城市路网交通流。二维及适用于路网的 CA 交通流模型也就随之产生。

3.4.1 BML 模型

1992 年，Biham 等（1992）提出了第一个二维交通流元胞自动机模型（BML 模型）。模型定义于一个 $N \times N$ 的方形格点的网络上，每一个格点具有三种状态：没有车辆、被一辆北向行驶的车辆占据或被一辆东向行驶的车辆占据。该模型反映了交叉路口处交通信号灯的作用：在奇数时间步，只有东向车辆可以行驶；在偶数时间步，只有北向车辆可以行驶。在奇数时间步，只要东向行驶的车辆的右侧有一个或多个空的元胞，那么该车向东移动一个元胞位置；如果其右侧元胞被其他车辆所占据，即使阻挡车辆在该时刻向前运动让出了空间，该车也保持静止不动。在偶数时间步，北向行驶的车辆使用相同的运行规则。模型的整个更新过程都是确定性的，而随机性只是体现在初始时刻的车辆分布上。BML 模型是城市路网交通的一个最简化模型，它仅仅保留了城市交通的一些基本特征，比如互相垂直的两个方向上的车流同时运行，并且彼此之间不能重叠。

由于模型使用了周期性边界条件，所以每种类型的车辆总数始终是守恒的。我们用 $\rho_\rightarrow = n_\rightarrow / N^2$（$\rho_\uparrow = n_\uparrow / N^2$）表示东向（北向）行驶车辆的车辆密度，这里 $n_\rightarrow$（$n_\uparrow$）表示东向（北向）行驶车辆的总数目。在 Biham 等的研究中仅考察了 $\rho_\rightarrow = \rho_\uparrow = \rho/2$ 的情况。车辆的速度只能在 $(0, 1)$ 二者之中取值，而车辆在 t 时刻的平均速度则定义为在 t 时刻运动的车辆数与总车辆数的比值。

在对大量不同初始分布状态的系统进行广泛深入的模拟后，Biham 等发现在经过一定的过渡阶段后（过渡阶段的长短依赖于系统的尺寸、密度和初始分布），系统会达到一种渐近状态（asymptotic state）。他们在研究中发现了两种性质完全不同的渐近状态，二者之间有一个临界点 ρ_c。低于临界点时（$\rho < \rho_c$），所有的车辆自由行驶，平均车速 $\bar{v} = 1$；高于临界点时（$\rho > \rho_c$），车辆基本上无法行驶，平均速度 $\bar{v} = 0$ 的概率非常大。图 3.27 是低于临界点的一种典型状态，系统自组织地形成了自左上角至右下角的彼此分开的数行。这种车辆排列可以使它们达到最大速度。当一辆东向行驶的车辆移动后，恰好为下一时刻北向行驶的车辆让出了空间，这样它们之间永远不会发生冲突。如图 3.28 所示，在临界点之上车辆全部停在一个全局集簇中。这个全局集簇自左下角至右上角沿对角线方向展开，这样的排列使所有的车辆均无法向前行驶。

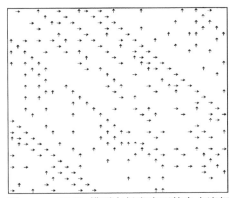

图 3.27　BML 模型在低密度下的自由流相（系统尺寸为 32×32，$\rho = 0.25$）

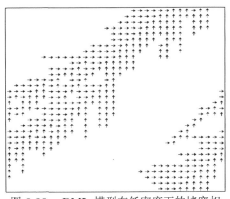

图 3.28　BML 模型在低密度下的堵塞相（系统尺寸为 32×32，$\rho \approx 0.4082$）

随着车流密度的变化，在这两种状态之间有一个急速的转变。在这个转变过程中，车辆的平均速度很快从 $\bar{v} = 1$ 变为 $\bar{v} = 0$。从 16×16 到 512×512 的五个系统尺寸的模拟结果展示在图 3.29 中。可以看到，系统尺寸比较小时，两种状态之间的转换并不突然，中间有一个过渡区域。在过渡区域内系统的最终状态有可能是堵塞状态也有可能是自由运动状态，初始状态分布是系统最终演化状态的决定因素。我们将过渡区域的中间位置所对应的密度值记为 $\rho_c(N)$，可以发现，随着系统尺寸的增大，$\rho_c(N)$ 逐渐减小，同时过渡区域也变得越来越窄。当系统尺寸比较大时，过渡区域变得非常窄，我们可以把两种状态之间的转变看作是一阶相变。但是，根据目前的模拟结果还无法确定在无穷大尺寸的系统中，$\rho_c(N)$ 是收敛于一个临界值 ρ_c，还是趋于 0。

为了更好地理解模型中出现的一阶相变，Biham 等还考察了一种可进行理论分析的简单一维问题：仅考虑沿某一个方向（如向东）行驶的车辆沿着环路运行。此时，平均速度与初始状态分布无关。当 $\rho < 1/2$ 时，$\bar{v} = 1$；当 $\rho > 1/2$ 时，$\bar{v} = (1 - \rho)/\rho$，随着密度的增加平均车速逐渐减小为 0，减小的过程是连续的，中间不存在任何突变。因此，可以认为一阶相变的产生是由于水平方向与垂直方向的车流相互干扰造成的。为了更清楚地说明这一点，Biham 等还对另一种四状态模型进行了研究：模型允许东向行驶车辆和北向行驶车辆同时占据同一个元胞。车辆的系统更新不再分奇、偶时间步，在每一时刻所有的车辆均同时更新。当东向行驶车辆和北向行驶车辆同时想进入同一个元胞时，那么它们可以同时进入。但是，任何车辆均不能驶入一个已被其他车辆占据的元胞。这样的规则设计就是为了弱化两个方向车流之间的相互作用。模拟发现，在该种模型下，从自由运行状态到堵塞状态的转变过程是连续的，这和上述的一维情况是类似的。这一切进一步说明了一阶相变是由两个方向车辆相互干扰造成的。

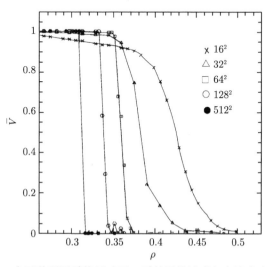

图 3.29　在五种不同系统尺寸下，系统平均速度与车流密度的关系

3.4.2 NaSch 和 BML 的耦合模型

尽管 BML 模型可以描述出城市路网交通的一些基本特征，但是该模型过于简化，无法模拟一些较为细微的交通特征。为了解决这一问题，就需要将两个相邻交叉口之间的路段进一步细化为 $D-1$（$D>1$）个元胞（Nagatani，1994；Horiguchi and Sakakibara，1998；Chopard et al.，1996）。这样，交叉路口之间的路段上的交通就可以用前面介绍的 NaSch 模型中的位置更新、加速、减速等规则加以描述，进而将在同一条道路上行驶的车辆之间的相互作用也考虑进来。另外，人们还需要按照一定的时间间隔 T（$T \gg 1$），有规律地周期性地变换交通信号灯的颜色。在绿灯段的每一个离散时间步，车辆都有可能向前行驶。20 世纪末，Chowdhury 和 Schadschneider（1999）和 Schadschneider 等（1999）将 NaSch 模型和 BML 模型结合起来提出了具有上述特征的模型（ChSch 模型）。他们在模型规则的设计过程中遵循了下面的两条原则：①当信号灯为红灯时，车辆仍然可以向前移动，除非该车前面的元胞被其他车辆占据或它已经行驶到交叉路口；②在没有随机慢化作用下，没有交叉口死锁现象的发生。

Chowdhury 等研究了一个由 $N \times N$ 条道路组成的路网。为了简单起见，假定道路分别平行于笛卡儿坐标系中的 X 轴和 Y 轴。和 BML 模型一样，一条道路上只允许东向（或北向）行驶的车辆运行。接下来在 $N \times N$ 个节点（东西方向的车道与南北方向的车道的交叉点）上设置交通信号灯。然后，我们将两个相邻交叉路口间的路段（包含其中的一个交叉口）划分为 D 个元胞，这样每条道路就有 $L_{road} = N \times D$ 个元胞。在某一时刻，每一个元胞或者是空的，或者被一辆车所占据。当 $D = 1$ 时，路网结构就退化为 BML 模型的形式；当 $D = 2$ 时，路网结构和 Horiguchi 和 Sakakibara（1998）提出的模型是一致的。在 Chowdhury 等的模型中，$D < L_{road}$ 被看作一个模型参数。图 3.30 展示了耦合模型中系统自组织地形成完全堵塞的现象以及完全堵塞的最终构形。具体的仿真结果及分析在这里不再细述，有兴趣的读者可参阅原文（Chowdhury and Schadschneider，1999；Schadschneider et al.，1999）。

建立耦合模型的初衷就是一方面要能捕捉到 NaSch 模型和 BML 模型展现出的一些基本特征，另一方面又要尽量保持模型的简单易行。Chowdhury 等提出的模型基本体现了这一宗旨，但是在他们的模型基础上还可以就如下的几个问题展开探讨：①每条道路有多个车道、并允许双向车流同时存在；②研究可体现车辆在交叉口向前行驶及转向等行为的更加切合实际的规则；③探讨交通信号灯的不同控制策略对交通系统的影响。

另外，以 BML 模型为基础，人们还提出了许多其他模型，来模拟更为切合实际的交通行为。例如 Cuesta 等（1993）和 Nagatani（1995）将车辆的转向规则引入到 BML 模型中；Freund 和 Pöschel（1995）考察了双向交通的问题；Gu 等（1995）将 BML 模型进行改进后可以处理非均匀网格的问题。

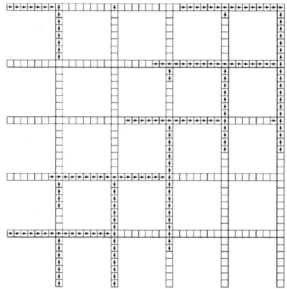

图 3.30   耦合模型中的一个典型的完全堵塞构形（$N = 5$, $D = 8$）（东向行驶车辆和北向行驶车辆分别用符号 → 和 ↑ 表示）

3.5 小   结

本章在介绍元胞自动机的基本知识的基础之上，分别从单车道元胞自动机模型和城市路网元胞自动机模型几个方面对一些经典的模型进行了介绍。限于篇幅和本书的侧重点，还有很多方面的内容没有涉及，比如：公交线路模型、轨道交通元胞自动机模型、元胞自动机模型在瓶颈系统中的应用等等，感兴趣的读者可参阅相关文献。

复习思考题

1. 试说明在元胞自动机中邻居的含义，以及设置邻居的主要原因。

2. 请分析 NaSch 模型相对于 184 号规则，其主要改进体现在哪几个方面？

3. 计算机编程模拟。在周期性边界条件下，对 NaSch 模型进行计算机模拟，并重现模型的主要结果。尝试改变参数取值，研究参数对 NaSch 模型的性质。

4. 计算机编程模拟 KKW 模型和 DTGBL 模型，对比分析这两个模型模拟的基本图、车头时距分布等交通流宏微观参数的异同点。

参 考 文 献

贾斌, 高自友, 李克平, 等. 2007. 基于元胞自动机的交通系统建模与模拟 [M]. 北京: 科学出版社.

Barlovic R, Santen L, Schreckenburg A. 1998. Metastable states in cellular automata for traffic flow[J]. The European Physical Journal B, 5(3): 793-800.

Benjamin S C, Johnson N F, Hui P. 1996. Cellular automata models of traffic flow along a highway containing a junction[J]. Journal of Physics A, 29(12): 3119-3127.

Biham O, Middleton A A, Levine D A. 1992. Self-organization and a dynamical transition in traffic flow models[J]. Physical Review Letters A, 46(10): R6124-R6127.

Chopard B, Droz M. 1998. Cellular Automata Modelling of Physical Systems[M]. Cambridge: Cambridge University Press.

Chopard B, Luthi P O, Queloz P A. 1996. Cellular automata model of car traffic in a two-dimensional street network[J]. Journal of Physics A, 29(10): 2325-2336.

Chowdhury D, Santen L, Schadschneider A. 2000. Statistical physics of vehicular traffic and some related systems[J]. Physics Reports, 329(4-6): 199-329.

Chowdhury D, Schadschneider A. 1999. Self-organization of traffic jams in cities: Effects of stochastic dynamics and signal periods[J]. Physical Review E, 59(2): R1311-R1314.

Cremer M, Ludwig J. 1986. A fast simulation model for traffic flow on the basis of Boolean operations[J]. Mathematics and Computers in Simulation, 28(4): 297-303.

Cuesta J A, Martines F C, Molera J M, et al. 1993. Phase transitions in two-dimensional traffic-flow models[J]. Physical Review E, 48(6): R4175-R4178.

Freund J, Pöschel T. 1995. A statistical approach to vehicular traffic[J]. Physica A, 219(1-2): 95-113.

Gu G Q, Chung K H, Hui P M. 1995. Two-dimensional traffic flow problems in inhomogeneous lattice[J]. Physica A, 217(3-4): 339-347.

Horiguchi T, Sakakibara T. 1998. Numerical simulations for traffic-flow models on a decorated square lattice[J]. Physica A, 252(3-4): 388-404.

Kerner B S, Klenov S L, Wolf D E. 2002. Cellular automata approach to three-phase traffic theory[J]. Journal of Physics A, 35(47): 9971-10013.

Knospe W, Santen L, Schadschneider A, et al. 2000. Towards a realistic microscopic description of highway traffic[J]. Journal of Physics A, 33(48): L477-L485.

Lee H Y, Barlovic R, Schreckenberg M, et al. 2004. Mechanical restriction versus human overreaction triggering congested traffic states[J]. Physical Review Letters, 92(23): 238702.

Li X B, Wu Q S, Jiang R. 2001. Cellular automaton model considering the velocity effect of a car on the successive car[J]. Physical Review E, 64(6): 066128.

Maerivoet S, Moor B D. 2005. Cellular automata models of road traffic[J]. Physics Reports, 419(1): 1-64.

Nagatani T. 1994. Effect of jam-avoiding turn on jamming transition in two-dimensional traffic flow model[J]. Journal of the Physical Society of Japan, 63(4): 1228-1231.

Nagatani T. 1995. Self-organization in 2D traffic flow model with jam-avoiding drive[J]. Journal of the Physical Society of Japan, 64(4): 1421-1430.

Nagel K, Schreckenberg M. 1992. A cellular automaton model for freeway traffic[J]. Journal de physique I (France), 2(12): 2221-2229.

Neubert L, Santen L, Schadschneider A, et al. 1999. Single-vehicle data of highway traffic: A statistical analysis[J]. Physical Review E, 60(6): 6480-6490.

Schadschneider A, Chowdhury D, Brockfeld E, et al. 1999. A new cellular automata model for city traffic[J]. Pre-Print: arxiv: cond-mat/9911312V1.

Tadaki S i, Kikuchi M, Fukui M, et al. 2013. Phase transition in traffic jam experiment on a circuit[J]. New Journal of Physics, 15(10): 103034.

Takayasu M, Takayasu H. 1993. 1/f noise in a traffic model[J]. Fractals, 1(4): 860-866.

Tian J F, Jia B, Ma S, et al. 2017. Cellular automaton model with dynamical 2D speed-gap relation[J]. Transportation Science, 51(3): 807-822.

Tian J F, Treiber M, Ma S, et al. 2015. Microscopic driving theory with oscillatory congested states: Model and empirical verification[J]. Transportation Research Part B, 71: 138-157.

Wolfram S. 1983. Statistical mechanics of cellular automata[J]. Reviews of Modern Physics, 55(3): 601-644.

第 4 章 车辆跟驰模型

4.1 概 述

车辆跟驰理论（car-following theory）是一类能够描述在限制超车的单行道场景下，行驶车队中相邻两车之间相互作用的模型方法。通过将车辆看成分散的、存在相互作用的粒子，在假设没有超车的情况下，研究后车跟随前车的动力学过程，进而分析单车道上交通流的演化特性。车辆跟驰理论将整个交通系统视为一种质点系动力学系统，它假设车队中的每辆车必须与前车保持一定的距离以免碰撞，通过考虑跟随车辆对车头间距、速度差等刺激因素的反应，建立微分方程，进而通过求解微分方程就可以确定车流的演化过程。车辆跟驰模型（car-following model）是为模拟驾驶人在真实道路系统中的跟车行为而建立的描述车辆运动规律的微分方程。

在车辆跟驰模型中，后车基于前后车距与速度差等因素产生加速、减速或匀速等跟车行为，在这种状态下，车队整体呈现出制约性、延迟性和传递性三个特点。制约性是指在后车跟随前车运行的车队中，出于对出行时间的考虑，后车驾驶员总不愿意落后很多，而是紧随前车前进；然而为了避免发生追尾事故，后车车速又不能长时间大于前车的车速，只能在前车速度附近摆动；此外，前后车之间还必须保持一个安全距离，在前车制动时给后车驾驶人提供足够的减速反应时间。紧随要求、车速条件和间距条件构成了前后相邻车辆跟驰行驶的制约性，即前车的车速制约着后车的车速和车头间距。由制约性可知，后车运动状态会随前车的改变而变化，但这种改变是不同步的，后车驾驶人从感知到做出反应需要一定的时间，由此便产生了延迟性。当车队中的第一辆车改变运行状态时，这一效应会一辆接一辆地向后传递，直至车队最后一辆，即为传递性。这种具有延迟性的信息，会像间断连续脉冲一样向后传递。制约性、延迟性和传递性构成了车辆跟驰的基本特征，同时也是车辆跟驰模型建立的理论基础。在车辆运行过程中，周围交通环境信息都需要驾驶员感知、判断，然后做出决策。在实际情况中，驾驶员特性的不同会引起车辆运行状态的差异。受到驾驶员特性的影响，交通流会表现出各种复杂的现象。

跟驰理论最早由 Reuschel（1950）提出，并随着 Pipes（1953）提出解析方法后宣告定型。在美国通用汽车公司动力实验室，Gazis 等（1961）又对该理论做了进一步扩充。早期许多学者大都基于动力学原理与数学推导的方式建立车辆跟驰模型，也有学者基于运筹学理论研究车辆跟驰模型。随着车辆跟驰理论的进一步成熟与发展，许多学者开始将驾驶人的因素考虑进车辆跟驰模型中。国内外研究人员主要讨论了驾驶员的感知反应延迟时间（Chen et al.，2014）、加减速行为（Banks，1999；Knospe et al.，2001；Koshi，1983）以及换道行为（Laval and Leclercq，2010；Chung et al.，2007）对交通流运行特性的影响，例如回滞、散布、陡降、振荡、通行能力等特性。研究发现，从反应延迟时间方面来看，反应延迟时间和跟驰距离较短的激进驾驶员会引起交通流振荡，而反应延迟时间较长的驾驶员会造成排队消散率下降 8%~23%。在加减速行为方面，车头时距波动性（Banks，1999）、驾驶人期望效应（Knospe et al.，2001）以及速度适配效应（Kerner et al.，2002）等都是交通流散布和回滞现象产生的原因，而本质上这些都与驾驶员的加、减速行为的不对称性有关，不对称性包括两个方面：加、减速延迟反应时间的不对称（Newell，1961）以及加、减速幅度的不对称（Koshi，1983）。从换道行为方面来看，换道行为所产生的交通流空隙是引起交通流量陡降的根本原因。同时，非正常性的换道行为和被动换道行为容易引起不稳定的交通流产生拥堵，另外由于换道行为占用了额外的行驶空间并引起目标车道跟驰车辆的速度下降，从而导致道路通行能力下降。

在半个世纪中，跟驰模型的研究经历了控制工程、感知和心理学几个阶段。近年来，人们逐渐认识到道路交通系统不能简单地视为一种纯机械系统，而应该被看作由物理和心理相互作用的系统。跟驰理论的提出解决了人们对非自由行驶状态下车队的行驶特性的认识问题，对现代交通的模拟、评价及管理控制有着重要的理论价值和实际意义。

4.2　经典车辆跟驰模型

如图 4.1 所示，车辆跟驰过程主要包括三个阶段：感知阶段、决策阶段、控制阶段。首先，驾驶人感知前车的状态信息并进行分析判断，进而做出决策并控

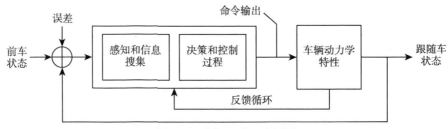

图 4.1　车辆跟驰理论框图

制车辆状态；最后，车辆根据驾驶人的控制跟随前车运行，输出跟驰车的运行状态。在这个过程中，还存在一个反馈过程，即车辆运行的动力学特性会反过来影响驾驶人的信息感知和决策控制过程。

4.2.1 车辆跟驰模型的分类

车辆跟驰模型随着时代的发展也在不断发生变化，对于各个时期呈现的新理论都有很好的体现。不同领域的研究学者，都尝试将其研究方法和理论应用在车辆跟驰行为的描述中，其目的也都是从不同角度揭示道路交通流的运行规律。

从交通工程角度看，车辆跟驰模型分为刺激–反应模型、安全距离模型、心理-生理模型和人工智能模型；从统计物理学角度，车辆被简单地看作是存在相互作用的简单粒子，具有自驱动和非平衡的特性，这类模型主要有优化速度模型、智能驾驶模型和元胞自动机模型。因此，本节按此两种分类方法对已有的车辆跟驰模型进行简单介绍。

4.2.2 刺激-反应模型

刺激-反应模型体现了最为经典的跟驰行为建模思想，集中刻画了跟驰行为中许多本质特征。它将前导车对驾驶人的作用表示为一种刺激，将驾驶人的感知能力作为其对刺激的一种敏感系数，将驾驶人的反应表示为跟驰车辆的运动行为，如（4.1）所示：

$$反应 = \lambda \times 刺激 \tag{4.1}$$

式中 λ 为驾驶人对刺激的反应参数，称为敏感度系数。通常，驾驶人受到的刺激因素是指前车的加速或减速行为，以及随之产生的速度差和车间距的变化；驾驶人对刺激的反应是指根据交通条件变化对车辆进行相应的操纵控制。

跟驰理论发展至今，在提出的各种形式的车辆跟驰模型中，研究的重点不同，假设条件也不甚相同。本节主要介绍基本的单车道车辆跟驰模型，该类模型一般存在以下基本假设：

① 道路平直，无交叉口或匝道，不允许超车。

② 当车头间距在 100~200m 以内时，认为车辆间存在相互影响，即后车处于跟驰状态，否则认为是车辆是自由行驶。

③ 在跟驰行驶时，车辆根据前方车辆的运行来调整本车的运动状态。从控制论的角度来看，单个车辆的跟驰模型是一个不可分解的持续调整反馈控制系统（feedback-control system）；而整个车队的跟驰模型是一个可分解为单个车辆模型的序贯级联系统（cascade system）。

④ 驾驶人根据当前时刻之前的信息进行判断，不能采取违反因果律的行为。

⑤ 驾驶人可以有不同的驾驶习惯，驾驶人的驾驶行为不一定总是及时、精确或正确的。

刺激-反应模型根据模型的形式可以分为经典模型及其改进模型，下面我们分别介绍这两类模型。

（1）线性车辆跟驰模型

由 Reuschel（1950）和 Pipes（1953）所提出的车辆跟驰模型是基于刺激-反应关系原理的最简单模型形式，且其模型形式为线性。本节对线性车辆跟驰模型的原理进行介绍。图 4.2 为线性跟驰模型原理示意图。其中，$x_{n-1}(t)$ 和 $x_n(t)$ 分别表示 t 时刻车辆 $n-1$ 和其跟随车 n 的位置，$s(t) = x_{n-1}(t) - x_n(t)$ 为 t 时刻这两辆车的车头间距，T 表示驾驶人的反应时间，$d_1 = T \cdot v_n(t)$ 表示驾驶人在反应时间 T 内车辆 n 行驶的距离，d_2 表示车辆 n 的制动距离，d_3 表示车辆 $n-1$ 的制动距离，L 表示停车安全距离。

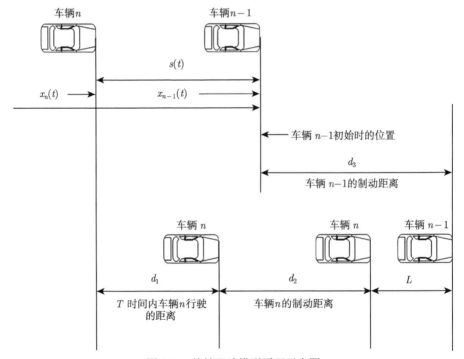

图 4.2　线性跟驰模型原理示意图

根据图 4.2，可以得到如下基本关系式：

$$s(t) = x_{n-1}(t) - x_n(t) = d_1 + d_2 + L - d_3 \tag{4.2}$$

$$d_1 = T \cdot v_n(t) = T \cdot v_n(t+T) = T \cdot \dot{x}_n(t+T) \tag{4.3}$$

假设两车的制动距离相等，即 $d_2 = d_3$，可得

$$s(t) = x_{n-1}(t) - x_n(t) = d_1 + L \tag{4.4}$$

结合式（4.3）和式（4.4），可得

$$x_{n-1}(t) - x_n(t) = T \cdot \dot{x}_n(t + T) + L \tag{4.5}$$

在式（4.5）两边对时间 t 求导，可得

$$\dot{x}_{n-1}(t) - \dot{x}_n(t) = T \cdot \ddot{x}_n(t + T) \tag{4.6}$$

令 $\lambda = 1/T$，将式（4.6）整理为如下形式（Chandler et al.，1958）：

$$\ddot{x}_n(t + T) = \lambda \left[\dot{x}_{n-1}(t) - \dot{x}_n(t) \right] \tag{4.7}$$

式（4.7）是刺激-反应关系的一种近似数学描述。进一步推广，可以将 λ 视为可调整的强度系数，而不局限于 $\lambda = 1/T$，只是其量纲仍为 s^{-1}。

上述推导所得的模型仅是对车辆跟驰过程进行了近似的描述，由于涉及的公式均为线性数学方程，因此该类模型也称为线性车辆跟驰模型。实际上，真实的跟驰行为更加复杂，即便如此，线性跟驰模型也能在一定程度上刻画车辆的动力学过程。同时，该模型的提出也为后续跟驰理论的丰富与发展提供了基本逻辑框架。

（2）改进的跟驰模型

改进的车辆跟驰模型是对线性模型的进一步改进与完善，将原线性模型中恒定的反应强度系数进行了函数表达。改进的车辆跟驰模型大多为非线性的，其研究主要源自于对车辆跟驰模型的稳态流特性分析，部分学者在研究过程中发现，线性车辆跟驰模型推导出的流量-密度和速度-密度关系并不能与实际结果较好地吻合，由此便逐渐提出了各种非线性车辆跟驰模型。改进的跟驰模型，主要包括 GM（the generalized expression for car following models）模型及其改进模型、Newell 模型以及其他改进模型。

① GM 模型的构建

线性车辆跟驰模型，即式（4.7），描述了车辆 $n + 1$ 在 $t + T$ 时刻跟驰过程中的加速度与车辆间速度差的函数关系。在稳定状态时，学者们根据线性跟驰模型推导出平衡速度的表达式，从而得到平衡状态下的流量-密度关系，如式（4.8）所示：

$$q = \lambda k \left(1 - \frac{k}{k_j} \right) \tag{4.8}$$

Gazis 等（1959）利用格林伯（Greenberg）提供的数据对式（4.8）进行拟合发现，由线性模型推导出的公式并不能很完美地拟合实际流量和密度的变化关系。

为了克服线性跟驰模型的缺陷，Gazis 等假定敏感度系数与车头间距成反比，即

$$\lambda = \frac{\lambda_1}{x_{n-1}(t) - x_n(t)} \tag{4.9}$$

式中，λ_1 为常数。将式（4.9）代入式（4.7），可得如下车辆跟驰方程：

$$\ddot{x}_n(t+T) = \frac{\lambda_1}{x_{n-1}(t) - x_n(t)} \left[\dot{x}_{n-1}(t) - \dot{x}_n(t) \right], \quad n = 1, 2, 3, \cdots \tag{4.10}$$

在此模型方程中，由于变量之间存在乘积关系，因此被称为非线性车辆跟驰模型。

根据式（4.10），可得流量-密度关系如下：

$$q = \lambda_1 k \ln(k_j/k) \tag{4.11}$$

通过对式（4.11）进行拟合，发现该模型能够较好地解释实测数据的定性性质，然而存在一个关键缺陷。分析式（4.11）能够发现，当 $k = 0$ 时，dq/dk 将趋于无穷大，显然这不符合实际。因为在实际道路中，低密度情况下由于车头间距很大，跟驰行为发生的频率很低。为了弥补这一缺陷，部分学者进一步提出敏感度系数与车头间距的平方成反比，与当前车速度成正比（Edie and Foote, 1961），即

$$\lambda = \frac{\lambda_2 \dot{x}_n(t)}{\left[x_{n-1}(t) - x_n(t) \right]^2} \tag{4.12}$$

式中，λ_2 为常数。从而可以得到如下的模型方程：

$$\ddot{x}_n(t+T) = \frac{\lambda_2 \dot{x}_n(t)}{\left[x_{n-1}(t) - x_n(t) \right]^2} \left[\dot{x}_{n-1}(t) - \dot{x}_n(t) \right], \quad n = 1, 2, 3, \cdots \tag{4.13}$$

将以上多种敏感系数进行总结，可以将敏感度系数用以下一般形式进行表示：

$$\lambda = a_{l,m} \frac{\dot{x}_n^m(t)}{\left[x_{n-1}(t) - x_n(t) \right]^l} \tag{4.14}$$

式中，$a_{l,m}$ 为常数，通常由实验确定，$l \geqslant 0$ 和 $m \geqslant 0$ 为参数。从而可以得到车辆跟驰模型的一般表达式如下：

$$\ddot{x}_n(t+T) = a_{l,m} \frac{\dot{x}_n^m(t)}{\left[x_{n-1}(t) - x_n(t) \right]^l} \left[\dot{x}_{n-1}(t) - \dot{x}_n(t) \right], \quad n = 1, 2, 3, \cdots \tag{4.15}$$

该模型被称为 GM 模型。从式（4.15）中可以看出，无论是最先提到的线性车辆跟驰模型或是非线性车辆跟驰模型，均由 m 和 l 不同取值组合而成。在车辆跟驰理论中，人们把具有式（4.15）表达特征的车辆跟驰模型通称为经典车辆跟驰模型或 GM 模型。

相对于线性车辆跟驰模型，非线性车辆跟驰模型（4.15）增加对车辆行驶速度以及前后车距的考虑，使得模型更加接近真实的跟驰行为，因此受到了许多学者的青睐，并衍生了一大批相关研究，表 4.1 列出了不同地区学者的模型拟合结果。

表 4.1　部分文献中的 GM 模型 m 和 l 的取值

模型出处	m		l	
(Chandler et al., 1958)	0		0	
(Herman et al., 1959)	0		1	
(Helly, 1961)	1		1	
(Gazis et al., 1959)	0-2		1-2	
(Edie and Foote, 1961)	1		2	
May and Keller, 1967	0.8		2.8	
Heyes and Ashworth, 1972	−0.8		1.2	
(Hoefs, 1972)	减速	1.5	减速	0.9
	制动	0.2	制动	0.9
	加速	0.6	加速	3.2
(Treiterer, Myers, 1974)	减速	0.7	减速	2.5
	加速	0.2	加速	1.6
(Ceder, 1976)	0.6		2.4	
(Aron, 1988)	减速	2.5	减速	0.7
	平稳	2.7	平稳	0.3
	加速	2.5	加速	0.1
(Ozaki, 1993)	减速	0.9	减速	1
	加速	−0.2	加速	0.2

经典跟驰模型从最初仅根据速度差来描述跟驰车加速度变化的线性模型，到考虑车间距和车辆跟驰车速度的 GM 模型，模型本身始终在不断丰富和发展。经典车辆跟驰模型的提出在交通流领域的研究中具有重要意义。通过对车辆动力学特征的深入分析，经典车辆跟驰模型将微观驾驶行为与宏观交通流特性联系了起来，为后续车辆跟驰模型的发展提供了蓝本，对提高道路交通流稳定性做出了重要贡献。但就像世界上任何一种理论方法一样，经典跟驰模型也存在一定局限性。

首先，经典跟驰模型无法描述某些特定跟车情景，比如当后车和前车速度相等时，模型计算结果表明后车将一直保持当前状态运行，而忽视了后车与前车之间的距离对跟驰行为的影响，这与实际情况相违背；再如，经典车辆跟驰模型不能描述单个车辆的动力学行为，即当某辆车的前方没有车辆时，此时车间距为无穷大，后车的加速度始终为零，而实际情形是车辆会基于期望速度进行加、减速。

其次，经典车辆跟驰模型假定车辆加速过程和减速过程是对称的。实际情况是大多数车辆的减速性能优于加速性能，并且驾驶人对前车加速和减速做出的反应强度也不一致，一般来说驾驶人对前车减速的反应强度更大。而经典车辆跟驰模型不能刻画这种驾驶人反应的不对称性。

最后，由经典车辆跟驰模型推导的流量–密度关系是连续的，而实测研究发现，当交通量达到最大通行能力时，会出现通行能力突然下降的不连续现象。

② GM 模型的扩展模型

Chandler 等（1958）在通用汽车实验室中研究出了作为刺激–反应类型中最重要的跟驰模型——GM 模型，如式（4.15）所示。GM 模型将前后车的相对速度作为刺激项，将跟驰车速度与车头间距作为敏感系数的影响因素，许多重要的跟驰模型都是基于 GM 模型发展起来的，主要有三个方面：

（i）加减速过程不对称性

跟驰车驾驶人出于对行车安全的考虑，对前导车加减速的反应强度是非对称的。在相对速度为负的情况下，驾驶人往往会采取更大的减速度，即驾驶人在危险状况下的敏感系数更大。在早期对 GM 模型的研究中，Herman 等（1959）首先考虑了这种加减速刺激不对称的特性，并通过实验结果证实了这一假设，其模型如下：

$$\ddot{x}_n = \alpha^{\pm} \frac{v_n^{\beta^{\pm}}}{\Delta x_{n,n-1}^{\gamma^{\pm}}} (v_{n-1} - v_n) \tag{4.16}$$

式中，$\alpha^{\pm}$，$\beta^{\pm}$，$\gamma^{\pm}$ 是与驾驶行为有关的参数。当 $v_{n-1} \geqslant v_n$ 时，采用 α^+，β^+，γ^+；当 $v_{n-1} < v_n$ 时，采用 α^-，β^-，γ^-。$\Delta x_{n,n-1}(t) = x_{n-1} - x_n$ 为前车 $n-1$ 和跟随车 n 之间的车头间距（为了符合人们的表述习惯，本节采用 Δx 替换前面小节的 s）。

（ii）记忆效应

记忆效应是驾驶人的重要特性之一。驾驶人依靠一段时间的刺激（而不是某一时刻的刺激）来做出驾驶决策。Lee（1966）首先提出了考虑驾驶人记忆效应的 GM 模型，其具体形式为

$$\ddot{x}_n(t + T) = \int_{t-\Delta t'}^{t} M(t - y)[v_{n-1}(y) - v_n(y)]dy \tag{4.17}$$

式中 $M(\cdot)$ 为记忆函数，表示驾驶人对信息的处理方式，$\Delta t'$ 为时间间隔，y 为驾驶人对前一阶段驾驶行为的记忆时间。

采用记忆函数虽然能够较为准确地描述驾驶人特性，但是在模型计算中需要记录车辆过去一段时间内的运行状态，需要占用很大的内存，因而在交通仿真应用中具有较大局限性。

（iii）多车跟驰行为

在真实的跟驰行为中，驾驶人受到的刺激不仅仅来自于最邻近的前导车，复杂交通环境中的多种因素都会对驾驶人产生刺激。基于此，Herman 等（1959）首先基于 GM 模型框架提出了多辆前导车刺激下的跟驰模型：

$$\ddot{x}_n(t) = \alpha \Delta \dot{x}_{n,n-1}(t - T_1) + \beta \Delta \dot{x}_{n,n-2}(t - T_2) \tag{4.18}$$

式中，T_1 和 T_2 分别表示驾驶人对最邻近前车和次邻近前车的延迟时间，α 与 β 为对应车辆对跟驰车刺激的敏感系数。

一般来说，随着与跟驰车距离的变大，前导车对驾驶人的刺激强度越小。相关研究表明，前方第 3 辆前导车对跟驰车的影响已经很小了，在实际建模中可以仅考虑前 3 辆前导车的影响。例如 Fox 和 Lehman 提出了双前车 GM 模型：

$$\ddot{x}_n(t + T) = \alpha \Delta \dot{x}_{n,n-1}(t) \frac{\dot{x}_n^m(t)}{\Delta x_{n,n-1}^l(t)} + \beta \Delta \dot{x}_{n,n-2}(t) \frac{\dot{x}_n^m(t)}{\Delta x_{n,n-2}^l(t)} \tag{4.19}$$

其他类似的模型还有 Bekey 等（1977）通过实际数据辨识得到的考虑双前车的模型：

$$\ddot{x}_n(t) = k_1 \Delta x_{n,n-1}(t - T) - k_2 \dot{x}_{n-1}(t) + k_3 \dot{x}_{n-2} \tag{4.20}$$

③ Newell 模型

Newell（1961）认为跟驰车驾驶人的刺激来源于车头间距，而非 GM 模型中所采用的相对速度。因此，提出了以车头间距作为刺激的非线性车辆跟驰模型，被称为 Newell 模型。在该模型中并没有直接给出加速度表达式，仅给出了速度表达式：

$$v_n(t + T) = v_{\max} - v_{\max} \exp\{-\lambda_n v_{\max}^{-1}[x_{n-1}(t) - x_n(t) - l_{n-1}]\} \tag{4.21}$$

式中，$v_{\max}$ 为车辆的最大速度或自由流速度；l_{n-1} 为第 $n-1$ 辆车的车身长度（包括安全的停车空当），即阻塞时车头间距；λ_n 为第 n 辆车速度为 0 时，速度–车头间距关系曲线的斜率。Newell 模型表明驾驶人通过车头间距优化调整车辆的速度。

④ 其他模型

Helly（1961）考虑车头间距也会对驾驶人产生刺激，在线性 GM 模型基础上，提出了综合考虑相对速度和车头间距刺激的模型。由于采用线性形式，Helly 模型也称为线性模型，即

$$\ddot{x}_n(t + T) = C_1[v_{n-1}(t) - v_n(t)] + C_2[v_{n-1}(t) - v_n(t) - D_n(t + T)] \tag{4.22}$$

式中，C_1 与 C_2 分别为待定相对速度与相对距离的敏感系数，D_n 为期望跟驰距离。

Bierley（1963）同样认为加速度应与车辆间距的某次幂成正比，但还应同时以线性加权的方式考虑车辆速度差的影响，提出了如下模型：

$$\ddot{x}_n(t+T) = \alpha \Delta \dot{x}_{n,n-1}(t) + \beta \Delta x_{n,n-1}^l(t) \tag{4.23}$$

式中，α 和 β 为待定线性加权参数。

Sultan 等（2004）提出了更为完备的模型形式

$$\ddot{x}_n(t+T) = \alpha \dot{x}_n^m(t) \frac{\Delta \dot{x}_{n,n-1}(t)}{\Delta x_{n,n-1}^l(t)} + k_1 \ddot{x}_{n-1}(t) + k_2 \ddot{x}_n(t) \tag{4.24}$$

式中，k_1 和 k_2 为待定参数。

⑤ 参数标定

参数标定在跟驰模型的研究中占有重要的地位，没有精确的参数标定，跟驰模型就失去了应用意义。随着数据采集设备的发展，应用车辆行驶记录仪、高空摄像机、GPS 等技术获取了大量微观交通数据，从而为车辆跟驰模型的参数标定奠定了数据基础。然而，由于设备精度不同、数据采集地点不同、交通状况不同，不同的研究者对 GM 模型的标定结果也存在很大的差异性，如表 4.1 所示。2004年，美国联邦公路局发起了"下一代仿真"（next generation simulation, NGSIM）研究计划，通过免费共享车辆时空轨迹数据，为建立统一的参数标定环境做出了重要贡献。

跟驰模型参数标定主要包括数据准备、模型选择、优化求解、结果评价四个部分。数据准备是跟驰模型参数标定实验研究的基础，主要包括数据获取手段、数据获取环境、样本筛选标准、样本数据预处理；模型选择是指在众多的跟驰模型中，选择具有代表性、运用广泛的模型，以提高实验的可信度；优化求解是指获取模型参数使得模型输出结果与实测数据之间的差异性达到最小，包括指标参数选择、目标函数选择和优化算法选择。

成熟的微观交通数据获取技术极大推动了微观交通流理论的发展，学者们通过大量的研究做出了巨大贡献（Punzo and Simonelli, 2005, Punzo et al., 2012）。通过对 GM 模型进行校正的研究结果表明，不同驾驶员之间存在的异质性是可分辨的，包括单个驾驶员在不同时段的异质性和不同驾驶员之间的异质性。当利用多个车辆跟驰模型进行参数标定时，结果表明不同驾驶员之间的异质性仅仅依靠参数差异性去体现是不足的，驾驶风格差异性需要使用不同跟驰模型进行体现。另外，进行参数标定时，指标参数和目标函数的联合选择对实验结果有很大影响，通过对 Gipps 车辆跟驰模型进行详细分析，最终结论为以均方根误差为目标函数形式，以车头间距为指标参数进行参数标定所达到的效果最佳。

4.2.3 安全距离模型

安全距离模型基于这样的假设：即驾驶人期望与前导车保持安全车头间距，当前导车突然制动时，驾驶人能够有时间做出反应并减速停车，以避免发生碰撞。这类模型大多是基于牛顿运动学公式建立，由于模型形式简单、能够避免车辆碰撞，因而在交通仿真软件中广泛应用。

Kometani 和 Sasaki（1959）首先提出安全距离模型，他们通过前导车和跟驰车的速度来计算安全的跟驰距离：

$$\Delta x_n(t-T) = \alpha \dot{x}_{n-1}^2(t-T) + \beta_1 \dot{x}_n^2(t) + \beta_2 \dot{x}_n(t) + b_0 \tag{4.25}$$

式中，α，β_1，β_2 和 b_0 为相关参数，模型中 $\dot{x}_n(t)$ 由牛顿运动方程计算而来。

Gipps（1981）考虑了车辆的加速度约束和安全距离约束，提出了一个新的安全距离模型。该模型考虑了驾驶行为中诸多因素的影响，至今仍然被广泛使用，模型的基本表达式为

$$v_n(t+T)$$
$$\leqslant a_n(t)T + \sqrt{a_n^2(t)T^2 - a_n(t)\left\{2[\Delta x_n(t) - l_{n-1}] - v_n(t)T - [v_{n-1}(t)]^2 / \widehat{a}(t)\right\}} \tag{4.26}$$

式中，$\widehat{a}(t)$ 表示跟驰车估计的前导车加速度，可以简单地认为其值等于前导车的加速度 $a_{n-1}(t)$。

上述两个模型都是基于简单的牛顿运动学公式所推导得到的车辆速度与车头间距及车身长度之间的关系，具有明确的物理意义。此外，许多著名的交通仿真软件都采用类似的安全距离模型作为其核心模型，如美国联邦公路局（Federal Highway Administration，FHWA）开发的著名交通仿真软件 CORSIM，用于城市道路仿真的 NETSIM，以及用于高速公路交通流仿真的 FRESIM 都采用安全距离模型。NETSIM 模型是一体化交通仿真软件系统中微观交通流仿真的重要组成部分，该模型定义的跟车距离标准为：仅考虑紧急制动时能够有效地防止碰撞。在此基础上建立的 CARSIM 模型则进一步考虑了拥挤和非拥挤条件下，驾驶人反应时间的不同和采用最大减速度的差异。它们的基本思想是：在仿真中让后车与前车始终保持一定的间距。

最简单的形式为：对车辆 n，车头间距 $G(t)$ 应满足

$$G(t) \geqslant l_c + \eta v_n(t) + 10 \tag{4.27}$$

式中，$v_n(t)$ 为车辆 n 在 t 时刻的速度；η 为驾驶人敏感系数。而最后一项 10m 为附加的缓冲距离。

若进一步考虑前车的运动，则 $G(t)$ 应满足

$$G(t) \geqslant l_c + \eta v_n(t) + 10 + b\eta \left[v_{n-1}(t) - v_n(t) \right] \tag{4.28}$$

式中，b 为待定系数，当 $v_{n-1}(t) - v_n(t) \leqslant 10\mathrm{m/s}$ 时，常取 0.1；$v_{n-1}(t) - v_n(t) > 10\mathrm{m/s}$ 时，一般取 0。

这一模型的优点在于可以用一些对驾驶行为一般感性假设来标定模型。大多数情况下只需知道驾驶员将采用的最大制动减速度，就能满足整个模型的需要。然而，仍然存在许多问题，例如避免碰撞的假设在模型的建立中是合乎情理的，但与实际情况存在着差距。在实际的交通运行中，驾驶人在很多情况下并没有保持安全距离行驶。造成这种情况的原因是多方面的。在实际交通环境中，一方面前导车极少采用挡墙式制动，造成驾驶人趋于采用冒险的方式进行驾驶；另一方面，司机可以看到前方不止一辆前导车，还有其他车辆以及诸如远方信号灯等交通信息，司机综合判断这些信息后，能及时对前导车的变化做出反应。因此，在利用基于安全间距的车辆跟驰模型进行通行能力的分析时，很难与实际最大交通量吻合。尽管如此，安全间距模型仍不失为一种简单实用的车辆跟驰模型，为很多优秀的仿真软件所采用。

4.2.4　心理-生理学模型

驾驶人是人-车-路交通系统的核心，虽然跟驰行为是描述前后两车之间的运动关系，但其本质是描述跟驰车驾驶人在特定状态下的行为。随着认知心理学的发展，许多学者试图在跟驰行为建模中引入更多人的因素，心理-生理类模型即是以驾驶人的感知与反应特性为基础，进而构建车辆跟驰模型。其基本假设是：驾驶人按前后车之间的相对运动，包括速度和距离的变化来调节跟随速度。但是这些刺激只有超过特定阈值才能被驾驶人感知并做出反应。

Michaels（1963）提出第一个心理-生理跟驰模型，具体表达形式为

$$d\theta/dt = -\omega(\Delta v/\Delta x)^2 \tag{4.29}$$

式中，θ 为前方车辆的视角变化，ω 为被观察物体的宽度。

他认为驾驶员可以通过感受前导车尺寸在其视觉里的变化来确定相对速度的变化，以便判断当前车辆是靠近还是远离前导车。Michaels 将车辆跟驰状态划分为三个阶段：第一阶段两车的速度差低于速度感知阈值；第二阶段速度差超过阈值；第三阶段相对速度保持为零。

之后，Wiedemann（1974）在此基础上提出了著名的心理-生理车辆跟驰模型，这一模型也成为著名微观交通仿真软件 VISSIM 的核心模型。该模型的基本思想是：一旦跟驰车驾驶人认为其与前导车之间的距离小于心理安全距离，跟驰车驾

驶人就开始减速；由于跟驰车驾驶人无法准确判断前导车的车速，跟驰车速度会在一段时间内低于前导车速度，直到两车之间的距离达到另一个心理安全距离时，跟驰车驾驶人就开始缓慢加速。由此周而复始，形成一个加速、减速、再加速的循环过程。Wiedemann 定义了跟驰行为中人的相关感知及反应阈值，通过这些阈值将跟驰行为分为自由行驶状态、接近状态、离开状态、跟随驾驶状态和制动状态这 5 种情形，每种情形分别对应于不同的加速度计算方法。

　　van Winsum（1999）在考虑了跟驰行为中驾驶人的特性基础上，将许多心理学研究者对于车辆跟驰行为的研究成果综合成一个初步的模型：

$$\ddot{x}_n(t) = cT_{TCest} + d + \varepsilon \tag{4.30}$$

式中，T_{TCest} 为驾驶人估计的车辆碰撞时间，ε 为加速度随机误差，c 和 d 为模型待标定参数。

　　针对多数跟驰模型都采用前导车速度、相对距离等参数作为输入的状况，Andersen 和 Sauer（2007）提出了 DVA（driving by visual angle）模型，与 GM模型不同的是，该模型采用视觉角和视觉角变化率作为驾驶人进行加速度决策的变量，模型如下：

$$\ddot{x}_n(t) = j\left(\frac{1}{\alpha_n(t)} - \frac{1}{\alpha'_n(t)}\right) + k\frac{d}{dt}\alpha_n(t) \tag{4.31}$$

式中，$\alpha_n(t)$ 为跟驰车辆的视觉角，$\alpha'_n(t)$ 是期望的视觉角，j 和 k 均为待定参数。DVA 模型更加真实地反映了实际驾驶过程中驾驶人的反应行为，通过驾驶模拟器仿真表明了该模型能够更好地拟合实际驾驶数据。

　　然而由于驾驶员个体间存在较大差异且交通环境多因素作用的叠加难于区分，因此心理-生理阈值的界定存在一定困难。因此，一些学者提出了能量变化的概念，借用物理中场的作用机理对人的心理活动进行抽象，进而解释人的行为活动机理，通过将心理学与交通工程学中的驾驶行为建模有机结合，为交通流微观建模提供了新思路和新方法。根据人工势场理论，陶鹏飞（2012）抽象地将效率作为引力，将安全作为斥力，提出了基于心理场的改进 GM 跟驰模型。Li 等（2016）基于车辆安全距离 $S_n(t)$ 与势能影响距离 $x_d(t)$ 提出以下理论：当车辆间距 $\Delta x_n(t)$ 满足 $0 < \Delta x_n(t) < S_n(t)$ 时，车辆在斥力的作用下倾向于减速；当满足 $S_n(t) \leqslant \Delta x_n(t) \leqslant x_d$ 时，车辆间距是吸引后面车辆加速的刺激因素；当满足 $\Delta x_n(t) > x_d(t)$ 时，车辆期望速度与实际速度之间的差值代替车辆间距产生引力。模型如式（4.32）所示：

$$\ddot{x}_n(t+T) = \begin{cases} \lambda \cdot \ln\left(\dfrac{\Delta x_n(t)}{S_n(t)}\right), & 0 < \Delta x_n(t) < x_d \\ \eta \cdot (v_d - v_n(t)), & \Delta x_n(t) \geqslant x_d \end{cases} \tag{4.32}$$

式中，λ 与 η 为相关控制系数，v_d 表示期望速度。

心理-生理学模型充分考虑了驾驶员的生理、心理因素对驾驶行为的影响和制约，由此而产生的不同驾驶行为从建模方法上更接近实际情况，也最能描述大多数我们日常所见的驾驶行为，这是该类模型的最大优点所在。同时缺点也很明显：早期心理模型根据人对视野中物体的角速度变化的最小可感知值来确定阈值，但实测数据中大量存在超过阈值而未反应的事例；该类模型的参数较多，子模型之间的相互关系比较复杂，并且对于各种阈值的调查观测比较困难。

目前流行的心理模型常按一定的统计分布规律随机产生划分各种驾驶状态的阈值，以期得到更符合实际的交通流随机特性。但驾驶人的驾驶特性涵盖的范围过于繁杂，如驾驶稳定性、驾驶的倾向性、对于驾驶安全感的需求、感知交通环境变化的能力、对刺激的反应灵敏度和反应时间（延迟时间）、最大加减速度的耐受值等。现有的心理模型尚无法对所有特性进行分析建模。常见的模型主要集中在感知阈值、制动过程中驾驶人行为以及驾驶人对于安全车头间距的选择等几个关键问题上。

4.2.5　优化速度模型

为了解决 Newell 模型在停车启动过程中过大加速度的问题，Bando 等（1995）提出了优化速度（optimal velocity，OV）模型，其表达式为

$$\ddot{x}_n(t) = a\left[V(\Delta x_n(t)) - \dot{x}_n(t)\right] \tag{4.33}$$

式中，a 为敏感度系数，$V(\cdot)$ 为优化速度函数，即根据车头间距确定驾驶人期望的优化速度。优化速度函数可以有各种不同的形式，两类典型的优化速度函数为

$$V(\Delta x) = \frac{v_{\max}}{2}\left[\tanh(\Delta x - L) + \tanh(L)\right] \tag{4.34}$$

$$V(\Delta x) = \begin{cases} 0, & 0 \leqslant \Delta x \leqslant L \\ v_{\max}\dfrac{(\Delta x - L)^3}{1 + (\Delta x - L)^3}, & \Delta x > L \end{cases} \tag{4.35}$$

式中，L 为最小安全距离。

优化速度模型提出之后，许多学者对其做了大量的理论分析和数值模拟。同时考虑驾驶人反应时间、多前导车跟驰、减速区、交通信号、智能交通系统环境等因素的影响，对模型进行扩展，应用优化速度模型来模拟宏观交通流的各种现象。

Helbing 和 Tilch（1998）利用实测数据对优化速度模型进行了标定，结果显示优化速度模型会产生过高的加速度以及不切实际的减速度，并且可能会出现撞

车。为此，他们提出了广义力模型，并通过实际数据进行了标定：

$$\ddot{x}_n(t) = a\left[V(\Delta x_n(t)) - \dot{x}_n(t)\right] + \kappa H(-\Delta \dot{x}_n(t))\Delta \dot{x}_n(t) \qquad (4.36)$$

式中，H 为 Heaviside 阶梯函数。然而，当前导车比跟驰车速度快很多时，尽管车头间距小于最小安全车头间距，但跟驰车仍然不会减速，这一现象用 OV 模型和广义力（generalized force，GF）模型都不能很好地进行解释。因此，Jiang 等（2001）考虑正速度差对驾驶人的影响，在 GF 模型的基础上提出了全速度差（full velocity difference，FVD）模型：

$$\ddot{x}_n(t) = a\left[V(\Delta x_n(t)) - \dot{x}_n(t)\right] + \kappa \Delta \dot{x}_n(t) \qquad (4.37)$$

该模型能够更加真实地描述车辆启动过程。通过对模型进行扩展，许多学者基于 FVD 模型研究了多车跟驰、双车道跟驰、侧向干扰等情况下交通流的非线性特性。比如，Gong 等（2008）提出了考虑车辆速度差不对称特性的车辆跟驰模型，解决了广义力模型和全速度差模型存在的问题。另外，部分学者将车头时距引入优化速度模型，如 Ou（2008）和 Yu 等（2013）考虑了车头时距的因素，对速度差模型进行了相应的扩展。还有一部分学者则考虑与更多前车的速度差信息，如王涛等（2006）提出了考虑多辆前车速度差信息的多速度差模型；也有部分学者提出了综合考虑多辆前车车头距信息和速度差信息的模型等。此外，Zhao 和 Gao（2005）考虑加速度差对跟车行为的影响，提出了扩展模型，并分析了模型的特性，指出该模型能够避免紧急状态下的撞车现象。

4.2.6 智能驾驶模型

Treiber 等（2000）提出的智能驾驶模型（intelligent driver model，IDM）也是一类重要的跟驰模型。该模型包含自由状态下的加速趋势，以及考虑与前导车碰撞的减速趋势，其模型形式为

$$a_n(t) = \alpha\left[1 - \left(\frac{v_n(t)}{v_{\max}}\right)^{\delta} - \left(\frac{s^*(v_n(t), \Delta v_n(t))}{\Delta x_n(t)}\right)^2\right] \qquad (4.38)$$

式中，δ 为加速度指数，$s^*(\cdot)$ 为驾驶员期望最小间距，定义为

$$s^*(v_n, \Delta v_n) = s_{\min}^{(n)} + \max\left[T_n v_n + \frac{v_n \Delta v_n}{2\sqrt{a_{\max}^{(n)} b_n}}, 0\right] \qquad (4.39)$$

式中，$s_{\min}^{(n)}$ 为静止安全距离，T_n 为安全车头时距，该模型能够模拟许多典型的实测交通现象，展现了良好的适用性。

随后，Treiber 和 Helbing（2003）、Treiber 等（2006）对 IDM 模型进行了进一步扩展，加入了驾驶员延迟、不精确性等因素的影响，构建了 HDM 模型（human driver model）。此后，国内外许多学者在此基础上对 IDM 模型进行改进和优化，以得到可以满足不同条件的车辆跟驰模型。Hoogendoorn 等（2013）发现驾驶员辅助系统会引起驾驶员的分心，因此他们在 IDM 模型中引入了任务–能力–接口模型的理论框架去研究 ITS 在道路交通中对驾驶员的影响。Derbel 等（2013）通过增加车辆所需的最小间距对 IDM 模型进行修改，以提高驾驶员的安全性，并发挥车辆的最佳性能。

4.3　交通流的稳定性

交通扰动是破坏交通流稳定性并引起交通拥挤的重要原因，速度的波动、道路几何条件以及环境条件的变化都是常见的交通扰动诱因。交通流的稳定性则是指平衡状态下的车辆受到扰动后再次回归到平衡状态的能力，如果扰动在传播过程中逐渐消失，未对整个系统造成重大影响，就说明系统稳定；反之，若扰动的传播对交通状态造成了重大影响，产生拥堵排队、道路瓶颈等现象，则认为系统不稳定。

假定在理想状态下，道路上一列车队按照相同的车间距和相同的车速行驶，这种均匀的车流状态就是车队系统的平衡态。当车队的头车或其中间某辆车的驾驶行为发生变化时，就会产生一个信号，并开始向后方传播。交通流稳定性研究就是要探究当一个"干扰信号"从一辆车传递到另一辆车时将引起什么后果，是会引发系统崩溃还是恢复平衡。车辆跟驰模型通过微分方程描述单个车辆的运行，进而展现整体交通流的宏观特性，因此适用于分析交通流的稳定性。Herman 等（1959）最早研究了线性车辆跟驰模型的稳定性，他们提出了车辆跟驰模型稳定性的两种基本类型：

（1）局部稳定性（local stability）：关注两辆车之间的局部行为，主要指在较小扰动的影响下单辆车随时间运动的稳定性，这种扰动通常源于前车的运动。

（2）渐近稳定性（asymptotic stability）：关注车队中波动在所有车之间的传播过程，主要指在头车较小扰动的影响下后续所有车辆在空间上的稳定性。

4.3.1　局部稳定性

对于基本跟驰模型的局部稳定性分析，主要有三类分析方法：第一类方法是基于特征方程的方法，它基于车辆跟驰模型的常微分方程组（ordinary differential equations，ODEs）的特征方程进行解计算，其中特征方程是基于给定微分方程组解的代数方程。第二类方法是基于拉普拉斯变换的方法，基于拉普拉斯变换得到 ODEs 的特征方程，再对其求解；虽然在该方法中也使用了特征方程，但是其获得特征方程的原理与第一类方法不同。第三类方法为李雅普诺夫第二方法，通常也称为李雅普诺夫稳定性条件。

（1）基于特征方程的方法

由于局部稳定性描述局部扰动随时间的变化，基于特征方程的方法旨在通过变换扰动的数学表达式以求解扰动的增长速率。

对于车辆跟驰模型

$$\dot{x}_n(t) = v_n(t) \tag{4.40}$$

$$\dot{v}_n(t) = f(s_n, v_n, \Delta v_n)_t \tag{4.41}$$

式中，$x_n(t)$，$v_n(t)$ 和 $a_n(t)$ 分别表示第 n 辆车在时间 t 的位置、速度和加速度，$s_n(t)$ 表示车辆间距，$\Delta v_n(t) = v_{n-1}(t) - v_n(t)$ 表示车辆间的速度差。由于大多数车辆跟驰模型是非线性模型，通过对模型进行线性化可得出偏离平衡状态的 ODEs。用 s_e 与 v_e 分别表示均衡态下的车辆间距与速度，则均衡态下的车辆间距偏差 $y_n(t) = s_n(t) - s_e$ 和速度偏差 $u_n(t) = v_n(t) - v_e$ 为

$$\dot{y}_n(t) = \dot{s}_n(t) = \dot{x}_{n-1}(t) - \dot{x}_n(t) = v_{n-1}(t) - v_n(t) = u_{n-1}(t) - u_n(t) \tag{4.42}$$

$$\dot{u}_n(t) = \dot{v}_n(t) = f_s y_n(t) + (f_v - f_{\Delta v}) u_n(t) + f_{\Delta v} u_{n-1}(t) \tag{4.43}$$

式中，f_s，f_v 和 $f_{\Delta v}$ 为线性化过程中泰勒展开系数，表示对应变量随时间的变化率。由于局部稳定性研究单车的扰动变化情况，因此在分析局部稳定性时，可以对当前车施加初始扰动，而前车一直处于均衡状态，即 $u_{n-1}(t) = 0$。因此，式（4.42）和式（4.43）可以进一步简化为

$$\dot{y}_n(t) = -u_n(t) \tag{4.44}$$

$$\dot{u}_n(t) = (f_s y_n + (f_v - f_{\Delta v}) u_n)_t \tag{4.45}$$

当且仅当系数矩阵 $J_e = \begin{bmatrix} 0 & -1 \\ f_s & f_v - f_{\Delta v} \end{bmatrix}$ 的特征值具有负实部时，跟驰模型局部稳定。特征值 λ 可通过求解特征方程 $|J_e - \lambda I| = 0$ 进行计算，即

$$\lambda^2 - (f_v - f_{\Delta v})\lambda + f_s = 0 \tag{4.46}$$

解得

$$\lambda_{\pm} = \frac{(f_v - f_{\Delta v}) \pm \sqrt{(f_v - f_{\Delta v})^2 - 4f_s}}{2} \tag{4.47}$$

当特征方程的两个解的实部都为负时，跟驰模型局部稳定。

（2）基于拉普拉斯变换的方法

获得特征方程的另一方法是拉普拉斯变换。$U(s) = \mathcal{L}(u(t)), Y(s) = \mathcal{L}(y(t))$ 分别表示速度偏差和间距偏差的拉普拉斯变换，其中 $\mathcal{L}$ 表示进行拉普拉斯变换，此处 s 代表复变量。此时式 (4.42) 和式 (4.43) 可写为

$$Y(s) = \mathcal{L}\left(\int (u_{n-1} - u_n)\mathrm{d}t\right) = \frac{1}{s}[\mathcal{L}(u_{n-1}(t)) - \mathcal{L}(u_n(t))] = \frac{1}{s}[U_{n-1}(s) - U_n(s)]$$
(4.48)

$$sU_n(s) = \frac{1}{s}f_s[U_{n-1}(s) - U_n(s)] + f_v U_n(s) + f_{\Delta v}[U_{n-1}(s) - U_n(s)] \qquad (4.49)$$

可得当前车与前车之间在拉普拉斯频域里的转换关系如下：

$$U_n(s) = \frac{sf_{\Delta v} + f_s}{s^2 - s(f_v - f_{\Delta v}) + f_s}U_{n-1}(s) \qquad (4.50)$$

再对第二辆车的速度偏差进行拉普拉斯逆变换可得

$$u_2(t) = \mathcal{L}^{-1}\left[\frac{sf_{\Delta v} + f_s}{s^2 - s(f_v - f_{\Delta v}) + f_s}U_1(s)\right] \qquad (4.51)$$

由拉普拉斯逆变换的性质可知，传递函数从频域转为时域时右侧的极点 s_p^1 会在 $u_2(t)$ 中产生指数类型的项 $e^{s_p t}$，因此分母 $s^2 - s(f_v - f_{\Delta v}) + f_s$ 即为特征方程。该特征方程与基于特征方程的方法得到的式 (4.46) 相同，因此，基于拉普拉斯变换方法的稳定性条件与基于特征方程方法的稳定性条件一致。

基于式（4.7）的线性车辆跟驰模型，Herman 等基于拉普拉斯变换的方法，给出了如下的局部稳定性条件：

① 当 $0 \leqslant (C_0 = \lambda T) \leqslant \frac{1}{e}(0.368)$ 时，车头间距不产生振荡（$e \approx 2.7183$）；

② 当 $\frac{1}{e} < (C_0 = \lambda T) < \frac{\pi}{2}$ 时，车头间距产生振荡，但振幅呈指数衰减；

③ 当 $(C_0 = \lambda T) = \frac{\pi}{2}$ 时，车头间距产生振荡，且振幅不变；

④ 当 $(C_0 = \lambda T) > \frac{\pi}{2}$ 时，车头间距产生振荡，且振幅逐渐增大。

根据局部稳定性条件，随着 C_0 值的增加，跟随车辆逐渐由稳定状态转变为不稳定状态，即车辆之间车头间距由稳定状态转变为振幅逐渐增加的状态。

（3）李雅普诺夫稳定条件

上述基于特征方程的方法需要检验方程根是否具有负实部，由于计算特征值的复杂性，有时较难判断稳定性。李雅普诺夫稳定条件是一种无需计算系统特征值就可分析线性或非线性系统稳定性的有效方法。

李雅普诺夫稳定性条件的核心思想是利用李雅普诺夫函数 $V(x)$，它类似于经典动力系统学的势能函数，如果可以找到总能沿系统轨迹减小的非负能量函数（能量不能为负），则局部稳定的均衡点可以看作是函数的最小值。

对于一均衡点为 x_e 的系统 $\dot{x}(t) = F(x)$，如果满足以下条件，则函数 $V(x)$ 可称为李雅普诺夫函数：i）当且仅当 $x = x_e$ 时，$V(x) = V_0$；ii）当且仅当 $x \neq x_e$ 时，$V(x) > V_0$，即其具有正定性；iii）$x \neq x_e$ 时，$\dot{V}(x) = \dfrac{\partial V}{\partial x} \dfrac{\mathrm{d}x}{\mathrm{d}t} = \dfrac{\partial V}{\partial x} F(x) \leqslant 0$，即其导数具有负半定性。

如果存在这样的李雅普诺夫函数，则系统在李雅普诺夫意义上是稳定的。如果系统进一步局部渐近稳定，即对于跟驰模型中的局部稳定性，则需要导数具有负半定性 $\dot{V}(x) < 0$。

显然，使用李雅普诺夫稳定条件的关键步骤是确保李雅普诺夫函数存在。研究已证明对于含有两个状态变量的 ODE 系统 $\begin{bmatrix} \dot{x}_1 \\ \dot{x}_2 \end{bmatrix} = \begin{bmatrix} a & b \\ c & d \end{bmatrix} \begin{bmatrix} x_1 \\ x_2 \end{bmatrix}$，其中 a，b，c，$d \in \mathbb{R}$，x_1，x_2 是状态变量。如果 $a \leqslant 0$，$d \leqslant 0$，$bc < 0$，则存在李雅普诺夫函数 $V(x) = px_1^2 + qx_2^2$ $(p, q \in \mathbb{R}, p > 0, q > 0)$。

对式（4.44）和式（4.45）的车辆跟驰模型进行局部稳定性分析，首先将两式改写为

$$\begin{bmatrix} \dot{y} \\ \dot{u} \end{bmatrix} = \begin{bmatrix} 0 & -1 \\ f_s & f_v - f_{\Delta v} \end{bmatrix} \begin{bmatrix} y \\ u \end{bmatrix} \tag{4.52}$$

当 $f_s > 0$ 且 $f_v - f_{\Delta v} < 0$ 时，可得如下的李雅普诺夫函数：

$$V(x) = f_s y^2 + u^2 > 0, \quad y, u \neq 0$$
$$\dot{V}(x) = 2(f_v - f_{\Delta v})u^2 < 0 \tag{4.53}$$

显然，该条件与使用基于特征方程方法和基于拉普拉斯变换方法获得的稳定性条件一致。

4.3.2 渐近稳定性

与局部稳定性不同，渐近稳定性要求扰动在传播过程中严格衰减，即

$$\|\varepsilon_1\|_\infty > \|\varepsilon_2\|_\infty > \|\varepsilon_3\|_\infty > \cdots > \|\varepsilon_n\|_\infty \tag{4.54}$$

式中，$\|\varepsilon_n\|_\infty = \max_t |\varepsilon_n(t)|$ 表示扰动所经历过的最大振幅。

渐近稳定性分析与交通流建模紧密相关，因为实际交通中的走走停停振荡波即是交通流不稳定的表现。从建立车辆跟驰模型的角度来看，一个能反映实际的

车辆跟驰模型，应具有一定的不稳定性特征，以便再现与交通振荡相关的特征。然而，从交通运行的角度来看，应尽量减少或避免车队不稳定以缓解交通拥堵。因此，自早期交通流建模以来，学者就对各类车辆跟驰模型进行了渐近稳定性分析，并提出了多个渐近稳定性分析方法：基于直接传递函数的方法、基于拉普拉斯变换的方法、基于特征方程的方法（包括求根公式法和根轨迹图法）。

（1）基于直接传递函数的方法

基于直接传递函数的方法，其基本思路是检验系统的输入和输出之间的频率响应，将连续两车之间扰动的传播视为一个系统，从而将基于直接传递函数的方法应用于分析车辆跟驰模型的渐近稳定性。

根据傅里叶理论，任何周期信号都可以分解为正弦和余弦波的和，系统的输入信号则可以写成

$$h(t) = \sum_{k=0}^{\infty} a_k \sin(k\omega t) + b_k \cos(k\omega t) \tag{4.55}$$

式中，ω 是周期性输入的基频，a_k，b_k 以及 k 为系数。输入中的每项在输出时都会生成相应的三角波，并且振幅和相位都会发生变化。确定振幅增益和相位偏移的即是频率响应 $G(s)$，称为传递函数。通过计算幅度增益，可得输入和输出之间的关系，接着即可计算两车之间扰动的变化以分析渐近稳定性。

假定头车的扰动存在稳定的振荡 $u_0(t) = e^{i\omega t}$，则第 n 辆车的扰动为 $u_n(t) = G^n(s)e^{i\omega t}$，将其代入式（4.43）和式（4.44）可得

$$G(i\omega) = \frac{f_s + i\omega f_{\Delta v}}{-\omega^2 - i\omega(f_v - f_{\Delta v}) + f_s} \tag{4.56}$$

当下式成立时，车队中的扰动会在传播的过程中逐渐减弱：

$$|G(i\omega)| = \sqrt{\omega^2 f_{\Delta v}^2 + f_s^2} / \sqrt{(f_s - \omega^2)^2 + \omega^2(f_v - f_{\Delta v})^2} < 1 \tag{4.57}$$

因此，渐近稳定的条件为

$$\omega^2 f_{\Delta v}^2 + f_s^2 < (f_s - \omega^2)^2 + \omega^2(f_v - f_{\Delta v})^2 \tag{4.58}$$

（2）基于拉普拉斯变换的方法

与基于直接传递函数的方法类似，拉普拉斯变换可以通过将系统从时域变换到频域来实现系统的稳定性分析。两连续车辆之间的扰动在频域中的关系为

$$G(s) = E_n(s) / E_{n-1}(s) \tag{4.59}$$

其中 $E_n(s)$ 是 $\varepsilon_n(t)$ 的拉普拉斯变换。

当扰动在传播中逐渐减弱时系统达到渐近稳定，因此系统稳定的一个充分条件为

$$|G(i\omega)| < 1 \tag{4.60}$$

则连续车辆之间在频域中的关系为

$$G(s) = \frac{U_n(s)}{U_{n-1}(s)} = \frac{sf_{\Delta v} + f_s}{s^2 - s(f_v - f_{\Delta v}) + f_s} \tag{4.61}$$

将 $s = i\omega$ 代入式（4.61），即与式（4.56）相同。因此，通过使用拉普拉斯变换可以推导出与使用基于直接传递函数的方法相同的渐近稳定条件。

（3）基于特征方程的方法

在研究扰动沿车队向上游传播时，无法将前车的扰动设定为零。因此将 $u_n(t)$ 和 $y_n(t)$ 表示为以下形式：

$$u_n(t) = u_n^0 e^{\lambda t} = \widehat{u} e^{in\varphi} e^{\lambda t} = e^{\lambda t + in\varphi} \widehat{u} \tag{4.62}$$

$$y_n = e^{\lambda t + in\varphi} \widehat{y} \tag{4.63}$$

式中，$\lambda = \sigma + i\omega$ 是复数形式的增长速率，实部 σ 表示振幅的增长速率，虚部 ω 表示频率，$\widehat{u}$，$\widehat{y}$ 是与 n 和 t 无关的复数常数。将式（4.62）和式（4.63）代入到式（4.42）和式（4.43）可得

$$\begin{pmatrix} \lambda & (1 - e^{-i\varphi}) \\ -f_s & \lambda - (f_v - f_{\Delta v} + f_{\Delta v} e^{-i\varphi}) \end{pmatrix} \begin{pmatrix} \widehat{y} \\ \widehat{u} \end{pmatrix} = 0 \tag{4.64}$$

由于齐次线性方程组只有当系数矩阵的行列式为零时才具有非零解，如下式所示：

$$\begin{aligned} \lambda^2 + p(\varphi)\lambda + q(\varphi) &= 0 \\ p(\varphi) &= -f_v + f_{\Delta v} - f_{\Delta v} e^{-i\varphi} \\ q(\varphi) &= f_s(1 - e^{-i\varphi}) \end{aligned} \tag{4.65}$$

求解式（4.65）可得

$$\lambda_{\pm} = -\frac{p(\varphi)}{2} \left(1 \pm \sqrt{1 - \frac{4q(\varphi)}{p^2(\varphi)}} \right) \tag{4.66}$$

显然，$\lambda_+ \geqslant \lambda_-$，当 λ_+ 的实部在所有 φ 取值都为负时，车辆跟驰模型渐近稳定。

（4）根轨迹图法

在得到特征方程后，可以进一步通过检验某个系统参数的变化如何改变系统的根来分析其稳定性而无需直接确定根的正负。在数学中，根轨迹是一组位置由特定数学方程确定的点（这里是一条曲线）。

如式（4.65）所示的特征方程，可通过假设 $s = -\lambda/f_v$ 进一步简化，简化后的方程根为

$$s_{\pm} = \frac{1}{2}\left(aK - 1 \pm \sqrt{(aK-1)^2 + 4bK}\right) \tag{4.67}$$

式中，$a = -\dfrac{f_{\Delta v}}{f_v}$，$b = \dfrac{f_s}{f_v^2}$，$K = (e^{-i\varphi} - 1)$。然后给 φ 赋不同的值即可在复平面中准确地绘制根的位置。如果所有的根（除了根 $\varphi = 0$ 处）都位于左半平面，表明根具有负实部，则满足稳定条件。

本节以线性车辆跟驰模型为例，介绍基于根轨迹法的渐近稳定性分析方法。Chandler 等（1958）最早研究了车辆跟驰模型的渐近稳定性条件。在他们的研究中，对稳定车队中头车的速度施加傅里叶扰动，之后分析扰动在车队中的演化状态。

考虑由 N 辆车组成的车队，每辆车的运动方程如下：

$$\ddot{x}_n(t + T) = \lambda\left[\dot{x}_{n-1}(t) - \dot{x}_n(t)\right], \quad n = 1, 2, \cdots, N \tag{4.68}$$

这些方程的任何解都取决于头车的速度 v_0，以及两个参数 λ 和 T。对于任何车间距的扰动，其都可能在车队中传播；在此过程中，车间距扰动的振幅可能增大也可能减小，或者保持不变。渐近稳定性分析的目的就是判断振幅变化趋势的参数条件。

通常，车辆速度的任何模式都可以表示为傅里叶分析单频部分的线性组合，因此，头车的速度可以表示为如下形式：

$$v_0(t) = a_0 + A_0 e^{i\omega t} \tag{4.69}$$

第 n 辆车的速度可以表示为

$$v_n(t) = a_0 + A_n e^{i\omega t} \tag{4.70}$$

式中，a_0 是常数，A_n（$n = 0, 1, 2, \cdots, N$）是单频振荡的振幅，ω 是频率。

将式（4.44）和式（4.45）代入式（4.43），可得

$$v_n(t) = a_0 + F(\omega, \lambda, T, n)e^{i\Omega(\omega, \lambda, T, n)} \tag{4.71}$$

式中,

$$F(\omega, \lambda, T, n) = \left[1 + \left(\frac{\omega}{\lambda}\right)^2 - 2\left(\frac{\omega}{\lambda}\right)\sin(\omega T)\right]^{-n/2} \tag{4.72}$$

如果 $1 + \left(\frac{\omega}{\lambda}\right)^2 - 2\left(\frac{\omega}{\lambda}\right)\sin(\omega T) > 1$,也就是说,如果 $\frac{\omega}{\lambda} > 2\sin(\omega T)$,则 F 随着 n 的增大而减小。因此得到稳定性条件如下:

$$\lambda T < \frac{1}{2}\left[\lim_{\omega \to 0}\left((\omega T)/\sin(\omega T)\right)\right] \tag{4.73}$$

根据理论分析的结果(式(4.73)),车队中仅当 $C_0 = \lambda T < 0.50$(通常满足 $C_0 = \lambda T < 0.50 \sim 0.52$ 即可)时,模型是渐近稳定的,即车队中车间距波动的振幅是逐渐减小的。渐近稳定性的判定条件将参数空间 (λ, T) 划分为稳定和不稳定两个区域,如图 4.3 所示。

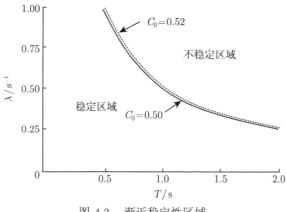

图 4.3 渐近稳定性区域

4.4 随机性车辆跟驰模型

第 2 章中的交通流实验表明,在交通流中,随机因素起到重要的作用,交通流不稳定性可能是由随机因素的累积所导致。交通振荡的凹增长特性即是这一机理的具体表征,而在确定性车辆跟驰模型中,交通振荡初始阶段则呈现凸增长特性,与实验结果不符。这表明确定性车辆跟驰模型的不稳定性机理是存疑的。为刻画交通流的随机性,需在车辆跟驰模型中引入随机因素,下面介绍两种典型的随机车辆跟驰模型。需指出,引入随机因素后,理论分析难度增大。有兴趣的读者可参阅文献(Wang et al., 2020; Treiber and Kesting, 2018)。

4.4.1　二维智能驾驶模型

图 4.4(a) 给出了 IDM 中交通振荡演化的模拟结果，可以看出振荡呈凸增长，与实验结果不符。通过引入随机性，Jiang 等（2014）在 IDM 的基础上提出了二维智能驾驶模型（2D-IDM）。在 IDM 中，期望时间间距 T 为常量，而 2D-IDM 期望时间间距 T 是 T_1 和 T_2 之间的随机数，更新方式如下。

$$T(t + \Delta t) = \begin{cases} T_1 + r(T_2 - T_1), & r_1 < p \\ T(t), & r_1 \geqslant p \end{cases} \tag{4.74}$$

其中，r 和 r_1 为两个独立的服从 0 到 1 的均匀分布的随机数。仿真结果如图 4.4(b) 所示，结果表明 2D-IDM 可以再现交通振荡的凹增长模式，参数取值见表 4.2。图 4.5 则给出了 IDM 模型和 2D-IDM 模型的交通振荡时空演化图。

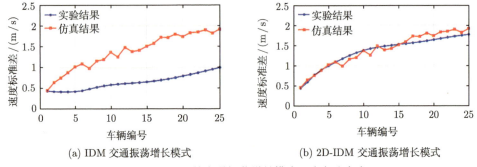

(a) IDM 交通振荡增长模式　　　　　　(b) 2D-IDM 交通振荡增长模式

图 4.4　IDM 和 2D-IDM 的交通振荡增长模式（头车速度为 40km/h）

表 4.2　IDM 与 2D-IDM 参数取值

参数	定义	单位	IDM 取值	2D-IDM 取值
$v_{\max}$	最大速度	km/h	80	80
T	期望时间间距	s	1.6	—
a	最大加速度	m/s^2	0.73	0.73
b	最大减速度	m/s^2	1.67	1.67
s_0	最小间距	m	2	2
T_1	最小期望时间间距	s	—	0.5
T_2	最大期望时间间距	s	—	1.9
p	期望间距变化概率速率	s^{-1}	—	0.15
l_{veh}	车长	m	5	5

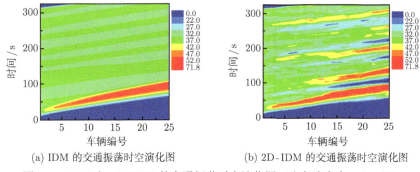

(a) IDM 的交通振荡时空演化图   (b) 2D-IDM 的交通振荡时空演化图

图 4.5　IDM 与 2D-IDM 的交通振荡时空演化图（头车速度为 40km/h）

4.4.2　随机速度适应模型

Tian 等（2019）分析实验数据发现，加速度的时间序列和前后车速度差的时间序列非常相似，而间距时间序列与加速度时间序列相关性接近零。这说明，驾驶员存在间距感知的不敏感区域。在这个区域内，加速度是速度差的函数，与间距基本无关。

为此，他们建立了随机速度适应（stochastic speed adaption, SSA）模型。该模型假设当车辆间距在不敏感区域 $[d^{\min}, d^{\max}]$ 内时，车辆的加速度取决于速度适应效应和随机效应，而当车辆间距在不敏感区域外时，车辆加速度可采用其他跟驰模型来描述自由加速行为和安全减速行为。例如，当采用 IDM 时，

$$a_n = \begin{cases} \min(\lambda \Delta v_n(t-\tau) + \xi_n, \lambda(v_{\max} - v_n)), & d_n^{\min} \leqslant d_n \leqslant d_n^{\max} \\ \min\left(a\left(1 - \left(\dfrac{v_n}{v_{\max}}\right)^4\right), a\left(1 - \left(\dfrac{d_n^{\min} + d_n^{\max}}{2d_n}\right)^2\right)\right), & \text{其他} \end{cases}$$

（4.75）

其中，$\Delta v(t-\tau) = v_{n-1}(t-\tau) - v_n(t-\tau)$ 为前车 $n-1$ 和跟随车 n 之间的速度差。SSA 模型的随机项 ξ_n 定义如下：

$$d\xi_n = -\kappa \xi_n dt + \sigma dW_n$$

（4.76）

其中，κ 为均值回归速度，σ 为波动率，W_n 为维纳过程，dW_n 服从均值为 0 方差为 dt 的正态分布。间距感知的不敏感区域的边界定义为

$$d_n^{\min} = \max\left(v_n(t)T_{\min} - \frac{v_n(t)\Delta v_n(t)}{2\sqrt{ab}}, 0\right) + s_0$$

$$d_n^{\max} = \max\left(v_n(t)T_{\max} - \frac{v_n(t)\Delta v_n(t)}{2\sqrt{ab}}, 0\right) + s_0$$

（4.77）

图 4.6 中的仿真结果表明，SSA 模型也可以再现交通振荡的凹增长模式，参数见表 4.3。图 4.7 给出了模型的交通振荡时空演化图。

表 4.3　SSA 模型参数取值

参数	定义	单位	取值
v_{max}	最大速度	m/s	30
T_{min}	最小期望时间间距	s	0.6
T_{max}	最大期望时间间距	s	1.7
a	最大加速度	m/s^2	0.85
b	最大减速度	m/s^2	1.5
s_0	最小间距	m	2.0
τ	反应延迟时间	s	1.3
λ	敏感度系数	s^{-1}	0.27
κ	均值回归速率	s^{-1}	0.09
σ	波动率	m/s^2	0.07
l_{veh}	车长	m	5

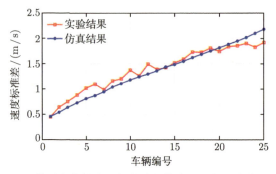

图 4.6　SSA 模型仿真的交通振荡增长模式（头车速度为 40km/h）

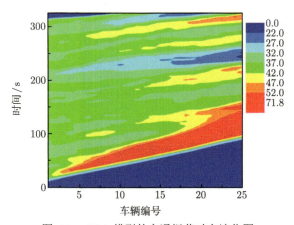

图 4.7　SSA 模型的交通振荡时空演化图

4.5 基于人工智能方法的车辆跟驰模型

随着人工智能的快速发展，近年来利用人工智能方法进行跟驰行为建模成为交通流模型研究的热点之一。人工智能是研究、开发用于模拟、延伸和扩展人类智能的理论、方法、技术及应用系统的一门新兴技术科学，人工智能的许多理论和方法可以应用于包括跟驰行为建模在内的诸多领域。目前，主要是采用模糊推理、神经网络以及深度学习等方法构建了车辆跟驰模型。

（1）模糊推理车辆跟驰模型

利用模糊推理刻画道路交通的演化是人工智能方法在交通研究中的典型应用案例。由于驾驶员对其前导车的状态变化做出的反应并不是客观确定的，而是具有相当的不确定性，因此就需要利用模糊逻辑来预判驾驶员可能采取的行为。通过建立不同的模糊集，根据合理的控制规则就可以达到推理预判的目标。Kikuchi 和 Chakroborty（1992）最早通过对经典 GM 模型进行模糊化，提出了基于模糊逻辑的车辆跟驰模型。随后，模糊推理车辆跟驰模型不断发展。

Hao 等（2016）将车辆的刺激–反应框架扩展到感知–预期–推理–策略–行动五层结构，以捕捉驾驶员的决策过程，并建立了基于模糊逻辑的车辆跟驰模型。其中，感知子模型通过隶属函数将不确定的信息转化为模糊集；预期子模型使用模糊推理方法预测前方车辆在短期内的速度；推理子模型生成一组可行的加速动作；策略子模型通过偏好选择最佳加速度值，如式（4.78）所示；最后，动作子模型执行最佳加速度。

$$a_{opt} = (-q_1\mu_{H1} - q_2\mu_{H2} + q_3\mu_{H3} + q_4\mu_{H4} + q_5\mu_{H5}) \cdot a_m + q_6 \cdot a \tag{4.78}$$

式中，$a_m = \max(a_{\max}, abs(b_{\max}))$，$a_{\max}$ 为最大加速度，$b_{\max}$ 为最大减速度，a 为当前加速度值，μ_{H1}，μ_{H2}，μ_{H3}，μ_{H4}，μ_{H5} 为模糊集的隶属度，其余为相关参数。仿真表明，该模型能够很好地模拟车辆跟驰行为。

此外，也有其他一些学者建立了类似的模糊推理车辆跟驰模型，然而模糊集合确定和隶属函数标定仍然制约着这类模型的发展。

（2）神经网络车辆跟驰模型

随着人工神经网络（artificial neural network，ANN）在交通运输领域的广泛应用，基于 ANN 的驾驶行为建模也逐步发展起来。神经网络代表一种新的信息处理过程，它的主要特点是：非线性映射特征、自学习能力强、适时性和容错性。近年来，神经网络被越来越多地应用到交通领域，如交通预测、交通控制等。例如，利用基于递归神经网络（recursive neural network，RNN）的车辆跟驰模型对交通振荡进行预测（Zhou et al.，2017）。RNN 采用一系列输入来生成另一系列输出，所有输入和输出都按顺序排列，因此，RNN 学习隐藏的序列顺序以及相应的输出值，输出值按照（4.79）式进行更新：

$$h_t = \text{ReLU}(W_h h_{t-1} + W_i I_t + b_i)$$
$$O_t = W_0 h_t + b_0$$

$$(4.79)$$

式中 W_i 与 b_i 为输入权重与偏差，h_t 为时间 t 内部存储器的隐藏状态，W_h 为隐藏状态权重，W_0 和 b_0 为输出权重与偏差，O_t 为时间 t 的输出，ReLU（rectified linear unit）为非线性激活函数（Nair and Hinton，2010）。基于以上数据序列，有人提出了如下 RNNa 模型：

$$a_{n+1} = \text{RNNa}(\Delta x_t, \Delta v_t, v_t)$$

$$(4.80)$$

$$x_{t+1} = v_t \Delta t + (1/2) a_{t+1} \Delta t^2$$
$$v_{t+1} = v_t + a_{t+1} \Delta t$$

$$(4.81)$$

$$C(W,b) = \frac{((x_{t+1}^l - x_{t+1}) - \Delta x_{t+1})^2}{(\Delta x_{t+1})^2}$$

$$(4.82)$$

式中，x_{t+1}^l 表示前导车的位置，$C(W,b)$ 表示当前权重和偏差的成本。RNNa 模型通过优化权重和偏差来对成本进行优化。

神经网络车辆跟驰模型在以下几个方面具有明显的优点：一是能较好地模拟实测数据；二是无需对模型进行参数标定；三是可以较容易地利用多类型信息。但是前馈网络存在收敛慢、有局部极小值等缺点，导致利用前馈网络建立模型需要多次训练，所需时间长，存在一定误差。

由于建立模糊逻辑推理模型时的隶属函数和模糊规则没有规范的方法，而神经网络可以从现有数据中"提炼"出规则，另一方面，神经网络在描述不确定事物方面不及模糊逻辑推理的方法，因而将两者结合起来是建立人工智能模型的有效方法。建立的模型同时具有学习泛化能力以及模糊逻辑推理功能，能根据积累的经验知识自动地改善系统的性能，网络的权值也具有明确的模糊逻辑意义。

（3）基于深度强化学习的车辆跟驰模型

深度强化学习作为近十年取得重大突破的方法，在许多任务上取得了显著的成功，如语音识别、图像处理、计算机视觉、自然语言处理等，其目的是通过构建多个隐藏层的模型和分析大量数据来学习最重要的特征，以提高分类和预测的准确性。

深度强化学习通过将强化学习算法与深度神经网络相结合，解决在复杂环境下传统跟驰模型存在的局限性：①深度神经网络使用通用的函数逼近器来获取车辆跟驰过程中刺激与反应之间的复杂关系，具有较高的精度；②由于车辆从训练数据中学习决策机制，而不是通过拟合数据进行参数估计，因此强化学习能够获得更好的泛化能力；③通过对历史驾驶数据的不断学习，深度强化学习可以使车辆根据其常规驾驶员的行为特征进行适当的移动。

在充分考虑驾驶员的记忆效应或预测能力时，基于深度学习的车辆跟驰模型（Wang et al.，2017）如下所示：

$$v_n(t\,|\theta) = f\left(\begin{array}{l} \Delta x_{n-1,n}(t-T), \Delta v_{n-1,n}(t-T), v_i(t-T), \cdots, \\ \Delta x_{n-1,n}(t-NT), \Delta v_{n-1,n}(t-NT), v_i(t-NT) \end{array}\right) \tag{4.83}$$

$$x_n(t+T\,|\theta) = x_n(t\,|\theta) + \frac{v_n(t\,|\theta) + v_n(t+T\,|\theta)}{2}T$$

式中，$v_n(t\,|\theta)$ 与 $x_n(t\,|\theta)$ 分别表示车辆 n 在时间 t 的模拟速度与位置，$f(\cdot)$ 为神经网络特殊函数，θ 为网络中的一组参数。通过引入门控循环单元（gated recurrent unit，GRU）神经网络，从而更好地从采样数据中对特殊函数 $f(\cdot)$ 进行学习。GRU 的输出通过以下方式进行计算：

$$z_{j,k,t} = \sigma(W_z I_{j,t} + U_z O_{j,t-1})$$

$$r_{j,k,t} = \sigma(W_r I_{j,k,t} + U_r O_{j,k,t-1})$$

$$\widehat{h}_{j,k,t} = \tanh(W I_{j,k,t} + U(r_{j,t} \odot O_{j,t-1})) \tag{4.84}$$

$$O_{j,k,t} = (1 - z_{j,k,t})O_{j,k,t-1} + z_{j,k,t}\widehat{h}_{j,k,t}$$

式中，$O_{j,k,t}$ 为时间 t 第 k 个神经元第 j 层的输出，$\widehat{h}_{j,k,t}$ 为时间 t 第 k 个神经元第 j 层的候选隐藏状态，$z_{j,k,t}$ 为更新门，$r_{j,k,t}$ 为重置门，$\sigma(\cdot)$ 为激活函数 sigmoid 函数，W_z，U_z，U_r，W，U 为将要学习的权重矩阵，$I_{j,k,t}$ 为时间 t 第 k 个神经元第 j 层。结果表明，这种基于深度神经网络的车辆跟驰模型比现有的车辆跟驰模型具有更高的仿真精度。

与传统的跟驰模型相比，人工智能车辆跟驰模型提高了模型的灵活性，也更适合于描述人的复杂心理与生理行为，是今后交通仿真模型发展的重要方向之一。但这类模型也存在一些问题，如稳定性难以预先确定，训练神经网络模型需要的计算量很大，难以符合实时性等。

4.6 车辆跟驰模型的应用

对车辆跟驰模型进行研究，加深了对交通流中的各种内在机理的认识，揭示了交通流中各种非线性现象的形成机理，丰富和发展了交通流理论，为交通流仿真、通行能力分析、智能驾驶等提供理论基础。相关成果在多个方面得到了广泛应用。

（1）通行能力估计

通行能力是衡量道路服务水平的一个重要指标，同时也是衡量车辆跟驰模型以及交通策略的重要指标。对道路通行能力的估计，可用于性能评估、事件检测预测以及为道路的安全高效运行制定对策。

其中，IDM 模型及其改进模型是对通行能力进行估计的一类重要模型，利用相关参数与预测模型达到对通行能力进行估计的目的，在实际中已经得到了广泛应用。另外，利用 Newell 模型描述车辆的运动，并利用相关软件仿真也是对通行能力进行估计的一种常用方式。随着人工智能车辆跟驰模型的发展，神经网络跟驰模型以及深度学习跟驰模型也逐渐被用于道路通行能力的估计，包括在降雨、道路瓶颈等特殊条件下通行能力的估计。

（2）车队控制

近年来，随着移动通信技术、互联网技术的飞速发展，网联自动驾驶车辆（connected and autonomous vehicles, CAVs）也日新月异，成为汽车行业和人工智能领域投资的重要驱动力和新的增长点，基于车辆跟驰模型的自适应巡航控制（adaptive cruise control，ACC）与协同式自适应巡航控制（cooperative adaptive cruise control，CACC）也成为研究热点。

对车队进行控制的主要目的是使车辆间保持期望距离或安全距离，从而提高车队性能。ACC/CACC 车辆跟驰要求保持稳定的车头间距或车头时距，而 IDM 模型恰好含有能够反映车头时距这一物理意义的参数，因此，应用 IDM 模型对 ACC/CACC 车队进行控制得到学者的普遍认可。

（3）提升交通安全

不利天气事件通过改变驾驶员行为、车辆特性、路面条件、行车环境等交通系统要素，直接影响交通事故率、伤害程度和事故风险。车辆跟驰模型作为重要的交通流微观模型，可对不利天气下的交通流特征进行分析，探讨不良天气对交通流的影响，为辅助驾驶提供决策支持。

通过在模型中加入修正因子，将不利天气对交通流特性的影响转化为对路面的影响，定量描述不利天气对交通流的影响。常用跟驰模型有 FVD 模型以及 IDM 模型，通过对模型进行改进以及参数标定，可建立不利天气下的车辆跟驰模型，进一步研究不利天气对交通流的微观影响机理及动态演化过程。

另外，车辆辅助系统的设计也是提升交通安全的一个重要方面。使用模糊推理车辆跟驰模型与神经网络车辆跟驰模型，可以使车辆能够更好地适应道路状况，达到提升交通安全的目的。

（4）降低交通排放

随着我国小汽车保有量的增加，交通污染问题日益严重，量化测算交通排放指标成为研究目标之一，相关学者在此领域做了部分理论和实测的研究与探讨。

一方面，以微观交通二氧化碳排放为目标，借助 OV 模型、FVD 模型、IDM 模型及其改进模型，对碳排放进行建模与仿真，从而为实现节能减排、制定交通控制策略提供相应的理论基础。

另一方面，目前自动车（autonomous vehicle，AV）的发展为有效降低交通排放与油耗提供了新的途径。多数研究表明，以 IDM 模型为基础，应用交通流排放与油耗评价模型，交通排放与油耗随着自动车比例的增加而下降。同时，以 Helly 提出的跟驰模型作为车辆跟驰模型进行研究可得到相同结论。

（5）交通仿真

数值仿真是交通流研究中的工具之一，表达非自由流状态下前后车辆之间相互作用的车辆跟驰模型，是研究微观交通流的重要方法，也是描述和揭示交通流状态变化规律的主要理论依据。

基于微观的交通仿真技术能够从微观层面观察城市交通车辆个体的行为特征、交通网络节点的拥堵状况以及交通管理设施的建设效果，而车辆跟驰模型是微观仿真理论中最常用的模型，也是微观仿真中的重要部分。大多车辆跟驰模型都可用于交通仿真工作，例如 OV 模型、IDM 模型、FVD 模型、Newell 模型以及模糊推理车辆跟驰模型等等，其中以 Gipps 模型为主的安全距离模型在仿真软件中得到了广泛使用。

通过交通仿真，可以进行道路通行能力研究、服务水平划分、交通政策评价、管理策略检验、安全性分析、控制技术设备论证等方面的工作，从而改善交通环境、提高交通设施服务水平与效率。

复习思考题

1. 试简述车辆跟驰理论框架的基本动态过程；并与实际交通中的车辆跟驰行为进行对比，分析该理论框架的优缺点。

2. 利用 NGSIM 数据对不同跟驰模型进行阐述校正。

3. 在习题 2 的基础上，仿真分析不同跟驰模型在跟驰过程中的差异。

4. 分析各个车辆跟驰模型的局部稳定性和渐近稳定性，确定能够保证交通流稳定的参数条件。

5. 查阅关于车辆跟驰模型最新应用的相关文献，并对其应用进展进行综述。

参 考 文 献

陶鹏飞, 2012. 基于心理场理论的驾驶行为建模 [D]. 长春: 吉林大学.

王涛, 高自友, 赵小梅. 2006. 多速度差模型及稳定性分析 [J]. 物理学报, 55(2): 634-640.

Andersen G J, Sauer C W. 2007. Optical information for car following: the driving by visual angle (DVA) model[J]. Human factors, 49(5): 878-896.

Aron M. 1988. Car following in an urban network: Simulation and experiments[C]. Proceedings of Seminar D, 16th PTRC Meeting, 27-39.

Bando M, Hasebe K, Nakayama A, et al. 1995. Dynamical model of traffic congestion and numerical simulation[J]. Physical Review E, 51: 1035-1042.

Banks J H. 1999. Investigation of some characteristics of congested flow[J]. Transportation Research Record, 1678(1): 128-134.

Bekey G A, Burnham G O, Seo J. 1977. Control theoretic models of human drivers in car following[J]. Human Factors, 19(4): 399-413.

Bierley R L. 1963. Investigation of an intervehicle spacing display[J]. Highway Research Record, 25: 58-75.

Ceder A. 1976. A deterministic traffic flow model for the two regime approach[J]. Transportation Research Record, 567: 16-30.

Chandler R E, Montroll E W. 1958. Traffic dynamics: studies in car following[J]. Operations Research, 6(2): 165-184.

Chen D, Ahn S, Laval J, et al. 2014. On the periodicity of traffic oscillations and capacity drop: the role of driver characteristics[J]. Transportation Research Part B, 59: 117-136.

Chung K, Rudjanakanoknad J, Cassidy M J. 2007. Relation between traffic density and capacity drop at three freeway bottlenecks[J]. Transportation Research Part B, 41(1): 82-95.

Derbel O, Peter T, Zebiri H, et al. 2013. Modified intelligent driver model for driver safety and traffic stability improvement[J]. IFAC Proceedings Volumes, 46(21): 744-749.

Edie L C, Foote R S. 1961. Experiments on single lane flow in tunnels[J]. Theory of Traffic Flow, 175-192.

Gazis D C, Herman R, Potts R B. 1959. Car following theory of steady state traffic flow[J]. Operations Research 7(4): 499-505.

Gazis D C, Herman R, Rothery R W. 1961. Nonlinear follow-the-leader model of traffic flow[J]. Operations Research, 9(4): 545-567.

Gipps P G. 1981. A behavioural car-following model for computer simulation[J]. Transportation Research Part B, 15(2): 105-111.

Gong H, Liu H, Wang B H. 2008. An asymmetric full velocity difference car-following model[J]. Physica A, 387(11): 2595-2602.

Hao H, Ma W, Xu H. 2016. A fuzzy logic-based multi-agent car-following model[J]. Transportation Research Part C, 69: 477-496.

Helbing D, Tilch B. 1998. Generalized force model of traffic dynamics[J]. Physical Review E, 58(1): 133-138.

Helly W. 1961. Simulation of Bottlenecks in Single Lane Traffic Flow[J]. Proceedings of the Symposium on Theory of Traffic Flow, Research Laboratories, General Motors, 207-238.

Herman R, Montroll E W, Potts R B, et al. 1959. Traffic dynamics: Analysis of stability in car following[J]. Operations Research, 7(1): 86-106.

Heyes M P, Ashworth R. 1972. Further research on car-following models[J]. Transportation Research, 6(3): 287-291.

Hoefs D H. 1972. Entwicklung einer Messmethode unber den Bewegungsablauf des kolonnenverrkehrs[D]. Universitat(TH) Karlsruhe, Germany.

Hoogendoorn R G, van Arem B, Brookhuis K A. 2013. Longitudinal driving behavior in case of emergency situations: an empirically underpinned theoretical framework[J]. Procedia-Social and Behavioral Sciences, 80: 341-369.

Jiang R, Hu M B, Zhang H M, et al. 2014. Traffic experiment reveals the nature of car-following[J]. PloS one, 9(4): e94351.

Jiang R, Wu Q, Zhu Z. 2001. Full velocity difference model for a car-following theory[J]. Physical Review E, 64(1): 017101.

Kerner B S, Klenov S L, Wolf D E. 2002. Cellular automata approach to three-phase traffic theory[J]. Journal of Physics A, 35(47): 9971-10013.

Kikuchi S, Chakroborty P. 1992. Car-following model based on fuzzy inference system[J]. Transportation Research Record, 1365: 82-91.

Knospe W, Santen L, Schadschneider A, et al. 2001. Human behavior as origin of traffic phases[J]. Physical Review E, 2001, 65(1): 015101.

Kometani E, Sasaki T. 1959. Dynamic behavior of traffic with a nonlinear spacing-speed relationship[J]. Theory of Traffic Flow (Proc. of Sym. on TTF (GM)), 105-119.

Koshi M, 1981. Some findings and an overview on vehicular flow characteristics[J]. InProc. 8th Intl. Symp. on Transp. and Traffic Theory, 403-426.

Laval J A, Leclercq L. 2010. A mechanism to describe the formation and propagation of stop-and-go waves in congested freeway traffic[J]. Philosophical Transactions of the Royal Society A, 368(1928): 4519-4541.

Lee G A. 1966. A generalization of linear car-following theory[J]. Operations Research, 14(4): 595-606.

Li C, Jiang X, Wang W, et al. 2016. A simplified car-following model based on the artificial potential field[J]. Procedia Engineering, 137: 13-20.

May A D, Keller H E M. 1967. Non-integer car following models[J]. Highway Research Record, 199: 19-32.

Michaels R M. 1963. Perceptual factors in car following[J]. Proceedings of the Second International Symposium on the Theory of Road Traffic Flow, Paris: Organisation for Economic Cooperation and Development, 44-59.

Nair V, Hinton G E. 2010. Rectified linear units improve restricted boltzmann machines[J]. In Proceedings of the 27th international conference on machine learning (ICML-10): 807-814.

Newell G F. 1961. Nonlinear effects in the dynamics of car following[J]. Operations Research, 9(2): 209-229.

Ossen S, Hoogendoorn S P, Gorte B G. 2006. Interdriver differences in car-following: A vehicle trajectory–based study[J]. Transportation Research Record, 1965(1): 121-129.

Ossen S, Hoogendoorn S P. 2005. Car-following behavior analysis from microscopic trajectory data[J]. Transportation Research Record, 1934(1): 13-21.

Ou Z H. 2008. Density waves in the continuum analog of the full velocity difference model[J]. Physica A, 387(8-9): 1799-1806.

Ozaki H. 1993. Reaction and anticipation in the car following behavior[C]. Proceedings of the 13th International Symposium on Traffic and Transportation Theory, 349-366.

Pipes L A. 1953. An operational analysis of traffic dynamics[J]. Journal of Applied Physics, 24(3): 274-281.

Punzo V, Ciuffo B, Montanino M. 2012. Can results of car-following model calibration based on trajectory data be trusted[J]. Transportation Research Record, 2315(1): 11-24.

Punzo V, Simonelli F. 2005. Analysis and comparison of microscopic traffic flow models with real traffic microscopic data[J]. Transportation Research Record, 1934(1): 53-63.

Reuschel A. 1950. Vehicle Movements in the Column Uniformly Accelerated or Delayed[J]. Oesterrich Ingr Arch, 4: 193-215.

Sultan B, Brackstone M, McDonald M. 2004. Drivers' use of deceleration and acceleration information in car-following process[J]. Transportation Research Record, 1883(1): 31-39.

Tian J, Zhang H M, Treiber M, et al. 2019. On the role of speed adaptation and spacing indifference in traffic instability: evidence from car-following experiments and its stochastic model[J] Transportation Research Part B, 129: 334-350.

Treiber M, Helbing D, Hennecke A. 2000. Congested traffic states in empirical observations and microscopic simulations[J]. Physical Review E, 62(2): 1805-1824.

Treiber M, Helbing D. 2003. Memory effects in microscopic traffic models and wide scattering in flow-density data[J]. Physical Review E, 68(4): 046119.

Treiber M, Kesting A, Helbing D. 2006. Delays, inaccuracies and anticipation in microscopic traffic models[J]. Physica A, 360(1): 71-88.

Treiber M, Kesting A. 2017. The intelligent driver model with stochasticity-new insights into traffic flow oscillations.[J] Transportation Research Part B, 23: 174-187.

Treiterer J, Myers J A. 1974. The hysteresis phenomenon in traffic flow [C]. Proceedings of the 6th International Symposium on Transportation and Traffic Theory, Sydney,13-38.

van Winsum W. 1999.The human element in car following models[J]. Transportation Research Part F: Traffic Psychology and Behavior, 2(4): 207-211.

Wang X, Jiang R, Li L, et al. 2017. Capturing car-following behaviors by deep learning[J]. IEEE Transactions on Intelligent Transportation Systems, 19(3): 910-920.

Wang Y, Li X, Tian J, et al. 2020. Stability analysis of stochastic linear car-following models[J]. Transportation Science, 54 (1): 274-297.

Wiedemann R. 1974. Simulation of Road Traffic in Traffic Flow[D]. Karlsruhe: University of Karlsruhe.

Yu S, Liu Q, Li X. 2013. Full velocity difference and acceleration model for a car-following theory[J]. Communications in Nonlinear Science and Numerical Simulation, 18(5): 1229-1234.

Zhao X M, Gao Z Y. 2005. A new car-following model: full velocity and acceleration difference model[J]. The European Physical Journal B-Condensed Matter and Complex Systems, 47(1): 145-150.

Zhou M F, Qu X B, Li X P. 2017. A recurrent neural network based microscopic car following model to predict traffic oscillation[J]. Transportation Research Part C, 84: 245-264.

第 5 章　宏观连续模型

5.1　概　述

当从一个比较高的位置观察密度不是非常小的道路交通时，车辆运动看起来和流体的运动很类似。从这个角度，研究人员提出了交通流的宏观模型。在宏观模型中，交通流被视为由大量车辆构成的可压缩连续流体。因此，很自然引入了 t 时刻 x 位置的车辆密度 $\rho(x,t)$ 和平均速度 $u(x,t)$ 的概念，由此建立了关于密度和速度的偏微分方程或方程组，通过求解这一方程或方程组就可以研究交通流动力学行为。

然而，与真正的流体相比，交通流宏观模型建立的基础不是那么严格。在流体中，存在三个尺度，即分子尺度、流体质点[①]尺度和宏观尺度。其速度、密度和压力等都是定义在流体质点尺度上的。可是在交通流里，却不存在质点尺度。尽管如此，宏观模型仍不失为交通流研究的一种有效模型，且被应用于实际交通控制，如匝道控制（Papageorgiou et al.，1990）。

与微观模型相比，宏观模型只需求解由几个参量构成的偏微分方程或方程组，其模拟时间取决于道路长度以及时间空间离散步长，和车辆数目无关。因此，相比微观仿真，其计算耗费相对较小。即使在现在，计算机能力远超 20 世纪，这一点在进行大规模交通网络模拟仿真时仍十分重要。

宏观模型的发展始于 Lighthill 和 Whitham（1955），以及 Richards（1956）提出的 LWR 模型，也称为运动波（kinematic wave）模型或者一阶（first order）模型。十多年后，Payne（1971）提出了第一个高阶模型，用关于速度的动力学方程取代了平衡速度密度关系。其后，研究者又对 Payne 模型作了这样那样的改动，提出了各种大同小异的模型。然而，Daganzo（1995b）对 Payne 模型进行了批判，认为它违反了车流各向异性的根本原则。为克服这一缺陷，研究人员提出了速度梯度模型。该模型用速度梯度项取代 Payne 模型中的密度梯度项，从而很好地体现了车流的各向异性。在本章中，我们分别介绍这些模型。

[①] 流体质点的宏观尺寸非常小，远小于所研究流体力学问题的特征尺度，用数学观点来说就是流体质点所占据的宏观体积趋于零。流体质点的微观尺寸足够大，远大于流体分子尺寸的数量级，在流体质点内，任何时刻都包含有足够多的流体分子。

5.2 LWR 模型

5.2.1 LWR 模型方程

LWR 模型建立的根据就是车辆数目守恒这一基本原理。考虑一个长为 Δx 的路段，假设路段车道数不变，且没有出入匝道，则该路段的车辆数为

$$n(t) = \int_x^{x+\Delta x} \rho(x,t)\mathrm{d}x \approx \rho(x,t)\Delta x \qquad (5.1)$$

由于没有出入匝道，所以该路段车辆数目的变化只能是因为上游车辆驶入该路段或者车辆驶入下游路段，用 $q_{\mathrm{in}}(t)$，$q_{\mathrm{out}}(t)$ 分别表示驶入驶出流量，则有

$$\frac{\mathrm{d}n(t)}{\mathrm{d}t} = q_{\mathrm{in}}(t) - q_{\mathrm{out}}(t) = q(x,t) - q(x+\Delta x, t) \qquad (5.2)$$

（5.1）式对 t 求导，可得

$$\frac{\mathrm{d}n(t)}{\mathrm{d}t} \approx \frac{\partial \rho(x,t)}{\partial t}\Delta x \qquad (5.3)$$

代入（5.2）式，整理可得

$$\frac{\partial \rho(x,t)}{\partial t} = \frac{q(x,t) - q(x+\Delta x, t)}{\Delta x} \qquad (5.4)$$

令 $x \to 0$，可得

$$\frac{\partial \rho(x,t)}{\partial t} + \frac{\partial q(x,t)}{\partial x} = 0 \qquad (5.5)$$

此即为交通流的连续方程。

对于存在出入匝道的路段，则连续方程需考虑出入匝道车流，其形式为

$$\frac{\partial \rho(x,t)}{\partial t} + \frac{\partial q(x,t)}{\partial x} = q_{\mathrm{rmp}}(t) \qquad (5.6)$$

其中，$q_{\mathrm{rmp}}(t) = Q_{\mathrm{rmp}}(t)/(L_{\mathrm{rmp}}A)$。$Q_{\mathrm{rmp}}(t)$ 表示匝道流量，入匝道流量为正值，出匝道流量为负值；L_{rmp} 表示入匝道合流区或出匝道分流区长度，A 表示车道数目。

对于车道数目发生变化的路段，则连续方程形式为

$$\frac{\partial \rho(x,t)A(x)}{\partial t} + \frac{\partial q(x,t)A(x)}{\partial x} = 0 \qquad (5.7)$$

简单起见，不考虑出入匝道和车道数目变化。将流量与速度和密度的关系 $q = \rho u$ 代入（5.5）式可得

$$\frac{\partial \rho}{\partial t} + \frac{\partial \rho u}{\partial x} = 0 \tag{5.8}$$

（5.8）式存在密度和速度两个变量而仅有一个方程，所以方程不封闭，无法求解。为了使得方程封闭，LWR 模型认为车流总是处在平衡态，从而引入了速度和密度之间的平衡速度–密度函数关系

$$u = u_e(\rho) \tag{5.9}$$

代入（5.8）式可得

$$\frac{\partial \rho}{\partial t} + \frac{\partial q_e(\rho)}{\partial x} = 0 \tag{5.10}$$

其中，$q_e(\rho) = \rho u_e(\rho)$，即交通流流量-密度关系。

5.2.2 运动波速

LWR 模型方程是一个非线性波动方程，刻画了运动波的传播过程。模型方程可写为

$$\frac{\partial \rho}{\partial t} + q'_e(\rho)\frac{\partial \rho}{\partial x} = 0 \tag{5.11}$$

其中，$q'_e(\rho) = u_e + \rho u'_e$ 即为运动波速。在自由流中，$q'_e(\rho) > 0$，运动波向下游传播，在拥挤流中，$q'_e(\rho) < 0$，运动波向上游传播。

从驾驶员的角度（即拉格朗日坐标系）看，运动波速等于 $q'_e(\rho) - u_e = \rho u'_e$。一般情况下，$u'_e \leqslant 0$。[①] 因此，运动波相对于驾驶员总是向上游传播的。这和大部分微观模型是一致的，其中驾驶员仅对前方车辆做出反应。

在三角形基本图的假定下，LWR 模型方程是一个线性方程，在自由流中

$$\frac{\partial \rho}{\partial t} + u_f\frac{\partial \rho}{\partial x} = 0 \tag{5.12}$$

运动波速等于 u_f。在拥挤流中，

$$\frac{\partial \rho}{\partial t} + \frac{q_{\max}}{\rho_c - \rho_{\max}}\frac{\partial \rho}{\partial x} = 0 \tag{5.13}$$

运动波速等于 $\dfrac{q_{\max}}{\rho_c - \rho_{\max}}$，是一个小于零的常数。

---

① Leveque（2001）提出夜间在不熟悉的山区道路，车速可能随密度增大而增大。因为前车尾灯能显示出道路如何弯曲，所以前车较近时，速度较高。而没有前车时，驾驶员只能看到车灯范围内的道路，所以速度反而较低。

5.2.3 交通激波

当交通信号灯从绿灯切换成红灯时，车辆将会在交叉口形成排队，此时的交通波即为激波（shock wave）。一般意义上的激波对应于上游为低密度车流而下游为高密度车流的交通波。

对于一般的凹型（concave）基本图，运动波速是密度的函数，密度越大，运动波速越小。因此，即使对于初始光滑的密度波，密度小处的波面（wave front）有可能逐渐追上密度大处的波面，见图 5.1。从而，光滑的密度波逐渐演变成一个间断，称为激波。

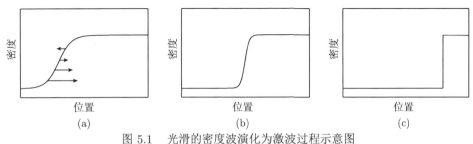

图 5.1　光滑的密度波演化为激波过程示意图
图 (a) 中的箭头长度和方向表示运动波速的大小和方向

激波波速的推导过程如下。考虑一个如图 5.2 所示的路段，x_s 表示激波位置。激波上下游的密度分别为 ρ_1，ρ_2 流量分别为 q_1，q_2。由于车辆数目守恒，该路段的车辆数目变化率为

$$\frac{\mathrm{d}n}{\mathrm{d}t} = q_1 - q_2 \tag{5.14}$$

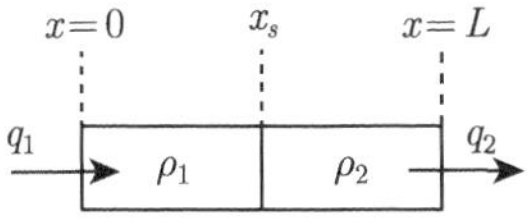

图 5.2　存在激波的路段示意图

此外，车辆数还可以写为

$$n = \rho_1 x_s + \rho_2 (L - x_s) \tag{5.15}$$

上式对 t 求导，可得

$$\frac{\mathrm{d}n}{\mathrm{d}t} = (\rho_1 - \rho_2) \frac{dx_s}{dt} \tag{5.16}$$

联立（5.14）和（5.15）两式，可得激波波速：

$$\frac{\mathrm{d}x_s}{\mathrm{d}t} = \frac{q_1 - q_2}{\rho_1 - \rho_2} \tag{5.17}$$

上式是激波波速的一般表达式。在 LWR 模型中，$q_1 = q_e(\rho_1)$，$q_2 = q_e(\rho_2)$，因此，

$$\frac{\mathrm{d}x_s}{\mathrm{d}t} = \frac{q_e(\rho_1) - q_e(\rho_2)}{\rho_1 - \rho_2} \tag{5.18}$$

图 5.3 给出了一个凹型基本图的示意图，从中可以比较车辆速度、运动波速，以及激波波速三者的差异。车辆速度对应于 1，2，3 三个状态点和原点连线的斜率，始终非负。运动波速对应于 1，2，3 三个状态点的切线的斜率，可正可负。激波对应于 1，2，3 三个状态点之间连线的斜率，亦可正可负。

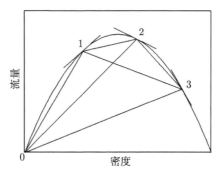

图 5.3 凹型基本图条件下车辆速度、运动波速，以及激波波速示意图

5.2.4 交通稀疏波

当交通信号灯从红灯切换成绿灯时，在交叉口的排队车辆开始启动，此时的交通波即为稀疏波（rarefaction wave）。一般意义上的稀疏波对应于上游为高密度车流而下游为低密度车流的交通波。在凹型基本图条件下，稀疏波的波面会逐渐变得越来越光滑，如图 5.4 所示。

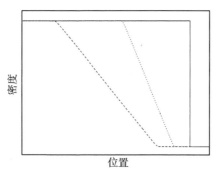

图 5.4 凹型基本图条件下稀疏波演化示意图。实线表示初始状态

5.2.5　基本图对间断演化的影响

示意图 5.4 给出了在凹型基本图条件下间断[①]的演化情况。但需指出，不同性质基本图条件下间断演化情况有着定性差异。图 5.5 给出了一个存在拐点的基本图，其拐点对应密度记为 ρ'_c。如果间断的上下游密度都小于 ρ'_c，则间断对应于激波或者稀疏波，其演化情况与凹型基本图条件下是一致的。

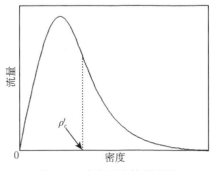

图 5.5　存在拐点的基本图

若间断的上游密度小于 ρ'_c 而下游密度大于 ρ'_c，则其演化情形如图 5.6 所示。其波面下部仍为间断，但其上部则为一个逐渐光滑的波面。若间断的上下游密度都大于 ρ'_c，且上游密度小于下游密度，则其演化情形如图 5.7 所示。其波面逐渐光滑。

若间断的上游密度大于 ρ'_c 而下游密度小于 ρ'_c，则其演化情形如图 5.8 所示。其波面上部仍为间断，但其下部则为一个逐渐光滑的波面。若间断的上下游密度都大于 ρ'_c，且上游密度大于下游密度，则其演化情形如图 5.9 所示。其波面仍为间断的[②]。

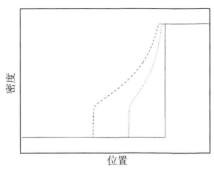

图 5.6　上游密度小于 ρ'_c 而下游密度大于 ρ'_c 的初始间断演化示意图

---

① 这类间断问题在数学上称为黎曼（Riemann）问题。

② 这种类型的间断有时被称为反激波（anti-shock），其传播速度计算与激波是一致的。

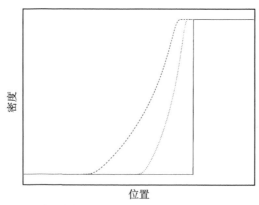

图 5.7　上下游密度都大于 ρ_c'，且上游密度小于下游密度的初始间断演化示意图

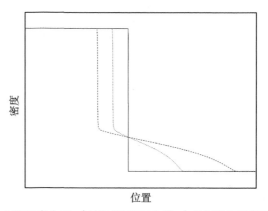

图 5.8　上游密度大于 ρ_c' 而下游密度小于 ρ_c' 的初始间断演化示意图

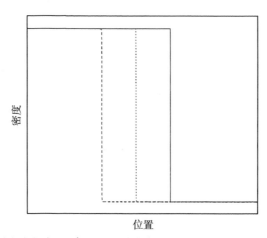

图 5.9　上下游密度都大于 ρ_c'，且上游密度大于下游密度的初始间断演化示意图

对于三角形基本图，如果间断的上游密度小于下游密度，则其演化特性与凹型基本图条件下是一致的。如果上游密度大于下游密度，且上下游密度皆小于或皆大于 ρ_c，则其波面仍为间断，如图 5.9 所示，其传播速度等于 u_f 或 $\dfrac{q_{\max}}{\rho_c - \rho_{\max}}$。若上游密度大于 ρ_c，下游密度小于 ρ_c，则间断分裂为两个间断，如图 5.10 所示，其传播速度分别为 u_f 和 $\dfrac{q_{\max}}{\rho_c - \rho_{\max}}$，两个间断之间的密度等于 ρ_c。

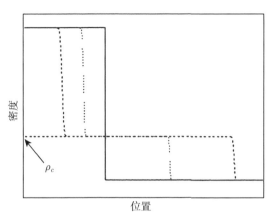

图 5.10　三角形基本图条件下初始间断分裂为两个间断示意图

5.2.6　数值计算格式

一般情况下，LWR 模型方程无法进行解析求解。因此，需对模型方程进行数值离散求解。将道路离散为长度为 Δx 的网格，时间离散步长记为 Δt，可采用如下的 LWR 模型方程离散格式：

$$\rho_i^{n+1} = \rho_i^n + \frac{\Delta t}{\Delta x}\left(q_{e,i-1/2}^n - q_{e,i+1/2}^n\right) \tag{5.19}$$

其中上标 n 表示第 n 个时间步，下标 i 表示第 i 个网格，$q_{e,i-1/2}^n$ 表示第 n 个时间步从 $i-1$ 网格进入 i 网格的流量，$q_{e,i+1/2}^n$ 则表示第 n 个时间步从 i 网格进入 $i+1$ 网格的流量。不同的 $q_{e,i-1/2}^n$ 和 $q_{e,i+1/2}^n$ 表达形式对应于不同的具体离散格式。因为 LWR 模型方程是一个波动方程，所以宜采用迎风型格式。

如果交通流是自由流，迎风型格式形式为

$$q_{e,i+1/2}^n = q_e\left(\rho_i^n\right) \tag{5.20}$$

如果交通流是拥挤流，迎风型格式形式则为

$$q_{e,i+1/2}^n = q_e\left(\rho_{i+1}^n\right) \tag{5.21}$$

如果交通流既有自由流，也有拥挤流，则迎风型格式难以定义。此时，可采用如下的 Lax 离散格式（Michalopoulos et al., 1984）：

$$\rho_i^{n+1} = \frac{\rho_{i-1}^n + \rho_{i+1}^n}{2} + \frac{\Delta t}{2\Delta x}\left(q_e\left(\rho_{i-1}^n\right) - q_e\left(\rho_{i+1}^n\right)\right) \tag{5.22}$$

需指出，离散化格式的时间步长和空间步长需要满足一定稳定性条件。针对离散格式（5.19），一般需满足 $\dfrac{\Delta t}{\Delta x}\left|q_e'\left(\rho_i\right)\right|_{\max} < 1$。

5.3　元胞传输模型

5.3.1　路段模型

Daganzo（1994，1995a）首次提出了元胞传输模型（cell transmission model），其本质上就是 LWR 模型的一种离散形式。元胞传输模型所采用的需求供给理念可以很方便地推广到合流和分流路段，因此，该模型被广泛应用于网络交通流相关的研究中。

在元胞传输模型中，将离散化的道路网格称为元胞[①]。描述元胞 i 内车辆数目演化的方程为

$$n_i(t + \Delta t) = n_i(t) + Q_{i-\frac{1}{2}}(t) - Q_{i+\frac{1}{2}}(t) \tag{5.23}$$

其中，$n_i(t) = \rho_i(t)\Delta x$，为 t 时刻第 i 个元胞内的车辆数，$Q_{i-\frac{1}{2}}(t)$ 为 t 到 $t+\Delta t$ 时间范围内从 $i-1$ 元胞流入 i 元胞的车辆数，$Q_{i+\frac{1}{2}}(t)$ 为 t 到 $t+\Delta t$ 时间范围内从 i 元胞流入 $i+1$ 元胞的车辆数。方程（5.23）和 LWR 方程离散形式（5.14）本质是一致的。

基于需求供给的理念，元胞传输模型中

$$Q_{i-\frac{1}{2}}(t) = \min\left(S_{i-1}(t), R_i(t)\right) \tag{5.24}$$

其中，$S_{i-1}(t)$ 为发送函数，表示元胞 $i-1$ 在 t 到 $t+\Delta t$ 时间范围内能够发送的车辆数（即需求），$R_1(t)$ 为接收函数，表示元胞 i 在 t 到 $t+\Delta t$ 时间范围内能够接收的车辆数（即供给）。同理，

$$Q_{i+\frac{1}{2}}(t) = \min\left(S_i(t), R_{i+1}(t)\right) \tag{5.25}$$

[①] 注意该元胞与元胞自动机模型中的元胞有所不同，后者通常对应于一个车长。

元胞传输模型中通常采用三角形基本图，且令元胞长度 $\Delta x = u_f \Delta t$，即在自由流中，车辆在一个时间步内行驶距离恰好为一个元胞长度。发送函数和接收函数定义为

$$S_i(t) = \min\left(n_i(t), Q_{\max}\right) \tag{5.26}$$

$$R_i(t) = \min\left(\frac{w}{u_f}\left(n_{\max} - n_i(t)\right), Q_{\max}\right) \tag{5.27}$$

其中，$Q_{\max} = q_{\max}\Delta t$，$n_{\max} = \rho_{\max}\Delta x$，$w$ 表示运动波速。（5.26）式表明，当车辆数目小于 n_c 时（即自由流时），发送能力等于该元胞内车辆数，即元胞所有车辆都可以进入下游元胞；当车辆数目大于 n_c 时（即拥挤流时），发送能力等于最大通行能力 $Q_{\max}$，如图 5.11 所示。类似地，（5.27）式表明，当车辆数目小于 n_c 时（即自由流时），接收能力等于 $Q_{\max}$；当车辆数目大于 n_c 时（即拥挤流时），接收能力等于 $\frac{w}{u_f}\left(n_{\max} - n_i(t)\right)$，即 $q\Delta t$,[①] 如图 5.12 所示。这样，完整的元胞传输模型为

$$n_i(t + \Delta t) = n_i(t) + \min\left(n_{i-1}(t), Q_{\max}, \frac{w}{u_f}\left(n_{\max} - n_i(t)\right)\right)$$

$$- \min\left(n_i(t), Q_{\max}, \frac{w}{u_f}\left(n_{\max} - n_{i+1}(t)\right)\right) \tag{5.28}$$

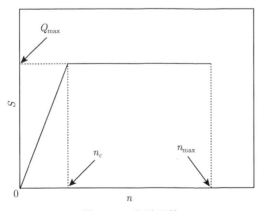

图 5.11　发送函数

---

① q 为该元胞流量。在拥挤流中，$q = (\rho_{\max} - \rho)w$。因此，$q\Delta t = (\rho_{\max} - \rho)w\Delta t$。将 $\Delta x = u_f\Delta t$ 代入，可得 $q\Delta t = \frac{w}{u_f}\left(n_{\max} - n_i(t)\right)$。

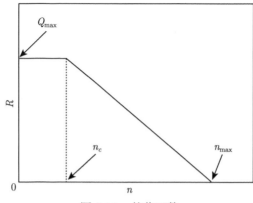

图 5.12   接收函数

5.3.2   道路合流

在道路合流处，可以基于需求供给的理念，给出相应的元胞传输模型。考虑如图 5.13 所示的两条道路合流的场景，元胞 1 和 2 的发送能力分别为

$$S_1(t) = \min\left(n_1(t), Q_{\max,1}\right) \tag{5.29}$$

$$S_2(t) = \min\left(n_2(t), Q_{\max,2}\right) \tag{5.30}$$

元胞 3 的接收能力为

$$R_3(t) = \min\left(\frac{w}{u_f}\left(n_{\max,3} - n_3(t)\right), Q_{\max,3}\right) \tag{5.31}$$

因此，进入元胞 3 的车辆数为

$$Q_{1,2\to3}(t) = \min\left(S_1(t) + S_2(t), R_3(t)\right) \tag{5.32}$$

需指出当 $Q_{1,2\to3}(t) < S_1(t) + S_2(t)$ 时，（5.25）式只能确定进入元胞 3 的车辆数，而无法确定从元胞 1 进入元胞 3 的车辆数 $Q_{1\to3}(t)$ 以及从元胞 2 进入元胞 3 的车辆数 $Q_{2\to3}(t)$。如需确定 $Q_{1\to3}(t)$ 和 $Q_{2\to3}(t)$，还需建立合流的模型。例如，可采用以下方式，根据元胞 1 和 2 的通行能力来确定 $Q_{1\to3}(t)$ 和 $Q_{2\to3}(t)$。即

$$Q'_{1\to3}(t) = \frac{Q_{\max,1}}{Q_{\max,1} + Q_{\max,2}} Q_{1,2\to3}(t) \tag{5.33}$$

$$Q'_{2\to3}(t) = \frac{Q_{\max,2}}{Q_{\max,1} + Q_{\max,2}} Q_{1,2\to3}(t) \tag{5.34}$$

- 若 $S_1(t) > Q'_{1\to3}(t)$ 且 $S_2(t) > Q'_{2\to3}(t)$，则

$$Q_{1\to3}(t) = Q'_{1\to3}(t), \quad Q_{2\to3}(t) = Q'_{2\to3}(t)$$

- 若 $S_1(t) > Q'_{1\to3}(t)$ 且 $S_2(t) < Q'_{2\to3}(t)$，则

$$Q_{1\to3}(t) = Q_{1,2\to3}(t) - S_2(t), \quad Q_{2\to3}(t) = S_2(t)$$

- 若 $S_1(t) < Q'_{1\to3}(t)$ 且 $S_2(t) > Q'_{2\to3}(t)$，则

$$Q_{1\to3}(t) = S_1(t), \quad Q_{2\to3}(t) = Q_{1,2\to3}(t) - S_1(t)$$

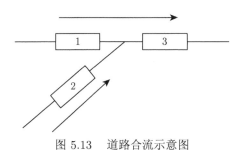

图 5.13　道路合流示意图

5.3.3　道路分流

考虑如图 5.14 所示的道路分流为两个道路的场景，进入元胞 3 的车辆比例设为 γ。元胞 1 至 2 和 3 的发送能力分别为

$$S_{1\to2}(t) = \min\left(n_1(t)(1-\gamma), Q_{\max,1}(1-\gamma)\right) \tag{5.35}$$

$$S_{1\to3}(t) = \min\left(n_1(t)\gamma, Q_{\max,1}\gamma\right) \tag{5.36}$$

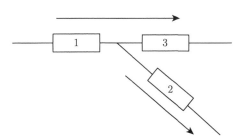

图 5.14　道路分流示意图

元胞 2 和 3 的接收能力为

$$R_2(t) = \min\left(\frac{w}{u_f}\left(n_{\max,2} - n_2(t)\right), Q_{\max,2}\right) \tag{5.37}$$

$$R_3(t) = \min\left(\frac{w}{u_f}\left(n_{\max,3} - n_3(t)\right), Q_{\max,3}\right) \tag{5.38}$$

- 若 $S_{1\to2}(t) < R_2(t)$ 且 $S_{1\to3}(t) < R_3(t)$，则

$$Q_{1\to2}(t) = S_{1\to2}(t), \quad Q_{1\to3}(t) = S_{1\to3}(t)$$

- 若 $S_{1\to2}(t) > R_2(t)$ 且 $S_{1\to3}(t) < R_3(t)$，则

$$Q_{1\to2}(t) = R_2(t), \quad Q_{1\to3}(t) = Q_{1\to2}(t)\gamma/(1-\gamma)$$

- 若 $S_{1\to2}(t) < R_2(t)$ 且 $S_{1\to3}(t) > R_3(t)$，则

$$Q_{1\to2}(t) = Q_{1\to3}(t)(1-\gamma)/\gamma, \quad Q_{1\to3}(t) = R_3(t)$$

- 若 $S_{1\to2}(t) > R_2(t)$ 且 $S_{1\to3}(t) > R_3(t)$，则需进一步进行比较，若 $R_2(t)\dfrac{\gamma}{1-\gamma} < R_3(t)$，则元胞 2 的拥堵更严重，因此有

$$Q_{1\to2}(t) = R_2(t), \quad Q_{1\to3}(t) = Q_{1\to2}(t)\gamma/(1-\gamma)$$

反之，则元胞 3 的拥堵更严重，因此有

$$Q_{1\to2}(t) = Q_{1\to3}(t)(1-\gamma)/\gamma, \quad Q_{1\to3}(t) = R_3(t)$$

5.3.4　元胞传输模型的改进

与微观交通流仿真模型相比，CTM 在网络交通流研究以及动态交通分配（dynamic traffic assignment，DTA）中具有计算效率高的优势，因此得到广泛的应用。同时，CTM 自身也得到不断改进与完善。

（1）滞后元胞传输模型（lagged cell transmission model, LCTM）

在元胞传输模型中，路段被分为长度相等的元胞，元胞数量比较多，因此计算量也比较大。为减小计算量，Daganzo（1999）提出了滞后元胞传输模型。该模型中，

$$Q_{i-\frac{1}{2}}(t) = \min\left(S_{i-1}\left(t - f_{i-1}\Delta t\right), R_i\left(t - l_i\Delta t\right)\right) \tag{5.39}$$

f_i 和 l_i 是元胞 i 的两个非负滞后因子，可设为

$$f_i = \frac{1}{2}\left[\frac{\Delta x_i}{\Delta t\,|v_{s_1}|} - 1\right] \tag{5.40}$$

$$l_i = \frac{1}{2} \left[\frac{\Delta x_i}{\Delta t |v_{s_2}|} - 1 \right] \tag{5.41}$$

其中，v_{s_1} 和 v_{s_2} 分别为最大的前向波速和后向波速。注意 f_i 和 l_i 可能为非整数，此时需要进行插值。此外，当 f_i 和/或 l_i 大于零时，模型计算需要更多时间步的初始条件。

在 LCTM 中，元胞长度是可变的。因此，与 CTM 相比，LCTM 中可以采用更少的元胞数量，其计算量从而比 CTM 小。此外，LCTM 比 CTM 计算结果更准确。

（2）改进的滞后元胞传输模型（enhanced lagged cell transmission model, ELCTM）

Szeto（2008）发现 LCTM 会导致元胞中出现负密度以及大于最大密度的密度，为了防止出现这种不合理的仿真结果，Szeto 提出了一个改进的滞后元胞传输模型。该模型中，

$$S'_{i-1} = \min \left(S_{i-1} \left(t - f_{i-1} \Delta t \right), S_{i-1}(t) \right) \tag{5.42}$$

$$R'_i = \min \left(R_i \left(t - l_i \Delta t \right), R_i(t) \right) \tag{5.43}$$

$$Q_{i-\frac{1}{2}}(t) = \min \left(S'_{i-1}, R'_i \right) \tag{5.44}$$

可见，ELCTM 是 CTM 和 LCTM 相结合的一个模型。模拟表明，ELCTM 比 LCTM 的计算时间稍长，但计算结果更准确。

（3）改进的元胞传输模型（modified cell transmission model, MCTM）

Muñoz 等（2004）在利用实际数据对 CTM 进行标定时，提出了改进的元胞传输模型。该模型使用元胞密度作为状态量，放松了原来模型中对元胞长度均一化的限制。

在三角形基本图或者梯形基本图条件下，该模型为

$$\rho_i^{n+1} = \rho_i^n + \frac{\Delta t}{\Delta x_i} \left(q_{i-1/2}^n - q_{i+1/2}^n \right) \tag{5.45}$$

$$q_{i-1/2}^n = \min \left(S_{i-1}, R_i \right) \tag{5.46}$$

$$S_{i-1} = \min \left(u_f \rho_{i-1}^n, q_{\max} \right) \tag{5.47}$$

$$R_i = \min \left(w \left(\rho_{\max} - \rho_i^n \right), q_{\max} \right) \tag{5.48}$$

（4）改变发送函数的元胞传输模型

元胞传输模型中，当信号交叉口处红灯变为绿灯时，从停止线处观测，车辆的车头时距为常数，也即排队车辆的出流量（discharge rate）总是等于 q_{max}。而实际数据表明，车辆的车头时距呈现逐渐减小然后趋于常数的趋势，如图 5.15 所示。

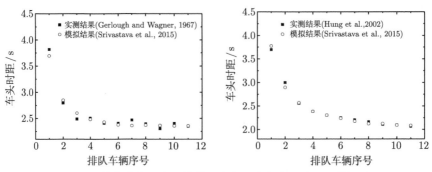

图 5.15　从停止线处实测的排队车辆出流的车头时距及模拟结果

为克服这一问题，Srivastava 等（2015）将元胞传输模型的发送函数改为

$$S_i(t) = \min\left(n_i(t), Q_j + \frac{w'}{u_f}\left(n_{\max} - n_i(t)\right)\right) \tag{5.49}$$

即当车辆数目大于 n_c 时（即拥挤流时），发送能力随着车辆数目的增加而减小。当车辆数目达到最大时，发送能力等于 Q_j，如图 5.16 所示。改进模型模拟结果与实测数据十分相符，见图 5.15。

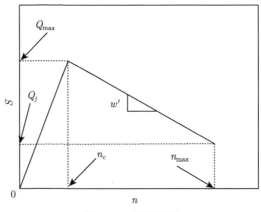

图 5.16　发送函数

5.4 高阶连续模型

大部分交通流研究学者认为，LWR 模型中，车辆速度始终为平衡速度，因此不能模拟各类非平衡交通现象，如时走时停交通等。为解决此问题，研究者提出了高阶模型。

5.4.1 密度梯度模型

Payne（1971）提出了第一个高阶模型，该模型以关于速度的动力学方程取代了平衡速度-密度关系，允许速度偏离平衡速度。其推导基于 Newell 车辆跟驰模型（Newell，1961）

$$v_n(t + \tau) = V(\Delta x) \tag{5.50}$$

其中 V 是优化速度函数，v_n 表示第 n 辆车的速度，$\Delta x = x_{n-1} - x_n$ 表示第 n 辆车和第 $n-1$ 车之间的距离，τ 表示车辆速度调整的延迟时间。

Payne 认为宏观速度和微观速度之间可以通过如下关系关联，即

$$v_n(t + \tau) = u(x + u\tau, t + \tau) \approx u + u\tau \frac{\partial u}{\partial x} + \tau \frac{\partial u}{\partial t} \tag{5.51}$$

车头间距 Δx 和密度 ρ 的关系为

$$\frac{1}{\Delta x} = \rho(x + \Delta x) \approx \rho\left(x + \frac{1}{2\rho}\right) \approx \rho + \frac{1}{2\rho} \frac{\partial \rho}{\partial x} \tag{5.52}$$

注意在上式的第二个等式中使用的是 $1/\Delta x = \rho(x + \Delta x) \approx \rho(x)$。此外，平衡速度–密度关系和优化速度函数之间的关系为

$$u_e(\rho) = V(1/\rho) \tag{5.53}$$

或

$$u_e(\rho) = V(\Delta x) \tag{5.54}$$

将（5.52）代入（5.54）式，可得

$$V(\Delta x) = u_e(1/\Delta x) \approx u_e\left(\rho + \frac{1}{2\rho} \frac{\partial \rho}{\partial x}\right) \approx u_e(\rho) + \frac{1}{2\rho} \frac{\partial u_e}{\partial \rho} \frac{\partial \rho}{\partial x} \tag{5.55}$$

将（5.50）和（5.51）式代入（5.55）式，可得

$$u + u\tau \frac{\partial u}{\partial x} + \tau \frac{\partial u}{\partial t} = u_e + \frac{u_e'}{2\rho} \frac{\partial \rho}{\partial x} \tag{5.56}$$

移项整理后即得 Payne 模型的标准形式, 即

$$\frac{\partial u}{\partial t} + u\frac{\partial u}{\partial x} = \frac{u_e - u}{\tau} - \frac{\gamma}{\rho\tau}\frac{\partial \rho}{\partial x} \tag{5.57}$$

其中, $\gamma = -0.5u'_e > 0$。显然, (5.50) 式左边为车辆加速度 $\frac{du}{dt} = \frac{\partial u}{\partial t} + u\frac{\partial u}{\partial x}$。(5.57) 式右边第一项为松弛项, 表示驾驶员调节车辆速度以期以平衡速度行驶, 因此 τ 又称为松弛时间; 第二项为期望项, 用来描述驾驶员对前方交通情况的反应, 前方密度大则减速, 前方密度小则加速。

Payne 模型提出之后, 研究者又在此基础上作了各种各样的改进。

Papageorgiou (1983) 在动力学方程中加了一项 $\dfrac{-\delta us}{\rho}$ 以考虑出入匝道车辆对动力学方程的影响, 其中 δ 为可调参数。

$$\frac{\partial u}{\partial t} + u\frac{\partial u}{\partial x} = \frac{u_e - u}{\tau} - \frac{\gamma}{\rho\tau}\frac{\partial \rho}{\partial x} - \frac{\delta us}{\rho} \tag{5.58}$$

Kühne (1984) 在动力学方程中引入了黏性项 $\upsilon\dfrac{\partial^2 u}{\partial x^2}$, 并用 c_0^2 取代了 Payne 模型中的 $\gamma/(\rho\tau)$, 其动力学方程为

$$\frac{\partial u}{\partial t} + u\frac{\partial u}{\partial x} = \frac{u_e - u}{\tau} - c_0^2\frac{\partial \rho}{\partial x} + \upsilon\frac{\partial^2 u}{\partial x^2} \tag{5.59}$$

其中, υ 为黏性系数。

Kerner 和 Konhäuser (1993, 1994) 以及 Lee 等 (1998, 1999) 使用的方程又和 Kühne 略有不同, 其动力学方程为

$$\frac{\partial u}{\partial t} + u\frac{\partial u}{\partial x} = \frac{u_e - u}{\tau} - \frac{c_0^2}{\rho}\frac{\partial \rho}{\partial x} + \frac{\mu}{\rho}\frac{\partial^2 u}{\partial x^2} \tag{5.60}$$

其中, μ 也是黏性系数。

Zhang (1998) 则提出了如下的动力学方程

$$\frac{\partial u}{\partial t} + u\frac{\partial u}{\partial x} = \frac{u_e - u}{\tau} - \rho u'^2_e\frac{\partial \rho}{\partial x} \tag{5.61}$$

Berg 和 Woods (2001) 甚至提出更为复杂的动力学方程

$$\frac{\partial u}{\partial t} + u\frac{\partial u}{\partial x} = \frac{u_e - u}{\tau} - \frac{|u'_e|}{\tau}\left[\frac{1}{2\rho}\frac{\partial \rho}{\partial x} + \frac{1}{6\rho^2}\frac{\partial^2 \rho}{\partial x^2} - \frac{1}{2\rho^3}\left(\frac{\partial \rho}{\partial x}\right)^2\right] \tag{5.62}$$

此外，还有学者提出松弛时间也应该是密度的函数。例如 Michalopoulos 等（1993）认为松弛时间随密度增加而增加，即

$$\tau = \tau_0 \left[1 + \frac{r\rho}{\rho_{\max} - r\rho} \right] \tag{5.63}$$

其中，r 为控制参数。

以上模型的动力学方程都可以写为统一的形式，即

$$\frac{\partial u}{\partial t} + u \frac{\partial u}{\partial x} = -\frac{c_0^2}{\rho} \frac{\partial \rho}{\partial x} + \frac{u_e - u}{\tau} + R \tag{5.64}$$

其中，R 为包括黏性项在内的其他项等。在（5.57）、（5.59）、（5.61）中，c_0 分别对应于 $\sqrt{\frac{\gamma}{\tau}}$，$c_0\sqrt{\rho}$，$-\rho u_e'$。由于这一类模型的动力学方程中均包含密度梯度项，所以称为密度梯度模型。

联立（5.8）式和（5.64）式作线性稳定性分析可以发现，当

$$c_0 \geqslant -\rho u_e' \tag{5.65}$$

时，方程组是线性稳定的[1]。因此，Zhang 模型是恒稳定的，而其他模型则需看参数的具体取值。

5.4.2 平衡流量-密度关系与拐点

Kerner 和 Konhäuser（1993）首次使用存在拐点的平衡流量-密度关系之前，交通流研究领域通常认为平衡流量-密度之间的曲线应该是一个凹函数，例如 Greenshields 函数（Greenshields，1935）和 Del Castillo-Bennitze 函数（Del Castillo and Benitez，1995）

$$q_e = \rho u_f \left[1 - \exp\left(1 - \exp\left(\frac{c_j}{u_f} \left(\frac{\rho_{\max}}{\rho} - 1 \right) \right) \right) \right] \tag{5.66}$$

其中 c_j 表示启动波速，如图 5.17 所示。

这样往往造成高阶模型的高密度范围都是线性不稳定的。因此，在高阶模型的线性不稳定高密度条件下，小扰动将逐渐放大，以至于超出堵塞密度。

Kerner 和 Konhäuser（1993）首次使用存在拐点的平衡速度-密度[2]，如图 5.18 所示，其表达式如下：

---

[1] 此处的稳定性分析未考虑 R 项的作用。

[2] Bando 等（1995）在优化速度车辆跟驰模型中也使用了存在拐点的优化速度函数 $V(\Delta x) = \tanh(\Delta x - x_c) + \tanh(x_c)$。Helbing 等（1999）使用的气体动力论模型（gas-kinetic model）也隐含着存在拐点的平衡速度密度关系。

$$u_e = u_f \left(\frac{1}{1 + \exp\left(\frac{\rho/\rho_{\max} - 0.25}{0.06}\right)} - 3.72 \times 10^{-6} \right) \tag{5.67}$$

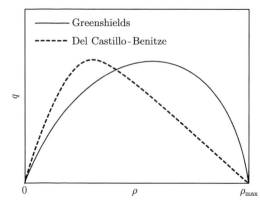

图 5.17 常见的凹函数平衡流量-密度关系：Greenshields 函数和 Del Castillo-Bennitze 函数

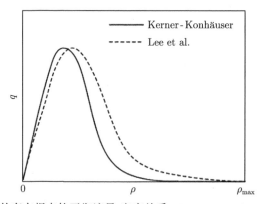

图 5.18 两种常见的存在拐点的平衡流量-密度关系：Kerner-Konhäuser 函数和 Lee 函数

Lee 等（1998）提出了另一种存在拐点的平衡速度–密度关系，即

$$u_e = u_f \left(\frac{1 - \rho/\rho_{\max}}{1 + E(\rho/\rho_{\max})^4} \right) \tag{5.68}$$

使用存在拐点的平衡速度-密度关系时，高阶模型的不稳定密度范围往往是中等密度范围，而高密度范围和低密度范围是稳定的。这样，不稳定密度范围内的一个小扰动最终可能会发展成为局部集簇（local cluster）、多集簇[1]，或者集簇反集

---

[1] 解析分析表明（Kurtze and Hong, 1995; Komatsu and Sasa, 1995），由于拐点的存在，模型可以得到扭结波（kink wave）和孤立波（soliton wave），其中孤立波和扭结波被视为交通堵塞。

簇而不会出现超出堵塞密度的情况，这被认为是对应于不同的交通堵塞状态，如图 5.19 所示[①]。

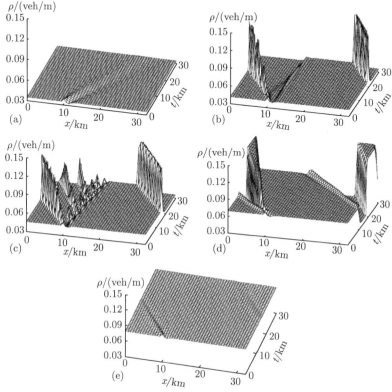

图 5.19 速度梯度模型的小扰动发展过程。初始扰动为
$$\delta\rho_0\left\{\cosh^{-2}\left[\frac{160}{L}\left(x-\frac{5L}{15}\right)\right]-\frac{1}{4}\cosh^{-2}\left[\frac{40}{L}\left(x-\frac{11L}{32}\right)\right]\right\}，$$ 其中 L 为道路长度。参数 $\delta\rho_0=0.01\text{veh/km}$，$L=32.2\text{km}$。（a）～（e）中，车辆密度分别为 0.035，0.042，0.046，0.07，0.08 (veh/km)

5.4.3 Daganzo 的批判

Daganzo（1995b）对密度梯度模型进行了批判。将由（5.8）式和（5.64）式组成的双曲型方程组写为如下形式：

$$\frac{\partial U}{\partial t}+A\frac{\partial U}{\partial x}=E \tag{5.69}$$

[①] 图 5.19 给出的是速度梯度模型模拟结果。密度梯度模型模拟结果与速度梯度模型模拟结果不仅定性相同，定量上也相差不多，因此，本章不再给出重复的图形。

其中 $U = \begin{bmatrix} \rho \\ u \end{bmatrix}$，$A = \begin{bmatrix} u & \rho \\ \dfrac{c_0^2}{\rho} & u \end{bmatrix}$，$E = \begin{bmatrix} s \\ \dfrac{u_e - u}{\tau} + R \end{bmatrix}$。

A 矩阵的特征值 λ 可以通过下式求解

$$\begin{vmatrix} u - \lambda & \rho \\ \dfrac{c_0^2}{\rho} & u - \lambda \end{vmatrix} = 0 \tag{5.70}$$

该式有两个解 $\lambda_1 = u + c_0$，$\lambda_2 = u - c_0$。这意味着该双曲型方程组有两条特征线，对应特征速度分别为

$$\left(\frac{\mathrm{d}x}{\mathrm{d}t} \right)_1 = u + c_0 \tag{5.71}$$

$$\left(\frac{\mathrm{d}x}{\mathrm{d}t} \right)_2 = u - c_0 \tag{5.72}$$

其中，特征速度 $u + c_0 > u$，也即小扰动传播的速度大于车流的宏观速度。这意味着车辆将受到后方车辆的影响，与车流的各向异性特性相悖[①]。

违背车流各向异性的一个典型的后果是车辆倒退现象。Daganzo 给出了如下的一种初始分布，$x > 0$ 处是完全堵塞车辆，$x < 0$ 处没有车辆。显然，在这种情形下，初始分布应该保持不变。然而，分析表明，在密度梯度模型中，这种初始分布无法保持，车辆将倒退，形成如图 5.20 所示的光滑密度分布。这一结果很容易验证，在（5.57）式中令速度 u 和它的导数为零，可以得到一个常微分方程（不考虑 R）

$$\frac{u_e}{\tau} = \frac{c_0^2}{\rho} \frac{\mathrm{d}\rho}{\mathrm{d}x} \tag{5.73}$$

对这一常微分方程进行求解，即可以得到如图 5.20 所示的光滑密度分布。

对更一般的情形，在（5.64）式中令速度为零且不考虑黏性项等其他项的影响，则可得

$$\frac{\mathrm{d}u}{\mathrm{d}t} = -\frac{c_0^2}{\rho} \frac{\partial \rho}{\partial x} + \frac{u_e}{\tau} \tag{5.74}$$

因此，当 $-\dfrac{c_0^2}{\rho} \dfrac{\partial \rho}{\partial x} + \dfrac{u_e}{\tau} < 0$ 时，加速度为负，车辆速度将继续减小变为负值，车辆倒退现象出现。黏性项的引入对此结果无定性影响，它的引入并不能保证加速度总是大于等于零。

---

① Zhang（2003）指出，在多车道道路上，车流未必严格遵循各向异性特性。但在单车道道路上，车流应该满足各向异性特性。

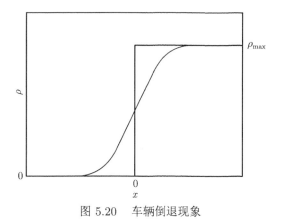

图 5.20 车辆倒退现象

5.4.4 速度梯度模型

（1）动力学方程

为了解决密度梯度模型中存在的特征速度问题，Aw 和 Rascle（2000）、Zhang（2002）、Jiang 等（2001a；2002）各自独立提出了速度梯度模型[①]。在速度梯度模型中，动力学方程中的密度梯度项被速度梯度项取代，从而不再出现大于宏观车流速度的特征速度，满足了车流各向异性的特点。而在其他方面，速度梯度模型和密度梯度模型的性质基本相似。

接下来以 Jiang 等（2001a，2002）的推导为例，介绍速度梯度模型的动力学方程。从全速度差车辆跟驰模型（Jiang et al.，2001b）

$$\frac{\mathrm{d}v_n}{\mathrm{d}t} = \lambda(v_{n-1} - v_n) + \kappa(V(\Delta x) - v_n) \tag{5.75}$$

出发，根据微观宏观联系，$v_n \to u(x,t), v_{n-1} \to u(x + \Delta x, t), V(\Delta x) \to u_e(\rho)$，全速度差模型方程变为

$$\frac{\mathrm{d}u}{\mathrm{d}t} = \lambda(u(x + \Delta x, t) - u(x,t)) + \kappa(u_e - u) \tag{5.76}$$

上式右边进行泰勒展开并整理可得

$$\frac{\mathrm{d}u}{\mathrm{d}t} = \Delta x \lambda \frac{\partial u}{\partial x} + \kappa(u_e - u) \tag{5.77}$$

---

① Aw-Rascle 模型和 Zhang 模型未引入松弛项，但 Aw 和 Rascle 已提到需要考虑松弛项。随后 Greenberg（2001）研究了松弛效应。

这里，$\Delta x \lambda$ 为小扰动传播速度，可用 c_0 表示。同时，认为 $\kappa \to 1/\tau$，因此（5.77）可写为

$$\frac{\partial u}{\partial t} + u\frac{\partial u}{\partial x} = c_0\frac{\partial u}{\partial x}\cdot + \frac{u_e - u}{\tau} \tag{5.78}$$

不同模型区别在于 c_0 的表达式不同。

（2）特征速度分析

由（5.8）和（5.78）式组成的方程组是一个双曲型方程组。将这一方程组写为如下形式：

$$\frac{\partial U}{\partial t} + A\frac{\partial U}{\partial x} = E \tag{5.79}$$

其中，$U = \begin{bmatrix} \rho \\ u \end{bmatrix}$，$A = \begin{bmatrix} u & \rho \\ 0 & u - c_0 \end{bmatrix}$，$E = \begin{bmatrix} s \\ \dfrac{u_e - u}{\tau} \end{bmatrix}$。

A 矩阵的特征值 λ 通过下式求解

$$\begin{vmatrix} u - \lambda & \rho \\ 0 & u - c_0 - \lambda \end{vmatrix} = 0 \tag{5.80}$$

两个解为 $\lambda_1 = u$，$\lambda_2 = u - c_0$，对应特征速度为

$$\left(\frac{\mathrm{d}x}{\mathrm{d}t}\right)_1 = u \tag{5.81}$$

$$\left(\frac{\mathrm{d}x}{\mathrm{d}t}\right)_2 = u - c_0 \tag{5.82}$$

可见不存在大于车流的宏观速度的特征速度，所以速度梯度模型中不存在车辆倒退问题。在（5.80）式中令某处速度 u 为零，则该处加速度为

$$\frac{\mathrm{d}u}{\mathrm{d}t} = c_0\frac{\partial u}{\partial x} + \frac{u_e}{\tau} \tag{5.83}$$

由于速度为零，两条特征线为

$$\left(\frac{\mathrm{d}x}{\mathrm{d}t}\right)_1 = 0 \tag{5.84}$$

$$\left(\frac{\mathrm{d}x}{\mathrm{d}t}\right)_2 = -c_0 \tag{5.85}$$

$u = 0$ 处的依赖区是其下游[①], $\partial u/\partial x$ 的符号取决于下游一侧的速度梯度, 即 $\partial u/\partial x = (\partial u/\partial x)|_{x^+}$ 。因此, $\partial u/\partial x \geqslant 0$ 。同时 $u_e \geqslant 0$, 所以加速度一定是非负的。由此, 速度梯度模型中不会出现负速度。

（3）线性稳定性分析

我们对速度梯度模型进行线性稳定性分析。假定 ρ 和 $u = u_e(\rho)$ 是方程组（5.8）和（5.78）的稳态解, ξ 和 η 是附加在稳态解上的小扰动。将 $\rho + \xi$, $u + \eta$ 代入模型方程（5.8）和（5.78）, 对所得方程在 ρ 和 $u = u_e(\rho)$ 处进行泰勒展开, 并忽略高阶项, 可得如下的线化方程组：

$$\xi_t + u\xi_x + \rho\eta_x = 0 \tag{5.86}$$

$$\eta_t + u\eta_x = \frac{u'_e\xi - \eta}{\tau} + c_0\eta_x \tag{5.87}$$

（5.87）式两边对 x 求导, 可得

$$\eta_{tx} + u\eta_{xx} = \frac{u'_e\xi_x - \eta_x}{\tau} + c_0\eta_{xx} \tag{5.88}$$

而由（5.86）式可得

$$\eta_x = -\frac{\xi_t + u_0\xi_x}{\rho} \tag{5.89}$$

（5.89）式两边分别对 x, t 求导, 可得

$$\eta_{xx} = -\frac{\xi_{tx} + u\xi_{xx}}{\rho} \tag{5.90}$$

$$\eta_{xt} = -\frac{\xi_{tt} + u\xi_{xt}}{\rho} \tag{5.91}$$

将（5.88）～（5.91）代入（5.86）式, 可以消去 η, 得到如下的二阶方程：

$$(\partial_t + a_0\partial_x)\xi = -\tau[(\partial_t + a_1\partial_x)(\partial_t + a_2\partial_x)]\xi \tag{5.92}$$

其中, $a_0 = u + \rho u'_e$, $a_1 = u - c_0$, $a_2 = u$。

令 $\xi = \xi_0 \exp i(\sigma x - \omega t)$, 代入（5.82）式, 可得

$$(-i\omega + ia_0\sigma)\xi = -\tau[(-i\omega + a_1 i\sigma)(-i\omega + a_2 i\sigma)]\xi \tag{5.93}$$

由于 ξ 非奇异,（5.83）式意味着

$$(-i\omega + ia_0\sigma) + \tau[(-i\omega + a_1 i\sigma)(-i\omega + a_2 i\sigma)] = 0 \tag{5.94}$$

---

① 在双曲型方程或者方程组中, 存在影响区和依赖区。有兴趣的读者可以阅读相关文献。

因此，模型的线性稳定性由关于 ω 的二次方程的根的虚部所决定。如果有一个根的虚部大于零，则模型是不稳定的；只有当两个根的虚部均小于等于零时，模型才是线性稳定的。对（5.84）式，当以下不等式满足时，能够保证两个根的虚部均小于等于零

$$a_1 \leqslant a_0 \leqslant a_2 \tag{5.95}$$

由于 $u'_e < 0$，所以 $a_0 \leqslant a_2$ 恒成立。由 $a_1 \leqslant a_0$，可得

$$c_0 \geqslant -\rho u'_e \tag{5.96}$$

与密度梯度模型的线性稳定性条件（5.65）完全一样。

5.4.5 高阶模型的离散化格式

密度梯度模型和速度梯度模型包含两个方程，可以分别进行离散化，也可以作为守恒型方程组进行离散化。

Payne（1971，1979）给出了密度梯度模型分别离散化的一个格式：

$$\rho_i^{n+1} = \rho_i^n - \frac{\Delta t}{\Delta x} \left(\rho_i^n u_i^n - \rho_{i-1}^n u_{i-1}^n \right) \tag{5.97}$$

$$u_i^{n+1} = u_i^n - u_i^n \left(u_i^n - u_i^n \right) \frac{\Delta t}{\Delta x} + \frac{\Delta t}{\tau} \left(u_e(\rho_i^n) - u_i^n \right) - \frac{c_0^2}{\rho_i^n} \frac{\Delta t}{\Delta x} \left(\rho_{i+1}^n - \rho_i^n \right) \tag{5.98}$$

因密度梯度项分母含有密度，为防止小密度时，密度梯度项过大，Papageorgiou（1983）提出将密度梯度项的离散化表达式分母中加入一个常数 κ

$$-\frac{c_0^2}{\rho_i^n + \kappa} \frac{\Delta t}{\Delta x} \left(\rho_{i+1}^n - \rho_i^n \right) \tag{5.99}$$

吴正（1994）给出的连续方程离散化格式为

$$\rho_i^{n+1} = \rho_i^n - \frac{\Delta t}{\Delta x} \left(\rho_i^n u_{i+1}^n - \rho_{i-1}^n u_i^n \right) \tag{5.100}$$

Jiang 等（2001a，2002）退出离散速度梯度模型时对连续方程采用了吴正的离散格式，对动量方程的离散化格式为一阶迎风格式（up-wind scheme）：

若 $u_i^n > c_0$，

$$u_i^{n+1} = u_i^n - \left(u_i^n - c_0 \right) \left(u_i^n - u_{i-1}^n \right) \frac{\Delta t}{\Delta x} + \frac{\Delta t}{\tau} \left(u_e(\rho_i^n) - u_i^n \right) \tag{5.101}$$

若 $u_i^n < c_0$,

$$u_i^{n+1} = u_i^n - (u_i^n - c_0)\left(u_{i+1}^n - u_i^n\right)\frac{\Delta t}{\Delta x} + \frac{\Delta t}{\tau}\left(u_e(\rho_i^n) - u_i^n\right) \tag{5.102}$$

此外，还可使用 Lax 格式（Michalopoulos et al.，1993），Godunov 型格式（Zhang，2001），Lax-Wendroff 格式（Lee et al.，1998）等进行离散，这里不再详述。同样，离散化格式的时间步长和空间步长需要满足一定稳定性条件。

5.5 考虑随机性的宏观模型

交通流实验表明，随机性在交通流演化起着重要的作用。已有一些宏观模型的研究工作考虑了随机性的作用。例如，Sumalee 等（2011）提出了一个随机的元胞传输模型。实证表明该模型可以准确地估计道路密度的均值和标准偏差。Ngoduy（2011）提出了一个随机的多车种 LWR 模型，其中通行能力服从 Weibull 分布。该模型可以模拟回滞现象以及交通数据的散布现象。Li 等（2012）研究了自由流速度随机变化的 LWR 模型，发现交通扰动位置的不确定性随时间增加，而交通扰动幅度的不确定性则仍可以准确预测。Laval 和 Chilukuri（2014）基于基本图随机变化的 LWR 模型研究了黎曼问题和瓶颈问题，发现随机解保持了确定性解的结构并且随着时间发展趋向于确定性解。

Zheng 等（2020）研究了随机性对宏观模型中振荡增长方式的作用，采用了三角形基本图

$$q_i^n = \begin{cases} u_f \cdot \rho_i^n, & \text{如果}\rho_i^n \leqslant \rho_c\left(w_i^n\right) \\ w_i^n \cdot \left(\rho_{\max} - \rho_i^n\right), & \text{如果}\rho_i^n > \rho_c\left(w_i^n\right) \end{cases} \tag{5.103}$$

参数 w_i^n 在每个模拟时间步中随机变化

$$\widetilde{w}_i^n = \begin{cases} w_1 + r_1 \cdot (w_2 - w_1), & \text{如果}r_2 < p \\ \widetilde{w}_i^{n-1}, & \text{如果}r_2 \geqslant p \end{cases} \tag{5.104}$$

$$w_i^n = \begin{cases} \max\left\{w_i^{n-1} - \Delta w, \widetilde{w}_i^n\right\}, & \text{如果}\widetilde{w}_i^n < w_i^{n-1} \\ \min\left\{w_i^{n-1} + \Delta w, \widetilde{w}_i^n\right\}, & \text{如果}\widetilde{w}_i^n \geqslant w_i^{n-1} \end{cases} \tag{5.105}$$

其中，w_1 和 w_2 是 w_i^n 的最大值和最小值，r_1 和 r_2 是 0 和 1 之间均匀分布的随机数，Δw 是每个时间步波速变化的最大幅度，$\widetilde{w}_i^n$ 是一个中间变量。

图 5.21 给出了模拟结果。可以看出，在确定性条件下，振荡呈现先凸后凹的增长方式，而在随机性条件下，振荡则呈现凹增长的方式。

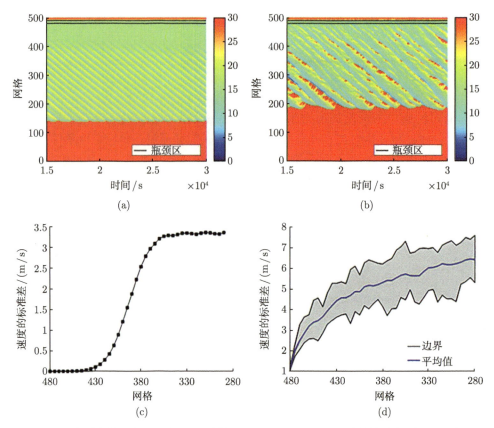

图 5.21　速度梯度模型在限速瓶颈处的模拟结果：（a）和（c）为确定性基本图，（b）和（d）
为随机性基本图

（a）和（b）给出了速度演化时空图，（c）和（d）给出了瓶颈上游速度标准
差的增长方式。初始密度 0.03 veh/m，速度单位 m/s。（a）和（b）中两条黑色
实线中间区域为限速瓶颈。（d）中，上下边界表示 20 次模拟结果的最大和最小
值。模型参数 $c_0 = 11$ m/s，$\tau = 15$ s，$u_f = 30$ m/s，$\rho_{\max} = 0.15$ veh/m，对于
随机性基本图 $w_1 = 5.6154$ m/s，$w_2 = 3.6154$ m/s，$\Delta w = 0.03$ m/s。对于确定性
基本图 $w = 4.6154$ m/s。瓶颈限速 $v_{\lim} = 15$ m/s，离散步长 $\Delta x = 100$ m，Δt
$= 1$ s。

复习思考题

1. 使用 LWR 模型模拟凹形基本图、三角形基本图及存在拐点的基本图条件
下间断的演化过程。

2. 使用元胞传输模型模拟道路合流和分流过程。

3. 使用密度梯度模型和速度梯度模型模拟小扰动的发展过程。

参 考 文 献

吴正. 1994. 低速混合型城市交通的流体力学模型 [J]. 力学学报, 26(2): 149-157.

Aw A, Rascle M. 2000. Resurrection of "second order" models of traffic flow[J]. SIAM Journal on Applied Mathematics, 60(3): 916-938.

Bando M, Hasebe K, Nakayama A, et al. 1995. Dynamical model of traffic congestion and numerical simulation[J]. Physical Review E, 51(2): 1035-1042.

Berg P, Woods A. 2001. Traveling waves in an optimal velocity model of freeway traffic[J]. Physical Review E, 63: 036107.

Daganzo C F. 1994. The cell transmission model: A dynamic representation of highway traffic consistent with the hydrodynamic theory[J]. Transportation Research Part B, 28(4): 269-287.

Daganzo C F. 1995a. The cell transmission model Part II: Network traffic[J]. Transportation Research Part B, 29(2): 79-93.

Daganzo C F. 1995b. Requiem for second-order fluid approximations of traffic flow[J]. Transportation Research Part B, 29(4): 277-286.

Daganzo C F. 1999. The lagged cell-transmission model[C]. Transportation and Traffic Theory, In Proceedings of the 14th International Symposium on Transportation and Traffic Theory, 81-104.

Del Castillo J M, Benitez F G. 1995. On functional form of the speed-density relationship I: general theory, II: empirical investigation[J]. Transportation Research Part B, 29: 373-389.

Greenberg J M. 2001. Extensions and amplifications of a traffic model of Aw and Rascle[J]. SIAM Journal of Applied Mathematics, 62(3): 729-745.

Greenshields B D. 1935. A study in traffic capacity[J]. Proceedings of Highway Research Board, 14: 448-477.

Helbing D, Hennecke A, Treiber M. 1999. Phase diagram of traffic states in the presence of inhomogeneities[J]. Physical Review Letters, 82(21): 4360-4363.

Jiang R, Wu Q S, Zhu Z J. 2001a. A new dynamics model for traffic flow[J]. Chinese Science Bulletin, 46(4): 345-349. [中文版: 姜锐, 吴清松, 朱祚金. 2000. 一种新的交通流动力学模型 [J]. 科学通报, 45(17): 1895-1899.]

Jiang R, Wu Q S, Zhu Z J. 2001b. Full velocity difference model for a car-following theory[J]. Physical Review E, 64(1): 017101.

Jiang R, Wu Q S, Zhu Z J. 2002. A new continuum model for traffic flow and numerical tests[J]. Transportation Research Part B, 36(5): 405-419.

Kerner B S, Konhäuser P. 1993. Cluster effect in initially homogeneous traffic flow[J]. Physical Review E, 48(4): 2335-2338.

Kerner B S, Konhäuser P. 1994. Structure and parameters of clusters in traffic flow[J]. Physical Review E, 50(1): 54-83.

Komatsu T S, Sasa S. 1995. Kink soliton characterizing traffic congestion[J]. Physical Review E, vol.52(5): 5574-5582.

Kühne R D. 1984. Macroscopic freeway model for dense traffic-stop-start waves and incident detection[C]. Proceedings of the 9th International Symposium on Transportation and Traffic Theory, 21-42.

Kurtze D A, Hong D C. 1995. Traffic jams, granular flow, and soliton selection[J]. Physical Review E, 52(1): 218-221.

Laval J A, Chilukuri B R. 2014. The distribution of congestion on a class of stochastic kinematic wave models[J]. Transportation Science, 48(2): 217-224.

Lee H Y, Lee H W, Kim D. 1998. Origin of synchronized traffic flow on highways and its dynamic phase transitions[J]. Physical Review Letters, 81(5): 1130-1133.

Lee H Y, Lee H W, Kim D. 1999. Dynamic states of a continuum traffic equation with on-ramp[J]. Physical Review E, 59(5): 5101-5111.

Leveque R J. 2001. Some traffic flow models illustrating interesting hyperbolic behavior[R]. Presented at the SIAM Annual Meeting.

Li J, Chen Q Y, Wang H Z, et al. 2012. Analysis of LWR model with fundamental diagram subject to uncertainties[J]. Transportmetrica, 8(6): 387-405.

Lighthill M J, Whitham G B. 1955. On kinematic waves: II. A theory of traffic flow on long crowded roads. [C]. Proceedings of Royal Society A. Mathematical and Physical Sciences, 229(1178): 317-345.

Michalopoulos P G, Beskos D E, Lin J K. 1984. Analysis of interrupted traffic flow by finite difference methods[J]. Transportation Research Part B, 18(4-5): 409-421.

Michalopoulos P G, Yi P, Lyrintzis A S. 1993. Continuum modeling of traffic dynamics for congested freeways[J]. Transportation Research, Part B, 27(4): 315-332.

Muñoz L, Sun X T, Sun D, et al. 2004. Horowitz R. Methodological calibration of the cell transmission model[C]. Proceedings of American Control Conference, Boston, MA, 798-803.

Newell G F. 1961. Nonlinear effects in the dynamics of car following[J]. Operations Research, 9(2): 209-229.

Ngoduy D. 2011. Multiclass first-order traffic model using stochastic fundamental diagrams[J]. Transportmetrica, 7(2): 111-125.

Papageorgiou M, Blosseville J, Hadj-Salem H. 1990. Modelling and real-timecontrol of traffic flow on the southern part of Boulevard Peripherique in Paris, Part I: Modelling, Part II: Coordinated on-ramp metering[J]. Transportation Research Part A, 24(5): 345-370.

Papageorgiou M. 1983. A hierarchical control system for freeway traffic[J]. Transportation Research Part B, 17(3): 251-261.

Payne H J. 1971. Models of freeway traffic and control: Mathematical models of public systems[J]. Simulation Council Proceedings Series, 1(1): 51-61.

Payne H J. 1979. FREFLO: A Macroscopic simulation model of freeway traffic[J]. Transportation Research Record, 772: 68-77.

Richards P I. 1956. Shockwaves on the highway[J]. Operations Research, 4(1): 42-51.

Srivastava A, Jin W L, Lebacque J P. 2015. A modified cell transmission model with realistic queue discharge features at signalized intersections[J]. Transportation Research Part B, 81: 302-315.

Sumalee A, Zhong R X, Pan T L, et al. 2011. Stochastic cell transmission model (SCTM): A stochastic dynamic traffic model for traffic state surveillance and assignment[J]. Transportation Research Part B, 45(3): 507-533.

Szeto W. 2008. Enhanced lagged cell-transmission model for dynamic traffic assignment[J]. Transportation Research Record, 2085: 76-85.

Zhang H M. 1998. A theory of nonequilibrium traffic flow[J]. Transportation Research Part B, 32(7): 485-498.

Zhang H M. 2001. A finite difference approximation of a non-equilibrium traffic flow model[J]. Transportation Research Part B, 35(4): 337-365.

Zhang H M. 2002. A non-equilibrium traffic flow model devoid of gas-like behavior[J]. Transportation Research Part B, 36(3): 275-290.

Zhang H M. 2003. Anisotropic property revisited - Does it hold in multi-lane traffic[J]. Transportation Research Part B, 7(6): 561-577.

Zheng S T, Jiang R, Tian J F, et al. 2020. The impact of stochasticity on traffic flow dynamics in macroscopic continuum models[R]. Transportation Research Board Annual Meeting, 2674(1178): 0361198120927704.

第 6 章　多车道交通流模型

6.1　概　　述

大量的交通流模型基于单车道无超车的交通条件。然而，实际交通中，多车道交通条件普遍存在于高速公路、快速路等高等级道路。不同于单车道简单的车辆跟驰情况，多车道路段上普遍存在换道、超车等复杂驾驶行为，从而可能导致交通流的扰动，产生新的交通现象，如密度倒置（图 6.1 给出了德国两车道道路上右车道的使用率，即右车道密度与两车道密度和的比例。德国的道路上规定了行车道和超车道，因此其车辆的换道行为是不对称的；此外还规定车辆不允许在行车道上进行超车。可以看出，当密度较低时，右车道使用率较大，随着密度增加，右车道使用率降低，甚至低于左车道使用率，这一现象称为密度倒置（density inversion），当密度继续增加时，两车道使用率逐渐趋于相等）。基于此，有必要构建多车道交通流模型，并对多车道交通流演化特征进行深入探索。

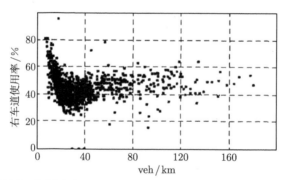

图 6.1　德国两车道道路上的密度倒置现象（Gibson and Crooks，1938）

从车辆运行的角度出发，多车道交通条件下，车辆的运行通常可以划分为两种基本状态：车辆跟驰与车辆换道。其中，车辆跟驰过程与单车道条件下类似，不同之处是多车道条件下车辆跟驰过程中可能会受到相邻车道车辆与交通状态的影响。相比车辆跟驰行为，车辆换道更加复杂；在车辆换道过程中，驾驶员需要根据当前车道与相邻车道的交通状态进行综合判断，做出换道决策，并通过一系列复杂操作完成换道过程；由于换道行为的复杂性，当前对车辆换道决策与执行过程的建模与分析相对不足。

针对多车道交通流状态，一些学者分别从微观与宏观角度对车辆跟驰与换道过程进行融合，构建了丰富的多车道交通流模型，并通过交通仿真等方法对多车道交通流特征进行研究。

从交通流理论的角度，当前的多车道交通流模型可以分为多车道元胞自动机模型、多车道车辆跟驰模型以及多车道宏观交通流模型。近年来，模糊理论、深度学习、支持向量机等机器学习理论与算法快速发展，并展现出其在数据挖掘与预测等领域的优势。基于此，一些学者构建了数据驱动的车辆跟驰模型、换道模型以及多车道交通流模型，并验证了数据驱动模型在交通流建模、模拟与预测等方面的优越性。

多车道交通流模型包含对车辆跟驰与换道两个基本交通行为的建模。本书已经对车辆跟驰过程进行详细阐述，为此，本章首先介绍车辆换道行为；之后，分别介绍典型的多车道元胞自动机模型、多车道车辆跟驰模型以及多车道宏观交通流模型。最后，对多车道模型进行总结。

6.2 换 道 行 为

一般车辆由当前车道变换到相邻车道的过程称为换道行为。该行为是驾驶员根据自身驾驶特性，综合考虑周围交通参与者的实时信息（车速、位置等）以及道路环境信息（限速、交通管制等），调整并完成自身驾驶目标策略的综合过程。

换道行为会引起交通扰动，对交通流的动态特性产生影响，影响道路的通行能力，以及交通流的稳定性和通畅性。另外，驾驶员换道行为的合理性直接影响道路交通安全。由此可见，研究换道行为对交通流特性分析、交通堵塞预防与缓解的研究都具有重要意义。

在交通流理论研究中，与车辆跟驰行为相比，对车辆换道行为的研究相对滞后，其原因主要是由于换道行为与换道过程影响因素的复杂性。

通常，车辆的换道行为可以细分为三步：换道意图的产生、选择车道和实施换道。如图 6.2 所示（Hidas，2002）。

6.2.1 换道意图的产生

车辆在路网中行驶时诱发其产生变换车道意图的原因多种多样，基于驾驶员的换道意图与目的，换道行为可以分为强制换道（mandatory lane change，MLC）和自由换道（discretionary lane change，DLC）。

强制换道：行驶在道路上的车辆，可能由于路口处转弯，车道前方有障碍物或者车辆进出停靠站等原因必须发生换道。这种情况下存在一个最迟换道位置，在最迟换道位置之前，车辆不停地寻找各种合适的机会换道，包括加、减速等，如果不能在行驶至最迟换道位置之前换道成功，则换道车辆会停在该位置等待，直到出现符合换道的条件时才会发生换道。

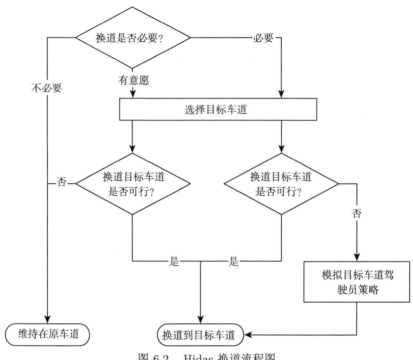

图 6.2　Hidas 换道流程图

　　自由换道：在实际驾驶过程中，自由换道是驾驶员为了达到更加理想的行驶速度或者更佳的驾驶条件而进行的换道。与强制换道的区别在于自由换道的动机往往是驾驶员的主观行为而非客观条件限制，也就是说，自由换道行为不是必要的。

　　无论是强制换道行为还是自由换道行为，与车辆所处交通环境以及驾驶员自身的驾驶特性关系密切，所以换道行为是一种随机性较大的微观驾驶行为。

　　当驾驶员产生强制换道意图后，驾驶员通常会减速并选择目标车道。在确定目标车道之后，再判断向目标车道换道的可行性。若换道可行则实施换道；否则停车等待，直到换道条件满足后完成换道。因此，在换道行为仿真中，不仅要知道附近车辆的信息，还需要知道相关道路的信息。图 6.3 显示了几种常见的强制换道场景。

　　不难看出，强制换道过程中车辆必须在道路某一关键点（turning point）之前完成其车道变换行为，而决定是否会产生变道意图的最直接因素是车辆与关键点之间的距离。驾驶员特性、车辆的机械特性等因素决定了该临界距离的大小。

　　强制换道主要是为满足特定的交通出行需求，本质上不能反映出驾驶行为的一般规律；相反，自由换道过程则体现出驾驶员根据具体交通环境采取的微观决策过程。基于此，本书中对车辆换道以及后续多车道模型的介绍，均为车辆自由换道行为。

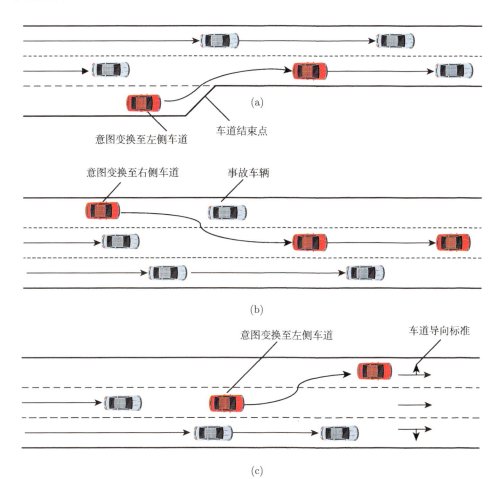

图 6.3 常见的强制换道情况

通常，自由换道是指车辆在遇到前方同一车道内速度较慢车辆时为了追求更快的车速、更自由的驾驶空间而发生的变换车道行为。由于即使车辆不变换车道也能在原车道上完成其行驶任务，因此这种情况的换道不是强制性的。具体来讲，驾驶员在特定的交通流密度下会有一个期望的车速，该车速与道路的限速设施、驾驶员特性以及车辆机械性能等都有关系，当车辆在当前车道行驶时，由于受到前方慢车的影响，其车速低于其期望车速的一定数值范围内，车辆就会产生换道意愿，随后驾驶员会确定目标车道并判断安全条件，若安全条件满足，则驾驶员执行换道决策, 驶向目标车道。

在大多交通仿真系统中, 车辆的换道决策通常取决于不同交通场景下对换道模型及其参数的影响。在接近匝道区或道路交叉口时, 就要考虑采取期望换道, 转至正确的转向车道上; 如已处于匝道区或道路交叉口时, 需进行必要的强制换道; 最后当在远离匝道区或道路交叉口的路段上, 驾驶员先考虑换道能否提高行驶速度, 再检测是否存在交通控制、前方是否为大车、是否有障碍物等因素, 综合决策是否进行自由换道。

6.2.2 选择车道和实施换道

选择车道是指车辆根据道路状况、车道使用的限制而选择最佳车道的驾驶行为。跟驰模型仅仅考虑同车道的前方一辆或几辆车辆; 而换道模型需要考虑相邻多条车道前后多辆车辆的相关信息。当车辆产生换道意图后将持续观察周围车辆信息, 以判断换道的可行性, 如果可行则实施换道行为。换道可行性分析包括两个内容:

(1) 当前车辆是否符合相邻车道的使用规定。这涉及相邻车道是否有车型的限制 (如公交专用道、HOV 车道 (合乘车道) 等), 以及当前车辆是否违背了相邻车道的转向限制等各种可能性的判断。

(2) 相邻车道上是否出现满足条件的换道间隙 (gap), 有时驾驶员还会观察是否可能直接换至非相邻的其他车道的可能性。

一般情况下, 当前车辆需要综合判断其与目标车道前车与后车的间距, 只有当两个间距同时满足换道条件时, 车辆才会实施换道行为。传统的换道模型假定: 若不满足换道可行性, 则驾驶员将始终不能执行换道, 这显然不符合实际情况。为解决这一问题, 后续模型考虑了相邻车道后车的协同效应, 即目标车道后车发现相邻车道前车的换道意图 (如转向灯开启等) 后, 可能会采取减速措施以协助换道车道的换道行为。

明确了目标车道之后, 车辆将根据目标车道的交通状态实施具体的换道行为, 称为实施换道。如图 6.4 所示, 跟驰与换道是车辆行驶过程中的两个基本驾驶行为, 它们之间互相联系、交替出现, 共同完成最基本的出行需求:

(a) 换道之前, 待换道车辆视原车道前车为跟驰目标, 而此时原车道后车视其为新的跟驰目标;

(b) 当车辆处于换道过程中, 其将视目标车道前车为新的跟驰目标, 与此同时, 目标车道后车以及原车道上的后车均将当前换道车辆视为跟驰目标;

(c) 换道完成后, 换道车辆视目标车道前车为跟驰目标, 而此时目标车道后车视其为跟驰目标, 原车道后车将视原车道前车为新的跟驰目标。

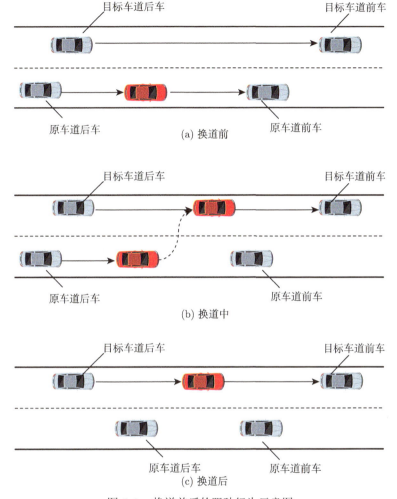

图 6.4　换道前后的跟驰行为示意图

由于换道过程中的微观数据较难获取，以及换道过程中驾驶员生理、心理反应的复杂性较难分析，长期以来学者们把主要研究都集中在跟驰模型上，而对换道模型的研究相对很少。目前从交通流角度出发的换道研究主要集中在换道条件、换道持续时间、换道对交通流的影响等问题上。

6.2.3　换道行为的过程描述

最典型的换道行为过程描述是 Sparmarm 提出的基于心理学的换道模型，该模型也是典型的基于规则的换道模型。当前，Sparmann 换道规则已经被应用于 VISSIM 等交通仿真软件中。

Sparmann 换道决策过程属于典型的分层决策，驾驶员按照顺序考虑如下的问题：

第一层：是否有换道的意愿？

如果当前车道可能存在阻碍，则会导致驾驶员产生换到更快速车道的意愿。阻碍的严重程度是阻碍车速和理想车速之间速度差的函数。换道至更快速车道的换道行为可以被分为：

（1）自由，受当前车道前车影响；

（2）领先，受当前车道前车和目标车道较近的前车影响；

（3）落后，受当前车道前车和目标车道后车影响；

（4）间隙，受当前车道前车和目标车道前后车影响。

另外，也可能因为保持正常驾驶或者避开快速接近的后车而换道到更慢速车道的情况。换道至更慢速车道的换道行为可以被分为：

（1）自由，当前车道没有后车；

（2）加速，受当前车道后车影响。

第二层：相邻车道的驾驶情况是否更优？

如果相邻车道的车辆行驶速度高于当前车道，那么就可能产生换到更快速车道的意愿。换行到更慢速车道的换道行为仅当目标车道在给定时间窗内没有可预见的阻碍时才会出现。

第三层：换道条件是否满足？

当换道行为不会导致危险情况发生时，该换道是安全的，这一安全性条件通常需要综合考虑距离和速度差。

与基于心理生理学的车辆跟驰模型相似，Sparmann 换道模型认为各种实际影响因素，尤其是当前情况下的距离和相对速度对换道的影响可以用特定的感知阈值来描述。只有心理反应超过感知阈值，才进行换道。而其他潜在影响因素的感知阈值由多重对实际影响因素的感知阈值折合而成。Sparmann 对实际换道进行了观测，并根据测量结果对换道模型进行了标定，从而确定了各种因素的感知阈值。

Fritzsche 提出了与 Sparmann 换道模型类似的驾驶心理换道模型，并应用于 PARAMICS 仿真软件早期版本中。

Gipps 模型较为系统地研究了城市道路环境中的换道模型，在其模型中，换道决策被概括为如下过程：

（1）选择目标车道；

（2）估计目标车道的换道可行性，此处只是简单检查目标车道是否可用，同时避免遭遇阻碍；

（3）决定换道行为的临近程度，当得到肯定回答时，在保障安全的情况下立即执行换道行为；

（4）决定换道行为的紧急程度，与驾驶员刹车力度相适应；

（5）分析目标车道的车辆和道路类型（是专用车道）；

（6）分析目标车道对计划换道行为的可接受性；

（7）分析目标车道相较于当前车道的优势；

（8）考虑目标车道和当前车道存在的重型车辆的影响；

（9）考虑目标车道前车相较于当前车道前车的速度优势；

（10）估计换道行为的安全性，这里是指对间隙的分析；

（11）如果上述条件均满足，则最终换入目标车道。

这一模型被与 Gipps 安全距离跟驰模型结合在 MULTSIM 交通仿真软件中用于城市道路交通流模拟，并影响了 MITSIM 交通仿真软件的换道策略设计。

6.3 换 道 模 型

6.3.1 基于规则的换道模型

车辆换道时，驾驶员必须首先观察目标车道上前、后车的位置和速度等信息，以判断它们之间是否存在足够的换道间隙。因此，通过刻画驾驶员的间隙接受行为是构建车辆换道模型最直观的途径，也是车辆换道模型研究的重点领域之一。

这里"间隙"是指目标车辆能够安全汇入两车之间的间距或时距。"相邻间隙"指的是目标车辆相邻车道上前车和后车之间的间距或时距。假如车辆汇入后，形成的两个新的间隙能满足安全行驶条件，则这个"间隙"是可接受的，就可以执行换道操作。完成换道操作所需的间隙被称为"可接受间隙"，如图 6.5。

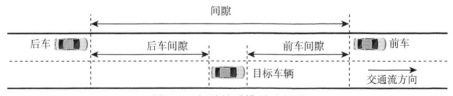

图 6.5 间隙接受模型示意图

从 20 世纪 60 年代发展起来的间隙接受模型（gap acceptance model）即为描述车辆如何根据间隙做出是否换道判断决策的模型。最简单的间隙接受模型为二值选择模型，先设好固定的最小可接受间隙（critical gap），然后将目标车道的前后车与本车的间隙和临界间隙进行比较，以判断是否接受该间隙，也就是直接判定在当前间隙的条件下车辆能否安全执行换道。这种间隙接受模型把间隙判断和换道操作隔离开来，而没有考虑实际中驾驶员之间的竞争、互助协作的关系。

因此，只有在路段上车辆很少、存在很多较大车间距的条件下，换道行为才可能发生；而密度较大或是拥挤的情况下，换道将永远不会发生。

更加常见的间隙接受模型为间隙概率选择模型，即假设不同驾驶员对于临界间隙的心理选择符合某种分布。在仿真中，每名驾驶员根据给定的分布产生对应的特定临界间隙，然后根据当前间隙与临界间隙比较以决定接受或拒绝该间隙。当需要强制换道时，可令换道概率为 1，以避免换道永不发生的情况。

显然，概率选择换道模型能够更好刻画实际交通中驾驶员判断决策的不确定性和非一致性，为此，吸引了更多关注，提出了多种类型的临界车间隙分布模型，包括指数分布模型（Herman and Weiss, 1961），对数正态分布模型（Drew et al., 1967），均匀分布模型（Miller, 1974）等。HCM（1985）将临界车间隙设为所有观测到被接受间隙的中位数。而 HCM（2000）对此进行了修改，将临界车间隙设为所有观测到被接受间隙的最小值。

Mahmassani 和 Sheffi（1981）认为最小间隙的均值受到其他因素的影响。这些因素包括驾驶员的等待时间、行人干扰等。Daganzo 提出最小间隙分布由两部分相加而成：一部分对应于不同驾驶员符合正态分布的平均最小间隙；另一部分对应于同一驾驶员符合正态分布的个人最小间隙（Daganzo, 1981）。

另外，一些换道模型引入了"拒绝间隙"的概念。其定义为：目标车辆不能汇入相邻车道的间隙。而"最大拒绝间隙"指的是所有车辆拒绝间隙中的最大值。如果当前间隙大于"可接受间隙"，则允许换道；如果当前间隙小于"最大拒绝间隙"，则禁止换道；而当前间隙小于"可接受间隙"且大于"最大拒绝间隙"时，驾驶员按一定概率换道。

Gipps 最早提出了一种加/减速接受模型来判断换道的可行性（Gipps, 1986）。这一模型与 Gipps 安全距离跟驰模型类似，要求后车与前车应保留足够的间隙，即使前车以最大减速度减速至停止，后车也有足够的反应时间跟着减速至停止而不发生碰撞。

对于换道模型而言，Gipps 换道模型将分别计算下述两个加速度：

（1）换道车辆进入新车道，开始对目标车道前车的正常跟驰所需的减速度 d_1；

（2）换道车辆进入新车道后，目标车道后车进入对该完成换道车辆的正常跟驰所需的减速度 d_2。

如果 d_1 和 d_2 小于最大可行减速度 d_{max}（刹车减速度），且 d_1 小于另外计算得到的换道风险减速度 d_n，则接受换道。

之后，一些模型对 Gipps 换道模型的换道风险减速度 d_n 进行改进。例如，将强制换道时的换道风险减速度公式改为

$$d_n = \left[2 - \frac{D - x_n(t)}{10V_n}\right] \times d_{LC} \times \theta_n \tag{6.1}$$

其中，D 为必须道路关键点（车道封闭起始点、车道终点、道路拐弯点，前车车尾等）的位置，$x_n(t)$ 为第 n 辆车在 t 时刻的位置，V_n 为第 n 辆车的期望速度，d_{LC} 为车辆换道时的平均减速度，θ_n 为第 n 辆车的换道主动性参数。仿真中常假设 θ_n 符合正态分布来模拟不同驾驶员的主动性差异。

Gipps（1986）换道模型计算量较大且对于驾驶员的行为刻画过于保守，因此其计算得到的换道概率低于实际情况。其后的模型较少直接采用这种加/减速度接受模型。

6.3.2 基于效用理论的换道决策模型

与基于规则的换道决策模型不同，基于效用理论的换道决策模型通过效用函数来表征车辆的换道收益。在车辆行驶过程中，驾驶员是否换道取决于其对各种交通状况的综合效用评估。在这些模型中，换道决策概率是通过效用函数计算的，根据效用函数的随机误差项的不同假设，模型主要可以分为 Logit 模型和 Probit 模型。Ahmed 等（1996）基于效用理论构建了换道决策模型，模型中将换道描述为驾驶员对不同车道的选择，并通过定义换道决策的效用函数来考虑驾驶员的异质性。该模型为典型的分层树状间隙接受模型（如图 6.6 所示）。其中在决策树的第一层，第 n 辆车在 t 时刻选择进行强制换道的概率计算公式为

$$P_t\left(MLC \mid v_n\right) = \frac{1}{1 + \exp\left(-X_n^{MLC}(t)\beta^{MLC} + \alpha^{MLC}v_n\right)} \tag{6.2}$$

其中，$X_n^{MLC}(t)$ 为行向量，该行向量的每个元素表征一个影响强制换道的因素，包括距离道路关键点的距离，一次性所需转移的车道数等；而 β^{MLC} 为对应的参数列向量；v_n 为标准正态分布的随机数，α^{MLC} 为控制参数，两者的乘积用来描述驾驶员的观测/判断误差。显然 $\alpha^{MLC} \cdot v_n$ 越大，进行强制换道状态的时间越早。

类似地在决策树的第二层，第 n 辆车在 t 时刻选择由于不满意当前驾驶状态而换道的概率计算公式为

$$P_t\left(DCNS \mid v_n\right) = \frac{1}{1 + \exp\left(-X_n^{DCNS}(t)\beta^{DCNS} + \alpha^{DCNS}v_n\right)} \tag{6.3}$$

其中，$X_n^{DCNS}(t)$ 表征了影响不满意当前状态换道的因素。β^{DCNS} 和 α^{DCNS} 为相应参数。

在决策树的第四层，间隙接受模型为

$$P_t\left(Accept\ Gap \mid v_n\right)$$

$$= P_t\left(Accept Lead\ Gap \mid v_n\right) P_t\left(Accept Lag\ Gap \mid v_n\right)$$

$$= \Pr\left(G_n^{lead}(t) > G_n^{critical,lead}(t) \mid v_n\right) \Pr\left(G_n^{lag}(t) > G_n^{critical,lag}(t) \mid v_n\right) \tag{6.4}$$

其中，$G_n^{lead}(t)$ 和 $G_n^{lad}(t)$ 分别为 t 时刻的前车间隙和后车间隙。

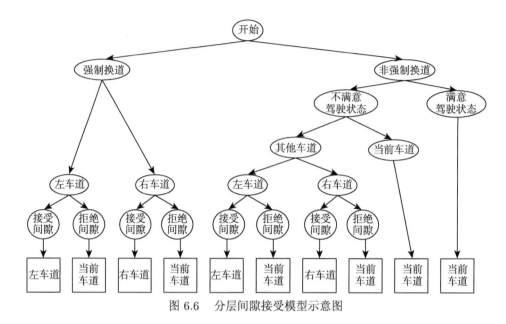

图 6.6　分层间隙接受模型示意图

前向临界间隙 $G_n^{critical,lead}(t)$ 和后向临界间隙 $G_n^{critical,lag}(t)$ 的计算公式分别为

$$G_n^{critical,lead} = \exp\left(X_n^{lead}(t)\beta^{lead} + \alpha^{lead}v_n + \varepsilon_n^{lead}(t)\right) \quad (6.5)$$

$$G_n^{critical,lag} = \exp\left(X_n^{lag}(t)\beta^{lag} + \alpha^{lag}v_n + \varepsilon_n^{lag}(t)\right) \quad (6.6)$$

其中，对于前向临界间隙，$X_n^{lead}(t)$ 为行向量，该行向量的每个元素表示一个影响前向临界间隙的因素，β^{lead} 为对应的参数列向量；α^{lead} 为控制参数；$\varepsilon_n^{lead}(t)$ 为附加的随机扰动项。后向临界间隙的情况与此类似。

依次计算该决策树每个叶节点的概率，然后逐层相乘，即可得到总的换道决策概率。Toledo 等（2003）进一步发展了该方法，特别分析了当有多个待选换道间隙时的计算公式。如图 6.7 所示，此时 A 车驾驶员可考虑加速换道进入车辆 B 和 C 之间，也可转到邻近的车辆 C 和 D 之间，亦可考虑减速插入车辆 D 和 E 之间。此时，图 6.6 所示的决策树的第三层和第四层之间则需要添加新的一层，变成如图 6.8 所示的形式。

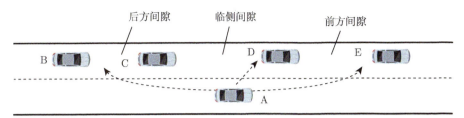

图 6.7　不同间隙选择模型示意图

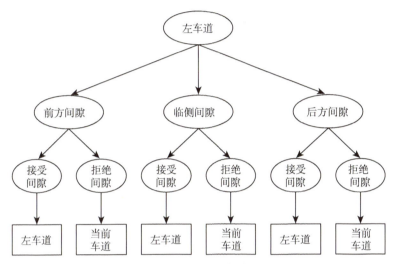

图 6.8　考虑不同间隙选择的换道决策树（局部）

随后，基于效用理论，很多学者对换道决策行为开展了深入研究。Choudhury进一步分析了换道作为一个持续性行为的特性，并且指出：在换道准备期间，驾驶员在 $t+1$ 时刻的决策是与 t 时刻的决策相关的，其行为有着内在的一致性。在Choudhury 的论述中，这种决策过程被称为潜在规划（latent plan），并进而采用隐 Markov 模型（hidden Markov model，HMM）进行描述和分析。郑弘等（2004）基于随机效用理论构建了换道模型，模型中效用函数的自变量是加速度，常数是影响换道的其他未知和不可衡量的因素，仿真结果表明该模型可以在微观层面上客观地反映交通流。冯雨芹等（2008）基于效用理论和间隙接受理论构建了强制换道模型，验证结果表明仿真数值与实际数值之间的误差很小。龙小强和谭云龙（2012）基于随机效用理论构建了自由换道模型，模型中考虑了重型车辆的影响，使用均方根偏差和均方根百分比进行验证，结果表明该模型可以很好地描述复杂的换道行为。Zhou 等（2017）基于随机效用理论构建了自由换道模型，模型中考虑了由于频繁的公交车站停靠和低速行驶而对驾驶员产生影响的因素，仿真结果表明，在阈值为 0.4 和 0.5 的情况下，换道预测率分别为 79.41％和 73.53％。曲大义等（2017）基于车道效用函数和临界间隙效用函数构建了换道模型，使用实际驾驶数据进行仿真，结果表明，该模型提高了换道预测率。张发等（2008）基于随机效用理论构建了高速公路出口换道决策模型，使用驾驶实验数据进行模型验证，结果表明换道预测率达到 86.21％。

驾驶员的异质性包括性格，性别和灵敏度等，显而易见，它对换道决策中的效用函数有很大的影响，然而现有的大多数换道决策模型并没有考虑这一因素。为了解决上述问题，付存勇和张兰芳（2017）基于随机效用理论构建了驾驶员换道意图和关键影响因素的关系模型，数值测试结果表明该模型的预测精度为 76.9％。Sun 等（2011；2012）研究了换道决策过程中驾驶员类型的影响，并选取最重要的因素来构建换道决策的效用函数。之后，Sun 和 Elefteriadou（2014）采用同样的方式为城市主车道构建了换道决策模型，结果表明，考虑了驾驶员异质性的模型可以更好地拟合实际交通行为。

6.3.3 换道执行模型

与广泛研究的换道决策模型不同，描述换道过程的换道执行模型相对较少。早期研究试图通过使用数学函数来描述车辆换道的过程与轨迹。采用的数学函数包括，使用齐次多项式（Enke，1979），正弦曲线（Nelson，1989）和梯形函数（Shamir，2004）等。通常，这些模型可以提供平滑的换道轨迹，并且与真实交通数据拟合度也较好。因此，它们可以应用于自动驾驶汽车的轨迹规划。但是，这些模型的变量与参数大多没有明确的物理含义，因此不能用以解释驾驶员的换道行为。此外，它们是基于模拟数据开发的，没有考虑换道过程的异质性。最近，Zhou等（2017）在中国北京对 11 辆出租车进行了试验性试验，从安装在出租车上的摄像机录制的视频中提取参考角数据，仅基于参考角提出换道轨迹模型。但是，研究中使用的数据仅来自这 11 辆出租车，因此结果的可靠性需要进一步验证。

6.3.4 数据驱动的换道模型

数据驱动的换道模型主要基于大量的实测数据，采用机器学习等方法挖掘车辆的换道决策机制，以及重现车辆换道过程的轨迹。基于数据驱动的换道模型同样将换道过程划分为换道决策和换道执行两个阶段。

阶段 1：换道决策阶段。这个阶段从产生换道动机开始，到做出决定为止。在决策过程中，首先会产生换道意图。然后通过考虑周围的交通状况来评估换道的效益和安全状况。最后做出决定，即车道保持或换道：

$$Dec = \begin{cases} 1, & \text{车道宽度 } - \text{ 保持距离} \\ 2, & \text{车道宽度 } - \text{ 换道距离} \end{cases} \tag{6.7}$$

阶段 2：换道执行阶段。实际上换道执行阶段是由两个子过程组成。首先，驾驶员操纵车辆向目标车道纵向和横向移动，直到车辆的整个车身都在目标车道内。然后，驾驶员旋转方向盘以完成横向变速，最后车辆沿目标车道向前行驶。换道过程中的车辆的轨迹可以描述为

$$\begin{cases} x(t + \Delta t) = x(t) + \bar{v}_x(t)\Delta t \\ y(t + \Delta t) = y(t) + \bar{v}_y(t)\Delta t \end{cases} \tag{6.8}$$

其中，Δt 表示时间步长；$x(t)$ 和 $y(t)$ 分别表示车辆在时间 t 的横向位置和纵向位置；$\bar{v}_x(t)$ 和 $\bar{v}_y(t)$ 分别表示 Δt 时段内车辆的横向和纵向平均速度。

在数据驱动的换道模型中，神经网络是迄今为止最受欢迎的工具。例如，Hunt和 Lyons（1994）运用神经网络在双车道上对换道执行过程进行建模，在该模型中，换道决策是基于车辆周围的动态交通状态进行预测的。他们分别采用仿真数据和实际交通数据对模型进行检验。结果表明，基于仿真数据的模型比基于真实数据的模型具有更好的效果。其主要原因是由于真实数据的数据量较少，这一结果表明大量的训练数据是构建数据驱动换道模型最重要的基础条件。

为了进一步提高预测的准确性，一些学者提出了融合神经网络与其他机器学习方法的换道模型。Dou 等（2016）构建了结合神经网络与支持向量机的强制换道模型；Li 等（2015）使用反向传播神经网络和神经网络来预测换道决策。Kumar等（2013）提出了一种基于支持向量机和反向传播神经网络的换道决策模型。为了识别驾驶员的换道意图，Li 等（2016）构建了结合隐马尔可夫模型与反向传播神经网络的换道决策模型。

与换道决策模型相比，数据驱动的换道执行模型相对较少。为了评估进行换道的风险，Yao 等（2013）通过整合多个相似的真实换道轨迹，构建了换道轨迹预测模型。考虑到一些换道执行模型只能短时预测换道车辆的位置，Ding 等（2013）构建了一个两层的 Tansig 和线性反向传播（back propagation，BP）神经网络模型，以实现实时的换道轨迹预测。尽管这些模型可以很好地预测换道车辆的轨迹，然而这些模型都需要事先了解换道决策。事实证明，如果未事先知晓换道决策的结果，则无法使用这些模型。

6.4 基于元胞自动机的多车道模型

20 世纪 90 年代，元胞自动机被用来描述车流的动态运动，并取得了巨大成功。然而，大量的元胞自动机模型都是基于单车道的假设，不能刻画道路交通中普遍存在的超车现象，也不能描述相邻车道交通流对当前车道交通流的干扰作用。基于此，针对实际交通中普遍存在的多车道交通实际，一些学者通过引入换道规

则，构建了多车道元胞自动机模型。

6.4.1　双车道 CA 模型

早期，Nagatani（1993）构建了完全确定性规则的双车道元胞自动机模型，并假定车辆的最大速度 $v_{\max} = 1$。在其提出的模型中，车辆在一个时间步内只有两个选择，要么换道，要么向前行驶。然而，这些假设与实际交通存在较大差异。

由于引入随机慢化规则，单车道 NaSch 模型（Nagel and Schreckenberg，1992）能够重现更加丰富的实际交通现象，也为多车道元胞自动机模型提供了新的载体。基于此，一些学者（Rickert et al.，1996；Chowdhury et al.，1997）分别将换道规则引入单车道 NaSch 模型中，提出了双车道元胞自动机模型，他们的工作为双/多车道元胞自动机模型的构建提供了基本的建模架构。在此基础上，一些学者结合不同的换道规则与单车道元胞自动机模型，提出了各种类型的双/多车道模型。考虑到期望速度效应，Knospe 等（1999）提出了一个含有刹车灯和期望速度的舒适驾驶模型；Jia 等（2005）则提出了一个具有鸣笛效应的双车道模型；Kong 等（2006）提出了一个考虑到次近邻车辆影响的双车道模型；Meng 等（2007）提出了一个含有摩托车的混合交通流的双车道元胞自动机模型。Kerner 和 Klenov（2004）则在双车道模型中考虑了不同的驾驶行为和不同的车辆参数对交通流特性的影响。

针对车道而言，换道规则可以是对称型的也可以是非对称型的；而针对不同车型（交通流由具有不同最大速度、不同大小的多种类型的车辆组成），换道规则也可以是对称型或非对称型的。其中一些学者（Chowdhury et al.，1997；Wagner et al.，1997；Nagel et al.，1998）提出了非对称换道规则，并且模拟出了密度倒置现象。

采用双/多车道元胞自动机模型进行交通仿真时，通常把每个时间步进一步分为两个子时间步：

（1）在第一个子时间步内，如果车辆满足换道规则，则执行换道；否则，保持在当前车道；

（2）在第二个子时间步中，车辆在两条车道上按照单车道元胞自动机模型的规则进行更新。

基于元胞自动机的换道规则通常考虑两个基本要素：换道动机和换道条件。在自由换道过程中，最基本的换道动机包括：相邻车道上的行驶条件比当前车道好；车辆在当前道上无法按照期望速度行驶。同时，实现换道还必须满足安全条件，即如果本车要换道，对自身以及其他车辆必须是安全的，也就是要保证不发生车辆碰撞。

基于上述判断，Rickert 等（1996）率先提出了一套换道规则。他们认为，当车辆满足下面的条件时就可以进行换道：

$$(\text{C1})\ d_n < l \tag{6.9}$$

$$(C2)\ d_{n,\,\text{other}} > l_o \tag{6.10}$$

$$(C3)\ d_{n,\,\text{back}} > l_{o,\text{back}} \tag{6.11}$$

$$(C4)\text{rand}\,() < p_{\text{change}} \tag{6.12}$$

式中, d_n, $d_{n,\text{other}}$ 分别表示第 n 辆车与当前道和相邻道上前车之间未被占据的元胞数目; $d_{n,\,\text{back}}$ 表示与相邻车道上后车之间未被占据的元胞数目; l, l_o, $l_{o,\text{back}}$ 和 p_{change} 分别为换道规则的待定参数; rand() 则表示在 [0, 1] 之间取随机数。

条件 C1 是表示换道动机: 车辆 n 与前车之间的距离不足够大, 从而导致车辆 n 产生换道动机, 通常参数 l 用式 $l = \min\,(v+1, v_{\max})$ 来确定。在条件 C2 中则会检查相邻道上的行驶条件是不是更好, 通常取 $l_o = l$。条件 C3 则是为了确保车辆 n 和相邻道上的后车之间保持足够的安全距离, Rickert 等建议取 $l_{o,\text{back}} = v_{\max}$。最后, C4 表示即使换道动机和安全条件均已满足, 车辆 n 也只能以一定的概率 p_{change} 进行换道。之所以这样假设, 一方面是更加切合实际, 另一方面可以部分消除乒乓换道的发生。

自此以后, 人们提出了各种各样的对称和非对称换道规则; 有的规则对换道的要求比较苛刻, 有的则比较宽松。Nagel 等 (1998) 对一些主要文献中的换道规则进行了归纳和总结 (见图 6.9)。

图 6.9 文献中提及了各种换道规则, 其中的参考文献的标号对应于 (Nagel et al., 1998) 中的标号。第一列表示换道动机, 第二列则表示换道时在旁道上所需的最小空间。一般来说, 从左道换至右道和从右道换至左道的换道动机可以是不同的。

对双车道交通而言, 换道规则可以是关于车道对称, 也可以是非对称的。如果采用对称型换道规则, 那么车辆的换道策略就与车辆换道的方向无关, 即从左至右与从右至左都是一样的 (美国的高速公路基本上就属于此类情形)。

然而, 更大量实际交通的换道表现出非对称性特征。通常, 换道规则的非对称性通常有两种表现形式:

1) 在车流密度比较小时, 车辆倾向于在左道上行驶;

2) 右道上的车辆被禁止超车 (比如, 德国的高速公路就是如此)。这一切都可以通过调整元胞自动机模型的部分规则细节得以实现, 充分体现了元胞自动机模型的灵活性。数值模拟表明, 换道规则细节的不同可能会引起模型结果的显著差异 (Wagner et al., 1997; Nagel et al., 1998)。

在双/多车道交通中, 研究由不同类型机动车构成的混合交通系统, 具有非常重要的意义。1997 年 Chowdhury 等以单车道 NaSch 模型为基础, 通过引入换道规则构建了一个对称的双车道元胞自动机模型 (这里称为双车道 NaSch 模型, 简

Schütt:
$R \to L$: $v_r < v$ (look – ahead distance = 9)　　　　　　　　　　　$[-v_{\max}+1, v_{\max}]$
$L \to R$: $v_r \geqslant v$ (look – ahead distance = 15)

Rickert asym1 Master thesis:
$R \to L$: $\mathrm{gap}_r < \min[v+1, v_{\max}]$ .OR. $\mathrm{gap}_l \leqslant 2 \min[v+1, v_{\max}]$　　$[-v_{\max}, \min(v+1, v_{\max})]$
$L \to R$: $\mathrm{gap}_r \geqslant \min[v+1, v_{\max}]$ .AND. $\mathrm{gap}_l > 2 \min[v+1, v_{\max}]$

Rickert asym2 Master thesis:
$R \to L$: $\mathrm{gap}_r < \min[v+1, v_{\max}]$ .OR. $\mathrm{gap}_l \leqslant 2v_{\max}$ .OR. $v < v_{\max}-1$　$[-v_{\max}, \min(v+1, v_{\max})]$
$L \to R$: $\mathrm{gap}_r \geqslant \min[v+1, v_{\max}]$ .AND. $\mathrm{gap}_l > 2v_{\max}$ .AND. $v \geqslant v_{\max}-1$

Latour 1 Master thesis:
$R \to L$: $\mathrm{gap}_r < v$　　　　　　　　　　　　　　　　　　$[0.0]$ (i.e. neighbor cell empty)
$L \to R$: $\mathrm{gap}_r \geqslant v$

Latour 2 Master thesis:
$R \to L$: $\mathrm{gap}_r < f(v)$ .AND. $\mathrm{gap}_l > \mathrm{gap}_r$, $f(v) = v$, $v+1, v+2, v_{\max}$　a) $[0, 0]$　b) $[-2, 0]$
$L \to R$: $\mathrm{gap}_r \geqslant f(v)$ .OR. $\mathrm{gap}_l \leqslant \mathrm{gap}_r$

Rickert et al Physica A:
$R \to L$: $\mathrm{gap}_r < v+1$　　　　　　　　　　　　　　　　　$[-(v_{\max}+1), v+1]$
$L \to R$: $\mathrm{gap}_r \geqslant v+1$

Wagner Jülich original:
$R \to L$: $\mathrm{gap}_r < v_{\max}$ .AND. $\mathrm{gap}_l > \mathrm{gap}_r$　　　　　$[-(v_{\mathrm{back}}+1), 0]$
$L \to R$: $\mathrm{gap}_r \geqslant v+\Delta'$ .AND. $\mathrm{gap}_l \geqslant v+\Delta'$
Wagner Jülich transformed:
$R \to L$: $\mathrm{gap}_r < v_{\max}$ .OR. $\mathrm{gap}_l < v_{\max}$　　　　　$[-(v_{\mathrm{back}}+1), \min(\mathrm{gap}+1, v_{\max})]$
$L \to R$: $\mathrm{gap}_r \geqslant v_{\max}+\Delta(v)$ .AND. $\mathrm{gap}_l \geqslant v_{\max}+\Delta(v)$;
$\Delta(v) = \Delta' - v_{\max} + v$

Wagner et al Physica A original:
$R \to L$: $\mathrm{gap}_r < v_{\max}$ .AND. $\mathrm{gap}_l \geqslant \mathrm{gap}_r$　　　　　$[-v_{\max}, 0]$
$L \to R$: $\mathrm{gap}_r > v_{\max}+\Delta'$ .AND. $\mathrm{gap}_l > v_{\max}+\Delta'$
Wagner et al Physica A transformed:
$R \to L$: $\mathrm{gap}_r < v_{\max}$ .OR. $\mathrm{gap}_l < v_{\max}$　　　　　$[-v_{\max}, \min(\mathrm{gap}, v_{\max})]$
$L \to R$: $\mathrm{gap}_r \geqslant v_{\max}+\Delta$ .AND. $\mathrm{gap}_l \geqslant v_{\max}+\Delta$; $\Delta = \Delta'+1$

Chowdhury et al Physica A:
$R \to L$: $\mathrm{gap}_r < v$ .OR. $v_d > v_{d,r}$ (look – ahead distance $v_{\max}$)　$[-v_{d,\mathrm{back}}, \mathrm{gap}]$
$L \to R$: $\mathrm{gap}_r \geqslant v$ .AND. $v_d \leqslant v_{d,r}$ (look – ahead distance $v_{\max}$)　$[-v_{d,\mathrm{back}}, v]$

This paper (velocity):
$R \to L$: $v_r \leqslant v$. OR. $v_l \leqslant v$ (look – ahead distance = 16)　　$[-v_{\max}, v]$
$L \to R$: $v_r > v+\Delta$. AND. $v_l > v+\Delta$ (look – ahead distance = 16)

This paper (gap):
$R \to L$: $\mathrm{gap}_r < v_{\max}$ .OR. $\mathrm{gap}_l < v_{\max}$　　　　　　　$[-v_{\max}, v]$
$L \to R$: $\mathrm{gap}_r \geqslant v_{\max}+\Delta$ .AND. $\mathrm{gap}_l \geqslant v_{\max}+\Delta$

图 6.9　换道规则归纳与总结（Nagel et al., 1998）

称 STNS 模型），并首先研究了由快、慢车组成的混合交通系统。其换道规则如下：

1）换道动机：

$$d_n < \min\left(v_n+1, v_{\max}\right), \quad d_{n,\,\mathrm{other}} > d_n \tag{6.13}$$

2）安全条件：

$$d_{n,\,\text{back}} > d_{\text{safe}} \tag{6.14}$$

上式中，x_n，v_n 分别为第 n 辆车的位置和速度；$d_n = x_{n+1} - x_n - l_{\text{veh}}$ 是第 n 辆车与前车之间的未被占据的元胞数目；l_{veh} 为车长，没有特殊说明时均取 1；$d_{n,\,\text{other}}$ 是第 n 辆车与旁道上的前车之间的空元胞数；$d_{n,\,\text{back}}$ 是第 n 辆车与旁道上的后车之间的空元胞数；d_{safe} 则是确保不会发生撞车的安全距离；v_{max} 是车辆的最大速度。$d_n < \min(v_n + 1, v_{\text{max}})$ 表示车辆在本道上不能按期望的速度行驶；$d_{n,\,\text{other}} > d_n$ 则表示相邻车道上的行驶条件比当前车道好。20 世纪 90 年代，由著名的 Los Alamos 实验室开发的 TRANSIMS 软件包中即采用了类似的对称换道规则（Nagel et al., 1998）。

该模型在模拟均匀交通系统时取得了比较好的效果，但是在模拟非均匀的混合交通的过程中，人们发现该对称换道规则存在一个突出问题（Chowdhury et al., 1997；Knospe et al., 1999；Jia et al., 2005）：系统中慢车的作用被夸大了，即使系统中只有很少量的慢车，比如两辆并排行驶的慢车，在其后面就会形成非常严重的排队现象，并且会维持较长的时间不会消散。如图 6.10 中所示。

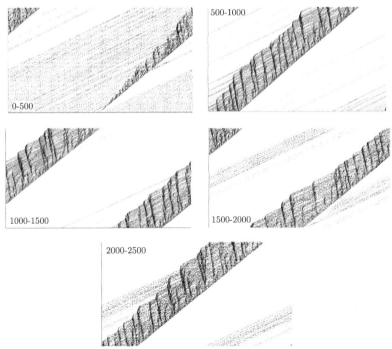

图 6.10　系统中有两辆并排行驶的慢车时，STNS 模型的车辆时空演化过程（Jia et al., 2005）

图 6.10 中, 因为左右两条车道上车辆的时空演化是非常相似的, 所以这里只给出了右道的情况。自下向上为时间的演化方向, 自左至右是车辆行驶的方向。系统的密度 $\rho = N_{car}/2L_{road} = 0.025$, 初始状态为: 在道路中间位置两辆慢车在两条车道上并排行驶, 其余车辆随机分布, 模拟中采用了周期性边界条件。可以看到: 系统中很快就形成了排队现象, 并且系统在运行了 2500 个时间步后, 该现象仍然没有消除。

然而, 根据我们的日常经验, 当一辆快车被慢车所阻挡时, 快车的驾驶员有可能通过鸣笛以提醒慢车为其让道。基于这种日常生活中的实际情况, Jia 等 (2005) 对 Chowdhury 提出的换道规则进行了改进, 其换道规则如下:

$$\left. \begin{array}{l} d_n < \min\left(v_n + 1, v_{max}\right) \\ d_{n,\,other} > d_n \\ d_{n,\,back} > d_{safe} \end{array} \right\} \tag{6.15}$$

$$\left. \begin{array}{l} h_{n-1} = 1 \\ d_n \geqslant \min\left(v_n + 1, v_{max}\right) \\ d_{n,\,other} \geqslant \min\left(v_n + 1, v_{max}\right) \\ d_{n,\,back} > d_{safe} \end{array} \right\} \tag{6.16}$$

如果第 n 辆车满足式 (6.15) 或 (6.16) 中的所有条件, 那么该车就以概率 p_{change} 换至另一条车道上。这里, $h_{n-1} = 1$ 是第 $n-1$ 辆车的鸣笛状态: $h_{n-1} = 1$ 表示该车鸣笛; $h_{n-1} = 0$ 则表示该车没有鸣笛。该状态函数是由下式决定的。

$$h_{n-1} = \begin{cases} 1, & \text{如果} d_{n-1} < \min\left(v_{n-1} + 1, v_{max}\right) \\ & \text{且}\left(d_{n-1,\,other} \leqslant d_{n-1} \text{或} d_{n-1,\,back} \leqslant d_{n-1,\,back}\right) \\ & \text{且}\left[\text{rand}() < p_1\right] \\ 0, & \text{在其他所有情况下} \end{cases} \tag{6.17}$$

上式中, rand() 表示在 0 和 1 之间取随机数。也就是说 $n-1$ 车受到了前车的阻挡但又无法换道时, 它将以概率 p_1 按响喇叭 ($p_1 < 1$ 表示并不是所有的司机在这种情况下都会鸣笛。为简单起见, 下面的模拟中均取 $p_1 = 1$)。根据新的换道规则可将换道划分为两种类型: 主动换道和被动换道。主动换道规则 (6.16) 和 STNS 模型的换道规则是完全一样的。而在被动换道规则 (6.17) 中则引入了鸣笛效应, 式中 $h_{n-1} = 1$ 是一个换道动机, 即车辆阻挡了后方车辆; $d_n \geqslant \min\left(v_n + 1, v_{max}\right)$ 和 $d_{n,\,other} \geqslant \min\left(v_n + 1, v_{max}\right)$ 表示车辆在两条车道上都可以按照期望速度向前

行驶，也就是说，如果换道后影响到了当前车的车速，当前车是不会给后面的鸣笛车让道的；$d_{n,\text{back}} > d_{\text{safe}}$ 仍然是保证不会发生撞车的安全条件。

采用与 STNS 模型相同的模拟场景，对贾斌等提出的具有鸣笛效应的双车道元胞自动机模型（H-STNS）进行模拟分析。在这里的非均匀系统是由不同车速的车辆，比如载重卡车（慢车）和小汽车（快车）所组成。假定车辆除车速之外的其他性质都是一致的。因此在模拟过程中使用了两个特征上限速度：$v_{\text{max}}^f = 5$ 和 $v_{\text{max}}^s = 5$（对应的实际车速分别为 135 km/h 和 81 km/h），用以标识快车和慢车的差别。将慢车在所有车辆中所占的比例记作 R。模型参数分别为 $p = 0.3$，$d_{\text{safe}} = v_{\text{max}}^f$，采用周期性边界条件。每个元胞对应于 7.5m，每个时间步对应于 1s。

由于鸣笛效应的引入，许多在 STNS 模型下寿命很长的塞子在 H-STNS 模型中会迅速消除，比如图 6.11 所示的情况。很显然，图 6.11（b）中所示的塞子在 STNS 模型中是相当稳定的。但是在 H-STNS 模型中，车辆 B2 受到车辆 A2 的阻挡而又无法换道，这时该车的驾驶员就会采取鸣笛的措施来催促 A2 为其让道。而听到后车的鸣笛后，车辆 A2 的司机就会换到左道上给 B2 让开通路，塞子也随之解除。这样在下一个时间步就变成了如图 6.11（c）所示的状态。因此，从严格意义上来讲，图 6.11（b）所示的情况在 H-STNS 模型中并不是一个真正的塞子。

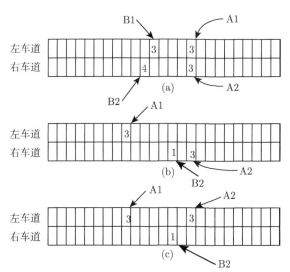

图 6.11 双车道 CA 模型中塞子形成过程分析。（a）由两辆并排行驶的慢车形成的塞子，这在 STNS 和 H-STNS 模型中都是可以比较稳定地存在的；（b）两辆慢车相距 6 个元胞时形成的塞子。它在 STNS 模型中是稳定的；但是在 H-STNS 模型中，这个塞子会在下一个时间步中变成（c）图所示的状况，进而消失；（c）慢车 A2 从右道换道至左道上，塞子消除。（图中的车辆从左向右行驶，A 代表慢车，B 代表快车。）（Jia et al., 2005）

在 H-STNS 模型中仍然存在着一些寿命较长的塞子，比如图 6.11（a）所示的情况。但是，对照图 6.12 和图 6.10，我们可以发现，由两辆并肩行驶的慢车所形成的塞子，在 H-STNS 模型下存在的时间要比其在 STNS 模型下存在的时间短得多：在 STNS 模型下，经过 2500 个时间步的演化后塞子仍然存在；而在 H-STNS 模型下，仅过了 1000 多个时间步塞子就基本消失了。

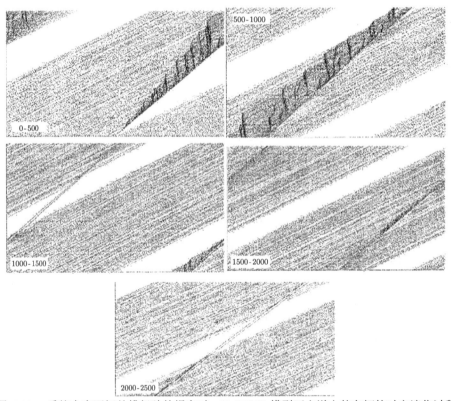

图 6.12　系统中有两辆并排行驶的慢车时，H-STNS 模型下右道上的车辆的时空演化过程
（自下向上为时间的演化方向，自左至右是车辆行驶的方向。系统的密度
$\rho = N_{car} / (2L_{road}) = 0.025$，模拟条件同图 6.11）

对于道路交通中车辆的换道行为一直是人们比较关注的一个问题，Lee 等（2004）详细地研究了自然换道行为。通过研究，他们指出：许多换道行为是由前面慢车的阻挡引起的，在这种情况下驾驶员通常为了保证自己能够快速前进而进行换道超车的一种现象。在现实交通中，不同类型的车辆其换道行为也有所不同：快车在受到慢车阻挡时，即使目标道的后方有其他车辆驶近，它的换道欲望也比较强，也就是说进换道（aggressive lane-changing）是普遍存在的；快车被一辆快车阻挡时，其换道的欲望就不是那么强烈；而慢车则很少进行换道。考虑到

这一因素，Li 等（2006）在 STNS 模型的基础上提出了一个能够体现强行换道行为的新的双车道元胞自动机模型（A-STNS）。在 A-STNS 模型中，如果满足条件（6.18），即

$$T_n = 1, \quad T_{n+1} = 0, \quad d_n < \min\left(v_n + 1, v_{\max}\right), \quad d_{n,\,\text{other}} > d_n$$
$$d_{n,\,\text{back}} \geqslant 2, \quad v_n \geqslant v_{\text{back,other}} \tag{6.18}$$

那么，车辆就以概率 p_{change} 发生换道。换道完成后，每条车道上的车辆按照 NaSch 模型的规则进行更新。这里，T_n 为车辆类型标示参数，$T_n = 1(0)$ 代表第 n 辆车是快车（慢车）；条件 $d_{n,\,\text{back}} \geqslant 2$ 和 $v_n \geqslant v_{\text{back,other}}$ 是为了确保发生换道的车辆与目标道上紧邻的后车之间至少有两个空的元胞，并且换道车辆的速度不能低于目标道上紧邻后车的车速。之所以设置这样一个限制条件，是因为 Oketch（2000）通过实测研究发现：大约 95% 的换道车辆其后视距离在 47.1 英尺之上（14.36m，约等于 CA 模型中两个元胞对应的实际长度），并且与目标道上紧邻后车的相对速度大于 0。另外，在 A-STNS 模型和 STNS 中，p_{change} 的取值也有所不同。在 STNS 模型中，p_{change} 的取值与车辆类型无关，而在 A-STNS 模型中 p_{change} 由式（6.19）确定。

$$p_{\text{change}} = \begin{cases} p_0, & \text{如果} T_n = 1 \text{且} T_{n+1} = 0 \\ p_1, & \text{在其他所有情况下} \end{cases} \tag{6.19}$$

考虑到快车被慢车阻挡时进行换道的概率要远远高于其他情况下的换道概率，所以在 A-STNS 模型中取 $p_0 \gg p_1$。

6.4.2 多车道 CA 模型

在实际交通中，大量高等级道路的车道数大于 2，为此，这里进一步介绍多车道 CA 模型。其中，Pedersen 和 Ruhoff（2002）提出了多车道路段上车辆的换道机制；2003 年，Daoudia 和 Moussa（2003）提出了一个三车道 CA 模型并对其进行数值模拟和分析。下面将对 Pedersen 等的成果进行简要介绍。

与双车道模型相同，多车道 CA 模型中车辆的更新过程也是由两个步骤来完成的：①车辆按照换道规则进行换道；②换道后，各条车道上的车辆按照单车道模型（比如 NaSch 模型）并行更新。只是换道规则有所差异。这里的换道同样有对称和非对称之分，Pedersen 等给出了一个右道缺省（右道缺省：在行驶条件完全相同或在右道上不会影响其正常行驶时，车辆将选择右道作为它的行驶道。而将左道作为超车道）的换道规则。他们将车道自右向左依次记为 $1, 2, \cdots, N_1$，车辆按照如下的规则进行换道。

（1）（R1）考虑右道：如果 $d_n^{r-}(t) \geqslant v_{\max}$ 并且 $d_n^{r+}(t) \geqslant d_n^+(t)$，那么 $\text{new}_{l_n(t)} = \text{lane}_n(t-1) - 1$；否则，$\text{new}_{l_n(t)} = \text{lane}_n(t-1)$。

（2）（R2）考虑左道：如果 $d_n^{l-}(t) \geqslant v_{\max}$ 并且 $[d_n^+(t) < \min(v_n(t) + 1, v_{\max})$ 或 $v_n(t) = 0]$ 并且 $d_n^+(t) < d_n^{l+}(t)$ 并且 $d_n^{r+}(t) < d_n^{l+}(t)$，那么 $\text{new}_{l_n(t)} = \text{lane}_n(t-1) + 1$。

（3）（R3）进行换道：以概率 $1 - p_{\text{ignore}}$ 令 $\text{lane}_n(t) = \text{new\_}l_n(t)$。为了避免发生碰撞，要从右至左依次对每个车道进行处理。

其中，$d_n^{xy}(t)$ 表示 t 时刻车辆 n 与左、右及本道上前后相邻车辆之间空的元胞数。x 可以是 l、r 或空；l 表示左道，r 表示右道，空则表示当前道。y 可以是 + 或 −：+ 表示 n 车的前车；− 表示 n 车的后车。如果 n 车和前车的空间距离大于 $v_{\max}$ 时就令其等于 $v_{\max}$，n 车和后车之间的距离也同样以 $v_{\max}$ 为边界值。当 d 对应于一个不存在的车道时（比如第一条车道上的 d_n^{r+}）将其设为 0。$\text{lane}_n(t)$ 表示车辆 n 在 t 时刻所在车道的标号（其取值范围为 $[1, 2, \cdots, N_1]$）。$\text{new\_}l_n(t)$ 表示换道时车辆 n 有可能进入的车道。

根据三条规则的描述，其对应实际交通中的物理意义可以解释如下：

规则 R1：只要车辆换至右道上时不会影响它的驾驶状态，那么车辆就换至右道上行驶。

规则 R2：在只有左道的行驶条件比本道和右道都好时，车辆才有可能换至左道上行驶。$v_n(t) = 0$ 的条件则是为了避免陷入致密堵塞中的车辆无法换到左道上。

规则 R3：该规则引入了一个概率 p_{ignore}，表示当条件满足时，驾驶员有可能换道也有可能仍然在原道上行驶。对各个车道依次处理则避免了潜在的碰撞可能（当车道数目大于 2 时，两侧车道上的车辆有可能选择中间车道上的同一位置）。与前面双车道的规则不同，该规则可以处理任意数目车道的情况。

6.4.3　双向交通的 CA 模型

两车道双向交通模型有多种类型，可以总结如下：

- 两个车道上的车辆均允许超车；
- 只有一个车道允许超车；
- 禁止超车。

以上几种情况的组合，比如在一个路段内允许超车，而在相邻的另一路段内则禁止超车。

相对于同向双车道模型，双向交通模型需要考虑更多因素，例如：①一辆车在超车的过程中不能随机减速，也就是 $p = 0$；②当发现有车迎面开来时，车辆必须立即换回本道。现实中，当超车无法完成时，司机一般是不会考虑换道超车的，而设计的 CA 模型需能够刻画这一现象。Simon 和 Gutowitz（1998）在他们的模型中是这样考虑的：企图超车的司机首先要测算前面一段路上车辆的局部密度，如果局部密度足够低，车辆有很好的机会可以完成超车，那么就可以考虑尝试超车。在本道的全局密度比较高的情况下，考虑到占用对向车道超车后很难快速返回本车道，在这种情况下，即使相邻车道的车流密度非常低，超车也是很难发生。此时，两条车道互不相干。

在双向双车道交通模型中可能会出现三种类型的堵塞：

- 起止波（start-stop wave）是最为普遍的堵塞形式；

- 少数情况下，由于某些比较莽撞的司机贸然超车，超车不成功但本道上又没有合适的空间供其返回，从而造成交通堵塞；

- 超级堵塞（super jam），是由两个车道上相邻且相向行驶的两辆车同时试图超车造成的。这种超级堵塞只有在车道之间的对称型被打破时才会消除。

Simon 和 Gutowitz（1998）首次利用 CA 模型对图 6.13 所示的双向交通问题进行了研究，其模型中，每个元胞的状态可以在 $v \in [-(v_{\max}+1), v_{\max}+1]$ 范围内取值。$v=0$ 表示该元胞上没有车辆，是空元胞；$v=\pm 1$ 表示静止车辆；$v=\pm 2$ 表示元胞上有一辆速度为 1 的车辆沿正向（反向）行驶，其他取值情况可依次类推。同前面的双车道模型类似，车辆的更新过程也是分两步完成的。为描述方便，首先对模型涉及的变量进行描述：d_{same}（d_{opp}）为某一车辆与本车道（反向车道）上的前车之间的空的元胞数；d_{behind} 表示车辆与反向车道的后车之间的空间距离；l_{same}，l_{opp} 和 l_{back} 分别表示超车时，在本道的前方、反向车道的前方和后方所需的最小空间；p_{change} 表示换道概率；v_{same}（v_{opp}）表示本道（反向车道）上前车的速度；H 是车辆是否在本道（home lane）的一个标示变量，若在母道上则 H 为真；oncoming：如果 $\text{sgn}(v_{\text{same}}) \neq \text{sgn}(v)$，则 oncoming 为真，否则 oncoming 为假；l_{pass}：当 $d_{\text{same}} < l_{\text{pass}}$ 并且 H 为真时，司机才会考虑超车；l_{security}：如果 $d_{\text{same}} < l_{\text{security}}$ 并且 H 为假时，车辆必须立即返回本道；D_L 局部车辆密度，即车辆前面 $l_{\text{density}} = 2 \times v_{\max} + 1$ 范围内被车辆所占据的元胞的比例；D_{limit} 表示能够进行安全超车的最大极限密度。Space1：如果 $d_{\text{same}} < l_{\text{pass}}$ 并且 $d_{\text{opp}} > l_{\text{security}}$ 并且 $d_{\text{behind}} > l_{\text{back}}$ 时 Space1 为真，否则为假；Space2：如果 $d_{\text{opp}} > l_{\text{security}}$ 并且 $d_{\text{behind}} > l_{\text{back}}$ 时 Space2 为真，否则为假。

在 Simon 的模型中，换道由下面的两个条件来确定：

（1）如果 H 和 Space1 为真，$D_L \ll D_{\text{limit}}$ 并且 rand() $< p_{\text{change}}$ 那么就进行换道；

（2）如果 H 为假并且（$d_{\text{same}} < l_{\text{security}}$，或者 Space2 为真）则进行换道。

条件（1）是针对于在本道上的车辆的。如果一辆车的前方有一辆和它同向行驶但二者之间的距离小于 l_{pass} 时，该车就会考虑超越前车。但是只有在反向车

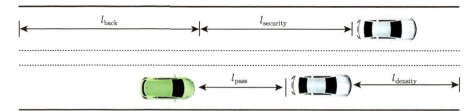

图 6.13　双向交通示意图（Simon and Gutowitz，1998）

道上有足够的空间，并且该车前方的车辆数目比较少时，才有可能进行换道超车。即使所有的条件均满足，超车也是按一定的概率随机发生的。条件（2）则表示当超车的车辆在反向车道上遇到迎面驶近的车辆或其本道有一个较好的行驶条件后，该车就迅速返回到本道上。换道结束后，车辆按照下面的步骤进行更新：

（1）如果 $[(|v| < v_{\max})]$，则 $v = v + \mathrm{sng}(v)$；

（2）如果 $[(\mathrm{oncoming}\,)$ 且 $(d_{\mathrm{same}} \leqslant (2 \times v_{\max} - 1))]$，则 $v = [d_{\mathrm{same}}\,/2]$；

（3）如果 $[(\mathrm{not(oncoming)}\,)$ 且 $(|v| > d_{\mathrm{same}}\,)]$，则 $v = \mathrm{sgn}(v) \times d_{\mathrm{same}}$；

（4）如果 $[(\mathrm{H})$ 且 $(|v| > 1)$ 且 $(\mathrm{rand}() < p)$ 且 $(\mathrm{not\,(oncoming)})]$，则 $v = v - \mathrm{sgn}(v)$；

（5）如果 $[(\mathrm{H})$ 且 $(\mathrm{oncoming})$ 且 $(|v| > 1)]$，则 $v = v - \mathrm{sgn}(v)$。

规则（1）使车辆逐渐加速至最大速度；规则（2）使车辆在迎面有车驶近时迅速减速；规则（3）则表示车辆在驶近前车时进行减速；规则（4）使母道上的车辆随机减速，但是如果车辆正在超车，那么该车就不会随机慢化；规则（5）则是为了打破车道的对称性，从而避免超级堵塞的发生。

利用上述的模型，Simon 等对双向交通系统进行了数值模拟。其模型参数取值分别为，$l_{\mathrm{pass}} = v$，$l_{\mathrm{back}} = v_{\max}$，$l_{\mathrm{security}} = 2 \times v_{\max} + 1$，$D_{\mathrm{limit}} = 2/l_{\mathrm{density}}$，$p_{\mathrm{change}} = 0.7$，$p = 0.5$。图 6.14 是一个典型的时空分布图，水平为空间方向，纵向为时间方向。该图表明，允许超车可以显著改善车辆的运行状况。图中右侧出现的起止波在左侧逐渐消失了（这里选定了一个可以使正、反车道相互作用达到最强的车辆密度）。

图 6.15 则给出了整个密度范围下双向交通中本道的流量与单车道模型流量的差异（Δq）。当某一条车道或两条车道的密度都比较高时，Δq 很小。当超车道的密度比较小时（<0.1），本道的车流量可以比单车道模型的流量大得多（蓝色部分），最大流量差值出现在超车道的密度为 0 的情况下。在本道密度较小（<0.25）的情况下，本道的车流量可能会低于相应的单车道模型的车流量。这是因为当迎面车（oncoming car）在试图超越其他迎面车时，可能会对本道上的车辆产生阻碍作用。如果采用非对称的规则（只允许母道上的车辆进行超车），这种流量变

小的情况就会消失。基于该模型，Simon 还对由快慢车组成的混合系统进行了模拟。如图 6.16 所示，在非超车区，快车只能跟在慢车的后面，形成了排队现象。但是，当车辆驶入超车区后，这种排队现象显著削弱了。Simon 等还将计算模拟结果（图 6.17（a））和 Yagar（1983）的实测结果（图 6.17（b））进行了对比。发现，在合适的模型参数下可以模拟出和实测结果类似的结果。

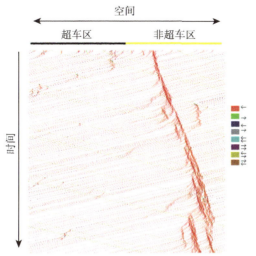

图 6.14 双向交通时空分布图。向右（左）行驶的车辆标为红色（绿色），其他颜色则代表其他可能的情况，比如紫罗兰色的代表右向行驶的超越车。左向行驶车道的车流密度为 0.1，而右向行驶车道的车流密度为 0.01。模拟中车辆的最大速度均为 5，路长为 500 个元胞，采用周期性边界条件。道路被分成了超车区（左侧）和非超车区（右侧）两部分。在非超车区，堵塞不时发生，而在超车区基本没有堵塞的出现（Simon and Gutowitz, 1998）

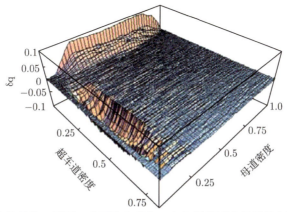

图 6.15 母道的车流量的三维图。曲面的高度为双向交通模型中母道的车流量与相对应的单车道模型的车流量的差值。摘自（Simon and Gutowitz, 1998）

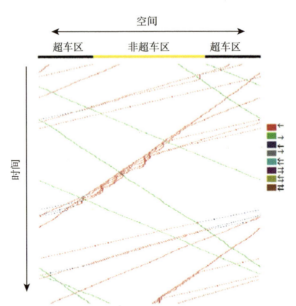

图 6.16　由快、慢车组成的混合交通系统的时空图。车辆的最大速度在 2 和 5 之间均匀分布，
道路的中间部分不允许超车，而在两侧则是可以的（Simon and Gutowitz，1998）

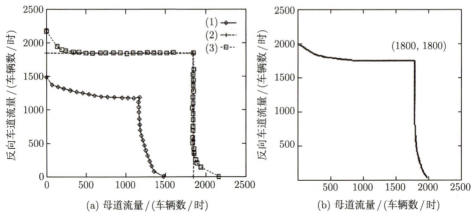

图 6.17　模拟结果（a）与实测数据（b）的对比。（a）中的模拟结果分别是在三种不同参数
取值条件下得到的：（1）$p = 0.5$，$p_{change} = 0.5$；（2）$p = 0.25$，$p_{change} = 0$；（3）$p = 0.25$，
$p_{change} = 0.3$（Simon and Gutowitz，1998）

6.5　基于车辆跟驰的多车道模型

车辆跟驰模型通常关注单车道车辆的跟驰过程，而不考虑相邻车道的干扰作
用。这样的处理固然使车辆跟驰模型更加简化，并且也能够刻画大量的实际交通

现象，然而却不免在描述精度以及对多车道交通的研究中有所欠缺。为了模拟更加实际的交通状况，一些学者将换道行为引入车辆跟驰模，建立了多车道跟驰模型。近年来，大数据与机器学习理论与方法迅速崛起，并被应用于各个工程实践领域，基于此，一些学者构建了数据驱动的多车道跟驰模型。

基于以上分析，本节将通过典型案例介绍基于车辆跟驰的多车道模型的基本原理与构建方式，并通过模拟分析，对多车道交通流现象进行讨论。

6.5.1 多车道优化速度模型

优化速度模型（optimal velocity，OV）是经典的车辆跟驰模型之一，由于其简洁的数学描述，且能够刻画典型的非线性交通现象，因此受到了广泛关注。基于改进 OV 模型，Sasoh（2002）通过引入换道规则，提出了双车道车辆跟驰模型，并通过模拟仿真研究了小扰动在双车道交通中的演化过程，发现了一个有趣的结论：与单车道相比，双车道交通流对扰动是不敏感的。之后，基于相同的方法，Kurata 和 Nagatani 研究了双车交通流中交通堵塞的时空演化特征，以及多类型车辆混合交通下多车道交通的基本图特征（Kurata and Nagatani，2003；Tanaka et al.，2008；Davis，2004）。Tang 等（2005，2007）并没有将换道规则引入车辆跟驰模型，而是考虑了隐含的换道行为对单车道交通流稳定性的影响。

本书以 Kurata 和 Nagatani（2003）构建的双车道跟驰模型为例进行介绍，其中仍然采用 OV 模型描述单车道上车辆的动力学行为。在他们的模型中，采用对称换道规则描述双车道的换道行为，同样包含换道动机和安全条件两部分内容。

换道动机：如果一辆车与前车车头间距太小或者是前车太慢，驾驶员就会考虑换道。

安全条件：在满足换道动机的条件下，如果当前车与目标车道的前车和后车之间的距离足够大，即满足安全性，则驾驶员会换至目标车道。

具体地，其换道规则的具体数学描述如下：

（1）$v_i > 1.02v_{i-1}$ 和 $\Delta x_i < 4x_c$ 刺激条件

    $\Delta x f_i > x_c$ 和 $\Delta x b_i > x_c$ 安全条件

（2）$v_i > 1.02v_{i+1}$ 和 $\Delta x_i < 4x_c$ 刺激条件

    $v_j > 1.02v_{i-1}$，$\Delta x f_i > x_c$ 和 $\Delta x b_i > x_c$ 安全条件

（3）$\Delta x_i < 2x_c$ 刺激条件

    $\Delta x f_i > x_i$ 和 $\Delta x b_i > x_c$ 安全条件

上式中，x_c 为安全距离，$\Delta x f_i$ 是本车道第 i 辆车与目标车道前车的车头间距，$\Delta x b_i$ 为本车道第 i 辆车与目标车道后车的车头间距。下面分别对三个规则进行解释：

规则（1）：当本车速度大于前车速度的 1.02 倍，并且车头间距小于 4 倍安全

距离时，驾驶员就会考虑换道；当本车与目标车道前车的车头间距大于 2 倍安全距离，并且与目标车道后车的距离大于安全距离时，驾驶员执行换道。

规则（2）：刺激条件与规则（1）相同。与此同时，还需满足安全条件，即，目标车道的前车 j 速度大于当前车的速度，当前车与目标车道前后车的距离均大于安全距离。满足所有刺激与安全条件，则车辆执行换道。

规则（3）：换道动机是本车与本车道前车的车头间距小于 2 倍安全距离。安全条件是车辆与目标车道前车的车头间距大于与本车道的车头间距，并且与目标车道后车的车头间距大于安全距离。同时满足以上条件，则驾驶员执行换道。

总之，当三个换道规则中的一个或多个规则得到满足，车辆便能够执行换道。

具体的模拟场景为：开放边界条件下双车道高速公路，长度为 $L = 400$；由于发生交通事故，在左车道 $L = 300$ 处停有一辆车；车辆以相同的发车车头间距进入高速公路，左车道与右车道有相同的发车车头间距。

在数值模拟的过程中，假定换道时间为 4 个时间单位，并且两个车道之间的换道过程交替进行：每隔 4 个时间单位，车道 1 上的车辆向车道 2 换道；之后经过 2 个时间单位，车道 2 上的车辆向车道 1 换道。

在单车道更新中，采用四阶龙格-库塔格式对改进的 OV 模型进行离散化处理，每个时间步的步长为 $\Delta t = s/128$。采用开放边界，在每个时刻，如果最后一辆车距边界的距离大于进车间距 Δx_{inflow}，则有一辆新车进入车道。如果车辆的位置大于路段长度 L，则将该车辆移除。

模型参数分别为 $a = 1.0$，$x_c = 4.0$，$v_{\max} = 2.0$。

通过改变进车间距，发现由事故车辆导致的堵塞状态可以分为两种。

局部堵塞：当 Δx_{inflow} 大于 12.0 时，在停止车辆附近出现局部堵塞。图 6.18 给出了 Δx_{inflow}=12.2 时两个车道的密度时空演化图（其中密度定义为 $\rho = 1/(1 + \Delta x)$）。在左车道上，高密度的区域仅出现在停止车辆的上游，并保持相对稳定；在右车道的相应区域，同样出现了较高的密度区域。

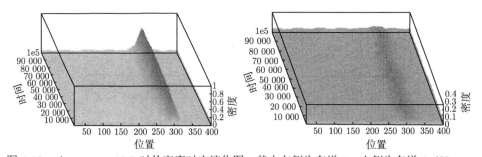

图 6.18 $\Delta x_{\text{inflow}} = 12.2$ 时的密度时空演化图，其中左侧为车道 1，右侧为车道 2（Kurata and Nagtani, 2003）

扩展堵塞：当 Δx_{inflow} 小于 12.0 时，则出现了扩展堵塞，如图 6.19。在左车道上，高密度区域在停止车辆处向上游传播；相应地，右车道上游同样出现了密度较大的区域，并向上游传播。

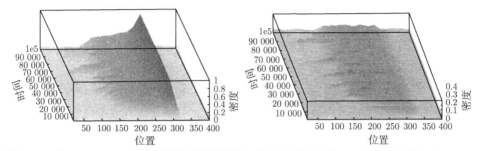

图 6.19　$\Delta x_{\text{inflow}} = 11.7$ 时的密度时空演化图，其中左侧为车道 1，右侧为车道 2（Kurata and Nagatani, 2003）

6.5.2　数据驱动的多车道跟驰模型

数据驱动的多车道跟驰模型尝试从多车道车辆轨迹等数据中挖掘车辆在多车道交通中的跟驰与换道行为。近年来，随着数据采集技术以及大数据挖掘、机器学习等技术方法的快速发展，为数据驱动的多车道交通流模型带来了契机。当前，已经有一些学者分别将人工神经网络、深度学习等方法引入交通流模型构建过程，提出了相应的多车道模型。

传统交通流模型通常需要明确车辆的行为特征，并采用显式的数学或逻辑表达式对车辆动态特征进行刻画。与此不同，数据驱动的模型则通常不需要明确车辆的行为特征，而是采用机器学习等方法从大量数据中挖掘。

（1）基于 CNN 的综合跟驰模型

在实际交通行为中，车辆换道和跟驰是不可分割的，对其进行单独研究虽然简化了模型，降低了复杂性，但并不能刻画实际的多车道交通行为。为此，Lee 等（2019）提出了一种新的随机多车道车辆跟驰模型，该模型采用深度学习方法估计车辆变道的概率。

同样，Lee 等（2019）提出的多车道模型包含两个部分：车辆跟驰与换道。其中，车辆跟驰部分采用随机优化速度模型（stochastic optimal velocity model，SOVM）；针对车辆换道行为，则采用卷积神经网络（convolutional neural networks，CNN）计算换道概率。模型的具体表示如下：

$$\frac{\mathrm{d}v_{n,k}}{\mathrm{d}t} = \frac{\mathrm{d}v_{n,k}^{\text{Long}}}{\mathrm{d}t} + \left[\left(\Lambda_{n,k} \frac{\mathrm{d}v_{n,k}^{\text{Lat}}}{\mathrm{d}t} \right) + \left(\Lambda_{n-1,k} \frac{\mathrm{d}v_{n-1,k}^{\text{Lat}}}{\mathrm{d}t} \right) - \Lambda_{n-1,k+1} \frac{\mathrm{d}v_{n-1,k+1}^{\text{Lat}}}{\mathrm{d}t} \right]$$

$$(6.20)$$

$$\frac{\mathrm{d}v_{n,k}^{\mathrm{Long}}}{\mathrm{d}t} = f\left(v_{n,k}, s_{n,k}, \Delta v_{n,k}\right)\mathrm{d}t + g\left(v_{n,k}, x_{n,k}, \eta_k^{\mathrm{Long}}\left(t\right)\right)\mathrm{d}t \tag{6.21}$$

$$\frac{\mathrm{d}v_{n,k}^{\mathrm{Lat}}}{\mathrm{d}t} = p\left(v_{n,k}, s_{n,k}, s_{n,k+1}, \Delta v_{n,k}\right)\mathrm{d}t + h\left(v_{n,k}, x_{n,k}, \eta_k^{\mathrm{Lat}}\left(t\right)\right)\mathrm{d}t \tag{6.22}$$

$$f\left(v_{n,k}, s_{n,k}, \Delta v_{n,k}\right) = \beta\left\{V_{\mathrm{op}}\left(s_{n,k}\right) - v_{n,k}\right\} \tag{6.23}$$

$$V_{op}\left(s_{n,k}\right) = \frac{V_0}{2}\left[\tanh\left(\frac{s_{n,k}}{b} - C\right) - \tanh(-C)\right] \tag{6.24}$$

$$g\left(v_{n,k}, s_{n,k}, \Delta v_{n,k}\right) = \gamma\left\{V_{\mathrm{op}}\left(s_{n,k}, s_{n,k+1}\right) - v_{n,k}\right\} \tag{6.25}$$

$$V_{\mathrm{op}}\left(s_{n,k}, s_{n,k+1}\right) = \frac{V_0}{2}\left[\tanh\left(\frac{(1-\Lambda_{n,k})s_{n,k} + \Lambda_{n,k}s_{n,k+1}}{b} - C\right) - \tanh(-C)\right] \tag{6.26}$$

上式中，n 和 k 分别表示车辆和车道，$v_{n,k}^{\mathrm{Long}}$ 和 $v_{n,k}^{\mathrm{Lat}}$ 分别表示纵向和侧向速度，$\Lambda_{n,k}$ 表示换道概率；$v_{n,k}$ 表示车辆实际速度；$f(\cdot)$ 和 $p(\cdot)$ 分别表示纵向和横向加速度的确定性趋势，$g(\cdot)$ 和 $h(\cdot)$ 分别表示在纵向/横向随机过程 $\eta_k^{\mathrm{Long}}\left(t\right)$ 和 $\eta_k^{\mathrm{Lat}}(t)$ 下的随机作用力；$V_{\mathrm{op}}\left(s_{n,k}\right)$ 为给定车头间距下的优化速度，V_0，b，C 为常数，γ 和 β 为敏感系数。该模型用高斯白噪声描述连续车辆二维运动波动的正态分布，利用卷积神经网络（CNN）描述换道概率。

（2）基于深度学习多车道车辆跟驰模型

Zhang 等（2018）构建了基于深度学习的多车道车辆跟驰模型。在他们的模型中，采用长短期记忆（long short-term memory，LSTM）神经网络同时描述车辆的跟驰和换道行为。

通常，影响车辆换道的因素包括当前车道、相邻左车道和右车道三条车道上的交通信息。为此，Zhang 等人提出的 LSTM 考虑了当前车道与相邻车道上前后车辆（共 6 辆车）的位置信息（如图 6.20），通过对 LSTM 网络训练，从而挖掘影响车辆跟驰和换道行为的显著特征；进而，采用训练后的 LSTM 模型，可以对多车道车辆的运动进行预测模拟。

此外，他们还提出了一种混合再训练约束（hybrid retraining constrained，HRC）训练方法来进一步优化 LSTM 模型。其模型的具体架构如图 6.21 所示。

作者基于 NGSIM 数据对提出的 LSTM 多车道车辆跟驰模型进行检验，结果表明新的模型能够很好预测车辆轨迹。

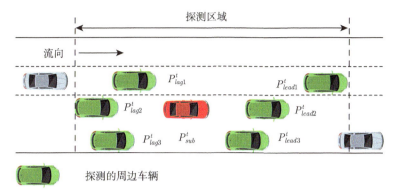

探测的周边车辆

P^t 表示在 t 时间步的车辆位置。$P^t = (X, Y)$

图 6.20　HRC LSTM 模型输入

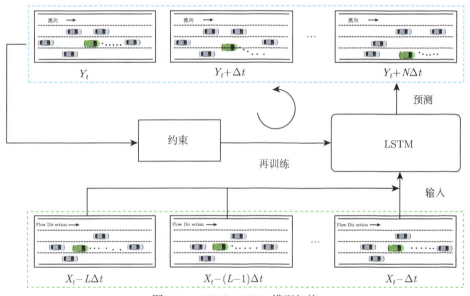

图 6.21　HRC LSTM 模型架构

6.6　多车道宏观交通流模型

宏观交通流模型将离散车辆构成的交通流视为连续流体，从而采用流体力学的方法对道路交通流进行分析，是一种典型的交通流模型。与单车道宏观模型类似，多车道宏观模型具有高效的模拟仿真速度，并且能够重现典型的非线性交通流现象，因此得到了广泛关注。

早期的多车道宏观交通流模型主要基于单车道 LWR 模型；之后，一些学者通过引入动力学方程，构建了各种各样的多车道高阶连续模型；也有学者进而考虑不同的车辆类型，提出了多车种宏观交通流模型。

6.6.1　多车道 LWR 模型

考虑没有出入匝道的路段，N 车道 LWR（lighthill-whitham-richards）模型可以表示如下：

$$\frac{\partial \rho_i}{\partial t} + \frac{\partial q_{e,i}(\rho_{i-1}, \rho_i, \rho_{i+1})}{\partial x} = S_i \tag{6.27}$$

其中，下标 i 表示第 i 车道，$s_i=$ 由车道 $i+1$ 和 $i-1$ 进入车道 i 的流量 $-$ 车道 i 换道至车道 $i+1$ 和 $i-1$ 的流量。

$$s_i = q_{i+1 \to i} + q_{i-1 \to i} - q_{i \to i+1} - q_{i \to i-1} \tag{6.28}$$

其中，$q_{i+1 \to i}$ 和 $q_{i \to i+1}$ 是 ρ_i 和 ρ_{i+1} 的函数，$q_{i-1 \to i}$ 和 $q_{i \to i-1}$ 是 ρ_{i-1} 和 ρ_i 函数。特别地，对第 1 车道 $i=1$，$q_{i-1 \to i} = q_{i \to i-1} = 0$，对第 N 车道，$i = N$，$q_{i+1 \to i} = q_{i \to i+1} = 0$。

针对不同的道路条件、行驶规则以及车辆构成，模型中的平衡流量函数 $q_{e,i}$，以及换道流量 $q_{i \to j}$（i, j 表示相邻道路）的表达式可以进行相应调整。例如，对于采用完全对称行驶规则的两车道路段，平衡流量函数 $q_{e,i}$ 与车道无关，且 $q_{i \to j} = q_{j \to i}$；而对于采用非对称行驶规则的道路，$q_{e,i}$ 则与车道相关，且 $q_{i \to j} \neq q_{j \to i}$。

在实际交通中，平衡流量函数主要取决于本车道的车流密度。因此，在现有的多车道模型中，对平衡流量函数往往假定每个车道的平衡流量函数仅是本车道车流密度的函数：

$$q_{e,i} = q_{e,i}(\rho_i) \tag{6.29}$$

（1）密度差模型

密度差模型并没有建立两个相邻车道（以 i 和 $i+1$ 表示）之间换道流量 $q_{i+1 \to i}$ 和 $q_{i \to i+1}$ 的函数表达式，而是关注他们之间的净换道流量

$$s_{i \to i+1} = -s_{i+1 \to i} = q_{i \to i+1} - q_{i+1 \to i} \tag{6.30}$$

通常，此类模型将净换道流量表达为相邻两车道的密度差或加权密度差的函数。例如，早期的 Munjal-Pipes 模型（Munjal and Pipes，1971）将净换道流量表示为

$$
\begin{aligned}
s_i &= s_{i \to i+1} + s_{i+1 \to i} \\
&= \alpha\left[(\rho_{i+1} - \rho_i) - (\rho_{(i+1)0} - \rho_{i0})\right] + \alpha\left[(\rho_{i-1} - \rho_i) - (\rho_{(i-1)0} - \rho_{i0})\right]
\end{aligned}
\tag{6.31}
$$

其中 α 是与换道作用强度相关的参数；ρ_{i0} 称为平衡密度（equilibrium density），是一个与车道有关的常数，该模型中，两条相邻车道之间的净换道流量正比于实际密度差偏离平衡密度差的程度。对于第 1 车道和第 N 车道，$s_{i-1\to i} = -s_{i+1\to i} = 0$。

基于 Munjal-Pipes 模型，作者研究了具有入匝道道路上，由于入匝道处进入主路车辆引起的密度扰动的演化情况。为描述方便，定义 $c_i = dq_{e,i}/d\rho_i$；假定在均匀（uniform）道路上，c_i 和 ρ_{i0} 均是与车道无关的常数。在此场景下，随着车辆向下游运动，车道密度扰动差呈指数衰减，最终各车道密度扰动相等，如图 6.22 所示。

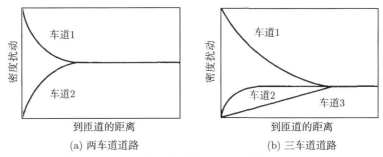

(a) 两车道道路　　　　　　　　(b) 三车道道路

图 6.22　均匀道路上入匝道进入的车辆引起的密度扰动的演化情形示意图

为考察 Munjal-Pipes 模型的稳态特征，令控制方程的所有偏导数为零。为简单起见，首先考察一个双车道路段，并采用完全对称的行驶规则，此时可以认为 $\rho_{20} = \rho_{10}$，两车道的密度完全相等（图 6.23(a)）。

如果采用非对称换道规则，$\rho_{20} \neq \rho_{10}$。假定 $\rho_{20} > \rho_{10}$，则 ρ_2 总是大于 ρ_1（图 6.23(b)）。设 $\rho_1 = 0$，则 ρ_2 必须等于 $\rho_{20} - \rho_{10}$，因此该模型显然不能正确模拟 ρ_2 小于 $\rho_{20} - \rho_{10}$ 的情形，否则会造成零密度车道向非零密度车道的净换道流量为正的错误结果。

另一方面，设 ρ_2 的堵塞密度为 $\rho_{\max,2}$，则 $\rho_1 = \rho_{\max,2} - (\rho_{20} - \rho_{10})$。此时存在以下三种合理的情况：

若 $\rho_{\max,2} - (\rho_{20} - \rho_{10}) = \rho_{\max,1}$，则两车道都处于堵塞状态，很容易理解车辆无法换道；

若 $\rho_{\max,2} - (\rho_{20} - \rho_{10}) < \rho_{\max,1}$，则当两车道皆为堵塞密度时，1 车道的车仍能换道至 2 车道，显然是不正确的；

若 $\rho_{\max,2} - (\rho_{20} - \rho_{10}) > \rho_{\max,1}$，则当两车道皆为堵塞密度时，2 车道的车仍能换道至 1 车道，显然也是不正确的。

图 6.23(c) 给出了非对称换道规则下的两种可能的稳态示意图。一种是在德国规则下，右车道不允许超车时存在密度倒置的示意图；另一种是右车道允许超

车的示意图。当 $\rho_2 < \rho_{2,c}$ 时，ρ_1 几乎为零；即当车流密度较小时，所有车辆几乎都在行车道行驶，偶尔会有车辆驶入超车道进行超车。另一方面，当 $\rho_2 = \rho_{\max,2}$ 时，$\rho_1 = \rho_{\max,1}$；即左右车道同时堵塞，不存在一个车道堵塞而另一个车道不堵塞的情形（非稳态时，一个车道堵塞而另一个车道非堵塞的情形可能会时常发生，但其持续时间不会很长，否则堵塞车道上的驾驶员必然会强行换道至非堵塞车道）。

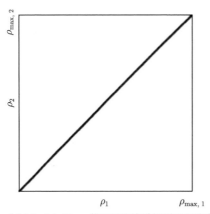

(a) Munjal-Pipes 模型对称换道规则下的稳态

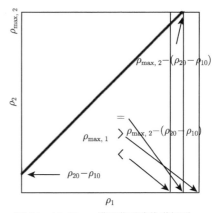

(b) Munjal-Pipes 模型非对称换道规则下的稳态

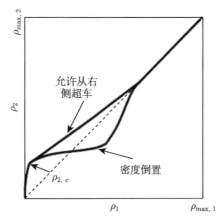

(c) 实际交通中非对称换道规则下的可能的稳态示意图

图 6.23　不同规则下的 Munjal-Pipes 模型稳态示意图

　　图 6.22 显示右车道使用量在一定范围内波动。这可能是由于车流的不稳定性和随机波动造成的，亦可能是由于当两车道密度差处在一定范围内，两车道之间的净换道流量都保持为零。上述的 Munjal-Pipes 模型中隐含着前一考虑，而下述的 Michalopoulos 等的模型则是基于后一考虑而提出的。

Michalopoulos 等（1984）在此基础上，提出了可变的 α，并且考虑了换道时间延迟 T 的影响，其模型表达式为

$$s_i = \alpha_{i,i+1} \left[(\rho_{i+1}(x, t-T) - \rho_i(x, t-T)) - (\rho_{(i+1)0} - \rho_{i0}) \right]$$
$$+ \alpha_{i,i-1} \left[(\rho_{i-1}(x, t-T) - \rho_i(x, t-T)) - (\rho_{(i-1)0} - \rho_{i0}) \right] \qquad (6.32)$$

其中，

$$\alpha_{i,i\pm1} = \begin{cases} 0, & |\rho_{i\pm1}(x, t-T) - \rho_i(x, t-T)| < \rho_A \\ \dfrac{\alpha_{\max}}{\rho_{\max} - \rho_A}(|\rho_{i\pm1}(x, t-T) - \rho_i(x, t-T)| - \rho_A), & |\rho_{i\pm1}(x, t-T) - \rho_i(x, t-T)| > \rho_A \end{cases}$$
$$\qquad (6.33)$$

其中，ρ_A 是一个临界密度，当两车道密度差小于该临界密度时，净换道流量为零。$\rho_{\max}$ 是道路最大密度，$\alpha_{\max}$ 是常数。基于该模型，即使在完全对称换道规则下，稳态时相邻车道密度也可能是不相等的。

Holland 和 Woods（1997）研究了两车道密度差很小的情形。他们认为，此时任何换道函数 s_i 均可以写作两车道密度和速度的线性组合：

$$s_1 = a_1 (\rho_2 - \mu_1 \rho_1) + a_2 (v_2 - \mu_2 v_2) \qquad (6.34)$$

由于密度差很小，可以认为速度和密度之间呈线性关系，因此换道函数简化为

$$s_1 = a (\rho_2 - \mu_1 \rho_1) + B \qquad (6.35)$$

其中，a 体现了换道率，其倒数 $1/a$ 是换道所需的时间。参数 μ 反映了两车道密度之间的平衡关系，从而决定了额外密度（例如，从入匝道进入的车辆）在两车道上以 $1:\mu$ 的比例分配。B 则是两车道平衡密度之间的相关差值。令 $\rho_i' = \rho_i - \rho_0$，当 $\rho_i' \ll \rho_{i0}$ 时，Holland-Woods 表示为

$$\frac{\partial \rho_1'}{\partial t} + c_1 \frac{\partial \rho_1'}{\partial x} = a (\rho_2' - \mu \rho_1') \qquad (6.36)$$

$$\frac{\partial \rho_2'}{\partial t} + c_2 \frac{\partial \rho_2'}{\partial x} = a (\mu \rho_1' - \rho_2') \qquad (6.37)$$

其中，c_i 在 Holland-Woods 模型中表示与车道相关的常数，因此不同车道上的 c_i 值是不同的。若将式（6.36）和式（6.37）映射到一个以速度 c 移动的坐标系中，则

$$\frac{\partial \rho_1'}{\partial t} + \mu \Delta c \frac{\partial \rho_1'}{\partial x'} = a (\rho_2' - \mu \rho_1') \qquad (6.38)$$

$$\frac{\partial \rho_2'}{\partial t} - \Delta c \frac{\partial \rho_2'}{\partial x'} = a\left(\mu \rho_1' - \rho_2'\right) \tag{6.39}$$

其中 $x' = x - \bar{c}t$，$\bar{c} = \dfrac{1}{1+\mu}(c_1 + \mu c_2)$，$\Delta c = \dfrac{1}{1+\mu}(c_1 - c_2)$。这说明在新的坐标系中，密度扰动在一个车道上以速度 Δc，在另一个车道上以速度 $\mu \Delta c$ 向相反方向移动。

分别将式（6.38）和式（6.39）相加和相减，可得

$$\frac{\partial \hat{\rho}}{\partial t} + \Delta c \frac{\partial \Delta \hat{\rho}}{\partial x'} = 0 \tag{6.40}$$

$$\frac{\partial \hat{\rho}}{\partial t} + \Delta c \frac{\partial (\mu \hat{\rho} - (1-\mu)\Delta \hat{\rho})}{\partial x'} = -(1+\mu)a\Delta \hat{\rho} \tag{6.41}$$

其中，$\hat{\rho} = \rho_1' + \rho_2'$，$\Delta \hat{\rho} = \mu \rho_1' - \rho_2'$。

当 $c_1 = c_2$ 时，

$$\begin{cases} \partial \hat{\rho}/\partial t = 0 \\[2mm] \dfrac{\partial \hat{\rho}}{\partial t} = -(1+\mu)a\Delta \hat{\rho} \end{cases} \tag{6.42}$$

当 $c_1 \neq c_2$ 时，开始时 $\Delta \hat{\rho}$ 仍呈指数衰减，但当时间尺度 $\hat{\tau} = at$ 超过 $O(1)$ 的量级后，由于 $\mu \hat{\rho}_z \sim -(1+\mu)\Delta \hat{\rho}$，式（6.42）可简化为

$$\hat{\rho}_{\hat{\tau}} = \frac{\mu}{1+\mu} \hat{\rho}_{zz} \tag{6.43}$$

其中，$z = \dfrac{a}{\Delta c} x'$。式（6.43）描述了一个扩散过程（diffusion process），$\dfrac{\mu(\Delta c)^2}{(1+\mu)a}$ 表示有效的扩散系数。以上结果表明在长时间条件下，交通波以速度 $\bar{c} = \dfrac{1}{1+\mu}(c_1 + \mu c_2)$ 运动，且逐渐消散。

Holland 和 Woods 模型可以很容易推广到 N（$N > 2$）车道情形。Holland 和 Woods 还讨论了 c_i 不是常数的情形，并指出当两个车道密度和变化不大时，交通波速度和扩散系数的表达形式不变。

在稳态时，式（6.43），可得 ρ_2 和 ρ_1 呈如下的线性关系：

$$\rho_2 = \mu \rho_1 - \mu \rho_{10} + \rho_{20} \tag{6.44}$$

特别地，$\mu = 1$ 时，这一稳态关系等同于 Munjal-Pipes 模型的稳态关系。

（2）Laval-Daganzo 模型

为研究车辆换道对交通流波动性的影响，Laval 和 Daganzo（2006）提出了离散的多车道 LWR 模型，其模型方程如下：

$$\frac{\rho_{i,j}^{k+1} - \rho_{i,j}^k}{\Delta t} + \frac{q_{i,j}^k - q_{i,j-1}^k}{\Delta x} = \phi_{i-1\to i,j-1}^k + \phi_{i+1\to i,j-1}^k - \phi_{i\to i-1,j}^k - \phi_{i\to i+1,j}^k \quad (6.45)$$

其中上标 k 表示时间步，下标 j 表示离散路段位置，Δt 和 Δx 分别表示时间步长和空间步长。$q_{i,j}$ 表示从 i 车道 j 路段进入 i 车道 $j+1$ 路段的流量，$\phi_{i-1\to i,j-1}^k$ 表示从 $i-1$ 车道 $j-1$ 路段进入 i 车道 j 路段的实际流量，如图 6.24 所示。特别注意，该模型中，换道流量并不是换至同一位置的相邻车道，而是换至下游路段的相邻车道，这可理解为车辆在换道同时向前运动。$L \to R : \mathrm{gap}_1 \geqslant \min[\mathrm{v}+1, v_{\max}]$ 且 $\mathrm{gap}_1 > 2\min[\mathrm{v}+1, v_{\max}]$。

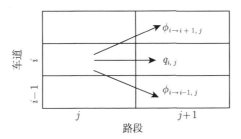

图 6.24 Laval-Daganzo 模型示意图

式（6.45）中，

$$\phi_{i-1\to i,j-1}^k = \min\left\{1, \frac{\mu_{i,j}}{T_{i,j-1} + \Delta x\left(L_{i-1\to i,j-1} + L_{i+1\to i,j-1}\right)}\right\} L_{i-1\to i,j-1} \quad (6.46)$$

$$q_{i,j-1} = \min\left\{1, \frac{\mu_{i,j}}{T_{i,j-1} + \Delta x\left(L_{i-1\to i,j-1} + L_{i+1\to i,j-1}\right)}\right\} T_{i,j-1} \quad (6.47)$$

其中，$\mu_{i,j}$ 表示 i 车道 j 路段的接收能力，$T_{i,j-1}$ 表示 i 车道 $j-1$ 路段的期望流量，$L_{i-1\to i,j-1}$ 表示 $i-1$ 车道 $j-1$ 路段进入 i 车道 j 路段的期望流量。式（6.46）和式（6.47）表明，若路段的接收能力大于所有的期望入流量之和，则所有车辆均可以进入期望路段，否则，实际入流量按比例减小，

$$\mu_{i,j} = \min\left(\omega\left(\rho_{\max} - \rho_{i,j}\right), q_{\max}\right) \quad (6.48)$$

$$T_{i,j-1}\Delta t = \left(1 - \left(\pi_{i\to i-1,j-1} + \pi_{i\to i+1,j-1}\right)\Delta t\right) S_{i,j-1} \quad (6.49)$$

$$\pi_{i\to i-1,j-1} = \frac{\Delta u_{i\to i-1,j-1}}{u_f \hat{\tau}} \quad (6.50)$$

$$\Delta u_{i \to i-1, j-1} = \max\left(0, u_{i-1, j-1} - u_{i, j-1}\right) \tag{6.51}$$

$$S_{i, j-1} = \Delta t \min\left(u_f \rho_{i, j-1}, q_{\max}\right) \tag{6.52}$$

$$L_{i-1 \to i, j-1} \Delta x = \pi_{i-1 \to i, j-1} S_{i, j-1} \tag{6.53}$$

上式中，只有 $\hat{\tau}$ 为新引入的参数，用来表示驾驶员决定并实施换道行为所需的时间。u_f，ω，$q_{\max}$ 和 $\rho_{\max}$ 是三角形基本图的相关参数，其中 $\omega = q_{\max} / q_{\max} - \rho_c$。

考虑快慢车混合的交通流状态，Laval 和 Daganzo 采用其模型对多车道交通流的快车进行模拟，而慢车被则视为移动瓶颈进行单独处理。这一方法实际上已经不单纯是使用宏观模型，而是宏观模型（快车）和微观模型（慢车）相结合。这一方法既可以模拟通行能力下降的现象，又可以再现移动瓶颈速度和通行能力之间的关系。

注意：式（6.50）中的分子涉及两个相邻车道，因此当两车道自由流速度 u_f 不相等时，分母需作适当修订。

6.6.2　多车道高阶连续模型

对于不存在出入匝道的路段，N 车道高阶连续模型方程一般形式的可以表示如下。

其中，连续守恒方程为

$$\frac{\partial \rho_i}{\partial t} + \frac{\partial \rho_i u_i}{\partial t} = s_i \tag{6.54}$$

密度梯度模型动力学方程为

$$\frac{\partial u_i}{\partial t} + u_i \frac{\partial u_i}{\partial x} = \frac{u_{e,i}\left(\rho_{i-1}, \rho_i, \rho_{i+1}\right) - u_i}{\tau_i} - \frac{c_{0,i}^2}{\rho_i} \frac{\partial \rho_i}{\partial x}$$
$$+ M\left(\rho_{i-1}, \rho_i, \rho_{i+1}, u_{i-1}, u, u_{i+1}\right) \tag{6.55}$$

速度梯度模型动力学方程为

$$\frac{\partial u_i}{\partial t} + u_i \frac{\partial u_i}{\partial x} = \frac{u_{e,i}\left(\rho_{i-1}, \rho_i, \rho_{i+1}\right) - u_i}{\tau_i} + c_{o,i} \frac{\partial u_i}{\partial x}$$
$$+ M\left(\rho_{i-1}, \rho_i, \rho_{i+1}, u_{i-1}, u_i, u_{i+1}\right) \tag{6.56}$$

S_i 仍是四个换道流量之和。

$q_{i+1 \to i}$ 和 $q_{i \to i+1}$ 可以表示为 $(\rho_i, \rho_{i+1}, u_i, u_{i+1})$ 的函数，$q_{i-1 \to i}$ 和 $q_{i \to i-1}$ 则可表示为 $(\rho_{i-1}, \rho_i, u_{i-1}, u_i)$ 的函数。M_i 是由于换道产生的干扰项。

与多车道 LWR 模型类似，平衡速度密度函数仍可以采用一条车道的密度函数：

$$u_{e,i} = u_{e,i}(\rho_i) \tag{6.57}$$

（1）Michalopoulos-Beskos-Yamauchi 模型

Michalopoulos 等（1984）提出了第一个多车道高阶模型，其连续方程为式（6.58），换道函数 s_i 动力学方程为

$$\frac{\partial u_i}{\partial t} + u_i \frac{\partial u_i}{\partial x} = \frac{u_{e,i}(\rho_i) - u_i}{\tau_i} - \frac{\gamma_i}{\rho_i \tau_i} \frac{\partial \rho_i}{\partial x} + M_i \tag{6.58}$$

其中

$$
\begin{aligned}
M_i =& \beta_{i,i-1} \left\{ [u_{i-1}(x, t-T) - u_i(x, t-T)] - \left(u_{(i-1)0} - u_{i0} \right) \right\} \\
&+ \beta_{i,i+1} \left\{ [u_{i+1}(x, t-T) - u_i(x, t-T)] - \left(u_{(i+1)0} - u_{i0} \right) \right\}
\end{aligned} \tag{6.59}
$$

$$
\beta_{i,i\pm 1} =
\begin{cases}
0, & |u_i(x, t-T) - u_{i\pm 1}(x, t-T)| \leqslant u_A \\
\dfrac{\beta_{\max}}{u_f - u_A} \left(|u_i(x, t-T) - u_{i\pm 1}(x, t-T)| - u_A \right), & \\
& |u_i(x, t-T) - u_{i\pm 1}(x, t-T)| > u_A
\end{cases} \tag{6.60}
$$

其中，u_{i0} 是对应于密度 ρ_{i0} 的速度，$\beta_{\max}$ 是参量，u_A 是对应于 ρ_A 的临界速度；当两车道速度差小于该临界速度时，干扰项为零。当 $i=1$ 或 $i=N$ 时，分别有 $\beta_{i,i-1}=0$ 和 $\beta_{i,i+1}=0$。当然，对于和出入匝道相邻的路段，还需考虑出入匝道流量对动力学方程的影响。在该模型中，干扰作用是守恒的，即干扰项 M_i 之和等于零。

考虑双车道道路，稳态时其两车道密度的关系和 Michalopoulos 等人的多车道 LWR 模型相同。由式（6.59）以及式（6.60）可得

$$-M_1 = -\beta_{1,2} [(u_2 - u_1) - (u_{20} - u_{10})] = [u_{e,1}(\rho_1) - u_1]/\tau_1 \tag{6.61}$$

$$-M_2 = -\beta_{1,2} [(u_2 - u_1) - (u_{20} - u_{10})] = [u_{e,2}(\rho_2) - u_2]/\tau_2 \tag{6.62}$$

因干扰项 M_i 之和等于零，可解得稳态时两个车道上的速度与密度之间的关系为

$$\frac{[u_{e,1}(\rho_1) - u_1]}{\tau_1} = -[u_{e,2}(\rho_2) - u_2]/\tau_2 \tag{6.63}$$

（2）Tang-Huang 模型

Tang 和 Huang（2004）提出了一个双车道速度梯度模型。该模型考虑了快慢两种车和快慢车道，其中慢车只能在慢车道行驶而快车可以在两条车道上行驶。

快车道密度 ρ_1 和慢车道密度 ρ_2 构成了二维的密度空间 (ρ_1, ρ_2)，根据两条车道密度的大小，可以将密度空间划分为四个区域：（1）ρ_1 和 ρ_2 均较小；（2）ρ_1 较小，ρ_2 较大；（3）ρ_1 较大，ρ_2 较小；（4）ρ_1 和 ρ_2 均较大。Tang 和 Huang 认为仅在区域（3）中净换道流量不为零，而在其他区域中净换道流量为零。

Tang 和 Huang 认为，在区域（1）中，快慢车道均处于自由流，两车道车流均保持自由流速度 $u_{f,1}$，$u_{f,2}$；在区域（2）中，快车道仍处于自由流，其车流仍为自由流速度 $u_{f,1}$。在其他情况下，Tang-Huang 模型中慢车道采用的平衡速度密度函数为

$$u_{e,2} = u_{e,2}(\rho_1, \rho_2) \tag{6.64}$$

而快车道的平衡速度仅是本车道密度的函数

$$u_{e,1} = u_{e,1}(\rho_1) \tag{6.65}$$

相应的动力学方程为

$$\frac{\partial u_1}{\partial t} + u_1 \frac{\partial u_1}{\partial x} = \frac{u_{e,1}(\rho_1) - u_1}{\tau_1} + c_{o,1} \frac{\partial u_1}{\partial x} \tag{6.66}$$

$$\frac{\partial u_2}{\partial t} + u_2 \frac{\partial u_2}{\partial x} = \frac{u_{e,2}(\rho_2) - u_2}{\tau_2} + c_{o,2} \frac{\partial u_2}{\partial x} \tag{6.67}$$

其中并没有引入干扰项。

在区域（3）中，连续方程为

$$\frac{\partial \rho_1}{\partial t} + \frac{\partial \rho_1 u_1}{\partial t} = s \tag{6.68}$$

$$\frac{\partial \rho_2}{\partial t} + \frac{\partial \rho_2 u_2}{\partial t} = -s \tag{6.69}$$

在其算例中，s 正比于快车道流量 $\rho_1 u_1$。

该模型从单车道速度梯度模型扩展而来，能够在一定程度上描述多车道交通流的演化特征。然而也存在一些问题：

首先，净换道流量正比于某个车道的流量将导致不符合实际的换道状态。特别地，当一条车道堵塞时，不论相邻车道的交通状态怎样，净换道流量都为零，这不符合交通实际，同时还会导致区域（3）的边界上净换道流量的突变。

其次，该模型没有考虑慢车比例因素的影响。若慢车比例很小，则区域（2）中净换道流量为零显然不符合交通实际。这是因为：当允许慢车换道时，慢车比

例对交通流存在影响，但两车道上的慢车比例不会相差很大，因此两车道上的交通状况不会存在很大区别，尤其是密度较大时。然而，若不允许慢车换道，则慢车比例变大时，两车道的交通状况可能会出现很大的区别。因此，限制慢车换道的模型需在以 ρ_1, ρ_2 以及慢车比例为自变量的三维空间中进行。特别注意三维空间中有些区域不在研究范围内，例如，慢车比例为 100% 时，快车道密度一定为零，因此快车道密度大于零的区域不在研究范围内。

随后，Huang 等（2006）将该模型用于模拟一般的双车道交通，不再限制慢车换道。此时，可以认为两车道上的交通状况不会存在很大的区别，因此模型可以不考虑慢车比例。Huang 等将快车道上的平衡速度也改为两个车道密度的函数 $u_{e,1} = u_{e,1}(\rho_1, \rho_2)$。同样将密度空间划分为四个区域，并指出在区域（1）和区域（4）中，净换道流量为零。由于不限制慢车换道，区域（2）和区域（3）中净换道流量不为零，其表达式分别正比于 $\rho_2 u_2$ 和 $\rho_1 u_1$（此时，存在和 Tang-Huang 模型相同的问题）。

（3）Tang-Jiang-Wu 模型

Tang 等（2007）认为，换道对于动力学方程的影响应该取决于换入流量和换出流量，而不是取决于净换道流量。也就是说，即使净换道流量为零，动力学方程还是会受到影响。为此，他们提出了如下的双车道模型：

$$\frac{\partial \rho_i}{\partial t} + \frac{\partial \rho_i u_i}{\partial t} = s_{ji} - s_{ij} \tag{6.70}$$

$$\frac{\partial \rho_i}{\partial t} + \frac{\partial (\rho_i u_i)}{\partial t} = c_{0,i} \frac{\partial u_i}{\partial x} + \frac{u_{e,i}(\rho_i) - u_i}{\tau_i} + r_1 s_{ij} - r_2 s_{ji} \tag{6.71}$$

其中 $i, j \in \{1, 2\}$；s_{ij} 表示 i 车道换到 j 车道的流量；$s_{ji} - s_{ij}$ 为净换道流量；r_1 和 r_2 为参数，用来描述换入流量和换出流量对动力学方程的影响，一般来说，两个参数并不相等；换道流量取决于两车道的密度：

$$s_{12} = a q_{e,1}(\bar{\rho}) \rho_1 \left(1 - \frac{\rho_2}{\rho_{\max}}\right) \tag{6.72}$$

$$s_{21} = a \{1 + b[q_{e,1}(\bar{\rho}) - q_{e,2}(\bar{\rho})]\} q_{e,2}(\bar{\rho}) \rho_2 \left(1 - \frac{\rho_1}{\rho_{\max}}\right) \tag{6.73}$$

其中，a, b 为参数，$\rho_{\max}$ 是堵塞密度。这里假定两车道的堵塞密度相等，$\bar{\rho} = (\rho_1 + \rho_2)/2$ 是两车道的平均密度。式（6.72）和式（6.73）两式表明，当 i 车道没有车辆或者 j 车道完全堵塞时，即 $\rho_i = 0$ 或者 $\rho_i = \rho_{\max}$ 时，换道流量 $s_{ij} = 0$。

对于对称双车道，有 $q_{e,1} = q_{e,2}$，此时式（6.72）和式（6.73）具有相同的函数形式且 $u_1 = u_2 = u$，$\rho_1 = \rho_2 = \rho$，$\tau_1 = \tau_2 = \tau$。在稳态下，所有偏导数为零，由式（6.72）和式（6.73）可得

$$s_{ij} = s_{ji} \tag{6.74}$$

$$\mathrm{u} = u_e(\rho) + \tau\left(r_1 s_{ij} - r_2 s_{ji}\right) \tag{6.75}$$

在实际交通中，通常换入流量对车辆动力学的影响小于换出流量，即 $r_1 > r_2$。联合以上两式，可得

$$u_i > u_{e,i}\left(\rho_i\right) \tag{6.76}$$

从而可以判断出换道行为可以提高车辆速度，从而多车道时每条车道的流量大于单车道时的流量，这与微观元胞自动机模拟结果相符。

在非对称换道规则下，稳态时由 $s_{ij} = s_{ji}$ 可得

$$q_{e,1}(\bar{\rho})\rho_1\left(1 - \frac{\rho_2}{\rho_{\max}}\right) = \left(1 + b\left(q_{e,1}(\bar{\rho}) - q_{e,2}(\bar{\rho})\right)\right)q_{e,2}(\bar{\rho})\rho_2\left(1 - \frac{\rho_1}{\rho_{\max}}\right) \tag{6.77}$$

对快车道采用 Lee 等提出的平衡速度密度关系：

$$u_{e,1}(\rho) = u_f\left(1 - \frac{\rho}{\rho_{\max}}\right)\left(1 + 100\left(\frac{\rho}{\rho_{\max}}\right)^4\right) \tag{6.78}$$

对慢车道采用如下的平衡速度密度关系：

$$u_{e,1}(\rho) = \begin{cases} u_{e,1}\left(0.5 + \dfrac{0.5\rho}{\rho_c}\right), & \rho < \rho_c \\ u_{e,1}, & \rho \geqslant \rho_c \end{cases} \tag{6.79}$$

采用参数 $u_f = \dfrac{30\mathrm{m}}{\mathrm{s}}$，$b = 5\mathrm{s}$，$\rho_{\max} = \dfrac{0.14\mathrm{veh}}{\mathrm{m}}$，$\rho_c = \dfrac{0.05\mathrm{veh}}{\mathrm{m}}$。将参数值代入式（6.79），给定 $\bar{p}$ 值，可解得 ρ_1 和 ρ_2，如图 6.25 所示，可以看出，这一结果很好地再现了密度倒置现象。

但是 Nagel 等（1998）的微观模拟显示，即使只考虑单一车种，亦可以得到密度倒置现象。此时，不同车道上的平衡速度密度函数只有微小的差别，Tang-Jiang-Wu 模型无法再现密度倒置现象。

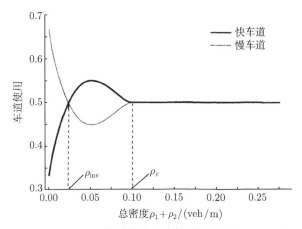

图 6.25   Tang-Jiang-Wu 模型模拟密度倒置现象（Tang et al.，2007）

6.6.3 多车种 LWR 模型

对于不存在出入匝道的路段，描述 K 种类型车辆的 LWR 模型一般可写为如下的形式：

$$\frac{\partial \rho_k}{\partial t} + \frac{\partial q_{e,k}\left(\rho_1, \cdots, \rho_{k-1}, \rho_k, \rho_{k+1}, \cdots, \rho_K\right)}{\partial x} = 0 \tag{6.80}$$

其中下标表示第 k 种车。显然，在多车种 LWR 模型中，不同车种之间的相互作用是通过平衡速度密度函数来体现的。多车种 LWR 模型的本质就是研究不同车辆混合时的平衡速度密度函数。

在实际交通中，很难获得不同车种交通流的平衡速度密度关系，因此，当前的模型中大多采用各种简化的平衡速度密度关系。

（1）等速度模型

等速度模型假定：给定不同车种的比例时，存在一个临界密度；当车流密度大于该临界密度时，不同车种的速度相等。

以两车种为例，Chanut-Buisson 模型（Drew et al.，1967）假定临界密度正比于堵塞密度 $\rho_{\max}$：

$$\rho_c\left(\rho_1, \rho_2\right) = \beta \rho_{\max}\left(\rho_1, \rho_2\right) = \beta \frac{\left(\rho_1 + \rho_2\right) N_{\text{lane}}}{\rho_1 L_1 + \rho_2 L_2} \tag{6.81}$$

其中，L_1 和 L_2 是堵塞时 1-车辆和 2-车辆的车头距（车长加车间距），β 是参数，N_{lane} 是车道数。

当 $\rho_1 + \rho_2 < \rho_c$ 时。两种车的平衡速度分别为

$$u_{e,1} = u_{f,1} - \left(u_{f,1} - u_c\right) \frac{\rho_1 + \rho_2}{\rho_c} \tag{6.82}$$

$$u_{e,2} = u_{f,2} - (u_{f,2} - u_c) \frac{\rho_1 + \rho_2}{\rho_c} \tag{6.83}$$

其中，u_c 是临界速度，对应于临界密度。

当 $\rho_1 + \rho_2 > \rho_c$ 时，两种车的平衡速度相等：

$$u_{e,1} = u_{e,2} = \frac{\beta N_{\text{lane}} u_c}{L_1(1-\beta)} \frac{\rho_{\max} - (\rho_1 + \rho_2)}{(\rho_{\max} - \rho_c)(\rho_1 + \rho_2 L_2/L_1)}. \tag{6.84}$$

Zhang-Jin 模型（H. M. Zhang and Jin，2002）和 Chanut-Buisson 模型类似，给出了临界密度的概念。在 Zhang-Jin 模型中，当 $r_1\rho_1 + r_2\rho_2 < 1$ 时，两种车辆皆以各自的自由流速度行驶，这里 r_1，r_2 是参数。当 $r_1\rho_1 + r_2\rho_2 > 1$ 时，两种车辆以相同的速度行驶。

Logghe-Immers 模型（Logghe and Immers，2008）可以看成是 Zhang-Jin 模型和 Chanut-Buisson 模型的耦合模型。在自由流区域，两种车皆以自由流速度行驶而快车速度开始随密度下降。当密度大于临界密度时，两种车速度相等。

以上的两车种模型可以推广至多车种模型。

（2）等空间模型

Wong 和 Wong（2002）以及 Zhu 和 Wu（2003）提出的模型中，平衡速度仅是车辆总密度的函数，Wong 和 Wong 称之为各向同性情形（isotropic case）。平衡流量-密度-速度关系为

$$q_{e,k} = \rho_k u_{e,k} \left(\sum_{k=1}^{K} \rho_k \right) \tag{6.85}$$

该模型中，不同类型车辆长度需相等。否则，相同的密度可能对应完全不同的情形，从而应对应不同的平衡速度。例如，考虑仅有两种车辆，1-车辆长度为 l，2-车辆的长度为 $2l$。若忽略完全堵塞时车与车之间的距离，则 50% 的混合比例下堵塞密度为 $2l/3$，此时速度为零。而当 2-车辆比例小于 50% 时，则在密度为 $2l/3$ 时，车辆显然是有空间运动的，其速度应大于零。这与式（6.85）不符。

这类模型中，将某个车种的车辆替换为另一车种的车辆，并不影响其他车种的运动行为。这是因为每个车辆占据的空间都是相等的（等于 $1/\sum_{k=1}^{K} \rho_k$），因此将这类模型称为等空间模型。

（3）等间距模型

进而考虑车辆长度的影响，发展了 Benzoni-Gavage-Colombo 模型（Benzoni-Gavage 和 Colombo，2003）。该模型假定每种车的速度取决于混合交通流的平均

间距，因此称之为等间距模型。其中，混合车辆的平均间距 d 满足以下方程：

$$\sum_{k=1}^{K} (d + l_k) \rho_k = 1 \tag{6.86}$$

因而可得

$$q_{e,k} = \rho_k u_{e,k}(d) = \rho_k u_{e,k} \left(\frac{1 - \sum\limits_{k=1}^{K} l_k \rho_k}{\sum\limits_{k=1}^{K} \rho_k} \right) \tag{6.87}$$

其中，l_k 表示第 k 种车辆的长度。

（4）Daganzo 两车种模型

Daganzo（1997）的两车种模型与前述多车种模型不同，因为该模型规定了 2-车辆只能在规定车道上行驶而 1-车辆可以在任何车道上（包括规定车道和特殊车道）行驶。

Daganzo 指出，这种情形不仅出现在划分出高使用率车辆（HOV）车道的道路上（因为一般车辆不允许驶入 HOV 车道）；也可能出现在拥挤的出匝道处（因为出匝车辆会尽量避免驶入远离出匝道的车道）。

6.6.4　多车种高阶模型

针对多车道多车种的实际交通场景，一些学者提出了多车种高阶模型。下面简要介绍其中的典型代表。

（1）Jiang-Wu 模型

Jiang-Wu 多车种度梯度模型的控制方程为

$$\frac{\partial \rho_k}{\partial t} + \frac{\partial \rho_k u_k}{\partial x} = 0 \tag{6.88}$$

$$\frac{\partial u_k}{\partial t} + u_k \frac{\partial u_k}{\partial x} = c_{ok} \frac{\partial u_k}{\partial x} + \frac{u_{e,k}(\rho_1, \cdots, \rho_{k-1}, \rho_k, \rho_{k+1}, \cdots, \rho_K) - u_k}{\tau_k} - F_k \tag{6.89}$$

其中，F_k 是不同车种之间的相互作用项。

Jiang-Wu 模型考虑了两种车型：快车和慢车；且假定快慢车长度相等，其采用的平衡速度函数为 $u_{e,k} = u_{e,k}(\rho_1 + \rho_2)$。

该模型考虑了慢车对快车的阻碍作用：在慢车的动力学方程中 F_2 设为零；在快车的动力学方程中

$$F_1 = \left(1 - \frac{\rho_1 + \rho_2}{\rho_{\max}}\right) \frac{u_1 - u_2}{\delta_1} \left(\frac{\rho_2}{\rho_{\max}}\right)^2 \tag{6.90}$$

其中，δ_1 为参数。

式（6.90）表明慢车对快车的阻碍作用与两种车的速度差成正比，且与慢车密度有关。当慢车密度为零或快慢车速度差为零时，该作用项为零。此外，当系统达到堵塞密度时，该作用项也为零。

在稳态下，令所有的偏导数为零，可得

$$u_1 = u_{e,1} - F_1\tau_1 \tag{6.91}$$

$$u_2 = u_{e,2} \tag{6.92}$$

因此，慢车速度与快慢车比例无关，而快车速度随着慢车比例的增加而下降。

之后，Tang 等（2007）进一步考虑了快车对慢车有影响，且快慢车长度不相等的情形。此时，$u_{e,k} = u_{e,k}(\rho_1 + \rho_2, \rho_{\max})$，其中堵塞密度 $\rho_{\max}$ 与车辆比例相关。慢车的动力学过程中的作用项 F_2 与 F_1 类似：

$$F_2 = \left(1 - \frac{\rho_1 + \rho_2}{\rho_{\max}}\right)\frac{u_1 - u_2}{\delta_2}\left(\frac{\rho_1}{\rho_{\max}}\right)^2 \tag{6.93}$$

（2）Tang-Huang-Gao-Shang 模型

Tang 等（2009）提出的模型动力学方程为

$$\frac{\partial u_k}{\partial t} + u_k\frac{\partial u_k}{\partial x} = \sum_{j=1}^{K}\left(p_j c_{oj}\frac{\partial u_j}{\partial x} + \frac{(u_j - u_k)p_j}{\bar{\tau}_{kj}}\right) + \frac{u_{e,k}\left(\sum_{k=1}^{K}\rho_k.\rho_{\max}\right) - u_k}{\tau_k} \tag{6.94}$$

其中，$p_j = \rho_j/\sum_{k=1}^{K}\rho_k$，$\bar{\tau}_{kj}$ 是与车种 k 和 j 相关的参数。在双车道情况下，动力学方程为

$$\frac{\partial u_1}{\partial t} + u_1\frac{\partial u_1}{\partial x} = p_1 c_{o1}\frac{\partial u_1}{\partial x} + p_2 c_{o2}\frac{\partial u_2}{\partial x} + \frac{(u_2 - u_1)p_2}{\bar{\tau}_{12}} + \frac{u_{e,1}\left(\sum_{k=1}^{K}\rho_k.\rho_{\max}\right) - u_1}{\tau_1}$$

$$\frac{\partial u_2}{\partial t} + u_1\frac{\partial u_2}{\partial x} = p_1 c_{o1}\frac{\partial u_1}{\partial x} + p_2 c_{o2}\frac{\partial u_2}{\partial x} + \frac{(u_1 - u_2)p_1}{\bar{\tau}_{21}} + \frac{u_{e21}\left(\sum_{k=1}^{K}\rho_k.\rho_{\max}\right) - u_2}{\tau_2}$$

与 Jiang-Wu 模型相比，该模型假定所有车种的速度梯度对车种 k 的加速度都存在影响，且这一影响作用相同（$\sum_{j=1}^{K}\left(p_j c_{oj}\frac{\partial u_j}{\partial x}\right)$）。另外，该模型中，$F_k = $

$$\sum_{j=1}^{K} \left(\frac{(u_j - u_k) \, p_j}{\bar{\tau}_{kj}} \right)$$ 可正可负，即慢车对快车起阻碍作用，而快车对慢车起加速

作用。这样，慢车速度甚至可以超过本身的最大速度，与实际交通不符。

（3）Michalopoulos 二维模型

Michalopoulos 等（1984）提出了一个模拟多车道交通流的二维模型用。该模型以 u_x 和 u_y 分别表示沿道路方向和垂直道路方向的车辆速度，其模型方程为

$$\frac{\partial \rho}{\partial t} + \frac{\partial \rho u_x}{\partial x} + \frac{\partial \rho u_y}{\partial y} = 0 \tag{6.95}$$

$$u_x = u_{e,x}(\rho), \quad u_y = u_{e,y}(\rho) \tag{6.96}$$

其中，密度是指单位面积上的车辆数。x 方向的平衡速度密度关系和一维模型类似，而 y 方向的平衡速度密度关系则很少研究。因此，该模型并未得到广泛关注。

复习思考题

1. 试分析车辆换道行为的特征及描述方法。
2. 试阐述多车道交通流模型的建模方法与原理。
3. 试分析 Laval-Daganzo 模型的稳态密度关系。

参 考 文 献

冯雨芹, 张春平, 丛秀娟. 2008. 基于随机效用理论的强制性车道变换行为研究 [J]. 黑龙江工程学院学报, 22(1): 68-71.

付存勇, 张兰芳. 2017. 多车道高速公路出口车辆换道行为研究 [J]. 上海公路, 4: 89-93.

龙小强, 谭云龙. 2012. 微观仿真自主性车道变换模型 [J]. 公路交通科技, 29(11): 115-119.

曲大义, 李娟, 刘聪, 等. 2017. 基于分层 Logit 模型的车辆换道行为研究 [J]. 科学技术与工程, 2017, 17(5): 307-311.

张发, 宣慧玉, 赵巧霞. 2018. 基于有限状态自动机的车道变换模型 [J]. 中国公路学报, 21(3): 97-101.

郑弘, 荣建, 任福田, 2004. 基于效用选择的换车道模型 [J]. 公路交通科技, 21(5): 88-91.

Ahmed K, Ben Akiva M, Koutsopoulos H, et al. 1996. Models of freeway lane changing and gap acceptance behavior[J]. Proceedings of the 13th International Symposium of Transportation and Traffic Theory, 13: 501-515.

Benzoni-Gavage S, Colombo R M. 2003. An-populations model for traffic flow[J]. European Journal of Applied Mathematics, 14(5): 587-612.

Chowdhury D, Wolf D E, Schreckenberg M. 1997. Particle hopping models for two-lane traffic with two kinds of vehicles: Effects of lane-changing rules[J]. Physica A, 235(3-4): 417-439.

Daganzo C F. 1981. Estimation of gap acceptance parameters within and across the population from direct roadside observation[J]. Transportation Research Part B, 15(1): 1-15.

Daganzo C F. 1997. A continuum theory of traffic dynamics for freeways with special lanes[J]. Transportation Research Part B, 31(2): 83-102.

Daoudia A K, Moussa N. 2003. Numerical simulations of a three-lane traffic model using cellular automata[J]. Chinese Journal of Physics, 41(6): 671-681.

Davis L C. 2004. Multilane simulations of traffic phases[J]. Physical Review E, 69(1): 016108.

Ding C, Wang W, Wang X, et al. 2013. A neural network model for driver's lane-changing trajectory prediction in urban traffic flow[J]. Mathematical Problems in Engineering, 2013: 967358.

Dou Y, Yan F, Feng D. 2016. Lane changing prediction at highway lane drops using support vector machine and artificial neural network classifiers[C]. IEEE International Conference on Advanced Intelligent Mechatronics (AIM). IEEE: 901-906.

Drew D R, LaMotte L R, Buhr J H, et al. 1967. Gap acceptance in the freeway merging process[J]. Highway Research Record, 208: 430-432.

Enke K. 1979. Possibilities for improving safety within the driver-vehicle-environment control loop[C]. Proceedings of the 7th International Technical Conference on Experimental Safety Vehicle.

Gibson J J, Crooks L E. 1938. A theoretical field-analysis of automobile-driving[J]. The American Journal of Psychology, 51(3): 453-471.

Gipps P G, 1986. A model for the structure of lane-changing decisions[J]. Transportation Research Part B, 20(5): 403-414.

Herman R, Weiss G. 1961. Comments on the highway-crossing problem[J]. Operations Research, 9(6): 828-840.

Hidas P. 2002. Modelling lane changing and merging in microscopic traffic simulation[J]. Transportation Research Part C, 10(5-6): 351-371.

Holland E N, Woods A W. 1997. A continuum model for the dispersion of traffic on two-lane roads[J]. Transportation Research Part B, 31(6): 473-485.

Huang H, Tang T, Gao Z Y. 2006. Continuum modeling for two-lane traffic flow[J]. Acta Mechanica Sinica, 22(2): 131-137.

Hunt J G, Lyons G D. 1994. Modelling dual carriageway lane changing using neural networks[J]. Transportation Research Part C, 2(4): 231-245.

Jia B, Jiang R, Wu Q S, et al. 2005. Honk effect in the two-lane cellular automaton model for traffic flow[J]. Physica A, 348: 544-552.

Kerner B S, Klenov S L. 2004. Spatial-temporal patterns in heterogeneous traffic flow with a variety of driver behavioural characteristics and vehicle parameters[J]. Journal of Physics A, 37(37): 8753-8788.

Knospe W, Santen L, Schadschneider A, et al. 1999. Disorder effects in cellular automata for two-lane traffic[J]. Physica A, 265(3-4): 614-633.

Kong X J, Gao Z Y, Li K P. 2006. A two-lane cellular automata model with influence of next-nearest neighbor vehicle[J]. Communications in Theoretical Physics, 45(4): 657-662.

Kumar P, Perrollaz M, Lefevre, et al. 2013. Learning-based approach for online lane change intention prediction[C]. IEEE Intelligent Vehicles Symposium (IV). IEEE: 797-802.

Kurata S, Nagatani T. 2003. Spatio-temporal dynamics of jams in two-lane traffic flow with a blockage[J]. Physica A, 318(3-4): 537-550.

Laval J A, Daganzo C F. 2006. Lane-changing in traffic streams[J]. Transportation Research Part B, 40(3): 251-264.

Lee S, Ngoduy D, Keyvan-Ekbatani M. 2019. Integrated deep learning and stochastic car-following model for traffic dynamics on multi-lane freeways[J]. Transportation Research Part C, 106: 360-377.

Li K, Wang X, Xu Y, et al. 2016. Lane changing intention recognition based on speech recognition models[J]. Transportation Research Part C, 69: 497-514.

Li L, Zhang M, Liu R. 2015. The application of Bayesian filter and neural networks in lane changing prediction[C]. 5th International Conference on Civil Engineering and transportation. Atlantis Press: 2004-2007.

Li X G, Jia B, Gao Z Y, et al. 2006. A realistic two-lane cellular automata traffic model considering aggressive lane-changing behavior of fast vehicle[J]. Physica A, 367: 479-486.

Logghe S, Immers L H. 2008. Multi-class kinematic wave theory of traffic flow[J]. Transportation Research Part B, 42(6): 523-541.

Mahmassani H, Sheffi Y. 1981. Using gap sequences to estimate gap acceptance functions[J]. Transportation Research Part B, 15(3): 143-148.

Meng J P, Dai S Q, Dong L Y, et al. 2007. Cellular automaton model for mixed traffic flow with motorcycles[J]. Physica A, 380: 470-480.

Michalopoulos P G, Beskos D E, Yamauchi Y. 1984. Multilane traffic flow dynamics: some macroscopic considerations[J]. Transportation Research Part B, 18(4-5): 377-395.

Miller A J. 1974. A Note on the Analysis of Gap-Acceptance in Traffic[J]. Journal of the Royal Statistical Society: Series C, 23(1): 66-73.

Munjal P K, Pipes L A. 1971. Propagation of on-ramp density perturbations on unidirectional two-and three-lane freeways[J]. Transportation Research, 5: 241-255.

Nagatani T. 1993. Self-organization and phase transition in traffic-flow model of a two-lane roadway[J]. Journal of Physics A, 26(17): L781-L787.

Nagel K, Dietrich E W, Wagner P, et al. 1998. Two-lane traffic rules for cellular automata: A systematic approach[J]. Physical Review E, 58(2): 1425-1437.

Nagel K, Schreckenberg M. 1992. A cellular automaton model for freeway traffic[J]. Journal de Physique I, 2(12): 2221-2229.

Nelson W. 1989. Continuous-curvature paths for autonomous vehicles[C]. Proceedings, 1989 International Conference on Robotics and Automation. IEEE: 1260-1264.

Oketch T G. 2000. New modeling approach for mixed-traffic streams with nonmotorized vehicles[J]. Transportation Research Record, 1705(1): 61-69.

Pedersen M M, Ruhoff P T. 2002. Entry ramps in the Nagel-Schreckenberg model[J]. Physical Review E, 65(5): 056705.

Rickert M, Nagel K Schreckenberg M, et al. 1996. Two-lane traffic simulations using cellular automata. Physica A 231: 534–534.

Sasoh A. 2002. Impact of unsteady disturbance on multi-lane traffic flow[J]. Journal of the Physical Society of Japan, 71(3): 989-996.

Shamir T. 2004. How should an autonomous vehicle overtake a slower moving vehicle: Design and analysis of an optimal trajectory[J]. IEEE Transactions on Automatic Control, 49(4): 607-610.

Simon P M, Gutowitz H A. 1998. Cellular automaton model for bidirectional traffic[J]. Physical Review E, 57(2): 2441-2444.

Sun D J, Elefte riadou L. 2012. Lane-changing behavior on urban streets: An "in-vehicle" field experiment-based study[J]. Computer Aided Civil and Infrastructure Engineering, 27(7): 525-542.

Sun D, Elefte riadou L. 2011. Lane-changing behavior on urban streets: A focus group-based study[J]. Applied Ergonomics, 42(5): 682-691.

Sun D, Elefteriadou L. 2014. A driver behavior-based lane-changing model for urban arterial streets[J]. Transportation Science, 48(2): 184-205.

Tanaka K, Nagatani T, Masukura S. 2008. Fundamental diagram in traffic flow of mixed vehicles on multi-lane highway[J]. Physica A, 387(22): 5583-5596.

Tang C F, Jiang R, Wu Q S, et al. 2007a. Mixed traffic flow in anisotropic continuum model[J]. Transportation Research Record, 1999(1): 13-22.

Tang C F, Jiang R, Wu Q S. 2007b. Extended speed gradient model for traffic flow on two-lane freeways[J]. Chinese Physics, 16(6): 1570-1575.

Tang T Q, Huang H J. 2004. Traffic flow model of two lanes and numerical calculation[J]. Chinese Science Bulletin, 49(19): 1937-1943.

Tang T Q, Huang H J, Gao Z Y. 2005. Stability of the car-following model on two lanes[J]. Physical Review E, 72(6): 066124.

Tang T Q, Huang H J, Zhao S G, et al. 2009. A new dynamic model for heterogeneous traffic flow[J]. Physics Letters A, 373(29): 2461-2466.

Tang T, Huang H, Wong S C, et al. 2007. Lane changing analysis for two-lane traffic flow[J]. Acta Mechanica Sinica, 23(1): 49-54.

Toledo T, Koutsopoulos H N, Ben-Akiva M E. 2003. Modeling integrated lane-changing behavior[J]. Transportation Research Record, 1857(1): 30-38.

Wagner P, Nagel K, Wolf D E. 1997. Realistic multi-lane traffic rules for cellular automata[J]. Physica A, 234(3-4): 687-698.

Wong G C K, Wong S C. 2002. A multi-class traffic flow model-an extension of LWR model with heterogeneous drivers[J]. Transportation Research Part A, 36(9): 827-841.

Yagar S, Aerde M V. 1983. Geometric and environmental effects on speeds of 2-lane highways[J]. Transportation Research Part A, 17(4): 315-325.

Yao W, Zhao H, Bonnifait P, et al. 2013. Lane change trajectory prediction by using recorded human driving data[C]. 2013 IEEE Intelligent Vehicles Symposium (IV). IEEE: 430-436.

Zhang H M, Jin W L. 2002. Kinematic wave traffic flow model for mixed traffic[J]. Transportation Research Record, 1802(1): 197-204.

Zhang Z, He Q, Gao J, et al. 2018. A deep learning approach for detecting traffic accidents from social media data[J]. Transportation Research Part C, 86: 580-596.

Zhou B, Wang Y, Yu G, et al. 2017. A lane-change trajectory model from drivers' vision view[J]. Transportation Research Part C, 85: 609-627.

Zhu Z, Wu T. 2003. Two-phase fluids model for freeway traffic flow and its application to simulate evolution of solitons in traffic[J]. Journal of Transportation Engineering, 129(1): 51-56.

第 7 章　行人流理论及模型

7.1　概　　述

行人一词在我国周代时是一个官职名称，有大行人和小行人。后多指的是出行的人或者出征的人。在《诗经·齐风·载驱》中有"汶水汤汤，行人彭彭"就指的是路上行走的人很多。在唐朝诗人杜甫的《兵车行》中有"车辚辚，马萧萧，行人弓箭各在腰"，这里的行人就指的是出征的人。现在行人一词多特指步行的人，对应于英文单词"pedestrian"。牛津词典中对 pedestrian 的定义为"a person walking in the street and not travelling in a vehicle"。在美国加州的交通法规上对"pedestrian"进行了更为具体的法律上的界定：（a）"A pedestrian is any person who is afoot or who is using a means of conveyance propelled by human power other than a bicycle.（b）"Pedestrian" includes any person who is operating a self-propelled wheelchair, invalid tricycle, or motorized quadricycle and, by reason of physical disability, is otherwise unable to move about as a pedestrian, as speci-fied in subdivision."其内涵包括了利用体力而非自行车进行出行的人群，包括步行者以及因为身体残疾必须使用轮椅、残疾人三轮车或机动四轮车进行行走的人群。

一般来讲，行人交通是一种基于步行的出行方式，它是一种最基本、最原始的出行方式，是人们各种出行活动的有效衔接部分。行人交通是非常复杂的，其受到各种内在的、外在的因素影响。内在因素包括行人的年龄、性别、健康状况、心理因素、相关的知识经验等；外在因素包括建筑环境的结构和布局、社会关系、周围其他行人的相互作用等等。因此，关于行人运动行为的研究往往涉及物理学、心理学、建筑学、计算机学、交通科学等各个学科。不同于其他出行方式，行人交通研究的特点或难点可以从行人交通空间和行人交通行为两个方面来论述：

（1）行人交通空间的连续性和多样性

不同于机动车辆交通受限于相对固定的道路环境以及特定的交通规则。行人的运动则更为灵活，其运动空间可以说是近乎连续的，很少受到限制或规范，而且在时间尺度上，行人几乎可以连续地改变自己的运动速度和方向。此外，相比于机动车辆在城市道路网络上的运动，行人运动及活动的空间类型则要丰富得多。从开阔的露天场地到封闭的室内空间，从简单的单层建筑物到复杂的高层建筑，以及各式各样的行人设施（人行道、斑马道、楼梯、站台、通道）、公共交通工具（地铁列车、公交车厢、民航客机等）等。

（2）行人交通行为的异质性和复杂性

行人交通行为是复杂多变的。在研究行人交通行为的过程中，由于行人之间的异质性，很难为行人交通行为确定一个统一的标准规范。不同的行人面对相同的情景可能有不同的反应和行为；同一个行人在不同的时间、场合下也会表现出不同的行为特性。因此，行人的行为具有很强烈的情景依赖性。比如行人在上下班出行和休闲逛街时的交通行为可能就有所不同，这是由活动的目的和性质所确定的；另外，行人在紧急情形（比如逃生疏散）和一般情况下的行为也是不同的，这些就取决于行人个体在活动时受到的物理上、心理上的影响。

随着城市的日益繁荣和快速发展，城市人口规模逐渐扩大，机动化程度不断提高，行人交通环境变得日益复杂。现代城市中的行人交通面临着人车冲突、大客流集聚、公共安全脆弱等诸多问题。近些年来"慢行交通系统"的理念不断深入，行人交通作为慢行交通的主体也越来越受到人们的关注。在复杂的交通环境下，如何保障行人交通的安全性、舒适性以及优化行人流运行效率都是亟须解决的社会问题。因此深入研究行人交通的行为特性，掌握行人交通的基本规律，在此基础上合理规划和设计相应的行人交通设施和活动空间，促进慢行交通系统的科学发展以及其与其他交通系统的有效融合，对于构建整个城市的良性交通运输体系，促进城市的可持续发展具有重要意义。

行人交通的研究涉及多学科领域，即使在同一个学科背景下，行人交通的研究方向仍然有很多不同分支。对于交通工程学科，行人交通研究的总体目标是致力于保证和提高行人交通的安全以及提高行人交通设施的服务水平等。这些研究按照决策需求水平可以分为三个层级：宏观战略层（strategic level），主要的研究内容是通过对出行目的、活动集、出行链等的分析，从需求角度研究行人的出行行为；中观战术层（tactical level），研究内容主要包括行人实际的活动安排、路径选择等行为；微观操作层（operation level），主要是对行人运动的动力学分析，研究重点通常是不同情境下行人个体或行人集群的运动特性。

本章内容主要着力于微观层面的行人运动特性分析及仿真建模。7.2 节讲解了行人运动的动力学特性，包括行人的走行速度、行人交通流的基本运动方式、行人交通流的基本图、行人交通流的各种自组织现象以及特性之间的内在联系和作用机理。7.3 节讲解了典型的行人交通流微观仿真模型，重点对地面场模型、社会力模型以及启发式规则模型的基本原理、构建方式以及仿真结果进行了介绍。

7.2 行人流动力学特性

本部分讨论了行人流的动力学特性，并从行人流宏微观特性、行人动力学参数、行人轨迹研究和行人自组织现象等部分进行了相关阐述。

7.2.1 行人流宏微观特性

从宏观角度来看，人群运动和水流流体运动有着很多的相似之处。水流是由一个个的分子组成，而行人流则是由一个个的行人个体组成，它们之间彼此互相作用碰撞，向前运动，而其形态也会随着具体场景的不同而产生各种各样的变化。很多学者会忽略行人流是由离散行人所构成这一特性，而采用流体力学的相关科学来研究行人流运动，关注行人流的连续性特征，而这一方法在交通流研究中也会常常被采用。

从微观角度来看，行人作为三维空间中的自主个体，其运动过程十分复杂，描述困难。由于绝大多数场景中的行人运动都处在同一平面中，因而我们一般会把行人运动简化到二维平面中来关注其在平面中的动力学特性。行人的平面运动需要考虑其所在场景结构、其他行人个体以及其目标位置等信息来确定其运动状态。

行人流动力学具有两个特性：

其一是行人个体本身的异质性特性。实际生活中，由于行人本身年龄、身高、文化以及性格特征等属性的诸多差异，不同的行人个体即使是在相同的场景中也会有截然不同的运动策略。这些异质性种类繁多、难以量化，会给我们的研究带来很大的困难。

其二是行人运动的不确定性特性。即使是同一个行人，在完全一样的场景环境中，行人也会做出截然不同的行为选择，这种不确定性的行为特征会显著影响到实验中的行人机理研究。

行人运动中的异质性和不确定性特性是行人微观特性研究复杂性的重要体现，而为了克服微观行人运动中出现的异质性和不确定性问题，研究者一般会通过大量重复的观察或者实验来寻找其一般的动力学规律。

7.2.2 行人动力学参数

行人运动的动力学参数主要包括密度、速度和流量。密度表示单位面积的行人数量，即空间中行人的密集程度。一般来说，密度越高，单个行人所占的空间越小，行人运动的安全性和舒适性就越低。因此，密度是衡量行人服务水平的重要指标之一。速度表示单位时间内行人的行驶距离。行人的速度机制与行人的个人特征（例如性别、年龄等），群体特征（例如人群密度等）和步行环境密切相关。

流量表示每单位时间通过特定点或路段的人数。它是用于描述行人场所（尤其是瓶颈出口场所）的运营能力的主要参数。

（1）基本图

行人流基本图可以反映行人运动的宏观参数变化趋势，最常用的基本图主要包括速度–密度关系基本图和流量–密度关系基本图。Zhang 等（2012）总结了单向流中和对向流中的行人流基本图（如图 7.1 所示）。可以看出在不同场景下，行人流量基本图之间存在一定的相似性。例如，在速度-密度关系基本图中，行人的平均速度基本上随密度的增加而从大约 1.5 m/s 的自由流动速度不断降低。而在流量-密度关系基本图中，行人流量首先随密度增加先提高然后减少，而峰值出现在大约 1.5~2 p/m·s。同时值得注意的是，速度-密度关系基本图的具体值存在明显差异，而引起这种差异的因素包括个人特征，群体特征，走行环境和测量方法等。Chattaraj 等（2009）研究了来自于德国和印度的走行对象的走行特征，并且确认了文化差异对基本图形状有着显著影响。Zhang 等（2011）还研究了四种不同的测量统计方法对基本图的结果造成的影响。

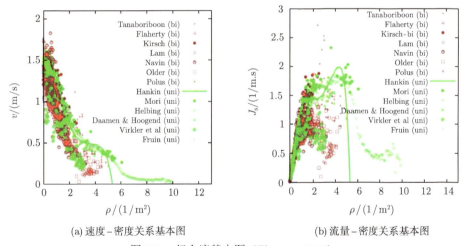

(a) 速度–密度关系基本图　　　　　　(b) 流量–密度关系基本图

图 7.1　行人流基本图（Zhang，2012）

（2）瓶颈通行能力

行人疏散过程中常常会在瓶颈处出现冲突、排队、拥堵和挤压等现象，导致行人疏散时间的大幅增加，因此瓶颈的通行能力是决定人群和场景疏散效率的关键指标。瓶颈通行能力的预测是行人设施设计的重要参数，而瓶颈通行能力一般通过流量、流率等指标来反映。Seyfried 等（2009）研究并统计了单向流瓶颈通行能力的相关资料（Kretz et al.，2006；Müller，1981；Muir et al.，1996；Nagai et al.，2006），见图 7.2。可以发现行人的单向流通行能力随着瓶颈宽度的增加而呈现线性增长的趋势。von Krüchten 和 Schadschneider（2017）进一步研究了行人群体行为的影响，并发现行人群体规模增加将有利于瓶颈的行人疏散。除了单向流瓶颈之外，对向流瓶颈也是行人日常活动中的重要场景，受到了研究者的广泛关注（Daamen et al.，2008；Sun et al.，2014；Zhang et al.，2008；Seriani and Fernandez，2015）。Sun 等（2014）研究了公交车的上下车，发现了临界占用率对于上下车过程的关键作用。Zhang 等（2008）通过建模仿真研究了北京地铁站的上下车客流，该模型有助于地铁站中的行人设施设计和客流组织策略的评价。

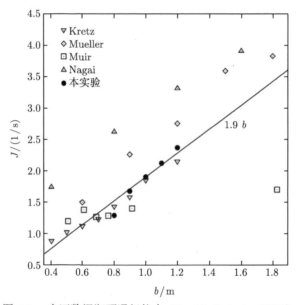

图 7.2　实证数据瓶颈通行能力（Seyfried et al.，2009）

7.2.3　行人轨迹研究

在行人流动力学行为的实证研究中，轨迹数据最为关键。近年来，随着视频识别提取技术的不断提升，精确行人运动轨迹的识别提取技术变得可行且应用广泛。有关于行人轨迹的研究也越来越多，而本小节主要介绍行人轨迹的识别提取技术手段以及实证研究内容。

行人轨迹的识别提取方式中最常用的是基于视频数据的相关手段，而近年来相关理论方法发展迅速（Boltes et al.，2010；Boltes and Seyfried，2013）。一般来说，基于视频的行人轨迹识别提取有四个步骤：① 从二维的图片信息中识别出行人个体；② 基于摄像机角度等参数和二维图片行人信息确定真实环境中行人个体的三维位置；③ 确定行人个体对应地面平面的位置；④ 将视频中不同时间步时的相同行人轨迹相互连接。如图 7.3 所示，虚线为通过图像识别技术得到的个体行人的运动轨迹。当前基于视频的行人轨迹提取方法已然被广泛使用，并且为行人流动力学的研究提供了大量的基础数据。

图 7.3　行人轨迹（George et al.，2018）

然而值得注意的是，当前的视频轨迹提取仍然有很多困难和问题。首先，基于视频的精确轨迹提取需要对视频现场（如摄像机参数、位置、角度等）有着准确信息认知。其次，真实场景中的摄像头会因为行人身高的差异而视线受到遮挡，影响行人识别和轨迹提取，如图 7.4 所示。除此之外，基于一般视频的轨迹提取效率还会因为覆盖范围、环境光线等问题影响轨迹的提取和精度。

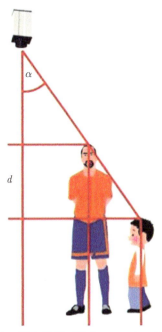

图 7.4　行人轨迹（Boltes et al.，2008）

考虑到这些基于视频的行人轨迹识别提取方法的相关问题，研究者们还在寻求使用其他的相关方法进行行人轨迹的识别提取，其中包括基于景深探测器 Kinect 的行人行为探测（Seer et al.，2014）、基于无线路由和蓝牙技术的行人轨迹识别（Danalet et al.，2014；Abedi et al.，2015），基于激光雷达的行人位置识别方法.（He et al.，2015）等。

行人轨迹的成熟应用为动力学的相关研究提供了更多的行为信息。研究者可以基于精确的行人轨迹更好的认知行人的微观走行特征（Wang et al.，2018）和宏观路径选择行为（Xiao et al.，2019）（如图 7.5），从而为行人流动力学的发展提供更多更深入的认识。

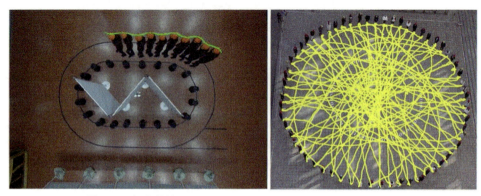

图 7.5　行人轨迹（Wang et al.，2018；Xiao et al.，2019）

7.2.4　行人自组织现象

行人自组织现象是行人在运动过程中会自发形成的宏观有序现象。常见的行人自组织现象包括有成行现象、侧边倾向现象、拉链效应、快即是慢、振荡效应、流动斑纹现象、时走时停现象、湍流现象等等。

（1）成行现象

成行现象主要是指在人群运动尤其是对向行人流中，同方向行人运动自然形成行列行走的现象（如图 7.6）。在对向多向行人流运动中，行人之间的冲突较多，场景中的行人会主动选择前方与其期望运动方向近似的行人跟随，如此可以更大程度地避免来自其他行人的冲突甚至碰撞，从而保持相对舒适的运动状态。一般来说，行人成行现象的产生可以有效地减少系统中行人的相互冲突和碰撞，有利于行人流的组织运动和系统效率的提升。因此，管理者常常会在行人运动场所和设施中进行针对性的设计从而促进该现象的产生和形成。比方说，通道中央处会放上护栏等设施隔离不同方向的行人或者地面上会标记方向箭头引导行人在某一侧行走从而避免对向行人相互之间的冲突碰撞。

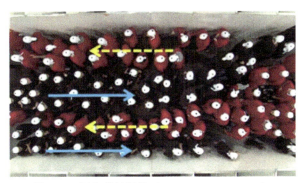

图 7.6 行人成行现象（Zhang et al., 2012）

（2）侧边倾向现象

侧边倾向性现象是指人群在运动中默认会更加倾向于某一侧（左或者右）运动的现象（如图 7.7）。人群在运动中遇到其他行人相互冲突时有靠左或者靠右两类避让选择，而具体到靠左或者靠右的选择时，不同文化背景会导致不同的侧向行走倾向性，并产生截然不同的侧边选择。而相同的侧边选择倾向性一般有利于化解冲突，提升系统运行效率。管理者经常会在行人设施中的显著位置放置诸如"请靠某侧行走"等标识来引导行人侧边倾向性行为，保证行人设施内行人的运动效率。

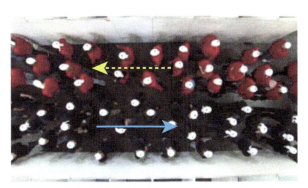

图 7.7 侧边倾向性现象（Zhang et al., 2012）

（3）拉链效应

拉链效应是指行人在通道瓶颈中运动时出现的多条行人流运动队列之间相互重叠的现象（如图 7.8）。该现象的产生主要在于行人需要在较为狭小的通道中充分利用空间，从而在保证自身走行空间的同时提高可视距离。拉链效应的产生有利于行人尽可能利用通道中的可行行走空间，从而提升系统中行人流的运行效率。

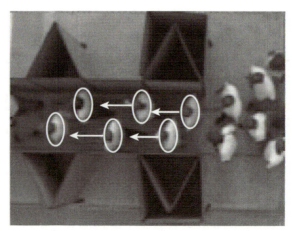

图 7.8　行人拉链效应（Hoogendoorn and Daamen，2005）

（4）快即是慢现象

快即是慢现象主要是指在瓶颈疏散过程中行人越想更快运动反而会减慢其运行效率的现象（如图 7.9）。该现象的产生主要是由于在紧急疏散过程中，行人因为剧烈的相互碰撞挤压而导致行人之间的切向摩擦力剧烈增加，甚至形成拱形类挤压，互相牵制无法正常运动，从而导致人群疏散时间剧烈增加，并导致行人的挤压受伤风险提高，引发疏散中的安全事故。为了预防该类事故，学者们提出尽可能控制减少行人设施中的瓶颈，或者通过增加放置圆柱设施来减少该现象的发生风险。

图 7.9　快即是慢现象（Helbing et al.，2005）

（5）振荡现象

振荡现象是在对向流瓶颈中出现的人群流动方向发生振荡变化的现象（如图7.10）。在对向运动的瓶颈行人流中，若前方行人顺利通过狭窄通道，则沿相同流向的行人将可以相对容易地跟随。但与此同时，这也增加了在另一方向上等待的行人的压力和侵略性，从而增加了这些行人占据通道的机会。最后，当"压力差"足够大时，瓶颈处的行人流方向将反转。而情形逆转，瓶颈流方向将再次改变。如此反复，最终产生了振荡现象。

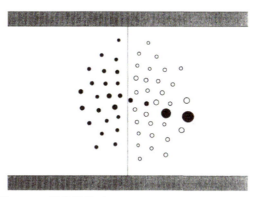

图 7.10　振荡现象（Helbing and Molnár，1995）

（6）流动斑纹现象

流动斑纹是指在行人交叉流中出现的同向行人短暂成行的现象（如图 7.11）。流动斑纹是交叉行人之间的相互渗透，而在这一过程中行人并不需要完全停步。理论上来说，成行现象也是一种特殊的流动斑纹，即交叉行人流刚好为对向运动所产生的流动斑纹。类似于对向流中出现的成行现象，流动斑纹的发生有利于减小行人之间的冲突和影响，并能够提高行人的平均运动速度，进而提高行人流的整体运动效率。

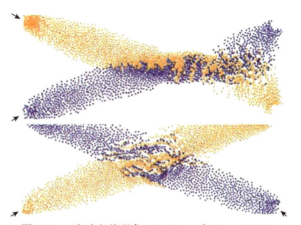

图 7.11　流动斑纹现象（Helbing 和 Yu，2009）

（7）时走时停现象

时走时停现象是指发生在同向的人群运动中的一会儿走一会儿停，行人之间间距分布不均匀的现象（如图 7.12）。时走时停现象也在交通流中频繁出现并受到了广泛关注，而车辆的慢启动行为被认为是导致该现象的一个主要原因。时走时停现象是行人运动中扰动被放大的结果，而其产生会导致行人频繁地加减速，因此也会影响行人运动的舒适性。尤其时走时停现象的产生还被认为是人群可能即将进入危险湍流状态的关键信号。

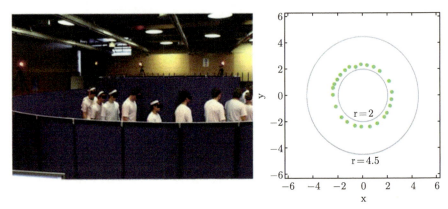

图 7.12　时走时停现象（Jelić et al.，2012）

（8）湍流现象

湍流现象是指发生在高密度条件的人群中行人位置和速度剧烈变化的现象（如图 7.13）。该现象的产生主要是因为高密度条件下行人之间发生较为频繁剧烈的碰撞，造成了严重的相互挤压受力影响了行人的正常动力学，从而急剧改变行人运动状态的现象。湍流现象的产生一般标志着人群运动进入了十分危险的状态。

图 7.13　湍流现象（Helbing and Johansson，2013）

7.3 经典行人流模型

7.3.1 行人流模型分类

现有的行人流模型根据建模手段不同主要可分为微观模型和宏观模型。微观模型以个体为研究对象，分析行人的步幅、运动速度、空间需求等基本动力学参数特性，研究行人在应对各类外部信息时的心理特征，以及个体运动过程中速度变化与避让障碍物等行为特性。微观模型主要对个体的走行和拥挤行为进行刻画，重点研究运动过程中行人之间的相互影响。宏观模型以群体为研究对象，通常将人群视为连续流动的介质，运用流体力学理论与方法，对人群的流量传播过程和路径选择行为进行描述。宏观模型主要研究人群在运动过程中的流量分布情况，交通流三要素（即速度、密度、流量）的相互影响关系，以及拥堵和群集等自组织现象。目前，国内外学者对行人运动建模开展了大量的研究，分别从宏观和微观两个角度建立了行人流模型，来定量化地描述行人的运动过程。由于微观模型能够同时刻画个体行人的运动轨迹和人群运动的自组织现象，本节主要对微观行人流模型进行介绍。

微观行人流模型以个体行人为研究对象，研究行人的移动行为，以及个体速度和位置的更新过程，按照空间的离散程度，主要可分为空间离散模型和空间连续模型两类。空间离散模型将研究区域划分成统一大小的元胞，每个元胞由一个人占据或者为空，每个人根据状态转移概率向其周围的空白的元胞移动。该类模型的代表模型有元胞自动机模型和格子气模型。空间连续模型假定行人具有一定的几何形态，根据行人运动的行为假设，运用力学原理和启发式规则，描述行人在连续空间内的移动过程。该类模型主要有社会力模型、启发式模型、离心力模型、磁场力模型和最优速度模型等。以下小节将对研究较为广泛的空间离散的元胞自动机模型，空间连续的力学模型、启发式模型进行详细的介绍。

7.3.2 元胞自动机模型

元胞自动机模型已经广泛应用于道路交通流的仿真与研究，例如 NaSch 模型等。近年来，行人流的元胞自动机模型也逐渐兴起。与道路交通流不同，行人在建筑物内移动时，没有明显车道的区分和换道过程，因此具有复杂的二维运动特性。此外，行人的运行速度较低，能够相互接触甚至碰撞，所以行人流的元胞自动机模型与道路交通流的元胞自动机模型在规则上有很多不同。

元胞自动机模型是一类空间离散模型，该方法将研究区域划分为有限的、相同大小的元胞。通常情况下，每个行人占用一个元胞，在一个时间步内可以移动到其周围的一个未被行人或者障碍物占用的元胞，或者保持不变。行人的邻居通常用 Von Neumann 邻域（4 个）或 Moore 邻域（8 个）两类方法表示，如图 7.14 所示。一般情况下，元胞自动机模型会根据一定的更新规则，使得行人从当前元胞运动到邻居元胞，通过各个时间步位置更新过程，最终到达期望的目的地。

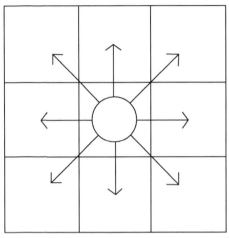

图 7.14　元胞自动机模型示意图

目前常用的确定转移概率规则的方法是场域（floor field）模型，场域主要由静态场和动态场两类组成，其中静态场考虑当前位置距离所有出口的最短距离，动态场则考虑当前位置被行人占用的情况。具体地，行人移动由当前元胞 i 到邻居元胞 j 的转移概率 p_{ij} 由式 (7.1) 进行计算。

$$p_{ij} = \frac{1}{N} e^{k_S \cdot S_j} \cdot e^{k_D \cdot D_j}(1 - \xi_j) \tag{7.1}$$

式中 S_j 是元胞 j 的静态场，表示该元胞离各个出口的最短距离，该数值通常为一个定值，不随时间变化。D 是元胞 j 的动态场，表示行人在该元胞内的动态运行轨迹频率。ξ_j 为元胞状态变量，如果该元胞被行人占用，则 $\xi_j = 1$；否则 $\xi_j = 0$。k_S 和 k_D 分别为静态场和动态场的调整系数，当 k_S 和 k_D 取值为 0 时，则模拟的过程为随机游走过程。N 为归一化系数，取值为式 (7.2) 所示，使得所有运动概率总和为 1，即 $\sum\limits_{j} p_{ij} = 1$。

$$N = \sum_{j} \left(e^{k_S \cdot S_j} \cdot e^{k_D \cdot D_j}(1 - \xi_j) \right) \tag{7.2}$$

在计算转移概率后，行人会按此概率预先选择一个邻居元胞。如果多个行人同时选择同一元胞作为期望运动的元胞，则会发生冲突现象。此时，需要加入冲突处理规则解决潜在发生的冲突。冲突处理的关键问题是如何确定各个行人占据该元胞的概率，通常用等比例选择、转移概率比例选择等，如式 (7.3) 所示。

$$\overline{p_i} = \frac{p_i}{\sum_k p_k} \tag{7.3}$$

上述内容为行人流元胞自动机模型的各基本要素与计算方法，下面将给出行人流元胞自动机模型的仿真流程，如表 7.1 所示。

表 7.1　行人流元胞自动机模型的仿真流程

行人流元胞自动机模型的仿真流程
步骤 1：初始化，设定行人流场景，给定模型参数，设置行人位置与目的地，初始化各个元胞到各个目的地元胞的静态场。令时间步 $t = 0$。
步骤 2：计算 t 时刻，每个行人的转移概率，以及下一时刻预先选择的元胞。
步骤 3：冲突处理，确定行人实际选择的元胞。
步骤 4：更新每个行人的位置，更新时间步 $t = t + 1$。
步骤 5：停止检查。如果满足停止条件，则仿真终止；否则，返回步骤 2 进行计算。

基于场域（floor field，FF）的元胞自动机模型已经成功运用于行人仿真与建模，能够较好地分析典型场景的行人流特性，如单向流、对向流、瓶颈等。学者们在此基础上还建立了一系列改进模型，用以提高模型的精度，扩展模型的适用范围。例如，Kirchner 等（2003）将 FF 模型扩展到多速度的情况，研究了最大速度大于 1 时的基本图模式；Varas 等（2007）通过修改静态场的计算方法仿真了拐角处和多障碍物情况下的行人流特性；Nishinari 等（2006）引入最短路径计算，修改了动态场的传播和消散模型，扩展了地面场模型并模拟密集人群的疏散行为。学者们还针对特定场景下的行人流特性，加入个体行为模式等因素，对元胞自动机模型进行了扩展。例如，Nishinari 等（2004）考虑了密集人群移动过程中的最优路径选择、避免碰撞等因素，建立了描述了密集人群流的元胞自动机模型；Kirchner 等（2004）加入摩擦因素，研究了密集人群的拥挤和碰撞情况；Huang 和 Guo（2008）加入路径选择模式，对具有多出口的疏散过程进行了仿真；Yanagisawa 和 Nishinari（2007）运用平均场的理论，对疏散过程中出口处的流体特性进行了详细的分析；Xue 等（2016）引入优势通路的概念，研究了对向行人运动的成行特性。

7.3.3　社会力模型

力学模型是行人流微观建模的一类空间连续模型，该类模型基于牛顿第二定律，通过受力分析来确定粒子的运动过程，进而研究人群由于相互作用产生的不协调运动和拥挤。自 Hirai 和 Tarui（1975）提出力学模型的概念后，学者们已经建立了多类力学模型以及改进模型，用于定性化和定量化地描述行人动力学特性以及自组织现象（Helbing et al.，2005），在描述行人移动行为的研究中起到了非常重要的作用。目前的力学模型主要包括磁场力模型（Okazaki S and Matsushita，1993）、社会力模型（Helbing et al.，2000）和离心力模型（Chraibi et al.，2010）等，模型主要考虑行人的移动过程受到自身的驱动力以及来自周围人群的排斥力的作用，不同模型的区别主要体现为排斥力的函数形式不同。本节将对社会力模型的基本原理和建模方法进行阐述。

　　社会力模型基于以下行为假设：行人期望能够舒适快捷地到达目的地；行人的移动受到其他行人的影响；行人通常会与障碍物保持一定距离。与大部分的空间连续微观行人流模型相似，社会力模型假定行人的几何特征为圆形。如图 7.15 所示，在运动过程中，行人 i 受到向期望目的地 D 运动的自驱动力，受到来自行人 k 和障碍物 w 的非接触排斥力，受到来自周围行人 j 的接触挤压力。

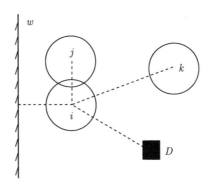

图 7.15   社会力模型示意图

　　行人在运动时会受到三种类型的力的影响，即自驱动力 $\mathbf{f}_i^{drv}$、非接触排斥力 $\mathbf{f}_{ij}^{nc}$、接触挤压力 $\mathbf{f}_{ij}^{c}$。其中 i，j 分别代表行人的编号。行人所受外力的合力可以通过式 (7.4) 来表示。在计算每个来自其他行人和障碍物的受力之后，将所有外力进行叠加（如式 (7.4)），由牛顿第二定律计算加速度，并进行速度位置更新。

$$\mathbf{f}_i = \mathbf{f}_i^{\mathrm{drv}} + \sum_j \mathbf{f}_{ij}^{nc} + \sum_j \mathbf{f}_{ij}^{c} \tag{7.4}$$

　　在这三类力中，自驱动力主要用来描述行人朝向目标点的运动趋势，可以由式 (7.5) 来计算。

$$\mathbf{f}_i^{\mathrm{drv}} = \frac{1}{\tau_i}(v^{\mathrm{pre}} \cdot \mathbf{e}^{\mathrm{pre}} - \mathbf{v}_i) \tag{7.5}$$

式中，τ_i 是行人的松弛时间，v^{pre} 是行人的期望速度的大小，$\mathbf{e}^{\mathrm{pre}}$ 是行人的期望速度方向的单位向量，$\mathbf{v}_i$ 是行人的当前速度向量。

非接触排斥力（或称为社会力）主要用来表示行人在行走过程中与他人保持一定距离的趋势，避免拥挤和碰撞。行人靠近其他行人或障碍物时，会降低自身的走行速度或者改变行进方向，排队等待或者绕行前方的行人。当其他行人与之靠近时，他/她会由于其运动空间被其他行人占据或者由于挤压而产生的排斥，因此社会力模型中的远程排斥力表示为距离的减函数，即距离越小受力越大。

排斥力一般具有如下性质：① 排斥力为非负值；② 排斥力会随着距离的增大而不断减小；③ 距离越大，排斥力的变化趋势越小。如果所采用的函数是连续单调的，那么则满足如下条件：

$$F(x) \geqslant 0, \quad F'(x) \leqslant 0, \quad F''(x) \geqslant 0 \tag{7.6}$$

目前，排斥力函数通常采用指数函数来量化，如式 (7.7) 所示。其中，$\mathbf{e}_{ij}$ 表示由行人 i 的位置指向行人 j 的位置的单位向量，r_i 和 r_j 分别表示行人的半径，d_{ij} 表示行人之间的距离，α 和 β 是模型参数。

$$\mathbf{f}_{ij}^{nc} = k_{ij} \cdot \alpha \cdot \exp\left(\frac{r_{ij} - d_{ij}}{\beta}\right) \cdot \mathbf{e}_{ij} \tag{7.7}$$

指数型函数体现了非接触排斥力随距离的增大而减小这一规律，排斥力会受到行人视野和其他行人速度的影响。处于视野外的行人对其的影响会减弱，如果行人之间的距离超过一定范围则可以忽略不计；来自侧向运动行人的排斥力要小于来自正向运动行人的排斥力；排斥效果与相对速度有关，来自同向运动行人的排斥力要小于来自对向运动行人的排斥。假设行人只考虑其运动速度方向左右各 90 度范围内的行人和障碍物，而其他不在此范围内的行人将不会被考虑。这里，引入系数 k_{ij} 来描述行人视野对运动过程的影响。

$$k_{ij} = \begin{cases} \mathbf{e}_i \cdot \mathbf{e}_{ij}, & \mathbf{e}_i \cdot \mathbf{e}_{ij} > 0 \\ 0, & \text{否则} \end{cases} \tag{7.8}$$

接触挤压力的作用机制与非接触排斥力相似，反映的是行人在距离过近时产生的相互排斥作用。当人群的密度不断增大时，行人之间不可避免地发生接触或者拥挤，此时接触力将成为受力的主要因素（Chraibi et al.，2011）。现有理论假设行人是弹性球体，在相互接触时会产生弹性形变，其受力与形变大小呈线性关系（Helbing et al.，2000）。行人的接触挤压力可以被分为两类，一类是与身体挤压方向相同的法向方向的"挤压力" $\mathbf{f}_{ij}^{c1}$，接触距离越大，受力越大；另一类是与身体挤压方向切向的切向"滑动摩擦力" $\mathbf{f}_{ij}^{c2}$，与两个行人的相对速度有关。文献（Helbing et al.，2000）中，行人的接触力可以用式 (7.9) 来表示。

$$\mathbf{f}_{ij}^c = \mathbf{f}_{ij}^{c1} + \mathbf{f}_{ij}^{c2} = \gamma_1 \cdot \mathrm{g}(r_{ij} - d_{ij}) \cdot \mathbf{e}_{ij} + \gamma_2 \cdot \mathrm{g}(r_{ij} - d_{ij}) \cdot (\mathbf{v}_j - \mathbf{v}_i) \cdot \mathbf{t}_{ij} \tag{7.9}$$

式中，γ_1 和 γ_2 是相关参数，$\mathbf{t}_{ij}$ 是运动切线方向，$\mathbf{g}(r_{ij} - d_{ij})$ 可以用于表示行人的相互接触状态，可表示为：

$$\mathbf{g}(r_{ij} - d_{ij}) = \begin{cases} r_i + r_j - d_{ij}, & r_i + r_j - d_{ij} \geqslant 0 \\ 0, & \text{否则} \end{cases} \tag{7.10}$$

上述内容为行人流社会力模型的各基本要素与计算方法，下面将给出行人流社会力模型的仿真流程，如表 7.2 所示。

表 7.2　行人流社会力模型的计算流程

行人流社会力模型的计算流程
步骤 1：初始化。设定行人流场景，给定模型参数（如期望速度、最大速度、视野范围、接触力参数、非接触力参数、松弛时间等），设置行人的初始位置与目的地。令时间步 $t = 0$。

步骤 2：计算 t 时刻，每个行人 i，进行如下操作：

步骤 2.1：更新周围邻居行人；

步骤 2.2：更新期望速度方向，计算自驱动力；

步骤 2.3：计算非接触力和接触力；

步骤 2.4：计算加速度。

步骤 3：更新行人的速度和位置，更新时间步 $t = t + 1$。

$$\mathbf{x_i}(t + \Delta t) = \mathbf{x_i}(t) + \mathbf{v_i}(t) \cdot \Delta t + \mathbf{a_i}(t) \cdot (\Delta t)^2 \tag{7.11}$$

$$\mathbf{v_i}(t + \Delta t) = \mathbf{v_i}(t) + \mathbf{a_i}(t) \cdot \Delta t \tag{7.12}$$

步骤 4：停止检查。如果满足停止条件，则仿真终止；否则，返回步骤 2 进行计算。

由于社会力模型具有规则和参数简单、描述精确、扩展性强等特点，目前已经成功地运用于单向行人流和对向行人流的仿真，运用的场景包括简单的典型场景（例如通道、拐角、瓶颈、单出口房间）和复杂的场景（例如含有多出口和多路径的房间）。学者们进行了大量的实验和观测，从基本图模式、瓶颈通行能力和个体运行轨迹等角度（Johansson et al.，2007）获取了相关的数据，并对社会力模型进行了初步的验证和校验，得到了较为符合实际的结果。基于经典的社会力模型，学者们已经进行了大量的改进来得到更精确的行为。这些改进通过引入不同的规则，分别研究了隔离行人、领队效应、等待现象、楼梯行为和地震情况等条件下的行人流特性。Helbing 等（2000）考虑这一因素，在建模时考虑摩擦力的影响扩展了社会力模型。通过引入从众行为模式，该模型能够描述紧急情况下聚集人群的微观动力学过程，能够重现观测到的自组织现象，如"快即是慢"效应、拱形排队和瓶颈处对向流的振荡效应等。Johansson 等（2007）运用统计理论和视频处理方法对社会力模型中的参数进行了标定。Lakoba 等（2005）对社会力模型的参数进行研究，对社会力模型的稳定性和精度进行了验证。Steffen（2008）在社会力模型中加入视野因素，研究了视野范围对行人疏散过程的影响。Parisi 等

（2009）引入了减速机制，运用社会力模型仿真得出常态情况下的基本图模式。Qu
等（2014）考虑了三圆的个体形态（中间的大圆代表头部，两侧的小圆代表肩部），
用于描述楼梯处的运动行为特性。Gao 等（2014）在微观社会力模型的基础上，建
立了宏观与微观相结合的行人疏散模型，用以描述人群疏散过程中的动态路径选
择行为，以及疏散效率估计。Qu 等（2018）考虑了绕行行为，基于 Voronoi 图理
论建立了改进的社会力模型。Xue 等（2020）考虑视野受限的因素，建立了改进
的社会力模型，用以描述疏散行为特性。

7.3.4 启发式模型

行人的运动行为具有复杂智能特性，在运动过程中能够根据感知周围的环境
以及行人的速度和位置。如果遇到前方有障碍物的情况，行人会提前减速或者绕
行障碍物以避免与其接触或碰撞。经典的社会力模型采用简单的受力叠加方法描
述行人在运动时与周围人群和障碍物的相互作用，但是该方法缺少对行人运动复
杂避障行为的描述，在仿真时会得到产生振荡和后退等与实际不符的现象。

图 7.16 给出了社会力模型在计算时出现的与实际不相符的几个典型案例。其
中，图 7.16(a) 给出了行人相向移动的过程，左图表示行人在初始时刻的受力，右
图表示行人的运行轨迹。行人 i 和 j 相向移动，行人所受的驱动力和排斥力在一
条直线上，而且行人所受的合外力方向与运动方向在一条直线上（方向相同或者
相反）。因此，如果自驱动力方向不变的话，行人只能沿着这条直线的方向运动，
如图 7.16(a) 右图所示，即使发生了接触和碰撞，行人也不会发生偏转。两个行人
将处于静止状态或者做周期性振荡。同理，图 7.16(b) 描述了行人在前方有障碍
物下的移动过程。同理，行人的合力方向与运动方向一直处于一条直线，不会发
生偏转，行人将一直沿水平方向运动，停止或拥挤正前方的障碍物。

为了解决此类问题，Moussaïd 等（2011）基于绕行移动障碍物思想提出的启
发式力学模型（heuristics force-based model）刻画了行人的智能运动行为。速度
障碍（velocity obastacle）是一类用于机器人路径规划的方法，该方法通过根据感
知速度和位置计算速度障碍锥，将目标智能体的下一时刻运动速度限制在速度障
碍锥外，从而达到避障目的。Moussaïd 等（2011）综合了社会力模型和速度障碍
模型的思想，提出了一种启发式力学模型来解决上述问题。该模型运用两条启发
式规则对行人的移动过程进行描述：① 行人会根据周围行人和障碍物的位置和速
度，估算各个方向可以自由走行的最远距离，选择与目的地偏离最小的方向；② 行
人在遇到最近的障碍物时会提前减速并与其保持一定的距离避免接触和碰撞。这
两条启发式运动规则描述了行人的避障和减速机制，有效的刻画了行人运动的智
能行为特性。

假定行人用圆形表示，行人 i 和 j 的半径为 r_i 和 r_j，位置分别为 l_i 和 l_j，

行人间的圆心距离为 $L = \|\mathbf{l}_i - \mathbf{l}_j\|$，行人 i 的视野基准线为 $\mathbf{H}_i^0$，视野的范围 $VF = [-\varphi, \varphi]$，最大速度为 v_0。如图 7.17(a) 所示，假定行人 i 沿着某个方向运动，该运动方向与行人圆心的连线方向夹角为 α，并在 Δt 秒后与行人 j 恰好接触，即两个圆相切。虚线的圆表示了行人 i 和 j 在 $t + \Delta t$ 时刻的位置。将 $f_{ij}(\alpha) = |\mathbf{v}_i| \cdot \Delta t$ 记作行人在 Δt 时间内运动的距离，该距离为行人 i 沿方向 α 运动且不与行人 j 相接触的最大距离。$d_{ij}(\alpha)$ 代表行人沿方向 α 运动 Δt 时刻后的位置与目的地之间的距离。为了更清楚地表述，以行人 i 的 t 时刻的位置 $\mathbf{l}_i = (l_{ix}, l_{iy})$ 为原点 $(0,0)$，以行人 i 的视野基准线 $\mathbf{H}_i^0$ 为 y 轴，对图 7.17(a) 进行坐标系旋转变换可以得到图 7.17(b)。

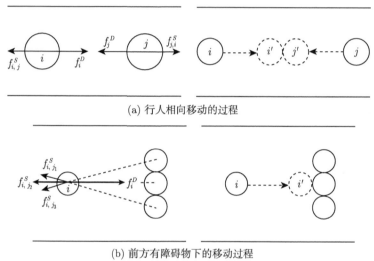

(a) 行人相向移动的过程

(b) 前方有障碍物下的移动过程

图 7.16　传统的力学模型的计算结果（Qu et al., 2015）

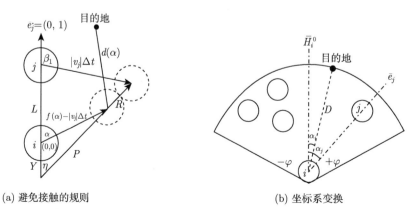

(a) 避免接触的规则

(b) 坐标系变换

图 7.17　描述行人运动的启发式规则（Qu et al., 2015）

首先,计算行人运动到相切状态的时间 Δt。将行人 i 运动 Δt 时刻后的位置记作 $\mathbf{l}'_i(\Delta t) = \mathbf{l}_i + |\mathbf{v}_i| \cdot \Delta t$,行人 j 运动 Δt 时刻后的位置记作 $\mathbf{l}'_j(\Delta t) = \mathbf{l}_j + |\mathbf{v}_j| \cdot \Delta t$。$\Delta t$ 由式 (7.13) 计算得到,即两个行人 Δt 时刻后的圆心距离为 $r_i + r_j$。

$$\left\| \mathbf{l}'_i(\Delta t) - \mathbf{l}'_j(\Delta t) \right\|_2 = r_i + r_j \tag{7.13}$$

在二维平面内,式 (7.13) 为一元二次方程。如果方程有正数解,则 Δt 取最小的正值解,$f_{ij}(\alpha) = |v_i| \cdot \Delta t$。如果方程无解,或者只存在负数解,则说明行人不会接触,$f_{ij}(\alpha)$ 取最大距离 $f_{ij}(\alpha) = D$。如果行人 i 的视野内有多个行人 j,那么行人 i 的可自由移动的距离受到最近的人的影响,即 $f_i(\alpha) = \min_j \{f_{ij}(\alpha)\}$。在得到行人 i 沿方向 α 的最远自由移动距离后,$d_i(\alpha)$ 就可以根据余弦定理得出,如式 (7.14) 所示:

$$d_i^2(\alpha) = D^2 + f_i^2(\alpha) - 2Df_i(\alpha)\cos(\alpha - \alpha_0) \tag{7.14}$$

式中,α_0 代表行人 i 的视野基准线与目的地方向的夹角 $\alpha_0 = \left\langle \vec{H}_i^0, \vec{d}_i \right\rangle$。

行人的避障运动行为由下述规则计算:行人在视野范围区间 $[-\varphi, \varphi]$ 内,估算各个偏离角度 α 方向下,不接触移动点与目的地的偏离距离 $d_i(\alpha)$,选取偏离距离最小条件下的偏离角度 α^* 方向作为最优运动方向,则有最优偏离角度 α^* 和最优速度方向 $\vec{H}_i^*$,如式 (7.15) 所示:

$$\alpha^* = \arg\min\{d_i(\alpha)\}, \quad \alpha \in [-\varphi, \varphi], \quad \overrightarrow{H_i^*} = (\cos\alpha^*, \sin\alpha^*) \tag{7.15}$$

接下来,计算行人在最优速度方向下的期望运动速度大小。与期望速度方向的计算相比,期望速度大小的计算方法相对简单。当行人 i 选定最优期望速度方向 $\vec{H}_i^*$ 后,将对当前 t 时刻周围行人和障碍物的位置和速度进行再次的观察。为了避免与其他行人接触,行人 i 的期望速度大小与方向 α^* 上与之相距最近的行人(或障碍物)之间的距离 d_h 相关,期望速度大小的表达式如下:

$$v_i^{des} = \min\left(v_i^0, \frac{d_h}{\tau_h}\right) \tag{7.16}$$

式中,τ_h 为行人 i 感知到前方障碍物并开始做出反应的松弛时间,v_i^0 为最大速度。

Moussaid 等提出的启发式模型的仿真架如表 7.3 所示,该模型在社会力模型的基础上,加入了启发式规则,对自驱动力的部分进行了修正,能够较好地描述行人运动过程中的绕行行为和冲突避免的过程,在模拟行人运动的基本图、瓶颈通行能力等方面,也具有良好的效果。

表 7.3 行人流启发式模型的计算流程

行人流启发式模型的计算流程

步骤 1：初始化。设定行人流场景，给定模型参数，设置行人的初始位置与目的地。令时间步 $t = 0$。

步骤 2：计算 t 时刻，每个行人 i，进行如下操作：

步骤 2.1：根据视野范围更新邻居行人；

步骤 2.2：计算行人沿某一方向运动且不与其他人碰撞的最远距离；

步骤 2.3：根据启发式函数，寻找最优运动方向；

步骤 2.4：计算沿最优速度方向的速度大小；

步骤 2.5：计算接触力以及加速度。

步骤 3：更新行人的速度和位置，更新时间步 $t = t + 1$。

$$\mathbf{x_i}(t + \Delta t) = \mathbf{x_i}(t) + \mathbf{v_i}(t) \cdot \Delta t + \mathbf{a_i}(t) \cdot (\Delta t)^2 \tag{7.17}$$

$$\mathbf{v_i}(t + \Delta t) = \mathbf{v_i}(t) + \mathbf{a_i}(t) \cdot \Delta t \tag{7.18}$$

步骤 4：停止检查。如果满足停止条件，则仿真终止；否则，返回步骤 2 进行计算。

7.3.5 行人流模型仿真结果

7.2 节已经对实际条件下的行人流宏微观特性、行人动力学参数和行人自组织现象等进行了介绍，本节主要介绍运用上述行人流模型的仿真结果，对人群运动的个体行为特性和群体行为模式的模拟结果进行阐述。

（1）基本图

速度与密度的关系 $v = v(\rho)$，或者流量与密度的关系 $f = f(\rho)$ 被称为行人流参数的基本图模式。各国学者对此进行了研究，结果表明随着密度增大平均速度有减小的趋势，目前多用非线性函数来描述速度–密度关系表达式。

将启发式模型运用到通道进行模拟，采用周期边界规则，可以得到单向行人流的速度-密度关系基本图。图 7.18 为启发式模型计算得到的基本图，可以看出仿真结果与实际数据基本一致。基本图大致分为 4 个区域，其中 1 区域为自由流区域；当密度超过临界值后将进入走停波状态（stop-and-go），如区域 2 和 3 所示；密度再继续增大时，则将进入拥堵状态，如区域 4 所示。

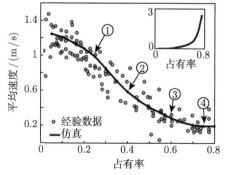

图 7.18 行人仿真的基本图（Moussaïd et al.，2011）

（2）拱形排队

当行人聚集在瓶颈处，尤其是在出口时，会产生拱形排队的现象。该现象是瓶颈处行人流运动的重要特性，也是检验行人流模型效果的主要指标之一。将社会力模型与元胞自动机模型用于单出口房间的行人疏散仿真，可以得出行人运动轨迹以及排队行为。图 7.19(a) 是社会力模型模拟得到的瓶颈处的拱形排队，图 7.19(b) 是元胞自动机模型得到的拱形排队。结果表明，两类模型均可以描述瓶颈处的队列形成与消散的特性。

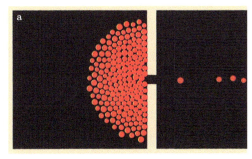

(a) 社会力模型仿真结果 (Helbing et al., 2000)

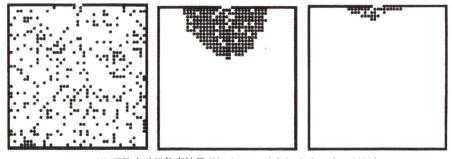

(b) 元胞自动机仿真结果 (Kirchner and Schadschneider, 2002)

图 7.19　行人仿真的拱形排队现象

（3）自动成行

成行效应是行人在对向流运动过程中的一个重要特性。一般而言，对向运动的人群会动态地避让对向运动的行人、跟随同向运动的行人，宏观上会表现出自由流、队列形成、成行运动、队列消散等不同的阶段。成行现象则是检验行人流模型是否正确的指标之一。图 7.20 为社会力模型模拟的通道内对向行人流的运动过程，可以看出通道内，不同运动方向的行人基本分离，人群大约分成了 4~5 行运动，结果与实际基本相符。

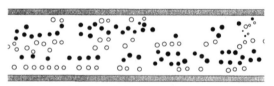

图 7.20　对向行人运动的自动成行现象（Helbing and Molnár，1995）

复习思考题

1. 行人交通行为在不同步行设施或交通工具上有哪些特点？
2. 试举例说明行人交通行为的三层次理论框架。
3. 简述行人流社会力模型与元胞自动机模型的基本原理和构建方式。
4. 简述社会力模型的基本要素，以及元胞自动机模型动态场和静态场的定义。
5. 选用任一编程语言，运用社会力模型，实现 10 m×10 m 房间，出口宽度为 1 m，50 个行人的疏散过程，重现拱形排队现象。

参 考 文 献

Abedi N, Bhaskar A, Chung E, et al. 2015. Assessment of antenna characteristic effects on pedestrian and cyclists travel-time estimation based on Bluetooth and WiFi MAC addresses[J]. Transportation Research Part C, 60: 124-141.

Boltes M, Seyfried A. 2013. Collecting pedestrian trajectories[J]. Neurocomputing, 100: 127-133.

Boltes M, Seyfried A, Steffen B, et al. 2008. Automatic Extraction of Pedestrian Trajectories from Video Recordings[M]. Pedestrian and Evacuation Dynamics. Springer, Berlin, Heidelberg, 2010: 43-54.

Chattaraj U, Seyfried A, Chakroborty P. 2009. Comparison of pedestrian fundamental diagram across cultures[J]. Advances in Complex Systems, 12(3): 393-405.

Chraibi M, Kemloh U, Schadschneider A. et al. 2011. Force-based models of pedestrian dynamics[J]. Networks and Heterogeneous Media, 6(3): 425-442.

Chraibi M, Seyfried A, Schadschneider A. 2010. Generalized centrifugal-force model for pedestrian dynamics[J]. Physical Review E, 82(4): 046111.

Daamen W, Lee Y, Wiggenraad P. 2008. Boarding and alighting experiments: overview of setup and performance and some preliminary results[J]. Transportation Research Record, 2042(1): 71-81.

Danalet A, Farooq B, Bierlaire M. 2014. A bayesian approach to detect pedestrian destination-sequences from WiFi signatures[J]. Transportation Research Part C, 44: 146-170.

Gao Z, Qu Y, Li X, et al. 2014. Simulating the dynamic escape process in large public places[J]. Operations Research, 62(6): 1344-1357.

He X, Aloi D N, Li J. 2015. Probabilistic multi-sensor fusion based indoor positioning system on a mobile device[J]. Sensors, 15(12): 31464-31481.

Helbing D, Buzna L, Johansson A, et al. 2005. Self-organized pedestrian crowd dynamics: Experiments, simulations, and design solutions[J]. Transportation Science, 39(1): 1-24.

Helbing D, Farkas I, Vicsek T. 2000. Simulating dynamical features of escape panic[J]. Nature, 407(6803): 487-490.

Helbing D, Johansson A. 2013. Pedestrian, crowd, and evacuation dynamics[J]. Encyclopedia of Complexity & Systems Science, 16: 697-716.

Helbing D, Molnár P. 1995. Social force model for pedestrian dynamics[J]. Physical Review E, 51(5): 4282-4286.

Helbing D, Yu W. 2009. The outbreak of cooperation among success-driven individuals under noisy conditions[J]. Proceedings of the National Academy of Sciences, 106(10): 3680-3685.

Hirai K, Tarui K. 1975. A simulation of the behavior of a crowd in panic[C]. Proceedings of the International Conference on Cybernetics and Society, 409-411.

Hoogendoorn S P, Daamen W. 2005. Pedestrian behavior at bottlenecks[J]. Transportation Science, 39(2): 147-159.

Huang H J, Guo R Y. 2008. Static floor field and exit choice for pedestrian evacuation in rooms with internal obstacles and multiple exits[J]. Physical Review E, 78(2): 021131.

Jelić A, Appert-Rolland C, Lemercier S, et al. 2012. Properties of pedestrians walking in line: Fundamental diagrams[J]. Physical Review E, 85(3): 036111.

Johansson A, Helbing D, Shukla P K. 2007. Specification of the social force pedestrian model by evolutionary adjustment to video tracking data[J]. Advances in Complex Systems, 10(supp02): 271-288.

Kirchner A, Klüpfel H, Nishinari K. 2004. Discretization effects and the influence of walking speed in cellular automata models for pedestrian dynamics[J]. Journal of Statistical Mechanics, 2004(10): P10011.

Kirchner A, Nishinari K, Schadschneider A. 2003. Friction effects and clogging in a cellular automaton model for pedestrian dynamics[J]. Physical Review E, 67(5): 056122.

Kirchner A, Schadschneider A. 2002. Simulation of evacuation processes using a bionics-inspired cellular automaton model for pedestrian dynamics[J]. Physica A, 312(1-2): 260-276.

Kretz T, Grünebohm A, Schreckenberg M. 2006. Experimental study of pedestrian flow through a bottleneck[J]. Journal of Statistical Mechanics, 2006(10): P10014.

Lakoba T I, Kaup D J, Finkelstein N M. 2005. Modifications of the Helbing-Molnár-Farkas-Vicsek social force model for pedestrian evolution[J]. Simulation, 81(5): 339-352.

Moussaïd M, Helbing D, Theraulaz G. 2011. How simple rules determine pedestrian behavior and crowd disasters[J]. Proceedings of the National Academy of Sciences, 108(17): 6884-6888.

Muir H C, Bottomley D M, Marrison C. 1996. Effects of motivation and cabin configuration on emergency aircraft evacuation behavior and rates of egress[J]. The International Journal of Aviation Psychology, 6(1): 57-77.

Müller K. 1981. Zur gestaltung und bemessung von fluchtwegen für die evakuierung von personen aus bauwerken auf der grundlage von modellversuchen[D]. Verlag Nicht Ermittelbar.

Nagai R, Fukamachi M, Nagatani T. 2006. Evacuation of crawlers and walkers from corridor through an exit[J]. Physica A, 367: 449-460.

Nishinari K, Kirchner A, Namazi A, et al. 2004. Extended floor field CA model for evacuation dynamics[J]. IEICE Transactions on Information and Systems, E87D(3): 726-732.

Nishinari K, Sugawara K, Kazama T, et al. 2006. Modelling of self-driven particles: Foraging ants and pedestrians[J]. Physica A, 372(1): 132-141.

Okazaki S, Matsushita S. 1993. A study of simulation model for pedestrian movement with evacuation and queuing[C]. International Conference on Engineering for Crowd Safety, 1993: 271-280.

Parisi D R, Gilman M, Moldovan H. 2009. A modification of the social force model can reproduce experimental data of pedestrian flows in normal conditions[J]. Physica A, 388(17): 3600-3608.

Qu Y, Gao Z, Orenstein P, et al. 2015. An effective algorithm to simulate pedestrian flow using the heuristic force-based model[J]. Transportmetrica B, 3(1): 1-26.

Qu Y, Gao Z, Xiao Y, et al. 2014. Modeling the pedestrian's movement and simulating evacuation dynamics on stairs[J]. Safety Science, 70:189-201.

Qu Y, Yao X, Wu J, et al. 2018. Modeling detour behavior of pedestrian dynamics under different conditions[J]. Physica A, 492: 1153-1167.

Rickert M, Nagel K, Schreckenberg M, et al. 1996. Two-lane traffic simulations using cellular automata. Physica A 231: 534.

Seer S, Brändle N, Ratti C. 2014. Kinects and human kinetics: A new approach for studying pedestrian behavior[J]. Transportation Research Part C, 48: 212-228.

Seriani S, Fernandez R. 2015. Pedestrian traffic management of boarding and alighting in metro stations[J]. Transportation Research Part C, 53: 76-92.

Seyfried A, Passon O, Steffen B, et al. 2009. New insights into pedestrian flow through bottlenecks[J]. Transportation Science, 43(3): 395-406.

Steffen B. 2008. A modification of the social force model by foresight[C]. Pedestrian and Evacuation Dynamics , Berlin, Heidelberg: Springer, 2010: 677-682.

Sun L, Tirachini A, Axhausen K W, et al. 2014. Models of bus boarding and alighting dynamics[J]. Transportation Research Part A, 69: 447-460.

Varas A, Cornejo M D, Mainemer D, et al. 2007. A. Cellular automaton model for evacuation process with obstacles[J]. Physica A, 382(2): 631-642.

von Krüchten C, Schadschneider A. 2017. Empirical study on social groups in pedestrian evacuation dynamics[J]. Physica A, 475: 129-141.

Wang J, Weng W, Boltes M, et al. 2018. Step styles of pedestrians at different densities[J]. Journal of Statistical Mechanics, 2018(2): 023406.

Xiao Y, Gao Z, Jiang R, et al. 2019. Investigation of pedestrian dynamics in circle antipode experiments: Analysis and model evaluation with macroscopic indexes[J]. Transportation Research Part C, 103: 174-193.

Xue S, Jia B, Jiang R. 2016. A behaviour based cellular automaton model for pedestrian counter flow[J]. Journal of Statistical Mechanics, 2016(11):113204.

Xue S, Jiang R, Wong S C, et al. 2020. Wall-following behaviour during evacuation under limited visibility: experiment and modelling[J]. Transportmetrica A, 16(3): 626-653.

Yanagisawa D, Nishinari K. 2007. Mean-field theory for pedestrian outflow through an exit[J]. Physical Review E, 76(6): 061117.

Zhang J, Klingsch W, Schadschneider A, et al. 2011. Transitions in pedestrian fundamental diagrams of straight corridors and T-junctions[J]. Journal of Statistical Mechanics: Theory and Experiment, 2011(6): P06004.

Zhang J, Klingsch W, Schadschneider A, et al. 2012. Ordering in bidirectional pedestrian flows and its influence on the fundamental diagram[J]. Journal of Statistical Mechanics, 2012(2): P02002.

Zhang Q, Han B, Li D. 2008. Modeling and simulation of passenger alighting and boarding movement in Beijing metro stations[J]. Transportation Research Part C, 16(5): 635-649.

第 8 章　交叉口交通流理论

8.1　概　　述

交叉口交通流理论是研究道路交叉口交通流变化规律的方法体系，它通过数学和物理分析的方法来阐述道路交叉口交通现象及其机理，探讨交通流各参数间的相互关系及其变化规律，从而为交叉口规划、交叉口控制、交叉口设计以及智能运输系统提供理论依据和支持。

交叉口是道路网络的基本节点，也是网络流量的瓶颈所在。在交叉口这个有限的空间内，汇集着几条道路各种不同流向的交通流，致使交叉口处的交通非常错综复杂。这不仅影响整个道路网络的安全与畅通，更影响整个网络的通行能力和运输效力的发挥，因此对道路交叉口交通流理论的研究就显得尤为重要。通过对道路交叉口交通流量、流速和密度的研究，掌握道路交叉口处车辆行驶的特性，对于提高交叉口的通行能力具有十分重要的意义。

在交叉口交通流研究过程中，结合交叉口车辆的运行特性，根据车辆到达交叉口的时间规律，充分考虑车流的随机性和不确定性，建立合适的排队模型和延误分析过程，能够为交叉口信号配时、交通仿真和计算通行能力提供科学的支撑和依据。

按照有无交通控制，可将交叉口分为无交通信号控制的交叉口（简称为无信号交叉口）和有交通信号控制的交叉口（简称为信号交叉口）。

8.2　无信号交叉口交通流理论

无信号交叉口是车流量少的区域普遍采用的交叉口类型，虽然它的通行能力可能低于信号交叉口，但它在网络交通控制中起到了非常重要的作用。一个运行情况不良的无信号交叉口，可能会影响整个网络的运行，并且无信号交叉口理论是信号交叉口理论的基础，因此首先对无信号交叉口进行研究是非常必要的。

无信号交叉口不像信号交叉口那样会给驾驶员确定的指示或控制，驾驶员必须自己判断何时进入交叉口是安全的。驾驶员所寻求的在交通流中进入交叉口的安全机会或"间隙"称为可插车间隙，它用时间来度量，并且等于某一车头时距。可插车间隙理论是分析无信号交叉口运行的基本理论，其他的所有分析过程在某种程度上都依赖于可插车间隙理论，或者即使没有明确地应用该理论，但也是以它为基础的。

8.2.1　可插车间隙理论

所有的无信号交叉口都有一个交通流的分级。有些交通流有完全的优先权，其他交通流必须让路给更高级别的交通流。在无信号交叉口必须考虑交通流不同的优先权，即次要车流驾驶人进入或穿越主要交通流时必须判断潜在的冲突车辆与自己车辆之间的距离，并做出决策是否进入或穿过。

可插车间隙理论又名间隙接受（gap acceptance）理论，是分析无信号交叉口的基本理论，理解该理论必须先理解可利用间隙的概念。

主次两条道路相交形成的交叉口，假设主路车流通过交叉口不受影响，而次路车流必须利用主路车流间隙通过，次要车流中所有驾驶人在相似的位置所能够接受的主要车流的最小间隙称为临界间隙，一般记为 t_c。根据通常假设的驾驶员行为模式，只有在主要车流的车辆间隙至少等于临界间隙 t_c 时，次要车流的驾驶员才能进入交叉口。例如，如果临界间隙是 4 s，那么次要车流的驾驶员要驶入交叉口至少需要主要车流车辆间有一个 4 s 的间隙，并且他在其他任何时候通过同一个交叉口都会需要同样的 4 s 时间。另外，在一个非常长的间隙中会有多名驾驶员从次路上进入交叉口。可插车间隙理论中称在较长时间间隙中进入交叉口的次要车流车辆间的车头时距为"跟随时间" t_f。

在描述无信号交叉口的理论中，通常假设驾驶员具有一致性和相似性。驾驶员的一致性是指在所有类似的情况下、在任何时刻其行为方式相同，而不是先拒绝一个间隙随后又接受一个较小的间隙；对于相似性，则是期望所有驾驶员的行为是严格的同一种方式。

对于驾驶员既一致又相似的假设很明显是不现实的。如果驾驶员行为不一致，那么进口道的通行能力将会降低；反之，如果驾驶员行为一致，则通行能力会增加。经研究表明，如果假定驾驶员的行为既一致又相似，其预测结果与实际情况只有几个百分点的偏差。也就是说，这种假设的影响非常小，为了简便起见，一般均采取这种假设。

可插车间隙参数主要是指 t_c 和 t_f，这两个参数受主干道车流的影响，同时也受驾驶员操作的影响，操作难度越大，临界间隙和跟随时间越长。在一个操作中，当通过不同的车流时，驾驶员需要的临界间隙也不同。例如，一个通过几股不同车流的转弯动作可能使驾驶员需要在每股车流中有不同的临界间隙。

8.2.2　车头时距分布理论

车流通过某道路断面时前后两车的车头到达时刻之差称为车头时距。在路段上一定的交通条件下，若已知车流的平均车头时距为 hs，则相应的小时交通量

$Q = 3600/h$。在无信号交叉口通行能力的研究中，给定车头时距的概率分布，可以推算直行车流中能让左转车穿过的空档数。常用的车头时距分布包括负指数分布、移位负指数分布和二分分布等。

（1）负指数分布

当车辆到达服从泊松分布时，车头时距服从负指数分布（negative exponential distribution）。在时间间隔 t 内，没有车辆到达（即到达车辆数为零）的概率为

$$P(0) = e^{-\lambda t}, \quad t \geqslant 0 \tag{8.1}$$

时间间隔 t 内没有车辆到达意味着相邻两辆车到达同一点或同一断面的车头时距 h 大于或等于时间间隔 t，那么，式 (8.1) 可改写成

$$P(h \geqslant t) = e^{-\lambda t}, \quad t \geqslant 0 \tag{8.2}$$

相对来说，车头时距 h 小于时间间隔 t 的概率为

$$P(h < t) = 1 - e^{-\lambda t}, \quad t \geqslant 0 \tag{8.3}$$

式 (8.2) 和式 (8.3) 可分别改写为

$$P(h \geqslant t) = e^{-Qt/3600}, \quad P(h < t) = 1 - e^{-Qt/3600} \tag{8.4}$$

式中，$P(h \geqslant t)$、$P(h < t)$ 分别为车头时距 h 不小于和小于时间间隔 t 的概率；λ 为到达率（veh/s），$\lambda = Q/3600$；Q 为小时交通量或流量（veh/h）；h 为车头时距（s）；t 为时间间隔（s）。

到达率与流量的本质含义相同，都是指单位时间内到达某一点或某一断面的车辆数。习惯上，到达率的单位采用 veh/s，而流量的单位采用 veh/h。

负指数分布的概率密度函数 $p(t)$ 为

$$p(t) = \frac{d[1 - P(h \geqslant t)]}{dt} = \lambda e^{-\lambda t}, \quad t \geqslant 0 \tag{8.5}$$

负指数分布的均值 M 和方差 D 分别为

$$\boldsymbol{M} = \frac{3600}{Q} = \frac{1}{\lambda}, \quad D = \frac{1}{\lambda^2} \tag{8.6}$$

当采用负指数分布拟合样本数据时，使用样本数据的均值 m 和方差 S^2 分别代替负指数分布的均值 M 和方差 D，然后根据分布参数与均值、方差的关系估算分布参数，其计算公式为

$$\lambda = \frac{1}{m}, \quad \lambda = \frac{1}{S} \tag{8.7}$$

因为负指数分布是由泊松分布推导得出的，所以负指数分布适合描述车辆随机到达且有充分超车机会的单列车流或密度不大的多列车流。当每条车道的流量小于或等于 500 veh/h 时，一般认为用负指数分布描述车头时距是否符合实际情况的。

图 8.1 绘制了负指数分布的累积概率分布曲线和概率密度曲线。由式 (8.5) 和图 8.1(b) 可知，负指数分布的概率密度曲线是随车头时距单调递减的，这说明车头时距越小，其出现的概率越大。这种情况在限制超车的单列车流中是不可能出现的，因为车头间距至少是一个车身长度，因而车头时距一定有一个大于零的最小值，这一点是负指数分布的局限性。

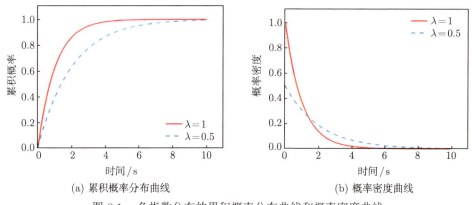

(a) 累积概率分布曲线 (b) 概率密度曲线

图 8.1　负指数分布的累积概率分布曲线和概率密度曲线

（2）移位负指数分布

如前所述，负指数分布的缺点在于车头时距 $h = 0$ 的概率最大。为了克服负指数分布的这一缺点，可以将负指数分布曲线从原点沿着时间轴向右移动一个最小的时间间隔，从而使其能更好地拟合观测数据。这里最小的时间间隔称为临界车头时距 τ，该值应根据调查数据来确定，一般认为在 1.0~1.5 s 之间。

移位负指数分布（displaced negative exponential distribution）的概率分布函数为

$$P(h < t) = 1 - e^{-\lambda(t-\tau)}, t \geqslant \tau; \quad P(h \geqslant t) = e^{-\lambda(t-\tau)}, t \geqslant \tau \tag{8.8}$$

其概率密度函数 $p(t)$ 为

$$p(t) = \frac{\mathrm{d}[1 - P(h \geqslant t)]}{\mathrm{d}t} = \lambda e^{-\lambda(t-\tau)}, \quad t \geqslant \tau \tag{8.9}$$

其均值 M 和方差 D 分别为

$$M = \frac{1}{\lambda} + \tau, \quad D = \frac{1}{\lambda^2} \tag{8.10}$$

类似地，使用样本数据的均值 m 和方差 S^2 分别代替移位负指数分布的均值 M 和方差 D，然后根据分布参数与均值、方差的关系估算分布参数，其计算式为

$$\tau = m - S, \quad \lambda = S^{-1} \tag{8.11}$$

图 8.2 绘制了移位负指数分布的累计概率分布曲线和概率密度曲线。由式 (8.9) 和图 8.2(b) 可知，移位负指数分布的概率密度曲线单调递减，即车头时距越接近临界车头时距，其出现的概率越大，但一般情况下这并不符合驾驶员的心理习惯和行车规律。从统计角度，具有中等反应强度的驾驶员占大多数，这些驾驶员在行车过程中往往是在保证安全的条件下追求较小的车间间距，只有少部分反应特别灵敏或较冒失的驾驶员才会不顾安全地去追求更小的车间间距。所谓车间间距是前车车尾与后车车头之间的距离，这一距离不等于车头时距。因此，车头时距分布的概率密度曲线应该是先升后降而非单调递减。

移位负指数分布适合描述限制超车的单列车流或低流量时的多列车流的车头时距分布，其缺点在于：车头时距越接近临界车头时距，其出现的概率越大。为了克服移位负指数分布的这一缺点，人们提出了其他通用性更强的连续型分布，如二分分布。

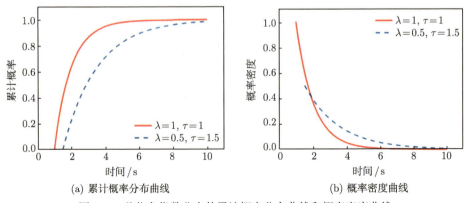

(a) 累计概率分布曲线　　　　　　　　　(b) 概率密度曲线

图 8.2　移位负指数分布的累计概率分布曲线和概率密度曲线

（3）二分分布

二分分布（dichotomized distribution）将交通流中的车辆分为聚集车辆和自由车辆两类，并假设这两类车辆服从不同的车头时距分布。二分分布已有多种具体表达形式，其中比较典型的有科万 M3 分布（Cowan M3 distribution）。

科万 M3 分布的概率分布函数和概率密度函数分别是

$$P\left(h \geqslant t\right) = \begin{cases} \alpha e^{-\lambda(t-\tau)}, & t \geqslant \tau \\ 1, & t < \tau \end{cases} \tag{8.12}$$

$$p\left(t\right) = \begin{cases} \alpha \lambda e^{-\lambda(t-\tau)}, & t \geqslant \tau \\ 0, & t < \tau \end{cases} \tag{8.13}$$

式中，α 为自由车辆比例；λ 为衰减常数；τ 为临界车头时距（s）；其余符号意义同前。

当 $\alpha = 1$，$\tau > 0$ 时，科万 M3 分布简化为移位负指数分布；当 $\alpha = 1$，$\tau = $ 时，科万 M3 分布简化为负指数分布。这说明科万 M3 分布的适用范围也比较广。实际应用中，需要根据样本数据标定 α，λ，τ，其标定方法有很多种，不同方法适用于不同的交通流条件，具体内容可参阅相关文献。

图 8.3 描述了科万 M3 分布的累计概率分布曲线和概率密度曲线。

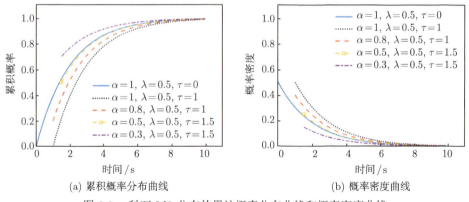

(a) 累积概率分布曲线   (b) 概率密度曲线

图 8.3   科万 M3 分布的累计概率分布曲线和概率密度曲线

8.2.3   二路停车控制交叉口

对于无信号交叉口，必须明确交通流的优先权。如果有一辆车试图进入交叉口，但此时存在优先级更高的交通流，那么该辆车必须为更高优先级的交通流让路。另一方面，低级别交通流的存在也会影响高级别交通流的运行。由此可见，无信号交叉口的交通流彼此间存在相互作用。常见的四路无信号交叉口可分为二路停车控制交叉口和四路停车控制交叉口，即主路优先（包括停车控制与让行控制）交叉口和主次不分交叉口。因前者较简单，下面先介绍二路停车控制交叉口的相关理论与方法。

（1）交通流的优先级

二路停车控制（two-way stop-controlled，TWSC）交叉口是指由主路和次路相交而成的交叉口，其次路上的车流受停车标志或让行标志控制。这样的交叉口可能包括 2 条进口道（两条单向道路且一条道路受控制）、3 条进口道（T 形交叉口且径向道路受控制）或者 4 条进口道（次路受控制）。

无信号交叉口各股交通流有不同的优先级别，这些优先级别由交通规划来规定，低级别交通流必须为高级别交通流让路。一般来说，主路优先于次路；机动车优先于非机动车，非机动车优先于行人；直行优先于右转，右转优先于左转；人行横道处行人优先；公交专用道上公交车优先。如图 8.4 所示，二路停车控制的四路交叉口的交通流有 4 个优先级别。第 1 级包括机动车流 2、3、5 和 6 以及行人流 15 和 16，这些交通流具有绝对的优先权不需要将路权让给其他交通流；第 2 级包括机动车流 1、4、9 和 12 以及行人 13 和 14，这些交通流必须给第 1 级交通流让路；第 3 级包括机动车流 8 和 11，这些交通流必须给第 1 级和第 2 级交通流让路；第 4 级包括机动车流 7 和 10，这些交通流必须给第 1 级、第 2 级和第 3 级交通流让路。二路停车控制的 T 形交叉口的交通流有 3 个优先级别。第 1 级包括机动车流 2、3 和 5 以及行人流 15；第 2 级包括机动车流 4 和 9 以及行人流 13 和 14；第 3 级包括机动车流 7。对于无信号控制的环形交叉口，出环车流优先于环道车流，环道车流优先于入环车流；这样的优先权规定是为了避免出现环道死锁现象。

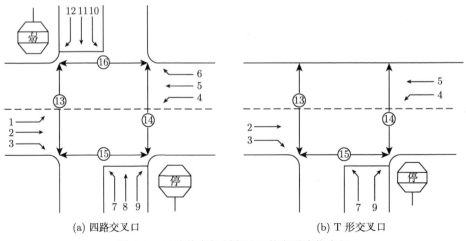

(a) 四路交叉口　　　　　　　　　　　　　(b) T 形交叉口

图 8.4　二路停车控制交叉口的交通流优先级

（2）两股交通流相互作用

为便于理解无信号交叉口的交通流运行规律，首先考察最简单的情况，即交叉口只有两股相互冲突的车流，如图 8.5 所示。无信号交叉口的所有交通分析方法都源于这样的一个简单的排队模型。这里将主路上的车流称为主要车流（major stream）或优先车流（priority traffic stream），记其流量为 q_p（veh/h）；将次路上的车流称为次要车流（minor stream）或非优先车流（non-priority traffic stream），记其流量为 q_n（veh/h）。主要车流和次要车流在交叉口内部的共同通行区域称为冲突区域，主要车流中的车辆可以没有任何延误地通过冲突区域。然而，只有主要车流中出现不小于临界间隙的间隙时，次要车流中的车辆才被允许进入冲突区域，否则必须停车等待；另外，次要车流中的车辆只有在其前车离开跟随时间之后才能进入冲突区域。

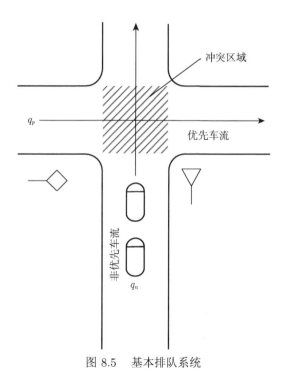

图 8.5 基本排队系统

（3）通行能力

次要车流通行能力 q_m 的数学推导过程如下所述。定义 t 为主要车流的间隙，$g(t)$ 为间隙 t 内次要车流穿越主要车流的车辆数，那么单位时间内间隙为 t 的数量为 $q_p f(t)$，其中 $f(t)$ 为主要车流中间隙 t 的概率密度函数，q_p 为主要车流的流量。因此，单位时间内间隙 t 所提供的通行能力为 $q_p f(t) g(t)$。为得到总通行

能力，必须对主要车流的间隙在整个范围内进行积分，即

$$q_m = q_p \int_0^\infty f(t) g(t) \, \mathrm{d}t \tag{8.14}$$

假设临界间隙 t_c 和跟随时间 t_f 均为常数，优先车流的车头时距服从某种分布，而且每股车流具有稳定的流量。基于这些假设，如果已知函数 $f(t)$ 和 $g(t)$ 的表达式，根据可插车间隙理论，利用概率论和微积分则可得式 (8.14) 的估计结果。$f(t)$ 可选用负指数分布或二分布；$g(t)$ 可选用阶跃分布或连续分布。

（4）交通运行质量

一般来说，交叉口的交通运行性能或质量可以使用以下变量来代表：平均延误、平均排队长度、停止的车辆数和从停车到正常速度的加速车辆数、系统为空的概率。

这些变量也称有效性测度量（measures of effectiveness）。其中的分布可由标准差、百分数和整体分布来表示。为评价这些测度指标，可以使用排队论和模拟法两种方式来解决可插车间隙问题。每一种有效性测度量都是主路流量、次路流量、自由车辆比例以及主要和次要车流的车队长度分布的一个函数。

1）平均延误

应用 M/G/1 排队系统来描述图 8.5 中只有两股冲突车流的交叉口。服务台是次路上的第一个排队位置，系统输入是次路上假定随机到达的车辆，其车头时距服从负指数分布，用 M 表示。次路上车辆在第一个排队位置上花费的时间即为服务时间，这一服务时间由优先车流控制，并服从一个未知的分布，用 G 表示。M/G/1 表示到达时间服从负指数分布，服务时间服从一般分布、单服务台（或通道）的排队模型，这里单服务台是指次路上只有一条车道。

对于 M/G/1 排队系统，利用 P-K（Pollaczek-Khintchine）公式计算顾客在排队中的平均延误，即

$$d_q = \frac{xW(1 + C_w^2)}{2(1 - x)} \tag{8.15}$$

式中，d_q 为在排队中的平均延误（s/veh）；W 为平均服务时间（s/veh）；C_w 为服务时间的变异系数，$C_w = \sqrt{V_w}/W$，其中 V_w 为服务时间的方差（s²/veh²）；x 为次要车流的饱和度，$x = q_n/q_m$，其中 q_n 为次要车流的流量（veh/h），q_m 为次要车流的通行能力（veh/h）。

次路上车辆的平均总延误为

$$d = d_q + W \tag{8.16}$$

一般来说，单通道排队系统的平均服务时间是通行能力的倒数。如果由式 (8.14) 导出通行能力，而且在总延误中包含服务时间，则有

$$d = \frac{1}{q_m}\left(1 + \frac{x}{1-x}C\right) \tag{8.17}$$

式中，$C = 0.5\left(1 + C_w^2\right)$，是随机常数；其余符号意义同前。

确定随机常数 C 之后即可得到车辆平均延误。考虑下面的极端情况，即：

确定型服务：每辆车在第一个排队位置花费相同的时间，测得 $V_w =$、$C_w^2 =$ 和 $C = 0.5$，这是 M/G/1 排队模型的解。

随机型服务：车辆在第一个排队位置花费的时间服从负指数分布，测得 $V_w = W^2$、$C_w^2 = 1$ 和 $C = 1$，这是 M/M/1 排队模型的解。

对于 M/G/1 排队系统来说，没有排队的概率 p_0 为

$$p_0 = 1 - x \tag{8.18}$$

2）排队长度

在任何排队理论中，平均排队长度（L）都可由利特尔（Little）原则计算出：

$$L = q_n d \tag{8.19}$$

假设系统有排队的时间比等于饱和度，那么有排队时的平均排队长度为

$$L_q = \frac{q_n d}{x} = q_m d \tag{8.20}$$

经常假设排队长度分布为几何分布，于是排队长度的一组公式为

$$P(0) = 1 - x^a \tag{8.21}$$

$$P(n) = P(0)\, x^{a(b(n-1)+1)} \tag{8.22}$$

式中，$P(0)$ 为次路上没有车辆排队的概率；$P(n)$ 为次路上有 n 辆车排队的概率；x 为次要车流的饱和度；a 和 b 为参数。

上式中各参数计算如下：

$$x = \frac{q_n}{q_m}, \quad a = \frac{1}{1 + 0.45 \times \dfrac{t_c - t_f}{t_f} * q_p}, \quad b = \frac{1.51}{1 + 0.68 \times \dfrac{t_c}{t_f} * q_p}$$

用比较接近实际的近似 $t_c \approx t_f$，可以得到

$$a = \frac{1}{1+0.45q_p}, \quad b = \frac{1.51}{1+1.36q_p}$$

从式 (8.21) 和 (8.22) 可以得到累积分布函数：

$$F(n) = P(L \leqslant n) = 1 - x^{a(bn+1)} \tag{8.23}$$

3）停车比率

为求解驾驶员在两股车流的无信号交叉口的停车比例，首先要假设次要车流车辆随机到达，而主要车流车头时距服从科万的 M3 分布。假设速度的变化是瞬时的，而且所要预测的停车数包括那些调整车速以避免突然停车的驾驶员。

停车比例 $P(x,0)$ 依赖于饱和度 x、主要车流聚集车辆间的车头时距 t_m、临界间隙 t_c 及主要车流流量 q_p：

$$P(x,0) = 1 - (1-x)(1-t_mq_p)e^{-\lambda(t_c-t_m)} \tag{8.24}$$

式中，$\lambda = aq_p/(1-t_mq_p)$。

随着饱和度从 0 增加到 1，驾驶员停车超过一个短时间 t 的比例从某个最小值 $P(0,t)$ 增加到 1，这里短时间 t 小于跟随时间 t_f。驾驶员停车超过一个短时间 t 的比例 $P(x,t)$，由经验方程给出：

$$P(x,t) = P(0,t) + A\{1 - P(0,t)\}x + (1-A)\{1 - P(0,t)\}x^2$$
$$+ (1-A)(1-B)(1-x)x \tag{8.25}$$

式中，$B = 1 - \left(1 - \dfrac{t}{t_f}\right)(1-t_mq_p)e^{-\lambda(t_c-t_m)}$，$A = 1 - a_0e^{-\lambda(t_c-t_m)}$。并且

$$P(0,t) = P(0,0) - q_pta e^{-\lambda(t_c-t_m)} \tag{8.26}$$

或者

$$P(0,t) = 1 - (1 - t_mq_p + q_pta)e^{-\lambda(t_c-t_m)} \tag{8.27}$$

如果主要车流随机到达，那么 a_0 等于 1.25；对于主要车流是聚集车辆的交通流，a_0 则等于 1.15。有些车辆可以通过调整车速来避免停车，那么认为这些车辆属于 "不完全停车"。此外，也可以对排队车辆加速和起动所花费的时间做出估计。

4）高峰时段的平均延误

在高峰时段，交通流量大于其前和其后的时段，甚至超过通行能力。高峰时段的平均延误可以用以下公式估计：

$$
\begin{cases}
D = D_1 + E + \dfrac{1}{q_m} \\[2mm]
D_1 = \dfrac{1}{2}\left(\sqrt{F^2 + G} - F\right) \\[2mm]
F = \dfrac{1}{q_{mo} - q_{no}}\left[\dfrac{T}{2}\left(q_m - q_n\right)y + C\left(y + \dfrac{h}{q_m}\right)\right] + E \\[2mm]
G = \dfrac{2Ty}{q_{mo} - q_{no}}\left[C\dfrac{q_n}{q_m} - \left(q_m - q_n\right)E\right] \\[2mm]
E = \dfrac{Cq_{no}}{q_{mo}(q_{mo} - q_{no})} \\[2mm]
h = q_m - q_{mo} + q_{no} \\[2mm]
y = 1 - \dfrac{h}{q_m}
\end{cases}
\tag{8.28}
$$

式中，q_m 为持续时间为 T 的高峰时段的交叉口进口通行能力；q_{mo} 为高峰时段前和后的交叉口进口通行能力；q_n 为持续时间为 T 的高峰时段的次要车流的流量；q_{no} 为高峰时段前和后的次要车流的流量。

这些参数的单位为 veh/s；延误用秒表示。C 与 M/G/1 系统提到的因素 C 相似，其中对无信号交叉口，$C = 1$；对信号交叉口，$C = 0.5$。这个公式对估计延误非常有效，尤其对于计算暂时过饱和状态的延误。

5）随机模拟

如前边提到的，在分析无信号交叉口时需要给出假设，但是由于现实情况下的交叉口很复杂，所采用的分析方法往往不能给出满意的解答。然而，现代随机模拟工具能够很容易地解决所有这些问题，模型的真实性可以达到任何期望的程度。因此，很早就有人开发无信号交叉口的随机模拟模型，并取得了一定的成果。

对于随机模拟，应该区分以下两种情况：

（a）点处理模型：这里小汽车被看作点，也就是说其长度是忽略不计的。小汽车看作"存储"在停车线上，根据可插车间隙原理从这里离开。当然，有限的加速和减速影响可以用平均的车辆性能来表示。这类模拟模型的优点是在实际应用时运行模型所需要的计算时间较短。

（b）车辆追踪模型：这些模型结合车辆跟驰过程而不是运行消耗时间，给出车辆在路上占据空间的情况。

上面所讨论的模型仅包括两股交通流，主要车流和次要车流。因此仅适用于分析第 1 级车流和第 2 级车流。目前还没有精确的分析方法来推导第 3 级车流的通行能力，如 T 形交叉口次要街道左转车（图 8.4(b)）中的车流 7）。关于第 3 级车流和第 4 级车流可查阅相关文献。

8.2.4　四路停车控制交叉口

四路停车控制（all-way stop-controlled，AWSC）交叉口，也称为全路停车控制交叉口，是指由主路和次路相交而成的交叉口，其主路上和次路上的车流均受停车标志控制。四路停车控制交叉口相对二路停车控制交叉口更为复杂，但前者以后者为基础。这里主要介绍四路停车控制交叉口的平均服务时间和稳态延误。

（1）平均服务时间

基于 M/G/1 排队系统，Richardson（1987）提出了四路停车控制交叉口模型。该模型认为如果交叉道路上没有冲突车辆（左转和右转），驾驶员接受的服务时间等于该方向上车辆的跟随车头时距。平均服务时间是能离开的驶入车流中相邻车辆之间的时间间隔。如果存在冲突车辆，那么到达车流必须等待它们队列前方的冲突车流离开。因此，Richardson（1987）假设若有冲突车辆，则平均服务时间是冲突车辆的清空时间和驶入车流的清空时间之和。为简单起见，Richardson（1987）考虑北行和西行两股车流。对于北行的驾驶员来说，根据排队论可计算交叉道路上有冲突车辆的概率，那么北行驾驶员和西行驾驶员接受的平均服务时间分别为：

$$s_n = \tau(1 - p_w) + T_c p_w, \quad p_w = q_w s_w \tag{8.29}$$

$$s_w = \tau(1 - p_n) + T_c p_n, \quad p_n = q_n s_n \tag{8.30}$$

式中，s_n、s_w 分别为北行和西行的服务时间（s）；p_n、p_w 分别为北行和西行的利用率；q_n、q_w 分别为北行和西行的流量（veh/s）；τ 为最小车头时距（s）；T_c 为总清空时间（s）。

由式 (8.29) 和式 (8.30) 可得北行的服务时间为

$$s_n = \frac{q_w \tau T_c + \tau - q_w \tau^2}{1 - q_w q_n (T_c^2 - 2\tau T_c + \tau^2)} \tag{8.31}$$

如果考虑 4 个方向的车流，那么每个方向在冲突车流中均没有车辆时的平均服务时间分别为

$$s_s = s_n = \tau(1 - p_{ew}) + T_c p_{ew}$$

$$s_e = s_w = \tau(1 - p_{sw}) + T_c p_{sw} \tag{8.32}$$

没有冲突车流的概率可表达为

$$1 - p_{ew} = (1 - p_e)(1 - p_w)$$

$$1 - p_{sn} = (1 - p_s)(1 - p_n) \tag{8.33}$$

则有

$$p_{ew} = 1 - (1 - q_e s_e)(1 - q_w s_w)$$

$$p_{sn} = 1 - (1 - q_s s_s)(1 - q_n s_n) \tag{8.34}$$

式中 s_s、s_e 分别为南行和东行的服务时间（s）；p_{sn}、p_{ew} 分别为南北向和东西向的利用率；p_s、p_e 分别为南行和东行的利用率；q_s、q_e 分别为南行和东行的流量（veh/s）；其余符号意义同前。

假设已知各方向的流量和估计的服务时间，由式 (8.34) 则可解得东西向及南北向没有冲突车辆的概率。然后，使用式 (8.32) 进行迭代则可得到各方向服务时间的更精确的估计值。

理查德模型假设最小车头时距为 4 s，总清空时间为所穿越的冲突车流包含的车道数的函数，而且总清空时间等于冲突车流和驶入车流的临界间隙之和。这里临界间隙为 0.36 倍的车道数。

（2）稳态延误

利用 P-K 公式和利特尔方程，稳态延误可表示为

$$d_s = \frac{2p - p^2 + q^2 V(s)}{2(1-p)q} \tag{8.35}$$

式中，d_s 为稳态车均延误（s/veh）；$V(s)$ 为服务时间的方差（s²/veh²）；p 为没有车辆排队的概率；q 为流量（veh/s）。

式 (8.35) 需要估计服务时间的方差，理查德模型假设驾驶员的服务时间为最小车头时距或总清空时间。对于北行驾驶员，有 $1 - p_{ew}$ 的驾驶员的服务时间恰好是最小车头时距，有 p_{ew} 的驾驶员的服务时间恰好是总清空时间。此时，服务时间的方差为

$$V(s)_n = \tau^2(1 - p_{ew}) + T_c^2 p_{ew} - s_n^2, \quad p_{ew} = \frac{s_n - \tau}{T_c - \tau} \tag{8.36}$$

式 (8.36) 也可写成

$$V(s)_n = \tau^2 \frac{(T_c - s_n)}{T_c - \tau} + T_c^2 \frac{(s_n - \tau)}{T_c - \tau} - s_n^2 \tag{8.37}$$

类似地，可以得到其他方向的相应方程。理查德模型也适用于交通量很大时大部分驾驶员在驶离交叉口之前不得不排队的情形。

8.2.5　无信号交叉口通行能力估计经验模型

经验模型经常利用回归技术定量地描述交叉口的性能指标，这些模型能够提供好的预测结果。然而，这些模型有时不能提供其中的因果关系。下面简介经验方法的基本原理、优势及缺陷。

（1）基本原理

有学者评估了使用经验方法对简单的两股车流问题得到的通行能力。经验方法的基本思想如下：针对前面提到的有一股优先车流和一股非优先车流的简单交叉口，在稳定的排队时间内（即次路上至少有一辆车排队），离开停车线的交通量即为通行能力，这一通行能力依赖于在相同时间内主路上优先车流的流量。为了导出这个关系，不得不在交叉口处于过饱和状态时进行交通流运行观测。将总观测时间划分为若干个等间隔的时段，如 1 min。在这些 1 min 的间隔内，记录优先车流的车辆数和次要车流进入交叉口的车辆数。通常，这些数据点分散在一个较宽的范围内，而且可表达为一条线性的回归线。平均起来，数据点偏差的一半是因为使用 1 min 计数间隔导致的。实践中，不能使用超过 1 min（如 5 min）的估计间隔，因为会导致观测资料太少。

经验方法产生的线性关系式为

$$q_m = b - cq_p \tag{8.38}$$

除线性函数外，也有人使用其他类型的回归方程，如

$$q_m = Ae^{-Bq_p} \tag{8.39}$$

式中，q_m 为次路通行能力（veh/s）；q_p 为主路流量（veh/s）；b、c、A、B 为回归参数，可利用合适的回归技术根据数据点估计得到。

除了优先车流的交通流之外，可以研究交叉口几何布局对次路通行能力的影响。有学者运用另一组线性回归分析，结果发现上述回归参数与道路宽度、视距、甚至交叉口布局的其他特征值相关。

（2）优势与缺陷

相比可插车间隙理论，经验回归技术具有以下优势：

① 无须构建理论模型；

② 使用已公布的通行能力的经验值；

③ 能够考虑几何设计对通行能力的影响；

④ 可以考虑优先权转换和强制优先权对通行能力的影响；

⑤ 不必详细地描述驾驶员行为。

当然，经验回归技术也存在如下缺陷：

① 由于驾驶员行为可能随时间发生变化，若用于其他国家或其他时间，研究结果的可移植性是非常有限的，因此，为了在不同的情况下应用，总是必须评估非常大的样本；

② 用户无法真正地理解无信号交叉口的交通流运行过程及规律；

③ 对于存在 12 个流向的四路交叉口，其描述过程太过复杂；

④ 其来源是过饱和状态下的驾驶员行为；

⑤ 必须在现实中观察使用通行能力公式描述的每种情况。一方面，数据采集需要做大量工作，另一方面，很少发现满足期望的状态，原因在于拥挤交叉口通常已实施信号控制。

8.3 信号交叉口交通流理论

交通信号是控制道路交叉口的一种重要方式，信号交叉口是道路交通网络中一种常见的交叉口类型。在现代的城市交通网络中，信号交叉口的比例不断增加，而且控制方式不断丰富，主要包括单点控制、干线协调控制和区域协调控制 3 种基本控制形式。不同于无信号交叉口，信号交叉口因信号的阻滞有其独特的交通流运行规律及性能指标。信号交叉口交通流理论，主要研究信号交叉口车流运动特性、车辆受阻滞过程、车辆延误和排队、信号配时优化模型等。

8.3.1 信号交叉口交通特性

信号交叉口车流的运行特性及其通行能力，直接取决于信号配时的情况。首先介绍两个基本概念：信号周期和相位。信号周期是信号灯各种灯色轮流显示一次所需的时间，即一次绿灯、黄灯、红灯显示时间之和。相位是指在一个信号周期内一股或几股车流，不管任何瞬间都获得完全相同的信号灯色显示，那么就把它们获得不同灯色的连续时序称作一个信号相位。

当一个交叉口的相位安排确定之后，车流通过交叉口时的基本运动特性如图 8.6 所示。这一基本模式是由 Clayton（1941）提出的，后来沃德洛尔、韦伯斯特和柯布等学者沿用并发展了该模式，使之成为今天我们看到的图示。这一模式一直作为研究信号交叉口车流运行特性的主要依据。

（1）饱和流量

饱和流量指在一次连续的路灯信号时间内，进口道上一列连续车队通过进口道停车线的最大流量。饱和流量一般通过观测确定，即观测饱和状态下的车头时距 t，则饱和流量为

$$S = 3600/t \tag{8.40}$$

图 8.6 所示的车流运动图示表明，当信号灯转为绿灯显示时，原先等候在停

车线后面的车流便开始向前运动，车辆鱼贯地越过停车线，其流率由零很快增至一个稳定的数值，即饱和流量 S（或称饱和流率）。此后，越过停车线的后续车流将保持与饱和流量 S 相等，直到停车线后面积存的车辆全部放行完毕，或者虽未放行完毕但绿灯时间已经截止。从图 8.6 可以看到，在绿灯启亮的最初几秒，流率变化很快，车辆从原来的静止状态开始加速，速度逐步由零变为正常行驶速度。在此期间，车辆通过交叉口（停车线）的车流量要比饱和流量低些。同理，在绿灯结束后的黄灯时间（许多国家的交通法规允许车辆在黄灯时间越过停车线）或者在绿灯开始闪烁后，部分车辆因采取制动措施而停止前进，还有部分车辆虽未停止但也已经开始减速，因此通过交叉口（停车线）的流量便由原来保持的饱和流量水平逐渐地降下来。

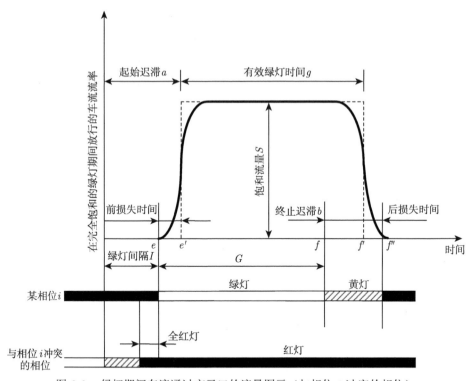

图 8.6　绿灯期间车流通过交叉口的流量图示（与相位 i 冲突的相位）

必须注意的是，只有当绿灯期间停车线后始终保持有连续的车队时，车流通过停车线的流率才能稳定在饱和流量的水平上。图 8.6 所示的正是一个完全饱和的实例，即在绿灯结束之前，始终都有车辆连续不断地通过停车线。

（2）有效绿灯时间

有效绿灯时间即实际上被有效利用了的绿灯时间，用 g 表示。为便于研究起见，用虚折线取代图 8.6 中实曲线所代表的实际流量过程线。虚线与横坐标轴所包围的矩形面积与实曲线所包围的面积相等。这样矩形的高就代表饱和流量 S 的值，而矩形的宽则代表有效绿灯时间 g。换句话说，矩形的面积恰好等于一个平均周期内实际通过交叉口的车辆数。

从图 8.6 可以看出，绿灯信号的实际显示时段与有效绿灯时段是错开的。有效绿灯时间的起点滞后于绿灯实际起点。通常将这一段滞后的时间差称为"绿灯前损失"。同样，有效绿灯时间的终止点也滞后于绿灯实际结束点（这当然指黄灯期间允许车辆继续通行的情况），将这一段滞后时间差称为"绿灯的后补偿"。由此可得到有效绿灯时间的计算公式：

$$g = G + ff' - ee' \tag{8.41}$$

式中，G 为实际绿灯显示时间；ff' 为绿灯后补偿时间，等于黄灯时间减去后损失时间；ee' 为绿灯前损失时间。

（3）绿灯间隔时间

一相位的绿灯结束到另一相位的绿灯开始所用的时间称为绿灯间隔时间，用 I 表示。这是为了避免下一相位头车同上一相位尾车在交叉口内相撞所设，也叫交叉口清车时间。绿灯间隔时间由黄灯时间和全红时间构成，即：

$$I = Y + AR \tag{8.42}$$

式中，Y 为黄灯时间；AR 为红灯时间。

（4）相位损失时间和关键相位

先介绍一下"起始迟滞"与"终止迟滞"的概念。有效绿灯的"起始迟滞"时间 a 等于该相位与上一相位的绿灯间隔时间与绿灯的前损失时间之和，有效绿灯的"终止迟滞"时间 b 恰好等于绿灯的后补偿时间，用公式表示如下：

$$a = I + ee', b = ff' \tag{8.43}$$

根据"起始迟滞"和"终止迟滞"的概念，可以定义相位损失时间。相位损失时间就是"起始迟滞"与"终止迟滞"之差，即

$$l = a - b \tag{8.44}$$

由式 (8.43) 有

$$l = I + ee' - ff' \tag{8.45}$$

如果假定绿灯的前损失时间恰好等于后补偿时间，那么相位损失时间便等于绿灯间隔时间 I。正是由于绿灯间隔时间包含于损失时间之内，信号交叉口的通行能力和配时问题就只与车流的运动特性有关了。

　　根据绿灯损失时间的定义，可以得出实际绿灯显示时间与相位有效绿灯时间 g 之间的如下关系：

$$g + l = G + I \tag{8.46}$$

　　信号周期时长可以用有效绿灯时间和相位损失时间来表示：

$$c = \sum (g + l) \tag{8.47}$$

此式右边并不是对全部相位的有效绿灯时间和损失时间求和，而只是对"关键相位"求和。所谓关键相位，是指那些能够对整个交叉口的通行能力和信号配时起决定性作用的相位。一个交叉口可能有多个相位，但是对于整个交叉口的通行能力和信号配时而言，并不是所有相位都起决定性作用，只是其中的几个相位能起到这种作用，它们即被称作"关键相位"。在信号配时过程中，只要给予关键相位足够的绿灯时间，满足其在通行能力上的要求，那么所有其他相位的通行能力要求自然就都能满足了。

　　（5）信号周期的总损失时间

　　信号交叉口的信号显示是周期性运行的，在一个信号周期内所有相位都要显示一次。由于每个相位都有确定的损失时间，那么对于整个交叉口而言，每一信号周期中都包含一个总的损失时间 L。也就是说，在信号周期的这部分时间里，所有相位均为非绿灯显示，这一部分时间被"浪费"掉了。这里的"浪费"并非是真正的浪费，因为周期损失时间并非真正无用，它对于信号显示的安全更迭、确保绿灯阶段通过停车线的尾车真正通过交叉口（潜在冲突点）是必不可少的。信号周期的总损失时间为各关键相位的损失时间之和：

$$L = \sum l \tag{8.48}$$

　　（6）通行能力与饱和度

　　交叉口各进口方向的通行能力是交叉口设计当中最重要的因素。我们先分析相位通行能力，再介绍整个交叉口总的通行能力和饱和度。

　　1）信号相位的通行能力与饱和度

　　某一信号相位的车流通过交叉口的最大允许能力（即单位时间内该相位能通过交叉口的车辆总数），取决于这些车流所获得的最大通行流率，即饱和流量 S 以及所能获得的有效绿灯时间占整个信号周期的比例 g/c，具体公式如下：

$$C = S \cdot (g/c) \tag{8.49}$$

式中，C 为该相位的通行能力（veh/h）；g/c 为该相位所能获得的有效绿信比，用 λ 表示，即

$$\lambda = \frac{g}{c} \tag{8.50}$$

为了便于比较通行能力和实际交通量，我们将一个相位的实际到达流量即交通量 q 与该相位饱和流量 S 的比值称为流量比 y，将 q 与通行能力 C 之比称为该相位的饱和度 x，即

$$y = \frac{q}{S} \tag{8.51}$$

$$x = \frac{q}{C} = \frac{qc}{Sg} = \frac{y}{\lambda} \tag{8.52}$$

通常将流量比 y 看成常量，它反映实际的通行需求量；把绿信比 λ 看成可控参数，它代表可提供的通行能力；饱和度 x 则与这两个反映交叉口通行"供求"关系的参数相关。

为了提供足够的相位通行能力，必须满足下式：

$$C > q \quad \text{或} \quad x < 1 \tag{8.53}$$

即

$$Sg > qc \quad \text{或} \quad \lambda > y \tag{8.54}$$

显然只要加大有效绿信比就可以加大该相位的通行能力，或者说降低其饱和度。虽然这种方式可以使该相位的通行能力得以提高，但是这会使得其冲突相位的通行能力相应降低。所谓冲突相位，就是指在灯色显示上相反的相位，一个相位获得通行权的同时，与其冲突的相位正好失去通行权。因此，有必要把整个交叉口的各个相位作为一个整体来考虑，研究整个交叉口的总通行能力和饱和度。

2）交叉口总通行能力与饱和度

交叉口总通行能力就是一个交叉口对于各个方向（或相位）全部车流所能提供的最大允许通过量。如果一个交叉口具有足够的通行能力，那么对于每一个相位都可以建立一个不等式 (8.54)。将一个交叉口所有关键相位的不等式合并，就可以得到整个交叉口总通行能力应该满足的关系式：

$$\sum_{i=1}^{n} \lambda_i > \sum_{i=1}^{n} y_i \tag{8.55}$$

这里 $i = 1, 2, \cdots, n$，即第 $1, 2, \cdots, n$ 个关键相位。

在上式中，不等式左边即等于交叉口总的有效绿信比，用 $\lambda_总$ 表示，其具体含义是全部"关键相位"有效绿灯时间总和与信号周期时长之比：

$$\lambda_总 = \sum_{i=1}^{n} \lambda_i \tag{8.56}$$

不等式右边为整个交叉口总的流量比，用 Y 表示，即全部"关键相位"流量比的总和：

$$Y = \sum_{i=1}^{n} y_i \tag{8.57}$$

由式 (8.47) 和 (8.48) 可将式 (8.56) 进一步演变为如下形式：

$$\lambda_总 = (c - L)/c \tag{8.58}$$

这里，$c - L = \sum g$，即全部关键相位的有效绿灯时间总和。

交叉口的总饱和度是指饱和程度最高的相位所达到的饱和度值，而并非各相位饱和度之和。从理论上说，交叉口的饱和度只要小于 1 就应该能满足各方向车流的通行要求。然而实践表明，当交叉口的饱和度接近 1 时，交叉口的实际通行条件将迅速恶化，更不必说等于或大于 1 了。因此必须规定一个可以接受的最大饱和度限值，即饱和度的"实用限值"。研究结果表明，反映车辆通过交叉口时的一些特性参数，如车辆平均延误时间、平均停车次数以及排队长度等，均与饱和度实用限值的大小有关。实践证明，饱和度实用限值定在 0.8~0.9 之间，交叉口就可以获得较好的运行条件。在某种特定的条件下，例如交通量很大，而交叉口周围的环境条件又较差，为减少交叉口建设投资，可以采用更高的限值——饱和度实用极限值 0.950。

8.3.2　稳态延误模型

车辆在信号交叉口的延误时间和排队长度，主要取决于车辆的到达率和交叉口的通行能力。在一般情况下，车辆的到达率和交叉口的通行能力都是随时间而变化的。但在一个较长的时间段内，总的交通状况（车辆的平均到达率和各进口的通行能力）可以是基本稳定不变的。出现这种情况的前提是交叉口未达到饱和，即通行能力有足够的富余量。稳态延误模型就是基于上述分析，建立了如下的基本假定：

（1）信号配时为固定配时（或称定周期配时），且初始时刻车辆排队长度为 0；

（2）车辆平均到达率在所取的时间段内是稳定不变的；

（3）车辆受信号阻滞所产生的延误时间与车辆到达率的相关关系在所取的整个时间段内不变；

（4）交叉口进口断面的通行能力在所研究时段内为常数，且到达率不能超过信号通行能力；

（5）在考察的时间段 T 内，各个信号周期车辆的到达率变化是随机的，因此在某些信号周期内可能会出现车辆的到发不平衡，产生过剩排队车辆，但若干周期后过剩排队车辆将消失，即对整个时段 T 而言，车辆到达和离去保持平衡。

根据上述假定，用稳态理论计算车辆延误时间可简化为如下过程：

（1）将车辆到达率视为常数，计算车辆的"均衡延误"；

（2）计算由于各信号周期车辆到达率不一致而产生的附加延误时间，即"随机延误"；

（3）将上述两部分叠加，得到车辆平均总延误时间。

图 8.7 简略地描述了稳态延误过程。图 8.8 是对稳态排队过程的分析，排队曲线所包围的三角形面积是整个周期内的均衡延误。通过该图可获得下列参数：每辆车的平均延误、停车车辆数 Q_s、最大排队车辆数 $Q_{\max}$ 以及平均排队长度 Q_{avg}。

（1）均衡相位延误

在车辆到达率和进口断面通行能力均为常数的情况下，车辆的延误和车辆到达率的关系是一种线性关系，如图 8.9 所示。车辆 A 到达"停车线"时（严格说来，应该是到达等候车队的队尾，因为此时在停车线的后面已有 N_A 辆车在排队）正值红灯期间，在它前面已有先期到达的 N_A 辆车在停车线后等待。该车必须等到这 N_A 辆车全部离开停车线之后才能驶出停车线，其延误时间为 d_A。

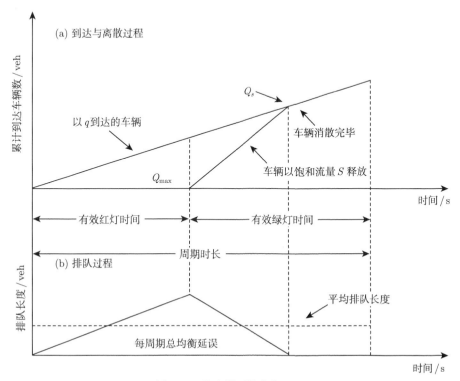

图 8.7　稳态模型的均衡延误

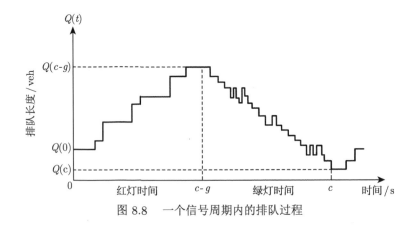

图 8.8　一个信号周期内的排队过程

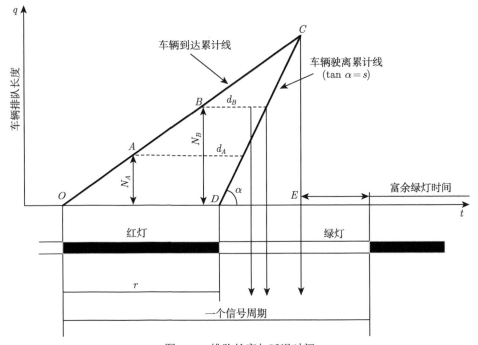

图 8.9　排队长度与延误时间

在图 8.9 中，三角形中水平线为每辆车的延误时间，垂直线为不同瞬时停车线后面的车辆排队长度。于是在一个信号周期内，全部车辆的总延误时间等于三角形的面积（到达率为一均衡值时），而这一数值也恰好是每一瞬间车辆排队长度的总和，即

$$\sum d_i = \sum N_i = S_{\triangle OCD} = \frac{1}{2} r \overline{EC} \tag{8.59}$$

这里 r 为红灯时间，$\overline{EC}$ 为三角形的高。此外，由图 8.9 可得

$$\overline{EC} = c\tan\alpha = \overline{DES} \tag{8.60}$$

而

$$\overline{DES} = (r + \overline{DE})q \tag{8.61}$$

所以

$$\overline{DE} = \frac{qr}{S - q} \tag{8.62}$$

于是车辆总延误时间为

$$D = \sum d_i = \sum N_i = \frac{r}{2} \frac{qr}{S - q} S = \frac{qSr^2}{2(S - q)} \tag{8.63}$$

式中，q 为车辆平均到达率，根据假定为一常数；S 为饱和流量。

上式结果为一个周期内的车辆总延误时间，那么车辆的平均延误时间为

$$d = \frac{\sum d_i}{qc} = \frac{Sr^2}{2c(S - q)} \tag{8.64}$$

将绿信比 $\lambda = g/c$，红灯时间 $r = c - g$，以及流量比 $Y = q/S$ 代入上式得到

$$d = \frac{c(1 - \lambda)^2}{2(1 - y)} \tag{8.65}$$

式中，c 为信号周期时长（s）。

（2）随机延误

式 (8.65) 是基于车辆到达率为常数的假定得到的，但实际上车辆的到达率在一个周期与另一个周期之间是有随机波动的。尽管在整个时间段内总平均饱和度（车辆到达率与交叉口通行能力之比）未超过 1，但却不排除在个别周期内由于车辆到达率的随机波动而导致暂时的过饱和情况。

最早考虑随机因素影响的延误模型是由 Beckmann 等（1956）提出的，在假设车辆到达服从二项分布及确定服务率的情况下导出了下面的延误模型：

$$d = \frac{C - g}{C\left(1 - \dfrac{q}{s}\right)} \left[\frac{Q_0}{q} + \frac{C - g + 1}{2} \right] \tag{8.66}$$

式中 Q_0 为平均过饱和排队车辆数。该模型是根据排队论推导的，但由于严格的二项分布假设以及 Q_0 难以确定，降低了其实用价值。

后来一些学者提出了各种近似公式。最具代表性的是，Webster（1958）应用模拟方法给出的车辆平均延误的公式：

$$d = \frac{c(1 - g/c)^2}{2[1 - (q/S)]} + \frac{x^2}{2q(1 - x)} - 0.65\left(\frac{c}{q^2}\right)^{\frac{1}{3}} x^{2+5\left(\frac{g}{c}\right)} \tag{8.67}$$

式 (8.67) 的第一项表示车辆的到达率为恒定值时产生的正常相位延误，与式 (8.66) 相同，第二项是在假设到达服从泊松分布和固定服务率的情况下导出的，作为随机延误项；第三项是修正项，来源于模拟实验，约等于前两项的 10%。当饱和度较低时，第二项和第三项所占的比重很小，但随着饱和度的增加，第二、三项对计算结果的影响就越来越大了。

此后，Miller（1963）也给出了类似的延误公式：

$$d = \frac{1 - g/c}{2[1 - (q/S)]}\left[c\left(1 - \frac{g}{c}\right) + \frac{2Q_0}{q}\right] \tag{8.68}$$

$$Q_0 = \frac{\exp\left[-1.33\sqrt{Sg(1 - x)/x}\right]}{2(1 - x)} \tag{8.69}$$

式中，Q_0 为上个周期估计溢出排队车辆数，其他参数意义同前。

观察上述三个模型可以发现，模型中均包含均匀延误项，另外的部分都可以归结为随机延误项。Beckmann 模型和 Miller 模型都是通过平均过饱和排队车辆数计算随机延误的。值得注意的是，这三个模型都是在分析时段内交通流处于稳定平衡的条件下建立的，因此不适用于过饱和交叉口的延误计算。另外把交叉口作为孤立交叉口，没有考虑上游交叉口车辆到达和控制因素的影响。

8.3.3　时间依赖延误模型

在稳态模型中假设随机平衡，它要求在无限的时间内有稳定的交通条件（到达、服务和控制过程）。在一定的时间段内且交通流量较小的情况下，此模型结果接近实际情况。当交通流量达到通行能力时，要达到稳定平衡状态所需要的时间经常会超过所能够提供的时间，同时许多情况下交通流量超过通行能力，这时稳态延误模型就不再满足条件。此外，高峰时段的交通流量通常不稳定，这与稳态延误模型的重要假设前提相违背。

为此，学者们在改变稳态条件的限制假设方面做了许多尝试：最简单的方法是在确定性条件中把到达率和离开率作为时间的函数；另一种方法是模拟交叉口交通流，为了估计模拟时间内的平均延误和排队长度，假定车辆到达和离开过程是固定的（随机平衡条件下不必要做此假设）。后一方法近似于时间依赖到达曲线，它通过一些数学函数（分段函数、抛物线函数和三角函数等）来计算相应的延误，May 和 Keller（1967）计算了非信号交叉口瓶颈段的车辆延误和排队，他们所做的工作在确定性建模方法方面极具代表性，且容易对信号交叉口建模，其研究中的基本假设是在计算延误时可忽略队列的随机扰动。

定义累计到达车辆数 $A(t)$：

$$A(t) = \int_0^t q(\tau)\,\mathrm{d}\tau \tag{8.70}$$

$D(t)$ 表示 $[0, t]$ 时间段内出现连续排队时离开的车辆数：

$$D(t) = \int_0^t S(\tau)\,\mathrm{d}\tau \tag{8.71}$$

当前排队系统中的车辆数：

$$Q(t) = Q(0) + A(t) - D(t) \tag{8.72}$$

在 $[0, t]$ 时间段内排队车辆的平均延误：

$$d = \frac{1}{A(t)} \int_0^t Q(t)\mathrm{d}t \tag{8.73}$$

May 和 Keller（1967）在梯形到达曲线和离开恒定的条件下使用了以上模型。在分析时段内，如果已知信号交叉口的信号状态，那么在式 (8.71) 中用 $C(\tau)$ 代替 $S(\tau)$：

$C(\tau) = 0$：当信号为红灯。

$C(\tau) = S(\tau)$：当信号为绿灯，且 $Q(\tau) > 0$。

$C(\tau) = q(\tau)$：当信号为绿灯，且 $Q(\tau) = 0$。

如式 (8.72)，只有当 $x \ll 1$ 或 $x \gg 1$ 时，信号交叉口的确定性模型结果才成立；否则，忽略 q 和 C 的任意波动将引起附加排队，从而使模型所得结果低于实际排队长度和延误时间。

根据 Catling（1977）的研究，采用当前应用坐标转换技术对从标准排队论中得到的稳态曲线进行处理，便可得到时间依赖延误模型。当流量接近通行能力时，由这一新模型估计得到的结果远比稳态模型所得结果接近实际情况。以下介绍这一方法的发展情况。

交通流低于饱和状态（$x \ll 1$）时的延误与交通强度均衡时的延误几乎相等；

交通流高于饱和状态（$x \gg 1$）时用以下确定性模型计算延误可以获得较准确的结果：

$$d = d_1 + \frac{T}{2}(x-1) \tag{8.74}$$

式中，d_1 为交通强度非常低的情况下的延误值（均衡延误）；T 为交通流持续不变的分析时段。

在单位交通强度 $x = 1$ 时，稳态延误模型曲线接近 y 轴，即此时延误为无穷。用坐标转化方法移动最初的稳态曲线使其接近于确定性过饱和延误直线，即式 (8.74) 中的第二项，如图 8.10 所示。

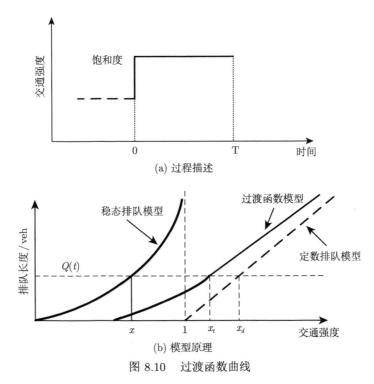

图 8.10   过渡函数曲线

坐标转化方法延误曲线和它的渐近线之间的水平距离与稳态曲线和 $x = 1$ 直线之间的水平距离相等。应用此公式有以下两个限制条件：

（1）$[0, T]$ 时间段开始时无车辆排队；

（2）$[0, T]$ 时段内交通强度恒定。

如仿真实验所示，$[0, T]$ 时段内时间依赖模型符合实际情况。因此，该方法能有效地解决实际问题。除上述两个限制条件外，公式的主要不足在于缺乏理论基础。Catling（1977）以实际交通强度近似于阶段函数来克服以上不足。

Kimber 和 Hollis（1979）提出了在车辆随机到达、一般服务时间及单通道服务系统（M/G/1）中期望排队长度的计算法则，通过排队分布可以定义最初的排队。为了加速计算，当平均最初排队长度与平衡状态排队长度差别很大时，使用平均最初排队长度，并运用完整的运算法则。非稳定到达过程近似于分段函数，计算短时间内的总延误时考虑排队大小。

假设，在 $T = 0$ 时，排队车辆数为 $Q(0)$，饱和度迅速变为 x，在确定性模型中车辆排队变化如下式所示：

$$Q(t) = Q(0) + (x - 1)CT \tag{8.75}$$

从改进的 P-K 公式得到稳态期望排队长度为

$$Q = x + \frac{Bx^2}{1 - x} \tag{8.76}$$

B 为恒量，其大小取决于到达和离开的过程，表达式如下：

$$B = 0.5\left(1 + \frac{\sigma^2}{\mu^2}\right) \tag{8.77}$$

式中，σ^2 为服务时间分布的方差；μ 为服务时间分布的均值。

下面的推导考虑服从指数服务次数，其中，$\sigma^2 = \mu^2$，$B = 1$，x_d 为确定性模型中的饱和度。x 是模型中涉及的稳态条件，其中 x_r 涉及时间依赖模型如 $Q(x, T) = Q(x_r, T)$。为了满足曲线和相似渐近线之间距离相等的假设，由图 8.10 可得

$$1 - x = x_d - x_r \tag{8.78}$$

$$x = x_r - (x_d - 1) \tag{8.79}$$

从式 (8.76) 可得

$$x_d = \frac{Q(T) - Q(0)}{CT} + 1 \tag{8.80}$$

做如下等价转化：

$$x = x_r - \frac{Q(T) - Q(0)}{CT} \tag{8.81}$$

从图 8.10 中可知，显然在 T 时刻，当交通强度为 x，x_r 及 x_d 时，排队长度 $Q(T)$ 相等。用 $Q(T)$ 替换式 (8.76) 中的 Q，解出 x，式 (8.81) 可改写为

$$\frac{Q(T)}{1 + Q(T)} = x_r - \frac{Q(T) - Q(0)}{CT} \tag{8.82}$$

除去 x_r 中的指数 T, 由式 (8.82) 解出 $Q(T)$ 的二次多项式:

$$Q\left(T\right) = \frac{1}{2}\left[\left(a^2 + b^2\right)^{\frac{1}{2}}\right] - a \tag{8.83}$$

其中,

$$a = \left(1 - x\right)CT + 1 - Q(0) \tag{8.84}$$

$$b = 4[Q\left(0\right) + xCT] \tag{8.85}$$

如果使用一般稳态公式 (8.76), 式 (8.84) 和 (8.85) 的结果为

$$a = \frac{\left(1 - x\right)CT^2 + [1 - Q\left(0\right)]CT - 2(1 - B)[Q\left(0\right) + xCT]}{CT + (1 - B)} \tag{8.86}$$

$$b = \frac{4\left[Q\left(0\right) + xCT\right]\left[CT - (1 - B)\left(Q\left(0\right) + xCT\right)\right]}{CT + (1 - B)} \tag{8.87}$$

分析时段到达车辆的平均延误方程中, $[0, T]$ 时段每到达车辆的平均延误 d_d:

$$d_d = \frac{[Q\left(0\right) + 1] + 0.5\left(x - 1\right)CT}{C} \tag{8.88}$$

稳态延误 d_s 为

$$d_s = \frac{1}{C}\left(1 + \frac{Bx}{1 - x}\right) \tag{8.89}$$

通过转换得到的时间依赖方程为

$$d = \frac{1}{2}\left[\left(a^2 + b\right)^{\frac{1}{2}}\right] - a \tag{8.90}$$

相应的参数为

$$a = \frac{T}{2}\left(1 - x\right) - \frac{1}{C}[Q\left(0\right) - B + 2] \tag{8.91}$$

$$b = \frac{C}{4}\left[\frac{T}{2}\left(1 - x\right) - \frac{1}{2}xTB - \frac{Q\left(0\right) + 1}{C}\left(1 - B\right)\right] \tag{8.92}$$

坐标转化方法中, 基于两点原因, 稳态公式 (8.75) 无法充分反映交通信号控制的特性:

(1) 公式的第一项 (均衡交通排队) 需要进一步研究;

(2) 对不能准确符合排队论模型假设的情况, 常数 B 需要校准。

Akçelik（1980）利用坐标转化方法获得的时间依赖公式与 Kimber 和 Hollis（1979）提出的方法相比，能更好地反映信号交叉口特性。

Akçelik（1980）提出的考虑时间依赖的平均饱和排队长度为

$$
Q_0 = \begin{cases} \dfrac{CT}{4}\left[(x-1)^2 + \dfrac{12(x-x_0)}{CT}\right], & x > x_0 \\ 0, & \text{其他情况} \end{cases}
\tag{8.93}
$$

在 $[0,T]$ 区间内，到达的车辆的平均均衡延误表达公式如下：

$$
d = \left\{ \begin{array}{ll} \dfrac{c\,(1-g/c)^2}{2\,(1-q/S)}, & x < 1 \\ (c-g)/2, & x \geqslant 1 \end{array} \right\} + \dfrac{Q_0}{C}
\tag{8.94}
$$

Olszewski（1990）用非均衡马尔可夫链方法计算随机排队长度分布，假定到达分布 $P(t,A)$ 和通行能力分布 $P(C)$，一个周期内排队车辆数由 i 变为 j 的概率由下式所示：

$$
P_{i,j} = \sum_{C=0}^{\infty} P_{i,j}\,(t,C)\,P(C)
\tag{8.95}
$$

并且

$$
P_{i,0}(t,C) = \begin{cases} \displaystyle\sum_{k=0}^{C=i} P\,(t,A=K), & i \leqslant C \\ 0, & \text{其他} \end{cases}
\tag{8.96}
$$

$$
P_{i,j}(t,C) = \begin{cases} P\,(t,A=K), & i \leqslant C \\ 0, & \text{其他} \end{cases}
\tag{8.97}
$$

用矩阵 $P(t)$ 表示在 t 时刻排队状态变化的概率，用 $P_Q(t)$ 表示 t 时刻系统状态中的饱和排队长度分布的行向量，并且假定 $t=0$ 时刻的最初系统状态变量分布情况是已知的，即 $P_Q(0) = P_1(0), P_2(0), \cdots, P_m(0)$，其中 $P_i(0)$ 为 $t=0$ 时刻有 i 辆车排队的概率，则在任意时刻 t，状态概率的向量可以通过矩阵乘法得出，从而能够进一步计算从任意初始状态排队概率的变化：

$$
P_Q(t) = P_Q(t-1)P(t)
\tag{8.98}
$$

8.3.4　上游交叉口影响

在同一交叉口的上下游进行交通到达观测得出的结果不同，主要观测结果如下：车辆以被相等的红灯时间分成的 "簇" 的形式通过交叉口（车队效应）；一个周期内通过交叉口的车辆数不会超过相应交叉口通行能力的最大值（滤波效应）。

（1）信号交叉口的车队效应

当车队行驶到交叉口下游时，车辆簇的影响就会减弱，因为车辆各自以不同的速度行驶而散布于下游路段，这种现象称作车队扩散或车队分散。Pscey（1956）得出沿一个路段按正常速度行驶，自由超车时的出行时间分布：

$$f(\tau) = \frac{D}{\tau^2 \sigma \sqrt{2\pi}} \exp\left[-\frac{\left(\dfrac{D}{\tau} - \dfrac{D}{\overline{\tau}}\right)^2}{2\sigma^2} \right] \tag{8.99}$$

式中，D 为从信号交叉口到达观测点的距离；τ 为单个车辆沿距离 D 的运行时间；$\overline{\tau}$ 为平均运行时间；σ 为速度标准差。

因而，出行时间分布可以转变为车流沿长度为 D 的路段运行的交通流曲线。

$$q_2(t_2)\,\mathrm{d}t_2 = \int_{t_1}^{t_2} q_1(t_1) f(t_2 - t_1)\,\mathrm{d}t_1 \mathrm{d}t_2 \tag{8.100}$$

式中，$q_2(t_2)\,\mathrm{d}t_2$ 为在时间间隔 $(t, t+\mathrm{d}t)$ 内通过交叉口下游某点的总车辆数；$q_1(t_1)\,\mathrm{d}t_1$ 为在时间间隔 $(t, t+\mathrm{d}t)$ 内通过交叉口的总车辆数；$f(t_2 - t_1)$ 为 $(t_2 - t_1)$ 内的可能出行时间密度。

公式 (8.100) 中扩散模型的离散形式为

$$q_2(j) = \sum_i q_1(i)\, g(j - i) \tag{8.101}$$

式中，i，j 均为到达直方图中不连续的时间间隔。

图 8.11 是 Hillier 和 Rothery（1967）在交叉口下游一些连贯的点观测排队扩散影响图示。

观测得出以下结论：

□ 确定性的延误（近似延误表达式第一项）主要依赖上下游绿灯开始的时间滞后（偏差影响）；

□ 在最佳偏差情况得出延误的最小值，它随着信号间距离的增加而增大；

□ 信号偏差并不影响溢出延误部分。

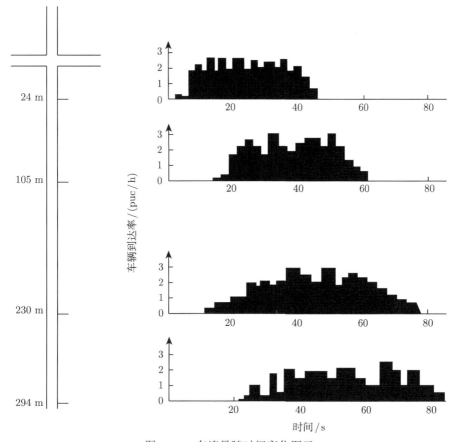

图 8.11   车流量随时间变化图示

TRANSYT 模型便是用于信号控制网络估计确定性延误的车队扩散模型的典型例子，它合并了 Robertson（1969）的扩散模型，与 Pacey（1956）模型的离散形式相似，却是在车辆运行时间按二项式分布的前提下导出的：

$$q_2\left(j\right) = \frac{1}{1+a\tau}q_1\left(j\right) + \left(1 - \frac{1}{1+a\tau}\right)q_2\left(j-1\right) \tag{8.102}$$

式中，τ 为平均运行时间；a 为观测场所校正参数。

Robertson（1969）扩散模型得出的结果满足信号控制网络信号优先和交通运行的分析。此模型与前面的模型相比最大的优点是计算量小，而计算量小对于大型网络的交通控制优化至关重要。

在 TRANSYT 模型中，首先建立上游信号交叉口停车线处交通流直方图（离开曲线），然后用公式 (8.102) 转换到两个信号之间，以得到下游交叉口停车线处的到达模型。下游交叉口确定性延误利用到达转换和直方图数据算出。

为了计入上游信号的影响，公路通行能力手册（Transportation Research Board，1985）在计算孤立交叉口延误时采用了一个级数因子（progression factor, PF），PF 是在车队比率 f_P 的几个评估值中选出来的。车队比率是通过现场测定评估并应用以下公式得出的

$$f_P(j) = \frac{PVG}{g/c} \tag{8.103}$$

式中，PVG 为有效绿灯时间内到达车辆百分比；g 为有效绿灯时间；c 为周期长度。

Courage 等（1988）对公路通行能力手册（HCM）中的级数因子值和 TRANSYT 模型得出的估计值进行了比较，结果表明这两种方法基本一致，HCM 方法的精度稍差一些。为避免使用现场测量来得到级数因子，推荐通过计算时空图的带宽比率来计算车队比率 f_P。

Rouphail（1989）开发了一系列根据时空图和交通流率直接估测级数因子的解析方法，该方法可看作 TRANSYT 方法的简化形式。在 TRANSYT 方法中，到达直方图由两种均衡的比率组成，即车队和非车队的交通强度；Rouphail（1989）方法中，车队扩散基于一个与 TRANSYT 相似的简化模型，该模型对车队的大小和流率均敏感。

（2）信号交叉口滤波效应

Darroch（1964）、Newell（1965）和 McNeil（1968）建立了基于二项式分布和复合式泊松分布到达最通用的稳态延误模型，但这些模型均未直接处理上游信号的影响，于是出现了一个新问题：在这种情况下，这些公式用于估计溢出延误是否合适。

van As（1991）应用 Markov 链技术对两个距离很近的信号交叉口车辆延误和到达进行建模，提出一个能够在某些信号条件下将到达分散指数 I 转换成为离开分散指数 B 的公式：

$$B = I\exp(1 - 1.3F^{0.627}) \tag{8.104}$$

$$F = Q_0/\sqrt{I_a qc} \tag{8.105}$$

如果假定两个间隔很近的信号之间路段 I 值相同，那么就可以采用公式 (8.103)。

Tarko 等（1993）采用逐周期宏观模拟的方法研究了上游信号对随机延误的影响，发现在有些情况下系数 I 并不能准确地表达非泊松到达，所得出的估测结果一般偏大。他们建议用一个调整因子 f 代替分散指数 I，f 是一个周期内可观测到的最大到达车辆数 m_c 和信号交叉口通行能力 Sg 之差的函数：

$$f = 1 - e^{a(m_c - Sg)} \tag{8.106}$$

式中，a 为模型参数且 $a < 0$。

Newell（1990）提出一个假设，在干线系统中没有左转车辆的所有交叉口随机延误的和等于孤立的主要交叉口的随机延误。Tarko 等（1993）对 Newell（1990）中的假设进行验证，得出 Newell 的模型延误值的上限。通过回顾定时信号控制交叉口延误模型，可以得出基于排队论的纯理论方法模型一直在向时间依赖领域（包括确定性和随机性两部分）的试探性模型转变，这种转变是在考虑到其他因素的影响下产生的（如非稳定的交通需求、车队上游信号的滤波影响等）。

8.3.5 感应控制和自适应信号控制

（1）感应控制参数

交通感应控制交叉口的延误主要取决于控制器参数的设定，包括以下参数：单位绿灯延长时间、最小绿灯时间和最大绿灯时间。最小和最大绿灯时间是事先设定的，在最小和最大绿灯时间范围内，只要在小于单位绿灯延长时间间隔内有车辆到达，相位就相应延长。Newell（1969）对两条单车道交叉口的交通感应信号特性进行了研究。研究假定：

□ 车辆的到达过程是恒定的，交通流率稍低于饱和流率，即与到达模型相关的概率分布都是时间不变的。

□ 系统是非饱和的，但交通流量足够大，所以排队车辆大于一辆，不考虑转弯车辆。因为研究主要侧重于中等程度交通，且假定最大绿灯时间是任意大的，所以忽略了最短绿灯时间。除假定恒定的到达过程外，没有考虑其他特殊的到达过程。

图 8.12 显示了流量足够大时排队长度随时间的演化情况。假定一条进口车道的车辆到达率为 q_1，另一条为 q_2；r_j、g_j 和 Y_j 分别表示周期 j 内有效的红灯、绿灯和黄灯时间。在这里信号的配时是一个任意的变量，它随着周期不同变化。对于任意周期所有车辆的总延误 W_{ij} 等于一个三角形的面积，可以近似表达为

$$E\{W_{1j}\} = \frac{q_1}{2(1 - q_1/S_1)}\left[(E\{r_j\} + Y)^2 + \text{var}(r_j) + \frac{I_1(E\{r_j\} + Y)}{S_1(1 - q_1/S_1)} + \frac{V_1}{S_1 q_1}\right]$$
$$(8.107)$$

$$E\{W_{2j}\} = \frac{q_2}{2(1 - q_2/S_2)}\left[(E\{g_j\} + Y)^2 + \text{var}(g_j) + \frac{I_2(E\{g_j\} + Y)}{S_2(1 - q_2/S_2)} + \frac{V_2}{S_2 q_2}\right]$$
$$(8.108)$$

式中，$E\{W_{1j}\}$，$E\{W_{2j}\}$ 分别为周期 j 内进口 1 和 2 等待的总车辆数；S_1，S_2 分别为进口道 1 和 2 的饱和流率；$E\{r_j\}$，$E\{g_j\}$ 分别为有效红灯和绿灯时间期望值；$\text{var}(r_j)$，$\text{var}(g_j)$ 分别为有效红灯和绿灯时间方差；I_1，I_2 分别为进口 1 和 2 车辆到达率均值方差比；V_1，V_2 分别为进口 1 和 2 车辆离开率的方差常数部分。

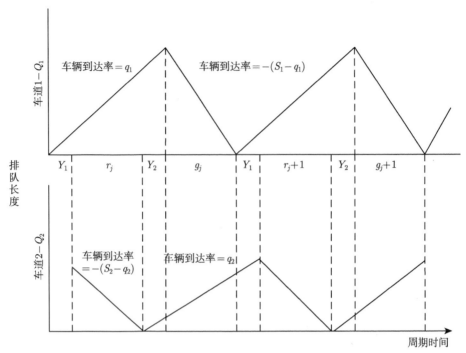

图 8.12　全驱动交叉口控制下的排队情况（Newell，1969）

假定车辆到达过程式恒定不变：

$$E\{r_j\} \to E(r), E\{g_j\} \to E(g) \tag{8.109}$$

$$\mathrm{var}(r_j) \to \mathrm{var}(r), \mathrm{var}(g_j) \to \mathrm{var}(r) \tag{8.110}$$

$$E\{W_{ij}\} \to E\{W_k\} \tag{8.111}$$

红灯和绿灯第一时刻的取得依据与马尔可夫过程如下两式所示，红灯和绿灯的方差数值均设为已知：

$$E(r) = 1 - \frac{Y q_2/S_2}{1 - q_1/S_1 - q_2/S_2} \tag{8.112}$$

$$E(g) = 1 - \frac{Y q_1/S_1}{1 - q_1/S_1 - q_2/S_2} \tag{8.113}$$

Dunne（1967）假定车辆到达过程服从二项分布，车辆离开率为常数，且当排队消散时改变控制信号。以下研究两个单车道的两相位信号控制的孤立交叉口。

对于每一个时间间隔 $(k\tau, k\tau + \tau)$，$k = 0, 1, 2, \cdots$，在进口道 $i = 1, 2$ 有车辆到达概率为 q_i，则无车辆到达的概率为 $p_i = 1 - q_i$。时间间隔 τ 是离开车辆之间

的间隙。假定两个进口道的饱和流率相等，$W_r^{(2)}$ 表示在有效红灯时间长度为 r 的一个周期内，进口道 2 的总延误，它可以表示为

$$W_{r+1}^{(2)} = W_r^{(2)} + \mu[\delta_1 + c + \delta_2] \tag{8.114}$$

式中，c 为周期长度；δ_1，δ_2 为各周期开始和结束时延误的增加量。

当在相位开始后的单位时间内有一辆车到达，且 $\mu = 0$ 的概率为 p_2，$\mu = 1$ 的概率为 q_2，如果在相位开始后的单位时间内没有车辆到达，则式 (8.114) 可以表示为

$$W_{r+1}^{(2)} = W_r^{(2)} \tag{8.115}$$

否则

$$W_{r+1}^{(2)} = W_r^{(2)} + \delta_1 + c + \delta_2 \tag{8.116}$$

对式 (8.114) 取期望，并消去 $E(\delta_1)$ 和 $E(\delta_2)$，得

$$E(W_{r+1}^{(2)}) = E(W_r^{(2)}) + q_2(r+1)/p_2 \tag{8.117}$$

当 $W_0^{(2)} = 0$ 时，解式 (8.117) 的微分方程得

$$E\left(W_r^{(2)}\right) = q_2(r^2 + r)/(2p_2) \tag{8.118}$$

最后，对式 (8.118) 两边同时取 r 的期望，得

$$E\left(\mathrm{W}^{(2)}\right) = q_2\left\{\mathrm{var}\,[r]\,E^2\,[r] + E[r]\right\}/(2p_2) \tag{8.119}$$

因此，如果 r 的均值和方差都已知，从上式就可以得出延误。改变 $E\left(\mathrm{W}^{(i)}\right)$ 的上标就可以得到其他进口道的延误。

Cowan（1978）研究了两个单车道单进口道的两相位信号的交叉口。控制的原则是在最早的时间 t 时将绿灯相位转换到另一个进口道，这样在区间 $[t - \beta_i - 1, t]$ 内没有车辆离开，通常 $\beta_i \geqslant 0$。他假定离开车辆的车头时距为一个时间单位，因此到达车辆的车头时距至少是一个时间单位，进口道 j 的车辆到达过程服从串指数分布，所有的车队车头时距都等于一个时间单位，车队内所有车辆的车头时距服从指数分布。假定车队大小服从一般的概率分布，均值是 μ_j，方差是 σ_j^2。车头时距小于 t 时的累积概率 $F(t)$ 为

$$F(t) = \begin{cases} 1 - \varphi e^{-\rho(t-\Delta)}, & t \geqslant \Delta \\ 0, & t < 0 \end{cases} \tag{8.120}$$

式中，Δ 为到达车流的最小车头时距，Δ 等于 1 个时间单位；φ 为自由车辆的比例（非车串）；ρ 为延误参数。

参数 $\beta_j = 0$ 或 $\beta_j > 0$ 时，平均信号配时（r 和 g）和平均延误分别计算。$\beta_j = 0$ 表示当进口道排队车辆清空后绿灯马上结束；$\beta_j > 0$ 表示当进口道排队车辆清空后分配给进口道一个后续绿灯时间。通过分析马尔可夫过程的性质，在 $\beta_j = 0$ 时得到如下公式：

$$E(g_1) = q_1 L/(1 - q_1 - q_2) \tag{8.121}$$

$$E(g_2) = q_2 L/(1 - q_1 - q_2) \tag{8.122}$$

$$E(r_1) = l_2 + [q_2 L/(1 - q_1 - q_2)] \tag{8.123}$$

$$E(r_2) = l_1 + [q_1 L/(1 - q_1 - q_2)] \tag{8.124}$$

式中，$E(g_1)$，$E(g_2)$ 分别为进口道 1 和 2 有效绿灯时间期望值；$E(r_1)$，$E(r_2)$ 分别为进口道 1 和 2 有效红灯时间期望值；L 为周期损失时间；l_1，l_2 分别为相位 1 和 2 的损失时间；q_1，q_2 分别为进口道 1 和 2 的恒定交通流量。

由下式计算进口道 1 的平均延误：

$$\frac{L(1 - q_2)}{2(1 - q_1 - q_2)} + \frac{q_1^2 (1 - q_2)^2 p_2 (\sigma_2^2 + \mu_2^2) + (1 - q_1)^3 (1 - q_2) p_1 (\sigma_1^2 + \mu_2^2)}{2(1 - q_1 - q_2)(1 - q_1 - g_2 + 2q_1 q_2)} \tag{8.125}$$

Akçelik（1994）提出了估计基本的感应控制器的平均绿灯次数和周期时间的分析方法，其中单位绿灯延长时间的设定使用 Cowan（1978）关于车辆到达车头时距服从串指数分布的假定。该模型中，到达车流的最小车头时距 Δ 不等于一个时间单位；延误参数 p 取为 $\varphi q_t/\theta$，其中 q_t 是总的到达流率，$\theta = 1 - \Delta q_1$；自由车辆（非车串）指车头时距大于最小车头时距 Δ 的车辆，且假定所有车串具有相同的车头时距 Δ。Akçelik（1994）提出了两个不同的计算自由车辆（非车串）比例 φ 的模型。总绿灯可以由最短绿灯时间 $g_{\min}$ 和绿灯延长时间 g_e 进行估计。绿灯时间服从以下约束条件：

$$g \leqslant g_{\max} \vee g_e < g_{e\max} \tag{8.126}$$

式中，$g_{\max}$ 为最大绿灯时间；$g_{e\max}$ 为最大绿灯延长时间。

如果假定单位绿灯延长时间已经设定，那么在绿灯时段中的饱和部分不会发生间隙的变化，绿灯时间可由下式表示（假设排队清空后发生间隙变化）：

$$g = g_s + e_g \tag{8.127}$$

式中，g_s 绿灯时段中的饱和部分；e_g 为延长时间，排队消散后车头时距变大开始至绿灯结束的时段。

绿灯时间的范围是

$$g_{\min} \leqslant g \leqslant g_{\max} \tag{8.128}$$

绿灯时段中的饱和部分可用下式表示：

$$g_s = f_q y r / (1 - y) \tag{8.129}$$

式中，f_q 为排队清空时间的变化对排队长度的修正系数；r 为红灯时间；y 为到达率和饱和流率的比，$y = q/S$，q 为到达率，S 为饱和流率。

饱和部分以外的平均延长时间由下式表示：

$$e_g = n_g h_g + e_t \tag{8.130}$$

式中，n_g 为排队清空后没有发生间隙变化时的平均到达车辆数；h_g 为排队清空后没有发生间隙变化时的平均车头时距；e_t 为间隙变化的终结时间（多数情况下等于单位绿灯延长时间 U）。

当 $e_t = U$ 时，式 (8.130) 变为

$$e_g = -\frac{1}{q} + \left(\frac{\Delta}{\varphi} + \frac{1}{q} \right) e^{q(U-\Delta)} \tag{8.131}$$

（2）感应控制延误模型

Courage 和 Papapanou（1977）在 Webster 定时控制延误模型基础上进行了修订，提出了感应控制延误计算公式。Webster 简单延误公式如下：

$$d = 0.9 \left(d_1 + d_2 \right) = 0.9 \left[\frac{c(1 - g/c)^2}{2(1 - q/S)} + \frac{x^2}{2q(1 - x)} \right] \tag{8.132}$$

Courage 和 Papapanou（1977）提出以下两种控制策略：

□ 有效绿灯时间按需分配到各交通流入口上；

□ 排队车辆适当消散后即终止绿灯相位，以此来最小化损失时间。

Courage 和 Papapanou（1977）还建议采用表 8.1 给出的周期时长进行延误估计。

表 8.1　定时和感应信号控制下基于 Webster 公式进行延误估计的周期长度

信号类型	第一组的周期时长	第二组的周期时长
定时控制	最佳周期	最佳周期
感应控制	平均周期	最大周期

Webster 公式中的最优周期长度为

$$c_0 = \frac{1.5L + 5}{1 - \sum y_{ci}} \tag{8.133}$$

式中，L 为一个周期内的总损失时间；y_{ci} 为相位流量与饱和流量的比值。

平均周期时长定义如下：

$$c_a = \frac{1.5L}{1 - \sum y_{ci}} \tag{8.134}$$

$c_{\max}$ 是控制器设定的最大周期长度。值得注意的是，定时控制的最佳周期长度比感应控制的最佳周期长度长。模型可以通过仿真来检验，并且在广泛的应用中也得到了较满意的结果。

在 1994 的美国通行能力手册中，全感应信号车道组每辆车的平均近似延误可以根据下面的公式来评估：

$$d = d_1 \cdot DF + d_2 \tag{8.135}$$

$$d_1 = \frac{c(1 - g/c)^2}{2(1 - xg/c)} \tag{8.136}$$

$$d_2 = 900Tx^2 \left[(x - 1) + \sqrt{(x - 1)^2 + \frac{mx}{CT}} \right] \tag{8.137}$$

式中，DF 为信号协调控制类型的延误因子；x 为到达流率与通行能力的比值，记为 q/C；m 为车辆到达的分布类型的修正参数；C 为通行能力（veh/h）；T 为以小时计的流量的计数时段（在 1994 年的通行能力手册里为 0.25）。

延误因子 $DF = 0.85$，相比于孤立的定时控制，全感应控制更能减少排队延误，所以它是更有效的控制方式。

平均周期长度计算如下：

$$c_a = \frac{Lx_c}{x_c - \sum y_{ci}} \tag{8.138}$$

式中，x_c 为全感应控制下的临界饱和度（在 1994 年的《道路通行能力手册》里为 0.95）。

对于标准车道 i，有效绿灯时间为

$$g_i = \frac{y_{ci}}{x_c} c_a \tag{8.139}$$

信号配时参数估计方法争议颇多。Lin（1989）对用公式 (8.138) 计算所得的预测周期时长与纽约实地观测进行了比较，发现在各种情况下，观测的周期时长要长于预测的周期时长，即便在观测到的 x_c 值很小的情况下也是如此。

Lin 和 Mazdeysna（1983）建议采用与 Webster 的近似延误公式一致的一般延误模型：

$$d = 0.9 \left[\frac{c(1 - K_1 g/c)^2}{2(1 - K_1 K_2 xg/c)} + \frac{3600(K_2 x)^2}{2q(1 - K_2 x)} \right] \tag{8.140}$$

式中，K_1，K_2 为灵敏度系数，反映感应与定时控制延误对 g/c 和 x 值的不同灵敏性；g，c，q，x 的含义同前。

研究中，半感应和全感应控制下的 K_1，K_2 可通过仿真模型来校准。

图 8.13 所示是两相位全感应控制信号的配时方案。对于相位 i，除了初始绿灯时间 $G_{\min i}$，F_i 的绿灯延长时间设置是基于控制方案和控制参数。F_i 可以进一步分成 e_{ni} 和 E_{ni} 两部分：① e_{ni} 是初始绿灯时间过后，检测器检测到由 n 辆车形成的连续车队所增加的绿灯延长时间；② E_{ni} 是初始绿灯时间和 e_{ni} 时间过后，检测器检测到的车头时距小于一个单位绿灯延长时间 U 的 n 辆车所增加的绿灯延长时间。e_{ni} 和 E_{ni} 是随机变量，它们随周期的变化而不同。Lin（1982a，1982b）提出计算 e_i 和 E_i 的程序。当主要路段交通流率 q_c 很高且当 $G_{\min i}$ 结束时，检测器仍可能检测到上游有车辆排队形成。

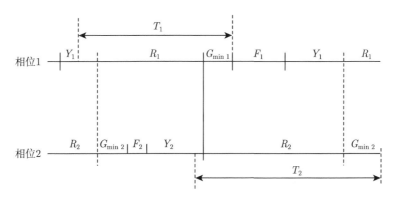

图例：
Y_i 为相位 i 的黄灯时间
R_i 为相位 i 的红灯时间
$G_{\min i}$ 为相位 i 的初始绿灯时间
F_i 为相位 i 的绿灯延长时间

图 8.13　两相位全感应控制时序图实例

在 T_i 时段内如果有 n 辆车到达主要路段，那么 $G_{\min i}$ 后第 n 辆车到达检测器所需要的时间可由以下公式得出：

$$t_n = nw + \sqrt{\frac{2(nL - s_i)}{a}} - G_{\min i} \tag{8.141}$$

式中，w 为绿灯相位开始后排队车辆所需的平均启动时间；L 为车辆平均长度；a 车辆从停车位置开始的加速度；s 为检测器反应时间内车辆行驶距离。

如果 $t_n \leqslant 0$，则不存在移动的队列，因此 $e_i = 0$；否则，由于移动队列的存在使得绿灯时间延长。此处令 s 等于排队车辆通过检测器的流率。考虑到在时间间隔 t_n 内可能有额外的车辆加入车队，如果 $t_n > 0$ 和 $s > 0$，那么

$$e_{ni} = \frac{st_n}{s - q} \tag{8.142}$$

为了满足在初始时间间隔末端上游没有形成车队的概率要求，e_{ni} 的期望值 e_i 如下式表示：

$$e_i = \sum_{n=n_{\min}}^{\infty} \frac{P_j(n/T_i)e_{ni}}{1 - P_j(n < n_{\min})} \tag{8.143}$$

式中，$n_{\min}$ 为形成移动车队的最小车辆数。

为了估计 E_i，假设初始绿灯时间 $G_{\min i}$ 和额外绿灯 e_{ni} 结束后，有 k 个连续车辆的车头时距小于单位绿灯延长时间 U，后面紧跟车辆的车头时距大于 U。在这种情况下，绿灯时间将延长 k 次，相应的绿灯延长时间为 $kJ + U$，其概率为 $[F(h \leqslant U)]^k F(h \geqslant U)$，其中 J 为平均的延长长度，$F(h)$ 为累计的车头时距分布函数。

$$J = \frac{\displaystyle\int_{\Delta}^{U_i} tf(t)\,\mathrm{d}t}{F(h < U_i)} \tag{8.144}$$

因而有

$$E_i = \sum_{k=0}^{\infty} (kJ + U)\left[F(h \geqslant U)\right] = -\frac{1}{q} + \left(\Delta + \frac{1}{q}\right)e^{q(U - \Delta)} \tag{8.145}$$

式中，Δ 为交通流中的最小车头时距。

根据图 8.13，当 T_1 和 T_2 值已知时，G_i 可以表示为

$$G_i = \sum_{n=0}^{\infty} (G_{\min i} + e_i + E_i) P(n/T_i) \tag{8.146}$$

满足

$$G_{\min i} + e_i + E_i \leqslant (G_{\max})_i \tag{8.147}$$

其中，$P(n/T_i)$ 表示在时间间隔 T_i 内，第 i 个相位主要路段有 n 辆车到达的概率。

Li 等（2018）提出的估计全感应信号控制简单交叉口的过剩排队延误方法对道路通行能力手册中的延误公式做了一些变动，即：① 去掉了延误因子 DF；② 为了保证确定过饱和延误模型的收敛性，公式忽略了过饱和延误项的乘数 x^2。过剩排队延误可以表示为

$$d_2 = 900T \left[(x-1) + \sqrt{(x-1)^2 + \frac{8kx}{CT}} \right] \qquad (8.148)$$

$$kd_2 = \frac{kx}{C(1-x)} \qquad (8.149)$$

总体来说，交通感应控制器的延误模型都是在相应交通过程假设的前提下获得的，并且受感应控制器参数约束。车辆的车头时距分布直接影响感应相位的绿灯次数，控制器限制绿灯时间在特定的最小和最大绿灯时间之内。与定时信号模型相比，感应模型需要额外估计期望的信号相位长度。在进一步的研究中需要综合考虑信号控制的其他方面因素，如相位跳跃、间隙时间变化和可变的最大绿灯时间。同时，需要研究一种适合于定时控制和感应控制的一般性模型。这样的模型应该满足轻重交通需求下两种控制方式产生的统一的交通特性要求。

（3）自适应信号控制

Miller（1963）首先提出了自适应信号控制方法。该方法主要是通过比较延长当前相位绿灯持续时间所得效益与立即终止所得效益，在小的时间间隔内调整信号配时。自适应控制系统根据实时交通需求调整信号配时，被认为是比感应控制更高级的一种系统。

自适应控制通常包括两类：一是在线生成式，即通过车辆检测器实时采集交通量数据，在线求解最佳信号配时方案，然后进行信号控制。该方法能够及时响应交通流的随机变化，控制效果好，但实现复杂。二是方案选择式系统，根据不同的交通流，事先求解出各种配时方案，储存在中心计算机内，系统运行时按实时采集的交通量数据选取最适用的配时方案，实施信号控制。自适应控制方法采取智能化的方法如神经网络、模糊控制和遗传算法等，直接对采集的数据进行优化决策得到整个交通网络所需要的控制参数。该种控制方式一般是采取分层的控制方式，由路口控制级、区域控制级和中央控制级三级联网，实现点、线、面之间交通信号的协调控制。自适应控制方法可适用于各类控制区域，但对模型建立、信号控制算法及数据采集精度的要求较高，是未来交通控制系统发展的方向。

目前，自适应信号控制算法已经相当成熟，并成功嵌入到信号控制系统中，如英国的 MOVA（Vincent and Pierce, 1998）、SCOOT，法国的 PRODYN（Henry et al., 1983），美国的 OPAC，澳大利亚 SCATS，但是自适应控制系统的交通延误的研究还是有一定程度的不足。Brookes 和 Bell（1991）为了计算自适应信号

控制下的离散时间延误，采用马尔可夫链和三种启发式方法估算延误和排队长度。通过追踪排队随时间的演化过程应用"轮盘赌"[①]的方法计算延误。该方法主要问题在于当前时间步排队长度的估计不准，而且马尔可夫链方法计算量大，存储需求高，在实际应用中受到限制。裴玉龙和刘广萍（2005）对两相位信号控制交叉口不同交通状况下的交叉口延误进行分析，提出了自适应信号控制下交叉口延误计算方法。

复习思考题

1. 简述可插车间隙理论的基本概念与假设。
2. 简述车头时距分布的统计规律及其各种描述函数的优缺点。
3. 简述二路停车控制交叉口交通流优先级的划分情况。
4. 简述信号交叉口的交通特性。
5. 简述稳态理论的基本原理及假设。
6. 简述感应控制延误模型。

参 考 文 献

裴玉龙, 刘广萍. 2005. 自适应信号控制下交叉口延误计算方法研究 [J]. 公路交通科技, 22(7): 110-114.

Akçelik R. 1980. Time-dependent expressions for delay, stop rate and queue length at traffic signals[R]. Australia: Australian Road Research Board.

Akçelik R. 1994. Estimation of green times and cycle time for vehicle-actuated signals[J]. Transportation Research Record, 1457: 63-72.

Beckmann M J, Mcguire C B, Winsten C B. 1956. Studies in the Economics of Transportation[M]. New Haven: Yale University Press.

Brookes D, Bell M G. 1991. Expected delays and stop calculation for discrete time adaptive traffic signal control[C]. Proceedings of the International Symposium on Highway Capacity, Karlsruhe, Germany.

Catling I. 1977. A time-dependent approach to junction delays[J]. Traffic Engineering and Control, 18(11): 520-523, 526.

Clayton A J H. 1941. Road traffic calculations[J]. Journal of the Institution of Civil Engineers, 16(7): 247-284.

Courage K G, Papapanou P P. 1977. Estimation of delay at traffic-actuated signals[J]. Transportation Research Record, 630: 17-21.

Courage K G, Wallace C E, Alqasem R. 1988. Modeling the effect of traffic signal progression on delay[J]. Transportation Research Record, 1194: 139-146.

---

① 一种常用的随机算法。

Cowan R. 1978. An improved model for signalised intersections with vehicle-actuated control[J]. Journal of Applied Probability, 15(2): 384-396.

Darroch J N. 1964. On the traffic-light queue[J]. Annals of Mathematical Statistics, 35: 380-388.

Dunne M C. 1967. Traffic delay at a signalized intersection with binomial arrivals[J]. Transportation Science, 1(1): 24-31.

Henry J J, Farges J L, Tuffal J. 1983. The PRODYN real-time traffic algorithm[J]. IFAC Proceeding Volumes, 16(4): 305-310.

Hillier J A, Rothery R. 1967. The synchronization of traffic signals for minimum delay [J]. Transportation Science, 1(2): 81-94.

Kimber R, Hollis E. 1979. Traffic queues and delays at road junctions[R]. Berkshire: Transportation and Road Research Laboratory.

Li J, Rouphail N M, Akçelik R. 1994. Overflow delay estimation for a simple intersection with fully actuated signal control[J]. Transportation Research Record, 1457: 73-81.

Lin F B. 1982a. Estimation of average phase duration for full-actuated signals[J]. Transportation Research Record, 881(881): 65-72.

Lin F B. 1982b. Predictive models of traffic-actuated cycle splits[J]. Transportation Research Part B, 16(5): 361-372.

Lin F B. 1989. Application of 1985 highway capacity manual for estimating delays at signalized intersection[J]. Transportation Research Record, 1225: 18-23.

Lin F B, Mazdeyasna F. 1983. Delay models of traffic actuated signal controls[J]. Transportation Research Record, 905: 33-38.

May A D, Keller H E M. 1967. A deterministic queueing model[J]. Transportation Research, 1(2): 117-128.

McNeil D R. 1968. A solution to the fixed-cycle traffic light problem for compound poisson arrivals[J]. Journal of Applied Probability, 5(3): 624-635.

Miller A J. 1963. Settings for fixed-cycle traffic signals[J]. Journal of the Operational Research Society, 14(4): 373-386.

Newell G F. 1965. Approximation methods for queues with application to the fixed-cycle traffic light[J]. Siam Review, 7(2): 223-240.

Newell G F. 1969. Properties of vehicle-actuated signals: I. one-way streets[J]. Transportation Science, 3(1): 30-52.

Newell G F. 1990. Stochastic delays on signalized arterial highways[C]. Proceedings of the 11th International Symposium on Transportation and Traffic Theory, Yokohama, Japan-Shi.

Olszewski P. 1990. Modelling of queue probability distribution at traffic signals[C]. Proceedings of the 11th International Symposium on Transportation and Traffic Theory, Yokohama, Japan-Shi.

Pacey G M. 1956. The progress of a bunch of vehicles released from a traffic signal[R]. London: Road Research Laboratory.

Richardson A J. 1987. Delay model for multiway stop-sign intersections[J]. Transportation Research Record, 1112: 107-112.

Robertson D I. 1969. TRANSYT: a traffic network study tool[R]. Crowthorne: Road Research Laboratory.

Rouphail N. 1989. Progression adjustment factors at signalized intersections[J]. Transportation Research Record, 1225: 8-17.

Tarko A, Rouphail N, Akçelik R. 1993. Overflow delay at a signalized intersection approach influenced by an upstream signal: an analytical investigation[J]. Transportation Research Record, 1398: 82-89.

Transportation Research Board. 1985. Highway Capacity Manual 1985[M]. Washington, D. C.: Bureau of Public Roads.

van As S C. 1991. Overflow delay in signalized networks[J]. Transportation Research Part A, 25(1): 1-7.

Vincent R A, Peirce J R, 1988. MOVA: traffic responsive, self-optimising signal control for isolated intersections[R]. Crowthorne, UK: Transport Research Laboratory.

Webster F V. 1958. Traffic signal settings[R]. London: Road Research Laboratory.

第 9 章　道路交通流的理论发展与展望

道路交通流特征受到车辆性能、驾驶行为以及交通管理与控制等多种因素的影响。伴随着信息、通信以及大数据等技术的发展，车辆技术、交通信息检测技术日新月异，从而推动了交通流理论的快速发展。当前，道路交通流研究的最新成果集中在两个方面：自动互联汽车与宏观交通流理论。本节将针对这两个研究领域，介绍其基本理论以及最新的研究进展。

9.1　自动互联车

9.1.1　自动互联车交通流研究简介

当前，全球创新潮流汹涌澎湃，新一轮产业变革蓄势待发。互联网、移动通信、大数据、人工智能等新技术加速突破并持续演进，呈现出多元融合、人机协同、模拟思考的新特征，支撑了智慧交通、"互联网 + 交通运输"、自动驾驶等的推广应用和市场化。

移动互联系统是未来交通系统的重要发展方向，它将交通系统所涉及的人、车、道路与移动互联网环境有机地结合在一起，从而使交通系统智能化，更好地实现安全、畅通和低能耗的目的。另一方面，自动驾驶技术在人工智能和汽车行业的飞速发展下逐渐成为业界焦点。随着移动互联和自动驾驶技术的迅速发展，城市交通流研究面临着新的挑战。在自动驾驶车辆完全取代一般车辆之前，道路交通将会由一般车辆构成的传统交通流转变成不同级别的自动车、互联车与一般车辆混行的新型混合交通流。

因此，弄清新型混合交通流的演化特性，在此基础上，建立能合理刻画新型混合交通流演化特性的交通流模型，并通过开展交通仿真，研究各类新型交通管理、控制和优化方法对抑制交通拥堵的作用，这将为未来若干年内的交通管理奠定坚实的基础。

9.1.2　自动互联车交通流建模

从交通流研究的角度，驾驶行为包括跟车和换道。因此，只要能实现自动跟车和/或自动换道功能，即可定义为自动驾驶车辆。事实上，大量的相关研究工作关注点就在自动车的跟车和/或换道方面。

在自动驾驶车辆跟车方面，目前普遍采用如下的双层控制方程进行刻画：

$$a_{\mathrm{cmd}} = f(\Delta x, v, \Delta v, \cdots) \tag{9.1}$$

$$\frac{\mathrm{d}a}{\mathrm{d}t} = \frac{a_{\mathrm{cmd}} - a}{\tau} \tag{9.2}$$

自动驾驶车辆通过自身安装的传感器检测自身车辆的速度 v、和前方车辆的速度差 Δv、车间距 Δx 等信息。方程 (9.1) 根据这些信息计算出车辆的指令加速度 a_{cmd}，然后下发给下层的控制系统（生产厂商所用的控制算法是商业机密）。方程 (9.2) 用来模拟下层车辆动力系统（车辆的油门与制动）的控制效果，其中 a 表示车辆的实际加速度，τ 是一个松弛参数。

针对指令加速度的计算，常用的有两类方法。一类是反馈控制算法，另一类是基于模型预测控制和滚动时域的约束优化控制模型。前一类方法与车辆跟驰模型非常类似，本章加以介绍。对后一类方法感兴趣的读者可参阅相关文献。随着人工智能和深度学习的研究取得巨大进展，亦出现了基于深度学习的相关研究工作。

（1）常数时距策略

最常用的控制算法基于常数时距策略（constant time gap policy），其上层方程通常可写为

$$a_{\mathrm{cmd}} = k_v(v_{i+1} - v_i) + k_g(\Delta x_i - v_i T - L - G) \tag{9.3}$$

式中，v_{i+1} 是前车速度，v_i 是本车速度，$\Delta x_i = x_{i+1} - x_i$ 是两车间距，T 是车辆期望保持的时距，L 是车辆长度，G 是车辆最小间距（即车辆停止时两车间距）。k_v，k_g 是两个参数。

显然，在这一控制算法下，在稳定状态，车辆速度 $v = (\Delta x - L - G)/T$，其中 $\Delta x = 1/\rho$，ρ 为车辆密度。令车辆最大速度为 $v_{\max}$，则

$$v = \min \left(\frac{\frac{1}{\rho} - L - G}{T}, v_{\max} \right) \tag{9.4}$$

因此，流量

$$q = \rho v = \min \left(\frac{1 - \rho(L+G)}{T}, \rho v_{\max} \right) \tag{9.5}$$

这即为一个三角形基本图，如图 9.1 所示，其中 $\rho_{\max} = \dfrac{1}{L+G}$，最大流量 $q_{\max} = \dfrac{v_{\max}}{v_{\max}T + L + G}$，对应的临界密度 $\rho_c = \dfrac{1}{v_{\max}T + L + G}$。

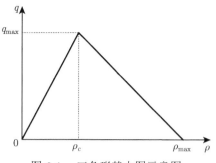

图 9.1 三角形基本图示意图

针对方程 (9.2)，(9.3) 进行稳定性分析，可以得出其渐近稳定性的条件为

$$(2k_v\tau - 1)^2 + 4k_g\tau(2\tau - T) < 0 \tag{9.6}$$

注意，该稳定性条件与车流速度与间距无关。

如果车辆实现了互联，还可以通过互联方式获取更多的车辆状态信息。例如，如果通过互联方式获取了前车加速度，则计算指令加速度时，可将前车加速度考虑进去，例如

$$a_{\text{cmd}} = k_v(v_{i+1} - v_i) + k_g(\Delta x_i - v_i T - L - G) + k_a a_{i+1} \tag{9.7}$$

方程 (9.2)，(9.6) 的渐近稳定性的条件为

$$2k_v T + k_g T^2 - 2 + 2k_a > 0 \tag{9.8}$$

$$T > 2\tau \times \frac{k_v T + k_g T^2 - \sqrt{(2k_v k_g T^3 + k_g^2 T^4 - 2k_g T^2 + 2k_g T^2 k_a)}}{1 - k_a^2} \tag{9.9}$$

如果可以获取更多前方车辆的信息，则计算指令加速度时，还可以将这些信息均考虑进去，例如，Ge 和 Orosz 提出的

$$a_{\text{cmd}} = \sum_{i=1}^{n} \left(\alpha_{1i}(\bar{\kappa}_i h_i(t) - v_i(t)) + \beta_{1i}(v_{i+1}(t) - v_i(t)) \right)$$
$$+ \sum_{i=1}^{n} \int_{-\tau_{\text{max}}}^{0} f_i(\theta)(\bar{\kappa}_i h_i(t+\theta) - v_i(t+\theta))\mathrm{d}\theta$$
$$+ \sum_{i=1}^{n} \int_{-\tau_{\text{max}}}^{0} g_i(\theta)(v_{i+1}(t+\theta) - v_i(t+\theta))\mathrm{d}\theta \tag{9.10}$$

这里，车辆 1 为所考虑的目标车辆，α_{1i}，β_{1i}，$\bar{\kappa}_i$ 是参数，$h_i = \Delta x_i - L$，$\tau_{\max}$ 是车辆驾驶员最大反应时间，$f_i(\theta)$，$g_i(\theta)$ 是核函数。该控制算法考虑了前方 n 辆车的速度和位置的瞬时信息及历史信息。Ge 和 Orosz（2018）针对该控制算法进行了实车测试，结果表明，相比于驾驶员驾驶车辆（human driven vehicle），采用该控制算法的互联自动车的性能得以显著改善，即过大的减速度、过大和过小的车间距出现频率降低。

除了指令加速度，有些控制算法使用指令速度，例如

$$v_{\mathrm{cmd}} = v_{i_{\mathrm{prev}}} + k_g\left(x_{i+1} - x_i - Tv_i\right) + k_v(v_{i+1} - v_i - Ta_i) \tag{9.11}$$

其中，$v_{i_{\mathrm{prev}}}$ 是上一轮迭代中目标车辆 i 的速度。

（2）非线性控制策略

除了常数时距策略，亦可以采用非线性的策略，例如

$$a_{\mathrm{cmd}} = \left(1 - \frac{\tau T_v}{T_a} - \tau\lambda\right)a_i + \frac{\tau}{T_a}(v_{i+1} - v_i)$$
$$+ \frac{\tau\lambda}{T_a}\left(x_{i+1} - x_i - \left(L + G + Tv_i + Hv_i^2\right)\right) \tag{9.12}$$

在这一控制算法下，在稳定状态，车辆间距是速度的二次函数，即

$$x_{i+1} - x_i = L + G + Tv_i + Hv_i^2 \tag{9.13}$$

其中，T 和 H 是参数。在这一控制算法下，同样可以得到交通流的稳定性条件，并进而获得流量、密度和速度时间的关系，详见文献（Zhou and Peng，2005）。

9.1.3　自动互联车交通流研究进展

随着自动互联车概念的推广，以及政府、产业界、用户等各层面对自动互联车前景的关注，相关研究也快速开展，在自动互联车建模分析、实验研究等领域取得了丰富的成果。

（1）建模仿真

1）道路层面

在道路层面，研究人员在新型混合交通流稳定性、道路通行能力、入匝道合流优化控制、交通安全与能耗等方面开展了大量的研究工作。

① 微观仿真

● ACC 与 CACC 车辆的上层控制算法

ACC 是自适应巡航控制（adaptive cruise control）的缩写。ACC 车辆可以通过雷达等检测手段探测与前方车辆之间的距离以及两车之间的相对速度等信息，

据此来自动调整本车的速度或者加速度，从而实现纵向（前进方向）的自动驾驶（Ioannou，2003）。CACC 则是在 ACC 基础上融合了车车通信技术（vehicle-to-vehicle，V2V）逐渐发展出的协同式自适应巡航系统（cooperative adaptive cruise control）。

针对 ACC/CACC 车辆，研究人员需设计上层控制算法，给出车辆的指令速度或者加速度，并下发给下层控制器，通过调节油门或者刹车来实现。常用的上层控制算法有恒定车头间距（constant Spacing，CS）策略与恒定车头时距（constant Time Headway，CTH）策略。还有一些学者提出了不同的非线性策略（Zhou and Peng，2005；Wang and Rajamani，2004；Han and Yi，2006；Marsden et al.，2001）。有一些研究工作则将已有的车辆跟驰模型（例如智能驾驶员模型）作为上层控制算法（Kesting et al.，2007，2008）。还有很多工作从优化控制角度设计上层控制算法，应用的主要方法包括比例微分控制、模型预测控制。其中比例微分控制主要利用车间距、速度差以及加速度差等对车辆进行控制（Milanés et al.，2014；Naus et al.，2010）。MPC 方法应用预测模型、滚动优化、反馈校正等控制策略，提高系统鲁棒性，同时可兼顾系统目标和系统约束，有利于满足车辆行驶中多个控制需求（Naus et al.，2010；Geiger et al.，2012）。Gong 和 Du（2018）开发了受约束的单步或 P 步 MPC 模型来控制自动车辆的运动。Chin 等（2015）基于概率加权 ARX 模型进行人类驾驶行为预测，并使用模型预测控制计算自动车的加速度。Santini 等（2016）则提出了一种新的分布式控制方法。

- **混合交通流稳定性**

在一般车辆与 ACC/CACC 车辆混合的交通流中，最基本的要求是交通流要满足稳定性条件。线性稳定性是稳定性分析的主要内容，主要分析方法有基于传递函数的方法（Chandler et al.，1958），基于拉普拉斯变换的方法（Liu et al.，2001），基于特征方程的方法（Orosz et al.，2010）以及根轨迹法（Sau et al.，2014）。Schakel 等（2010）利用改善的 IDM（IDM+）模型分析 CACC 车辆对交通流稳定性的影响，结果表明，CACC 车辆可在较低的渗透率下使交通流更快地达到稳定。Wang 等（2014）开发出可用于混合车队的控制框架，CACC 车辆通过前方车辆的信息预测其驾驶行为，即使前方车辆为一般车辆，CACC 车辆仍能保持合作行为并稳定行驶。Li 和 Wang（2017）针对混合车队提出了新的线性稳定性的定义，并通过设计控制器实现所提出的线性稳定性。Ge 和 Orosz（2014）基于跟驰模型分析了混合车队中的线性稳定性需要满足的条件，结果表明当 CACC 车辆保持合适的通信结构，避免通信交叉，则不会降低车队稳定性。

Jiang 和 Wu（2006）提出了一种元胞自动机模型用以刻画 ACC 车辆的演化特性，并进一步开展了混合交通流的相变特性仿真分析，研究了 ACC 车辆比例

流量、速度分布的影响（Jiang et al.，2007）。Yuan 等（2009）采用了混合建模
方法进行了混合交通流的相变特性仿真分析。Xie 等（2008，2018）建立了互联
车辆与一般车辆的统一车辆跟驰模型，从理论上推导出了多类型车辆构成的非均
质交通流的线性稳定性条件，表明非均质交通流的稳定性与互联车辆的渗透率及
其空间分布密切相关。进而对提出的模型框架进行仿真检验，结果表明，在交通
拥挤的情况下，互联车辆能够显著提高交通流的稳定性，提高交通效率。在此基
础上，设计了自动控制器（辅助驾驶系统 ADAS），通过应用控制器，有效地保持
了交通流的快速稳定。同时，开发了考虑交通流稳定性与环境效应的自动互联车
辅助驾驶策略。

秦严严等（2017a）的仿真表明在高稳态速度下，不同 CACC 渗透率时混合车
队均整体稳定；在低稳态速度下，当 CACC 渗透率较小时，车队整体不稳定,CACC
渗透率需达到 50％以上时，才有可能使得混合车队由不稳定转变为稳定。史云峰
（2017）设计了改进的优化速度模型来描述车路协同系统条件下的跟车动态行为，
通过引入反馈控制以提高混合交通流的稳定性。仿真结果表明，引入反馈控制环
节后，基于车路协同系统的分簇跟驰策略使受扰动车辆的速度变化较为平稳，恢
复过程未出现较大的振荡，并且恢复时间较短。

- 道路通行能力

各国学者在新型混合交通流情形下的道路通行能力方面开展了大量研究工
作。van Arem 等（2006）使用交通流模拟模型 MIXIC 研究了 CACC 车辆渗
透率与专用车道设置对交通流量的影响。结果表明，不同渗透率的 CACC 车辆
对交通流的性能有着不同的影响；当渗透率低于 40％时，CACC 车辆对交通量没
有影响，当渗透率高于 60％时，CACC 车辆可以提高交通流稳定性和交通量；同
时，在较低渗透率时，CACC 车辆专用道不会提高交通效率，而在较高渗透率时，
CACC 车辆专用道可以提高交通量。Shladover 等（2012）设计了速度控制与间
距控制模型，分析在不同渗透率下，ACC 车辆与 CACC 车辆对通行能力的影响。
结果表明，ACC 车辆不能显著改善道路通行能力，而 CACC 车辆的渗透率在中
等以上时，可以显著提高道路通行能力。Talebpour 和 Mahmassani（2016）对车
辆在拥堵以及非拥堵情况下，针对不同的 CACC 车辆渗透率进行交通流分析，仿
真结果表明，在渗透率增加时交通量增加。Zhang 和 Orosz（2016）分析了 CCC
车辆（connected cruise control，CCC）混合交通流中通信结构和通信延迟对系
统的影响，结果表明 CCC 车辆能够提高交通效率。

VanderWerf 等（2001，2002）提出了质量动态模型等一系列数学模型预测
ACC 系统对道路通行能力的影响，并基于此模型与蒙特卡罗模拟分析在 ACC 车
辆渗透率改变时对道路通行能力的影响，仿真表明在 ACC 渗透率为 100％时，通
行能力比渗透率为 0 时提高了 150 veh/h。Davis（2004）分析了不同的 ACC 车

辆渗透率对交通流量和堵塞形成的影响，结果表明，ACC 车辆的渗透率在 10%
或更低时会发生交通堵塞，且堵塞的发生与车辆序列有关；而渗透率在 20% 时则
未发生堵塞，流量随渗透率的增加而增加。Kesting 等（2008）分析了在不同的
ACC 车辆渗透率下交通系统的拥堵以及出行时间的变化情况，结果表明在 ACC
车辆渗透率为 25% 时拥堵完全消除。Kerner 和 Klenov（2003）则认为，有些时
候 ACC 车辆的存在会缓解交通堵塞，而有些时候却引发了交通堵塞。Suzuki 和
Nakatsuji（2003）指出，当 ACC 车辆比例达到 20% 时，行程时间可以显著减小。
Liu 等（2018）开展了多车道高速公路的入匝道合流仿真研究，结果表明道路通
行能力随 CACC 渗透率的增加而增长，CACC 渗透率达到 100% 时，道路通行能
力可达到 3080 veh/h/lane。Guériau 等（2016）的仿真结果表明随着互联车的渗
透率的增加，交通拥堵逐渐缓解和消除。

　　秦严严等（2017b）研究了混有 CACC 车辆和 ACC 车辆的异质交通流基本
图，表明道路通行能力取决于 CACC 车辆和 ACC 车辆的渗透率以及控制算法中
的期望车间时距。进一步设计了 CACC 控制算法，模拟显示可显著提升道路通
行能力（秦严严等，2018a）。董长印等（2018）开展了混入智能车的出匝道瓶颈
路段交通流建模与仿真分析。模拟结果显示，当 CACC 车辆混入率低于 0.5 时，
交通拥堵呈恶化趋势；当 CACC 车辆混入率大于 0.5 时，车辆运行速度显著提升，
拥堵消散能力提高。李珣等（2014）建立了基于元胞自动机的协同换道规则模型，
仿真结果表明协同换道减少了阻塞相的产生，同时车流量、平均速度等得到改善。
邱小平等（2016）提出基于安全距离的自动驾驶元胞自动机交通流模型，并用数
值模拟研究了自动驾驶车辆对道路交通流的影响。仿真结果表明，当自动驾驶车
辆的比例达到 80% 时，通行能力可达到全人工驾驶交通流的 2 倍。顾海燕（2017）
选取了七种车辆跟驰模型分别模拟人工驾驶车辆和 CACC 车辆运行状态，分析
CACC 在各个混合比例情况下交通流运行状态。

　　Ghiasi 等（2017）考虑了自动车的空间分布情况，采用马尔可夫链方法分析了
混合交通流的道路通行能力问题并提出了相关的道路管理模型。Chen 等（2017）
考虑了不同的道路管理策略，以及自动车和一般车辆的车队长度、空间特性等因
素，分析了混合交通流的道路通行能力。Han 等（2017）提出了考虑互联车的可
变限速策略，改善交通瓶颈的通行能力，减小车辆延误。Han 和 Ahn（2018）提
出了利用互联车均匀化车头时距的方法，以减小入匝道瓶颈的拥堵发生相变概率。

- **入匝道合流优化控制**

　　入匝道合流是造成交通拥堵的一个典型瓶颈。利用互联信息协调控制合流处
车辆的速度，可以有效的缓解交通拥堵。早在 1983 年，Schmidt 和 Posch（1983）
就已提出了一种基于启发性规则的双层控制方法，第一层定义合流次序，第二层
计算车辆加速度。Raravi 等（2007）和 Awal 等（2013）提出并求解了协调控制下

考虑行程时间的优化问题。Rios-Torres 等（2015，2016a，2017）的仿真研究表明合流优化控制可以减少 50% 的油耗。Uno 等（1999）提出了自动车合流控制的虚拟车辆/车队概念，在入匝道车辆并入主道之前，将其投影到主道上。Lu 等（2000a），Lu 等（2000b）应用此概念做了进一步的研究工作。Marinescu 等（2012）提出了基于插槽（slot-based）的合流控制概念，假定自动车在一个虚拟槽里行驶。Milanés 等（2011）采用模糊控制方法开展了合流优化控制研究。Ntousakis 等（2014）提出了两种分布式控制算法，考虑了车辆利用与其合作范围内的其他车辆信息来确定合流次序。第一种算法是"先来先服务"，第二种算法则考虑了减少不必要的减速。Wei 等（2013）提出了一种基于贝叶斯驾驶意图辨识模型的算法，用以预测周围车辆的驾驶行为。Cao 等（2014，2015）采用了模型预测控制方法计算最优合流车辆轨迹。Xie 等（2017）将合流控制作为一个非线性优化问题进行分析，模拟结果显示控制策略可有效改善交通安全和效率。华雪东等（2016）建立了考虑 ACC 车辆影响的入匝道系统混合交通流模型。仿真结果表明，ACC 车辆的混入可有效改善入匝道系统交通流的运行效率。

- **交通安全与能耗**

Rakha 等（2001）指出，ACC 车辆不会对交通安全造成不利的影响；Kikuchi 等（2003）认为，在拥挤条件下，ACC 车辆的存在可以增强交通流的安全性。VanderWerf 等（2001），Zhang 和 Ioannou（2006），Ioannou 和 Stefanovic（2005）的研究表明，ACC 车辆的存在可以减轻尾气排放。Stanger 和 del Re（2013）提出了一种用于 CACC 的线性模型预测控制方法，通过最小化燃料消耗，达到节约能源、提高通行能力的目的。Yu 和 Shi（2015）提出了一种新的车辆协同跟驰算法，考虑了随记忆变化的多辆车车间距变化情况，仿真结果表明，该算法不仅可以提高交通流稳定性，还能减少事故发生频率，提高安全性。Guo 等（2017）评估了 CACC 策略中多辆前车的速度波动反馈对交通流演变过程的影响，仿真结果表明，该策略可以提高道路交通流量，燃油经济性和尾气排放性能。Moser 等（2015）通过最小化与车辆速度、加速度有关的油耗，并借助于条件高斯模型，提出一种随机模型预测控制方法，仿真表明该方法在提高安全性和舒适性的同时显著降低了燃料消耗。

- **换道轨迹设计**

除了跟车方面，研究人员还开展了自动车换道轨迹规划方面的研究。Luo 等（2016）利用换道模型与最优化方法，使车辆在获取其他车辆信息并实现自动换道的同时消除换道过程中的潜在碰撞，并通过模拟驾驶器验证了该方法的有效性。Yang 等（2018）利用时间相关的三次多项式函数设计车辆换道轨迹。张荣辉等（2018）基于多车协同驾驶控制结构，提出了一种无人驾驶车辆换道汇入的驾驶模型及策略，设计得到无人驾驶车辆换道汇入的有效运动轨迹，并开展了实车实验验证。杨刚等（2017）开展了基于车车通信的车辆并行协同自动换道控制研究。仿真结果表明，所提出的并行协同控制策略能够实现两车安全协同自动换道，同时提高换道效率。游峰和谷广（2018）提出了考虑前方障碍车辆的多项式协同换道轨迹模型，并利用换道过程中的几何关系，建立安全约束方程。仿真实验验证了该优化模型的可行性与合理性。

② **宏观仿真**

Yi 和 Horowitz（2006）研究了由 ACC 车辆构成的交通流的宏观稳定性和控制策略之间的关系。秦严严等（2018b）提出了智能网联环境下的混合交通流 LWR 模型，分析了不同 CACC 车辆比例时交通波在混合车队中的传播波速。Tang 等（2017）利用速度梯度模型模拟 ACC 车辆交通流，对比研究了 ACC 交通流和一般车辆交通流的入匝道系统相图 ACC 交通流，结果表明 ACC 车辆交通流稳定性增强。Ngoduy（2013）进行了宏观模型稳定性分析，表明相比 ACC 车辆，CACC 车辆可以更好地增强交通流稳定性。Levin 和 Boyles（2016a，2016b）提出了新型混合交通流的元胞传输模型并进行了反向车道设计研究。

2）交叉口层面

城市一般道路交通流与快速路/高速公路交通流最重要的区别就在于受到交叉口的影响，属于间断交通流。研究人员基于车间通信/车路通信技术，在交叉口层面开展了大量研究工作。

① **单一信号交叉口**

● **互联车速度推荐/自动车轨迹规划**

Llorca 等（2011）提出了基于车间通信的交叉口模糊逻辑控制系统，该控制系统可以实时控制通过交叉口的车辆，并且给出相应的速度推荐，以减少车辆速度的大幅度波动。Lee 和 Park（2012）基于互联自动车（connected autonomous vehicle，CAV）环境，设计了一种不需要交通信号的协同车辆交叉口控制（cooperative vehicle intersection control，CVIC）系统，用以控制单个车辆的时空轨迹，仿真实例表明，CVIC 算法能显著改善交叉口性能，能够分别减少 99% 和 33% 的停车延误和总行程时间。Alsabaan 等（2013）提出了基于车间通信技术的综合优化模型，该模型基于交叉口信号灯提供的交通状态信息设计车辆的最优速度曲线，进而实现减少能耗和排放的目的。Kamal 等（2014）基于双向车车/车设施（V2X）通信网络，提出了一种无需交通灯的交叉口自动车辆协同控制策略，该策略通过优化计算车辆的行驶轨迹，从而有效地利用交叉口区域，该方案还允许车辆在限制速度下左转或右转运动，而不使用任何辅助车道，数值模拟结果表明，该方案能够显著提升各种交通状态下的交叉口效率。

Li 等（2015）为了减少车辆在信号交叉口的排队时间以及车辆的能源消耗，提出了基于车间通信的最优化控制模型，并通过伪光谱法求解该问题，发现通过优化加速度曲线、档位以及换档时机，可以得到一个接近最优的辅助驾驶策略。Ubiergo 和 Jin（2016）搭建了基于 V2I 的综合仿真系统，进而提出了一种基于反馈控制的分层绿色驾驶策略，通过为互联车提供速度建议以期平滑车辆的速度波动，并进而降低车辆的能耗和排放，缓解交通拥堵。Yang 等（2016）分别考虑一般车辆、互联车和自动车，设计了使交叉口总延误最小的自动车轨迹规划模型，并设计了基于分支定界法的求解算法，以得到最优的车辆轨迹，数值实验的结果表明，该算法对高流量情况下的到达方式更为敏感。

Zohdy 和 Rakha（2016）提出了基于车间通信的 ICACC 交叉口控制策略，假设交叉口控制器接收车辆通过交叉口的请求，并且向每辆车提供关于最佳行动路线的建议，确保没有发生碰撞，同时最小化交叉口延误。他们比较了四种交叉口控制方案，包括交通信号、全程停车控制（AWSC）、环形交叉口和 ICACC 控制。结果表明，ICACC 能够使交叉口延误和油耗水平分别降低 90% 和 45%。

Jiang 等（2017）考虑自动互联车环境，提出了针对单一信号交叉口绿色控制策略，该策略通过优化自动互联车辆的速度分布来优化交叉口的交通流。研究结果表明，所提出的策略能够平滑应对由信号控制引起的冲击波，并对交通的随机性具有鲁棒性。Budan 等（2018）关注了现代信息环境下混合驾驶行为对一般车辆和自动车辆的影响，研究混合驾驶行为情景下，互联车和自动车对交通的影响。仿真测试的结果表明，与交通灯控制相比，采用无信号控制方案时，平均车辆延误减少 96% 以上，燃油消耗减少 37% 以上。

Chai 等（2018）提出了一种基于时空间隙的交叉口自动互联车运行控制方法。在模拟测试中，交叉口可达到每小时 5200 辆车的最大通行能力，证明了该方法的优越性。Chen 等（2018）基于互联车辆环境中的实时信号配时和车辆位置信息，设计了一种动态绿色驾驶速度引导策略，其基本方法是基于优化的滚动时域和动态规划方法，为单个车辆提供最优的导引速度。模拟结果表明，提出的算法能显著减少车辆的停车次数，燃料消耗和 CO_2 排放。

Mirheli 等（2018）构建了使无信号交叉口能力最大化的动态规划模型，并提出采用基于蒙特卡罗树搜索算法最优加速度计算方法以防止车辆之间的冲突。数值结果表明，所提出的方法可以避免交叉口事故，同时显著减少交叉口处的行驶时间。

张存保等（2012）提出了单个车辆的延误和停车次数计算方法，并在此基础上，建立了基于车路协同的单点信号控制参数优化模型及求解算法。仿真结果表明，相较于常用的单点感应控制方法，在交通流量较低时平均停车次数减少 16.9%，交通流量较大时平均延误和排队长度分别减少 29.4% 和 28.9%。

- **基于互联车与信号灯通信信息的信号配时优化**

Christofa 等（2013）提出了两种基于互联车的交叉口队列溢出检测方法，并进而设计了控制排队溢出的信号控制策略。通过对加利福尼亚州伯克利市圣巴布罗大道的仿真测试表明，互联车的渗透率对检测进度与控制效果具有重要影响，提出的控制策略能够减少连续交叉口的溢出排队而不影响相邻交叉口。

Guler 等（2014）在考虑部分车辆为互联车的条件下，以总出行延误最小为目标，设计了一种交叉口控制策略，该策略同时也考虑了基于车队控制的自适应信号策略。仿真结果表明，互联车信息是非常有价值的，互联车渗透率从 0% 增加到 60% 时可以显著减少交叉口的平均延误，但在渗透率大于 60% 之后，互联车信息的边际价值开始显著减少。

He 等（2014）基于车辆与信号设置之间的通信信息，提出了优化信号控制的混合整数线性规划（MILP），旨在解决多模态优先控制与主动协调控制之间的冲突问题，仿真实验表明，该控制模型能够降低公交车、行人和小汽车的平均延误。Feng 等（2015）提出了一种基于互联车数据的实时自适应信号配时算法，该算法通过求解双层规划问题来优化相位序列和配时，算法以车辆总延误和队列长度最小为目标。基于 VISSIM 对提出的算法进行验证，结果表明，所提出的控制算法在较低互联车渗透率的条件下仍能够使总延迟减少 16.33%。

Zeng 等（2015）将不同类型车辆的延误转化为乘客延误，并基于车联网信息设计了信号控制优化策略，仿真结果表明，只需约 30% 的互联车，提出的模型就能达到较高的性能指标。Hashimoto 等（2016）关注信号交叉口处行人和转弯车辆之间的冲突，提出了描述交叉口信号显示信息与行人行为之间关系的动态贝叶斯网络模型。Lloret-Battle 和 Jayakrishnan（2016）考虑了不同用户对时间延误价值体验的差异性，构建了信号配时优化模型。

Al Islam 和 Hajbabaie（2017）提出了一种基于 V2X 的分布式信号配时优化方法，验证结果表明提出的算法能够有效缩短平均排队长度与延误时间，并能提升交叉口流量。Xie 等（2017）提出了基于车间通信的交叉口控制策略，通过求解控制优化问题，提出了最优交叉口控制策略。Li 和 Zhou（2017）考虑了互联自动车环境下的信号交叉口控制策略，提出了信号交叉口处车辆调度的相位-时间-流量（PTR）超级网络模型，并设计了时序分枝定界搜索算法，进而通过多次数值实验验证了所提出优化算法方法的性能。

胡林等（2018）基于马尔可夫链构建信号交叉口红绿灯的概率模型，构建了车辆快速通过交叉口的等待时间模型，并用考虑快速通过信号交叉口的改进 A* 算法对车辆接近交叉口的车辆速度进行优化。仿真结果表明，改进 A* 算法得到的路径长度比 A* 算法增加了 9.4%，但行驶时间却减少了 4.4%。柴琳果（2018）研究了混合间隙耦合的交叉口 CAV/HPV（human pilot vehicles）信号协同控制方法，提出 CAV/HPV 在交叉口协同运行的间隙耦合方法。仿真表明，交叉口可变渠化间隙控制方法不仅能够大幅度降低车辆延误，还能够大幅地缩小车辆延误的波动范围，较传统的交叉口控制方法更优。房雅灵（2016）提出了一种在车联网环境下基于无人车之间车间距的实时控制方法，分析交叉口处停车排队过程中车队缓慢减速的拥堵现象。仿真结果表明，后续跟驰车在此控制方法下速度波动明显减小，从而验证该控制方法能有效降低邻近交叉口发生拥堵的可能性。

- **联合控制策略**

Feng 等（2018）研究了单个交叉口车辆轨迹和交通信号的联合控制框架，其中，以车辆延误最小为目标，构建信号控制的动态规划模型；以油耗和排放最小为目标，构建车辆轨迹最优控制模型。仿真结果表明，提出的联合控制框架能够在不同需求下减少车辆延迟和排放。

Hou 等（2018）提出了一个两层的信号配时和车辆速度的联合优化方法，目标是最小化所有车辆通过单个交叉口的总能耗。通过动态规划算法计算最佳信号配时，采用模型预测控制策略计算车辆的优化速度。仿真研究表明，提出的算法能分别减少 31% 和 95% 的能量消耗和队列长度。

② 多信号交叉口协同控制

- **互联车速度引导算法**

Lee 等（2013）将 CVIC 算法扩展到由多个交叉口组成的通道，结果表明，与传统绿波控制相比，CVIC 系统显著地减少了总延迟时间，并且能够提升安全性，降低能耗和排放。Lin 等（2018）通过动力学分析方法，研究了两个信号交叉口之间行驶的互联车燃油消耗的一般规律，建立了目标为燃油消耗最小的最优控制模型，并用 Legendre 伪谱算法进行了数值求解。

Lin 等（2017）针对互联车环境的交叉口管理提出了一种新的控制方法，该方法将道路网络分为三个逻辑部分，即缓冲区、核心区和自由行驶区，进而提出了针对缓冲区的分配机制，以协同分配单个自动互联车，并引导其进入各区域的时间以及其在核心区域中的相应速度。对实际城市多交叉口场景各种交通状况下的仿真实验表明，该方法能减少约 24.2%～77.1% 的行驶延误，以及 99% 的停车次数，节省 22.1%～52% 的燃油消耗。

- **基于互联车与信号灯通信信息的信号配时优化**

Lioris 等（2017）提出了针对互联车的车队控制策略，以期提高交叉口的通过能力。通过对具有 16 个交叉口和 73 个路段的路网的仿真分析表明：车队控制可以大幅度减少交叉口排队长度和排队延迟。Aziz 等（2018）将基于 R-Markov 的强化学习算法应用于互联环境下的信号控制问题，通过在 18 个信号交叉口构成的路网中的测试，结果表明，提出的控制算法能够显著减少气体排放。吴伟等（2014）基于车路协同环境下交通信息及控制系统实时通信的运行环境，建立了一个集成优化模型。仿真结果表明，与经典信号协调控制优化方案相比，该模型能够显著提高滤波带宽，减少停车次数。

- **路径优化**

Britzelmeier 和 Gerdts（2018）将非线性模型预测控制策略与底层的车辆运动相结合，以期为每辆互联自动车提供最佳（行驶时间最小）路径并避免碰撞。Zhu 和 Ukkusuri（2015）基于互联车环境，提出了考虑动态出发时间、动态路径选择和自动控制交叉口的线性规划模型，证明了模型解的存在性，并通过三个数值算例验证了模型的有效性。

③ **交叉口公交优先交叉口控制策略**

另外，还有研究工作考虑在互联车与自动车环境下，通过利用车辆与信号交叉口之间的通信信息来设计公交优先的信号交叉口控制策略，从而减少公交车在信号交叉口的延误，并尽量减低对其他车辆的干扰（Hu et al.，2014，2016；Wu et al.，2016）。马万经等（2013）建立了运行速度与有限控制方案的协调优化方法，设计了车路协同下信号优先控制的仿真平台，并对 1 个四相位信号控制交叉口进行了仿真分析。仿真结果表明，该方法可有效降低公交车延误，减少能源消耗。

3）路网层面

相比于道路层面和交叉口层面，路网层面的研究工作相对较少，但近几年来也逐渐得到重视。Yang 等（2018）将互联车信息作为唯一的交通信息来源，利用路网宏观基本图，设计了一个基于模型预测控制（model predictive control，MPC）的控制器，用于同时优化交叉口延迟和路网的性能。Mittal 等（2017）采用不同的车辆跟驰模型来模拟一般车辆和互联车辆，建立了不同互联车渗透率下的速度密度关系，并将该关系作为输入条件，开展了路网层面的中观模拟，用以研究路网流量和行程时间可靠性。

还有一些路网层面的研究工作基于网络平衡模型。Chen 等（2016）提出了一个多类型（multi-class）网络平衡模型，研究了自动车专用道的设置问题；进一步，Chen 等（2017）提出了一个混合路径选择（mixed routing）平衡模型，研究了自动车专用区域的设置和路径选择问题。Lu 等（2019）采用混合整数规划方法，研究了基于轨迹的自动车专用区域内的交通管理问题。Liu 等（2018）基于联合逐日演化（joint day-to-day）模型，研究了路网新型混合交通流的效率和稳定性。Zhang 和 Nie（2018）提出了优化比例控制策略，通过控制部分自动车的路径选择，优化路网交通。Sharon 等（2017）提出并研究了互联自动车的自适应收费（adaptive tolling）问题。Noruzoliaee 等（2018）提出了一个多项式 logit 模型和多模式多类型（multi-modal multi-class）用户均衡组合模型，研究了考虑自动车生产商定价、用户使用费用的路径选择问题。Levin（2017）基于路段传输模型（link transmission model）和系统最优动态交通分配，研究了共享自动车的系统最优路径选择问题。

（2）实验研究

相比于传统交通流的研究，互联车、自动车和一般车辆构成的新型混合交通流的研究目前还无法获得实测数据，因此，实验是获取研究数据的唯一手段，开始引起研究人员重视。美国伊利诺伊大学香槟分校等多所大学联合开展了一项实验研究工作（Stern et al.，2018，2019）。在直径 82.8 米，周长260 米的环形道路交通流中引入了一辆自动车，研究自动车对交通流稳定性的影响。实验表明，引入一辆自动车，即可消除交通流自发形成的堵塞。加州大学伯克利分校（Ma et al.，2016；Lu et al.，2015）开展了另一项实验，在三车道高速公路上并排行驶三辆互联车。研究验证了通过自动车速控制，可以抑制交通振荡。Ge 等（2018）开展了 8 辆车构成的混合交通流跟驰实验，第 7 辆车是互联自动车，可接收其他车辆的速度和位置信息；其他车辆为互联车，可向第 7 辆车发送位置和速度信息。实验表明互联自动车可以减弱交通振荡。基于实验数据，Ge 和 Orosz（2018）开展了参数估计和优化控制设计研究。Milanés 等（2013）开展了 4 辆 CACC 车的跟车实验，验证了 CACC控制算法的性能。

9.2　宏观基本图理论

9.2.1　宏观基本图的提出及存在性研究

尽管对网络交通流时空演化与区域交通流动态特征的研究存在极大困难，各国学者仍然尝试通过微观和宏观层面的方法寻求解决方案。特别地，是否可以将道路交通流成熟的模型方法推广到宏观路网层面，是各国学者尝试探索的重要途径之一。Godfrey（1969）开创性地将道路交通流的基本图理论扩展至网络集计的层面，提出了宏观基本图（macroscopic fundamental diagram，MFD）的概念，用以刻画网络交通流宏观变量（平均流量、平均速度与平均密度）之间的关系。随后，一些学者分别基于少量实测数据（Ardekani and Herman，1987；Olszewski et al.，1995）与数值模拟（Mahmassani et al.，1987；Williams et al.，1987；Mahmassani and Peeta，1993）对宏观基本图理论进行了早期研究。然而，受限于当时的交通调查与数据采集技术，研究者不能获取充分的网络交通流数据，从而没有能够证实宏观基本图的存在性，因此也不能对网络交通流的性质进行更加深入的分析，更不能发展出对网络性能进行评价的标准。尽管如此，宏观基本图理论在区域交通流特性分析，以及区域交通管理、控制与诱导等方面的应用前景却得到了一定认可。

近年来，随着计算机、信息与互联网等技术的快速发展，基于智能终端的定位与导航技术得到了广泛应用，为城市居民提供了便捷的出行信息，与此同时，也为获取大量、准确的交通出行数据提供了新途径。比如，通过这些技术，能够获取大量交通出行者在路网上的时空轨迹数据，并进一步得到城市路网的基础交通数据，如区域交通需求，以及路网上实时交通流状态等，从而为网络交通流理论的发展提供了基础条件。著名学者 Geroliminis 和 Daganzo（2007，2008）首先关注到城市路网中多源交通流数据的重要意义，他们搜集了日本横滨的检测器数据与出租车 GPS 数据，综合分析了横滨道路网络的平均流量与平均密度关系，发现了明确定义的宏观基本图（如图 9.2 所示）。这里，所谓明确定义的宏观基本图，是指路网三个宏观交通量——平均流量、平均速度、与平均密度中，任意两者之间呈现出稳定的函数关系，并且该函数关系仅取决于路网属性、控制策略与交通分布本身，而不依赖于交通需求，同时数据点分布集中于关系函数曲线附近的宏观基本图。随后，一些学者通过分析其他城市的网络交通流数据，进一步证实了宏观基本图的存在性（Buisson and Ladier，2009；Geroliminis and Sun，2011）。

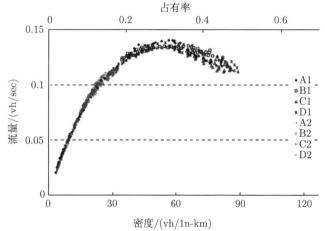

图 9.2 横滨道路网络的流量与密度关系（Geroliminis and Daganzo，2007；Geroliminis and Daganzo，2008）

另一方面，一些学者则尝试从理论上证明宏观基本图的存在性。如 Daganzo 和 Geroliminis（2008）采用交通波理论的变分形式推导出宏观基本图曲线（如图 9.3 所示）；Helbing（2009）则采用基于利用率的方法同样得到了宏观基本图曲线，他们的理论结果均与实测数据相吻合（如图 9.4 所示）。

自此，宏观基本图理论引起了世界上很多学者的广泛关注，丰富了网络交通流的理论体系，并为区域交通管理与控制等交通实践提供了新的方法。

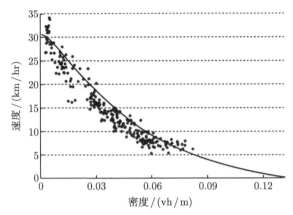

图 9.3 道路网络的速度与密度关系（Daganzo and Geroliminis，2008）

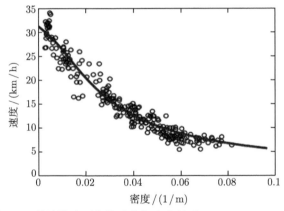

图 9.4 横滨道路网络的速度与密度关系（Helbing，2009）

9.2.2 宏观基本图的基本概念

宏观基本图理论本质上是研究区域内道路网络的平均流量、平均速度以及平均密度三个基本交通变量之间的函数关系。基于 Geroliminis 和 Daganzo（2007，2008）的研究，将各交通量变集成计算为路网平均交通量，在实际应用中，网络的平均流量、平均速度与平均密度的计算公式如下：

$$\begin{cases} q = \dfrac{1}{N} \sum_i q_i \\ k = \dfrac{1}{N} \sum_i k_i \\ v = q^u/k^u \end{cases} \tag{9.14}$$

其中，q、k 和 v 分别表示的是路网的平均流量、平均密度和平均速度，N 为分析的检测断面或路段数。

另外，考虑到实际交通网络中，路段长度、道路等级等条件的影响，也可以通过加权平均的方式计算网络交通流的三个基本变量，具体如下：

$$N = \sum_i k_i l_i \tag{9.15}$$

$$q^w = \sum_i q_i l_i \bigg/ \sum_i l_i \tag{9.16}$$

$$k^w = \sum_i k_i l_i \bigg/ \sum_i l_i \tag{9.17}$$

$$o^w = k^w \cdot s = \sum_i o_i l_i \bigg/ \sum_i l_i \tag{9.18}$$

式中，N 为区域车辆数 (veh)；q^w, k^w, o^w 分别为加权流量 (veh/h)、加权密度 (veh/h)、加权时间占有率；i, l_i 分别为路段 i 和该路段的长度 (km)；q_i, k_i, o_i 分别为路段 i 的流量 (veh/h)，密度 (veh/h) 和时间占有率；s 为车辆的平均车长。

当路网分布均匀时，车辆总数和输出流量，车流密度与加权流量，车辆总数与行驶速度等交通基本参数之间存在着一定的规律性，即路网的宏观基本图特性。以车辆总数和输出车流量之间的关系为例，宏观基本图如图 9.5 所示。可以看出，当区域内车辆数在理想点 M 左侧时，路网内的输出流量也就是加权流量随着路网内车辆数的增加而得到提升，这段状态下，车辆数的增加有利于提高输出指标，

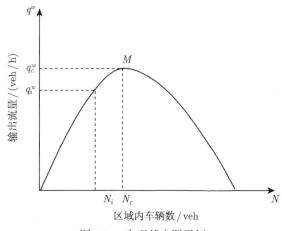

图 9.5 宏观基本图示例

直到达到理想点 M 时，得到最大的输出流量。在理想点 M 右侧时，输出流量与车辆数呈负相关的关系，随着车辆数的增加，输出流量不断下降，这段状态中，车辆数的增加反而会降低输出指标。

9.2.3　宏观基本图的基本性质

基于 Geroliminis 和 Daganzo（2007，2008）的研究，宏观基本图理论需要满足基本的假设条件，具体如下：

（1）城市区域内的路网普遍近似存在着路网内行驶车辆数与路网内加权车速或输出流量之间的 MFD。路网 MFD 是整个路网的性质，不是单独的某一条路段表现出来的，只有在路网达到一定的规模并且分布均匀的前提下，路网才存在 MFD。

（2）城市区域内路网的加权流量和完成流量（包括区域内的内部完成流量和区域间的转移完成流量）之间存在着线性比例关系，可以用于交通流量的检测，在无法获取完成流量的情况下，可以通过检测器获取加权流量来分析完成流量。

（3）MFD 是城市路网的固有属性，与路网中的基础设施和相关控制策略有关，与路网中的交通需求无关。此性质主要应用于交通控制，只要知道了路网的 MFD，则无需知道路网中路段的详细 OD（交通起止点）矩阵就能够对控制策略进行有效的调整，降低了分析难度。

既然宏观基本图是网络交通流的基本属性，深入分析其特征对认知网络交通流基本规律具有重要的理论意义，进而也为交通管理与控制奠定基础。基于此，一些学者在这一领域开展了相关工作。近年来，国内学者也在宏观基本图方面进行了相关研究。一些学者基于我国城市的交通数据进行了实证分析，如贺正冰等（2013）基于北京市快速路数据，绘制了宏观基本图曲线，并分析了拥堵产生与消散对宏观基本图特性的影响；朱琳等（2012）提出了宏观基本图的矢量算法，并采用北京市西三环的实测数据绘制宏观基本图；卢守峰等（2014）针对长沙市某个区域路网，综合检测器数据与 GPS 数据分析了宏观基本图（MFD）的特征值。另一些学者则基于模拟仿真的方法研究宏观基本图，其中姬杨蓓蓓（2013）采用 Vissim 仿真实验来验证宏观基本图的存在性；许菲菲等（2013）运用 Paramics 交通仿真软件对广州市海珠区的路网进行模拟，研究了不同交通管控措施对宏观基本图的影响；Wang 等（2014）同样运用 Paramics 交通仿真软件，研究了饱和交通条件下城市路网中非连续交通的流量——密度关系；Zhao 等（2014）则采用 TransModeler 仿真软件研究了全局交通信息以及信息的发布比率、发布时间间隔等参数对宏观基本图的影响；杜怡曼等（2014）提出了以基于宏观基本图及反馈门的区域交通总量动态调控策略，并进行模拟分析。马万经和廖大彬（2014）则综述了近年宏观基本图的研究成果，包括宏观基本图的基本属性、影响因素以及基于宏观基本图的交通控制策略等。

（1）宏观基本图散点分布的关键影响因素

宏观基本图作为路网的一种固有属性，其基本形状不受交通需求变化的影响。然而，一些基于实测数据的研究却发现了宏观基本图在一定条件下的散点分布特征。对此，Geroliminis 和 Sun（2011）研究了拥挤交通条件下的宏观基本图性质，发现车辆在道路空间的密度分布是影响宏观基本图曲线形状与散点分布的关键因素。他们研究估算了一天当中具有相似平均路网占有率 O 的各个时段（如图 9.6，红色虚线为占有率 35%），单个检测器占有率的分布直方图（图 9.7），以及占有率分布的方差 var[o]，表明路网的车辆密度或拥堵不是均匀分布的。在一个聚合度高的宏观基本图中，如果不同时段的平均占有率相似，则其占有率在路网的分布也是相似的。而对相同的路网占有率，当占有率分布的方差 var[o] 较大时，路

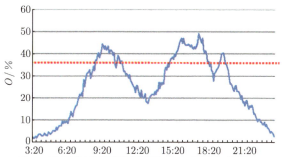

图 9.6　2001 年 12 月 14 日横滨城区的路网平均占有率时间序列（Geroliminis and Sun，2011）

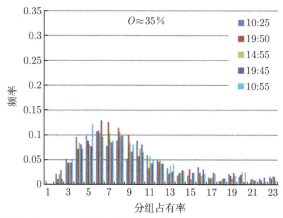

图 9.7　路网平均占有率 35% 下检测器占有率分布直方图，组 1 表示路段占有率为 0，组 2-23 占有率范围为 100%/22 = 4.55%（Geroliminis and Sun，2011）

网流量较低，反之占有率分布的方差较小时，路网流量较高。其原因是分布偏离平均值时，在拥堵或自由流区域的检测器数量较多，在临界占有率范围的检测器数量较少（当占有率在临界范围时，该检测器的流量最大），导致路网整体流量较低。

（2）宏观基本图的迟滞现象

宏观基本图的迟滞现象表现为流量与密度（占有率）关系图为封闭曲线，而不是线性曲线，如图 9.8 所示。当前，已经有一些学者对宏观基本图的迟滞现象进行研究，把迟滞现象归结为两个主要因素：① 不同时段交通密度在路网上分布的不均匀性；② 检测器（样本）数据量不足。图 9.8 中，由于路网密度分布不均匀，同一平均占有率（O）下路网的流量（Q）不同，因此在宏观基本图中散点分布位置不同，产生了图中的"迟滞环"。

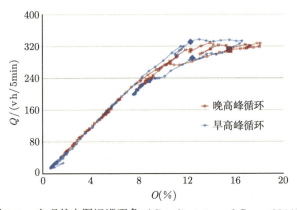

图 9.8　宏观基本图迟滞现象（Geroliminis and Sun，2011）

许多学者在研究过程中发现了迟滞现象的普遍性，如 Buisson 和 Ladier（2009）从法国城市图卢兹的实际数据中发现了宏观基本图的迟滞现象，Gayah 和 Daganzo（2011）则进一步通过理论分析与数值模拟证实了迟滞现象是宏观基本图的本质属性，而与路网性质无关。Shi 和 Lin（2014）采用上海市的快速路数据验证了宏观基本图的存在性，并分析了迟滞现象；He 等（2013）通过对北京城市快速路网宏观基本图的分析，发现由于匝道上车辆频繁变道，使得密度分布不均匀进而产生了迟滞现象。

（3）宏观基本图的分叉与多值现象

分叉与多值也是宏观基本图的典型特征。对小型理想路网构建动力学方程并进行网络交通状态的演化分析时可以发现：当密度较低时，宏观基本图具有可预测的高流量和单值；而在高密度范围，在路网某一特定临界密度上产生两个分支，发生分叉和多值现象，如图 9.9 所示。对于不同的需求变化速度，仿真模拟的宏观基本图产生了不同的分支。当路网快速加载时，系统没有足够的时间在更多车辆加入路网前达到平衡状态，因此路径取决于加载速度，且这些路径不会沿着一条路径聚在一起，分叉后的宏观基本图分支不再重叠，则宏观基本图产生多值现象。

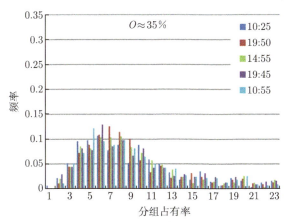

图 9.9　不同需求变化速度下宏观基本图产生的分支（Daganzo et al.，2011）

Daganzo 等（2011）分析了理想化匀质网络的交通流动态特征，解释了高密度条件下由于系统不稳定造成宏观基本图的分叉与多值现象；他们同时指出，如果驾驶员根据实际交通状况选择出行路径，绕开拥堵区域，就可以在很大程度上提高产生分叉现象的临界密度，这也是实际交通数据中没有观测到分叉现象的原因，然而，遗憾的是他们并没有从理论上证明此结论的正确性。

9.2.4　宏观基本图的影响因素

在对宏观基本存在性和性质深入研究的基础上，一些学者对宏观基本图的影响因素也进行了深入研究。根据影响因素的特征，可以将其划分为如表 9.1 的四个方面，下面分别对其进行介绍。

（1）交通条件对宏观基本图的影响

交通条件是影响微观交通行为的重要因素，并进而影响网络交通流状态。为此，一些学者探索了不同类型交通条件对宏观基本图的影响。通常，交通条件可以归纳为几个方面，包括：外部需求、转向交通流，交通方式和交通事件等。表9.2 给出简要总结了交通条件对宏观基本影响的研究。

① 外部需求对宏观基本图的研究

交通需求是网络交通流研究的重要内容之一，交通供给与需求的状态在一定程度上决定了最终的网络交通流状态。通过研究，一些学者发现外部需求对宏观基本图有重要影响：

● 当外部需求发生较大变化时，宏观基本图会出现迟滞现象（许菲菲等，2013）

● 通过改变外部需求总量以及实时调整外部需求比例，发现：初期总量和时变影响较小，而在后期两者对宏观基本图的影响差距很大（朱琳等，2012）

表 9.1　宏观基本图影响因素研究

影响因素		典型研究	变化因素
交通条件	外部需求	许菲菲，朱琳等	外部需求总量和时变比例
	转向交通流	Geroliminis	左转交通流
	交通方式	Geroliminis, Zheng	公交、小汽车占比
	交通事件	王玉	交通事故、占道施工、恶劣天气
道路条件	专用道	Geroliminis, 许菲菲	公交专用道比例
	关键路径长度	Geroliminis, 许菲菲, Boyaci	是否存在关键路径
	路网结构及等级	Geroliminis, 朱琳, Buisson	结构均匀性
管控条件	交通管制	Geroliminis, 许菲菲	道路禁行
	信号控制参数	Geroliminis, Boyaci , 马莹莹, Jin	信号周期
	控制模式及方法	许菲菲, Qian, Zhang	管理方式，交通控制
	基础设施布局	Geroliminis, Buisson, Courbon	检测器位置
选择行为	路径选择	Geroliminis, 朱琳, Jin, Leclercq, Zhao	驾驶员路径选择行为

表 9.2　交通条件对宏观基本图的影响研究

影响因素		典型研究	变化因素
交通条件	外部需求	许菲菲，朱琳等	外部需求总量和时变比例
	转向交通流	Geroliminis	左转交通流
	交通方式	Geroliminis, Zheng	公交、小汽车占比
	交通事件	王玉	交通事故、占道施工、恶劣天气

② 转向交通流对宏观基本图的影响

在交叉口处，交通流的转向、交叉冲突是交叉口能力的核心制约因素。一些学者通过研究发现交叉口转向流量（特别是左转流量）同样会制约网络交通流的最大值（Geroliminis et al.，2012）。

③ 交通方式对宏观基本图的影响

在城市交通中存在小汽车、公交车等多种交通方式，不同交通方式在车辆属性、需求承载特征等方面存在显著差异，也因此会导致对宏观基本图的影响。通过研究，一些学者发现了一些典型结论，如：Geroliminis 等（2013）研究了巴塞罗那混合交通下的宏观交通流特征，分析了公交与私家车比例对宏观基本图离散度的影响，发现私家车比例越大，则宏观基本图的离散度也越大。

④ 交通事件对宏观基本图的影响

交通事故、道路施工、突发恶劣天气等交通事件普遍存在，并且能够显著影响局部的交通状态，但是这些事件对网络交通流的影响程度怎样，一直是困扰交通流理论的重要问题。为此，基于宏观基本图理论，一些学者研究了不同类型交通事件对宏观基本图的影响。如基于交通仿真方法，王玉和段征宇（2012）研究了交通事故、占道施工、恶劣天气对宏观基本图的影响，发现局部的交通事故以及占道施工的位置对宏观基本图的影响并不显著，然而恶劣天气等全局事件则能显著影响宏观基本图特征。

（2）道路条件对宏观基本图的影响

不同道路条件对宏观基本图的影响研究，主要集中在路网专用道的性质，路网中关键路径，以及路网结构等级三个方面（见表 9.3）。许菲菲等（2013）研究了公交专用道以及关键路径对宏观基本图的影响，设置公交专用道在一定程度上降低路网通行能力，从而降低了宏观基本图的最大值，并确定了路网中对宏观基本图有决定性作用的关键路段。Buisson 和 Ladier（2009）探讨了城市路网、穿越城市的高速路网与环城高速路网的宏观基本图，发现其形状与道路网的形状有很大关系，高速路网不存在宏观基本图，因而不同类型路网的混合最终导致无法得到整体的宏观基本图。朱琳等（2012）通过对比北京西三环及其子路网的宏观基本图，发现路网结构越均匀，各路段交通状态差异越小，路网整体性能越高。

表 9.3　宏观基本图影响因素研究

影响因素		典型研究	变化因素
道路条件	专用道	（Geroliminis et al.，2013），（许菲菲等，2013）	公交专用道比例
	关键路径长度	（Geroliminis et al.，2011），（许菲菲等，2013），（Boyaci et al.，2014）	是否存在关键路径
	路网结构及等级	（Geroliminis et al.，2011），（朱琳等，2012），（Buisson et al.，2014）	结构均匀性

（3）管控条件对宏观基本图的影响

在管控条件对宏观基本图的影响研究中，不同的管理措施和参数的研究最为突出（见表 9.4）。

表 9.4　宏观基本图影响因素研究

影响因素		典型研究	变化因素
管控条件	交通管制	（Geroliminis et al.，2011），（许菲菲等，2013）	道路禁行
	信号控制参数	（Geroliminis et al.，2011），（Boyaci et al.，2014），（马莹莹，2009），（Jin et al.，2013）	信号周期
	控制模式及方法	（许菲菲等，2013），（Qian，2009），（Zhang et al.，2013）	管理方式，交通控制
	基础设施布局	（Geroliminis et al.，2011），（Buisson et al.，2014），（Courbon et al.，2011）	检测器位置

许菲菲等（2013）发现道路禁行不仅降低路网服务水平，也会改变宏观基本图的形状；马莹莹（2009）通过仿真发现信号周期对宏观基本图的形状几乎没有影响；Jin 等（2013）通过元胞传输模型发现在自由流状态下，路网稳定时宏观基

本图也很稳定，而间断流状态下信号控制时路网交通流不稳定，进而影响到宏观基本图的形状。

Qian（2009）将两种不同的管理方式（匝道控制和增减车道），匝道控制前后的宏观基本图相差较小，同时匝道控制会加快高速路网拥堵的消散，但使城市路网拥堵情况加剧。Gonzales 等（2009）通过将无信号控制的环岛改为信号控制交叉口，宏观基本图的形状发生变化。Zhang 等（2013）运用元胞自动机模型对比分析了城市干道路网三种不同自适应交通控制模式（SCATS-L，SCATS-F，SOTL）对宏观基本图的影响，发现由于 SOTL 控制方式主要是为了使路网的交通均匀分布，因此该模式下宏观交通状态最好。Buisson 和 Ladier（2009）研究发现在一个城市路网中，检测器距信号控制位置的距离不仅会改变宏观基本图的形状，也使得散点分布的离散度增加。Courbon 和 Leclercq（2011）发现检测器距离较远时，该位置检测到的数据都是车辆处于自由流状态，对宏观基本图初始部分形状没有影响；而当检测器位置距离信号控制很近时，由于其检测到的均为拥堵状态的数据，对饱和状态下的宏观基本图形状没有影响。

（4）选择行为对宏观基本图的影响

朱琳等（2012）的研究发现，不同路径选择方式影响了路网宏观基本图的形状，改变了路网阻塞密度（见表 9.5）。Leclercq 和 Geroliminis（2013）研究了不同路径选择模型（wardrop 模型、logit 模型、系统最优模型）对宏观基本图的影响，发现无论网络是否处于稳定状态下 wardrop 模型下的路网宏观基本图是一致的。Zhao 等（2011）同样通过仿真研究了实时的交通出行信息以及驾驶员路径选择行为对宏观基本图的影响，研究发现，不同路径选择通过对路网密度的影响，进而对宏观基本图的最大值产生影响；信息预知比例越高，对宏观基本图最大值的影响相应增大。

表 9.5　宏观基本图影响因素研究

影响因素		典型研究	变化因素
选择行为	路径选择	Geroliminis，朱琳，Jin，Leclercq，Zhao	驾驶员路径选择行为

以上各个宏观基本图的影响因素，其本质都是对路网空间密度分布的影响，进而影响了宏观基本图的形状、散点分布或最大值等性质，进一步说明路网密度分布是影响宏观基本图的本质因素。

9.2.5　宏观基本图理论的应用

宏观基本图的基本性质及影响因素得到深入研究后，如何将宏观基本图应用到实际中成为一个重要的研究方向。宏观基本图的应用首先需要解决基于 MFD 的路网交通子区划分问题，随后一系列有关宏观基本图应用的研究逐步开展，基本研究内容可分为如表 9.6 的四个方面，下面分别介绍各个方面的研究内容和研究成果。

表 9.6　宏观基本图理论应用研究

应用范围	应用方法	典型研究
交通小区划分	同质性划分	Ji，Geroliminis
路网控制	边界控制法	Geroliminis，Haddad，Shraiber
	反馈控制法	Mehdi，Keyvan-Ekbatani
	区域计量控制法	Yoshii
基于 MFD 构建模型	混合路网最优控制模型	Ramezani
	路网演化	Gayah
	资源分配模型	Daganzo
基于 MFD 路网评价	评价指标	Knoop
	对比分析	Lin
	拥堵收费策略	Zheng，Horiguchi

（1）基于宏观基本图的交通子区域划分

对网络交通流的研究不能忽视城市交通系统的复杂性。通常情况下，城市不同区域的路网属性（包括道路等级与结构等）以及交通分布的特征等都存在巨大差异。为了更好理解与应用宏观基本图，有必要将大规模城市路网划分为结构与性质相似的子区域。基于这一思想，一些学者开展了相关研究。Ji 和 Geroliminis（2012）主要根据交通拥堵的空间特征，在尽可能保持路段间关联度的条件下，通过最小化各个子区域的车辆密度，提出了面向宏观基本图的静态子区域划分方法。以此为基础，Ji 等（2014）基于深圳路网的出租车 GPS 数据，提出了以最大连通元素为目标的子区域动态划分方法。这些研究成果为研究路网宏观基本图性质，以及进一步的区域路网交通管理与控制等实践应用奠定了基础。

（2）基于宏观基本图的区域交通控制

宏观基本图理论能够在少量网络交通流数据的基础上，简明快速地辨识区域交通基本状态。因此，一经提出，基于宏观基本图的交通控制方法就受到了广泛关注。Gayah 等（2014）研究了自适应信号控制策略对理想格子网络的影响，结果表明其提出的自适应控制策略能够提高网络平均流量，降低拥挤条件下发生交通死锁的可能性，但是在交通网络严重拥堵的条件下，该策略对宏观基本图的影响很小；其他典型的基于宏观基本图的交通控制研究，集中在三种控制方法：

① 边界控制

Geroliminis 等（2013）提出了基于宏观基本图的 2 个小区最优边界控制策略，使得各小区内交通量能够均衡地分布在一定的总流量位置处，该位置保证小区使出流量最大。Haddad 和 Geroliminis（2012）以 2 个交通小区为研究对象，提出了一种最优边界控制方法，Haddad 和 Shraiber（2014）进一步发展了鲁棒的边界控制器。

② 反馈控制

Keyvan-Ekbatani 等（2012，2013）基于路网宏观基本图研究了反馈控制方法，通过仿真对希腊干尼亚州路网进行反馈闸门控制，取得良好的效果。Keyvan-Ekbatani 等（2012，2013）结合宏观基本图与阈值检测方法，发展了一种简单的反馈控制框架，该方法通过少量的实时数据就能够达到满意的控制效果。

③ 区域计量控制

Yoshii 等（2010）将宏观基本图运用到过饱和路网控制中，提出了一种区域计量控制方法，并通过对阪神快速路网络的仿真研究，验证了该方法的有效性。

（3）基于宏观基本图的模型构建

对于宏观基本图在构建模型方面的运用也展开了一定的研究，集中在控制模型构建，路网演化分析，以及与其他模型结合等方面。Ramezani 等（2015）探讨了由高速路网与城市路网共同形成的路网的宏观交通流关系，采用元胞传输模型以路网总延迟最小为目标，构建了混合道路网的最优控制模型。

Gayah 和 Daganzo（2011）在理想均匀路网的条件下，建立了基于宏观基本图的 2 个区域路网密度演化模型，并分析了参数对路网演化平衡的影响。

Daganzo 等（2011）研究了将宏观交通流模型与经济学模型相结合，进而使得对私人小汽车及公共交通的实现合理均衡利用，对决定资源配置具有重大作用。

（4）基于宏观基本图的评价

将宏观基本图作为评价手段的研究主要围绕两方面展开：一方面将宏观基本图的稳定性作为评价指标，另一方面将宏观基本图得到的结果作对比分析。

Knoop 等（2012）运用宏观基本图分析了交通控制与传统采用大量数据复杂算法间的优劣，发现运用详细的复杂算法控制效果较好，但基于宏观基本图也可以进行有效的控制。Lin 等（2013）提出了两个用于评价路网控制模型的指标，来反映路网的流动性和交通拥堵，并通过分析路网宏观基本图的稳定性说明指标的适用性。

另外，一些学者基于宏观基本图理论提出了缓解交通拥挤的收费策略，并考虑了交通流分布异质性等网络属性（Daganzo and Lehe，2015；Simoni et al.，2015；Ramezani et al.，2016；Xiong et al.，2015）。Zheng 等（2012）结合城市路网交通拥堵宏观模型，以及基于智能体的模型器研究了拥堵收费策略，通过苏黎世城市路网首先证明了运用智能体模拟器获得的结果与通过宏观基本图所得到的结果的一致性，随后在基于宏观基本图控制下提出了一种动态拥堵收费策略。Horiguchi 等（2010）将宏观基本图公式化，来表达反映路网目前运行状态的两个变量：流动性指标和突出性指标，同时提出了路网拥堵收费策略。

宏观基本图理论为网络交通流理论的研究注入了新活力，在集计层面加深了人们对路网交通流时空演化规律与交通流特征的理解，为评价区域路网的交通状态提供了新途径，也为区域交通管理、控制与诱导等交通实践提供了新方法。然而由于交通网络结构的复杂性、交通需求的动态性以及交通个体行为的随机性等，共同构成了复杂的交通系统。当前的研究在该领域进行了有益探索，但仍有大量基础核心问题缺少关键性研究进展。

9.2.6 宏观基本图理论的发展

宏观基本图理论自提出以来，通过众多学者的研究已经取得了丰富的成果。在早期的研究中，为了便于分析，往往对实际路网进行简化，将其假设为简单的均质路网，研究的交通模式也较为单一，其最终结论可能与实际情况存在一定差异，或难以运用到实际路网中。一些学者考虑更贴合实际路网的情况进行了相关研究，使宏观基本图的理论更具有实际价值。

（1）异质与多层级网络宏观基本图

当假设路网密度均匀分布时，宏观基本图的曲线表现出低离散度，但这在实际路网中不是一个普遍规律。Mazloumian 等（2010）发现在异质路网的宏观基本图中，路网密度较高时，同一密度的散点会分布在相应均质路网的下方。其他学者如 Buisson 和 Ladier（2009）、Gayah 和 Daganzo（2011）、Mahmassani 等（2013）以及 Zhang 等（2013）在实测数据或仿真研究中也发现了这种情况。这一重要结论表明宏观基本图能够应用在具有多个拥堵中心的异质路网，只要该路网可以划分为少量的均质子区。

考虑异质性影响的宏观基本图也应用到了路网控制的研究中。Aboudolas 和 Geroliminis（2013）对异质路网设计了双层边界流控制策略，分别在子区边界和整体路网边界上实施控制，以提高路网的整体容量。

（2）多模式交通宏观基本图

实际路网交通流一般为多种交通方式同时存在的混合交通流，不同的交通方式间互相影响，并影响交通性能，特别是在路网层面。一些学者试图用多模式的宏观基本图来研究这些问题。

Gerolimini 等（2014）基于仿真数据，研究了公共交通和小汽车共存时，两种模式间的相互作用和公交站对双模式路网性能的影响，由于公交车的密度较高，二者的相互影响是不同的。Loder 等（2017）利用苏黎世实际数据将路网小汽车的车辆累积量和公共交通的乘客累积量联系起来，扩展到 3D-MFD，在多模式交通条件下，估计车辆累积对小汽车和公共交通速度的影响，证实更多的公交专用车道减少了对两种车速的边际影响。在路网控制研究中，Ampountolas 等（2017）将旧金山的多模式异质路网划分为两个具有不同交通模式的均质区域，设计了一个鲁棒性的双边界流量控制器，显著降低路网的整体拥堵。

复习思考题

1. 试说明制动互联车的主要控制策略。
2. 讨论自动互联车的推广应用对道路交通流的影响。
3. 试分析宏观基本图理论的适用条件。
4. 查阅文献，总结宏观基本图理论在区域交通管理与控制中的应用。

参 考 文 献

柴琳果. 2018. 智能车路协同交叉口间隙耦合运行控制方法 [D]. 北京: 北京交通大学.

董长印, 王昊, 王炜, 等. 2018. 混入智能车的下匝道瓶颈路段交通流建模与仿真分析 [J]. 物理学报, 67(14): 144501.

杜怡曼, 吴建平, 贾宇涵, 等. 2014. 基于宏观基本图的区域交通总量动态调控技术 [J]. 交通运输系统工程与信息, 14(3): 162-167.

房雅灵. 2016. 车联网环境下道路交通流建模与控制 [D]. 西安: 西北工业大学.

顾海燕. 2017. 车联网环境下高速公路车辆跟驰模型及仿真研究 [D]. 南京: 东南大学.

贺正冰, 关伟, 樊玲玲, 等. 2013. 北京市快速环路宏观基本图特征研究 [J]. 交通运输系统工程与信息, 14(2): 199-205.

胡林, 钟远兴, 黄晶, 等. 2018. 考虑信号交叉口延时的最优车辆路径规划算法 [J]. 汽车工程, 40(10): 1223-1229.

华雪东, 王炜, 王昊. 2016. 考虑自适应巡航车辆影响的上匝道系统混合交通流模型 [J]. 物理学报, 65(8): 084503-0845012.

姬杨蓓蓓. 2013. 基于仿真实验验证宏观基本图的存在性 [J]. 武汉理工大学学报: 交通科学与工程版, 37(5): 929-933.

李珣, 曲仕茹, 夏余. 2014. 车路协同环境下多车道车辆的协同换道规则 [J]. 中国公路学报, 27(8): 97-104.

卢守峰, 王杰, 刘改红, 等. 2014. 基于流量和出租车 GPS 数据的城市道路网络宏观基本图 [J]. 公路交通科技, 31(9): 138-144.

马万经, 廖大彬. 2014. 网络交通流宏观基本图: 回顾与前瞻 [J]. 武汉理工大学学报: 交通科学与工程版, 38(6): 1226-1233.

马万经, 吴明敏, 韩宝新, 等. 2013. 考虑可变速度调节的单点交叉口公交信号优先控制方法 [J]. 中国公路学报, 26(2): 127-133.

马莹莹. 2009. 面向交通小区的交通控制策略研究 [D]. 上海: 同济大学.

秦严严, 王昊, 冉斌. 2018a. CACC 车辆跟驰建模及混合交通流分析 [J]. 交通运输系统工程与信息, 18(2): 60-65.

秦严严, 王昊, 王炜. 2018b. 智能网联环境下的混合交通流 LWR 模型 [J]. 中国公路学报, 31(11): 147-156.

秦严严, 王昊, 王炜, 等. 2017a. 不同 CACC 渗透率条件下的混合交通流稳定性分析 [J]. 交通运输系统工程与信息, 17(4): 63-69.

秦严严, 王昊, 王炜, 等. 2017b. 混有 CACC 车辆和 ACC 车辆的异质交通流基本图模型 [J]. 中国公路学报, 30(10): 127-136.

邱小平, 马丽娜, 周小霞, 等. 2016. 基于安全距离的手动—自动驾驶混合交通流研究 [J]. 交通运输系统工程与信息, 16(4): 101-108.

史云峰. 2017. 车路协同条件下城市交通流优化控制策略的研究 [D]. 济南: 山东大学.

王玉, 段征宇. 2012. 偶发性交通事件对网络交通状态的影响分析 [J]. 第七届中国智能交通年会优秀论文集——智能交通技术.

吴伟, 马万经, 杨晓光. 2014. 车路协同环境下基于路径的信号协调优化模型 [J]. 吉林大学学报: 工学版, 2014(2): 343-351.

许菲菲, 何兆成, 沙志仁. 2013. 交通管理措施对路网宏观基本图的影响分析 [J]. 交通运输系统工程与信息, 13(2): 185-190.

杨刚, 张东好, 李克强. 2017. 基于车车通信的车辆并行协同自动换道控制 [J]. 公路交通科技, 34(1): 120-129.

游峰, 谷广. 2018. 面向无人驾驶的车辆协同换道轨迹规划 [J]. 科学技术与工程, 18(15): 155-161.

张存保, 陈超, 严新平. 2012. 基于车路协同的单点信号控制优化方法和模型 [J]. 武汉理工大学学报, 34(10): 74-79.

张荣辉, 游峰, 初鑫男. 2018. 车-车协同下无人驾驶车辆的换道汇入控制方法 [J]. 中国公路学报, 31(4): 180-191.

朱琳, 于雷, 宋国华. 2012. 基于 MFD 的路网宏观交通状态及影响因素研究 [J]. 华南理工大学学报: 自然科学版, 40(11): 138-146.

Aboudolas K, Geroliminis N. 2013. Perimeter and boundary flow control in multi-reservoir heterogeneous networks[J]. Transportation Research Part B, 55: 265-281.

Al Islam S M A B, Hajbabaie A. 2017. Distributed coordinated signal timing optimization in connected transportation networks[J]. Transportation Research Part C, 80: 272-285.

Alsabaan M, Naik K, Khalifa T. 2013. Optimization of fuel cost and emissions using V2V communications[J]. IEEE Transactions on intelligent transportation systems, 14(3): 1449-1461.

Ampountolas K, Zheng N, Geroliminis N. 2017. Macroscopic modelling and robust control of bi-modal multi-region urban road networks[J]. Transportation Research Part B, 104: 616-637.

Ardekani S, Herman R. 1987. Urban network-wide traffic variables and their relations[J]. Transportation Science, 21(1): 1-16.

Awal T, Kulik L, Ramamohanrao K. 2013. Optimal traffic merging strategy for communication-and sensor-enabled vehicles[C]. 16th International IEEE Conference on Intelligent Transportation Systems, 1468-1474.

Aziz H M A, Zhu F, Ukkusuri S V. 2018. Learning-based traffic signal control algorithms with neighborhood information sharing: An application for sustainable mobility[J]. Journal of Intelligent Transportation Systems, 22(1): 40-52.

Britzelmeier A, Gerdts M. 2018. Non-linear model predictive control of connected auto-matic cars in a road network using optimal control methods[J]. IFAC-Papers OnLine, 51(2): 168-173.

Budan G, Hayatleh K, Morrey D, et al. 2018. An analysis of vehicle-to-infrastructure com-munications for non-signalised intersection control under mixed driving behaviour[J]. Analog Integrated Circuits and Signal Processing, 95(3): 415-422.

Buisson C, Ladier C. 2009. Exploring the impact of homogeneity of traffic measurements on the existence of macroscopic fundamental diagrams[J]. Transportation Research Record, 2124(1): 127-136.

Cao W, Mukai M, Kawabe T, et al. 2014. Gap selection and path generation during merging maneuver of automobile using real-time optimization[J]. SICE Journal of Control, Measurement, and System Integration, 7(4): 227-236.

Cao W, Mukai M, Kawabe T, et al. 2015. Cooperative vehicle path generation during merging using model predictive control with real-time optimization[J]. Control Engi-neering Practice, 34: 98-105.

Chai L G, Cai B G, Wei S G, et al. 2018. Connected and autonomous vehicles coordinating approach at intersection based on space-time slot[J]. Transportmetrica A, 14(10): 929-951.

Chandler R E, Herman R, Montroll E W. 1958. Traffic dynamics: studies in car following[J]. Operations Research, 6(2): 165-184.

Chen P, Yan C, Sun J, et al. 2018. Dynamic eco-driving speed guidance at signalized intersections: multivehicle driving simulator based experimental study[J]. Journal of Advanced Transportation, 2018(Pt.2) : 440-450.

Chen Z, He F, Yin Y, et al. 2017. Optimal design of autonomous vehicle zones in trans-portation networks[J]. Transportation Research Part B, 99: 44-61.

Chen Z, He F, Zhang L, et al. 2016. Optimal deployment of autonomous vehicle lanes with endogenous market penetration[J]. Transportation Research Part C, 72: 143-156.

Chin H, Okuda H, Tazaki Y, et al. 2015. Model predictive cooperative cruise control in mixed traffic[C]. IECON 2015-41st Annual Conference of the IEEE Industrial Elec-tronics Society, 3199-3205.

Christofa E, Argote J, Skabardonis A. 2013. Arterial queue spillback detection and signal control based on connected vehicle technology[J]. Transportation Research Record, 2356(1): 61-70.

Courbon T, Leclercq L. 2011. Cross-comparison of macroscopic fundamental diagram estimation methods[J]. Procedia-Social and Behavioral Sciences, 20: 417-426.

Daganzo C F, Gayah V V, Gonzales E J. 2011. Macroscopic relations of urban traffic variables: Bifurcations, multivaluedness and instability[J]. Transportation Research Part B, 45(1): 278-288.

Daganzo C F, Geroliminis N. 2008. An analytical approximation for the macroscopic fundamental diagram of urban traffic[J]. Transportation Research Part B, 42(9): 771-781.

Daganzo C F, Gonzales E J, Gayah V, 2011. Traffic Congestion in Networks, and Alleviating It with Public Transportation and Pricing[M]. Berkeley: Institute of Transportation Studies, University of California.

Daganzo C F, Lehe L J. 2015. Distance-dependent congestion pricing for downtown zones[J]. Transportation Research Part B, 75: 89-99.

Davis L C. 2004. Effect of adaptive cruise control systems on traffic flow[J]. Physical Review E, 69(6): 066110.

Feng Y, Head K L, Khoshmagham S, et al. 2015. A real-time adaptive signal control in a connected vehicle environment[J]. Transportation Research Part C, 55: 460-473.

Feng Y, Yu C, Liu H X. 2018. Spatiotemporal intersection control in a connected and automated vehicle environment[J]. Transportation Research Part C, 89: 364-383.

Gayah V V, Daganzo C F. 2011. Clockwise hysteresis loops in the macroscopic fundamental diagram: an effect of network instability[J]. Transportation Research Part B, 45(4): 643-655.

Gayah V V, Gao X S, Nagle A S. 2014. On the impacts of locally adaptive signal control on urban network stability and the macroscopic fundamental diagram[J]. Transportation Research Part B, 70: 255-268.

Ge J I, Avedisov S S, He C R, et al. 2018. Experimental validation of connected automated vehicle design among human-driven vehicles[J]. Transportation Research Part C, 91: 335-352.

Ge J I, Orosz G. 2014. Dynamics of connected vehicle systems with delayed acceleration feedback[J]. Transportation Research Part C: Emerging Technologies, 46: 46-64.

Ge J I, Orosz G. 2018. Connected cruise control among human-driven vehicles: Experiment-based parameter estimation and optimal control design[J]. Transportation Research Part C, 95: 445-459.

Geiger A, Lauer M, Moosmann F, et al. 2012. Team AnnieWAY's entry to the 2011 grand cooperative driving challenge[J]. IEEE Transactions on Intelligent Transportation Systems, 13(3): 1008-1017.

Geroliminis N, Boyaci B. 2012. The effect of variability of urban systems characteristics in the network capacity[J]. Transportation Research Part B, 46(10): 1607-1623.

Geroliminis N, Daganzo C F. 2007. Macroscopic modeling of traffic in cities[R]. Transportation Research Board 36th Annual Meeting.

Geroliminis N, Daganzo C F. 2008. Existence of urban-scale macroscopic fundamental diagrams: Some experimental findings[J]. Transportation Research Part B, 42(9): 759-770.

Geroliminis N, Danés J, Estrada M Á. 2013. Multimodal Macroscopic Fundamental Diagram for "Car-Bus" Mixed Traffic Signalized Corridors: Application in City of Barcelona, Spain[R]. Transportation Research Board 92nd Annual Meeting.

Geroliminis N, Haddad J, Ramezani M. 2012. Optimal perimeter control for two urban regions with macroscopic fundamental diagrams: A model predictive approach[J]. IEEE Transactions on Intelligent Transportation Systems, 14(1): 348-359.

Geroliminis N, Sun J. 2011. Properties of a well-defined macroscopic fundamental diagram for urban traffic[J]. Transportation Research Part B, 45(3): 605-617.

Geroliminis N, Zheng N, Ampountolas K. 2014. A three-dimensional macroscopic fundamental diagram for mixed bi-modal urban networks[J]. Transportation Research Part C, 42: 168-181.

Ghiasi A, Hussain O, Qian Z S, et al. 2017. A mixed traffic capacity analysis and lane management model for connected automated vehicles: A Markov chain method[J]. Transportation Research Part B, 106: 266-292.

Godfrey J W, 1969. The mechanism of a road network[J]. Traffic Engineering & Control, 11: 323-327.

Gong S, Du L. 2018. Cooperative platoon control for a mixed traffic flow including human drive vehicles and connected and autonomous vehicles[J]. Transportation Research Part B: Methodological, 116: 25-61.

Gonzales E J, Chavis C, Jin Y, et al, 2009. Multimodal transport modeling for Nairobi, Kenya: insights and recommendations with an evidence-based model[R]. Volvo working paper, University of California, Berkeley.

Guériau M, Billot R, El Faouzi N. E, et al. 2016. How to assess the benefits of connected vehicles? A simulation framework for the design of cooperative traffic management strategies[J]. Transportation Research Part C, 67: 266-279.

Guler S I, Menendez M, Meier L. 2014. Using connected vehicle technology to improve the efficiency of intersections[J]. Transportation Research Part C, 46: 121-131.

Guo L, Zhao X, Yu S, et al. 2017. An improved car-following model with multiple preceding cars' velocity fluctuation feedback[J]. Physica A, 471: 436-444.

Haddad J, Geroliminis N. 2012. On the stability of traffic perimeter control in two-region urban cities[J]. Transportation Research Part B, 46: 1159-1176.

Haddad J, Shraiber A. 2014. Robust perimeter control design for an urban region[J]. Transportation Research Part B, 68: 315-332.

Han D, Yi K. 2006. A driver-adaptive range policy for adaptive cruise control[J]. Proceedings of the Institution of Mechanical Engineers, Part D: Journal of Automobile Engineering, 220(3): 321-334.

Han Y, Ahn S. 2018. Stochastic modeling of breakdown at freeway merge bottleneck and traffic control method using connected automated vehicle[J]. Transportation Research Part B, 107: 146-166.

Han Y, Chen D, Ahn S. 2017. Variable speed limit control at fixed freeway bottlenecks using connected vehicles[J]. Transportation Research Part B, 98: 113-134.

Hashimoto Y, Gu Y, Hsu L T, et al. 2016. A probabilistic model of pedestrian crossing behavior at signalized intersections for connected vehicles[J]. Transportation Research Part C, 71: 164-181.

He Q, Head K L, Ding J. 2014. Multi-modal traffic signal control with priority, signal actuation and coordination[J]. Transportation Research Part C, 46: 65-82.

He Z, He S, Guan W. 2013. Figure-Eight Hysteresis Pattern in Macroscopic Fundamental Diagrams for Urban Freeway Network in Beijing, China[R]. Transportation Research Board 92nd Annual Meeting.

He Z, He S, Guan W. 2015. A figure-eight hysteresis pattern in macroscopic fundamental diagrams and its microscopic causes[J]. Transportation Letters, 7(3): 133-142.

Helbing D. 2009. Derivation of a fundamental diagram for urban traffic flow[J]. The European Physical Journal B, 70(2): 229-241.

Horiguchi R, Iijima M, Hanabusa H. 2010. Traffic information provision suitable for TV broadcasting based on macroscopic fundamental diagram from floating car data[C]. 13th International IEEE Conference on Intelligent Transportation Systems, 700-705.

Hou Y, Seliman S M S, Wang E, et al. 2018. Cooperative and integrated vehicle and intersection control for energy efficiency (CIVIC-E 2)[J]. IEEE Transactions on Intelligent Transportation Systems, 19(7): 2325-2337.

Hu J, Park B B, Lee Y J. 2016. Transit signal priority accommodating conflicting requests under Connected Vehicles technology[J]. Transportation Research Part C, 69: 173-192.

Hu J, Park B, Parkany A E. 2014. Transit signal priority with connected vehicle technology[J]. Transportation Research Record, 2418(1): 20-29.

Ioannou P A. Stefanovic M. 2005. Evaluation of ACC vehicles in mixed traffic: Lane change effects and sensitivity analysis[J]. IEEE Transactions on Intelligent Transportation Systems, 6(1): 79-89.

Ioannou P. 2003. Guest editorial adaptive cruise control systems special issue[J]. IEEE Transactions on Intelligent Transportation Systems, 4(3): 113-114.

Ji Y, Geroliminis N. 2012. On the spatial partitioning of urban transportation networks[J]. Transportation Research Part B, 46(10): 1639-1656.

Ji Y, Luo J, Geroliminis N. 2014. Empirical observations of congestion propagation and dynamic partitioning with probe data for large-scale systems[J]. Transportation Research Record, 2422(1): 1-11.

Jiang H, Hu J, An S, et al. 2017. Eco approaching at an isolated signalized intersection under partially connected and automated vehicles environment[J]. Transportation Research Part C, 79: 290-307.

Jiang R, Hu M B, Jia B, et al. 2007. Phase transition in a mixture of adaptive cruise control vehicles and manual vehicles[J]. The European Physical Journal B, 58(2): 197-206.

Jiang R, Wu Q S. 2006. The adaptive cruise control vehicles in the cellular automata model[J]. Physics Letters A, 359(2): 99-102.

Jin W L, Gan Q J, Gayah V V. 2013. A kinematic wave approach to traffic statics and dynamics in a double-ring network[J]. Transportation Research Part B, 57: 114-131.

Kamal M A S, Imura J, Hayakawa T, et al. 2014. A vehicle-intersection coordination scheme for smooth flows of traffic without using traffic lights[J]. IEEE Transactions on Intelligent Transportation Systems, 16(3): 1136-1147.

Kerner B S, Klenov S L. 2003. Microscopic theory of spatial-temporal congested traffic patterns at highway bottlenecks[J]. Physical Revew E, 68(3): 036130.

Kesting A, Treiber M, Schönhof M, et al. 2007. Extending adaptive cruise control to adaptive driving strategies[J]. Transportation Research Record, 2000(1): 16-24.

Kesting A, Treiber M, Schönhof M, et al. 2008. Adaptive cruise control design for active congestion avoidance[J]. Transportation Research Part C, 16(6): 668-683.

Keyvan-Ekbatani M, Kouvelas A, Papamichail I, et al. 2012. Exploiting the fundamental diagram of urban networks for feedback-based gating[J]. Transportation Research Part B, 46(10): 1393-1403.

Keyvan-Ekbatani M, Papageorgiou M, Papamichail I. 2013. Urban congestion gating control based on reduced operational network fundamental diagrams[J]. Transportation Research Part C, 33: 74-87.

Kikuchi S, Uno N, Tanaka M. 2003. Impacts of shorter perception-reaction time of adapted cruise controlled vehicles on traffic flow and safety[J]. Journal of Transportation Engineering, 129(2): 146-154.

Knoop V L, Van Lint J W C, Hoogendoorn S P. 2012. Routing Strategies based on the Macroscopic Fundamental Diagram[J]. Transportation Research Record, 2315(1): 1-10.

Leclercq L, Geroliminis N. 2013. Estimating MFDs in simple networks with route choice[J]. Procedia-Social and Behavioral Sciences, 80: 99-118.

Lee J, Park B B. 2012. Development and evaluation of a cooperative vehicle intersection control algorithm under the connected vehicles environment[J]. IEEE Transactions on Intelligent Transportation Systems, 13(1): 81-90.

Lee J, Park B B, Malakorn K et al. 2013. Sustainability assessments of cooperative vehicle intersection control at an urban corridor[J]. Transportation Research Part C, 32: 193-206.

Levin M W. 2017. Congestion-aware system optimal route choice for shared autonomous vehicles[J]. Transportation Research Part C, 82: 229-247.

Levin M W, Boyles S D. 2016a. A cell transmission model for dynamic lane reversal with autonomous vehicles[J]. Transportation Research Part C, 68: 126-143.

Levin M W, Boyles S D. 2016b. A multiclass cell transmission model for shared human and autonomous vehicle roads[J]. Transportation Research Part C, 62: 103-116.

Li F, Wang Y. 2017. Cooperative adaptive cruise control for string stable mixed traffic: Benchmark and human-centered design[J]. IEEE Transactions on Intelligent Transportation Systems, 18(12): 3473-3485.

Li P T, Zhou X. 2017. Recasting and optimizing intersection automation as a connected-and-automated- vehicle (CAV) scheduling problem: A sequential branch-and-bound search approach in phase-time-traffic hypernetwork[J]. Transportation Research Part B, 105: 479-506.

Li Z, Chitturi M V, Yu L, et al. 2015. Sustainability effects of next-generation intersection control for autonomous vehicles[J]. Transport, 30(3): 342-352.

Lin Q, Li S E, Du X, et al. 2018. Minimize the fuel consumption of connected vehicles between two red-signalized intersections in urban traffic[J]. IEEE Transactions on Vehicular Technology, 67(10): 9060-9072.

Lin S, Zhou Z, Xi Y. 2013. Model-based traffic congestion control in urban road networks: Analysis of performance criteria[J]. Transportation Research Record, 2390(1): 112-120.

Lin, P, Liu, J, Jin, P J, et al. 2017. Autonomous vehicle-intersection coordination method in a connected vehicle environment[J]. IEEE Intelligent Transportation Systems Magazine, 9(4): 37-47.

Lioris J, Pedarsani R, Tascikaraoglu F Y, et al. 2017. Platoons of connected vehicles can double throughput in urban roads[J]. Transportation Research Part C, 77: 292-305.

Liu H, Kan X, Shladover S E, et al. 2018. Impact of cooperative adaptive cruise control on multilane freeway merge capacity[J]. Journal of Intelligent Transportation Systems, 22(3): 263-275.

Liu X, Goldsmith A, Mahal S S, et al. 2001. Effects of communication delay on string stability in vehicle platoons[C]. 4th International IEEE Conference on Intelligent Transportation Systems, 625-630.

Llorca D F, Milanés V, Alonso I P, et al. 2011. Autonomous pedestrian collision avoidance using a fuzzy steering controller[J]. IEEE Transactions on Intelligent Transportation Systems, 12(2): 390-401.

Lloret-Batlle R, Jayakrishnan R. 2016. Envy-minimizing pareto efficient intersection control with brokered utility exchanges under user heterogeneity[J]. Transportation Research Part B, 94: 22-42.

Loder A, Ambuhl L, Menendez M, et al. 2017. Empirics of multi-modal traffic networks-using the 3D macroscopic fundamental diagram[J]. Transportation Research Part C, 82: 88-101.

Lu G, Nie Y M, Liu X, et al. 2019. Trajectory-based traffic management inside an autonomous vehicle zone[J]. Transportation Research Part B, 120: 76-98.

Lu X Y, Shladover S E, Jawad I, et al. 2015. A novel speed-measurement based variable speed limit/advisory algorithm for a freeway corridor with multiple bottlenecks[R]. Transportation Research Board 94th Annual Meeting.

Lu X Y, Tan H S, Empey D, et al. 2000a. Nonlinear longitudinal controller development and real-time implementation[R]. Research Reports Institute of Transportation Studies, University of California Berkeley.

Lu X Y, Tan H S, Shladover S E, et al. 2000b. Implementation of longitudinal control algorithm for vehicle merging[C]. Proceedings 5th Symposium on Advanced Vehicle Control, 25-32.

Luo Y, Xiang Y, Cao K, et al. 2016. A dynamic automated lane change maneuver based on vehicle-to-vehicle communication[J]. Transportation Research Part C, 62: 87-102.

Ma J, Li X, Shladover S. et al. 2016. Freeway speed harmonization[J]. IEEE Transactions on Intelligent Vehicles, 1(1): 78-89.

Mahmassani H S, Peeta S. 1993. Network performance under system optimal and user equilibrium dynamic assignments: implications for advanced traveler information systems[J]. Transportation Research Record, 1408: 83-93.

Mahmassani H S, Saberi M, Zockaie A. 2013. Urban network gridlock: Theory, characteristics, and dynamics[J]. Procedia-Social and Behavioral Sciences, 80: 79-98.

Mahmassani H, Williams J C, Herman R. 1987. Performance of urban traffic networks[C]. Proceedings of the 10th International Symposium on Transportation and Traffic Theory, 14: 1-20.

Marinescu D, Čurn J, Bouroche M, et al. 2012. On-ramp traffic merging using cooperative intelligent vehicles: A slot-based approach[C]. 15th International IEEE Conference on Intelligent Transportation Systems, 900-906.

Marsden G, McDonald M, Brackstone M. 2001. Towards an understanding of adaptive cruise control[J]. Transportation Research Part C, 9(1): 33-51.

Mazloumian A, Geroliminis N, Helbing D. 2010. The spatial variability of vehicle densities as determinant of urban network capacity[J]. Philosophical Transactions of the Royal Society A, 368(1928): 4627-4647.

Milanés V, Godoy J, Villagrá J, et al. 2010. Automated on-ramp merging system for congested traffic situations[J]. IEEE Transactions on Intelligent Transportation Systems, 12(2): 500-508.

Milanés V, Shladover S E, Spring J, et al. 2013. Cooperative adaptive cruise control in real traffic situations[J]. IEEE Transactions on Intelligent Transportation Systems, 15(1), 296-305.

Mirheli A, Hajibabai L, Hajbabaie A. 2018. Development of a signal-head-free intersection control logic in a fully connected and autonomous vehicle environment[J]. Transportation Research Part C, 92: 412-425.

Mittal A, Mahmassani H S, Talebpour A. 2017. Network flow relations and travel time reliability in a connected environment[J]. Transportation Research Record, 2622(1): 24-37.

Moser D, Waschl H, Kirchsteiger H, et al. 2015. Cooperative adaptive cruise control applying stochastic linear model predictive control strategies[C]. European Control Conference, 3383-3388.

Naus G J L, Vugts R P A, Ploeg J, et al. 2010. String-stable CACC design and experimental validation: A frequency-domain approach[J]. IEEE Transactions on Vehicular Technology, 59(9): 4268-4279.

Ngoduy D. 2013. Instability of cooperative adaptive cruise control traffic flow: A macroscopic approach[J]. Communications in Nonlinear Science and Numerical Simulation, 18(10): 2838-2851.

Noruzoliaee M, Zou B, Liu Y. 2018. Roads in transition: Integrated modeling of a manufacturer-traveler-infrastructure system in a mixed autonomous/human driving environment[J]. Transportation Research Part C, 90: 307-333.

Ntousakis I A, Porfyri K, Nikolos I K, et al. 2014. Assessing the impact of a cooperative merging system on highway traffic using a microscopic flow simulator[C]. ASME International Mechanical Engineering Congress and Exposition. American Society of Mechanical Engineers, 46613: V012T15A024.

Olszewski P, Fan H S L, Tan Y W. 1995. Area-wide traffic speed-flow model for the Singapore CBD[J]. Transportation Research Part A, 29(4): 273-281.

Orosz G, Wilson R E, Stefan G. 2010. Traffic jams: dynamics and control[J]. Philosophical Transactions of the Royal Society A, 368(1928): 4455-4479.

Qian X. 2009. Application of Macroscopic Fundamental Diagrams to dynamic traffic management[J]. ITS Edulab, Rijkswaterstaat & Delft University of Technology,

Rakha H, Hankey J, Patterson A, et al. 2001. Field evaluation of safety impacts of adaptive cruise control[J]. Journal of Intelligent Transportation Systems, 6(3): 225-259.

Ramezani M, Haddad J, Geroliminis N. 2015. Dynamics of heterogeneity in urban networks: aggregated traffic modeling and hierarchical control[J]. Transportation Research Part B, 74: 1-19.

Raravi G, Shingde V, Ramamritham K, et al. 2007. Merge algorithms for intelligent vehicles[C]. Next Generation Design and Verification Methodologies for Distributed Embedded Control Systems, 51-65.

Rios-Torres J, Malikopoulos A A. 2016. A survey on the coordination of connected and automated vehicles at intersections and merging at highway on-ramps[J]. IEEE Transactions on Intelligent Transportation Systems, 18(5): 1066-1077.

Rios-Torres J, Malikopoulos A A. 2017b. Automated and cooperative vehicle merging at highway on-ramps[J]. IEEE Transactions on Intelligent Transportation Systems, 18(4): 780-789.

Rios-Torres J, Malikopoulos A, Pisu P. 2015. Online optimal control of connected vehicles for efficient traffic flow at merging roads[C]. IEEE 18th International Conference on Intelligent Transportation Systems, 2432-2437.

Santini S, Salvi A, Valente A S, et al. 2016. A consensus-based approach for platooning with intervehicular communications and its validation in realistic scenarios[J]. IEEE Transactions on Vehicular Technology, 66(3): 1985-1999.

Sau J, Monteil J, Billot R et al. 2014. The root locus method: application to linear stability analysis and design of cooperative car-following models[J]. Transportmetrica B, 2(1): 60-82.

Schakel W J, Van Arem B, Netten B D. 2010. Effects of cooperative adaptive cruise control on traffic flow stability[C]. 13th International IEEE Conference on Intelligent Transportation Systems, 759-764.

Schmidt G K, Posch B. 1983. A two-layer control scheme for merging of automated vehi-cles[C]. The 22nd IEEE Conference on Decision and Control, 495-500.

Sharon G, Levin M W, Hanna J P, et al. 2017. Network-wide adaptive tolling for connected and automated vehicles[J]. Transportation Research Part C, 84: 142-157.

Shi X Y, Lin H F. 2014. Exploring the characteristics of hysteresis phcnomena of macro-scopic fundamental diagram for urban expressway network: The case of Shanghai[C]. Transportation Research Board 93rd Annual Meeting, 14-2060.

Shladover S E, Su D, Lu X Y. 2012. Impacts of cooperative adaptive cruise control on freeway traffic flow[J]. Transportation Research Record, 2324(1): 63-70.

Simoni M D, Pel A J, Waraich R A, et al. 2015. Marginal cost congestion pricing based on the network fundamental diagram[J]. Transportation Research Part C, 56: 221-238.

Stanger T, del Re L. 2013. A model predictive cooperative adaptive cruise control ap-proach[C]. American Control Conference, 1374-1379.

Stern R E, Chen Y, Churchill M, et al. 2019. Quantifying air quality benefits resulting from few autonomous vehicles stabilizing traffic[J]. Transportation Research Part D, 67: 351-365.

Stern R E, Cui S, Delle Monache M L, et al. 2018. Dissipation of stop-and-go waves via control of autonomous vehicles: Field experiments[J]. Transportation Research Part C, 89: 205-221.

Suzuki H, Nakatsuji T. 2003. Effect of adaptive cruise control (ACC) on traffic throughput: numerical example on actual freeway corridor[J]. JSAE Review, 24(4): 403-410.

Talebpour A, Mahmassani H S. 2016. Influence of connected and autonomous vehicles on traffic flow stability and throughput[J]. Transportation Research Part C, 71: 143-163.

Tang C F, Jiang R, Wu Q S. 2007. Phase diagram of speed gradient model with an on-ramp[J]. Physica A, 377(2): 641-650.

Ubiergo G A, Jin W L. 2016. Mobility and environment improvement of signalized networks through Vehicle-to-Infrastructure (V2I) communications[J]. Transportation Research Part C, 68: 70-82.

Uno A, Sakaguchi T, Tsugawa S. 1999. A merging control algorithm based on inter-vehicle communication[C]. Proceedings 199 IEEE/IEEJ/JSAI International Conference on Intelligent Transportation Systems, 783-787.

van Arem B, van Driel C J G, Visser R. 2006. The impact of cooperative adaptive cruise control on traffic-flow characteristics[J]. IEEE Transactions on Intelligent Transporta-tion Systems, 7(4): 429-436.

VanderWerf J, Shladover S E, Miller M A, et al. 2002. Effects of adaptive cruise control systems on highway traffic flow capacity[J]. Transportation Research Record, 1800(1): 78-84.

VanderWerf J, Shladover S, Kourjanskaia N, et al. 2001. Modeling effects of driver control assistance systems on traffic[J]. Transportation Research Record, 1748(1): 167-174.

Wang F J, Wei W, Ma D F, et al. 2014. Flow-density relationship for discontinuous flow on urban street network[C]. 3rd International Conference on Civil Engineering and Transportation, Kunming, 505: 999-1004.

Wang J, Rajamani R. 2004. Should adaptive cruise-control systems be designed to maintain a constant time gap between vehicles?[J]. IEEE Transactions on Vehicular Technology, 53(5): 1480-1490.

Wang M, Daamen W, Hoogendoorn S P, et al. 2014. Rolling horizon control framework for driver assistance systems. Part II: Cooperative sensing and cooperative control[J]. Transportation Research Part C, 40: 290-311.

Wei J, Dolan J M, Litkouhi B. 2013. Autonomous vehicle social behavior for highway entrance ramp management[C]. IEEE Intelligent Vehicles Symposium, 201-207.

Williams J C, Mahmassani H S, Herman R. 1987. Urban traffic network flow models[J]. Transportation Research Record, 1112: 78-88.

Wu W, Ma W, Long K, et al. 2016. Integrated optimization of bus priority operations in connected vehicle environment[J]. Journal of Advanced Transportation, 50(8): 1853-1869.

Xie D F, Gao Z Y, Zhao X M. 2008. Stabilization of traffic flow based on the multiple information of preceding cars[J]. Communications in Computational Physics, 3(4): 899-912.

Xie D F, Zhao X M, He Z. 2018. Heterogeneous traffic mixing regular and connected vehicles: Modeling and stabilization[J]. IEEE Transactions on Intelligent Transportation Systems, 20(6): 2060-2071.

Xie Y, Zhang H, Gartner N H, et al. 2017. Collaborative merging strategy for freeway ramp operations in a connected and autonomous vehicles environment[J]. Journal of Intelligent Transportation Systems, 21(2): 136-147.

Xiong C, Chen X, He X, et al. 2016. Agent-based en-route diversion: Dynamic behavioral responses and network performance represented by macroscopic fundamental diagrams[J]. Transportation Research Part C, 64: 148-163.

Yang D, Zheng S, Wen C, et al. 2018. A dynamic lane-changing trajectory planning model for automated vehicles[J]. Transportation Research Part C, 95: 228-247.

Yang K, Guler S I, Menendez M. 2016. Isolated intersection control for various levels of vehicle technology: Conventional, connected, and automated vehicles[J]. Transportation Research Part C, 72: 109-129.

Yi J, Horowitz R. 2006. Macroscopic traffic flow propagation stability for adaptive cruise controlled vehicles[J]. Transportation Research Part C, 14(2): 81-95.

Yoshii T, Yonezawa Y, Kitamura R. 2010. Evaluation of an area metering control method using the macroscopic fundamental diagram[C]. Proceedings of the 12th World Conference on Transportation Research, 1-12.

Yu S, Shi Z. 2015. The effects of vehicular gap changes with memory on traffic flow in cooperative adaptive cruise control strategy[J]. Physica A, 428: 206-223.

Yuan Y M, Jiang R, Hu M B, et al. 2009. Traffic flow characteristics in a mixed traffic system consisting of ACC vehicles and manual vehicles: A hybrid modelling approach[J]. Physica A, 388(12): 2483-2491.

Zeng X, Sun X, Zhang Y, et al. 2015. Person-based adaptive priority signal control with connected-vehicle information[J]. Transportation Research Record, 2487(1): 78-87.

Zhang J, Ioannou P A. 2006. Longitudinal control of heavy trucks in mixed traffic: environmental and fuel economy considerations[J]. IEEE Transactions on Intelligent Transportation Systems, 7(1): 92-104.

Zhang K, Nie Y M. 2018. Mitigating the impact of selfish routing: An optimal-ratio control scheme (ORCS) inspired by autonomous driving[J]. Transportation Research Part C: Emerging Technologies, 87: 75-90.

Zhang L, Garoni T M, de Gier J. 2013. A comparative study of macroscopic fundamental diagrams of arterial road networks governed by adaptive traffic signal systems[J]. Transportation Research Part B, 49: 1-23.

Zhang L, Orosz G. 2016. Motif-based design for connected vehicle systems in presence of heterogeneous connectivity structures and time delays[J]. IEEE Transactions on Intelligent Transportation Systems, 17(6): 1638-1651.

Zhang W, Guhathakurta S, Khalil E B. 2018. The impact of private autonomous vehicles on vehicle ownership and unoccupied VMT generation[J]. Transportation Research Part C, 90: 156-165.

Zhao T, Li Z, Huang B, et al. 2014. Exploring the influence of traveller information on macroscopic fundamental diagrams[J]. IET Intelligent Transport Systems, 8(1): 58-67.

Zhao T, Li Z, Mu B, et al. 2011. Exploring the influence of real-time traveler information on the macroscopic fundamental diagrams[C]. 11th International Conference of Chinese Transportation Professionals: Towards Sustainable Transportation Systems, 1720-1732.

Zheng N, Waraich R A, Axhausen K W, et al. 2012. A dynamic cordon pricing scheme combining the macroscopic fundamental diagram and an agent-based traffic model[J]. Transportation Research Part A, 46(8): 1291-1303.

Zhou J, Peng H. 2005. Range policy of adaptive cruise control vehicles for improved flow stability and string stability[J]. IEEE Transactions on Intelligent Transportation Systems, 6(2): 229-237.

Zhu F, Ukkusuri S V. 2015. A linear programming formulation for autonomous intersection control within a dynamic traffic assignment and connected vehicle environment[J]. Transportation Research Part C, 55: 363-378.

Zohdy I H, Rakha H A. 2016. Intersection management via vehicle connectivity: The intersection cooperative adaptive cruise control system concept[J]. Journal of Intelligent Transportation Systems, 20(1): 17-32.

下篇

网络交通流理论

第 10 章　交通网络系统

10.1　概　　述

为了完成出行活动，出行者需要对交通方式、出发时刻和出行路径进行选择，影响这些选择的因素包括交通拥挤程度和发生拥挤的地点等，而交通拥挤程度又取决于交通网络上的交通量。发生在网络中路段、路径或节点上的交通量其实就是个体出行者在出行中产生的空间集聚结果，这种网络流量是由两种机制相互作用所产生的，一种是出行者总试图在网络中选择最优路径来达到出行费用最小的目标；另一种是网络服务水平与其流量状态密切相关，网络流量越大，出行者的出行费用也就越高。

网络交通流研究的主要内容就是分析出行决策和交通拥挤度之间的关系，用容易解释的数学模型描述上面两种机制及其相互作用，通过设计高效的算法来估计网络交通流的时空分布，为科学制定交通管理策略提供依据。交通流分配模型是网络交通流理论的核心，简单地说，交通流分配就是将已知的 OD 交通量根据一定的网络描述，按照一定的规则且符合实际地分配到网络中的各条路段上，进而计算出各路段交通量及路段费用等指标，并据此对交通网络的使用状况进行分析和评价。

基于最短路算法的"全有全无"交通流分配是最早的网络交通流分配方法，该方法假定网络上不存在拥挤现象，也就是说，路段上的出行时间不受流量大小的影响，OD 对之间的全部流量被分配到最短路径上。显然，"全有全无"方法对于非拥挤的交通网络是适用的，但对于拥挤的交通网络，该方法的计算结果与实际情况的差异较大。著名交通专家 Wardrop（1952）提出了网络交通流分配的第一、第二原理，人们开始用系统分析法和平衡分析法来研究交通流分配问题。

Beckmann 等（1956）提出了确定性的平衡配流模型，该模型的基本假设是：出行者能够准确计算每条路径的费用，且所有出行者的计算能力和标准是相同的，出行者可以做出完全正确的路径选择决策。显然，每个出行者都会选择最小费用路径，但这并不意味着所有出行者都将选择同一路径，这是因为路径的费用会随着网络流量的变化而改变。只有当不存在任何一个出行者能通过改变其路径而降低其费用时，才会达到一个流量稳定状态，这就是 Wardrop 网络平衡第一原理。尽管确定性交通流分配考虑了网络拥挤，但依然存在不足，现实中出行者对路段费用的判断只能是凭经验估计，对同一路段，不同出行者的估计值也不会完全相同，显然，确定性交通网络配流的假设条件与此是相悖的。

1977 年，美国加州大学伯克利分校的 Daganzo 教授及麻省理工学院的 Sheffi 教授提出了网络随机分配理论（Daganzo and Sheffi，1977）。网络随机分配的假设条件是：出行者对路段费用的估计存在随机性，出行者并不能准确地选择一条最短路径，而是会在 OD 之间多条路径中进行概率选择，每条备选路径都有被选择的可能性。尽管网络随机分配理论将网络交通流研究推进了一步，但随着信息技术以及智能交通系统的发展，网络交通流理论面临新的挑战：网络流量的拥挤性、路径选择的随机性以及交通需求的动态性同时存在并交互作用，现实的网络交通流形成的内在机理极为复杂。如何构建更加合理的交通流分配模型对这些特点进行准确刻画，将是网络交通流理论持续探索的问题。

10.2　交通系统分析方法

交通系统是由网络系统、流量系统和管理系统组成的复杂系统，构成交通系统的三个子系统之间相互作用、相互影响。在进行网络交通流分析时，须遵循系统分析方法，否则，可能会得到错误结果。例如，交通管理部门为解决拥挤，通常会拓宽或新建道路，在开展交通工程之前，需要对工程前后的交通量进行分析，来评估经济效益。如果在评估中只考虑新建或扩建道路，而不考虑这些道路对整个网络流量的影响，就会得出错误结论。其一，过去不经过这条道路的车辆，可能因为交通条件的改善而选择它，导致该道路的拥挤程度不但没降低，反而还会提高；其二，这些道路条件的改善可能会导致与之相连的道路变得拥挤；其三，与这些道路平行的道路上的交通量将会降低，这是网络流量转移的结果。事实上，交通的网络系统发生改变后，流量系统也会随之发生变化，整个网络上的出行需求都会相应地调整其路径选择，路径流量的变化会导致路段流量的变化，而这种变化反过来又会对出行者的路径选择产生影响。

在经济学研究中，通常用供给函数和需求函数的相互关系来研究市场系统，这两个函数分别表示市场供给量和市场需求量与商品价格的关系。通常，供给函数为增函数，而需求函数为降函数。在图 10.1(a) 中，点（P^*，Q^*）被称为平衡点，当价格在 P^* 时，供应的商品全部被卖出。如果价格高于 P^*，供应量高于需求量，就会产生库存和库存费用，如图 10.1(b) 的阴影面积，供方将降低价格，需求量也会增加，供需逐渐趋向于平衡点；如果商品价格太低，供给量低于需求量，供方将损失市场潜在收益，如图 10.1(c) 中的阴影面积，供方为了盈利就会提高价格并提高产量，需求量也会下降，同样供需逐渐趋向于平衡点。

简单地说，交通系统也可以看成是由以各种出行活动组成的需求和以道路网络设施为供给所组成的复杂系统。在交通系统的运行中，需求和供给总是处在相互作用中。同经济学中的市场研究类似，可以用下面两个函数来分析交通系统的供需关系：

（1）需求函数，描述交通量随着服务水平的改善而上升；

（2）供给函数，描述服务水平随着交通量的增加而下降。

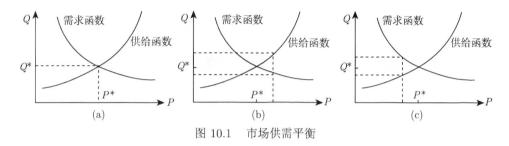

图 10.1　市场供需平衡

交通系统的需求可以定义为出行活动在交通系统中的空间分配或时间分配，且它与交通系统的服务水平存在一定关系。交通需求函数可表示为如下形式：

$$D = D(A, L, \beta) \tag{10.1}$$

式中，D 表示交通需求；A 表示出行活动；L 表示交通系统的服务水平；β 为参数。

交通系统的供给性能可以由它所提供的服务水平来描述，服务水平包括出行时间、出行花费（主要指票价、油价等）、方便性、舒适性和安全性等因素。交通系统所提供的服务水平并非固定不变，而是与交通量密切相关。交通系统的服务水平可表示为如下形式：

$$L = L(P, T, C, \alpha) \tag{10.2}$$

式中，P 表示出行花费；T 表示出行时间；C 表示方便、舒适、安全等因素；α 为参数。

通常，交通需求会随着服务水平的提高而增加，而服务水平则是随着交通需求的上升而下降。显然，同市场规律一样，交通系统的供需之间最终会形成一种稳定的平衡状态。系统地分析交通供需之间的相互作用并寻找它们之间的平衡点对于制定科学的交通管理措施是十分必要的。

假定在平衡状态下，交通需求和服务水平分别表示为 D^* 和 L^*，那么它们一定满足上面的供求关系。可以将这个平衡点表示为

$$[L^*, D^*] = Z(A, P, T, C, \alpha, \beta) \tag{10.3}$$

式中，Z 表示平衡点与变量 A, P, T, C 的函数关系。在实际的交通系统中，这个平衡点会随着外部条件的变化而改变。

10.3　交 通 网 络

网络一般包含两个基本元素，即节点和连接节点的弧。如果弧是有方向的，则是有向网络。交通网络描述的是出行活动的流动，这里所说的出行活动既可以是人，也可以是车辆。交通网络中的节点可代表路口、车站或区域中心等，而弧则表示连接节点之间的道路或交通方式，交通网络中的弧也可以称为路段。出行活动在网络中的移动具有方向性，因此，交通网络为有向网络。

通常，交通网络可用一个拓扑图来表示，也就是一系列节点集合和弧集合。一般情况下，交通网络是连通网络，也就是说，从一个节点与其他任何一个节点之间总可以找到路径到达。另外，在交通网络中不包括平行弧和环弧，所谓平行弧是指连接相同节点且方向相同的两条弧；而环弧则表示起点和终点是同一节点的弧。

图 10.2 给出了一个简单的交通网络，在这个交通网络中，有一个起点 A，两个终点 B 和 C，五条路段和四个道路节点。

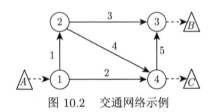

图 10.2　交通网络示例

在交通网络中，路径表示从起点到终点的一系列节点及连接这些节点的路段的集合。例如，在图 10.2 所示的交通网络中，从起点 A 到终点 B 之间存在三条路径，分别为 A-1-2-3-B，A-1-2-4-3-B 和 A-1-4-3-B，如图 10.3 所示；从起点 A 到终点 C 之间存在两条路径，分别为 A-1-2-4-C 和 A-1-4-C，如图 10.4 所示。

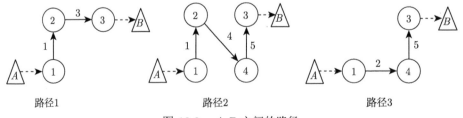

路径1　　　　　　　　　　路径2　　　　　　　　　　路径3

图 10.3　A-B 之间的路径

关联矩阵是交通网络数学描述的常用方法。关联矩阵是二维或三维矩阵，它表示交通网络中不同元素之间或与其他变量之间的关联关系。通常，交通网络的基本关联关系有如下形式。

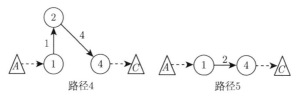

图 10.4 A-C 之间的路径

（1）关联矩阵 **A**：表示节点与节点之间的连接关系。一个具有 n 个节点的交通网络，关联矩阵 **A** 可表示如下

$$\mathbf{A} = \begin{bmatrix} a_{11} & a_{12} & \cdots & a_{1n} \\ a_{21} & a_{22} & \cdots & a_{2n} \\ \vdots & \vdots & & \vdots \\ a_{n1} & a_{n2} & \cdots & a_{nn} \end{bmatrix} \tag{10.4}$$

关联矩阵 **A** 中元素个数是 $n \times n$，其中元素 a_{ij} 取值如下

$$a_{ij} = \begin{cases} 1, & 点 \ i, j \ 存在连接, \\ 0, & 否则 \end{cases} \tag{10.5}$$

当交通网络中路段为双向连接时，关联矩阵 **A** 是对称矩阵。

（2）关联矩阵 **E**：表示节点和路段之间的关联关系。一个具有 n 个节点，m 条路段的交通网络，关联矩阵 **E** 可表示为

$$\mathbf{E} = \begin{bmatrix} e_{11} & e_{12} & \cdots & e_{1m} \\ e_{21} & e_{22} & \cdots & e_{2m} \\ \vdots & \vdots & & \vdots \\ e_{n1} & e_{n2} & \cdots & e_{nm} \end{bmatrix} \tag{10.6}$$

关联矩阵 **E** 中元素个数是 $n \times m$，矩阵中的元素取值为

$$e_{ia} = \begin{cases} 1, & 如果节点 \ i \ 在路段 \ a \ 的末端, \\ -1, & 如果节点 \ i \ 在路段 \ a \ 的始端, \\ 0, & 否则 \end{cases} \tag{10.7}$$

（3）关联矩阵 **Δ**：表示路段与路径之间的关联关系。如果交通网络中有 m 条路段，p 条路径，则关联矩阵 **Δ** 可表示如下

$$\mathbf{\Delta} = \begin{bmatrix} \delta_{11} & \delta_{12} & \cdots & \delta_{1p} \\ \delta_{12} & \delta_{22} & \cdots & \delta_{2p} \\ \vdots & \vdots & & \vdots \\ \delta_{m1} & \delta_{m2} & \cdots & \delta_{mp} \end{bmatrix} \tag{10.8}$$

关联矩阵 $\mathbf{\Delta}$ 中元素个数是 $m \times p$，矩阵中的元素取值为

$$\delta_{a,k} = \begin{cases} 1, & \text{路段 } a \text{ 在第 } k \text{ 条路径上,} \\ 0, & \text{否则} \end{cases} \tag{10.9}$$

（4）关联矩阵 $\mathbf{B}$：表示网络中 OD 对与路径之间的关联关系。假定交通网络中有 w 个 OD 对和 p 条路径，则关联矩阵 $\mathbf{B}$ 可表示为

$$\mathbf{B} = \begin{bmatrix} \nu_{11} & \nu_{12} & \cdots & \nu_{1p} \\ \nu_{21} & \nu_{22} & \cdots & \nu_{2p} \\ \vdots & \vdots & & \vdots \\ \nu_{w1} & \nu_{w2} & \cdots & \nu_{wp} \end{bmatrix} \tag{10.10}$$

关联矩阵 $\mathbf{B}$ 中元素个数是 $w \times p$，矩阵中的元素取值为

$$\nu_k^{rs} = \begin{cases} 1, & \text{路径 } k \text{ 连接 OD 对 } rs, \\ 0, & \text{否则} \end{cases} \tag{10.11}$$

例题 10.1 以图 10.2 中给出的交通网络为例，分别写出关联矩阵 $\mathbf{A}$，$\mathbf{E}$，$\mathbf{\Delta}$ 和 $\mathbf{B}$。

解 图 10.2 中给出的交通网络中，共有 4 个道路节点和 5 条路段、2 个 OD 对、5 条路径（如图 10.3 和图 10.4），根据关联矩阵的定义，可写出各种关联矩阵分别为

$$\mathbf{A} = \begin{bmatrix} 0 & 1 & 0 & 1 \\ 0 & 0 & 1 & 1 \\ 0 & 0 & 0 & 0 \\ 0 & 0 & 1 & 0 \end{bmatrix}, \quad \mathbf{E} = \begin{bmatrix} -1 & -1 & 0 & 0 & 0 \\ 1 & 0 & -1 & -1 & 0 \\ 0 & 0 & 1 & 0 & 1 \\ 0 & 1 & 0 & 1 & -1 \end{bmatrix},$$

$$\mathbf{\Delta} = \begin{bmatrix} 1 & 1 & 0 & 1 & 0 \\ 0 & 0 & 1 & 0 & 1 \\ 1 & 0 & 0 & 0 & 0 \\ 0 & 1 & 0 & 1 & 0 \\ 0 & 1 & 1 & 0 & 0 \end{bmatrix}, \quad \mathbf{B} = \begin{bmatrix} 1 & 1 & 1 & 0 & 0 \\ 0 & 0 & 0 & 1 & 1 \end{bmatrix}$$

10.4 交通网络特性

交通网络与其他网络相比包含了更多特性，例如，OD 量、流量守恒、路段通行能力等（Potts and Oliver，1972）。

10.4.1 OD 量

OD 量是交通网络分析中的一个重要概念，表示交通网络中某特定起点和终点之间的出行活动量，通常用一个二维矩阵 $\mathbf{Q}$ 来表示，简称 OD 矩阵。假定在交通网络中有 r 个起点和 s 个终点，其 OD 矩阵可表示为

$$\mathbf{Q} = \begin{bmatrix} q_{11} & q_{12} & \cdots & q_{1s} \\ q_{21} & q_{22} & \cdots & q_{2s} \\ \vdots & \vdots & & \vdots \\ q_{r1} & q_{r2} & \cdots & q_{rs} \end{bmatrix} \tag{10.12}$$

式中，q_{rs} 表示从节点 r 到节点 s 的出行量。

通常，OD 矩阵 $\mathbf{Q}$ 需满足以下条件：

$$G_r = \sum_s q_{rs} \tag{10.13}$$

$$A_s = \sum_r q_{rs} \tag{10.14}$$

$$T = \sum_r G_r = \sum_s A_s = \sum_r \sum_s q_{rs} \tag{10.15}$$

式中，G_r 表示节点 r 的发生交通量；A_s 表示节点 s 的吸引交通量；T 表示交通网络的出行总量。

OD 量预测是交通规划的重要内容，是指在给定发生交通量 G_r 和吸引交通量 A_s 的条件下，计算出从 r 到 s 之间的出行量 q_{rs}，常用的方法有重力模型和熵最大模型。

（1）重力模型

重力模型是模拟物理学中万有引力定律而发展出来的 OD 量预测模型。早期的重力模型假定交通网络中 r 到 s 之间的交通量 q_{rs} 与交通小区 r 的发生交通量和交通小区 s 的吸引交通量成正比，而与两小区之间的距离成反比。早期的重力模型为如下形式：

$$q_{rs} = \kappa \frac{G_r^\alpha \cdot A_s^\beta}{R_{rs}^\gamma} \tag{10.16}$$

式中，R_{rs} 表示 r 到 s 之间的出行距离；α，β，γ，κ 均为参数。

在长时间的工程实践中，重力模型不断地被发展和完善，产生了多种重力模型。尽管重力模型形式多样，但都由两部分组成：一部分是潜能项 $G_r \cdot A_s$，表示生成 OD 量的能力；另一部分是 OD 费用项 c_{rs}，表示 OD 之间的出行阻力，常用的 OD 费用指标有：OD 间的直线距离、路途距离、出行时间或所需花费（包括票价、道路通行费和燃油费）等。可以用一个函数 $f(c_{rs})$ 来表示出行费用对 OD 量的影响，常用的函数形式有以下几种：

$$f(c_{rs}) = \exp(-\beta c_{rs}) \tag{10.17}$$

$$f(c_{rs}) = (c_{rs})^{-\alpha} \tag{10.18}$$

$$f(c_{rs}) = (c_{rs})^{-\alpha} \exp(-\beta c_{rs}) \tag{10.19}$$

式中，α，β 表示校正参数。

所有的重力模型都可以用一个标准形式来表示，标准重力模型为

$$q_{rs} = \kappa G_r A_s f(c_{rs}) \tag{10.20}$$

采用重力模型进行 OD 量估计的主要工作是校核模型参数。通常，可以通过交通调查获得 q_{rs}，G_r，A_s 和 c_{rs} 等基础数据，然后采用最小二乘法来估计重力模型中的参数。例如，假定 $f(c_{rs})$ 取幂函数形式 (10.18)，可对标准重力模型 (10.20) 两边取对数，则

$$\ln q_{rs} = \ln \kappa + \ln G_r + \ln A_s - \alpha \ln c_{rs} \tag{10.21}$$

显然，式 (10.21) 为线性函数，可通过线性回归方法求出参数 α 和 κ。

例题 10.2　假设交通网络中共有 3 个交通小区，经过调查得到小区间的现状交通量（表 10.1）以及小区间的出行时间（表 10.2）。根据规划，将来小区的发生交通量与吸引交通量由表 10.3 给出，小区间出行时间由表 10.4 给出，试采用如下形式的重力模型计算出该交通网络的未来 OD 交通量。

$$q_{rs} = \alpha \frac{(G_r A_s)^{\beta}}{c_{rs}^{\gamma}} \tag{10.22}$$

表 10.1　现状 OD 量（单位：万人次）

O/D	1	2	3
1	17.0	7.0	4.0
2	7.0	38.0	6.0
3	4.0	5.0	17.0

表 10.2 现状行驶时间（单位：分钟）

c_{ij}	1	2	3
1	8.0	17.0	22.0
2	17.0	15.0	23.0
3	22.0	23.0	7.0

表 10.3 未来发生交通量与吸引交通量（单位：万人次）

O/D	1	2	3	合计
1				38.6
2				91.9
3				36.0
合计	39.3	90.3	36.9	166.5

表 10.4 未来 OD 间出行时间（单位：分钟）

c_{ij}	1	2	3
1	4.0	9.0	11.0
2	9.0	8.0	12.0
3	11.0	12.0	4.0

解 首先，对重力模型 (10.22)，两边取对数，得

$$\ln q_{rs} = \ln \alpha + \beta \ln(G_r A_s) - \gamma \ln(c_{rs}) \tag{10.23}$$

式中 q_{rs}，$G_r A_s$，c_{rs} 均为样本数据；α，β，γ 为待标定参数。

令 $y = \ln q_{rs}$，$a_0 = \ln \alpha$，$a_1 = \beta$，$a_2 = -\gamma$，$x_1 = \ln(G_r A_s)$，$x_2 = \ln(c_{rs})$，则公式 (10.23) 转换为

$$y = a_0 + a_1 x_1 + a_2 x_2 \tag{10.24}$$

此方程为二元线性回归方程，a_0，a_1，a_2 为待标定系数，通过表 10.1 和表 10.2 获取 9 个样本数据，如表 10.5 所示。

表 10.5 样本数据

样本点	q_{rs}	G_r	A_s	$G_r A_s$	c_{rs}	$\ln(q_{rs})$	$\ln(G_r A_s)$	$\ln(c_{rs})$
$r=1$，$s=1$	17	28	28	784	7	2.8332	6.6644	1.9459
$r=1$，$s=2$	7	28	50	1400	17	1.9459	7.2442	2.8332
$r=1$，$s=3$	4	28	27	756	22	1.3863	6.6280	3.0910
$r=2$，$s=1$	7	51	28	1428	17	1.9459	7.2640	2.8332
$r=2$，$s=2$	38	51	50	2550	15	3.6376	7.8438	2.7081
$r=2$，$s=3$	6	51	27	1377	23	1.7918	7.2277	3.1355
$r=3$，$s=1$	4	26	28	728	22	1.3863	6.5903	3.0910
$r=3$，$s=2$	5	26	50	1300	23	1.6094	7.1701	3.1355
$r=3$，$s=3$	17	26	27	702	7	2.8332	6.5539	1.9459

采用最小二乘法对这 9 个样本数据进行标定，得出 $a_0 = -2.084$，$a_1 = 1.173$，$a_2 = -1.455$，则获得的二元线性回归方程为 $y = -2.084 + 1.173x_1 - 1.455x_2$。

通过 $a_0 = \ln\alpha$，$a_1 = \beta$，$a_2 = -\gamma$，可得 $\alpha = 0.124$，$\beta = 1.173$，$\gamma = 1.455$，即标定的重力模型为

$$q_{rs} = 0.124 \times \frac{(G_r A_s)^{1.173}}{c_{rs}^{1.455}} \tag{10.25}$$

将表 10.4 中的数据代到上面标定的重力模型中，可计算得到未来 OD 交通量，如表 10.6。

表 10.6　计算得到的未来 OD 量

O/D	1	2	3	合计
1	88.862	72.458	18.940	180.260
2	75.542	237.912	46.164	359.619
3	18.791	43.932	76.048	138.771
合计	183.195	354.302	141.152	678.650

显然，以上的计算结果并不满足表 10.3 给出的未来交通发生量和交通吸引量约束，这是因为本算例中所采用的重力模型为无约束的重力模型。如果要求未来 OD 量满足约束条件 (10.13)~(10.15)，则需要采用带约束的重力模型或者通过其他方法对计算结果进行修正。

（2）熵最大模型

熵（Entropy）的概念是德国物理学家克劳修斯在 1850 年提出来的，表示任何一种能量在空间中分布的均匀程度。能量分布得越均匀，熵就越大。如果系统的能量完全均匀地分布，那么，该系统的熵就达到最大值，此时系统处于平衡状态。如今熵的概念已广泛地应用到自然科学和社会科学的各个方面。通常，熵在科学技术上泛指描述某些物质系统状态的一种度量，即某些物质系统状态可能出现的程度；而在社会科学上用以借喻人类社会某些状态的程度。

任何系统除了受到或多或少的外部影响，其内部也具有一定的自由度，这种自由度导致系统内的各元素处于不同的状态。而熵可以用来描述状态的多样性和状态的丰富程度（混乱程度、复杂程度），熵最大就是系统状态的丰富程度达到最大值。如果把熵看作计量不确定程度的标尺，则可以将在约束条件下不确定程度最大的那种分布作为随机变量的分布。因为这种随机分布是完全随机的，是主观成分最少，把不确定的东西作最大估计的分布。

在交通系统中，如果用 P_{rs}^a 表示网络中 OD 对 r，s 之间的交通量经过路段 a 的概率，则有如下关系：

$$x_a = \sum_r \sum_s P_{rs}^a q_{rs}, \quad \forall a \tag{10.26}$$

式中, x_a 表示交通网络中路段 a 上的出行量。

可以把式 (10.26) 看作线性方程组, 如果 x_a 和 P_{rs}^a 已知, 则试图求出 q_{rs}。但是, 这一问题存在两方面困难: 一是在一般情况下, 网络中路段数量总小于网络中路径数量, 所以方程组 (10.26) 的变量个数多于方程个数, 无法得到唯一解; 二是 P_{rs}^a 是无法获取的, 只能借助于复杂的网络流量分配算法, 而 OD 量又是这种算法的输入条件, 因此, 通过交通流分配算法也无法获得 P_{rs}^a。

可借助熵的概念解方程 (10.26)。首先, 将 OD 出行看作随机试验, OD 量 q_{rs} 表示从节点 r 到节点 s 的出行发生的次数, 而试验的总人数为 T。根据排列组合理论, 产生一个特定 OD 矩阵 q, 存在的状态数是

$$N(q) = \frac{T!}{\prod\limits_{rs} q_{rs}!} \tag{10.27}$$

寻找状态数最多的 OD 矩阵, 也就是说系统产生这样的 OD 矩阵的可能性最大。显然, 可通过 $\max N(q)$ 找到, 即

$$\max \ln N(q) = \ln \frac{T!}{\prod\limits_{rs} q_{rs}!} = \ln T! - \sum_r \sum_s \ln q_{rs}! \tag{10.28}$$

式中, $\ln T!$ 是常数, 因此, 上式等价于 $\min \sum\limits_r \sum\limits_s \ln q_{rs}!$。根据 Stirling 的近似公式 $\ln x! = x \ln x - x$, 这个式子又可写为如下形式:

$$\min \sum_r \sum_s (q_{rs} \ln q_{rs} - q_{rs}) \tag{10.29}$$

于是 OD 需求估计问题转化为下面一个非线性规划问题:

$$\min Z(q) = \sum_r \sum_s q_{rs}(\ln q_{rs} - 1) \tag{10.30a}$$

$$\text{s.t.} \sum_r \sum_s q_{rs} P_{rs}^a = x_a, \quad \forall a \tag{10.30b}$$

$$q_{rs} \geqslant 0, \quad \forall r, s \tag{10.30c}$$

求解以上模型的基本思想是: 首先给出一个初始 OD 矩阵 $\{\bar{q}_{rs}\}$, 然后通过网络流量分配得到新的分配比例矩阵 $\{P_{rs}^a\}$, 代入上述模型进行求解, 如此循环, 直到 OD 矩阵的变化不大为止。

10.4.2　流量守恒

通常，道路交通量是一个随机数，不同时间、不同地点的交通量都会有变化。道路交通量随时间和空间变化而变化的现象，称为交通量的时空分布。实际上，交通网络上的流量分布是由所有出行者进行出行选择所形成的一个聚集结果。因此，道路流量与出行者的交通选择行为密切相关。通常，交通网络中的流量需满足以下三个基本守恒条件。

（1）节点流量守恒

对于交通网络中的节点来说，进入该节点的流量一定等于从该节点出来的流量，对节点 n，可以用下式来表示这种关系：

$$\mathbf{e}_n^{\mathrm{T}} \mathbf{x} = 0 \tag{10.31}$$

式中，$\mathbf{e}_n^{\mathrm{T}}$ 表示节点与路段的关联矩阵 $\mathbf{E}$ 中的第 n 行向量；$\mathbf{x}$ 为交通网络中的路段流量向量，即 $\mathbf{x} = [x_1, x_2, \cdots, x_m]^{\mathrm{T}}$。上面的式子也可以理解为，路段上的流量之间是线性相关的。

（2）路段流量与路径流量的守恒关系

在交通网络中，路径是由路段组成的，不同的 OD 之间存在多条不同路径，而某条路段可能被多条路径使用。因此，路段流量等于所有使用该路段的所有路径流量之和，可用下面的式子表示

$$x_a = \sum_r \sum_s \sum_k f_k^{rs} \delta_{a,k}^{rs}, \quad \forall a \tag{10.32}$$

式中，f_k^{rs} 表示 OD 对 rs 之间路径 k 上的流量，上式也可以用向量形式表示，即

$$\mathbf{x} = \boldsymbol{\Delta} \mathbf{f} \tag{10.33}$$

式中 $\boldsymbol{\Delta}$ 表示网络中路段与路径之间的关联矩阵；$\mathbf{f}$ 为路径流量的向量表示，即 $\mathbf{f} = [f_1, f_2, \cdots, f_p]^{\mathrm{T}}$。

（3）路径流量和 OD 量之间的守恒关系

在交通网络中，OD 需求量等于 OD 对之间所有路径上交通量之和，表示为

$$q_{rs} = \sum_k f_k^{rs}, \quad \forall r, s \tag{10.34}$$

也可用如下矩阵形式表示

$$\mathbf{Q} = \mathbf{B} \mathbf{f} \tag{10.35}$$

例题 10.3　对于图 10.2 给出的交通网络，分别写出节点 2 的流量守恒关系、路段-路径流量关系以及 OD 对与路径流量的守恒关系。

解 对于节点 2，有 $[1\ 0\ -1\ -1\ 0]\mathbf{x} = 0$，也可写为 $x_1 - x_3 - x_4 = 0$，该式表示从路段 1 进入节点 2 的流量等于从节点 2 出去的路段 3 和路段 4 的流量之和。

路段流量与路径流量之间的守恒关系可写为

$$
\mathbf{x} = \mathbf{\Delta f} =
\begin{bmatrix}
1 & 1 & 0 & 1 & 0 \\
0 & 0 & 1 & 0 & 1 \\
1 & 0 & 0 & 0 & 0 \\
0 & 1 & 0 & 1 & 0 \\
0 & 1 & 1 & 0 & 0
\end{bmatrix}
\cdot
\begin{bmatrix}
f_1 \\
f_2 \\
f_3 \\
f_4 \\
f_5
\end{bmatrix}
=
\begin{bmatrix}
f_1 + f_2 + f_4 \\
f_3 + f_5 \\
f_1 \\
f_2 + f_4 \\
f_2 + f_3
\end{bmatrix}
$$

路径流量和 OD 量之间的守恒关系可表示为

$$
\mathbf{Q} = \mathbf{Bf} =
\begin{bmatrix}
1 & 1 & 1 & 0 & 0 \\
0 & 0 & 0 & 1 & 1
\end{bmatrix}
\cdot
\begin{bmatrix}
f_1 \\
f_2 \\
f_3 \\
f_4 \\
f_5
\end{bmatrix}
=
\begin{bmatrix}
f_1 + f_2 + f_3 \\
f_4 + f_5
\end{bmatrix}
$$

10.4.3 路段通行能力

通行能力是指在一定条件下，单位时间内，人或车辆能合理地期望通过道路某一断面或均匀路段，所能达到的最大流率。其含义是：在一定的道路条件、交通条件和管制条件下，保持规定的运行特性，在单位时间内，道路设施某特征地段能通过交通体的最大限制数量。通行能力一般用车辆/h 表示。

在正常运行情况下，道路的交通量均小于通行能力，当交通量远远小于通行能力时，车流为自由流状态，车速快，驾驶自由度高；随着交通量的增加，车流的运行状态会逐渐恶化，当交通量达到甚至超过通行能力时，车流为强制流状态，将会出现车流拥挤、阻塞等现象。由此可见，在交通流状态分析中，交通量和通行能力两者缺一不可，通行能力反映了道路的容量，交通量则反映了道路的负荷量。

根据通行能力的性质和使用要求的不同，通行能力可分为基本通行能力、可能通行能力和实用通行能力，其中，实用通行能力也称为设计通行能力。道路通行能力的具体计算和分析是比较复杂的，由于不同道路设施的车辆运行状态和影响因素不同，其通行能力的计算方法也有不同。路段通行能力的基本分析方法是：首先根据定义求出理想条件下的一条车道的基本通行能力；然后考虑实际条件，修正基本通行能力，得出可能通行能力；再考虑规定运行条件，求出设计通行能力。

基本通行能力是指道路交通处于理想条件下，每一条车道（道路）在单位时间内能够通过的最大交通量。这里所说的理想条件是车道宽度不小于 3.6 m，侧向余宽不小于 1.75 m，纵坡平缓并有足够的行车视距、良好的平面线形和路面状况，车流组成为单一的标准型汽车，在一条车道上以相同的速度连续行驶，车辆之间均保持与车速相适应的最小安全车头间隔，且流向分配均衡，无任何方向的干扰。计算公式如下

$$C_B = \frac{3600}{T_0} = \frac{1000v}{L_0} \tag{10.36}$$

式中 C_B 表示道路基本通行能力；T_0 为最小车头时距；v 为行车速度；L_0 为最小车头间距。通常，城市道路的基本通行能力是由理论计算与实际观测验证后确定的。

可能通行能力是在实际的道路和交通条件下，单位时间内通过道路的最大可能交通量。计算可能通行能力是以基本通行能力为基础，考虑到实际的道路和交通状况，确定其修正系数，并对相应的基本通行能力进行修正，即得到在实际道路交通以及一定环境条件下的可能通行能力。其计算公式如下

$$C_P = \alpha_1 \alpha_2 \cdots \alpha_n C_B \tag{10.37}$$

式中，C_P 表示道路可能通行能力；$\alpha_1, \alpha_2, \alpha_3, \cdots, \alpha_n$ 是一系列修正参数。在实际计算中，对所有影响通行能力的因素都给予定量计算是比较困难的，因此一般只考虑主要因素。这些主要因素包括车道宽度、侧向净宽、多车道、平面交叉路口、机动车与非机动车混行、街道化程度和重型车等七项修正因素。

设计通行能力也称实际通行能力，是指不同服务水平规定条件下的通行能力，也就是道路所承担的服务交通量，通常作为道路规划和设计的依据。计算公式如下

$$C_d = \eta C_P \tag{10.38}$$

式中，C_d 表示道路设计通行能力；η 为规划水平系数，它反映了国家的技术政策和经济水平，我国城市道路规划水平系数建议值由表 10.7 给出。

表 10.7　我国城市道路规划水平系数建议值

道路等级	规划水平	系数
城市快速路	I	0.75
主干路、次干路	II	0.85
支路、辅路	III	1.00

10.5　路段费用函数

在交通网络中，出行者的选择行为主要受出行费用的影响，尤其是出行路径或者交通方式的费用。通常，交通需求与出行费用是相互影响的，出行费用越低，则交通需求就会越大；相反，出行费用越高，交通需求就会越小。

在交通网络中，路径上的费用是由路段费用来表示的，而路段费用通常受路段流量的影响，路段流量越大，则在该路段上行驶的各种车辆之间的相互干扰就越明显，当流量达到一定程度时，该路段就会产生拥挤，车辆在该路段上的延误就会越大。在交通研究中，路段交通费用和路段流量之间的关系用一个函数来表示，这个函数称为路段费用函数，有时也称之为路段阻抗函数。路段阻抗函数有两种：一种是假定交通拥挤能阻止车辆前进而不考虑交通控制设施（如信号灯）；另一种假设路段流量与交叉口的控制有关。

可以通过很多方法得到路段流量与费用之间的关系，最有效的方法是直接观测法。不过这种方法在实际中会遇到很多困难，其中最大的困难在于很难得到充分多的样本，另外一个原因在于实际的路段交通费用受很多偶然因素的影响，而这些偶然因素无法通过定量方法获得。因此，为了得到路段费用与路段流量之间的定量关系，通常采用交通理论建模的方法。在这里，主要介绍两种主要方法，即微观模拟方法和宏观理论方法。

（1）微观模拟方法

微观模拟主要是通过计算机模拟或交通流仿真方法来模拟车辆的运动，交通流被描述为遵循简单规则的单个的车辆，例如，以固定的速度行驶，排队、跟驰、随机到达特定地点等。微观交通模拟通常用于研究交通变量对于交通参数的影响，比如路段出行时间、车辆在时间及空间上的轨迹。通常用一个方程来表示，这个方程给出了车辆的加速度与车辆间的速度差以及物理间隔之间的关系。微观交通描述通常用于交叉口及其附近的交通流状态的描述，而不适合于描述路段交通流状态。另外，用计算机模拟来获得路段上流量与费用的关系也是不适用的，因为在实际中，计算量过于庞大。

（2）流体理论

在宏观交通描述中，一般采用物理上的流体力学理论，流体理论是一种比较有效的交通流模拟方法，它把交通流看作流动的液体。在交通流理论中，最基本的关系就是流量、速度与密度之间的关系，流量等于速度乘以密度（Pignataro，1973；Drew，1968；Haberman，1977）。交通流量与交通密度之间的关系如图 10.5 所示。

从图 10.5 可以看出，当交通密度为零或达到最大时，交通流量均为零。除了交通流量达到最大值（C）之外的任一交通流量都对应着两个交通密度，较小的密度值对应非拥挤下的交通流。在非拥挤状态下，交通流量一般来说是比较稳定的，而在拥挤状态下，交通流量一般是不稳定的。从图中也可以看出，连接密度 A 和 B 的直线是水平的，这表明同一流量水平对应着两个不同的交通密度。在图 10.5 中，曲线上某一点与原点之间的连线的斜率代表了在这一点处的平均速度。例如，在密度 A 处的平均车流速度就是 OA 的斜率。

也可以将速度与流量之间的关系描述出来，如图 10.6 所示。

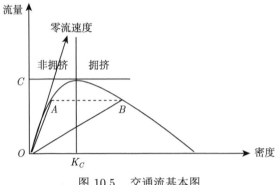

图 10.5   交通流基本图

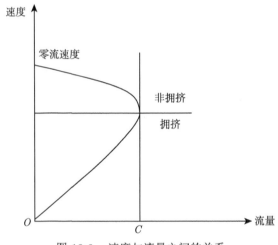

图 10.6   速度与流量之间的关系

速度在零与零流速度之间变化，除了最大流量之外的任一流量，都有两个速度变量与之相对应，即非拥挤速度和拥挤速度。拥挤速度是不稳定的。

同样，也可以把速度与密度之间的关系通过关系图描述出来，Greenshields（1934）最早提出了速度-密度关系，如图 10.7 所示。在实际应用中，速度-密度关系接近于一种线性关系。由于线性关系简单而容易预测，所以在实际中很有用。

可以从流量与速度之间的关系中得到路段上出行时间与其流量之间的关系，因为出行时间等于路段的距离除以车流平均速度，而出行时间又是出行费用中最重要的因素，所以说上面所介绍的这些关系为路段费用函数的确定提供了理论基础。

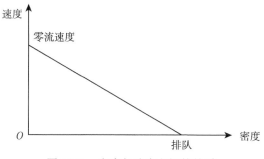

图 10.7 密度与速度之间的关系

（3）常用的路段费用函数

在分析实际的交通网络时，所用的路段费用函数十分简单，比如，许多研究学者忽略相邻路段流量之间的相互影响，并使用简单的多项式公式，这样做的原因是为了减轻计算负担。本书所用到的路段费用函数都是一些简单的多项式公式。

实践中，最简单也是最常用的费用函数是由美国公路局（Bureau of Public Roads，1964）提供的，即 BPR 函数，如下式：

$$t_a = t_a^0 \left[1 + \alpha \left(\frac{x_a}{C_a} \right)^{\beta} \right] \tag{10.39}$$

式中，t_a 和 x_a 分别表示路段 a 上的费用和交通流量；t_a^0 表示零流费用，即路段上的流量为 0 时一个出行单位所消耗的费用；C_a 表示路段 a 上的实际通行能力。α 和 β 为校正参数，一般情况下取值为 $\alpha = 0.15$，$\beta = 4.0$，此时 BPR 函数的形状如图 10.8 所示。

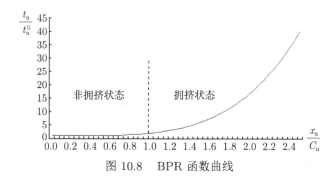

图 10.8 BPR 函数曲线

从图 10.8 中可以看出，当路段流量低于路段能力 C_a 时，路段费用变化不显著，表明路段流量为非拥挤状态，车辆间相互干扰不明显，为自由流；而当路段

流量达到路段能力 C_a 时，路段费用将增加 15%，随着流量的不断增加，车辆间相互干扰越来越显著，路段流量转变为拥挤状态，车辆延误将呈指数增加。

显然，BPR 曲线并不渐近于路段的通行能力，当路段流量 x_a 接近 C_a，甚至超过最大通行能力时，费用值也不会趋向于无穷大。为此，Davidson 在应用排队理论的基础上，提出了如下的具有渐近特性的路段费用函数（Davidson，1966）：

$$t_a = t_a^0 \left[1 + J \left(\frac{x_a}{C_a - x_a} \right) \right] \tag{10.40}$$

式中，C_a 表示路段通行能力；J 为校正参数。

10.6　最短路径搜索算法

在交通网络中，寻找某一 OD 对之间的最小费用路径，称为最短路径算法。该算法是求解交通流量分配的核心问题，算法设计的合理与否直接影响交通流量分配的运算效率。因此，好的交通量分配算法必须有一种好的最短路径计算方法。

最短路搜索是图论中的一个基本问题。在图论中，网络最短路问题可以分为三类：

（1）求网络中指定两个节点之间的最短路；

（2）求网络中指定一个节点到网络中其他任意节点的最短路；

（3）求网络中任意两个节点之间的最短路。

对于前两类问题，最常用的算法是标号法。标号法是指对于节点赋予距离标号，通过迭代对距离标号进行逐步修正的最短路算法的统称。标号法又可分为标号设定法和标号修正法。标号设定法在对标号逐步修正的迭代过程中，每次迭代将一个节点从临时标号集合移入永久标号集合，一般用于求解各路段费用为非负的最短路问题，最典型的标号设定法为 Dijkstra 算法（Dijkstra，1959）；标号修正法每次迭代时并不将任何节点标号从临时节点转变为永久标号，而只是对临时标号进行一次修正，只有在所有迭代终止时，所有节点标号才同时转变为永久标号，标号修正法多用于处理网络中存在负费用路段的最短路问题，经典的标号修正法为 Bellman-Ford 算法。针对第三类问题，通常采用矩阵迭代的方法，用矩阵元素表示网络中任意两个节点之间的距离，通过矩阵运算不断修正矩阵中的元素直到求出所有节点间的最短路，最经典的算法是 Floyd 算法和矩阵相乘法。

（1）Dijkstra 算法

Dijkstra 算法用于计算从某一指定节点（称为根节点）到其他节点（称为终节点）的最短路。其基本思想是：反复扫描网络的节点，在每次扫描中，该方法试图发现从根节点到正在扫描的节点之间的、比现有路径更好的路径，当从根节点到所有其他节点之间没有更好的路径时，算法则停止搜索。

在此算法中，为每一个节点，如节点 i 设置两个记录：

① 标号 l_i，表示沿着最短路径从根节点到节点 i 的最小阻抗；

② 紧前节点 p_i，表示沿着最短路径到达节点 i 且最靠近 i 的节点。

在每次扫描中，将紧前节点都记录下来，形成紧前节点序列，这是为了停止扫描时，能反馈地找出最短路径的轨迹。在标号法中，网络中所有的节点都要至少检查一遍，为了掌握节点被检查的动态，要设置检查列，检查列中包含正在和需要进一步检查的节点。标号列中记载各节点的标号。每进行一步新的扫描，标号列、紧前节点列和检查列就要更新一次，当检查列中不再有节点时，算法即停止。

Dijkstra 算法的具体步骤如下。

步骤 1　初始化。置所有节点的标号为无穷大，置所有节点的紧前节点为零，将根节点 r 放入检查列中，并令 $l_r = 0$。

步骤 2　从检查列中任选一个节点 i。

步骤 3　扫描所有从 i 节点出发只经过一条连接便可到达的节点 j，如果 $l_i + t_{ij} < l_j$，则更新 j 节点上的标号，令 $l_j = l_i + t_{ij}$，其中 t_{ij} 表示从节点 i 到节点 j 的连接上的阻抗值，在改变节点 j 的标号的同时，修改 $p_j = i$，且将 j 加入到检查列中；如果 $l_i + t_{ij} < l_j$ 不成立，则 j 节点的标号不变。

步骤 4　判断从 i 出发只经过一条连接便可到达的节点是否都被检查，如果是，则从检查列中删除节点 i，转**步骤 5**；否则，转**步骤 3**。

步骤 5　判断检查列中是否还有需要检查的节点，如果有，则转到**步骤 2**；否则，算法停止。

Dijkstra 算法的计算流程如图 10.9 所示，其中 L_i 表示从节点 i 出发只经过一条弧便可到达的节点集合。

检查列的有效构建是提高此算法的关键之一。首先，为了避免重复计算，加入到检查列中的节点应与当前检查列中的节点不重复；其次，检查列中的节点应该用一定的顺序排列好，新加入的节点置于检查列最后，而选取时从检查列的首部开始。

例题 10.4　以图 10.10 所示的网络为例，写出 Dijkstra 算法的执行过程，路段序号后面括号中的数字表示路段费用。

解　初始化：所有节点的标号都置为 ∞，其紧前节点都置为零。然后，节点 1 的标号变为 0，且把它放到检查列中。

第一次迭代：从节点 1 出发可以到达节点 2 和节点 4，先考虑节点 4，因为 $l_1 + c_{14} = 4 \leqslant l_4 = \infty$，则节点 4 的标号变为 4，且被放入到检查列中。再来考虑节点 2，依次是节点 3 和节点 4。

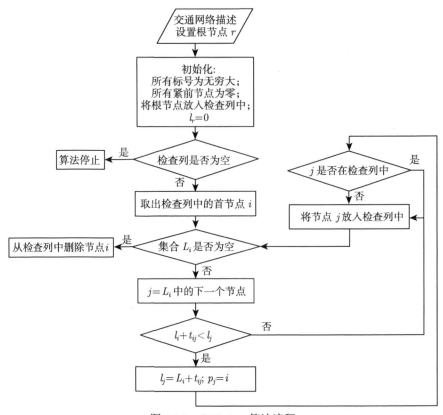

图 10.9　Dijkstra 算法流程

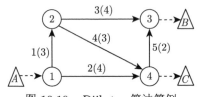

图 10.10　Dijkstra 算法算例

表 10.8 给出了全部迭代过程。

表 10.8　最短路算法计算过程

迭代	标号列				紧前节点列				检查列
	节点 1	节点 2	节点 3	节点 4	节点 1	节点 2	节点 3	节点 4	
0	0	∞	∞	∞	0	0	0	0	1
1	0	3	∞	∞	0	1	0	0	1, 2
2	0	3	∞	4	0	1	0	1	2, 4
3	0	3	7	4	0	1	2	1	3, 4
4	0	3	6	4	0	1	4	1	3

（2）Floyd 算法

Floyd 算法又称插点法，用于搜索网络中任意节点之间的最短路。其基本思想是：借助距离（或其他权值）矩阵的迭代运算来寻找任意两节点之间的最短路径。

假定在网络 $G = (V, E)$ 中，用 d_{rs} 表示从点 v_r 到点 v_s 的最小权值，矩阵 $\mathbf{D} = \{d_{rs}\}$ 由最短路径权值的估计值构成，在第 n 次迭代中，最小权值矩阵为 $\mathbf{D}^n = \{d_{rs}^n\}$。用 m_{rs} 表示从 v_r 到 v_s 的最短路径上的中间节点，矩阵 $\mathbf{R} = \{m_{rs}\}$ 为路径矩阵。

首先将最小权值矩阵设置初值 $\mathbf{D}^0 = \{d_{rs}^0\}$，如果 r 和 s 直接相连，则 d_{rs}^0 就是连接 (r, s) 上的权值；如果 v_r 和 v_s 不直接相连，则 $d_{rs}^n = \infty$。将最短路径矩阵设初值 $\mathbf{R}^0 = \{m_{rs}^0\}$，其中 $m_{rs}^0 = v_s$，在第 n 次迭代中，m_{rs}^n 由以下关系式确定：

$$m_{rs}^n = \begin{cases} n, & \text{如果 } d_{rs}^{n-1} > d_{rn}^{n-1} + d_{ns}^{n-1}, \\ m_{rs}^{n-1}, & \text{如果 } d_{rs}^{n-1} \leqslant d_{rn}^{n-1} + d_{ns}^{n-1}. \end{cases} \tag{10.41}$$

Floyd 算法的具体步骤如下。

步骤 1 构造距离矩阵（以距离为权的权矩阵），矩阵给出了节点间只经过一步（一条边）到达某一点的最短距离。

步骤 2 划出权值矩阵中第 n 行和第 n 列的元素，称这些元素为主行元素和主列元素。

步骤 3 从不在主行和主列的第一个元素开始，比较这一元素与在主行和主列中两元素之和，用算式表示如下：

- 如果 $d_{rn} + d_{ns} \geqslant d_{rs}$，选择新的 d_{rs}，转入到**步骤 2**，重新进行下一个元素的比较计算；
- 如果 $d_{rn} + d_{ns} < d_{rs}$，用 $d_{rn} + d_{ns}$ 代替权值矩阵中的 d_{rs}，并用 n 代替最短路径矩阵中相应的元素。

如果所有的元素都被检查过，转入**步骤 1**，从 $n = n + 1$ 重新选定主行和主列进行比较计算，直到 $v_n = V$，此时就产生了最小权值矩阵和最短路径矩阵。

此算法计算出的路径矩阵中的元素，是两节点之间最短路径上的中间节点，因此，在寻找最短路径时，不能按照一定的顺序逐步寻找最短路径。

例题 10.5 以图 10.11 所示的网络为例，写出 Floyd 算法的执行过程。

解 该网络的初始距离矩阵分别为

$$\mathbf{D}^0 = \begin{bmatrix} 0 & 1 & 2 & 1 \\ 2 & 0 & 7 & +\infty \\ 6 & 5 & 0 & 2 \\ 1 & +\infty & 4 & 0 \end{bmatrix}, \quad \mathbf{R}^0 = \begin{bmatrix} 1 & 1 & 1 & 1 \\ 2 & 2 & 2 & 2 \\ 3 & 3 & 3 & 3 \\ 4 & 4 & 4 & 4 \end{bmatrix}$$

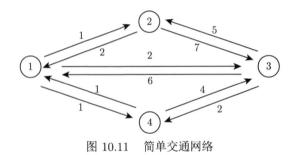

图 10.11   简单交通网络

第一次迭代后，得到 $\mathbf{D}^1, \mathbf{R}^1$ 分别如下

$$\mathbf{D}^1 = \begin{bmatrix} 0 & 1 & 2 & 1 \\ 2 & 0 & 4 & 3 \\ 6 & 5 & 0 & 2 \\ 1 & 2 & 3 & 0 \end{bmatrix}, \quad \mathbf{R}^1 = \begin{bmatrix} 1 & 1 & 1 & 1 \\ 2 & 2 & 1 & 1 \\ 3 & 3 & 3 & 3 \\ 4 & 1 & 1 & 4 \end{bmatrix}$$

第二次迭代后，得到 $\mathbf{D}^2, \mathbf{R}^2$ 分别如下

$$\mathbf{D}^2 = \begin{bmatrix} 0 & 1 & 2 & 1 \\ 2 & 0 & 4 & 3 \\ 6 & 5 & 0 & 2 \\ 1 & 2 & 3 & 0 \end{bmatrix}, \quad \mathbf{R}^2 = \begin{bmatrix} 1 & 1 & 1 & 1 \\ 2 & 2 & 1 & 1 \\ 3 & 3 & 3 & 3 \\ 4 & 1 & 1 & 4 \end{bmatrix}$$

第三次迭代后，得到 $\mathbf{D}^3, \mathbf{R}^3$ 分别如下

$$\mathbf{D}^3 = \begin{bmatrix} 0 & 1 & 2 & 1 \\ 2 & 0 & 4 & 3 \\ 6 & 5 & 0 & 2 \\ 1 & 2 & 3 & 0 \end{bmatrix}, \quad \mathbf{R}^3 = \begin{bmatrix} 1 & 1 & 1 & 1 \\ 2 & 2 & 1 & 1 \\ 3 & 3 & 3 & 3 \\ 4 & 1 & 1 & 4 \end{bmatrix}$$

第四次迭代后，得到 $\mathbf{D}^4, \mathbf{R}^4$ 分别如下

$$\mathbf{D}^4 = \begin{bmatrix} 0 & 1 & 2 & 1 \\ 2 & 0 & 4 & 3 \\ 3 & 4 & 0 & 2 \\ 1 & 2 & 3 & 0 \end{bmatrix}, \quad \mathbf{R}^4 = \begin{bmatrix} 1 & 1 & 1 & 1 \\ 2 & 2 & 1 & 1 \\ 4 & 1 & 3 & 3 \\ 4 & 1 & 1 & 4 \end{bmatrix}$$

算法结束。

复习思考题

1. 城市交通网络上形成的交通流量分布是哪两种机制相互作用的结果？又是如何达到平衡的？

2. 路段阻抗函数有哪两种？分别是什么？

3. 考虑图 10.12 所示的简单网络，该网络由 5 个节点和 7 条路段组成，用 Dijkstra 算法求从节点 1 到节点 5 的最短路径。

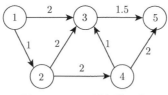

图 10.12   示例交通网络

参 考 文 献

Beckmann A B, McGuire C B, Winsten C B. 1956. Studies in the Eeconomics of Trans-portation[M]. New Haven, Connecticut: Yale University Press.

Daganzo C F, Sheffi Y. 1977. On stochastic models of traffic assignment[J]. Transportation Science, 11(3): 253-274.

Davidson K B. 1966. A flow travel time relationship for use in transportation planning[C]. Australian Road Research Board Conference, 3rd, Sydney, 3(1): 183-194.

Dijkstra E W. 1959. A note on two problems in connection with graphs[J]. Numerische Mathematics, 1(1): 269-271.

Drew D R. 1968. Traffic Flow Theory and Control[R]. McGraw-Hill, Incorporated.

Greenshields B D. 1934. A study of traffic capacity[C]. Highway Research Board Proceed-ings, 14: 448-478.

Haberman R. 1977. Mathematical Models: Mechanical Vibrations, Populations Dynamics and Traffic Flow[M]. Englewood Cliffs, New Jersey: Prentice-Hall.

Pignataro L J. 1973. Traffic Engineering: Theory and Practice[M]. Englewood Cliffs, New Jersey: Prentice-Hall.

Potts R B, Oliver R M. 1972. Flows in Transportation Networks[M]. New York: Academic Press.

United States, Bureau of Public Roads. 1964. Traffic Assignment Manual for Application with a Large, High Speed Computer[M]. Washington: Government Printing Office.

Wardrop J G. 1952. Some theoretical aspects of road traffic research[C]. Proceedings of Institution of Civil Engineers-Part II, 1: 325-378.

第 11 章　交通网络平衡理论基础

11.1　概　　述

简单地说，交通系统可看成由人、车、路三要素所组成的复杂系统，在该系统中，三要素之间存在着复杂的相互关系。一方面，人的出行活动需要借助于交通工具（即车辆）完成；另一方面，各种车辆的正常运行又是以路网为基础条件的；同时，路网交通状态会对出行活动及车辆运行产生反馈。交通网络上的交通流正是基于出行活动和路网条件相互作用而形成的一种集聚结果，也是交通供需互动而产生的车流在有限时间与空间上的叠加现象。

网络交通流重点研究的是交通需求在路网上的实现过程，也就是说，出行者在各种环境和条件下，如何选择交通工具，如何决定出发时间和路径，最后如何将巨大数量的离散个人决策转化为宏观的网络聚集现象。可以看出，网络交通流的核心是人的交通选择行为，而人的交通选择行为本质上是一种社会经济活动，会受到各种社会经济因素的制约和影响，同时也会受信息、判断标准及理性程度等综合影响。

早期这方面的工作主要依赖于交通工程师的个人经验和主观判断，缺乏理论支持。20 世纪 50 年代，美国公路局 BPR 在研究高速公路流量时提出了转移曲线法，可以说这是网络交通流理论的最初尝试。Dantzig（1957）和 Moore（1959）分别发表了最短路搜索算法的论文，他们的成果对网络交通流理论产生了很大影响。经过一些学者的共同努力，基于最短路搜索算法的"全有全无"（all-or-nothing）交通流分配方法在交通规划中得到了实际应用。"全有全无"交通流量分配是建立在出行者对交通状况完全掌握的条件之上的，其结果与实际情况有很大差距。为了对这种方法进行改进，一些新的交通流分配方法相继被提出，具有代表性的是 Burrell（1968）和 Dial（1971）等提出的多路径概率分配方法，这种方法考虑了出行者在路径选择中的随机因素，通过多条路径的选择概率来计算网络交通流。

在网络交通流理论发展过程中，计算得到的网络交通流能否真实地再现实际路网交通状态是判断理论方法有效性的重要标准，而实际的路网状态是所有出行者在网络中进行各种交通选择所形成的集聚结果。基于这种认识，以出行者路径选择行为分析为基础的交通网络平衡理论逐步发展起来。1952 年，英国道路研究所的 Wardrop 教授发表了一篇论文（Wardrop，1952），提出了两个不同的交通流分配原则，即著名的用户平衡（user equilibrium, UE）原则和系统最优（system optimization, SO）原则，Wardrop 平衡原则构成了现代网络交通流理论的基础。Beckmann（1956）建立了满足交通平衡条件的数学优化模型，Beckmann 模型在网络交通流理论的发展中具有里程碑意义。然而，在 Beckmann 模型提出之后，由于缺乏适合于大规模网络计算的求解算法，交通网络平衡理论并没有在实际中得以广泛应用。在该模型沉睡了近 20 年后，Murchland（1970）才将求解非线性规划问题的 Frank-Wolfe 算法应用在求解 Beckmann 模型上，而 Abdulaal 和 LeBlanc（1979）则将该算法应用于一个实际的小型路网中，进而促进了交通平衡理论在实际中的应用和发展。这些学者的研究工作使交通网络平衡理论形成了较为完整的知识体系。到了 20 世纪 90 年代，随着计算机技术的飞速发展，交通网络平衡理论已在网络交通流研究中占据了主导地位。

11.2　Wardrop 平衡准则

根据经济学中理性人的假设，在一个交通系统中，出行者总是希望选择最佳的出行模式来降低自己的出行费用。基于这样的假设，在一个交通网络中，出行者在进行路径选择时，总会试图选择从起点到终点之间出行费用最小的路径，但这并不意味着同一 OD 之间的所有出行者都会选择同一条路径。假设在一个交通网络中，从一个节点到另一个节点之间有一定数量的出行需求，连接这两个节点的路径有很多条，如果一些出行者都去选择同一条路径，那么，这条路径上就会因为流量的增加而产生拥挤，从而导致其费用上升，上升到一定程度，这条路径就不再是最佳的选择。此时，部分出行者将会选择其他路径，当然，被选择路径上的费用也会随流量的增加而上升。出行者就这样不断权衡，不断修改出行方案。在交通系统的长期发展过程中，道路上的交通量就是由这样的内在机制相互作用达到平衡的结果。

1952 年，Wardrop 提出了网络交通流平衡第一原则，该原则可归纳为：当交通网络的流量达到平衡时，在任意 OD 之间所有可供选择的出行路径中，出行者选择的路径上的费用是最小的且相等，而未被选择的路径上的费用均大于或等于此最小路径费用。通常，用时间来表示路径出行费用。Wardrop 平衡原则也可以理解为：只有当不存在出行者能够通过改变其路径而降低其出行费用时，交通网络的流量状态就达到了一个稳定状态，这个平衡状态通常被称为用户平衡状态，简称 UE（user equilibrium）状态。

通常，在交通网络中，路径费用由构成该路径的所有路段费用叠加而成，则

路径费用通过路段费用来表示, 如下式:

$$c_k^{rs} = \sum_a t_a \cdot \delta_{a,k}^{rs}, \quad \forall r, s, k \tag{11.1}$$

式中, c_k^{rs} 表示 OD 对 r 和 s 之间第 k 条路径上的费用; t_a 表示网络中路段 a 上的出行费用; $\delta_{a,k}^{rs}$ 表示路段与路径之间的关联系数, 如果路段 a 在连接 OD 对 r 和 s 的第 k 条路径上, 则 $\delta_{a,k}^{rs}=1$, 否则 $\delta_{a,k}^{rs}=0$。

1956 年, Beckmann 采用数学形式对 Wardrop 第一原则进行了描述, 即在交通网络平衡状态下, 路径费用和路径流量之间存在如下关系:

$$\mu_{rs} - c_k^{rs} \begin{cases} = 0, & \text{当} f_k^{rs} > 0, \\ \leqslant 0, & \text{当} f_k^{rs} = 0, \end{cases} \quad \forall k, r, s \tag{11.2}$$

式中, μ_{rs} 表示平衡状态下 OD 对 r 和 s 之间的最小路径费用; f_k^{rs} 表示 OD 对 r 和 s 之间第 k 条路径上的流量。

下面用一个简单的例子来说明交通平衡的概念。

例题 11.1   如图 11.1 所示的交通网络, 从节点 A 到节点 B 之间有两条路径, 路径上的出行费用与其流量之间的关系分别是 $t_1 = 15 + 0.02x_1$ 和 $t_2 = 20 + 0.01x_2$, 假定从 A 到 B 之间共有 1000 单位的交通需求。请计算该网络达到平衡时各条路径上的流量。

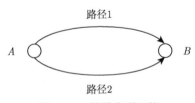

图 11.1   简单交通网络

解   根据 Wardrop 平衡条件 (11.2), 很容易建立下面的二元一次方程组:

$$\begin{cases} 15 + 0.02x_1 = 20 + 0.01x_2 \\ x_1 + x_2 = 1000 \end{cases}$$

求解这个方程组, 很容易可以得出 $x_1 = 500$, $x_2 = 500$。

同时, 根据上面的这个例子, 可以看到, 当从 A 到 B 的交通需求低于 250 的时候, 路径 2 上是不会有流量的。这是因为, 即使所有的出行者都选择路径 1, 路径 1 上的费用仍然是最低的, 这时候不会有出行者去选择路径 2。但是, 一旦

从 A 到 B 的交通需求超过了 250，这时候就会有一些出行者选择路径 2。在平衡条件下，如果这两条路径上都有流量，则这两条路径上的费用一定是相等的。

需要注意的是：这里所讲的平衡只是表示交通系统的一种统计意义上的演变趋势，并不是指一种静止的交通运行状态。事实上，交通系统的发展永远处于一种从不平衡到平衡，再由平衡到不平衡的动态过程，很难静止在某一状态而不发生变化。然而，对于交通研究者和交通管理者来说，正确把握交通系统的演变过程和科学理解交通平衡状态的特征和规律，对于改善交通系统的运行性能和制定科学合理的交通政策具有重要意义。

11.3　Beckmann 模型

1956 年，Beckmann 提出了一个数学优化模型，并证明了该模型的最优解满足交通网络平衡条件（11.2），Beckmann 模型如下

$$\min Z(\mathbf{x}) = \sum_a \int_0^{x_a} t_a(w)\mathrm{d}w \tag{11.3a}$$

$$\text{s.t.} \sum_k f_k^{rs} = q_{rs}, \ \forall r, s \tag{11.3b}$$

$$x_a = \sum_r \sum_s \sum_k f_k^{rs} \cdot \delta_{a,k}^{rs}, \ \forall a \tag{11.3c}$$

$$f_k^{rs} \geqslant 0, \ \forall k, r, s \tag{11.3d}$$

式中，x_a 表示交通网络中路段 a 上的交通流量；$t_a(\cdot)$ 表示路段 a 上的费用函数，一般表示为路段流量 x_a 的单调递增函数；q_{rs} 表示 OD 对 r 和 s 之间的交通需求，即 OD 量。

模型的约束条件（11.3b）表示交通网络中路径流量和 OD 量之间的守恒关系，即在交通网络中，OD 对之间所有路径上流量之和等于 OD 量；约束条件（11.3c）表示路段流量与路径流量之间的守恒关系，即在交通网络中，路径由路段组成，而路段流量则等于所有经过该路段的路径流量之和；约束条件（11.3d）表示对路径流量的非负约束。

可以看到，Beckmann 模型是一个典型的非线性规划模型，路段流量 x_a 为决策变量，目标函数是对各路段的费用函数进行定积分并求和，虽然很难对它的物理意义给出直观的解释，但通过推导该模型的最优解条件，却能够非常神奇地得出 Wardrop 平衡条件（11.2）。

需要指出的是：在 Beckmann 模型中，对路段费用函数 $t_a(x_a)$ 有两个隐含的假定条件，一个是假定路段费用仅仅是该路段流量的函数，而与其他路段上的流

量没有关系；另一个是假定路段费用是流量的严格增函数，这就是拥挤效应。这两个假设可表达为如下数学形式：

$$\frac{\partial t_a(x_a)}{\partial x_b} = 0, \quad \forall a \neq b \tag{11.4}$$

$$\frac{\partial t_a(x_a)}{\partial x_a} > 0, \quad \forall a \tag{11.5}$$

下面通过一个简单例子，说明 Beckmann 的模型的最优解与 Wardrop 平衡条件（11.2）之间的等价性。

例题 11.2　如图 11.1 所示的交通网络，从节点 A 到节点 B 之间有两条路径，路径上的出行费用与其流量之间的关系分别是 $t_1 = 15 + 0.02x_1$ 和 $t_2 = 20 + 0.01x_2$，假定从 A 到 B 之间共有 1000 单位的交通需求。请构建该网络的 Beckmann 模型并求解。

解　根据已知条件，构建 Beckmann 模型为如下形式：

$$\min\ Z(x_1, x_2) = \int_0^{x_1} (15 + 0.02w)\mathrm{d}w + \int_0^{x_2} (20 + 0.01w)\mathrm{d}w$$

$$\text{s.t. } x_1 + x_2 = 1000$$

$$x_1 \geqslant 0, \quad x_2 \geqslant 0$$

将目标函数进行定积分计算，并将 $x_2 = 1000 - x_1$ 代入目标函数中，上面的数学优化模型可转换为如下的无约束的极小值问题：

$$\min Z(x_1) = 0.015x_1^2 - 15x_1 + 25000$$

显然，根据二次函数的极值条件：

$$\frac{\partial Z(x_1)}{\partial x_1} = 0.03x_1 - 15 = 0$$

可得出模型的最优解：$x_1 = x_2 = 500$。可见，Beckmann 模型的最优解和满足 Wardrop 平衡条件的解完全相同。

定理 11.1　Beckmann 模型（11.3a）～（11.3d）的最优解等价于 Wardrop 平衡条件（11.2）。

证明　Beckmann 模型是一个带线性等式约束和非负约束的极小值问题，可构造其拉格朗日函数如下

$$L(\mathbf{x}, \boldsymbol{\mu}, \boldsymbol{\eta}, \boldsymbol{\sigma}) = Z(\mathbf{x}) + \sum_r \sum_s \mu_{rs}\left(q_{rs} - \sum_k f_k^{rs}\right)$$

$$+ \sum_a \eta_a \left(x_a - \sum_r \sum_s \sum_k f_k^{rs} \cdot \delta_{a,k}^{rs} \right)$$

$$+ \sum_r \sum_s \sum_k f_k^{rs} \cdot \sigma_k^{rs} \tag{11.6}$$

式中 μ_{rs}, η_a 和 σ_k^{rs} 分别为等式约束式（11.3b）、式（11.3c）以及不等式约束式（11.3d）的拉格朗日乘子（也称为对偶变量），$\boldsymbol{\mu}, \boldsymbol{\eta}$ 和 $\boldsymbol{\sigma}$ 分别为其对应的向量表示。

根据数学优化理论，对于任意一个非线性规划问题，其任意局部极小点的解或驻点解均满足一阶必要条件。Beckmann 模型的一阶必要条件如下

$$\frac{\partial L}{\partial x_a} = 0, \quad \forall a \tag{11.7a}$$

$$\sigma_k^{rs} \cdot f_k^{rs} = 0, \quad \forall k, r, s \tag{11.7b}$$

$$\sigma_k^{rs} \leqslant 0, \quad \forall k, r, s \tag{11.7c}$$

其中

$$\frac{\partial L}{\partial x_a} = \frac{\partial Z(\mathbf{x})}{\partial x_a} + \frac{\partial}{\partial x_a} \sum_r \sum_s \mu_{rs} \left(q_{rs} - \sum_k f_k^{rs} \right)$$

$$+ \frac{\partial}{\partial x_a} \sum_a \eta_a \left(x_a - \sum_r \sum_s \sum_k f_k^{rs} \cdot \delta_{a,k}^{rs} \right) + \frac{\partial}{\partial x_a} \sum_r \sum_s \sum_k \sigma_k^{rs} f_k^{rs}$$

上式中第一项为

$$\frac{\partial Z(\mathbf{x})}{\partial x_a} = t_a(x_a) = t_a$$

第二项可为

$$\frac{\partial}{\partial x_a} \sum_r \sum_s \mu_{rs} \left(q_{rs} - \sum_k f_k^{rs} \right) = \frac{\partial}{\partial x_a} \sum_r \sum_s \left(-\mu_{rs} \cdot \sum_k f_k^{rs} \right)$$

$$= \frac{\partial}{\partial f_k^{rs}} \sum_r \sum_s \left(-\mu_{rs} \cdot \sum_k f_k^{rs} \right) \cdot \frac{\partial f_k^{rs}}{\partial x_a}$$

根据模型中等式约束（11.3c），

$$\frac{\partial x_a(\mathbf{f})}{\partial f_k^{rs}} = \frac{\partial}{\partial f_k^{rs}} \sum_r \sum_s \sum_k f_k^{rs} \cdot \delta_{a,k}^{rs} = \delta_{a,k}^{rs}$$

则有 $\dfrac{\partial f_k^{rs}}{\partial x_a} = \dfrac{1}{\delta_{a,k}^{rs}}$，而 $\dfrac{\partial}{\partial f_k^{rs}} \displaystyle\sum_r \sum_s \left(-\mu_{rs} \cdot \sum_k f_k^{rs} \right) = -\mu_{rs}$，因此，有

$$\frac{\partial}{\partial x_a} \sum_r \sum_s \mu_{rs} \left(q_{rs} - \sum_k f_k^{rs} \right) = -\frac{\mu_{rs}}{\delta_{a,k}^{rs}}$$

第三项可写为

$$\frac{\partial}{\partial x_a} \sum_a \eta_a \left(x_a - \sum_r \sum_s \sum_k f_k^{rs} \cdot \delta_{a,k}^{rs} \right) = \eta_a - \frac{\partial}{\partial x_a} \sum_r \sum_s \sum_k \eta_a \cdot f_k^{rs} \cdot \delta_{a,k}^{rs}$$

而其中

$$\frac{\partial}{\partial x_a} \sum_r \sum_s \sum_k \eta_a \cdot f_k^{rs} \cdot \delta_{a,k}^{rs} = \frac{\partial}{\partial f_k^{rs}} \sum_r \sum_s \sum_k \eta_a \cdot f_k^{rs} \cdot \delta_{a,k}^{rs} \cdot \frac{\partial f_k^{rs}}{\partial x_a}$$

$$= \eta_a \cdot \delta_{a,k}^{rs} \cdot \frac{1}{\delta_{a,k}^{rs}} = \eta_a$$

因此，有

$$\frac{\partial}{\partial x_a} \sum_a \eta_a \left(x_a - \sum_r \sum_s \sum_k f_k^{rs} \cdot \delta_{a,k}^{rs} \right) = \eta_a - \eta_a = 0$$

同样地，第四项可以写为

$$\frac{\partial}{\partial x_a} \sum_r \sum_s \sum_k \sigma_k^{rs} f_k^{rs} = \frac{\partial}{\partial f_k^{rs}} \sum_r \sum_s \sum_k \sigma_k^{rs} f_k^{rs} \cdot \frac{\partial f_k^{rs}}{\partial x_a} = \frac{\sigma_k^{rs}}{\delta_{a,k}^{rs}}$$

这样，可以得出 $\dfrac{\partial L}{\partial x_a} = t_a - \dfrac{\mu_{rs}}{\delta_{a,k}^{rs}} + \dfrac{\sigma_k^{rs}}{\delta_{a,k}^{rs}} = 0$。显然，可得到如下式子：

$$\sum_a t_a \cdot \delta_{a,k}^{rs} - \mu_{rs} + \sigma_k^{rs} = 0$$

根据式（11.2），可得到

$$c_k^{rs} - \mu_{rs} = -\sigma_k^{rs}$$

再根据式（11.7b）和式（11.7c），有

$$c_k^{rs} - \mu_{rs} \geqslant 0 \text{且} f_k^{rs}(c_k^{rs} - \mu_{rs}) = 0, \quad \forall k, r, s \tag{11.8}$$

显然，当 $f_k^{rs} = 0$ 时，$c_k^{rs} \geqslant \mu_{rs}$；当 $f_k^{rs} > 0$ 时，$c_k^{rs} = \mu_{rs}$，式（11.8）与 Wardrop 平衡条件式（11.2）是相同的。证明完毕。

从上面的证明过程中可以看出，当 Beckmann 模型得到最优解时，对应于 OD 对 r 和 s 的拉格朗日乘子 μ_{rs} 就是在平衡状态下的 OD 对 r 和 s 之间的平衡费用。

定理 11.2 Beckmann 模型为凸规划且存在唯一最优解。

证明 Beckmann 模型是一个由线性等式约束和非负约束构成的非线性规划，显然，模型可行域为凸集。

模型目标函数的 Hessian 矩阵为如下形式：

$$
\nabla^2 Z(\mathbf{x}) = \begin{bmatrix} \dfrac{\mathrm{d}t_1(x_1)}{\mathrm{d}x_1} & \dfrac{\mathrm{d}t_1(x_1)}{\mathrm{d}x_2} & \cdots & \dfrac{\mathrm{d}t_1(x_1)}{\mathrm{d}x_a} \\ \dfrac{\mathrm{d}t_2(x_2)}{\mathrm{d}x_1} & \dfrac{\mathrm{d}t_2(x_2)}{\mathrm{d}x_2} & \cdots & \dfrac{\mathrm{d}t_2(x_2)}{\mathrm{d}x_a} \\ \vdots & \vdots & & \vdots \\ \dfrac{\mathrm{d}t_a(x_a)}{\mathrm{d}x_1} & \dfrac{\mathrm{d}t_a(x_a)}{\mathrm{d}x_2} & \cdots & \dfrac{\mathrm{d}t_a(x_a)}{\mathrm{d}x_a} \end{bmatrix} \tag{11.9}
$$

根据式（11.4），$\nabla^2 Z(\mathbf{x})$ 可写为如下形式：

$$
\nabla^2 Z(\mathbf{x}) = \begin{bmatrix} \dfrac{\mathrm{d}t_1(x_1)}{\mathrm{d}x_1} & 0 & \cdots & 0 \\ 0 & \dfrac{\mathrm{d}t_2(x_2)}{\mathrm{d}x_2} & \cdots & 0 \\ \vdots & \vdots & & \vdots \\ 0 & 0 & \cdots & \dfrac{\mathrm{d}t_a(x_a)}{\mathrm{d}x_a} \end{bmatrix} \tag{11.10}
$$

再根据式（11.5）可知，$\nabla^2 Z(\mathbf{x})$ 为正定矩阵，因此，模型目标函数是严格凸函数。

根据非线性规划的相关理论可知，模型的目标函数为凸函数，约束集为凸集，则模型为凸规划，且具有唯一全局最优解。证明完毕。

需要指出的是：Beckmann 模型的凸性并不适用于路径流量，也就是说，Beckmann 模型的决策变量是路段流量，而不是路径流量，通过求解该模型可得到满足平衡条件的路段流量具有唯一性，而满足平衡条件的路径流量却并不唯一。

11.4　Beckmann 模型的求解算法

（1）Frank-Wolfe 算法

1956 年，Frank 和 Wolfe 提出了一种求解非线性规划的收敛性算法，被称为 Frank-Wolfe 算法，简称 F-W 算法。F-W 算法属于方向搜索法中的一种，主要应用于带有线性约束的非线性规划问题。该算法的基本思想是：在每次迭代中，将非线性规划问题的目标函数 $f(\mathbf{x})$ 线性化，通过解线性规划来求得可行下降方向，进而沿此方向在可行域内作一维搜索以得到新的迭代点。

定理 11.3　应用 F-W 算法求解 Beckmann 模型，可通过"全有全无"交通流分配来确定每次迭代的可行下降方向。

证明　采用 F-W 算法求解 Beckmann 模型，假设在第 n 次迭代中，当前迭代点为 $\mathbf{x}^n$，可通过求解下面的线性规划问题得到可行下降方向：

$$\min\ Z^{(n)}(\mathbf{y}) = \nabla Z[\mathbf{x}^{(n)}] \cdot \mathbf{y}^{\mathrm{T}} = \sum_a \frac{\partial Z[\mathbf{x}^{(n)}]}{\partial x_a} \cdot y_a \tag{11.11a}$$

$$\text{s.t.}\ \sum_k g_k^{rs} = q_{rs}, \quad \forall r,s \tag{11.11b}$$

$$g_k^{ij} \geqslant 0, \quad \forall k,r,s \tag{11.11c}$$

$$y_a = \sum_r \sum_s \sum_k g_k^{rs} \delta_{a,k}^{rs}, \quad \forall a \tag{11.11d}$$

式中，g_k^{rs} 表示 OD 对 r 和 s 之间的第 k 条路径上的流量；y_a 表示路段 a 上的流量，为决策变量。

可以很容易得出

$$\frac{\partial Z[\mathbf{x}^{(n)}]}{\partial x_a} = t_a^{(n)}, \quad \forall a$$

式中，$t_a^{(n)}$ 表示根据当前迭代点 $x_a^{(n)}$ 所得到的路段 a 上的费用。

式（11.11a）可变换为

$$\min Z^{(n)}(\mathbf{y}) = \sum_a t_a^{(n)} \cdot y_a \tag{11.12}$$

显然，上面的线性规划模型实际上是在各路段费用一定的条件下使网络总费用最小的运输问题。对于这样的问题，将 OD 需求量全部分配到 OD 间的最短路径上所得到的网络流量 $\mathbf{y}^{(n)}$ 就是模型的最优解，这正是交通流分配中的"全有全无"配流方法，F-W 算法在第 n 次迭代的下降方向为 $\mathbf{y}^{(n)} - \mathbf{x}^{(n)}$。证明完毕。

采用 F-W 算法求解 Beckmann 模型，根据上面的定理，在第 n 次迭代中，根据当前迭代点 $\mathbf{x}^{(n)}$ 计算路段费用 $\mathbf{t}^{(n)}$；然后，采用"全有全无"交通流分配方法得到路段流量 $\mathbf{y}^{(n)}$；就可以得到下一步的迭代方向 $\mathbf{y}^{(n)} - \mathbf{x}^{(n)}$；再通过求解一维极值问题得到迭代步长 $\alpha^{(n)}$，根据迭代方向和迭代步长就可以确定下一个的迭代点 $\mathbf{x}^{(n+1)}$。反复进行这样的迭代计算，直到满足收敛条件，就可以得出 Beckmann 模型的最优解。

F-W 算法的具体步骤如下：

步骤 1 初始化，令 $x_a = 0$，$\forall a$，根据路段费用函数计算 $t_a^{(0)}$，$\forall a$；然后用"全有全无"配流方法将 OD 需求量加载到交通网络上，得到路段流量 $x_a^{(0)}$，$\forall a$，给出计算精度 ε，置迭代次数 $n = 1$。

步骤 2 计算路段费用，根据路段费用函数，计算 $t_a^{(n)} = t_a(x_a^{(n)})$，$\forall a$。

步骤 3 确定搜索可行方向，根据 $t_a^{(n)}$，$\forall a$，用"全有全无"配流方法将 OD 需求量加载上网，得到路段流量 $y_a^{(n)}$，$\forall a$。

步骤 4 确定迭代步长，求解如下的一维搜索问题

$$\min \ Z[\mathbf{x}^{(n)} + \alpha^{(n)}(\mathbf{y}^{(n)} - \mathbf{x}^{(n)})] \tag{11.13a}$$

$$\text{s.t. } 0 \leqslant \alpha^{(n)} \leqslant 1 \tag{11.13b}$$

假定其最优解为 $\alpha^{(n)}$。

步骤 5 更新路段流量，根据下式计算新的路段流量

$$x_a^{(n+1)} = x_a^{(n)} + \alpha^{(n)}(y_a^{(n)} - x_a^{(n)}), \quad \forall a \tag{11.14}$$

步骤 6 收敛性检查，判断 $x_a^{(n+1)}$ 是否满足如下的收敛条件

$$\frac{\sqrt{\sum_a (x_a^{(n+1)} - x_a^{(n)})^2}}{\sum_a x_a^{(n)}} \leqslant \varepsilon \tag{11.15}$$

如果满足该条件，则算法终止，最优解为 $x_a^{(n+1)}$，$\forall a$，否则，令 $n = n+1$，转到步骤 2。

对于步骤 4 中的一维搜索问题，有许多方法可以求解，其中简单而有效的方法是二分法，这是因为目标函数 (11.13a) 对决策变量 $\alpha^{(n)}$ 的导数很容易计算，即

$$\frac{\partial}{\partial \alpha^{(n)}} Z\left[\mathbf{x}^{(n)} + \alpha(\mathbf{y}^{(n)} - \mathbf{x}^{(n)})\right] = \sum_a (y_a^{(n)} - x_a^{(n)}) \cdot t_a\left[x_a^{(n)} + \alpha^{(n)}(y_a^{(n)} - x_a^{(n)})\right]$$

$$\tag{11.16}$$

可以看出，在上面的 F-W 算法中，没有使用路径变量，而只用到了路段变量，这样就大大提高了计算效率，尤其对于规模较大的交通网络而言。这是由于，随着网络规模的扩大，各 OD 之间的路径数量将呈指数增加，远远地大于路段数量。

同时，该算法也存在一定的缺陷，即在迭代过程的后期收敛速度较低，原因是当趋近于问题的最优解时，搜索方向将垂直于目标函数在 $\mathbf{x}$ 的梯度。此外，影响算法的收敛速度的因素还包括：初始解、网络结构和拥挤程度等。通常，初始解离平衡点越近，则需要的迭代次数就越少。网络结构越复杂，即从起点到终点的可选路径越多，则需要的迭代次数就越多。拥挤程度大的网络需要更多的迭代次数到达平衡点。

（2）连续平均算法

连续平均算法（method of successive average），简称 MSA 算法，实际上是 Frank-Wolfe 算法的变种算法。由于该算法具有较好的实用性，因此这种算法在网络交通流计算中有着广泛的应用。该算法的主要思想就是将迭代过程中一系列的辅助点进行平均，其中每一个迭代点也是通过求解"全有全无"交通流分配问题得来的。

应用 MSA 算法求解 Beckmann 模型，假定在第 n 次迭代中，通过"全有全无"交通流分配得到路段流量为 $\mathbf{y}^{(n)}$，则新的迭代点可以通过下式直接计算得出

$$\mathbf{x}^{(n+1)} = \mathbf{x}^{(n)} + \frac{\mathbf{y}^{(n)} - \mathbf{x}^{(n)}}{n} \tag{11.17}$$

定理 11.4　在 MSA 算法的第 n 次迭代中，所得到的新的路段流量等于前面 $n-1$ 次迭代中根据"全有全无"交通流分配所得到的路段流量的平均值。

证明　更新计算式（11.17）展开上式的右项，可以得出如下关系

$$\mathbf{x}^{(n+1)} = \frac{n-1}{n}\mathbf{x}^{(n)} + \frac{\mathbf{y}^{(n)}}{n} = \frac{n-1}{n}\left(\frac{n-2}{n-1}\mathbf{x}^{(n-1)} + \frac{\mathbf{y}^{(n-1)}}{n-1}\right) + \frac{\mathbf{y}^{(n)}}{n}$$

$$= \frac{n-2}{n}\mathbf{x}^{(n-1)} + \frac{\mathbf{y}^{(n-1)} + \mathbf{y}^{(n)}}{n}$$

以此类推，进而可以得出

$$\mathbf{x}^{(n+1)} = \frac{1}{n} \cdot \sum_{l=1}^{n} \mathbf{y}^{(l)} \tag{11.18}$$

可见，在 MSA 算法中，每次迭代所产生的新的迭代点 $\mathbf{x}^{(n+1)}$ 其实是前面产生的 n 个辅助迭代点的平均值。可见 $\mathbf{x}^{(k+1)}$ 是前面产生的 k 个 $\mathbf{y}$ 向量的平均值，这也是 MSA 算法名称的由来。

下面给出采用 MSA 算法求解 Beckmann 模型的具体步骤。

步骤 1 初始化，令 $x_a = 0, \forall a$，根据路段费用函数计算 $t_a^{(0)}, \forall a$；然后用"全有全无"配流方法将 OD 需求量加载到交通网络上，得到路段流量 $x_a^{(0)}, \forall a$，并置迭代次数 $n = 1$。

步骤 2 计算路段费用，根据路段费用函数，计算 $t_a^{(n)} = t_a(x_a^{(n)}), \forall a$。

步骤 3 确定搜索可行方向，根据 $t_a^{(n)}, \forall a$，用"全有全无"配流方法将 OD 需求量加载上网，得到路段流量 $y_a^{(n)}, \forall a$。

步骤 4 根据式（11.17）计算新的路段流量。

步骤 5 收敛性检查，如果满足收敛性准则式（11.15），则算法终止，其最优解为 $x_a^{(n+1)}, \forall a$，否则，令 $n = n + 1$，转到步骤 2。

例题 11.3 如图 11-1 所示的交通网络，从节点 A 到节点 B 之间有两条路径，路径上的出行费用与其流量之间的关系分别是 $t_1 = 15 + 0.02x_1$ 和 $t_2 = 20 + 0.01x_2$，假定从 A 到 B 之间共有 1000 单位的交通需求。试用连续平均法对该交通网络进行流量分配，迭代 2 次。

解 首先，通过网络图可以看出，在这个例子中，路段和路径是相同的，不存在路径和路段之间的叠加关系。

（1）第一次迭代。

步骤 1 初始化，令 $x_a = 0, \forall a$，根据当前费用进行"全有全无"配流，得到路段流量分别是 $x_1 = 1000$，$x_2 = 0$，设置代次数 $n = 1$。

步骤 2 根据当前流量计算路段费用，得出 $t_1^{(1)} = 35$，$t_2^{(1)} = 20$。

步骤 3 根据当前路段费用进行"全有全无"配流，得到路段流量分别为 $y_1^{(1)} = 0$，$y_2^{(1)} = 1000$。

步骤 4 计算新的路段流量

$$x_1^{(2)} = x_1^{(1)} + \frac{y_1^{(1)} - x_1^{(1)}}{1} = 0, \quad x_1^{(2)} = x_2^{(1)} + \frac{y_2^{(1)} - x_2^{(1)}}{1} = 1000$$

（2）第二次迭代。

步骤 2 根据当前流量计算路段费用，得出 $t_1^{(2)} = 15$，$t_2^{(2)} = 30$。

步骤 3 根据当前路段费用进行"全有全无"配流，得到路段流量分别为 $y_1^{(2)} = 1000$，$y_2^{(2)} = 0$。

步骤 4 计算新的路段流量

$$x_1^{(3)} = x_1^{(2)} + \frac{y_1^{(2)} - x_1^{(2)}}{2} = 500, \quad x_2^{(3)} = x_2^{(2)} + \frac{y_2^{(2)} - x_2^{(2)}}{2} = 500$$

与 Frank-Wolfe 算法相比，MSA 算法的优点是在每次迭代中，迭代步长是确定的, 不需要求解数学优化问题, 因此, MSA 算法容易实现, 具有显著的实用价值。然而, 这也导致了该方法的收敛速度相对较慢。

11.5   系统最优模型

在 Wardrop 提出交通网络平衡原则的同时, 还提出了网络交通流分配的另一个原则, 即系统最优原则, 简称 SO 原则, 该原则可归纳为: 在存在拥挤的交通网络中, 交通量的分配目标应满足网络总费用最小的原则。换句话说, 在系统最优的条件下, 出行者不能通过改变自己的出行路径而降低网络的总费用。通常, 称交通网络平衡原则为 Wardrop 第一原则, 称系统最优原则为 Wardrop 第二原则。

Wardrop 第一原则的核心是出行者, 如果交通网络的用户只从自身利益出发去寻找最小费用路径, 出行者之间互不协调, 经过系统不断内部调整后, 就会达到用户平衡状态。而系统最优原则的对象则是整个网络系统, 如果所有的出行者都遵循 "网络总费用最小" 的目标来进行自己的路径选择, 那么, 这样的网络流量分配问题就是系统最优问题。

对于一个交通网络, 假定在某个流量状态下, 路段流量为 $x_a, \forall a$, 所对应的路段费用为 $t_a(x_a), \forall a$, 则网络的总费用可表示为

$$\tilde{Z}(\mathbf{x}) = \sum_a x_a t_a(x_a) \tag{11.19}$$

根据系统最优的原则, 网络交通流分配的目标是网络总费用最低, 同时, 网络流量满足基本约束条件。系统最优模型可表示为如下的数学优化模型:

$$\min \tilde{Z}(\mathbf{x}) = \sum_a x_a t_a(x_a) \tag{11.20a}$$

$$\text{s.t.} \quad \sum_k f_k^{rs} = q_{rs}, \quad \forall r, s \tag{11.20b}$$

$$x_a = \sum_r \sum_s \sum_k f_k^{rs} \cdot \delta_{a,k}^{rs}, \quad \forall a \tag{11.20c}$$

$$f_k^{rs} \geqslant 0, \quad \forall r, s, k \tag{11.20d}$$

可以看出, 系统最优模型和 Beckmann 模型相比, 只是目标函数不一样, 约束条件是完全相同的。

例题 11.4   同样以图 11.1 所示的交通网络为例, 从节点 A 到节点 B 之间有两条路径, 路径上的出行费用与其流量之间的关系分别是 $t_1 = 15 + 0.02x_1$ 和 $t_2 = 20 + 0.01x_2$, 假定从 A 到 B 之间共有 1000 单位的交通需求。请构建该网络的 SO 模型并求解。

解 根据已知条件, 构建 SO 模型为如下形式:

$$\min \ Z(x_1, x_2) = x_1 \cdot (15 + 0.02x_1) + x_2 \cdot (20 + 0.01x_2)$$

$$\text{s.t.} \ x_1 + x_2 = 1000$$

$$x_1 \geqslant 0, \quad x_2 \geqslant 0$$

将目标函数进行计算, 并将 $x_2 = 1000 - x_1$ 代入目标函数中, 上面的数学优化模型可转换为如下的无约束的极小值问题:

$$\min Z(x_1) = 0.03x_1^2 - 25x_1 + 30000$$

显然, 根据二次函数的极值条件:

$$\frac{\partial Z(x_1)}{\partial x_1} = 0.06x_1 - 25 = 0$$

可得出模型的最优解: $x_1 = 417$, $x_2 = 583$, 对应的系统总阻抗为 24791.67。而对于用户平衡模型来说, 根据例题 11.3, 得到的最优解为: $x_1 = x_2 = 500$, 其对应的系统总阻抗为 25000。可见, Beckmann 模型的最优解和 SO 模型的最优解是不相同的, 满足用户平衡准则的网络流量并不满足系统最优。

根据式 (11.19) 可知, 交通网络的系统总费用是路段流量 x_a 的一个函数, 可以对该函数进行求导, 即

$$\frac{\partial \tilde{Z}}{\partial x_a} = \frac{\partial \sum\limits_{b} x_b \cdot t_b(x_b)}{\partial x_a} = t_a(x_a) + x_a \cdot \frac{\partial t_a(x_a)}{\partial x_a} \tag{11.21}$$

式中, $\partial t_a(x_a)/\partial x_a$ 表示在路段 a 上新增的车辆对该路段已有流量 x_a 产生干扰而带来的花费时间的增量, 可称其为路段边际费用, 则 $x_a \cdot \dfrac{\partial t_a(x_a)}{\partial x_a}$ 表示路段 a 上的所有的车辆所产生的外部费用之和。

令

$$\tilde{t}_a(x_a) = t_a(x_a) + x_a \cdot \frac{\partial t_a(x_a)}{\partial x_a} \tag{11.22}$$

这里, $\tilde{t}_a(x_a)$ 实际上就是路段 a 上的平均费用再加上路段 a 上的总的边际费用。

定理 11.5 在 Beckmann 模型中, 如果将路段费用函数 $t_a(x_a)$ 用 $\tilde{t}_a(x_a)$ 替代, 则 UE 问题就等价于 SO 问题。

证明 将 $\tilde{t}_a(x_a)$ 代入 Beckmann 模型中，则目标函数为如下形式：

$$\sum_a \int_0^{x_a} \tilde{t}_a(w)\mathrm{d}w = \sum_a \int_0^{x_a} \left[t_a(w) + w \cdot \frac{\partial t_a(w)}{\partial w} \right] \mathrm{d}w = \sum_a x_a t_a(x_a)$$

显然，通过求解 UE 问题就可以得到满足系统最优的路段流量。

此外，当网络上的拥挤程度很小时，也就是说，路段出行费用不受流量的影响，这时候，可以将路段费用看成常数 t_a，即 $\partial t_a(x_a)/\partial x_a = 0$，$\tilde{t}_a(x_a) = t_a(x_a)$，则

$$\sum_a \int_0^{x_a} t_a \mathrm{d}w = \sum_a x_a t_a \tag{11.23}$$

在这种情况下，Beckmann 模型也等价于系统最优模型。也就是说，如果网络中不存在拥挤，UE 问题就是 SO 问题，采用"全有全无"方法得到的流量分配结果既满足用户平衡原则，又满足系统最优原则。

根据上面的证明过程，可以得出如下结论：当交通网络达到系统最优状态时，OD 间所有被使用路径的总边际费用都相等，且不会低于不被使用路径上的总的边际费用。同时，可以采用求解 UE 问题的算法（F-W 算法或 MSA 算法）求解 SO 模型，只不过将路段费用 $t_a(x_a)$ 的计算替换为 $\tilde{t}_a(x_a)$ 即可。

通常，交通管理部门的目标是交通网络中所有车辆总的出行费用最小，即系统最优。而交通网络中车辆的运行状态是由出行者来决定的，因此，交通系统的总费用与出行者的交通选择行为直接相关。一般情况下，出行者可以根据自己的经验和信息，以自己出行费用最小为原则进行各种交通选择行为，也就是说，网络流量满足用户平衡状态。显然，满足用户平衡原则的网络流量不一定满足系统最优的目标，不过，交通管理部门可以通过制定一些交通管理政策或经济手段，改变出行者的出行费用，从而引导出行者的交通选择行为，从而达到系统最优的目标。

11.6   Beckmann 模型的扩展

（1）弹性需求的交通网络平衡模型

在实际交通系统中，OD 需求会受出行费用的影响而变化，通常，交通需求会随出行费用的增加而下降，为了反映这一现象，可以通过一个需求函数来描述这种关系：

$$q_{rs} = D_{rs}(\mu_{rs}), \quad \forall r, s \tag{11.24}$$

式中，μ_{rs} 是 OD 对 r 和 s 之间的最小出行费用。

一般情况下，函数 D_{rs} 是一个单调递减函数，且存在上限，也就是说，OD 需求不会超过起始点 r 的出行发生量或者终讫点 s 的出行吸引量。

如果将 Beckmann 模型中的 q_{rs} 假定为随出行费用的变化而变化，即 OD 需求为弹性的，则称这样的交通网络平衡问题为弹性需求的交通网络平衡问题。带有弹性需求的交通网络平衡问题可由如下的数学规划模型来描述：

$$\min\ Z(\mathbf{x}, \mathbf{q}) = \sum_a \int_0^{x_a} t_a(w)\mathrm{d}w - \sum_r \sum_s \int_0^{q_{rs}} D_{rs}^{-1}(w)\mathrm{d}w \tag{11.25a}$$

$$\text{s.t.}\ \sum_k f_k^{rs} = q_{rs}, \quad \forall r, s \tag{11.25b}$$

$$x_a = \sum_r \sum_s \sum_k f_k^{rs} \cdot \delta_{a,k}^{rs}, \quad \forall a \tag{11.25c}$$

$$f_k^{rs} \geqslant 0, \quad \forall k, r, s \tag{11.25d}$$

$$q_{rs} \geqslant 0, \quad \forall r, s \tag{11.25e}$$

$D_{rs}^{-1}(q_{rs})$ 表示需求函数的反函数。

可以看出，上述模型与 Beckmann 模型的主要差别在于目标函数多了第二项。模型的等价性证明与 Beckmann 模型的等价性证明基本相似，在此不再赘述。

可以采用下降方向法来求解弹性需求的交通网络平衡模型。该算法的基本思想是：与求解 Beckmann 模型的算法类似，在每步迭代中，采用 "全有全无" 分配来确定迭代方向，再根据目标函数的极小化得到最优迭代步长。具体计算过程如下。

步骤 1 初始化，设置 OD 需求和路段流量的初始可行解 $\{x_a^{(1)}, \forall a\}$，$\{q_{rs}^{(1)}, \forall r, s\}$，并设置迭代次数 $n = 1$。

步骤 2 计算路段费用和 OD 费用，即 $t_a^{(n)} = t_a(x_a^{(n)}), \forall a$ 以及 $D_{rs}^{-1}(q_{rs}^{(n)})$，$\forall r, s$。

步骤 3 确定下降方向，根据当前的路段费用 $\{t_a^{(n)}, \forall a\}$，寻找 OD 之间的最短路径和相应的最小费用，令 $c_k^{rs(n)} = \min\limits_{m \in K_{rs}} \{c_m^{rs(n)}\}$，并根据以下原则进行流量分配：

- 如果 $c_k^{rs(n)} < D_{rs}^{-1}(q_{rs}^{(n)})$，则 $g_k^{rs(n)} = \bar{q}_{rs}$，$g_m^{rs(n)} = 0$，$\forall m \neq k$ 且 $m \in K_{rs}$；
- 如果 $c_k^{rs(n)} > D_{rs}^{-1}(q_{rs}^{(n)})$，则 $g_k^{rs(n)} = 0$，$\forall k \in K_{rs}$；
- 如果 $c_k^{rs(n)} = D_{rs}^{-1}(q_{rs}^{(n)})$，则 $g_k^{rs(n)}$ 取 $(0, \bar{q}_{rs})$ 之间的任意值。

式中，$\bar{q}_{rs}$ 表示网络中 OD 对 r 和 s 之间交通需求的上限值。计算辅助路段流量 $\{y_a^{(n)}, \forall a\}$ 和 OD 需求量 $\{v_{rs}^{(n)}, \forall r, s\}$：

$$y_a^{(n)} = \sum_r \sum_s \sum_k g_k^{rs(n)} \cdot \delta_{a,k}^{rs}, \quad \forall a$$

$$v_{rs}^{(n)} = \sum_k g_k^{rs(n)}, \quad \forall r, s$$

步骤 4　确定迭代步长。求解下面的一维搜索问题：

$$\min_{0 \leqslant \alpha \leqslant 1} Z(\alpha) = \sum_a \int_0^{x_a^{(n)} + \alpha(y_a^{(n)} - x_a^{(n)})} t_a(w)\mathrm{d}w - \sum_r \sum_s \int_0^{q_{rs}^{(n)} + \alpha(v_{rs}^{(n)} - q_{rs}^{(n)})} D_{rs}^{-1}(w)\mathrm{d}w$$

假定其最优解为 $\alpha^{(n)}$。

步骤 5　迭代更新，计算

$$x_a^{(n+1)} = x_a^{(n)} + \alpha^{(n)} \cdot (y_a^{(n)} - x_a^{(n)}), \quad \forall a$$

$$q_{rs}^{(n+1)} = q_{rs}^{(n)} + \alpha^{(n)} \cdot (v_{rs}^{(n)} - q_{rs}^{(n)}), \quad \forall r, s$$

步骤 6　收敛性检查，如果满足收敛条件，则停止迭代；否则，令 $n = n + 1$，转入步骤 2。

　　与求解 Beckmann 模型相比较，求解弹性需求的交通网络平衡模型需要更多的迭代次数。此外，OD 需求上限值 $\bar{q}_{rs}$ 也会影响收敛速度，如果设定的上限值过大，可行下降法的迭代次数就要更多。因此，上限 $\bar{q}_{rs}$ 应尽可能地设得低一些。一般情况下，可取零流路径费用下计算得到的 OD 需求作为 $\bar{q}_{rs}$，显然由于拥挤的作用，OD 需求量不会超过这个值。

（2）OD 需求预测与交通网络平衡的组合模型

　　在交通需求预测经典的"四阶段"法中，不同类型的交通需求分别独立地采用相关模型进行计算，且前一个阶段的输出作为后一个阶段的输入。由于各阶段模型具有不同的假定条件，所以无法保证模型之间数据的一致性。基于此，一些学者提出了组合模型的思想，即将两个或两个以上阶段的模型组合为一个模型，其中最为常见的一种组合模型就是出行分布与交通流量分配的组合模型，通过这样的模型，可同时计算满足平衡条件的网络流量以及 OD 需求量。

　　在 OD 需求预测模型中，假定起点 O 的交通发生量以及终点 D 的交通吸引量是已知的，则 OD 需求量满足下面两个基本约束：

$$\sum_s q_{rs} = G_r, \quad \forall r \tag{11.26}$$

$$\sum_r q_{rs} = A_s, \quad \forall s \tag{11.27}$$

式中，G_r 和 A_s 分别表示起点 r 的交通发生量和终点 s 的交通吸引量。

最常用的 OD 需求预测的模型是重力模型。在重力模型中，假定起点 r 和终点 s 之间的 OD 需求 q_{rs} 与起点 r 的交通发生量 G_r 和终点 s 的交通吸引量 A_s 成正比，与 r 和 s 之间的出行费用成反比。重力模型的一般形式如下

$$q_{rs} = \kappa \cdot G_r A_s f(\mu_{rs}), \quad \forall r, s \tag{11.28}$$

式中，μ_{rs} 为平衡状态下 OD 对 r 和 s 之间的出行费用；κ 为校正参数；$f(\mu_{rs})$ 表示一个以 μ_{rs} 为自变量的单调递减函数。

可以将重力模型中的参数 κ 分为两部分，分别对应于起始点 r 和终讫点 s，即 $\kappa = \alpha_r \cdot \beta_s$，则重力模型可改写为如下形式

$$q_{rs} = \alpha_r \beta_s G_r A_s f(\mu_{rs}), \quad \forall r, s \tag{11.29}$$

Wilson（1970）提出了熵最大模型用于 OD 需求预测，而 Evans（1976）则将熵最大模型与交通网络平衡问题结合在一起，提出了如下的 OD 需求预测与交通网络平衡组合模型

$$\min \ Z(\mathbf{x}, \mathbf{q}) = \sum_a \int_0^{x_a} t_a(w)\mathrm{d}w + \frac{1}{\theta} \sum_r \sum_s q_{rs}(\ln q_{rs} - 1) \tag{11.30a}$$

$$\text{s.t.} \ \sum_k f_k^{rs} = q_{rs}, \quad \forall r, s \tag{11.30b}$$

$$\sum_s q_{rs} = G_r, \quad \forall r \tag{11.30c}$$

$$\sum_r q_{rs} = A_s, \quad \forall s \tag{11.30d}$$

$$f_k^{rs} \geqslant 0, \quad \forall r, s, k \tag{11.30e}$$

$$x_a = \sum_r \sum_s \sum_k f_k^{rs} \delta_{a,k}^{rs}, \quad \forall a \tag{11.30f}$$

式中 θ 是校正参数，可根据调查数据估计得出。

同样地，可采用可行下降方向法求解上面的数学优化模型，具体步骤如下。

步骤 1　初始化，设置初始可行解 $\{x_a^{(1)}, \forall a\}$ 和 $\{q_{rs}^{(1)}, \forall r, s\}$，设置迭代次数 $n = 1$。

步骤 2　根据路段费用函数计算路段费用值，$t_a^{(n)} = t_a(x_a^{(n)})$，$\forall a$。

步骤 3　寻找下降方向。按以下步骤进行：

1) 寻找 OD 之间的最短路径，并记录 $\{\mu_{rs}^{(n)}, \forall r, s\}$，计算

$$c_{rs}^{(n)} = \mu_{rs}^{(n)} + \frac{1}{\theta} \ln q_{rs}^{(n)}, \quad \forall r, s \tag{11.31}$$

2) 求解 Hitchcock 问题, 得到 $\{v_{rs}^{(n)},\ \forall r,s\}$;

3) 将 $\{v_{rs}^{(n)},\ \forall r,s\}$ 安排到相应的最短路径上, 产生新的路段流量 $\{y_a^{(n)},\ \forall a\}$;

4) 得到下降方向 $(\mathbf{y}^{(n)} - \mathbf{x}^{(n)}, \mathbf{v}^{(n)} - \mathbf{q}^{(n)})$。

步骤 4　求迭代步长 $\alpha^{(n)}$, 解如下的一维搜索问题

$$\min_{0 \leqslant \alpha \leqslant 1} Z[\mathbf{x}^{(n)} + \alpha(\mathbf{y}^{(n)} - \mathbf{x}^{(n)}),\ \mathbf{q}^{(n)} + \alpha(\mathbf{v}^{(n)} - \mathbf{q}^{(n)})]$$

步骤 5　更新流量, 计算

$$x_a^{(n+1)} = x_a^{(n)} + \alpha^{(n)}[y_a^{(n)} - x_a^{(n)}], \quad \forall a$$

$$q_{rs}^{(n+1)} = q_{rs}^{(n)} + \alpha^{(n)}[v_{rs}^{(n)} - q_{rs}^{(n)}], \quad \forall r,s$$

步骤 6　收敛性检查, 如果满足收敛条件, 停止迭代; 否则, 令 $n = n + 1$, 转入步骤 2。

在上述算法中, 每次迭代都要求解一个 Hitchcock 运输问题。这是一个经典运筹学问题, 限于篇幅, 在此不详细介绍, 读者可查阅线性规划方面的参考书, 或查阅文献 (Ceder, 1978)。

11.7　交通平衡问题的变分不等式模型

前面介绍的交通网络平衡模型均假定路段费用函数之间相互独立, 即某一路段的费用值仅取决于该路段的流量, 而与其他路段流量无关。然而在实际中, 更为一般的情况是路段上的费用是相互影响的。

路段间的相互影响可分为对称和非对称两种。在对称性问题中, 不同路段之间的相互影响程度是相同的, 用数学的形式表达, 即

$$\frac{\partial t_b}{\partial x_a} = \frac{\partial t_a}{\partial x_b}, \quad \forall a, b \tag{11.32}$$

对于这种情况, 可以构造等价的数学优化模型, 并使得其最优解等价于 UE 解。

而对于一般情况下的路段相互影响的平衡配流问题, 即非对称问题, 上式并不满足。在这种情况下, 无法建立等价的数学优化模型, 然而这种网络平衡配流问题却可以表示为变分不等式模型。

Dafermos (1980) 将交通网络平衡配流问题表示为变分不等式模型, 其一般形式为: 寻找平衡路段流量 $\mathbf{x}^* \in \Omega$, 使得 $\forall \mathbf{x} \in \Omega$, 有

$$\mathbf{t}(\mathbf{x}^*)^{\mathrm{T}}(\mathbf{x} - \mathbf{x}^*) \geqslant \mathbf{0} \tag{11.33}$$

式中，$\Omega = \{\mathbf{x}|\mathbf{x} = \mathbf{\Delta} \cdot \mathbf{f}, \mathbf{q} = \mathbf{B} \cdot \mathbf{f}, \mathbf{f} \geqslant \mathbf{0}\}$；$\mathbf{t}(\mathbf{x})$ 为路段费用向量函数；$\mathbf{f}$ 为路径流量；$\mathbf{q}$ 为 O-D 需求量；$\mathbf{\Delta}$ 表示路段和路径之间的关联矩阵；$\mathbf{B}$ 表示 O-D 对与路径之间的关联矩阵。

如果 $\mathbf{t}(\mathbf{x})$ 严格单调，则平衡路段流向量 $\mathbf{x}^*$ 是唯一的，而平衡路径流量向量不一定是唯一的，包含于如下的一个凸的多面体（polytope）集合中：

$$\tau^* = \{\mathbf{f}|\mathbf{x}^* = \mathbf{\Delta} \cdot \mathbf{f}, \mathbf{q} = \mathbf{B} \cdot \mathbf{f}, \mathbf{f} \geqslant \mathbf{0}\} \tag{11.34}$$

式中，$\mathbf{x}^*$ 表示平衡路段流量。

定义 11.1 在交通网络 $G = (N, A)$ 中，路径流量 $\mathbf{f}^*$ 如果满足以下条件，则称为平衡路径流。

$$\mu_{rs} - c_k^{rs} \begin{cases} = 0, & \text{如果 } f_k^{rs} > 0, \\ \leqslant 0, & \text{如果 } f_k^{rs} = 0, \end{cases} \quad \forall r, s, k \tag{11.35}$$

也就是说，在平衡状态下，连接 O-D 对 r 和 s 之间的所有路径流量可被分为两大类，一类路径上有流量，其费用值总是等于最小路径费用；另一类路径上没有流量，其费用值总是大于或等于最小路径费用。

也可以用路径费用函数 $\mathbf{c}(\mathbf{f})$ 将平衡问题写成一个等同的变分不等式问题，即寻找平衡路径流量 $\mathbf{f}^* \in \Omega$，使得 $\forall \mathbf{f} \in \Omega$ 有

$$\mathbf{c}(\mathbf{f}^*)^{\mathrm{T}}(\mathbf{f} - \mathbf{f}^*) \geqslant \mathbf{0} \tag{11.36}$$

式中，$\Omega = \{\mathbf{x}|\mathbf{x} = \mathbf{\Delta} \cdot \mathbf{f}, \mathbf{q} = \mathbf{B} \cdot \mathbf{f}, \mathbf{f} \geqslant \mathbf{0}\}$。

目前求解非对称的路段相互影响的平衡配流问题的方法有较为成熟的"对角化"算法，这个算法类似于前面介绍过的用于求解优化问题的方向搜索法，它是基于求解一系列的标准 UE 问题。设在第 n 次迭代中，路段上的流量是 $\mathbf{x}^{(n)} = \{x_1^{(n)}, x_2^{(n)}, \cdots, x_a^{(n)}\}$，则每次迭代都要求解一个如下的子问题：

$$\min \ Z^{(n)}(\mathbf{x}) = \sum_a \int_0^{x_a} t_a(x_1^{(n)}, x_2^{(n)}, \cdots, w)\mathrm{d}w \tag{11.37a}$$

$$\text{s.t.} \ \sum_k f_k^{rs} = q_{rs}, \quad \forall r, s \tag{11.37b}$$

$$x_a = \sum_r \sum_s \sum_k f_k^{rs} \cdot \delta_{a,k}^{rs}, \quad \forall a \tag{11.37c}$$

$$f_k^{rs} \geqslant 0, \quad \forall r, s, k \tag{11.37d}$$

在目标函数中，t_a 只是 x_a 的函数，其他路段上的流量固定。类似地，t_b 只是 x_b 的函数，而路段 b 之外的其他路段上的流量固定。很明显，上面的子问题是一

个标准的 UE 问题, 这个问题也可以称为 "对角" 问题, 这是因为模型 (11.31a) ~ (11.31d) 的目标函数 Hessian 矩阵是对角矩阵。

假定用 $\bar{t}_a^{(n)}(x_a)$ 来表示第 n 次迭代中路段 a 上当其他路段上的流量均固定时的费用函数, 即 $\bar{t}_a^{(n)}(x_a) = t_a(x_1^{(n)}, x_2^{(n)}, \cdots, x_a^{(n)})$。

"对角化" 算法的具体步骤如下。

步骤 1　初始化, 令迭代次数 $n = 0$, 设置初始可行路段流量 $\mathbf{x}^{(n)}$;

步骤 2　求解 "对角" 化问题模型 (11.31a) ~ (11.31d), 可以使用任意求解标准 UE 的算法, 假定产生的流量为 $\mathbf{x}^{(n+1)}$;

步骤 3　收敛性检查, 如果 $\mathbf{x}^{(n)} \approx \mathbf{x}^{(n+1)}$, 停止迭代; 否则, 令 $n = n + 1$, 转到步骤 2。

可以证明, 当上述算法收敛时, 所得到的解一定是一个 UE 解, 并且可以进一步证明, 当路段费用函数的 Jacobian 矩阵为正定时, 该算法是收敛的 (Dafermos, 1980)。

11.8　随机用户平衡配流模型

在实际出行中, 出行者对交通网络状况无法准确掌握, 总存在一些不确定因素, 因此, 可将路径费用看成随机变量。如果仍采用 Wardrop 平衡原则作为出行者的路径选择原则, 那么, 对某个出行者来说, 他总是期望选择最小估计费用的路径出行, 而同时路径上的费用又会随着选择人数的增加而增加, 因此, 在网络中同一 O-D 的不同路径之间同样存在平衡机制, 这样的平衡问题就是随机用户平衡 (stochastic user equilibrium, SUE) 问题。

随机用户平衡准则可这样描述: 在 O-D 之间所有可供选择的路径中, 出行者所选用的各条路径上的期望出行费用全都相等, 且不大于未被选用路径的期望出行费用。显然, 随机用户平衡分配中出行者的路径选择行为仍遵循 Wardrop 第一原则, 只不过用户选择的是其最小估计费用的路径而已。

假定交通网络中路段费用函数由可确定费用及随机因素组成, 即

$$T_a = t_a(x_a) + \varepsilon_a, \quad \forall a \tag{11.38}$$

式中, T_a 表示路段 a 上的随机费用; $t_a(x_a)$ 表示路段 a 上的可确定费用, 其与路段流量呈单调递增关系; ε_a 为路段 a 上费用的随机因素, 假定其期望值为 0。

同样地, 交通网络中路径费用可表示为组成该路径的所有路段费用之和, 即

$$C_k^{rs} = \sum_a T_a \cdot \delta_{a,k}^{rs}, \quad \forall r, s, k \in K_{rs} \tag{11.39}$$

式中，C_k^{rs} 表示 O-D 对 r 和 s 之间第 k 条有效路径上的随机费用；K_{rs} 为 O-D 对 r 和 s 之间有效路径集合。

根据随机变量的可累加性，随机变量 C_k^{rs} 的期望值为 c_k^{rs}，显然，有

$$c_k^{rs} = \sum_a t_a \cdot \delta_{a,k}^{rs}, \quad \forall r, s, k \in K_{rs} \tag{11.40}$$

由于路径费用为随机变量，因此，路径选择问题就是概率分布问题，也就是说，每条路径对出行者都有一个被选择概率。根据经济学原理，某条路径被选择的概率就等价于其随机费用在同一 O-D 间所有可能路径中为最小的概率，即

$$P_k^{rs} = \Pr(C_k^{rs} \leqslant C_l^{rs}, \forall l \neq k), \quad \forall r, s, k \in K_{rs} \tag{11.41}$$

式中，P_k^{rs} 为连接 O-D 对 r 和 s 之间的路径 k 被选择的概率。

在随机用户平衡状态下，O-D 对之间所有被选路径的流量须满足以下条件：

$$f_k^{rs} = q_{rs} \cdot P_k^{rs}, \quad \forall r, s, k \in K_{rs} \tag{11.42}$$

Daganzo 和 Sheffi（1977）首次提出并探讨了 SUE 问题，而相应的数学模型则是由 Sheffi 和 Powell（1981）提出的，标准 SUE 模型如下

$$\min Z(\mathbf{x}) = -\sum_r \sum_s q_{rs} \cdot S_{rs}[\mathbf{c}^{rs}(\mathbf{x})] + \sum_a \left\{ x_a \cdot t_a(x_a) - \int_0^{x_a} t_a(w)\mathrm{d}w \right\} \tag{11.43}$$

在上述模型中，$S_{rs}[\mathbf{c}^{rs}(\mathbf{x})]$ 被称为 OD 对 r 和 s 之间的期望估计费用，即

$$S_{rs}[\mathbf{c}^{rs}(\mathbf{x})] = E[\min_{k \in K_{rs}} \{C_k^{rs}\} | \mathbf{c}^{rs}(\mathbf{x})], \quad \forall r, s \tag{11.44}$$

上式说明，C_k^{rs} 相对于 $\mathbf{c}^{rs}(\mathbf{x})$ 的条件期望值可只在路段流量向量 $\mathbf{x}$ 上计算。期望估计费用具有两个非常重要的性质，其一是该变量相对于 $\mathbf{c}^{rs}$ 是凹的；其二是

$$\frac{\partial S_{rs}[\mathbf{c}^{rs}(\mathbf{x})]}{\partial c_k^{rs}} = P_k^{rs}, \quad \forall k \in K_{rs} \tag{11.45}$$

定理 11.6 数学优化模型（11.43）的最优解满足式（11.42）。

证明 对于数学优化模型（11.43），其极值点上的一阶必要条件为 $\nabla Z(\mathbf{x}) = 0$。对于目标函数的第一项，有

$$\frac{\partial}{\partial x_b} \left\{ -\sum_r \sum_s q_{rs} \cdot S_{rs}[\mathbf{c}^{rs}(\mathbf{x})] \right\} = -\sum_r \sum_s q_{rs} \sum_{k \in K_{rs}} \frac{\partial S_{rs}[\mathbf{c}^{rs}(\mathbf{x})]}{\partial c_k^{rs}} \cdot \frac{\partial c_k^{rs}(\mathbf{x})}{\partial x_b}$$

$$\tag{11.46}$$

由于 $\dfrac{\partial S_{rs}[\mathbf{c}^{rs}(\mathbf{x})]}{\partial c_k^{rs}} = P_k^{rs}$，故上式可写为

$$\frac{\partial}{\partial x_b}\left\{-\sum_r\sum_s q_{rs}\cdot S_{rs}[\mathbf{c}^{rs}(\mathbf{x})]\right\} = -\sum_r\sum_s q_{rs}\sum_{k\in K_{rs}} P_k^{rs}\cdot\frac{\partial t_b}{\partial x_b}\cdot\delta_{b,k}^{rs} \quad (11.47)$$

对于目标函数的第二项，有

$$\frac{\partial}{\partial x_b}\left\{\sum_a\left[x_a\cdot t_a(x_a)-\int_0^{x_a} t_a(w)\mathrm{d}w\right]\right\} = t_b + x_b\cdot\frac{\mathrm{d}t_b}{\mathrm{d}x_b}-t_b = x_b\cdot\frac{\mathrm{d}t_b}{\mathrm{d}x_b} \quad (11.48)$$

这样，数学优化模型（11.43）的一阶必要条件可写为

$$\frac{\partial Z(\mathbf{x})}{\partial x_b} = \left[-\sum_r\sum_s\sum_{k\in K_{rs}} q_{rs}\cdot P_k^{rs}\cdot\delta_{b,k}^{rs}+x_b\right]\frac{\mathrm{d}t_b}{\mathrm{d}x_b}, \quad \forall b \quad (11.49)$$

如果 $\mathrm{d}t_b/\mathrm{d}x_b > 0$，则 $\nabla Z(\mathbf{x})=0$ 的充分必要条件为

$$x_b = \sum_r\sum_s\sum_{k\in K_{rs}} q_{rs}\cdot P_k^{rs}\cdot\delta_{b,k}^{rs}, \quad \forall b \quad (11.50)$$

根据 $x_b = \sum_r\sum_s\sum_{k\in K_{rs}} f_k^{rs}\cdot\delta_{b,k}^{rs},\ \forall b$，可得 $f_k^{rs} = q_{rs}\cdot P_k^{rs},\ k\in K_{rs}$。证明完毕。

采用下降方向法求解 SUE 模型（11.43）很难实现，通常，采用 MSA 算法进行求解。具体步骤如下。

步骤 1　初始化，按照各路段的初始费用 $\{t_a^{(0)},\ \forall a\}$ 进行一次随机分配，得到各路段的分配交通量 $\{x_a^{(1)},\ \forall a\}$，设迭代次数 $n=1$；

步骤 2　按照当前各路段的分配交通量 $\{x_a^{(n)},\ \forall a\}$，计算各路段的出行费用 $\{t_a^{(n)},\ \forall a\}$；

步骤 3　按照 $\{t_a^{(n)},\ \forall a\}$ 和 O-D 需求量进行一次随机配流，得到各路段的附加交通流量 $\{y_a^{(n)},\ \forall a\}$；

步骤 4　按如下式子计算各路段新的交通量

$$x_a^{(n+1)} = x_a^{(n)}+\frac{1}{n}(y_a^{(n)}-x_a^{(n)}), \quad \forall a \quad (11.51)$$

步骤 5　收敛性检查，如果 $\{x_a^{(n+1)},\ \forall a\}$ 满足收敛条件，停止计算；否则，令 $n=n+1$，返回步骤 2。

在上述算法中，每次迭代都需要进行一次网络随机流量分配过程。随机配流算法可分为两类：Probit 随机配流和 Logit 随机配流。Monte-Carlo 模拟方法主要应用于 Probit 随机配流 (Sheffi，1985)，Dial 算法是最常用的基于 Logit 的随机配流方法（Dial，1971）。

复习思考题

1. 如图 11.2 所示的交通网络（路段的数字为路段编号），假定从节点 1 到节点 3 的交通需求为 4，试着计算该网络的均衡路段流量。

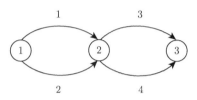

图 11.2　题 1 示例交通网络

路段费用函数分别为 $t_1 = 2 + x_1^2$；$t_2 = 3 + x_2$；$t_3 = 1 + 2x_3^2$；$t_4 = 2 + 4x_4$。

2. 如图 11.3 所示的交通网络，有一个起点 A，两个终点 B 和 C，假定 $A \sim B$ 之间的交通需求为 500，$A \sim C$ 之间的交通需求为 800。

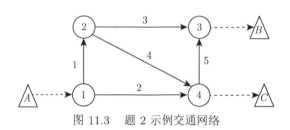

图 11.3　题 2 示例交通网络

路段费用函数为 $t_a = t_a^0 \left[1 + \alpha \left(\dfrac{x_a}{C_a} \right)^{\beta} \right]$，其中 α=0.1，β=2。不同路段的 t_a^0 和 C_a 分别取值为

路段	1	2	3	4	5
t_a^0	0.1	0.2	0.2	0.3	0.1
C_a	800	800	800	800	800

试用连续平均法（MSA）对该网络进行流量分配，迭代 2 步。

3.　试着证明数学优化模型（11.24a）~（11.24f）的最优解满足两个条件：① Wardrop 用户平衡准则；② O-D 需求分布的重力模型（11.23）。

参 考 文 献

Abdulaal M, LeBlanc L J. 1979.　Methods for combining modal split and equilibrium assignment models[J]. Transportation Science, 13(4): 292-314.

Beckmann A B, McGuire C B, Winsten C B. 1956.　Studies in the Economics of Transportation[M]. New Haven, Connecticut: Yale University Press.

Burrell J E. 1968. Multiple route assignment and its application to capacity restraint[C]. Proceedings of the 4th International Symposium on Transportation and Traffic Theory, Karlsruhe, West Germany.

Ceder A. 1978. Network Theory and Selected Topics in Dynamic Programming[M]. Dekel Academic Press.

Dafermos S C. 1980.　Traffic equilibrium and variational inequalities[J]. Transportation Science, 14(1): 42-54.

Daganzo C, Sheffi Y. 1977. On stochastic models of traffic assignment [J]. Transportation Science, 11(3): 253-274.

Dantzig G B. 1957. Discrete-variable extremum problems[J]. Operations Research, 5: 266-277.

Dial R B. 1971. A probabilistic multipath traffic assignment problem which obviates path enumeration[J]. Transportation Research, 5(2): 83-111.

Evans S P. 1976. Derivation and analysis of some models for combining trip distribution and assignment[J]. Transportation Research, 10(1): 37-57.

Moore E F. 1959. The shortest path through a maze[C]. Proceedings of an International Symposium on the Theory of Switching, Cambridge, Massachusetts: 285-292.

Murchland J D. 1970.　Road network traffic distribution in equilibrium[J]. Operations Research, 8: 145-183.

Sheffi Y. 1985. Urban Transportation Networks: Equilibrium Analysis with Mathematical Programming Methods[M]. Englewood Cliffs, New Jersey: Prentice-Hall.

Sheffi Y, Powell W. 1981. A comparison of stochastic and deterministic traffic assignment over congested networks[J]. Transportation Research Part B, 15(1): 53-64.

Wardrop J G. 1952.　Some theoretical aspects of road traffic research[C]. Proceedings of Institution of Civil Engineers-Part II 1: 325-378.

Wilson A G. 1970. Entropy in Urban and Regional Modelling[M]. London: Pion.

第 12 章　动态网络交通流模型

12.1　概　　述

动态交通流分配（dynamic traffic assignment，DTA）是将时变的交通出行合理分配到不同的路径上，以降低个人的出行费用或系统总费用。DTA 是智能交通系统（ITS）中的关键理论之一，是先进的交通管理系统（advanced traffic management systems，ATMS）和先进的出行者信息系统（advanced traveler information systems，ATIS）的重要组成部分。

相比于静态交通分配模型，DTA 模型可以更准确地描述出行者的动态出行选择行为和预测交通流的动态变化。由于这类模型在静态的空间维度上增加了一个时间维度，该问题变得极为复杂。DTA 问题由两个基本组成：出行选择准则和交通流传播模型。出行选择准则用于描述出行者的出行选择倾向，出行时间是出行者决策的最重要依据；交通流传播模型描述车流在网络中如何传播，并估计路段和路径的出行时间，对应的算法通常被称为动态网络加载。

早期的 DTA 研究开始于 20 世纪 70 年代，代表性成果包括：Yagar（1971）提出了第一个基于仿真的 DTA 模型；Merchant 和 Nemhauser（1978a）提出了第一个用于描述 DTA 问题的数学规划模型。进入 20 世纪 90 年代，随着城市交通问题的日趋严重和智能交通系统的发展，DTA 理论得以快速发展，众多专家学者在此期间形成了重要研究成果，较有代表性的包括：Smith（1984）提出了描述 DTA 问题的不动点模型；Friesz 等（1993）提出了基于用户最优的 DTA 模型；同年，Nagurney（1993）证明了 DTA 问题解的存在性及唯一性；Ran 等（1993）提出了 DTA 的最优控制模型；Daganzo（1994）提出了求解动态网络加载问题的 CTM 模型。

2000 年以后，DTA 相关理论得到进一步发展。这期间的典型工作包括：动态网络加载模型（Yperman，2007；Osorio et al.，2011；Himpe et al.，2016）、二维连续空间的 DTA 模型（Hoogendoorn and Bovy，2004；Jiang et al.，2011；Du et al.，2015）、弹性的 DTA 模型（Szeto and Lo，2004；Long et al.，2016）、多用户 DTA 模型（Szeto et al.，2011；Xiao et al.，2016）、连续时间的 DTA 模型（Ban et al.，2008；Ma et al.，2017）、基于活动的 DTA 模型（Lam and Yin，2001；Liu et al.，2009；Cantelmo and Viti，2019）等。还有些研究关注了路段时间函

数的相关性质，包括：先进先出（FIFO）模型（Huang and Lam，2002；Carey et al.，2003；Long et al.，2011）、因果关系模型（Friesz et al.，1993；Carey et al.，2003；Carey and Ge，2007；Long et al.，2011）和退化静态模型（Carey et al.，2003；Carey and Ge，2007）等。

尽管经历了几十年的理论探讨和发展，DTA 问题仍存在诸多需待解决的难点，其中一个重要方面就是，现有模型和算法很难有效地解决大规模交通网络问题，这也导致了 DTA 模型在现实的 ITS 应用中很难推广。随着信息技术的飞速发展，"云计算网""物联网""互联网 +" 等新兴服务方式对交通系统管理产生了巨大冲击。在信息技术条件下，个体时空轨迹数据可由多种智能终端产生，记录移动对象包括位置、时间、速度、方向等属性在内的时空特征，交通大数据不仅为监控道路状态、解决交通拥堵提供了重要支撑，也给传统的网络交通流模型带来新的机遇。如何利用交通大数据分析出行者动态出行选择行为，提出新的 DTA 模型并寻求有效的求解方法将成为交通科学中的研究热点。

12.2   基于用户最优的动态路径选择

基于用户最优的动态路径选择（dynamic user optimal，DUO）是 DTA 模型的最常用的出行选择准则。事实上，基于 DUO 的路径选择准则是对 Wardrop（1952）的第一平衡准则在动态交通环境下的拓展，该准则可表述为：每个 O-D 对之间被同一时刻出发的出行者使用的路径具有相等且最小的走行时间。这一准则主要用于各出发时刻的 O-D 需求已知的情形，即只考虑动态路径选择，而不考虑出发时间选择。

基于 DUO 的路径/出发时间选择准则同时考虑出行者的路径选择和出发时间选择，并采用一般化的出行费用代替走行时间作为出行选择的依据。该准则可表述为：每个 O-D 对之间任意时刻选择任意路径的出行者具有相等且最小的出行费用。

动态用户最优路径选择问题是一类典型的 DTA 问题，它假设在已知出行者出行时间和出行需求的基础上，出行者按照 DUO 原则动态地确定出行者的出行路径。该类问题的模型和求解方法可以很容易地拓展到动态用户最优路径选择和出发时间选择组合问题。

12.2.1   变量及符号定义

首先，给出如下的符号定义：

W: O-D 对集合

P_w: 　　　　　　O-D 对 $w \in W$ 间的路径集合

P: 　　　　　　所有 O-D 对间的路径构成的集合，$P = \underset{w \in W}{\cup} P_w$

$f_p(k)$: 　　　　路径 $p \in P$ 在时段 k 的流量

$\mathbf{f}$: 　　　　　路径流量向量 $\mathbf{f} = (f_p(k) \geqslant 0, k \in K_d, p \in P)$

$\mathbf{f}_w(k)$: 　　O-D 对 w 间在时段 k 的路径流量向量 $\mathbf{f}_w(k) = (f_p(k) \geqslant 0, p \in P_w)$

$d_w(k)$: 　　　O-D 对 w 间在时段 k 的交通需求

$t_p(k)$: 　　　路径 $p \in P$ 在时段 k 的实际走行时间

$\mathbf{t}(\mathbf{f})$: 　　　路径实际走行时间向量 $\mathbf{t}(\mathbf{f}) = (t_p(k) \geqslant 0, k \in K_d, p \in P)$

$\eta_w(k)$: 　　　O-D 对 w 间在时段 k 的最小走行时间

Ω: 　　　　DUO 路径选择问题的可行解集

12.2.2　动态用户最优条件

考虑一个具有多个起讫点的交通网络 $G(N, A)$，其中 N 和 A 分别表示节点和路段构成的集合。将时间段 T 和有交通需求的时间段 T_d 离散为小的时段 $K = \{k = 1, 2, \cdots, K\}$ 和 $K_d = \{k = 1, 2, \cdots, K_d\}$，其中，$K_d < \underline{K}$。令 δ 为时段长度，有 $\delta K = T$ 和 $\delta K_d = T_d$。假设初始时刻网络为空。

在交通网络 G 中，路径流量需要满足流量守恒和非负性条件，即

$$\sum_{p \in P_w} f_p(k) = d_w(k), \quad \forall w \in W \tag{12.1}$$

$$f_p(k) \geqslant 0, \quad \forall k \in K_d, \quad \forall p \in P \tag{12.2}$$

可将静态用户平衡准则拓展为 DUO 路径选择问题的均衡条件（Ran and Boyce，1996）。

定义 12.1　如果每个 O-D 对在相同时段出发的出行者实际经历的走行时间相等且最小，则整个网络的动态交通流处于基于走行时间的 DUO 状态。

依据以上定义，DUO 条件可以表述如下

$$t_p(k) \begin{cases} = \eta_w(k), & \text{如果} f_p(k) > 0, \\ \geqslant \eta_w(k), & \text{如果} f_p(k) = 0, \end{cases} \quad \forall k \in K_d,\ w \in W,\ p \in P_w \tag{12.3}$$

式（12.3）意味着：如果时段 k 采用路径 p 出发的出行者数量为正，即 $f_p(k) > 0$，则这些出行者的走行时间等于 O-D 对 w 间于时段 k 出发的出行者的最小走行时间。相反，如果没有出行者于时段 k 采用路径 p，即 $f_p(k) = 0$，则出行者于时段 k 采用路径 p 的走行时间不小于 O-D 对 w 间于时段 k 出发的出行者的最小走行时间。

12.2.3　动态用户最优路径选择模型

现有的 DTA 模型可大致分为三类：①基于路径的模型；②基于路段的模型；③基于交叉口的模型。这三类模型分别以路径流量、路段流量和交叉口流向流量为决策变量。

基于路径的模型的输出是包含路径信息的路径流量。以路径流量作为动态网络加载模型的输入，实现交通流在网络上的传播和走行时间的计算，该类模型可使得 DTA 模型同时捕捉到真实的交通动力学行为（如排队后溢）和动态形式的 Wardrop 交通平衡准则（如 DUO 和 SDUO(stochastic dynamic user optimal)）。然而，基于路径的模型需要列举路径集，这导致它们在不使用列生成方法的前提下很难应用于大规模的交通网络。

基于路段的模型在求解过程中可以避免路径集的枚举，因而它们可以潜在地应用于大规模的交通网络。基于路段的 DTA 模型的输出是时变的路段流量，它们不包含任何路径信息。为了求解这类模型，需要采用基于路段的 DNL 模型来实现交通流的传播并得到时变的路段走行时间。然而，基于路段的 DNL 模型不能够捕捉一些真实的交通动力学行为，比如多路段之间车流的相互影响。

在基于交叉口的 DTA 模型中，由于交叉口流向流量包含了出行者的路径信息，这类模型不仅能够描述动态交通流多路段之间的相互影响，而且还可以避免路径集的列举，因而可以潜在地应用于大（中）规模的交通网络。

利用条件（12.1）～（12.3），可以把基于 DUO 的路径选择问题表述为如下非线性互补问题：

$$
\begin{cases}
f_p(k)[t_p(k) - \eta_w(k)] = 0, & \forall k \in K_d, w \in W, p \in P_w \\
t_p(k) - \eta_w(k) \geqslant 0, & \forall k \in K_d, w \in W, p \in P_w \\
\displaystyle\sum_{p \in P_w} f_p(k) = d_w(k), & \forall k \in K_d, w \in W \\
f_p(k) \geqslant 0, & \forall k \in K_d, w \in W, p \in P_w
\end{cases}
\tag{12.4}
$$

非线性互补问题（12.4）也可以等价地描述为如下变分不等式问题（Ran and Boyce，1996）。

定理 12.1　寻找一个路径流量向量 $\mathbf{f}^* \in \Omega$ 使得下式成立：

$$
\sum_{k \in K_d} \sum_{p \in P} t_p^*(k)[f_p(k) - f_p^*(k)] \geqslant 0, \quad \forall \, \mathbf{f} \in \Omega
\tag{12.5}
$$

其中，Ω 是一个闭的凸集，且有

$$
\Omega = \left\{ \mathbf{f} \geqslant 0 \,\middle|\, \sum_{p \in P_w} f_p(k) = d_w(k), \forall k \in K, w \in W \right\}
\tag{12.6}
$$

定理 12.1 的证明可以详见（Ran and Boyce, 1996）。

DUO 路径选择问题的可行集 Ω 依据 O-D 对具有可分解的结构特征，有

$$\Omega = \prod_{k \in K} \prod_{w \in W} \Omega_w(k) \tag{12.7}$$

其中

$$\Omega_w(k) = \left\{ \mathbf{f}_w(k) \geqslant 0 \,\middle|\, \sum_{p \in P_w} f_p(k) = d_w(k) \right\} \tag{12.8}$$

12.2.4　基于点排队模型的动态网络加载算法

交通流传播模型描述车流如何在交通网络中传播，并用于估计路段和（或）路径走行时间。这一过程的实施通常称为动态网络加载（dynamic network loading，DNL），对应的模型也称为 DNL 模型。

已有的模型依据是否考虑物理排队可以划分为两类：非物理排队模型和物理排队模型。第一类模型包括流出函数、路段性能函数和点排队模型。这类模型计算简单，但不能够捕捉一些基本的交通动力学行为，如排队后溢（queue spillback）。第二类模型包括元胞传输模型（cell transmission model，CTM）、累积流量曲线方法和路段传输模型（link transmission model，LTM）。这类模型可很好地描述道路网络上的动态交通现象，包括激波的形成和路段上车辆拥挤排队的传播等。

本节将利用点排队模型来构造动态网络加载模型。

首先，给出本部分内容所需的符号及变量描述：

C_a: 　　　　路段 a 的流出能力

$F_p(k)$: 　　第 k 个时段末路径 p 上累计出发的车辆数

$U_a(k)$: 　　第 k 个时段末累计驶入路段 a 的车辆数

$U_a^p(k)$: 　　第 k 个时段末路径 p 上累积驶入路段 a 的车辆数

$V_a(k)$: 　　第 k 个时段末累计驶出路段 a 的车辆数

$V_a^p(k)$: 　　第 k 个时段末路径 p 上累计驶出路段 a 的车辆数

$v_a(k)$: 　　第 k 个时段路段 a 的流出量

P_a: 　　　　经由路段 a 的路径构成的集合

依据定义，有

$$U_a(k) = \sum_{p \in P_a} U_a^p(k), \quad \forall k \in K, a \in A \tag{12.9}$$

$$V_a(k) = \sum_{p \in P_a} V_a^p(k), \quad \forall k \in K, a \in A \tag{12.10}$$

每个时段路段的流出量同时受其上游边界条件和其出口流出能力的限制。于是，路段 a 的在第 k 个时段的流出量可以表述如下

$$v_a(k) = \max\{U_a(k - \bar{\tau}_a) - V_a(k-1), C_a\}, \quad \forall k \in K, a \in A \tag{12.11}$$

其中，$U_a(k - \bar{\tau}_a)$ 为第 k 个时段末累计能够到达路段 a 下游边界的车辆数。

路段（路径）走行时间函数指的是路段（路径）走行时间关于路段（路径）流量之间的映射关系。在 DTA 问题中，走行时间函数取决于其采用的交通流传播模型。

依据定义，有

$$V_a(k) = V_a(k-1) + v_a(k), \quad \forall k \in K, a \in A \tag{12.12}$$

动态走行时间函数需要满足 FIFO 和因果关系以确保得到的 DTA 模型的解符合实际的交通行为。FIFO 是指先进入路段的车辆先离开，因果关系是指车辆的速度和走行时间仅受其前面行驶的车辆的影响，FIFO 和因果关系体现了两个实际的交通行为。

在 FIFO 条件下，存在一个流入时刻 $\lambda_a(k)$，使得该时刻及之前进入路段 a 的车辆在第 k 个时段末全部离开该路段。这一时刻可以表述如下

$$\lambda_a(k) = \max\{\lambda | U_a(\lambda/\delta) - V_a(k-1) \leqslant v_a(k), \lambda/\delta \leqslant k - \bar{\tau}_a\} \tag{12.13}$$

依据定义，有

$$V_a^p(k) = U_a^p(\lambda_a(k)/\delta), \quad \forall k \in K, a \in A, p \in P_a \tag{12.14}$$

$$U_a^p(k) = \begin{cases} F_p(k), & \text{如果路段 } a \text{ 是路径 } p \text{ 的首路段,} \\ V_b^p(k), & \text{如果路段 } b \text{ 是路径 } a \text{ 的首路段,} \quad \forall k \in K, a \in A, p \in P_a, \\ 0, & \text{否则} \end{cases} \tag{12.15}$$

采用点排队模型进行动态网络加载的具体算法流程如下：

步骤 1　初始化。初始化所有路段的累计流入量和流出量为 0，并置 $k = 1$。

步骤 2　确定路段流出量和流入时刻。分别利用（12.11）式和（12.13）式确定所有路段在第 k 个时段内的流出量以及该时段的流入时刻。

步骤 3　更新路段累计流出量。利用（12.12）式确定所有路段第 k 个时段末的累计流出量。

步骤 4 更新路径累计流量。分别利用（12.14）式和（12.15）式确定所有路径第 k 个时段末的累计流出量和累计流入量。

步骤 5 更新路段累计流入量。分别利用（12.9）式和（12.10）式确定所有路段第 k 个时段末的累计流入量和累计流出量。

步骤 6 终止检验。如果 $k = \underline{K}$，则算法终止；否则，置 $k = k + 1$，并返回步骤 2。

车辆在时段 $k \in K$ 进入路段 $a \in A$，经由该路段的走行时间有两种不同的定义：①定义为第 k 个时段进入路段 a 的所有车辆的平均走行时间；②定义为第 k 个时段最后一个进入路段 a 的车辆的走行时间。当时段长度趋于零时，两种路段走行时间的定义是一致的。本书采用第二种路段走行时间的定义（Huang and Lam，2002）。在该定义下，第 k 个时段最后一个进入路段 a 的车辆的排队长度为 $U_a(k) - V_a(k + \bar{\tau}_a)$。

依据定义，有

$$t_a(k) = \bar{\tau}_a + \frac{U_a(k) - V_a(k + \bar{\tau}_a)}{C_a} \tag{12.16}$$

不失一般性，考虑任意路径 $p = \{a_1, a_2, \cdots, a_m\} \in P$。第 k 个时段该路径的车辆的走行时间可以采用如下嵌套函数进行计算：

$$t_p(k) = t_{a_1}(k) + t_{a_2}(k + t_{a_1}(k)) + \cdots + t_{a_m}(k + t_{a_1} + \cdots + t_{a_{m-1}}) \tag{12.17}$$

其中，$t_{a_1} = t_{a_1}(k), t_{a_2} = t_{a_2}(k + t_{a_1}(k)), \cdots$。

12.2.5 基于外梯度投影的求解算法

基于 DUO 的 DTA 问题一般被描述为非线性互补问题或 VI 问题，可以采用任意符合收敛要求的非线性互补问题或 VI 问题的求解算法来求解相应的 DTA 模型。求解这类模型常用的算法包括：投影算法（高自友和任华玲，2005；Long et al.，2013，2016）、对角化方法（Ran and Boyce，1996）、交替方向法（Lo and Szeto，2002）、相继平均法（Tong and Wong，2000）、流量转换法（Huang and Lam，2002；Szeto and Lo，2006；Mounce and Carey，2011）等。

变分不等式问题（12.5）可以采用如下外梯度法进行求解（Panicucci et al.，2007）。

步骤 1 初始化。设 $\mathbf{f}_1$ 为任意可行的路径流量向量。设置参数 $\beta, \xi \in (0, 1), \bar{\lambda} > 0$，收敛精度 $\varepsilon > 0$，置 $\lambda_1 = \bar{\lambda}$ 和迭代次数 $\iota = 1$。

步骤 2　收敛检验。采用如下间隙函数来判断算法的收敛性：

$$G(\mathbf{f}) = 1 - \frac{\sum\limits_{k \in K_d} \sum\limits_{w \in W} d_w(k)\eta_w(k)}{\sum\limits_{k \in K_d} \sum\limits_{w \in W} \sum\limits_{p \in P_w} f_p(k)t_p(k)} \tag{12.18}$$

如果 $G(\mathbf{f}_\iota) < \varepsilon$，则算法终止；否则，对所有 O-D 对 $w \in W$ 更新路径集 P_w。

步骤 3　更新路径流量。

　步骤 3.1　计算 $\bar{\mathbf{f}}_\iota$。计算 $\bar{\mathbf{f}}_\iota = \mathrm{Proj}_\Omega\left(\mathbf{f}_\iota - \lambda_\iota \underline{\mathbf{t}}\left(\mathbf{f}_\iota\right)\right)$。

　步骤 3.2　确定步长。如果 $\lambda_\iota > \beta \dfrac{\left\|\mathbf{f}_\iota - \bar{\mathbf{f}}_\iota\right\|}{\left\|\underline{\mathbf{t}}\left(\mathbf{f}_\iota\right) - \mathbf{t}\left(\bar{\mathbf{f}}_\iota\right)\right\|}$，则用下式减小 λ_ι，

$$\lambda_\iota = \min\left\{\xi\lambda_\iota, \beta\frac{\left\|\mathbf{f}_\iota - \bar{\mathbf{f}}_\iota\right\|}{\left\|\mathbf{t}\left(\mathbf{f}_\iota\right) - \mathbf{t}\left(\bar{\mathbf{f}}_\iota\right)\right\|}\right\}$$

并返回步骤 3.1；否则，转到步骤 3.3。

　步骤 3.3　计算 $\mathbf{f}_{\iota+1}$ 和 $\lambda_{\iota+1}$。采用下式更新路径流量向量

$$\mathbf{f}_{\iota+1} = \mathrm{Proj}_\Omega\left(\mathbf{f}_\iota - \lambda_\iota \mathbf{t}\left(\bar{\mathbf{f}}_\iota\right)\right)$$

置 $\lambda_{\iota+1} = \min\left\{\bar{\lambda}, \beta\dfrac{\left\|\mathbf{f}_\iota - \bar{\mathbf{f}}_\iota\right\|}{\left\|\mathbf{t}\left(\mathbf{f}_\iota\right) - \mathbf{t}\left(\bar{\mathbf{f}}_\iota\right)\right\|}\right\}$ 和 $\iota = \iota + 1$，并返回步骤 2。

在步骤 1 中可以采用自由流条件下"全有全无"交通分配方法来确定初始可行路径流量向量 $\mathbf{f}_1$。本算法中，$\mathrm{Proj}_\Omega(\cdot)$ 是欧几里得空间 Ω 上的投影，可以采用后文的方法进行计算。步骤 3.3 中对步长做了重置以避免由于步长太小而降低收敛速度。为了降低算法中最短路的计算量，可以利用步骤 3 重复更新路径流量 10~20 次以后，再更新路径集。

相比于投影算法（Nagurney，1993），该算法可以使得路径走行时间函数在比较宽松的条件下也能收敛到均衡解。为准确起见，引入如下定义（Panicucci et al.，2007）：

定义 12.2（利普希茨连续）　如果存在一个正常数 L 使得

$$\left\|\mathbf{t}\left(\mathbf{f}_1\right) - \mathbf{t}\left(\mathbf{f}_2\right)\right\| \leqslant L\left\|\mathbf{f}_1 - \mathbf{f}_2\right\|, \quad \forall \mathbf{f}_1, \mathbf{f}_2 \in \Omega$$

则 $\mathbf{t}(\mathbf{f})$ 在 Ω 上利普希茨连续，L 为利普希茨常数。

定义 12.3（伪单调）　如果所有 $\mathbf{f}_1, \mathbf{f}_2 \in \Omega$ 都满足

$$\langle \mathbf{t}\left(\mathbf{f}_2\right), \mathbf{f}_1 - \mathbf{f}_2 \rangle \geqslant 0 \Rightarrow \langle \mathbf{t}\left(\mathbf{f}_1\right), \mathbf{f}_1 - \mathbf{f}_2 \rangle \geqslant 0$$

则 $\mathbf{t}(\mathbf{f})$ 在 Ω 上伪单调。

定理 12.2 如果 $\mathbf{t}(\mathbf{f})$ 在 Ω 上伪单调和利普希茨连续，则序列 $\{\mathbf{f}_\iota\}_{\iota \in N}$ 的任何聚点都满足 DUO 条件。

该定理的证明与 Khobotov（1987）和 Panicucci 等（2007）的证明一样。

在步骤 3.1 中，可以依据可行域具有依 O-D 对分解的特性，把 Ω 上的投影分解为很多单纯形（即 $\Omega_w(k)$ 上的投影），从而提高投影的计算效率。与 Panicucci 等（2007）一样，采用下面的算法来计算向量 $\mathbf{z} \in R^n$ 在单纯形 $\left\{\mathbf{x} \in R^n : \sum_{i=1}^n x_i = d\right\}$ 上的投影：

步骤 1 对所有 $i = 1, 2, \cdots, n$，置 $\kappa = 0$ 和 $x_i^0 = z_i + \left(d - \sum_{j=1}^n z_j\right)/n$。

步骤 2 如果对所有 $i = 1, 2, \cdots, n$，都有 $x_i^\kappa \geqslant 0$，则算法终止；否则，设置指标集 $I = \{i : x_i^k > 0\}$。

步骤 3 对所有 $i = 1, 2, \cdots, n$，计算

$$
x_i^{\kappa+1} = \begin{cases} 0, & \text{如果} i \notin I, \\ x_i^\kappa + \left(d - \sum_{j=1}^n x_j^\kappa\right)/|I|, & \text{如果} i \in I \end{cases}
$$

置 $\kappa = \kappa + 1$，并返回**步骤 2**。

该算法计算非常简单，最多只需要 n 次迭代就能找到 $\mathbf{z}$ 在单纯形 $\left\{\mathbf{x} \in R^n : \sum_{i=1}^n x_i = d\right\}$ 上的投影。

12.2.6 算例

采用如图 12.1 所示的网络来说明 DUO 算法的收敛性。该网络由 5 条路段、1 个 O-D 对、3 条路径构成。图 12.1 还给出了各条路段的自由流走行时间（单位：分钟）和道路通行能力（单位：辆/分钟）。设置每个时段的长度为 1 分钟，前 5 个时段有交通需求，且都为 12 辆/时段。假设初始时刻网络是空的。梯度投影算法的参数设置为 $\varepsilon = 1.0 \times 10^{-6}$，$\vartheta = 0.8$，$\xi = 0.9$ 和 $\bar{\lambda} = 10.0$。

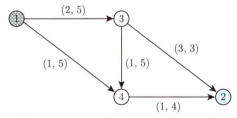

图 12.1　DUO 路径选择问题测试网络

　　图 12.2 给出了梯度投影算法的收敛过程。可以看到 DUO 误差随迭代次数不断下降，经过 28 次迭代以后误差降到 1.0×10^{-6} 以下。

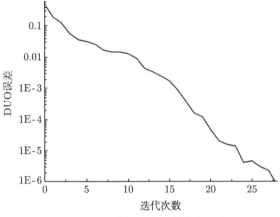

图 12.2　梯度投影算法的收敛过程

　　表 12.1 给出了 DUO 条件下的路径流量和路径走行时间。可以看到被使用的路径具有相等且最小的路径走行时间。这与 DUO 条件的定义是一致的。

表 12.1　DUO 条件下的路径流量和路径走行时间

时段	路径流量（辆）			路径走行时间（分钟）		
	1→3→2	1→3→4→2	1→4→2	1→3→2	1→3→4→2	1→4→2
1	0.00	0.00	12.00	5.00	4.75	4.00
2	3.43	0.57	8.00	5.14	5.14	5.14
3	5.14	0.86	6.00	5.86	5.86	5.86
4	5.14	0.86	6.00	6.57	6.57	6.57
5	5.14	0.86	6.00	6.94	6.94	6.94

12.3　动态系统最优路径选择问题

　　基于动态系统最优（dynamic system optimal，DSO）路径选择问题假设出行者在选择路径的时候与其他的出行者是合作的，以研究时段内总的系统走行时间最小为目标。类似地，基于 DSO 的路径/出发时间选择准则以研究时段内总的系统出行成本最小为目标。基于系统最优的动态网络交通流问题（SO-DTA）是系统最优静态交通分配基于 Wardrop（1952）第二原理的动态扩展，SO-DTA 模型可以给出交通系统总阻抗的下界，从而用于评估交通系统的最优性能。

　　目前，主要有两种方法来对 SO-DTA 问题进行建模：

1）将它们描述为标准的用户均衡 DTA 问题（Peeta and Mahmassani，1995；Qian et al.，2012）；

2）将它们描述为数学规划问题（Merchant and Nemhauser，1978a，1978b；Ziliaskopoulos，2000；Long et al.，2018；Long and Szeto，2019）。

第一种方法通常采用边际路径时间或成本，把 SO-DTA 问题描述为标准的用户均衡 DTA 问题，并可以采用任何用户均衡 DTA 问题的求解算法（如 Friesz et al.，1993；Huang and Lam，2002；Lo and Szeto，2002；Long et al.，2013）来求解 SO-DTA 问题。

第二种方法通常将 SO-DTA 问题描述为数学规划问题，得到的模型是否易于求解很大程度上依赖于采用的交通流模型。例如，基于流出函数的 SO-DTA 模型通常被描述为难以求解的非凸的非线性规划问题（Merchant and Nemhauser，1978a，1978b）。相比之下，基于运动波理论的 SO-DTA 模型可被描述为线性规划问题，得到的模型可以适用于较大规模的路网（Zhu and Ukkusuri，2013）。

12.3.1 变量及符号定义

考虑一个具有多个起讫点的网络 $G(N, A)$，其中 N 和 A 分别表示网络的节点集合和路段集合。$A(i)$ 表示离开节点 i 的路段集合，$B(i)$ 表示进入节点 i 的路段集合。用 R 和 S 分别表示起点集合和目的地集合。设网络中存在三种类型的路段：连接起点的起点路段，连接目的地的目的地路段，以及普通路段。一个起点（目的地）只连接一个起点（目的地）路段，一个起点（目的地）路段也只连接一个起点（目的地）。令 A_R 和 A_S 分别为起点路段和目的地路段的集合。起点路段和目的地路段都是虚拟路段，且都有无限大的流量接收能力和阻塞密度。假设每个目的地路段的发送能力都为 0，车辆最终到达并储存在目的地路段上。将时间 T 划分为 k 个时段并用 $K = \{k = 1, 2, \cdots, \underline{K}\}$ 表示，令 δ 为时段长度，并有 $\delta \underline{K} = T$。不失一般性，假定 $\delta = 1$。令 Ξ 为索引对集合 $\{(a, k) : a \in A, k \in K\}$。

首先，定义涉及的符号及变量：

$Q_a(k)$：　　　第 k 个时段路段 a 的流入能力

$C_a(k)$：　　　第 k 个时段路段 a 的流出能力

$D_a^s(k)$：　　第 k 个时段末起点路段 a 累计产生并去往目的地 s 的出行需求

$U_a^s(k)$：　　第 k 个时段末累计进入路段 a 并去往目的地 s 的车辆数

$V_a^s(k)$：　　第 k 个时段末累计离开路段 a 并去往目的地 s 的车辆数

$\mathbf{U}$：　　　　路段累计流入量向量 $\mathbf{U} = [V_a^s(k), a \in A, s \in S, k \in K]$

$\mathbf{V}$：　　　　路段累计流出量向量 $\mathbf{V} = [V_a^s(k), a \in A, s \in S, k \in K]$

$\mathbf{X}$：　　　　向量 $\mathbf{X} = [\mathbf{U}, \mathbf{V}]$

12.3.2　基本可行解集

如图 12.3 所示，LTM 采用了三参数定义的三角形基本图（Yperman，2007）：自由流速度 v、通行能力 q_{max} 以及阻塞密度 ρ_{jam}。临界密度 ρ_{crit} 以及激波向后传播速度 ω 可以用前述三个参数来表示。其中，$\rho_{crit} = q_{max}/v$，$w = q_{max}v/(q_{max} - \rho_{jam}v)$。

LTM 运用简化的 Newell（1993）的理论来定义接收流量和发送流量：

$$S_a(k) = \min\{U_a(k - \bar{\tau}_a) + V_a(k-1), C_a(k)\} \tag{12.19}$$

$$R_a(k) = \min\{V_a(k - \bar{t}_a) + L_a\rho_{jam} - U_a(k-1), Q_a(k)\} \tag{12.20}$$

其中，L_a 是路段 a 的长度，$\bar{\tau}_a$ 表示车辆在路段 a 上的自由流走行时间，$\bar{t}_a$ 表示路段 a 上激波从路段末尾传播至路段入口所需的时间。

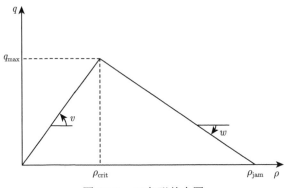

图 12.3　三角形基本图

对于任意路段 $a \in A$ 在任意时段 $k \in K$ 的流入量和流出量都受该路段在该时段内的接收流量及发送流量的限制，故有

$$\begin{cases} U_a(k) - U_a(k-1) \leqslant R_a(k), & \forall a \in A, k \in K \\ V_a(k) - V_a(k-1) \leqslant S_a(k), & \forall a \in A, k \in K \end{cases} \tag{12.21}$$

将等式（12.19）和（12.20）代入不等式（12.21），可以得到基于 LTM 的流量约束：

$$\begin{cases} V_a(k) \leqslant U_a(k - \bar{\tau}_a), & \forall a \in A, k \in K \\ V_a(k) - V_a(k-1) \leqslant C_a(k), & \forall a \in A, k \in K \\ U_a(k) \leqslant V_a(k - \bar{\tau}_a) + L_a\rho_{jam}, & \forall a \in A, k \in K \\ U_a(k) - U_a(k-1) \leqslant Q_a(k), & \forall a \in A, k \in K \end{cases} \tag{12.22}$$

由累计流量的定义, 有

$$
\begin{cases}
U_a(k) = \sum_{s \in S} U_a^s(k), & \forall a \in A, k \in K \\
V_a(k) = \sum_{s \in S} V_a^s(k), & \forall a \in A, k \in K
\end{cases}
\tag{12.23}
$$

把 (12.23) 式代入 (12.22) 式, 可得到

$$
\begin{cases}
\sum_{s \in S} V_a^s(k) \leqslant \sum_{s \in S} U_a^s(k - \bar{\tau}_a), & \forall a \in A, k \in K \\
\sum_{s \in S} [V_a^s(k) - V_a^s(k-1)] \leqslant C_a(k), & \forall a \in A, k \in K \\
\sum_{s \in S} U_a^s(k) \leqslant \sum_{s \in S} V_a^s(k - \bar{t}_a) + L_a \rho_{\mathrm{jam}}, & \forall a \in A, k \in K \\
\sum_{s \in S} [U_a^s(k) - U_a^s(k-1)] \leqslant Q_a(k), & \forall a \in A, k \in K
\end{cases}
\tag{12.24}
$$

任意路段上去往任意目的地的累计流出量也应受到该路段上游边界条件的约束。因此, 有

$$
V_a^s(k) \leqslant U_a^s(k - \bar{\tau}_a), \quad \forall a \in A, s \in S, k \in K
\tag{12.25}
$$

LTM 中的流量还应满足 FIFO 约束、流量守恒和定义约束。在本节中不考虑 FIFO 约束。流量守恒约束要求进入任何节点 (目的地除外) 的流量, 以及在该节点生成的交通需求, 都必须离开该节点。假定起点路段为虚拟路段, 并且所有的起始路段都具有无穷大的流入量和容量。因此, 在起点路段一定不会发生拥堵并且可以容纳所有交通需求, 起点路段的累计流入流量等于累计需求量。故有

$$
U_a^s(k) = D_a^s(k), \quad \forall a \in A, s \in S, k \in K
\tag{12.26}
$$

可采用一般的节点模型来描述路段间的流量传播, 而不需要区分一般路段、汇合路段和发散路段。由于普通节点不产生交通需求, 所以, 有以下流量守恒约束:

$$
\sum_{a \in B(i)} U_a^s(k) = \sum_{b \in B(i)} D_a^s(k), \quad \forall i \in N \setminus \{R, S\}, s \in S, k \in K
\tag{12.27}
$$

定义性约束条件主要用于描述累计流量的初始条件以及非负和单调非递减等特性。相关约束条件具体如下

$$
U_a^s(k) - U_a^s(k-1) \geqslant 0, \quad \forall a \in A, s \in S, k \in K
\tag{12.28}
$$

$$V_a^s(k) - V_a^s(k-1) \geqslant 0, \quad \forall a \in A, s \in S, k \in K \tag{12.29}$$

$$U_a^s(0) = V_a^s(0) = 0, \quad \forall a \in A, s \in S \tag{12.30}$$

其中，约束条件（12.28）和（12.29）隐含了累计流量非负，约束条件（12.30）表示初始时刻路段累计流量等于零。

定义 12.4（基本可行解集）　约束条件（12.24）～（12.30）构成了 DSO 路径选择问题的基本可行解集：

$$\Phi = \{\mathbf{x} | 满足约束条件(12.24) \sim (12.30)\} \tag{12.31}$$

除了基本约束条件（12.24）～（12.30）以外，DSO 路径选择模型中还应该增加 NVH 约束以解决 VH 问题。

12.3.3　无车辆滞留约束

在 LTM 中，约束条件（12.19）和（12.20）被松弛为小于等于的约束条件（12.22）。在 SO-DTA 模型中，如果存在一个索引对 $(a, k) \in \Xi$ 使得式（12.22）中所有的约束条件都取严格不等式，则路段 a 在第 k 个时段存在车辆能够进入下游路段 $b \in \Gamma(a)$ 却仍然滞留在该路段上，该现象称为 VH 问题。

首先，给出如下定义。

定义 12.5（NVH 解和 VH 解）　令 $\mathbf{x} \in \Phi$ 为 DSO 路径选择问题的一个可行解。对于任意 $a \in A \backslash A_S$ 和 $k \in K$，如果下式中至少有一个不等式严格取等式：

$$\begin{cases} \displaystyle\sum_{s \in S} V_a^s(k) \leqslant \sum_{s \in S} U_a^s(k - \bar{\tau}_a) \\ \displaystyle\sum_{s \in S} [V_a^s(k) - V_a^s(k-1)] \leqslant C_a(k) \\ \displaystyle\sum_{s \in S} U_b^s(k) \leqslant \sum_{s \in S} V_b^s(k - \bar{\iota}_b) + L_b \rho_{\mathrm{jam}}, \quad \forall b \in \Gamma(a) \\ \displaystyle\sum_{s \in S} [U_b^s(k) - U_b^s(k-1)] \leqslant Q_b(k), \qquad \forall b \in \Gamma(a) \end{cases} \tag{12.32}$$

则该解被称为 NVH 解；否则，该解被称为 VH 解。

考虑除目的地路段以外的任意路段 a，令 $|\Gamma(a)|$ 为其下游路段的数量。在（12.32）式中，前两个不等式表述该路段的发送流量约束，后两个不等式表述与路段 a 所有下游路段相关的接收流量约束。任意时段 $k \in K$，式（12.32）中的约束条件的数量为 $2 + 2|\Gamma(a)|$。无车辆滞留条件要求这 $2 + 2|\Gamma(a)|$ 个约束条件中至少有一个是严格等式。

在混合整数规划的框架下,利用大 M 法来处理 NVH 约束条件,即在约束条件中引入非常大的正数 M(Pavlis and Recker,2009;Long and Szeto,2019):

$$-\left[\theta_a^0(k) + \sum_{i=1}^{m_a} \theta_a^i(k)\right] M \leqslant V_a^s(k) - U_a^s(k - \bar{\tau}_a) \tag{12.33a}$$

$$-\left[1 - \theta_a^0(k) + \sum_{i=1}^{m_a} \theta_a^i(k)\right] M \leqslant \sum_{s \in S}[V_a^s(k) - V_a^s(k-1)] - C_a(k) \tag{12.33b}$$

$$-\left[\sum_{i=1}^{m_a} \sigma_i^j + \theta_a^0(k) - \sum_{i=1}^{m_a} (2\sigma_i^j - 1)\theta_a^i(k)\right] M$$

$$\leqslant \sum_{s \in S} U_{b_j}^s(k) - \sum_{s \in S} V_{b_j}^s(k - \bar{\iota}_{b_j}) - L_{b_j}\rho_{\max}, \quad \forall j \in J_a \tag{12.33c}$$

$$-\left[1 + \sum_{i=1}^{m_a} \sigma_i^j - \theta_a^0(k) - \sum_{i=1}^{m_a} (2\sigma_i^j - 1)\theta_a^i(k)\right] M$$

$$\leqslant \sum_{s \in S} \left[U_{b_j}^s(k) - U_{b_j}^s(k-1)\right] - Q_{b_j}(k), \quad \forall j \in J_a \tag{12.33d}$$

$$\sum_{i=0}^{m_a} 2^i \theta_a^i(k) \leqslant 1 + 2|\Gamma(a)| \tag{12.33e}$$

$$\theta_a^i(k) \in \{0, 1\}, \quad \forall i = 0, 1, \cdots, m_a \tag{12.33f}$$

其中,$J_a = \{1, 2, \cdots, |\Gamma(a)|\}$ 为路段 a 的下游路段的索引集合;b_j 为 $\Gamma(a)$ 中的第 j 条路段;$m_a = \arg\min_m \{2^{m+1} \geqslant 2 + 2|\Gamma(a)|\}$;$\sigma_i^j$ 等于 0 或者 1,并使得 $\sum_{i=1}^{m_a} 2^{i-1}\sigma_i^j = j$。这意味着 σ_i^j 的值是唯一的并可以提前确定好。在无车辆滞留约束条件中引入 σ_i^j 是为了减少二元变量 $\theta_a^i(k)$ 的数量。对于任意时段 k,在约束条件(12.33)中有 m_a+1 个二元变量。它们可以构成 2^{m_a+1} 个组合。在(12.32)式中有 $2 + 2|\Gamma(a)|$ 个流量约束,而约束条件(12.33e)意味着:只使用了二元变量中的 $2 + 2|\Gamma(a)|$ 个组合。

12.3.4 数学规划模型

基于 LTM 的 DSO 路径选择问题以最小化系统总的走行时间为目标。这一目标等价于最小化研究时间段内所有路段上的车辆数之和。可以把既不考虑 FIFO 约束也不考虑 NVH 约束的 SO-DTA 问题称为松弛的 SO-DTA(relaxed SO-DTA,R-SO-DTA)问题。

R-SO-DTA 问题可描述为如下线性规划问题:

$$\min_{\mathbf{x} \in \Phi} \eta = \sum_{a \in A_S} \sum_{s \in S} \sum_{k \in K} [U_a^s(k) - V_a^s(k)] \tag{12.34}$$

引理 12.1　线性规划问题（12.34）等价于如下线性规划问题:

$$\max_{\mathbf{x} \in \Phi} \omega = \sum_{a \in A_S} \sum_{s \in S} \sum_{k \in K} U_a^s(k) \tag{12.35}$$

证明详见 Long 和 Szeto（2019）的文献。

可以把考虑 NVH 约束条件的 SO-DTA 问题简写为 NVH-SO-DTA 问题,把 NVH-SO-DTA 问题对应的流量称为 NVH-SO 流量。Lin 和 Wang（2004）在 Ziliaskopoulos（2000）提出的线性规划的目标函数中增加了惩罚项来解决 VH 问题。但是,他们既没有证明该惩罚项一定能够消除 VH,也没有提供相关参数的设置方法。与 Lin 和 Wang（2004）提出的方法类似,Zhu 和 Ukkusuri（2013）在 Ziliaskopoulos（2000）提出的线性规划的目标函数中也引入了惩罚系数,即对元胞流量的总和进行加权。但该论文提出的方法无法适用于带环的交通网络。

采用以下线性规划问题来解决 VH 问题。

定理 12.3　如下线性规划问题的任意最优解满足 NVH 约束条件:

$$\max_{\mathbf{x} \in \Phi} \xi = \sum_{a \in A \setminus A_R} \sum_{k \in K} \sum_{s \in S} V_a^s(k) \tag{12.36}$$

$$\text{s.t.} \sum_{a \in A \setminus A_S} \sum_{s \in S} \sum_{k \in K} [U_a^s(k) - V_a^s(k)] = \eta^* \tag{12.37}$$

其中,η^* 是线性规划问题（12.34）最优的目标函数值,即 R-SO-DTA 问题最小的系统总走行时间。

证明详见 Long 和 Szeto（2019）。

需要注意的是目标函数（12.36）中没有任何参数,相关模型可以适用于一般交通网络。在求解线性规划问题（12.36）～（12.37）之前,需要先求解线性规划问题（12.34）来得到最小的系统总走行时间 η^*。也就是说,要求解线性规划问题（12.36）～（12.37）,需要求解两个线性规划问题。

下面的命题表明,只要求解一个线性规划问题就可求得 NVH-SO-DTA 问题的最优解。

命题 12.1　对于给定的 $\kappa > 0$,令 $\mathbf{x}^*$ 是以下线性规划问题的最优解:

$$\max_{\mathbf{x} \in \Omega} \tilde{\omega} = \sum_{a \in A_S} \sum_{s \in S} \sum_{k \in K} U_a^s(k) + \kappa \sum_{a \in A_S} \sum_{s \in S} \sum_{k \in K} V_a^s(k) \tag{12.38}$$

如果 $\mathbf{x}^*$ 是线性规划问题（12.34）的最优解，则 $\mathbf{x}^*$ 也是 NVH-SO 流量，并且以下线性规划问题得到的所有最优解也都是 NVH-SO 流量：

$$\max_{\mathbf{x}\in\Omega}\tilde{\omega} = \sum_{a\in A_S}\sum_{s\in S}\sum_{k\in K}U_a^s(k) + \tilde{\kappa}\sum_{a\in A_S}\sum_{s\in S}\sum_{k\in K}V_a^s(k) \tag{12.39}$$

其中，$0 < \tilde{\kappa} < \kappa$。

证明详见 Long 和 Szeto（2019）。

命题 12.1 中的结果表明：可以通过设置足够小的正参数 κ，并且仅求解一个线性规划问题来得到 NVH-SO 流量。

最大化累计流量的总和会鼓励有环网络中出现环流。为了消除有环网络中不必要的环流，可以采用如下线性规划问题来得到具有最小系统总行驶距离（MT-STD）的 SO 流量：

$$\min_{\mathbf{x}\in\Omega}\zeta = \sum_{a\in A\setminus(A_R\cup A_S)}\sum_{s\in S}L_aU_a^s(\underline{K}) \tag{12.40}$$

s.t. 约束条件（12.37）成立

其中，目标函数（12.40）最小化总的系统走行距离。

把考虑 NVH 约束条件且最小化 MTSTD 的 SO-DTA 问题简写为 MTSTD-NVH-SO-DTA 问题，把 MTSTD-NVH-SO-DTA 问题对应的流量称为 MTSTD-NVH-SO 流量。与线性规划问题（12.36）～（12.37）类似，可以把 MTSTD-NVH-SO-DTA 问题描述为如下线性规划问题：

$$\max_{\mathbf{x}\in\Omega}\xi = \sum_{a\in A\setminus A_R}\sum_{k\in K}\sum_{s\in S}V_a^s(k) \tag{12.41}$$

s.t. 约束条件（12.37）成立

$$\sum_{a\in A\setminus(A_R\cup A_S)}\sum_{s\in S}L_aU_a^s(\underline{K}) = \zeta^* \tag{12.42}$$

其中，ζ^* 是线性规划问题（12.40）的最优目标函数值。

与线性规划问题（12.38）类似，可采用如下线性规划问题来得到 MTSTD-NVH-SO 流量。

命题 12.2　给定 $\kappa_1 > 0$ 和 $\kappa_2 > 0$，令 $\mathbf{X}^*$ 为如下线性规划问题的最优解：

$$\max_{\mathbf{x}\in\Phi}\hat{\omega} = \sum_{s\in S}\sum_{k\in K}\sum_{a\in A_s}U_a^s(k)$$

$$+ \kappa_1 \sum_{a \in A \setminus A_R} \sum_{k \in K} \sum_{s \in S} V_a^s(k) - \kappa_2 \sum_{a \in A \setminus (A_R \cup A_S)} \sum_{s \in S} L_a U_a^s(\underline{K}) \qquad (12.43)$$

如果 $\mathbf{X}^*$ 是线性规划问题（12.34）的最优解，则 $\mathbf{X}^*$ 也是线性规划问题（12.41）～（12.42）的最优解。并且如下线性规划问题的最优解也是线性规划问题（12.41）～（12.42）的最优解：

$$\max_{\mathbf{x} \in \Omega} \hat{\omega} = \sum_{s \in S} \sum_{k \in K} \sum_{a \in A_S} U_a^s(k) + \hat{\kappa}_1 \sum_{a \in A \setminus A_R} \sum_{k \in K} \sum_{s \in S} V_a^s(k) - \hat{\kappa}_2 \sum_{a \in A \setminus (A_R \cup A_S)} \sum_{s \in S} L_a U_a^s(\underline{K})$$

$$(12.44)$$

其中，$0 < \hat{\kappa}_1 < \kappa_1$ 和 $0 < \hat{\kappa}_2 < \kappa_2$。

该命题的证明与命题 12.1 类似。相对于消除 VH 问题，不必要的环流的消除具有更高的优先级。因此，设置 $0 < \kappa_1 = \kappa_2 = 1$。命题 12.2 的结论表明：可以通过选择足够小的正参数 κ_1 和 κ_2 使得 $0 < \kappa_1 = \kappa_2 = 1$ 成立，并求解一个线性规划问题得到 MTSTD-NVH-SO 流量。

12.3.5　算例

本算例的网络由 Ziliaskopoulos（2000）网络修改而来（见图 12.4）。该网络包含 9 个节点、11 条路段以及 1 个 O-D 对（从节点 r 到节点 s）。原网络是一个无环的网络。修改后的网络增加了路段 11 从而形成了一个带环的网络。设置时段长度为 10 秒，所有路段的自由流走行时间和激波向后传播的时间都是 1 个时间段。

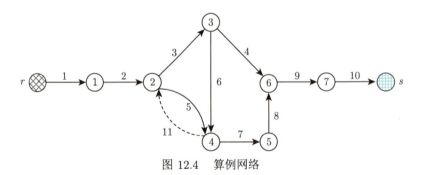

图 12.4　算例网络

表 12.2 给出了各条路段能够容纳的最大车辆数和通行能力。路段 1，2，9，10 通行能力为 12 辆/时段，其他路段的通行能力都是 6 辆/时段。

假设路段 4 上有事故发生，使该路段的通行能力在前 4 个时段为零，第 5，6 个时段恢复到 3 辆/时段，之后恢复到 6 辆/时段。网络在第 1，3 两个时段的交通需求为 8 辆，在第 2 个时段的交通需求为 16 辆，在其余时段没有交通需求。线性规划问题的参数设置为 $\kappa = \kappa_1 = 0.0001$，$\kappa_2 = 0.01$。系统总的走行时间以时段为单位。所有的 LP 问题都采用商业软件 IBM ILOG CPLEX（版本 12.5）来进行求解。

表 12.2　　修改后的 Ziliaskopoulos（2000）网络的设置

路段	1	2	3	4	5	6	7	8	9	10	11
N_a	100	20	10	10	10	10	10	10	20	100	10
C_a	12	12	6	—	6	6	6	6	12	12	6

表 12.3 给出了 R-SO，NVH-SO，MTSTD-NVH-SO 情形下网络最优解对应的路段流量。三个模型都得到了与 Ziliaskopoulos（2000）相同的系统总走行时间，即 215 个时段。表 12.3 和表 12.4 中的结果都表明了在 R-SO 流量下路段 1 在第 3~5 个时段存在车辆滞留。例如，时段 3 开始的时刻，路段 1 上有 16 辆车，而第 3 个时段内能够进入路段 2 的最大车辆数为 12。然而，第 3 个时段只有 8 辆车进入路段 2，还有 4 辆车滞留在路段 1。类似的现象在第 4，5 两个时段也可以观察到。与 R-SO 流量不同，NVH-SO 和 MTSTD-NVH-SO 流量下，没有出现车辆滞留的情形。这些结果与引理 12.1 相一致。

表 12.3　　三个模型得到的动态系统最优状态下路段上的车辆数（$\eta = 215$）

时段	1	2	3	4	5	6	7	8	9	10	11
1	8 8 8	0	0	0	0	0	0	0	0	0	0
2	16 16 16	8 8 8	0	0	0	0	0	0	0	0	0
3	12 16 12	12 8 12	2 2 2	0	6 6 6	0	0	0	0	0	0
4	4 9 4	10 7 10	8 6 6	0	4 2 4	0 2 2	6 6 6	0	0	0	0
5	0 6 0	6 3 4	10 4 4	0	6 3 6	0 6 6	4 4 4	6 6 6	0	0	0 0 2
6	0	2 6 0	7 3 3	3 3 3	3 4 3	3 0 1	1 6 6	6 4 4	4 6 6	6 0 0	0 0 6
7	0	0	6 6 6	3 3 3	0	0	4 4 4	6 6 6	7 7 7	6 6 6	0
8	0	0	0	6 6 6	0	0	4 4 4	9 9 9	13 13 13	0	0
9	0	0	0	0	0	0	0	10 10 10	22 22 22	0	0
10	0	0	0	0	0	0	0	0	32 32 32	0	0

注：MTSTD-NVH-SO 结果为正常字体，R-SO 为斜体，NVH-SO 为下划线。

表 12.3 还给出了第 5，6 两个时段的开始时刻，NVH-SO 流量下路段 11 上的车辆数为正，而 MTSTD-NVH-SO 流量下该路段上的车辆数始终为零。这是因为 NVH-SO-DTA 模型的目标函数会促使车辆尽量采用带环的路径，而 MTSTD-NVH-SO 模型则可以消除不必要的环流。

图 12.5 给出了 κ 不同取值情形下的系统总走行时间。可以看到当 $\kappa \leqslant 0.28$ 时，系统总走行时间始终为 215 个时段。这一结果印证了命题 12.1 的结论。

表 12.4　R-SO 模型下路段 1 和 2 上的最优流量

时段	$U_1(k)$	$V_1(k)$	$y_{12}(k)$	$\bar{y}_{12}(k)$	$U_2(k)$	$V_2(k)$
0	0	0	0	0	0	0
1	8	0	0	0	0	0
2	24	8	8	8	8	0
3	32	**16**	**8**	**12**	16	8
4	32	**23**	**7**	**12**	23	16
5	32	**26**	**3**	**9**	26	23
6	32	32	6	6	32	26
7	32	32	0	0	32	32

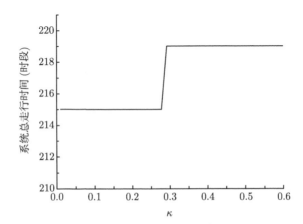

图 12.5　κ 不同取值情形下的系统总走行时间

复习思考题

1. 动态交通分配问题与静态交通分配问题分别有哪些共性和区别？
2. 动态交通分配问题中考虑的实际交通行为有哪些？为什么要考虑它们？
3. 动态交通分配问题的基本组成有哪些？它们之间有什么关系？
4. 交通网络动态平衡准则主要有哪些？它们的定义是什么？
5. 动态网络加载模型有哪些？

参 考 文 献

高自友, 任华玲. 2005. 城市动态交通流分配模型与算法 [M]. 北京: 人民交通出版社.

Ban X, Liu H X, Ferris M C, et al. 2008. A link-node complementarity model and solution algorithm for dynamic user equilibria with exact flow propagations[J]. Transportation Research Part B, 42: 823-842.

Cantelmo G, Viti F. 2019. Incorporating activity duration and scheduling utility into equilibrium-based dynamic traffic assignment[J]. Transportation Research Part B, 126: 365-390.

Carey M, Ge Y E. 2007. Retaining desirable properties in discretising a travel-time model[J]. Transportation Research Part B, 41: 540-553.

Carey M, Ge Y E, McCartney M. 2003. A whole-link travel-time model with desirable properties[J]. Transportation Science, 37(1): 83-96.

Daganzo C F. 1994. The cell transmission model: A simple dynamic representation of highway traffic[J]. Transportation Research Part B, 28: 269-287.

Du J, Wong S C, Shu C W, et al. 2015. Reformulating the Hoogendoorn-Bovy predictive dynamic user-optimal model in continuum space with anisotropic condition[J]. Transportation Research Part B, 79: 189-217.

Friesz T L, Bernstein D, Smith T E, et al. 1993. A variational inequality formulation of the dynamic networks user equilibrium problem[J]. Operations Research, 41(1): 179-191.

Himpe W, Corthout R, Tampère M C. 2016. An efficient iterative link transmission model[J]. Transportation Research Part B, 92: 170-190.

Hoogendoorn S P, Bovy P H L. 2004. Dynamic user-optimal assignment in continuous time and space[J]. Transportation Research Part B, 38: 571-592.

Huang H J, Lam W H K. 2002. Modeling and solving the dynamic user equilibrium route and departure time choice problem in network with queues[J]. Transportation Research Part B, 36: 253-273.

Jiang Y, Wong S C, Ho H W, et al. 2011. A dynamic traffic assignment model for a continuum transportation system[J]. Transportation Research Part B, 45: 343-363.

Khobotov E N. 1987. Modification of the extra-gradient method for solving variational inequalities and certain optimization problems[J]. USSR Computational Mathematics and Mathematical, 27(5): 120-127.

Lam W H K, Yin Y. 2001. An activity-based time-dependent traffic assignment model[J]. Transportation Research Part B, 35: 549-574.

Lin W H, Wang C. 2004. An enhanced 0-1 mixed-integer LP formulation for traffic signal control[J]. IEEE Transactions on Intelligent Transportation System, 5(4): 238-245.

Liu H, He X, He B. 2009. Method of successive weighted averages (MSWA) and self-regulated averaging schemes for solving stochastic user equilibrium problem[J]. Networks and Spatial Economics, 9(4): 485-503.

Lo H K, Szeto W Y. 2002. A cell-based variational inequality formulation of the dynamic user optimal assignment problem[J]. Transportation Research Part B, 36(5): 421-443.

Long J C, Gao Z Y, Szeto W Y. 2011. Discretised link travel time models based on cumulative flows: Formulations and properties[J]. Transportation Research Part B, 45(1): 232-254.

Long J C, Huang H J, Gao Z Y, et al. 2013. An intersection-movement-based dynamic user optimal route choice problem[J]. Operations Research, 61(5): 1134-1147.

Long J C, Szeto W Y. 2019. Link-based system optimum dynamic traffic assignment problems in general networks[J]. Operations Research, 67(1): 167-182.

Long J C, Szeto W Y, Gao Z Y, et al. 2016. The nonlinear equation system approach to solving dynamic user optimal simultaneous route and departure time choice problems[J]. Transportation Research Part B, 83: 179-206.

Long J C, Wang C, Szeto W Y. 2018. Dynamic system optimum simultaneous route and departure time choice problems: Intersection-movement-based formulations and comparisons[J]. Transportation Research Part B, 115: 166-206.

Ma R, Ban X J, Szeto W Y. 2017. Emission modeling and pricing on single-destination dynamic traffic networks[J]. Transportation Research Part B, 100: 255-283.

Merchant D K, Nemhauser G L. 1978a. A model and an algorithm for the dynamic traffic assignment[J]. Transportation Science, 12(3): 183-199.

Merchant D K, Nemhauser G L. 1978b. Optimality conditions for a dynamic traffic assignment model[J]. Transportation Science, 12(3): 200-207.

Mounce R, Carey M. 2011. Route swapping in dynamic traffic networks[J]. Transportation Research Part B, 45: 102-111.

Nagurney A. 1993. Network economics: A variational inequality approach[C]. Kluwer Academic Publishers. Norwell, Massachusetts, USA.

Newell G F. 1993. A simplified theory on kinematic wave in highway traffic, part I: General theory; part II: queuing at freeway bottlenecks; part III: multi-destination flows[J]. Transportation Research Part B, 27: 281-314.

Osorio C, Flötteröd G, Bierlaire M. 2011. Dynamic network loading: A stochastic differentiable model that derives link state distributions[J]. Transportation Research Part B, 45: 1410-1423.

Panicucci B, Pappalardo M, Passacantando M. 2007. A path-based double projection method for solving the asymmetric traffic network equilibrium problem[J]. Optimization Letters, 1(2): 171-185.

Pavlis Y, Recker W. 2009. A mathematical logic approach for the transformation of the linear conditional piecewise functions of dispersion-and-store and cell transmission traffic flow models into linear mixed-integer form[J]. Transportation Science, 43(1): 98-116.

Peeta S, Mahmassani H. 1995. System optimal and user equilibrium time-dependent traffic assignment in congested networks[J]. Annals of Operations Research, 60(1): 80-113.

Qian Z S, Shen W, Zhang H M. 2012. System-optimal dynamic traffic assignment with and without queue spillback: Its path-based formulation and solution via approximate path marginal cost[J]. Transportation Research Part B, 46: 874-893.

Ran B, Boyce D E. 1996. Modeling Dynamic Transportation Network: An Intelligent Transportation System Oriented Approach[M]. Heidelberg: Springer.

Ran B, Boyce D E, Leblanc L J. 1993. A new class of instantaneous dynamic user-optimal traffic assignment models[J]. Operations Research, 41(1): 192-202.

Smith M J. 1984. The stability of a dynamic model of traffic assignment: An application of a method of Lyapunov[J]. Transportation Science, 18(3): 259-304.

Szeto W Y, Jiang Y, Sumalee A. 2011. A cell-based model for multi-class doubly stochastic dynamic traffic assignment[J]. Computer Aided Civil and Infrastructure Engineering, 26(8): 595-611.

Szeto W Y, Lo H K. 2004. A cell-based simultaneous route and departure time choice model with elastic demand[J]. Transportation Research Part B, 38: 593-612.

Szeto W Y, Lo H K. 2006. Dynamic traffic assignment: Properties and extensions[J]. Transportmetrica, 2(1): 31-52.

Tong C O, Wong S C. 2000. A predictive dynamic traffic assignment model in congested capacity-constrained road networks[J]. Transportation Research Part B, 34: 625-644.

Wardrop J G. 1952. Some theoretical aspects of road traf?c research[C]. Proceedings of the Institution of Civil Engineers Part II, 1(3): 325-362.

Xiao L L, Liu T L, Huang H J. 2016. On the morning commute problem with carpooling behavior under parking space constraint[J]. Transportation Research Part B, 91: 383-407.

Yagar S. 1971. Dynamic traffic assignment by individual path minimization and queuing[J]. Transportation Research, 5(3):179-196.

Yperman I. 2007. The link transmission model for dynamic network loading[D]. Leuven, Belgium: Katholieke Universiteit Leuven.

Zhu F, Ukkusuri S V. 2013. A cell based dynamic system optimum model with non-holding back flows[J]. Transportation Research Part C, 36: 367-380.

Ziliaskopoulos A K. 2000. A linear programming model for the single destination system optimum dynamic traffic assignment problem[J]. Transportation Science, 34(1): 37-44.

第 13 章　基于 day-to-day 的交通网络平衡模型

13.1　概　　述

传统的交通分配问题又称交通均衡问题，它是指给定一个城市路网的拓扑结构、起讫节点（origin-destination，O-D）对间的出行需求，以及路段效用函数，计算均衡状态下交通流量的分布方式。交通分配是城市交通规划与管理的理论基础，也是交通规划四阶段法的重要组成部分。传统的交通均衡模型主要关注静态均衡交通流分配，然而现实交通路网中每天出行者依据以往出行经历或已知信息（例如，先进出行者信息系统（advanced traveler information system，ATIS）提供的信息）来调整其出行路径。这就导致交通流在达到均衡状态之前会随着时间而演化，或是交通流一直处于非稳定的演化状态。即使一个交通系统已经达到均衡状态，由于控制输入、外在信息或随机事件的干扰，系统中交通流也有可能重新回到非均衡状态，然后朝着新的均衡状态调整，或一直处于非均衡状态。因此，人们开始关注和研究交通流的动态演化过程，建立交通分配的动态演化模型。

交通分配演化模型刻画了连续周期内交通流的动态调整过程，每个周期既可以是一个工作日，也可以是工作日的一部分，例如，早高峰时段（Cantarella and Cascetta，1995）。按照状态变量的不同，交通流演化模型可以分为基于路径变量（path-based）和基于路段变量（link-based）这两类。它们分别刻画了路径流量和路段流量朝着均衡状态的演化过程。按照均衡状态的不同，交通流演化模型可以分为基于确定用户均衡（deterministic user equilibrium，DUE）、随机用户均衡（stochastic user equilibrium，SUE）、有限理性用户均衡（boundedly rational user equilibrium，BRUE）这三类。它们分别刻画了交通流朝着确定用户均衡、随机用户均衡、有限理性用户均衡的演化过程。

研究交通流动态演化过程，可以揭示出行者的路径选择调整行为和机制，理解出行者对控制输入、外在信息或随机事件干扰的反应方式，为交通流演化趋势预测提供理论依据；有助于人们更好地理解交通拥堵形成的过程和更好地使用各种先进出行者信息系统。

揭示交通流动态演化机制为交通拥堵控制提供了新思路和新方向。道路拥挤产生了严重的社会和环境成本（包括出行时间、交通安全、能源消耗和环境污染等），这些成本大多数源自出行个体的社会无效选择。这是因为，出行者在其交通选择中会忽略由其自身行为而产生的、施加给别人的、负的外部性成本。为了缓解交通拥堵，既可以利用收费策略，又可以利用定量控制的方法来管理这些外部性成本。目前，这两类拥挤控制方法的研究主要是针对交通网络中的静态均衡交通流方式。然而，拥挤收费和定量控制输入会对交通系统产生干扰，使均衡交通系统转变到非均衡演化状态，然后朝着新的均衡状态调整或一直保持着非均衡演化状态。这可能导致针对静态均衡交通系统的收费策略和信号控制方法无效。因此，有必要提出非均衡演化状态实施的道路收费和信号控制策略，来解决交通系统中的拥堵问题。

13.2 day-to-day 交通网络模型

根据状态变量的不同，day-to-day 交通网络模型可以分为两类：基于路径和基于路段的模型。它们分别刻画了路径流量和路段流量随时间的演化过程。

13.2.1 符号说明和模型假设

考虑一个交通网络 $G(N, L)$，其中，N 表示节点集合，L 表示有向路段集合。W 表示起讫节点（O-D）对集合，R_w 表示连接 O-D 对 $w \in W$ 的简单（非环状）路径集合。假设路网中的出行需求是固定不变的，记作列向量 $\mathbf{d} = (d_w, w \in W)^{\mathrm{T}}$，其中，$\mathrm{d}_w$（$\geqslant 0$）是 O-D 对 $w \in W$ 之间的出行需求。路径 $r \in R_w$ 上的交通流量为 $f_{r,w}$（$\geqslant 0$），路段 $a \in L$ 上的流量为 x_a（$\geqslant 0$），对应的路径流量向量和路段流量向量分别记作 $\mathbf{f} = (f_{r,w}, r \in R_w, w \in W)^{\mathrm{T}}$ 和 $\mathbf{x} = (x_a, a \in L)^{\mathrm{T}}$。路段-路径关联矩阵记为 $\boldsymbol{\Delta} = (\delta_{a,r}, a \in L, r \in R_w, w \in W)$。如果路径 r 包含路段 a，则 $\delta_{a,r} = 1$；否则，$\delta_{a,r} = 0$。O-D-路径关联矩阵记为 $\boldsymbol{\Lambda} = (\lambda_{r,w}, r \in R_w, w \in W)$。如果路径 r 连接 O-D 对 w，则 $\lambda_{r,w} = 1$；否则，$\lambda_{r,w} = 0$。$\mathbf{x}$，$\mathbf{f}$ 和 $\mathbf{d}$ 满足关系 $\mathbf{x} = \boldsymbol{\Delta}\mathbf{f}$ 和 $\mathbf{d} = \boldsymbol{\Lambda}\mathbf{f}$。假设每个 O-D 对间有至少一条路径，则可行路段和路径流量集合 Ω 是非空的，可表示为 $\Omega \equiv \{(\mathbf{x}, \mathbf{f}) | \mathbf{x} = \boldsymbol{\Delta}\mathbf{f}, \mathbf{d} = \boldsymbol{\Lambda}\mathbf{f}, \mathbf{f} \geqslant 0\}$。

此外，集合 Ω 是紧的（有界闭集）和凸的。可行路段流量集合 Ω_L 和路径流量集合 Ω_R 分别表示为 $\Omega_L \equiv \{\mathbf{x} | (\mathbf{x}, \mathbf{f}) \in \Omega\}$ 和 $\Omega_R \equiv \{\mathbf{f} | (\mathbf{x}, \mathbf{f}) \in \Omega\}$。

假设每个路段的出行费用不仅由该路段上的流量决定，而且还由其他路段上的流量决定，即，路段费用函数是不可分（non-separable）的。设 $c_a(\mathbf{x})$（> 0）表示路段 $a \in L$ 的出行费用，$C_{r,w}(\mathbf{f})$（> 0）表示路径 $r \in R_w$ 的出行费用，$\mathbf{c}(\mathbf{x}) = (c_a(\mathbf{x}), a \in L)^{\mathrm{T}}$ 和 $\mathbf{C}(\mathbf{f}) = (C_{r,w}(\mathbf{f}), r \in R_w, w \in W)^{\mathrm{T}}$ 分别是路段费用向量和路径费用向量。$\mathbf{c}(\mathbf{x})$ 和 $\mathbf{C}(\mathbf{f})$ 则满足 $\mathbf{C}(\mathbf{f}) = \boldsymbol{\Delta}^{\mathrm{T}}\mathbf{c}(\mathbf{x}) = \boldsymbol{\Delta}^{\mathrm{T}}\mathbf{c}(\boldsymbol{\Delta}\mathbf{f})$。

13.2.2　基于路径的交通分配演化模型

Yang 和 Zhang（2009）将基于路径的交通分配演化模型归纳为五类，包括比例交换系统（proportional swap system）、网络试错过程（network tatonnement process）、单纯引力流动态（simplex gravity flow dynamics）、投影动态系统（projected dynamical system）和演化交通动态（evolutionary traffic dynamics）。下面介绍这五类模型。

（1）比例交换系统

Smith（1984）首次提出了路径流量的比例交换系统，随后，它被广泛用于 day-to-day 路径流量动态过程的建模和交通分配问题的求解中（Smith and Wisten，1995；Huang and Lam，2002；Peeta and Yang，2003）。比例交换系统刻画了较高出行费用路径上的出行者将会在"第二天"调整到较低出行费用路径上，调整比率与路径间的出行费用差成正比。路径流量变化率被刻画为

$$\dot{f}_{r,w} = \sum_{s \in R_w} \left(f_{s,w} \left[C_{s,w}(\mathbf{f}) - C_{r,w}(\mathbf{f}) \right]_+ - f_{r,w} \left[C_{r,w}(\mathbf{f}) - C_{s,w}(\mathbf{f}) \right]_+ \right),$$

$$\forall\, s \in R_w, \quad w \in W \tag{13.1}$$

其中，映射 $[\cdot]_+ = \max\{0, \cdot\}$。

（2）网络试错过程

Friesz 等（1994）建立了一个网络试错过程，来刻画 day-to-day 交通动态的非均衡行为。路径流量变化率被刻画为

$$\dot{\mathbf{f}} = \delta \left[P_{\Omega_R} \left(\mathbf{f} - \beta \mathbf{C}(\mathbf{f}) \right) - \mathbf{f} \right] \tag{13.2}$$

其中，δ 和 β 是两个正常数。δ 反映了重新考虑出行路径选择的出行者的比例，β 反映了出行者对路径出行费用的敏感程度。投影映射 P_{Ω_R} 被定义为

$$P_{\Omega_R}(\mathbf{u}) = \arg \min_{\mathbf{v} \in \Omega_R} \|\mathbf{v} - \mathbf{u}\| \tag{13.3}$$

其中，$\|\cdot\|$ 是一个欧氏范数。该过程将路径流量变化量定义为负的路径出行费用在可行集 Ω_R 上的投影，它刻画了出行者一般偏好选择出行费用较小的路径。

（3）单纯引力流动态

Smith（1983）建立了一个动态系统来计算用户均衡，称之为单纯引力流动态。该模型被刻画为

$$\dot{f}_{r,w} = \cfrac{1}{\displaystyle\sum_{w \in W} \sum_{s \in R_w} \left[\sum_{t \in R_w} f_{t,w} C_{t,w}(\mathbf{f}) - d_w C_{s,w}(\mathbf{f}) \right]_+}$$

$$\cdot \left(d_w \left[\sum_{t \in R_w} f_{t,w} C_{t,w}(\mathbf{f}) - d_w C_{r,w}(\mathbf{f}) \right]_+ \right.$$

$$\left. t - f_{r,w} \sum_{s \in R_w} \left[\sum_{t \in R_w} f_{t,w} C_{t,w}(\mathbf{f}) - d_w C_{s,w}(\mathbf{f}) \right]_+ \right), \quad \forall \, s \in R_w, \quad w \in W$$

$$(13.4)$$

该模型刻画了每个 O-D 对间的流量是从较高费用的路径调整到较低费用的路径上。

（4）投影动态系统

Zhang 和 Nargurney（1996）与 Nargurney 和 Zhang（1997）将投影动态系统应用于交通流动态演化过程的刻画。他们将交通流变化率定义为负的费用函数在流量可行集上的投影。该模型可表示为

$$\dot{\mathbf{f}} = \lim_{\varepsilon \to 0} \frac{P_{\Omega_R}(\mathbf{f} - \varepsilon \mathbf{C}(\mathbf{f})) - \mathbf{f}}{\varepsilon} \tag{13.5}$$

比较公式（13.2）和（13.5）可以看出网络试错过程和投影动态系统有类似的公式结构。

（5）演化交通动态

在高级微观经济学领域，演化动态已被广泛运用于对群体层面的行为过程建模（Weibull，1995；Sandholm，2001；Hofbauer and Sigmund，2003；Sandholm，2003）。Brown 和 von Neumann（1950）首次提出了 Brown-von Neumann-Nash（BNN）演化动态，它描述了对称零和博弈问题。BNN 动态的一个解释是：在任意小的时间区间，一个群体中的所有参与者有等可能的机会改变策略，改变策略的参与者的比例正比于群体中超额收益和。Yang（2005）将 BNN 模型应用于 day-to-day 交通动态的刻画。在 BNN 动态中，高于加权平均出行费用路径上的流量将会降低。对于任意的 O-D 对 $w \in W$，加权平均路径费用表示为

$$\bar{C}_w(\mathbf{f}) = \frac{1}{d_w} \sum_{r \in R_w} C_{r,w}(\mathbf{f}) f_{r,w} \tag{13.6}$$

刻画 BNN 路径流量动态为

$$\dot{f}_{r,w} = d_w \left[\bar{C}_w(\mathbf{f}) - C_{r,w}(\mathbf{f}) \right]_+ - f_{r,w} \sum_{s \in R_w} \left[\bar{C}_w(\mathbf{f}) - C_{s,w}(\mathbf{f}) \right]_+ \tag{13.7}$$

以上五类基于路径的交通分配演化模型有一个共同特征，即，它们的稳定点等价于确定用户均衡（DUE，Wardrop（1952））点。设 $\mathbf{f}$ 表示一个 DUE 流量向

量。固定需求的 DUE 条件可表示为

$$C_{r,w}(\mathbf{f})\begin{cases} = \mu_w, & \text{如果} f_{r,w} > 0, \forall r \in R_w, w \in W \\ \geqslant \mu_w, & \text{如果} f_{r,w} = 0, \forall r \in R_w, w \in W \end{cases} \tag{13.8}$$

此处，μ_w 是 O-D 对 $w \in W$ 间的最小出行费用。为了了解以上模型的一些数学性质（例如，稳定点与 DUE 的等价性、稳定点的稳定性等），读者可以参考 Smith（1984）、Friesz 等（1994）、Smith（1983）、Zhang 和 Nagurney（1996）、Nagurney 和 Zhang（1997）、Sandholm（2001）以及 Yang（2005）等。

Yang 和 Zhang（2009）证明了以上五类模型是一类理性行为调整过程（rational behavior adjustment process，RBAP）的特殊形式。针对固定需求的交通网络，如果一类 day-to-day 路径选择调整过程满足：①当路径流量 day-to-day 调整，基于前一天的路径出行费用，交通网络的总出行费用减小；②如果路径流量调整到稳定状态，那么，稳定流量等价于确定用户均衡流量。则该调整过程被称为一类理性行为调整过程。一个理性行为调整过程的数学表达如下所示

$$\dot{\mathbf{f}}\begin{cases} \in \Gamma, & \text{如果} \Gamma \neq \varnothing \\ = 0, & \text{如果} \Gamma = \varnothing \end{cases} \tag{13.9}$$

此处，

$$\Gamma = \left\{ \mathbf{z}(t) \,\middle|\, \mathbf{C}(t)^T \mathbf{z}(t) < 0, \sum_{r \in R_w} z_{r,w}(t) = 0, w \in W \right\} \tag{13.10}$$

Γ 是能使总出行费用（基于前一天的路径费用）降低的所有可行方向的集合。约束 $\sum_{r \in R_w} z_{r,w}(t) = 0$ 保证了流量调整后的守恒。公式（13.10）刻画了在任意时间，如果存在使总出行费用降低的方向，那么，动态移动 $\dot{\mathbf{f}}$ 一定是其中一个下降方向；否则 $\dot{\mathbf{f}}$ 为零。换句话说，当不存在使总出行费用降低的方向时，该理性行为调整过程一定是处于稳定状态。

需要指出的是，在比例交换系统的每次迭代中，具有较高出行成本路径上的出行者会调整到具有较低出行成本的其他路径上，并且调整比例与该路径和其他低成本路径之间的成本差异及该路径上的流量成正比。单纯引力流动态和演化交通动态具有类似性，只要路径流量发生变化，出行成本高于加权平均成本的路径上的流量就会减少。网络试错过程和投影动态系统具有一定的类似性，将交通流的变化率定义为负出行成本在可行交通流集合上的投影。这些动态系统最初主要用来刻画交通流朝着静态 Wardrop 用户均衡状态的演化过程，其在某些假设前提下（例如，出行时间函数是单调的）具有很好的收敛性和稳定性，被广泛应用于求解动态交通分配（dynamic traffic assignment，DTA）问题。

13.2.3 基于路段的交通分配演化模型

在一个交通网络中，路段数量通常会少于路径数量。因此，在实际中，分析路段流量动态比路径流量动态更容易些，基于此，人们建立了几类可以刻画路段流量演化的动态系统模型，来避免基于路径的交通分配演化模型的问题。

（1）He 等（2010）的模型

He 等（2010）的模型具有形式：

$$\dot{\mathbf{x}} = \mathbf{y} - \mathbf{x} \tag{13.11}$$

其中，$\mathbf{y}$ 是以下优化问题的解：

$$\min_{\eta \in \Omega_L} \tau \mathbf{c}(\mathbf{x})^{\mathrm{T}} \eta + (1 - \tau) D(\mathbf{x}, \eta) \tag{13.12}$$

在以上优化问题中，$\eta \in \Omega_L$ 是决策变量，标量 $\tau \in (0, 1)$。给定一个 $\mathbf{x}$，函数 D 关于 η 是可微的和严格凸的，并且满足

$$D(\mathbf{x}, \eta) \geqslant 0 \tag{13.13}$$

$$D(\mathbf{x}, \eta) = 0 \quad \text{当且仅当} \quad \mathbf{x} = \eta \tag{13.14}$$

例如，函数 D 可表示为 $D(\mathbf{x}, \eta) = (\eta - \mathbf{x})^{\mathrm{T}} (\eta - \mathbf{x})$。

（2）Smith 和 Mounce（2011）的模型

Smith 和 Mounce（2011）提出一个基于路段–节点网络结构的路段流量划分（flow splitting）机制，可以避免基于路径模型的路径重叠缺陷。该模型适用于满足如下三个假设的交通网络：①网络中不包含闭环，任何可行路段流量是无环路的；②网络仅仅包含一个目标节点；③从任意一个非目标节点到这个目标节点的流量比率都是正的。

设 $\mathbf{s} = (s_a, a \in L)^{\mathrm{T}}$ 是划分比率向量。对于每个路段 a，s_a 是穿越节点 n 的总流量中通过路段 a 的比例，此处，n 是路段 a 的上游节点。$\overline{\mathbf{C}}(\mathbf{x})$ 是流量加权的目标成本向量（flow-weighted cost-to-destination vector），它被刻画为

$$\overline{\mathbf{C}}(\mathbf{x}) = \mathbf{M}\mathbf{c}(\mathbf{x}) \tag{13.15}$$

其中，$\mathbf{M} = (M_{ab}, a \in L, b \in L)$。对于所有的 a，$M_{aa} = 1$，每个非对角元素 M_{ab}（$a \neq b$）是向量 $\mathbf{s}$ 的分量乘积的和，即

$$M_{ab} = \sum s_{a_1} s_{a_2} \cdots s_{a_{m-1}} s_b \tag{13.16}$$

$a_1, a_2, \cdots, a_{m-1}$ 是从路段 a 的下游节点到路段 b（$\neq a$）的上游节点间的连续路段序列，公式（13.16）是针对所有此类路段序列求和。

Smith 和 Mounce（2011）的模型被表示为

$$\dot{\mathbf{x}} = \mathbf{y} - \mathbf{x} \tag{13.17}$$

其中，$\mathbf{y} = \mathbf{M}^{\mathrm{T}}\mathbf{x} + \mathbf{x}$。此处，调整向量 $\bar{\mathbf{x}}$ 被记作

$$\bar{\mathbf{x}} = \sum_{(a,b)} x_a \left[\bar{C}_a (\mathbf{x}) - \bar{C}_b (\mathbf{x}) \right]_+ \Upsilon_{ab} \tag{13.18}$$

其中，$[\cdot]_+ = \max\{\cdot, 0\}$，向量 $\Upsilon_{ab} = (\Upsilon_{abq}, q \in L)^{\mathrm{T}}$ 被定义如下：如果路段 a 和 b 从同一节点引出，则 $\Upsilon_{aba} = -1$；如果路段 a 和 b 从同一节点引出，则 $\Upsilon_{abb} = +1$；如果路段 a 和 b 从不同节点引出（或者 $q \neq a$ 且 $q \neq b$），则 $\Upsilon_{abq} = 0$。

（3）Guo 等（2015）的模型

针对固定需求的交通网络，Guo 等（2015）的动态系统模型可以表示为

$$\dot{\mathbf{x}}(t) = \mathbf{y}(\mathbf{x}(t)) - \mathbf{x}(t) \tag{13.19}$$

此处，$\mathbf{y}$ 是一个关于 $\mathbf{x}(t)$ 的函数，它满足

$$\mathbf{y}(\mathbf{x}(t)) \begin{cases} \in \Psi(t), & \Psi(t) \neq \varnothing \\ = \mathbf{x}(t), & \Psi(t) = \varnothing \end{cases} \tag{13.20}$$

$\Psi(t) \equiv \left\{ \mathbf{y} \mid \mathbf{y} \in \Omega_L, \mathbf{y}^{\mathrm{T}} \mathbf{c}(\mathbf{x}(t)) < \mathbf{x}(t)^{\mathrm{T}} \mathbf{c}(\mathbf{x}(t)) \right\}$ 是使总网络出行费用减少的所有可行路段流量构成的集合。这个动态过程表明：在任意时刻 t，当前路段流量 $\mathbf{x}(t)$ 朝着目标流量 $\mathbf{y}(\mathbf{x}(t))$ 移动。$\mathbf{y}(\mathbf{x}(t))$ 能使基于当前路段费用的总出行费用减少，除非总出行费用不能被进一步减少。

动态系统模型（13.19）满足如下两个原则。首先，随着路段流量的演化，基于当前路段费用的网络总出行费用将降低。其次，如果路段流量达到稳定状态，则稳定流量等价于用户均衡流量。Zhang 等（2001）与 Yang 和 Zhang（2009）称满足这两个原则的 day-to-day 调整过程为固定需求的理性行为调整过程（RBAP）。

假设函数 $\mathbf{y}$ 关于 $\mathbf{x}$ 在任何有界集 $\mathbf{R}^{|L|}$ 上是利普希茨连续的，此处，$|L|$ 表示集合 L 中的路段数量。因此，函数 $\mathbf{x} \mapsto \mathbf{y}(\mathbf{x}) - \mathbf{x}$ 也是利普希茨连续的。这个假设保证了对于任何初始路段流量 $\mathbf{x}(0) \in \Omega_L$，该动态系统在任何有限时间区间 $[0, T]$ 上存在解。该动态系统的稳定状态满足 $\dot{\mathbf{x}}(t) = 0$，这表明 $\mathbf{y}(\mathbf{x}) = \mathbf{x}$，即，等价于

$$(\mathbf{y} - \mathbf{x})^{\mathrm{T}} \mathbf{c}(\mathbf{x}) \geqslant 0, \quad \forall \mathbf{y} \in \Omega_L \tag{13.21}$$

因此，$\mathbf{y}(\mathbf{x}) = \mathbf{x}$，当且仅当对应的流量方式 $(\mathbf{f}, \mathbf{x})$ 是一个用户均衡流量方式。对于该等价性的证明方法，读者可以参阅 Facchinei 和 Pang（2003）的文献。

可行路段流量集合 Ω_L 是一个非空、闭凸集,而且 $\mathbf{y}(\mathbf{x}) \in \Omega_L$。因此,对于动态系统模型 (13.19),如果 $\mathbf{x}(0) \in \Omega_x$,则对于任何 $t > 0$ 有 $\mathbf{x}(t) \in \Omega_L$。对于该性质的证明,读者可参阅 Han 和 Du(2012)的文献。该性质被称为不变性原则。

动态系统模型 (13.19) 的稳定点满足变分不等式 (13.21)。因此,如果路段费用函数 $\mathbf{c}$ 关于 $\mathbf{x}$ 在集合 Ω_L 上是严格单调的,即

$$(\mathbf{x}_1 - \mathbf{x}_2)^{\mathrm{T}}(\mathbf{c}(\mathbf{x}_1) - \mathbf{c}(\mathbf{x}_2)) > 0, \quad \forall \mathbf{x}_1, \mathbf{x}_2 \in \Omega_L \text{ 且 } \mathbf{x}_1 \neq \mathbf{x}_2 \tag{13.22}$$

该模型的稳定点是唯一的。对于该性质的证明,读者可参阅 Yang 和 Huang(2005)的文献。

13.3 双动态交通网络模型

双动态交通网络系统是天到天(day-to-day)和一天之内(within-day)动态交通网络系统的结合,旨在描述出行者日常路径/离开时间选择的学习和行为调整过程,以及交通流随时间的演化过程。也就是说,双动态交通网络系统不仅刻画了连续数天交通流从非均衡状态到均衡状态的动态演化过程,也刻画了一天内出行者的离开时间选择和路径选择动态。

13.3.1 问题描述和标记假设

考虑 Vickrey(1969)的瓶颈模型。假设每天早上 N(> 0)个通勤者从住宅区(residential district,RD)出发到中央商业区(central business district,CBD)上班。住宅区和商业区由一条道路连接,道路上存在一个通行能力受限的瓶颈。每个通勤者驾驶一辆汽车,并希望在规定的上班时刻准时到达工作地。瓶颈的通行能力(或服务水平)为 s(> 0)辆车/单位时间。由于瓶颈处通行能力的限制,出行者在高峰期会遭遇到排队。当排队现象出现时,对于在 t 时刻出发的出行者而言,其出行时间 $T(t) = T^f + T^v(t)$ 包含两部分:自由流出行时间 T^f 和瓶颈处的排队时间 $T^v(t)$。假设队列遵循先进先出(first-in-first-out,FIFO)的原则。在不改变系统性质的前提下(由于自由流出行时间与出发时刻无关,为固定值。所以,它对出发时刻的选择没有影响),简化问题,令 $T^f = 0$。

设 $r(t)$($\geqslant 0$)表示 t 时刻住宅区的出行者离开率,$D(t)$ 表示 t 时刻瓶颈处的排队长度。$D(t)$ 可以被刻画为

$$D(t) = \int_{\hat{t}}^{t} r(u)\mathrm{d}u - s(t - \hat{t}) \tag{13.23}$$

其中,$\hat{t}$ 为瓶颈处排队开始出现的时刻。由前面的假设,t 时刻出发通勤者的出行

时间 $T(t)$ 等于排队时间 $D(t)/s$，被刻画为

$$T(t) = \frac{1}{s} \int_{\hat{t}}^{t} r(u)\mathrm{d}u - (t - \hat{t}) \tag{13.24}$$

令 t^* 表示所有通勤者的偏好到达时间（即，工作开始时间），$\tilde{t}$ 表示准时到达 CBD 的通勤者的出发时间（即，$\tilde{t} + T(\tilde{t}) = t^*$）。通勤者从 RD 到 CBD 的出行成本由两部分构成，即，出行时间成本和早到（或晚到）时间惩罚成本。Vickrey（1969）将 t 时刻离开 RD 的通勤者的出行成本表示为如下线性形式：

$$C(t) = \begin{cases} \alpha T(t) + \beta \left(t^* - t - T(t)\right), & \text{如果} t \leqslant \tilde{t} \\ \alpha T(t) + \gamma \left(t + T(t) - t^*\right), & \text{如果} t > \tilde{t} \end{cases} \tag{13.25}$$

其中，α，β 和 γ 分别表示出行时间、早到时间惩罚和晚到时间惩罚的价值。为保证均衡状态的存在，这些参数满足不等式 $\gamma > \alpha > \beta > 0$。

通勤者的出发时间选择遵循动态用户均衡（DUE）原则。在 DUE 状态，没有通勤者可以通过单方面改变其出发时间来减少其出行成本，并且出发率与出发时间之间的关系可表示为以下分段函数的形式：

$$r^*(t) = \begin{cases} s + \dfrac{\beta s}{\alpha - \beta}, & \text{对于} t \in [t_q, \tilde{t}] \\ s - \dfrac{\gamma s}{\alpha + \gamma}, & \text{对于} t \in (\tilde{t}, t_{q'}] \end{cases} \tag{13.26}$$

此处，t_q 和 $t_{q'}$ 分别表示高峰时段队列产生和消散的时刻。这三个离开时间 t_q，$t_{q'}$ 和 $\tilde{t}$ 分别被表示为

$$t_q = t^* - \left(\frac{\gamma}{\beta + \gamma}\right)\left(\frac{N}{s}\right) \tag{13.27}$$

$$t_{q'} = t^* + \left(\frac{\beta}{\beta + \gamma}\right)\left(\frac{N}{s}\right) \tag{13.28}$$

$$\tilde{t} = t^* - \left(\frac{\beta\gamma}{\alpha(\beta + \gamma)}\right)\left(\frac{N}{s}\right) \tag{13.29}$$

在 DUE 状态，出行成本被表达为

$$C^*(t) = \left(\frac{\beta\gamma}{\beta + \gamma}\right)\left(\frac{N}{s}\right), \quad \text{对于} t \in [t_q, t_{q'}] \tag{13.30}$$

13.3.2　基于用户均衡的双动态交通网络模型及其性质

设通勤者离开 RD 的时间范围为 $[t_q, t_{q'}]$，则有如下的出发率守恒条件：

$$\int_{t_q}^{t_{q'}} r(t)\mathrm{d}t = N \tag{13.31}$$

可行出发率集合 Ω 定义为

$$\Omega \equiv \left\{ \mathbf{r} = (r(t), t \in [t_q, t_{q'}]) \, \left| \, \int_{t_q}^{t_{q'}} r(t)\mathrm{d}t = N, r(t) \geqslant 0, t \in [t_q, t_{q'}] \right. \right\} \tag{13.32}$$

规定每个出发率 $r(\cdot) \in \mathbb{C}\left([t_q, \tilde{t}] \cup (\tilde{t}, t_{q'}]\right)$。其中，$\mathbb{C}\left([t_q, \tilde{t}] \cup (\tilde{t}, t_{q'}]\right)$ 为区间 $[t_q, \tilde{t}]$ 和 $(\tilde{t}, t_{q'}]$ 上连续函数的空间，是一个无限维赋范空间。该空间上的范数被定义为 $\|\mathbf{r}\| = \sup\left\{|r(t)| \, t \in [t_q, t_{q'}]\right\}$。

假设通勤者在调整其出发时刻之前，知道前一次迭代中每个时刻的出行成本。当 Smith（1984）的比例交换系统被用来刻画瓶颈问题中通勤者离开时间选择的动态演化过程时，该系统可表示如下

$$r^{(n+1)}(t) = r^{(n)}(t) + \eta\Gamma^{(n)}(t) \tag{13.33}$$

$$\Gamma^{(n)}(t) = \int_{t_q}^{t_{q'}} \left(r^{(n)}(u) \left[C^{(n)}(u) - C^{(n)}(t) \right]_+ - r^{(n)}(t) \left[C^{(n)}(t) - C^{(n)}(u) \right]_+ \right) \mathrm{d}u \tag{13.34}$$

其中，$t \in [t_q, t_{q'}]$，$n = 0, 1, 2, \cdots$，初始出发率 $\mathbf{r}^{(0)} = \left(r^{(0)}(t), t \in [t_q, t_{q'}]\right) \in \Omega$。上标"$n$"指第 n 次迭代，例如，$r^{(n)}(t)$ 是第 n 次迭代中 t 时刻 RD 的通勤者出发率。映射 $[\cdot]_+ = \max\{\cdot, 0\}$。调节参数 $\eta > 0$ 要设置得足够小，以保证出发率的调整是逐渐的和细微的。

该系统描述了在每次迭代中，一定比例的较高出行成本时刻出发的通勤者将会调整到其他较低出行成本时刻出发。调整比例正比于较高出行成本时刻的出发率，以及较高成本与较低成本之间的差。

下面将从理论的角度说明当比例交换系统被用来刻画瓶颈问题中通勤者离开时间选择的动态演化过程时，系统演化轨迹不能收敛到动态用户均衡状态。

不失一般性，假设初始出发率 $r^{(0)}$ 在区间 $[t_q, \tilde{t}]$ 和 $(\tilde{t}, t_{q'}]$ 上关于 t 是连续的。基于该假设很容易得到如下两个性质：第一，根据 Trench（2003）中定理 3.2.8 和定理 3.3.9，$r^{(0)}$ 在区间 $[t_q, t_{q'}]$ 上是可积的；第二，从公式（13.24）可以看出初始出行时间 $T^{(0)}$ 在区间 $[t_q, t_{q'}]$ 上关于 t 是连续的。由条件 $\tilde{t} + T(\tilde{t}) = t^*$ 和公式（13.25），可知初始出行费用 $C^{(0)}$ 关于 $T^{(0)}$ 是连续的。所以 $C^{(0)}$ 在区间 $[t_q, t_{q'}]$

上关于 t 是连续的。进而，第 1 次迭代中的出发率 $r^{(1)}$（或 $\Gamma^{(0)}$）在区间 $[t_q, \tilde{t}]$ 和 $(\tilde{t}, t_{q'}]$ 上关于 t 是连续的。因此，该假设不仅保证了公式（13.24），（13.31）和（13.34）中定积分的定义对于比例交换系统是有意义的，也保证了任意第 n 次迭代中的出发率 $r^{(n)}$ 在区间 $[t_q, \tilde{t}]$ 和 $(\tilde{t}, t_{q'}]$ 上关于 t 是连续的。

显然，一个出发率是该比例交换系统的稳定点，当且仅当它是一个 DUE 点。结合 Lindsey（2004）中的唯一性命题，可知公式（13.26）中的 DUE 点 $\mathbf{r}^* = (r^*(t), t \in [t_q, t_{q'}])$ 是该动态系统的唯一稳定点。接下来，证明系统（13.33）和（13.34）的解轨迹不收敛于该 DUE 点。

令 $\bar{\Omega}$ 和 $\tilde{\Omega}$ 分别表示该 DUE 点 $\mathbf{r}^*$ 的两个邻域：

$$\bar{\Omega} \equiv \left\{ \mathbf{r} = (r^*(t) + \varepsilon(t), t \in [t_q, t_{q'}]) \,\Bigg|\, \int_{t_q}^{t_{q'}} \varepsilon(t)\mathrm{d}t = 0, |\varepsilon(t)| \leqslant \bar{\varepsilon}, t \in [t_q, t_{q'}] \right\} \tag{13.35}$$

$$\tilde{\Omega} \equiv \left\{ \mathbf{r} = (r^*(t) + \varepsilon(t), t \in [t_q, t_{q'}]) \,\Bigg|\, \int_{t_q}^{t_{q'}} \varepsilon(t)\mathrm{d}t = 0, |\varepsilon(t)| \leqslant \tilde{\varepsilon}, t \in [t_q, t_{q'}] \right\} \tag{13.36}$$

其中，这两个半径 $\bar{\varepsilon}$ 和 $\tilde{\varepsilon}$ 满足：

$$0 < \tilde{\varepsilon} << \bar{\varepsilon} < \min\left\{ \frac{\alpha s}{\alpha + \gamma}, \frac{\beta s}{\alpha - \beta} \right\} \tag{13.37}$$

则有 $\mathbf{r}^* \in \tilde{\Omega} \subset \bar{\Omega} \subset \Omega$ 成立。

令第 n 次迭代中的出发率 $\mathbf{r}^{(n)} = (r^{(n)}(t), t \in [t_q, t_{q'}])$ 属于集合 $\bar{\Omega} \backslash \tilde{\Omega}$。也就是说，在第 n 次迭代系统轨迹已经进入邻域 $\bar{\Omega}$，但尚未进入邻域 $\tilde{\Omega}$。那么，出发率 $\mathbf{r}^{(n)}$ 可以表示为

$$r^{(n)}(t) = \begin{cases} s + \dfrac{\beta s}{\alpha - \beta} + \varepsilon(t), & \text{对于} t \in [t_q, \tilde{t}] \\[2mm] s - \dfrac{\gamma s}{\alpha + \gamma} + \varepsilon(t), & \text{对于} t \in (\tilde{t}, t_{q'}] \end{cases} \tag{13.38}$$

根据公式（13.24），第 n 次迭代中对应的出行时间 $\mathbf{T}^{(n)} = (T^{(n)}(t), t \in [t_q, t_{q'}])$ 可表示为

$$T^{(n)}(t) = \begin{cases} \dfrac{\beta}{\alpha - \beta}(t - t_q) + \dfrac{1}{s}\displaystyle\int_{t_q}^{t} \varepsilon(u)\mathrm{d}u, & \text{对于} t \in [t_q, \tilde{t}] \\[4mm] \dfrac{\beta}{\alpha - \beta}(\tilde{t} - t_q) - \dfrac{\gamma}{\alpha + \gamma}(t - \tilde{t}) + \dfrac{1}{s}\displaystyle\int_{t_q}^{t} \varepsilon(u)\mathrm{d}u, & \text{对于} t \in (\tilde{t}, t_{q'}] \end{cases} \tag{13.39}$$

设 $\tilde{t}^{(n)}$ 表示出发率为 $\mathbf{r}^{(n)}$ 时准时到达 CBD 的通勤者的出发时刻, 即 $\tilde{t}^{(n)} + T^{(n)}(\tilde{t}^{(n)}) = t^*$。由公式 (13.25), 第 n 次迭代中对应的出行成本 $\mathbf{C}^{(n)} = (C^{(n)}(t), t \in [t_q, t_{q'}])$ 应分成三种不同的情况进行计算。当 $\tilde{t}^{(n)} < \tilde{t}$ 时, 出行成本为

$$
C^{(n)}(t) = \begin{cases}
\beta(t^* - t_q) + \dfrac{\alpha - \beta}{s} \displaystyle\int_{t_q}^{t} \varepsilon(u)\mathrm{d}u, & \text{对于} t \in [t_q, \tilde{t}^{(n)}] \\[3mm]
\dfrac{\alpha(\beta + \gamma)}{\alpha - \beta} t - \dfrac{\beta(\alpha + \gamma)}{\alpha - \beta} t_q - \gamma t^* + \dfrac{\alpha + \gamma}{s} \displaystyle\int_{t_q}^{t} \varepsilon(u)\mathrm{d}u, & \text{对于} t \in (\tilde{t}^{(n)}, \tilde{t}] \\[3mm]
\dfrac{(\alpha + \gamma)\beta}{\alpha - \beta}(\tilde{t} - t_q) + \gamma(\tilde{t} - t^*) + \dfrac{\alpha + \gamma}{s} \displaystyle\int_{t_q}^{t} \varepsilon(u)\mathrm{d}u, & \text{对于} t \in (\tilde{t}, t_{q'}]
\end{cases}
\tag{13.40}
$$

当 $\tilde{t}^{(n)} > \tilde{t}$ 时, 出行成本为

$$
C^{(n)}(t) = \begin{cases}
\beta(t^* - t_q) + \dfrac{\alpha - \beta}{s} \displaystyle\int_{t_q}^{t} \varepsilon(u)\mathrm{d}u, & \text{对于} t \in [t_q, \tilde{t}] \\[3mm]
\dfrac{\alpha(\beta + \gamma)}{\alpha + \gamma}(\tilde{t} - t) + \beta(t^* - t_q) + \dfrac{\alpha - \beta}{s} \displaystyle\int_{t_q}^{t} \varepsilon(u)\mathrm{d}u, & \text{对于} t \in (\tilde{t}, \tilde{t}^{(n)}] \\[3mm]
\dfrac{(\alpha + \gamma)\beta}{\alpha - \beta}(\tilde{t} - t_q) + \gamma(\tilde{t} - t^*) + \dfrac{\alpha + \gamma}{s} \displaystyle\int_{t_q}^{t} \varepsilon(u)\mathrm{d}u, & \text{对于} t \in (\tilde{t}^{(n)}, t_{q'}]
\end{cases}
\tag{13.41}
$$

当 $\tilde{t}^{(n)} = \tilde{t}$ 时, 出行成本为

$$
C^{(n)}(t) = \begin{cases}
\beta(t^* - t_q) + \dfrac{\alpha - \beta}{s} \displaystyle\int_{t_q}^{t} \varepsilon(u)\mathrm{d}u, & \text{对于} t \in [t_q, \tilde{t}] \\[3mm]
\dfrac{(\alpha + \gamma)\beta}{\alpha - \beta}(\tilde{t} - t_q) + \gamma(\tilde{t} - t^*) + \dfrac{\alpha + \gamma}{s} \displaystyle\int_{t_q^*}^{t} \varepsilon(u)\mathrm{d}u, & \text{对于} t \in (\tilde{t}, t_{q'}]
\end{cases}
\tag{13.42}
$$

从前面的分析可知, 对于 $\tilde{t}^{(n)} < \tilde{t}$, $\tilde{t}^{(n)} > \tilde{t}$ 和 $\tilde{t}^{(n)} = \tilde{t}$ 这三种情况, 公式 (13.40) $\sim$ (13.42) 中的出行成本 $C^{(n)}$ 在区间 $[t_q, t_{q'}]$ 上关于 t 是连续的。另外, 集合 $[t_q, t_{q'}]$ 是紧集 (有界闭集)。因此, 根据 Trench (2003) 中定理 2.2.9, 对于这三种情况中任意一种, 最小点 $t_{\min}$ 和最大点 $t_{\max}$ 存在于集合 $[t_q, t_{q'}]$ 中, 使出行成本 $C^{(n)}$ 分别取最小值和最大值。以下是关于 $t_{\min}$ 和 $t_{\max}$ 的 5 个性质 (引理 13.1$\sim$ 引理 13.5)。

引理 13.1 对于 $\tilde{t}^{(n)} < \tilde{t}$, $\tilde{t}^{(n)} > \tilde{t}$ 和 $\tilde{t}^{(n)} = \tilde{t}$ 三种情况的任意一种, 不等式 $C^{(n)}(t_{\min}) < C^{(n)}(t_{\max})$ 成立, 或等价地有 $C^{(n)}(t_{\min}) = C^{(n)}(t_{\max})$ 不成立。

证明 由定义, $C^{(n)}(t_{\min}) \leqslant C^{(n)}(t_{\max})$ 成立。如果 $C^{(n)}(t_{\min}) = C^{(n)}(t_{\max})$, 则对于区间 $[t_q, t_{q'}]$ 中任意两个不同时刻 t_1 和 t_2, 有 $C^{(n)}(t_1) = C^{(n)}(t_2)$ 成立,

进而有 $\mathbf{r}^{(n)} = \mathbf{r}^*$ 成立。这与第 n 次迭代中出发率 $\mathbf{r}^{(n)}$ 属于集合 $\bar{\Omega} \backslash \tilde{\Omega}$ 的前提相矛盾。

所以，$t_{\min}$ 和 $t_{\max}$ 之间只存在两种可能情况：$t_{\min} < t_{\max}$ 或者 $t_{\min} > t_{\max}$。

引理 13.2　对于 $\tilde{t}^{(n)} < \tilde{t}$ 的情形，最小点 $t_{\min}$ 在区间 $[\tilde{t}^{(n)}, \tilde{t}]$ 之外，换言之，$t_{\min}$ 属于区间 $[t_q, \tilde{t}^{(n)}) \cup (\tilde{t}, t_{q'}]$。

证明　由出发时间 $\tilde{t}^{(n)}$ 的定义和公式（13.39）可以得出

$$\int_{t_q}^{\tilde{t}^{(n)}} \varepsilon(u)\mathrm{d}u = s\left(t^* + \frac{\beta}{\alpha - \beta}t_q - \frac{\alpha}{\alpha - \beta}\tilde{t}^{(n)}\right) \tag{13.43}$$

对于任意 $t \in [\tilde{t}^{(n)}, \tilde{t}]$，根据公式（13.40）有

$$
\begin{aligned}
C^{(n)}(t) &= \frac{\alpha(\beta + \gamma)}{\alpha - \beta}t - \frac{\beta(\alpha + \gamma)}{\alpha - \beta}t_q - \gamma t^* + \frac{\alpha + \gamma}{s}\int_{t_q}^{t}\varepsilon(u)\mathrm{d}u \\
&= \frac{\alpha(\beta + \gamma)}{\alpha - \beta}(t - \tilde{t}^{(n)}) + \alpha(t^* - \tilde{t}^{(n)}) + \frac{\alpha + \gamma}{s}\int_{\tilde{t}^{(n)}}^{t}\varepsilon(u)\mathrm{d}u \\
&> \frac{\alpha(\beta + \gamma)}{\alpha - \beta}(t - \tilde{t}^{(n)}) + \alpha(t^* - \tilde{t}^{(n)}) + \frac{\alpha + \gamma}{s}\int_{\tilde{t}^{(n)}}^{t}\left(-\frac{\beta s}{\alpha - \beta}\right)\mathrm{d}u \\
&> \gamma(t - \tilde{t}^{(n)}) + \alpha(t^* - \tilde{t}) \geqslant C^{(n)}(t_q) \tag{13.44}
\end{aligned}
$$

将公式（13.43）代入第一个等式右侧的第四项，可以得出上述第二个等式。第一个不等式由不等式（13.37）推出。第二个不等式由 $\tilde{t}^{(n)} < \tilde{t}$ 得到。最后一个不等式由 $t \geqslant \tilde{t}^{(n)}$ 和公式 $C^{(n)}(t_q) = \alpha(t^* - \tilde{t})$ 推导得出。对于任何 $t \in [\tilde{t}^{(n)}, \tilde{t}]$，有 $C^{(n)}(t) > C^{(n)}(t_q)$ 成立。因此，最小点 $t_{\min}$ 在区间 $[\tilde{t}^{(n)}, \tilde{t}]$ 之外。

引理 13.3　对于 $\tilde{t}^{(n)} > \tilde{t}$ 的情形，最大点 $t_{\max}$ 在区间 $[\tilde{t}, \tilde{t}^{(n)}]$ 之外，换言之，$t_{\max}$ 属于区间 $[t_q, \tilde{t}) \cup (\tilde{t}^{(n)}, t_{q'}]$。

证明　结合出发时间 $\tilde{t}^{(n)}$ 的定义和公式（13.39），可以得出

$$\int_{t_q}^{\tilde{t}^{(n)}} \varepsilon(u)\mathrm{d}u = s\left(t^* + \frac{\beta}{\alpha - \beta}t_q - \frac{\alpha(\beta + \gamma)}{(\alpha - \beta)(\alpha + \gamma)}\tilde{t} - \frac{\alpha}{\alpha + \gamma}\tilde{t}^{(n)}\right) \tag{13.45}$$

对于任意 $t \in [\tilde{t}^{(n)}, \tilde{t}]$，由公式（13.41）得到

$$
\begin{aligned}
C^{(n)}(t) &= \frac{\alpha(\beta + \gamma)}{\alpha + \gamma}(\tilde{t} - t) + \beta(t^* - t_q) + \frac{\alpha - \beta}{s}\int_{t_q}^{t}\varepsilon(u)\mathrm{d}u \\
&= \frac{\alpha(\beta + \gamma)}{\alpha + \gamma}(\tilde{t}^{(n)} - t) + \alpha(t^* - \tilde{t}^{(n)}) - \frac{\alpha - \beta}{s}\int_{t}^{\tilde{t}^{(n)}}\varepsilon(u)\mathrm{d}u
\end{aligned}
$$

$$< \frac{\alpha(\beta+\gamma)}{\alpha+\gamma}(\tilde{t}^{(n)}-t) + \alpha(t^*-\tilde{t}^{(n)}) - \frac{\alpha-\beta}{s}\int_t^{\tilde{t}^{(n)}}\left(-\frac{\alpha s}{\alpha+\gamma}\right)\mathrm{d}u$$

$$= \alpha(t^*-t) \leqslant \alpha(t^*-\tilde{t}) = C^{(n)}(t_q) \tag{13.46}$$

将公式（13.45）代入第一个等式右侧的第三项，可以得到上述第二个等式。第一个不等式由不等式（13.37）推出。第二个不等式由 $t \geqslant \tilde{t}$ 得到。最后一个等式由公式 $C^{(n)}(t_q) = \alpha(t^* - \tilde{t})$ 推导得出。对于任意 $t \in [\tilde{t}, \tilde{t}^{(n)}]$，有 $C^{(n)}(t) < C^{(n)}(t_q)$ 成立。因此，最大点 $t_{\max}$ 在区间 $[\tilde{t}, \tilde{t}^{(n)}]$ 之外。

引理 13.4 对于 $\tilde{t}^{(n)} < \tilde{t}$，$\tilde{t}^{(n)} > \tilde{t}$ 和 $\tilde{t}^{(n)} = \tilde{t}$ 三种情形的任意一种，总存在两个正数 $\delta_{\min}$ 和 $\delta_{\max}$，使对于 $t \in [t_{\min}, t_{\min}+\delta_{\min}]$，有 $\varepsilon(t) \geqslant 0$ 和 $\Gamma^{(n)}(t) > 0$ 成立；对于 $t \in [t_{\max}, t_{\max}+\delta_{\max}]$，有 $\varepsilon(t) \leqslant 0$ 和 $t \in [t_{\max}, t_{\max}+\delta_{\max}]$ 成立。

证明 对于这三种情形的任意一种，都有 $C^{(n)}(t_q) = C^{(n)}(t_{q'})$ 成立。因此，如果最小（或最大）出行成本落在两个边界点 t_q 和 $t_{q'}$ 上，则将最小（或最大）点取作左边界点 t_q。鉴于出行成本 $C^{(n)}$ 在区间 $[t_q, t_{q'}]$ 上是连续的，可以得出存在两个正数 $\bar{\delta}_{\min}$ 和 $\bar{\delta}_{\max}$，使出行成本 $C^{(n)}$ 在区间 $[t_{\min}, t_{\min}+\bar{\delta}_{\min}]$ 上关于 t 是非减的，在区间 $[t_{\max}, t_{\max}+\bar{\delta}_{\max}]$ 上关于 t 是非增的。换言之，出行成本 $C^{(n)}$ 关于 t 的导数在区间 $[t_{\min}, t_{\min}+\bar{\delta}_{\min}]$ 上是非负的，在区间 $[t_{\max}, t_{\max}+\bar{\delta}_{\max}]$ 上是非正的。

当 $\tilde{t}^{(n)} < \tilde{t}$ 时，公式（13.40）中的 ε 在区间 $[t_q, \tilde{t}]$ 和 $(\tilde{t}, t_{q'}]$ 上关于 t 是连续的。因此，根据 Trench（2003）中定理 3.3.11，可以得到 $C^{(n)}$ 关于 t 的导数：

$$\frac{\mathrm{d}C^{(n)}(t)}{\mathrm{d}t} = \begin{cases} \dfrac{\alpha-\beta}{s}\varepsilon(t), & \text{对于 } t \in [t_q, \tilde{t}^{(n)}] \\[2mm] \dfrac{\alpha(\beta+\gamma)}{\alpha-\beta} + \dfrac{\alpha+\gamma}{s}\varepsilon(t), & \text{对于 } t \in (\tilde{t}^{(n)}, \tilde{t}] \\[2mm] \dfrac{\alpha+\gamma}{s}\varepsilon(t), & \text{对于 } t \in (\tilde{t}, t_{q'}] \end{cases} \tag{13.47}$$

由引理 13.2 可知，区间 $[t_{\min}, t_{\min}+\bar{\delta}_{\min}] \subset [t_q, \tilde{t}^{(n)}] \cup (\tilde{t}, t_{q'}]$。因此，由条件 $\gamma > \alpha > \beta > 0$ 和 $s > 0$ 得到，对于 $t \in [t_{\min}, t_{\min}+\bar{\delta}_{\min}]$，有 $\varepsilon(t) \geqslant 0$ 成立。类似地，对于 $t \in [t_{\max}, t_{\max}+\bar{\delta}_{\max}]$，有 $\varepsilon(t) \leqslant 0$ 成立。

当 $\tilde{t}^{(n)} > \tilde{t}$ 时，$C^{(n)}$ 关于 t 的导数是

$$\frac{\mathrm{d}C^{(n)}(t)}{\mathrm{d}t} = \begin{cases} \dfrac{\alpha-\beta}{s}\varepsilon(t), & \text{对于 } t \in [t_q, \tilde{t}] \\[2mm] -\dfrac{\alpha(\beta+\gamma)}{\alpha+\gamma} + \dfrac{\alpha-\beta}{s}\varepsilon(t), & \text{对于 } t \in (\tilde{t}, \tilde{t}^{(n)}] \\[2mm] \dfrac{\alpha+\gamma}{s}\varepsilon(t), & \text{对于 } t \in (\tilde{t}^{(n)}, t_{q'}] \end{cases} \tag{13.48}$$

因此, 对于 $t \in [t_{\min}, t_{\min} + \bar{\delta}_{\min}]$, 有 $\varepsilon(t) \geqslant 0$ 成立。同时, 根据引理 13.3, 对于 $t \in [t_{\max}, t_{\max} + \bar{\delta}_{\max}]$, 有 $\varepsilon(t) \leqslant 0$ 成立。

当 $\tilde{t}^{(n)} = \tilde{t}$ 时, $C^{(n)}$ 关于 t 的导数是

$$\frac{\mathrm{d}C^{(n)}(t)}{\mathrm{d}t} = \begin{cases} \dfrac{\alpha - \beta}{s}\varepsilon(t), & \text{对于}\, t \in [t_q, \tilde{t}] \\[2mm] \dfrac{\alpha + \gamma}{s}\varepsilon(t), & \text{对于}\, t \in (\tilde{t}, t_{q'}] \end{cases} \tag{13.49}$$

因此, 对于 $t \in [t_{\min}, t_{\min} + \bar{\delta}_{\min}]$, 有 $\varepsilon(t) \geqslant 0$ 成立。对于 $t \in [t_{\max}, t_{\max} + \bar{\delta}_{\max}]$, 有 $\varepsilon(t) \leqslant 0$ 成立。

结合公式 (13.34) 和 $t_{\min}$ 的定义产生:

$$\Gamma^{(n)}(t_{\min}) = \int_{t_q}^{t_{q'}} \left(r^{(n)}(u) \left(C^{(n)}(u) - C^{(n)}(t_{\min}) \right) \right) \mathrm{d}u$$

$$\geqslant \left(\frac{\alpha s}{\alpha - \beta} - \bar{\varepsilon} \right) \int_{t_q}^{\tilde{t}} \left(C^{(n)}(u) - C^{(n)}(t_{\min}) \right) \mathrm{d}u$$

$$+ \left(\frac{\alpha s}{\alpha + \gamma} - \bar{\varepsilon} \right) \int_{\tilde{t}}^{t_{q'}} \left(C^{(n)}(u) - C^{(n)}(t_{\min}) \right) \mathrm{d}u > 0 \tag{13.50}$$

第一个不等式由如下条件推出: 对于 $u \in [t_q, t_{q'}]$, 条件 $\varepsilon(u) \geqslant -\bar{\varepsilon}$ 成立。第二个不等式由如下前提条件得出 $\bar{\varepsilon} < \min\{\beta s/(\alpha - \beta), \alpha s/(\alpha + \gamma)\}$, $\alpha > \beta$, $\mathbf{r}^{(n)} \in \bar{\Omega}\backslash\tilde{\Omega}$ 和 $C^{(n)}$ 在区间 $[t_q, t_{q'}]$ 上关于 t 是连续的。从先前的分析可知, $\Gamma^{(n)}$ 在区间 $[t_q, \tilde{t}]$ 和 $(\tilde{t}, t_{q'}]$ 上关于 t 是连续的。因此, 对于这三种情况的任意一种, 总存在一个正数 $\tilde{\delta}_{\min}$, 使对于 $t \in [t_{\min}, t_{\min} + \tilde{\delta}_{\min}]$, 有 $\Gamma^{(n)}(t) > 0$ 成立。

类似地, 结合公式 (13.34) 和 $t_{\max}$, 可得

$$\Gamma^{(n)}(t_{\max}) = -\int_{t_q}^{t_{q'}} \left(r^{(n)}(t_{\max}) \left(C^{(n)}(t_{\max}) - C^{(n)}(u) \right) \right) \mathrm{d}u < 0 \tag{13.51}$$

因此, 对于这三种情况的任意一种, 总存在一个正数 $\tilde{\delta}_{\max}$, 使对于 $t \in [t_{\max}, t_{\max} + \tilde{\delta}_{\max}]$, 有 $\Gamma^{(n)}(t) < 0$ 成立。取 $\delta_{\min} = \min\{\bar{\delta}_{\min}, \tilde{\delta}_{\min}\}$ 和 $\delta_{\max} = \min\{\bar{\delta}_{\max}, \tilde{\delta}_{\max}\}$。因此, 引理 (13.4) 成立。

引理 13.4 表明对于 $t \in [t_{\min}, t_{\min} + \delta_{\min}]$ (对于 $t \in [t_{\max}, t_{\max} + \delta_{\max}]$), 尽管第 n 次迭代中的出发率 $r^{(n)}(t)$ 不小于 (不大于) 均衡出发率 $r^*(t)$, 但第 $n+1$ 次迭代中的出发率 $r^{(n+1)}(t)$ 仍然会上升 (下降)。以下引理给出了振荡幅度 $\Gamma^{(n)}(t_{\min}) - \Gamma^{(n)}(t_{\max})$ 的一个下界。

引理 13.5 振荡幅度 $\Gamma^{(n)}(t_{\min}) - \Gamma^{(n)}(t_{\max})$ 满足如下不等式:

$$\Gamma^{(n)}(t_{\min}) - \Gamma^{(n)}(t_{\max}) \geqslant N\left(\frac{\alpha}{\alpha+\gamma} - \frac{\bar{\varepsilon}}{s}\right)\left(C^{(n)}(t_{\max}) - C^{(n)}(t_{\min})\right) \quad (13.52)$$

证明 结合公式 (13.38) 和条件 $\mathbf{r}^{(n)} \in \bar{\Omega} \backslash \tilde{\Omega}$, 可以得到

$$r^{(n)}(t) \geqslant \frac{\alpha s}{\alpha-\beta} - \bar{\varepsilon} > \frac{\alpha s}{\alpha+\gamma} - \bar{\varepsilon}, \quad \text{对于} t \in [t_q, \tilde{t}] \quad (13.53)$$

$$r^{(n)}(t) \geqslant \frac{\alpha s}{\alpha+\gamma} - \bar{\varepsilon}, \quad \text{对于} t \in (\tilde{t}, t_{q'}] \quad (13.54)$$

因此, 由公式 (13.34), 以及 $t_{\min}$ 和 $t_{\max}$ 的定义, 可以得到

$$\Gamma^{(n)}(t_{\min}) - \Gamma^{(n)}(t_{\max})$$

$$= \int_{t_q}^{t_{q'}} \left(r^{(n)}(u)\left(C^{(n)}(u) - C^{(n)}(t_{\min})\right)\right) \mathrm{d}u$$

$$+ \int_{t_q}^{t_{q'}} \left(r^{(n)}(t_{\max})\left(C^{(n)}(t_{\max}) - C^{(n)}(u)\right)\right) \mathrm{d}u$$

$$\geqslant \left(\frac{\alpha s}{\alpha+\gamma} - \bar{\varepsilon}\right)\int_{t_q}^{t_{q'}} \left(C^{(n)}(u) - C^{(n)}(t_{\min})\right) \mathrm{d}u$$

$$+ \left(\frac{\alpha s}{\alpha+\gamma} - \bar{\varepsilon}\right)\int_{t_q}^{t_{q'}} \left(C^{(n)}(t_{\max}) - C^{(n)}(u)\right) \mathrm{d}u$$

$$= \left(\frac{\alpha s}{\alpha+\gamma} - \bar{\varepsilon}\right)(t_{q'} - t_q)\left(C^{(n)}(t_{\max}) - C^{(n)}(t_{\min})\right)$$

$$= N\left(\frac{\alpha}{\alpha+\gamma} - \frac{\bar{\varepsilon}}{s}\right)\left(C^{(n)}(t_{\max}) - C^{(n)}(t_{\min})\right) \quad (13.55)$$

将公式 (13.27) 和 (13.28) 代入第二个等式的右侧, 可以得到最后一个等式。

对于任意 $\mathbf{r}^{(n)} \in \bar{\Omega} \backslash \tilde{\Omega}$, 有 $C^{(n)}(t_{\max}) - C^{(n)}(t_{\min}) > h$ 成立, 此处, h 是一个正数。由不等式 (13.52) 可以得到

$$\Gamma^{(n)}(t_{\min}) - \Gamma^{(n)}(t_{\max}) > Nh\left(\frac{\alpha}{\alpha+\gamma} - \frac{\bar{\varepsilon}}{s}\right), \quad \text{对于任意} \mathbf{r}^{(n)} \in \bar{\Omega} \backslash \tilde{\Omega} \quad (13.56)$$

此外, $\Gamma^{(n)}$ 在区间 $[t_q, \tilde{t}]$ 和 $(\tilde{t}, t_{q'}]$ 上关于 t 是连续的。因此, 存在三个较小的正数 $\hat{\delta}_{\min}$, $\hat{\delta}_{\max}$ 和 $\hat{h}$ 使

$$\Gamma^{(n)}(t_1) - \Gamma^{(n)}(t_2) > Nh\left(\frac{\alpha}{\alpha+\gamma} - \frac{\bar{\varepsilon}}{s}\right) - \hat{h} \quad (13.57)$$

对于任意 $t_1 \in [t_{\min}, t_{\min} + \hat{\delta}_{\min}]$ 和 $t_2 \in [t_{\max}, t_{\max} + \hat{\delta}_{\max}]$。

当通勤者总数 N 大于一定值时，使

$$Nh\left(\frac{\alpha}{\alpha+\gamma} - \frac{\bar{\varepsilon}}{s}\right) - \hat{h} > \frac{2\tilde{\varepsilon}}{\eta} \tag{13.58}$$

即

$$N > \frac{s(2\tilde{\varepsilon} + \eta\hat{h})(\alpha+\gamma)}{\eta h\left(\alpha s - \bar{\varepsilon}(\alpha+\gamma)\right)} \tag{13.59}$$

结合引理 13.4 和不等式（13.57），可得结论：在第 $n+1$ 次迭代中的出发率 $\mathbf{r}^{(n+1)}$ 仍然在邻域 $\tilde{\Omega}$ 外面。如此，比例交换系统的求解轨迹就始终在邻域 $\tilde{\Omega}$ 外面。需要注意的是，如果该系统的轨迹可以收敛到 DUE 点 $\mathbf{r}^*$，则轨迹将在有限次迭代内进入邻域 $\tilde{\Omega}$ 内。因此，可以得到如下关于该系统演化轨迹的非收敛性定理。

定理 13.1　如果不等式（13.59）成立，那么，比例交换系统的演化轨迹永远不会进入邻域 $\tilde{\Omega}$ 内。

定理 13.1 表明如果通勤者的数量大于某个阈值，那么，比例交换系统的演化轨迹就不会收敛到 DUE 点。从定理 13.1 的证明可以看出 day-to-day 动态非收敛的原因。实际上，当该系统的轨迹进入 DUE 点的一个邻域时，出发率由公式（13.38）表示，对应的出行成本由公式（13.40）～（13.42）刻画。这些公式表明先离开 RD 的通勤者数量将影响后离开通勤者的出行成本。而且，随着先离开通勤者的数量增加（减少），后离开通勤者的出行成本也会增加（减少）。这导致了尽管某个时刻的出发率不小于（不大于）该时刻的均衡出发率，但是该时刻出发通勤者的出行费用是较低的（较高的）。

此外，在比例交换系统中通勤者倾向于在较低出行成本时刻出发。因此，尽管某个时刻的出发率不小于（不大于）该时刻的均衡出发率，但是在下一次更新时，该时刻的出发率仍会有所增加（降低）。从公式（13.56）可以看出，增加率（减少率），即，出发率的波动，与通勤者总数成正比。因此，当通勤者总数较大时，随着系统迭代次数的增加，出发率的调整轨迹总是在 DUE 点的一个较小邻域之外。

值得一提的是，条件（13.59）并不是通勤人数 N 和瓶颈通行能力 s 的零阶齐次函数（homogeneous-of-degree-zero function）。这是因为 s 同时出现在条件（13.59）右边的分子和分母中。如果 N 和 s 按相同的比例增加，则条件（13.59）更有可能成立。这表明通勤者总数决定着调整过程是否收敛，而不是出发时间的持续时间 $t_{q'} - t_q = N/s$。

以上理论结果也适用于其他类的动态系统。当网络试错过程（Friesz et al.，1994）、单纯引力流动态（Smith，1983）、投影动态系统（Zhang and Nagurney，1996；Nagurney and Zhang，1997）和演化交通动态（Sandholm，2001；Yang，2005）被用于刻画瓶颈模型中通勤者离开时间选择的动态调整过程时，这些动态系统描述了相同的行为机制，即，通勤者偏好于在较低出行成本的时刻出发。类似地，可以展现，当这四类动态系统的轨迹接近 DUE 点时，尽管在一些时刻的出发率不小于（不大于）均衡出发率，但是在随后的更新中，这些时刻的出发率仍会继续增加（减少）。当通勤者数量较大时，由于出发率和出行成本之间的相互影响，出发率的波动不会随着迭代次数的增加而减小。所以，在通勤人数大于某个阈值的前提下，这四类动态系统的演化轨迹不能收敛到 DUE 点。

除了上述数学推导以外，还可以从数值仿真的角度验证这些动态系统的演化轨迹的非收敛性。考虑到上述调整过程在计算机上的实现是基于离散时间的，以下简要给出这些动态系统的离散表达形式。读者可自行将这些离散表达形式运用于具体的数值算例中，进一步探究对应动态系统演化轨迹的非收敛性。

首先，将时间区间 $[0, \bar{T}]$ 离散成 M 个时间段，每个时间段的长度为 Δt，即 $M \Delta t = \bar{T}$。设 $\mathbf{r} = (r(i), i = 1, 2, \cdots, M)^{\mathrm{T}}$ 是出发率向量，其中，$r(i)$ 是时间段 i 的出发率。那么，可行出发率的集合可表示为

$$\Omega \equiv \left\{ \mathbf{r} = (r(i), i = 1, 2, \cdots, M)^{\mathrm{T}} \,\middle|\, \sum_{i=1}^{M} r(i) \Delta t = N, r(i) \geqslant 0, i = 1, 2, \cdots, M \right\}$$

$$(13.60)$$

集合 Ω 是非空的、紧的和凸的。

设 $\mathbf{C} = (C(i), i = 1, 2, \cdots, M)^{\mathrm{T}}$ 是出行成本向量，其中，$C(i)$ 是第 i 个时间段离开 RD 的通勤者的出行成本。对于 $i = 1, 2, \cdots, M$，出行成本 $C(i)$ 表示为

$$C(i) = \begin{cases} \alpha T(i) + \beta \left(t^* - (i-1)\Delta t - T(i) \right), & \text{如果}(i-1)\Delta t + T(i) \leqslant t^* \\ \alpha T(i) + \gamma \left((i-1)\Delta t + T(i) - t^* \right), & \text{如果}(i-1)\Delta t + T(i) > t^* \end{cases}$$

$$(13.61)$$

在第 i 个时间段出发的通勤者的出行时间 $T(i) = D(i)/s$（假设自由流出行时间为 0）。第 i 个时间段瓶颈处排队长度 $D(i)$ 被刻画为

$$D(i) = [D(i-1) + (r(i) - s)\Delta t]_+ \tag{13.62}$$

并规定 $D(0) = 0$。

接下来，给出以上五类动态系统的离散表达形式。

（1）比例交换系统

$$r^{(n+1)}(i) = r^{(n)}(i) + \eta \Gamma^{(n)}(i) \tag{13.63}$$

$$\Gamma^{(n)}(i) = \sum_{j=1}^{M} \left(r^{(n)}(j) \left[C^{(n)}(j) - C^{(n)}(i) \right]_+ - r^{(n)}(i) \left[C^{(n)}(i) - C^{(n)}(j) \right]_+ \right)$$

$$(13.64)$$

对于 $i = 1, 2, \cdots, M$，$n = 0, 1, 2, \cdots$ 和 $\mathbf{r}^{(0)} \in \Omega$。其中，调整参数 $\eta > 0$。

（2）网络试错过程

$$\mathbf{r}^{(n+1)} = \mathbf{r}^{(n)} + \bar{\eta} \boldsymbol{\Gamma}^{(n)} \qquad (13.65)$$

$$\boldsymbol{\Gamma}^{(n)} = P_\Omega \left(\mathbf{r}^{(n)} - \bar{\theta} \mathbf{C}^{(n)} \right) - \mathbf{r}^{(n)} \qquad (13.66)$$

对于 $n = 0, 1, 2, \cdots$ 和 $\mathbf{r}^{(0)} \in \Omega$。其中，调整参数 $\bar{\eta}$ 满足 $0 < \bar{\eta} \leqslant 1$，敏感参数 $\bar{\theta} > 0$。从 R^M 到 Ω 上的投影映射 P_Ω 定义为

$$P_\Omega(\mathbf{u}) = \arg \min_{\mathbf{v} \in \Omega} \frac{1}{2} (\mathbf{v} - \mathbf{u})^{\mathrm{T}} (\mathbf{v} - \mathbf{u}) \qquad (13.67)$$

（3）单纯引力流动态

$$r^{(n+1)}(i) = r^{(n)}(i) + \tilde{\eta} \Gamma^{(n)}(i) \qquad (13.68)$$

$$\Gamma^{(n)}(i) = \frac{1}{\displaystyle\sum_{j=1}^{M} \left[\frac{\Delta t}{N} \left(\mathbf{r}^{(n)} \right)^{\mathrm{T}} \mathbf{C}^{(n)} - C^{(n)}(j) \right]_+}$$
$$\times \left(N \left[\frac{\Delta t}{N} \left(\mathbf{r}^{(n)} \right)^{\mathrm{T}} \mathbf{C}^{(n)} - C^{(n)}(i) \right]_+ \right.$$
$$\left. - r^{(n)}(i) \Delta t \sum_{j=1}^{M} \left[\frac{\Delta t}{N} \left(\mathbf{r}^{(n)} \right)^{\mathrm{T}} \mathbf{C}^{(n)} - C^{(n)}(j) \right]_+ \right) \qquad (13.69)$$

对于 $i = 1, 2, \cdots, M$，$n = 0, 1, 2, \cdots$ 和 $\mathbf{r}^{(0)} \in \Omega$。其中，调整参数 $\tilde{\eta} > 0$。

（4）投影动态系统

$$\mathbf{r}^{(n+1)} = \mathbf{r}^{(n)} + \hat{\eta} \boldsymbol{\Gamma}^{(n)} \qquad (13.70)$$

$$\boldsymbol{\Gamma}^{(n)} = \frac{P_\Omega \left(\mathbf{r}^{(n)} - \theta \mathbf{C}^{(n)} \right) - \mathbf{r}^{(n)}}{\theta} \qquad (13.71)$$

对于 $n = 0, 1, 2, \cdots$ 和 $\mathbf{r}^{(0)} \in \Omega$。其中，调整参数 $\hat{\eta}$ 和敏感参数 θ 均为正。

（5）演化交通动态

$$r^{(n+1)}(i) = r^{(n)}(i) + \hat{\eta} \Gamma^{(n)}(i) \qquad (13.72)$$

$$\Gamma^{(n)}(i) = N\left[\frac{\Delta t}{N}\left(\mathbf{r}^{(n)}\right)^{\mathrm{T}}\mathbf{C}^{(n)} - C^{(n)}(i)\right]_{+}$$

$$- r^{(n)}(i)\Delta t\sum_{j=1}^{M}\left[\frac{\Delta t}{N}\left(\mathbf{r}^{(n)}\right)^{\mathrm{T}}\mathbf{C}^{(n)} - C^{(n)}(j)\right]_{+} \tag{13.73}$$

对于 $i = 1, 2, \cdots, M$，$n = 0, 1, 2, \cdots$ 和 $\mathbf{r}^{(0)} \in \Omega$。其中，调整参数 $\breve{\eta} > 0$。

13.3.3 基于有限理性的双动态网络模型及其性质

在现实中，完全理性的概念并不完全符合实际出发时间选择（或路径选择）行为，也就是说，通勤者可能并不总是选择具有最小出行成本的出发时间（或路径），这可能是不完全出行信息和决策中的某些惯性造成的。因此，建立刻画有限理性条件下通勤者的出发时间选择调整动态具有现实和理论意义。

本节基于扩展比例交换系统和网络试错过程，给出了有限理性条件下通勤者出发时间选择的 day-to-day 演化过程，并证明了这两个系统稳定点的存在性，以及稳定状态与有限理性用户均衡状态之间的等价性。

假设每一天通勤者可以在时间区间 $[0, \bar{T}]$ 内调整或选择其出发时间。该时间区间包含了均衡状态下排队开始到消散的时间段 $[t_q, t_{q'}]$，即 $[0, \bar{T}] \supseteq [t_q, t_{q'}]$。此处，考虑时间离散的情形，时间区间 $[0, \bar{T}]$ 被离散成 M 个长度相等的时间段，每个时间段的长度为 Δt，即 $M\Delta t = \bar{T}$。Δt 足够小，使离散时间系统能够很好地近似连续时间系统。每个时间段的出发率是常数。记 $\mathbf{r} = (r_i, i = 1, 2, \cdots, M)^{\mathrm{T}}$ 为出发率向量，其中，r_i 为第 i 个时间段的出发率。那么，可行出发率集合可表示为

$$\Omega \equiv \left\{\mathbf{r} = (r_i, i = 1, 2, \cdots, M)^{\mathrm{T}} \left| \sum_{i=1}^{M} r_i\Delta t = N, r_i \geqslant 0, i = 1, 2, \cdots, M\right.\right\} \tag{13.74}$$

显然，集合 Ω 是非空的、紧的（有界闭的）和凸的。

记 $T_i(\mathbf{r})$ 表示出发率分布为 $\mathbf{r}$ 时第 i 个时间段离开家的通勤者的出行时间，则

$$T_i(\mathbf{r}) = T^f + T_i^v(\mathbf{r}) \tag{13.75}$$

其中，T^f 是从家到公司的自由流出行时间（设置为零），$T_i^v(\mathbf{r})$ 是瓶颈处的排队时间。$\mathbf{T}(\mathbf{r}) = (T_i(\mathbf{r}), i = 1, 2, \cdots, M)^{\mathrm{T}}$ 是出行时间向量，$\mathbf{T}^v(\mathbf{r}) = (T_i^v(\mathbf{r}), i = 1, 2, \cdots, M)^{\mathrm{T}}$ 是排队时间向量。令 $D_i(\mathbf{r})$ 为第 i 个时间段瓶颈处队列长度，根据 Ramadurai 等（2010），$D_i(\mathbf{r})$ 可表示为

$$D_i(\mathbf{r}) = \begin{cases} [(r_i - s)\Delta t]_+, & \text{对于} i = 1 \\ [D_{i-1}(\mathbf{r}) + (r_i - s)\Delta t]_+, & \text{对于} i = 2, 3, \cdots, M \end{cases} \tag{13.76}$$

其中，映射 $[\cdot]_+ = \max\{\cdot, 0\}$。$\mathbf{D}(\mathbf{r}) = (D_i(\mathbf{r}), i = 1, 2, \cdots, M)^{\mathrm{T}}$ 为排队长度向量。在第 i 个时间段出发的通勤者的排队时间为 $T_i^v(\mathbf{r}) = D_i(\mathbf{r})/s$。

设 $C_i(\mathbf{r})$ 是出发率分布为 $\mathbf{r}$ 时在时间步 i 出发的通勤者的出行成本，$\mathbf{C}(\mathbf{r}) = (C_i(\mathbf{r}), i = 1, 2, \cdots, M)^{\mathrm{T}}$ 为出行成本向量。对于 $i = 1, 2, \cdots, M$，出行成本 $C_i(\mathbf{r})$ 被表示为

$$C_i(\mathbf{r}) = \begin{cases} \alpha T_i(\mathbf{r}) + \beta\left(t^* - (i-1)\Delta t - T_i(\mathbf{r})\right), & \text{如果}(i-1)\Delta t + T_i(\mathbf{r}) \leqslant t^* \\ \alpha T_i(\mathbf{r}) + \gamma\left((i-1)\Delta t + T_i(\mathbf{r}) - t^*\right), & \text{如果}(i-1)\Delta t + T_i(\mathbf{r}) > t \end{cases}$$

$$(13.77)$$

其中，α, β 和 γ 分别是出行时间、早到时间惩罚和晚到时间惩罚的价值，它们满足 $\gamma > \alpha > \beta > 0$，$t^*$ 是通勤者的偏好到达时间。令 $\mathbf{T}^e(\mathbf{r}) = (T_i^e(\mathbf{r}), i = 1, 2, \cdots, M)^{\mathrm{T}}$ 和 $\mathbf{T}^l(\mathbf{r}) = \left(T_i^l(\mathbf{r}), i = 1, 2, \cdots, M\right)^{\mathrm{T}}$，其中

$$T_i^e(\mathbf{r}) = t^* - (i-1)\Delta t - T_i(\mathbf{r}) \tag{13.78}$$

$$T_i^l(\mathbf{r}) = (i-1)\Delta t + T_i(\mathbf{r}) - t^* \tag{13.79}$$

对于 $i = 1, 2, \cdots, M$。那么，出行成本 $\mathbf{C}(\mathbf{r})$ 可表示成另外一种形式：

$$\mathbf{C}(\mathbf{r}) = \alpha\mathbf{T}(\mathbf{r}) + \beta\left[\mathbf{T}^e(\mathbf{r})\right]_+ + \gamma\left[\mathbf{T}^l(\mathbf{r})\right]_+ \tag{13.80}$$

对于一个列向量 $\mathbf{u} = (u_i, i = 1, 2, \cdots, M)^{\mathrm{T}}$，$[\mathbf{u}]_+ = ([u_i]_+, i = 1, 2, \cdots, M)^{\mathrm{T}}$。

如果 $\mathbf{r}$ 是一个有限理性用户均衡（BRUE）出发率，那么，它满足（Mahmassani and Chang, 1987）：

$$C_i(\mathbf{r}) \leqslant \mu + \varepsilon, \quad \text{如果} r_i > 0, \quad \forall i = 1, 2, \cdots, M \tag{13.81}$$

其中，μ 是通勤者的最小出行成本，ε（$\geqslant 0$）是通勤者的有限理性阈值。

条件（13.81）描述了任意具有正出发率的时间段的出行成本可以高于最小出行成本，但要在一个阈值之内。当 $\varepsilon = 0$ 时，BRUE 成为经典的用户均衡。令 $\bar{\mathbf{C}}(\mathbf{r}) = (\bar{C}_i(\mathbf{r}), i = 1, 2, \cdots, M)^{\mathrm{T}}$，其中

$$\bar{C}_i(\mathbf{r}) = \max\left\{C_i(\mathbf{r}), \min_{j=1,2,\cdots,M}\{C_j(\mathbf{r})\} + \varepsilon\right\} \tag{13.82}$$

对于 $i = 1, 2, \cdots, M$（Han et al., 2015）。此处，$\overline{\mathbf{C}}(\mathbf{r})$ 被称为决策出行成本，它反映了通勤者所感知的出行阻抗（Guo and Huang, 2016）。通勤者根据决策出行成本来选择其出发时间。当两个时间段的出行成本落在最小出行成本的无差异范围内（即，两个时间段的出行成本均不超过最小出行成本与 ε 的和），通勤者认为

这两个时间段的出行阻抗没有差异。如此，就刻画出了通勤者出发时间选择的有限理性行为。

瓶颈模型中出发率向 BRUE 演化的比例交换系统可表示为

$$r_i^{(n+1)} = F_i\left(\mathbf{r}^{(n)}\right) = r_i^{(n)} + \eta\Gamma_i\left(\mathbf{r}^{(n)}\right) \tag{13.83}$$

$$\Gamma_i\left(\mathbf{r}^{(n)}\right) = \sum_{j=1}^{M}\left(r_j^{(n)}\left[\bar{C}_j\left(\mathbf{r}^{(n)}\right) - \bar{C}_i\left(\mathbf{r}^{(n)}\right)\right]_+ - r_i^{(n)}\left[\bar{C}_i\left(\mathbf{r}^{(n)}\right) - \bar{C}_j\left(\mathbf{r}^{(n)}\right)\right]_+\right) \tag{13.84}$$

对于 $i = 1, 2, \cdots, M$，$n = 0, 1, 2, \cdots$ 和 $\mathbf{r}^{(0)} \in \Omega$。此处，上标 "$n$" 指第 n 天，例如 $r_i^{(n)}$ 是第 n 天时间段 i 的出行者出发率。调整参数 $\eta > 0$，它表示出发率的调整强度。该系统描述了每天通勤者根据前一天的出行费用信息来调整其出发时间。如果两个时间段的出行成本落在前天最小出行成本的无差异范围内（假设通勤者认为这两个时间段的出行阻抗相等），那么，这两个时间段之间没有出发率的转移。不等式 $\bar{C}_i\left(\mathbf{r}^{(n)}\right) - \bar{C}_j\left(\mathbf{r}^{(n)}\right) > 0$ 成立，当且仅当

$$C_i\left(\mathbf{r}^{(n)}\right) > \min_{k=1,2,\cdots,M}\left\{C_k\left(\mathbf{r}^{(n)}\right)\right\} \text{和} C_i\left(\mathbf{r}^{(n)}\right) > C_j\left(\mathbf{r}^{(n)}\right) \tag{13.85}$$

因此，对于任意两个时间段 i 和 j，一部分第 n 天时间段 i 出发的通勤者将在第 $n+1$ 天选择时间段 j 出发，当且仅当时间段 i 的出行成本超出最小出行成本的无差异范围（即，超出最小出行费用与 ε 的和），并且大于第 n 天时间段 j 的出行成本。该转移比例正比于时间段 i 的出发率 $r_i^{(n)}$ 和出行阻抗差 $\bar{C}_i\left(\mathbf{r}^{(n)}\right) - \bar{C}_j\left(\mathbf{r}^{(n)}\right)$。

瓶颈模型中出发率向 BRUE 演化的网络试错过程可表示为

$$\mathbf{r}^{(n+1)} = \bar{\mathbf{F}}\left(\mathbf{r}^{(n)}\right) = \mathbf{r}^{(n)} + \lambda\overline{\mathbf{\Gamma}}\left(\mathbf{r}^{(n)}\right) \tag{13.86}$$

$$\overline{\mathbf{\Gamma}}\left(\mathbf{r}^{(n)}\right) = P_\Omega\left(\mathbf{r}^{(n)} - \theta\bar{\mathbf{C}}\left(\mathbf{r}^{(n)}\right)\right) - \mathbf{r}^{(n)} \tag{13.87}$$

对于 $n = 0, 1, 2, \cdots$ 和 $\mathbf{r}^{(0)} \in \Omega$。调整参数 λ 满足 $0 < \lambda \leqslant 1$，它表示重新考虑出发时间选择的通勤者的比率。敏感度参数满足 $\theta > 0$，它反映了通勤者对决策出行成本的敏感程度。从 R^M 到 Ω 上的投影映射 P_Ω 定义为

$$P_\Omega(\mathbf{u}) = \arg\min_{\mathbf{v} \in \Omega}\|\mathbf{v} - \mathbf{u}\|, \quad \forall \mathbf{u} \in R^M \tag{13.88}$$

其中，$\|\cdot\|$ 表示欧氏范数。

该系统将每天出发率的变化定义为前一天负决策出行成本在可行出发率集合 Ω 上的投影。公式（13.86）可表示为另外一种形式：

$$\mathbf{r}^{(n+1)} = (1 - \lambda)\mathbf{r}^{(n)} + \lambda P_\Omega\left(\mathbf{r}^{(n)} - \theta\bar{\mathbf{C}}\left(\mathbf{r}^{(n)}\right)\right) \tag{13.89}$$

此外，由 Karush-Kuhn-Tucker（KKT）条件，可以得到

$$P_\Omega\left(\mathbf{r}^{(n)} - \theta\bar{\mathbf{C}}\left(\mathbf{r}^{(n)}\right)\right) = \left(\left[r_i^{(n)} - \theta\bar{C}_i\left(\mathbf{r}^{(n)}\right) + \bar{\mu}\right]_+, i = 1, 2, \cdots, M\right)^{\mathrm{T}} \quad (13.90)$$

其中，$\bar{\mu}$ 为关于守恒约束的拉格朗日乘子。因此，公式（13.86）和（13.87）表明通勤者一般偏好于选择在具有较小出行阻抗的时间段出发。经过出发率在不同时间段间调整，决策出行成本大于（小于）$\bar{\mu}/\theta$ 的时间段的出发率将会减少（增加）。而且，减少（增加）程度正比于时间段的决策出行成本。当然，如果一个时间段的出发率已经为零，则它不能进一步降低。如果一个时间段的出行成本落在最小出行成本的无差异范围内，那么，该时间段的出发率将增加或保持不变。

首先，引入两个引理（Facchinei and Pang，2003，定理 1.5.5 和定理 2.1.18）。

引理 13.6   Z 是 R^n 的一个非空闭凸子集。从 R^n 到 Z 上的投影映射 P_{Z} 具有以下性质：

（i）对于任意 $\mathbf{u} \in R^n$，$P_{\mathrm{Z}}(\mathbf{u})$ 存在且唯一；

（ii）对于任意 $\mathbf{u} \in R^n$ 和 $\mathbf{v} \in \mathrm{Z}$，有 $(P_{\mathrm{Z}}(\mathbf{u}) - \mathbf{u})^{\mathrm{T}}(P_{\mathrm{Z}}(\mathbf{u}) - \mathbf{v}) \leqslant 0$；

（iii）对于任意 $\mathbf{u} \in R^n$ 和 $\mathbf{v} \in R^n$，有 $\|P_{\mathrm{Z}}(\mathbf{u}) - P_{\mathrm{Z}}(\mathbf{v})\| \leqslant \|\mathbf{u} - \mathbf{v}\|$。

因此，P_{Z} 在 R^n 上是全局利普希茨连续的。

引理 13.7   设 $Z \subset R^n$ 是一个非空紧凸集，那么，每个连续函数 $\Phi: \mathrm{Z} \to \mathrm{Z}$ 在 Z 上存在至少一个不动点。

首先，说明公式（13.80）中出行费用函数 $\mathbf{C}$ 的利普希茨连续性。

定理 13.2   公式（13.80）中出行费用函数 $\mathbf{C}$ 在集合 Ω 上关于 $\mathbf{r}$ 是利普希茨连续的。

证明   首先证明

$$\|\mathbf{C}(\mathbf{u}) - \mathbf{C}(\mathbf{v})\| \leqslant \frac{\alpha + \beta + \gamma}{s}\|\mathbf{D}(\mathbf{u}) - \mathbf{D}(\mathbf{v})\|, \quad \forall\,\mathbf{u} \text{ 和 } \mathbf{v} \in \Omega \quad (13.91)$$

对于任意 $\mathbf{u}$ 和 $\mathbf{v} \in \Omega$，有

$$\|\mathbf{C}(\mathbf{u}) - \mathbf{C}(\mathbf{v})\|$$

$$= \left\|\alpha\mathbf{T}(\mathbf{u}) + \beta\left[\mathbf{T}^e(\mathbf{u})\right]_+ + \gamma\left[\mathbf{T}^l(\mathbf{u})\right]_+ - \alpha\mathbf{T}(\mathbf{v}) - \beta\left[\mathbf{T}^e(\mathbf{v})\right]_+ - \gamma\left[\mathbf{T}^l(\mathbf{v})\right]_+\right\|$$

$$\leqslant \alpha\|\mathbf{T}(\mathbf{u}) - \mathbf{T}(\mathbf{v})\| + \beta\left\|\left[\mathbf{T}^e(\mathbf{u})\right]_+ - \left[\mathbf{T}^e(\mathbf{v})\right]_+\right\| + \gamma\left\|\left[\mathbf{T}^l(\mathbf{u})\right]_+ - \left[\mathbf{T}^l(\mathbf{v})\right]_+\right\|$$

$$\leqslant \alpha\|\mathbf{T}(\mathbf{u}) - \mathbf{T}(\mathbf{v})\| + \beta\left\|\mathbf{T}^e(\mathbf{u}) - \mathbf{T}^e(\mathbf{v})\right\| + \gamma\left\|\mathbf{T}^l(\mathbf{u}) - \mathbf{T}^l(\mathbf{v})\right\|$$

$$= (\alpha + \beta + \gamma)\|\mathbf{T}(\mathbf{u}) - \mathbf{T}(\mathbf{v})\| = \frac{\alpha + \beta + \gamma}{s}\|\mathbf{D}(\mathbf{u}) - \mathbf{D}(\mathbf{v})\| \quad (13.92)$$

在公式（13.92）中，第一个等式由公式（13.80）推出。第二个不等式由引理 13.6（iii）得到。将公式（13.78）和（13.79）代入（13.92）中第二个等式的左侧即可推出第二个等式。由公式 $T_i^v(\mathbf{r}) = D_i(\mathbf{r})/s$ 可以得到最后一个等式。因此，不等式（13.91）成立。

然后证明

$$\|\mathbf{D}(\mathbf{u}) - \mathbf{D}(\mathbf{v})\| \leqslant M\Delta t \|\mathbf{u} - \mathbf{v}\|, \quad \forall \mathbf{u}和\mathbf{v} \in \Omega \tag{13.93}$$

令

$$\mathbf{D}^1(\mathbf{r}) = (0, D_1(\mathbf{r}), D_2(\mathbf{r}), \cdots, D_{M-1}(\mathbf{r}))^{\mathrm{T}}$$

和

$$\bar{\mathbf{D}}^1(\mathbf{r}) = ((r_1 - s)\Delta t, (r_2 - s)\Delta t, \cdots, (r_M - s)\Delta t)^{\mathrm{T}} \tag{13.94}$$

继而有

$$
\begin{aligned}
\|\mathbf{D}(\mathbf{u}) - \mathbf{D}(\mathbf{v})\| &= \left\| \left[\mathbf{D}^1(\mathbf{u}) + \bar{\mathbf{D}}^1(\mathbf{u})\right]_+ - \left[\mathbf{D}^1(\mathbf{v}) + \bar{\mathbf{D}}^1(\mathbf{v})\right]_+ \right\| \\
&\leqslant \left\| \mathbf{D}^1(\mathbf{u}) + \bar{\mathbf{D}}^1(\mathbf{u}) - \mathbf{D}^1(\mathbf{v}) - \bar{\mathbf{D}}^1(\mathbf{v}) \right\| \\
&\leqslant \left\| \mathbf{D}^1(\mathbf{u}) - \mathbf{D}^1(\mathbf{v}) \right\| + \left\| \bar{\mathbf{D}}^1(\mathbf{u}) - \bar{\mathbf{D}}^1(\mathbf{v}) \right\| \\
&= \left\| \mathbf{D}^1(\mathbf{u}) - \mathbf{D}^1(\mathbf{v}) \right\| + \Delta t \|\mathbf{u} - \mathbf{v}\|
\end{aligned}
\tag{13.95}
$$

在上式中，第一个等式由公式（13.76）推导得出。由引理 13.6（iii）得到第一个不等式。最后一个等式由定义（13.94）推导得出。令

$$\mathbf{D}^2(\mathbf{r}) = (0, 0, D_1(\mathbf{r}), D_2(\mathbf{r}), \cdots, D_{M-2}(\mathbf{r}))^{\mathrm{T}}$$

和

$$\bar{\mathbf{D}}^2(\mathbf{r}) = (0, (r_1 - s)\Delta t, (r_2 - s)\Delta t, \cdots, (r_{M-1} - s)\Delta t)^{\mathrm{T}} \tag{13.96}$$

则有

$$
\begin{aligned}
\left\| \mathbf{D}^1(\mathbf{u}) - \mathbf{D}^1(\mathbf{v}) \right\| &= \left\| \left[\mathbf{D}^2(\mathbf{u}) + \bar{\mathbf{D}}^2(\mathbf{u})\right]_+ - \left[\mathbf{D}^2(\mathbf{v}) + \bar{\mathbf{D}}^2(\mathbf{v})\right]_+ \right\| \\
&\leqslant \left\| \mathbf{D}^2(\mathbf{u}) + \bar{\mathbf{D}}^2(\mathbf{u}) - \mathbf{D}^2(\mathbf{v}) - \bar{\mathbf{D}}^2(\mathbf{v}) \right\| \\
&\leqslant \left\| \mathbf{D}^2(\mathbf{u}) - \mathbf{D}^2(\mathbf{v}) \right\| + \left\| \bar{\mathbf{D}}^2(\mathbf{u}) - \bar{\mathbf{D}}^2(\mathbf{v}) \right\| \\
&\leqslant \left\| \mathbf{D}^2(\mathbf{u}) - \mathbf{D}^2(\mathbf{v}) \right\| + \Delta t \|\mathbf{u} - \mathbf{v}\|
\end{aligned}
\tag{13.97}
$$

同理，可得

$$\left\|\mathbf{D}^j(\mathbf{u}) - \mathbf{D}^j(\mathbf{v})\right\| \leqslant \left\|\mathbf{D}^{j+1}(\mathbf{u}) - \mathbf{D}^{j+1}(\mathbf{v})\right\| + \Delta t \left\|\mathbf{u} - \mathbf{v}\right\|, \quad 对于 j = 2, 3, \cdots, M-1 \tag{13.98}$$

$$\left\|\mathbf{D}^j(\mathbf{u}) - \mathbf{D}^j(\mathbf{v})\right\| = 0, \quad 对于 j = M \tag{13.99}$$

其中，$\mathbf{D}^j(\mathbf{r})$ 是 M 维的列向量。$\mathbf{D}^j(\mathbf{r})$ 的前 j 个分量均为 0，后 $M-j$ 个分量为 $D_1(\mathbf{r}), D_2(\mathbf{r}), \cdots, D_{M-j}(\mathbf{r})$。因此，不等式（13.93）成立。结合不等式（13.91）和（13.93），可得

$$\|\mathbf{C}(\mathbf{u}) - \mathbf{C}(\mathbf{v})\| \leqslant \frac{(\alpha + \beta + \gamma)M\Delta t}{s} \|\mathbf{u} - \mathbf{v}\|, \quad \forall \mathbf{u} \text{ 和 } \mathbf{v} \in \Omega \tag{13.100}$$

因此，出行成本函数 $\mathbf{C}$ 在集合 Ω 上关于 $\mathbf{r}$ 是利普希茨连续的。

由定理 13.2 可得结论：出行费用函数 $\mathbf{C}$ 在集合 Ω 上关于 $\mathbf{r}$ 是连续的。而且，得到如下两个推论。

推论 13.1　公式（13.83）中函数 $\mathbf{F}: \mathbf{r} \mapsto \mathbf{r} + \eta\mathbf{\Gamma}(\mathbf{r})$ 在集合 Ω 上是利普希茨连续的。

证明　首先证明公式（13.82）中的决策出行成本函数 $\overline{\mathbf{C}}$ 在集合 Ω 上是利普希茨连续的。对于任意的 $\mathbf{u}$ 和 $\mathbf{v} \in \Omega$，以及 $i = 1, 2, \cdots, M$，不失一般性，假设 $\bar{C}_i(\mathbf{u}) \geqslant \overline{C}_i(\mathbf{v})$。因此，如果

$$C_i(\mathbf{u}) \geqslant \min_{j=1,2,\cdots,M}\{C_j(\mathbf{u})\} + \varepsilon \tag{13.101}$$

则由公式（13.82），可得

$$\left|\bar{C}_i(\mathbf{u}) - \bar{C}_i(\mathbf{v})\right| = \left|C_i(\mathbf{u}) - \bar{C}_i(\mathbf{v})\right| \leqslant \left|C_i(\mathbf{u}) - C_i(\mathbf{v})\right| \tag{13.102}$$

否则

$$
\begin{aligned}
\left|\bar{C}_i(\mathbf{u}) - \bar{C}_i(\mathbf{v})\right| &= \left|\left(\min_{j=1,2,\cdots,M}\{C_j(\mathbf{u})\} + \varepsilon\right) - \bar{C}_i(\mathbf{v})\right| \\
&\leqslant \left|\left(\min_{j=1,2,\cdots,M}\{C_j(\mathbf{u})\} + \varepsilon\right) - \left(\min_{j=1,2,\cdots,M}\{C_j(\mathbf{v})\} + \varepsilon\right)\right| \\
&= \left|\min_{j=1,2,\cdots,M}\{C_j(\mathbf{u})\} - \min_{j=1,2,\cdots,M}\{C_j(\mathbf{v})\}\right| \\
&= \left|\min_{j=1,2,\cdots,M}\{C_j(\mathbf{u})\} - C_{j_0}(\mathbf{v})\right| \leqslant \left|C_{j_0}(\mathbf{u}) - C_{j_0}(\mathbf{v})\right| \tag{13.103}
\end{aligned}
$$

在上述公式中，有

$$j_0 \in \arg\min_{j=1,2,\cdots,M} \{C_j(\mathbf{v})\} \tag{13.104}$$

因此，根据定理 13.2，函数 $\bar{\mathbf{C}}$ 在集合 Ω 上是利普希茨连续的。

其次，证明公式（13.83）中函数 $\mathbf{\Gamma}$ 在集合 Ω 上是利普希茨连续的。对于任意 $\mathbf{u}$ 和 $\mathbf{v} \in \Omega$，$i = 1,2,\cdots,M$ 和 $j = 1,2,\cdots,M$，可得

$$\left| u_i \left[\bar{C}_i(\mathbf{u}) - \bar{C}_j(\mathbf{u}) \right]_+ - v_i \left[\bar{C}_i(\mathbf{v}) - \bar{C}_j(\mathbf{v}) \right]_+ \right|$$

$$\leqslant \left| u_i \left[\bar{C}_i(\mathbf{u}) - \bar{C}_j(\mathbf{u}) \right]_+ - u_i \left[\bar{C}_i(\mathbf{v}) - \bar{C}_j(\mathbf{v}) \right]_+ \right|$$

$$+ \left| u_i \left[\bar{C}_i(\mathbf{v}) - \bar{C}_j(\mathbf{v}) \right]_+ - v_i \left[\bar{C}_i(\mathbf{v}) - \bar{C}_j(\mathbf{v}) \right]_+ \right|$$

$$\leqslant |u_i| \left| \left(\bar{C}_i(\mathbf{u}) - \bar{C}_j(\mathbf{u}) \right) - \left(\bar{C}_i(\mathbf{v}) - \bar{C}_j(\mathbf{v}) \right) \right| + |u_i - v_i| \left[\bar{C}_i(\mathbf{v}) - \bar{C}_j(\mathbf{v}) \right]_+$$

$$\leqslant \frac{N}{\Delta t} \left(\left| \bar{C}_i(\mathbf{u}) - \bar{C}_i(\mathbf{v}) \right| + \left| \bar{C}_j(\mathbf{u}) - \bar{C}_j(\mathbf{v}) \right| \right) + U |u_i - v_i| \tag{13.105}$$

在上式中，第二个不等式由引理 13.6（iii）推出。第三个不等式由如下两个条件推出：第一，由集合 Ω 的定义得出，$|u_i| \leqslant N/\Delta t$；第二，函数 $\bar{\mathbf{C}}$ 在 Ω 上是连续的，并且集合 Ω 是紧集。因此，函数 $\mathbf{v} \mapsto [\bar{C}_i(\mathbf{v}) - \bar{C}_j(\mathbf{v})]_+$ 在 Ω 上是有界的，即，存在一个正数 U，使对于任意 $\mathbf{v} \in \Omega$ 都有 $[\bar{C}_i(\mathbf{v}) - \bar{C}_j(\mathbf{v})]_+ \leqslant U$ 成立。结合函数 $\bar{\mathbf{C}}$ 的利普希茨连续性，得出结论：函数 $\mathbf{r} \mapsto r_i[\bar{C}_i(\mathbf{r}) - \bar{C}_j(\mathbf{r})]_+$ 在 Ω 上是利普希茨连续的。所以，公式（13.83）中的函数 $\mathbf{\Gamma}$ 在集合 Ω 上是利普希茨连续的。

最后，对于任意 $\mathbf{u}$ 和 $\mathbf{v} \in \Omega$ 有

$$\|\mathbf{F}(\mathbf{u}) - \mathbf{F}(\mathbf{v})\| = \|\mathbf{u} + \eta\mathbf{\Gamma}(\mathbf{u}) - \mathbf{v} - \eta\mathbf{\Gamma}(\mathbf{v})\| \leqslant \|\mathbf{u} - \mathbf{v}\| + \eta \|\mathbf{\Gamma}(\mathbf{u}) - \mathbf{\Gamma}(\mathbf{v})\| \tag{13.106}$$

因此，函数 $\mathbf{F}$ 在集合 Ω 上是利普希茨连续的。

推论 13.2 公式（13.86）中函数 $\bar{\mathbf{F}} : \mathbf{r} \mapsto \mathbf{r} + \lambda\bar{\mathbf{\Gamma}}(\mathbf{r})$ 在集合 Ω 上是利普希茨连续的。

证明 对于任意 $\mathbf{u}$ 和 $\mathbf{v} \in \Omega$ 有

$$\|\bar{\mathbf{F}}(\mathbf{u}) - \bar{\mathbf{F}}(\mathbf{v})\| = \left\| (1-\lambda)\mathbf{u} + \lambda P_\Omega \left(\mathbf{u} - \theta\bar{\mathbf{C}}(\mathbf{u}) \right) - (1-\lambda)\mathbf{v} - \lambda P_\Omega \left(\mathbf{v} - \theta\bar{\mathbf{C}}(\mathbf{v}) \right) \right\|$$

$$\leqslant (1-\lambda) \|\mathbf{u} - \mathbf{v}\| + \lambda \left\| P_\Omega \left(\mathbf{u} - \theta\bar{\mathbf{C}}(\mathbf{u}) \right) - P_\Omega \left(\mathbf{v} - \theta\bar{\mathbf{C}}(\mathbf{v}) \right) \right\|$$

$$\leqslant (1-\lambda) \|\mathbf{u} - \mathbf{v}\| + \lambda \left\| \left(\mathbf{u} - \theta\bar{\mathbf{C}}(\mathbf{u}) \right) - \left(\mathbf{v} - \theta\bar{\mathbf{C}}(\mathbf{v}) \right) \right\|$$

$$\leqslant (1-\lambda) \|\mathbf{u} - \mathbf{v}\| + \lambda \|\mathbf{u} - \mathbf{v}\| + \lambda\theta \|\bar{\mathbf{C}}(\mathbf{u}) - \bar{\mathbf{C}}(\mathbf{v})\|$$

$$= \|\mathbf{u} - \mathbf{v}\| + \lambda\theta \left\|\bar{\mathbf{C}}(\mathbf{u}) - \bar{\mathbf{C}}(\mathbf{v})\right\| \tag{13.107}$$

在上式中，第一个等式由公式（13.86）和（13.87）推导得出。第二个不等式由引理 13.6（iii）得到。此外，函数 $\bar{\mathbf{C}}$ 在 Ω 上是利普希茨连续的（见推论 13.1 的证明）。因此，函数 $\bar{\mathbf{F}}$ 在集合 Ω 上是利普希茨连续的。

由推论 13.1 和推论 13.2 可知，函数 $\mathbf{F} : \mathbf{r} \mapsto \mathbf{r} + \eta\boldsymbol{\Gamma}(\mathbf{r})$ 和 $\bar{\mathbf{F}} : \mathbf{r} \mapsto \mathbf{r} + \lambda\bar{\boldsymbol{\Gamma}}(\mathbf{r})$ 在集合 Ω 上是连续的。此外，集合 Ω 是非空、凸的和紧的。因此，由引理 13.7 可以得到定理 13.3 和定理 13.4，其说明了这两个动态系统模型的稳定点的存在性。

定理 13.3 比例交换系统（13.83）和（13.84）存在至少一个稳定点。

定理 13.4 网络试错过程（13.86）和（13.87）存在至少一个稳定点。

最后，定理 13.5 和定理 13.6 说明了这两个动态系统模型的稳定点与有限理性用户均衡状态的等价性。

定理 13.5 出发率 $\mathbf{r}^{(n)}$ 是比例交换系统（13.83）和（13.84）的一个稳定出发率，当且仅当它是一个 BRUE 出发率。

定理 13.6 出发率 $\mathbf{r}^{(n)}$ 是网络试错过程（13.86）和（13.87）的一个稳定出发率，当且仅当它是一个 BRUE 出发率。

将 Smith（1984）和 Friesz 等（1994）中的等价性定理应用于基于成本函数 $\bar{\mathbf{C}}$ 的用户均衡问题（即，利用成本函数 $\bar{\mathbf{C}}$ 代替函数 $\mathbf{C}$），可证得定理 13.5 和定理 13.6。

结合定理 13.3 和定理 13.5（或定理 13.4 和定理 13.6）可以得出结论：该瓶颈模型存在至少一个 BRUE 点。如此，便从动态系统的角度证明了 BRUE 出发率的存在性。

复习思考题

1. 13.2.2 节中介绍了五类基于路径的交通分配演化模型，包括比例交换系统、网络试错过程、单纯引力流动态、投影动态系统和演化交通动态。证明这五类模型的稳定点均等价于确定用户均衡（DUE）点。此外，证明这五类模型是理性行为调整过程（RBAP）的特殊形式。

2. 考虑一个瓶颈系统。早高峰时间区间 $[0, \bar{T}] = [0, 3]$，即时间区间长度为 3 小时。设通勤者总数 $N = 6000$ 人，一个司机驾驶一辆汽车。瓶颈通行能力 $s = 3000$ 辆车/小时，通勤者出行时间价值 $\alpha = 10$ 元/小时，早到时间惩罚价值 $\beta = 5$ 元/小时，晚到时间惩罚价值 $\gamma = 15$ 元/小时。每个时间段长度 $\Delta t = 0.05$ 小时，即离散时间段数 $M = 60$。所有通勤者的偏好到达时间 $t^* = 2$。编程实现 13.3.2 节中五类双动态网络模型的离散形式，并应用于该瓶颈系统，通过数值仿真探究出发率的时空演化动态。

3. 针对第 2 题中的瓶颈系统，设置通勤者的有限理性阈值 $\varepsilon = 0, 1, 2, 3$。通过该瓶颈系统的数值仿真，测试 13.3.3 节中两类基于有限理性的双动态网络模型（即扩展的比例交换系统和网络试错过程）。

参 考 文 献

Brown G W, von Neumann J. 1950. Solutions of Games by Differential Equations[M]// Contributions to the Theory of Games I, Annals of Mathematics Studies 24. Princeton: Princeton University Press: 73-80.

Cantarella G E, Cascetta E. 1995. Dynamic processes and equilibrium in transportation networks: Towards a unifying theory[J]. Transportation Science, 29(4): 305-329.

Facchinei F, Pang J S. 2003. Finite-Dimensional Variational Inequalities and Complementarity Problems[M]. New York: Springer.

Friesz T L, Berstein D H, Mehta N J, et al. 1994. Ganjalizadeh, S. Day-to-day dynamic network disequilibrium and idealized traveler information systems[J]. Operations Research, 42(6): 1120-1136.

Guo R Y, Huang H J. 2016. A discrete dynamical system of formulating traffic assignment: Revisiting Smith's model[J]. Transportation Research Part C, 71:122-142.

Guo R Y, Yang H, Huang H J, et al. 2015. Link-based day-to-day network traffic dynamics and equilibria[J]. Transportation Research Part B, 71: 248-260.

Han K, Szeto W Y, Friesz T L. 2015. Formulation, existence, and computation of boundedly rational dynamic user equilibrium with fixed or endogenous user tolerance[J]. Transportation Research Part B, 79: 16-49.

Han L, Du L. 2012. On a link-based day-to-day traffic assignment model[J]. Transportation Research Part B, 46(1): 72-84.

He X, Guo X, Liu H. 2010. A link-based day-to-day traffic assignment model[J]. Transportation Research Part B, 44: 597-608.

Hofbauer J, Sigmund K. 2003. Evolutionary game dynamics[J]. Bulletin (New Series) of the American Mathematical Society, 40(4): 479-519.

Huang H J, Lam W. 2002. Modeling and solving the dynamic user equilibrium route and departure time choice problem in network with queues[J]. Transportation Research Part B, 36: 253-273.

Lindsey R. 2004. Existence, uniqueness, and trip cost function properties of user equilibrium in the bottleneck model with multiple user classes[J]. Transportation Science, 38(3): 293-314.

Mahmassani H S, Chang G L. 1987. On boundedly rational user equilibrium in transportation systems[J]. Transportation Science, 21(2): 89-99.

Nagurney A, Zhang D. 1997. Projected dynamical systems in the formulation, stability analysis, and computation of fixed-demand traffic network equilibria[J]. Transportation Science, 31(2): 147-158.

Peeta S, Yang T H. 2003. Stability issues for dynamic traffic assignment[J]. Automatica, 39(1): 21-34.

Ramadurai G, Ukkusuri S V, Zhao J, et al. 2010. Linear complementarity formulation for single bottleneck model with heterogeneous commuters[J]. Transportation Research Part B, 44: 193-214.

Sandholm W H. 2001. Potential games with continuous player sets[J]. Journal of Economic Theory, 97(1): 81-108.

Sandholm W H. 2003. Evolution and equilibrium under inexact information[J]. Games and Economic Behavior, 44(2): 343-378.

Smith M J. 1983. The existence and calculation of traffic equilibria[J]. Transportation Research Part B, 17: 291-301.

Smith M J. 1984. The stability of a dynamic model of traffic assignment: An application of a method of Lyapunov[J]. Transportation Science, 18(3): 245-252.

Smith M, Mounce R. 2011. A splitting rate model of traffic re-routeing and traffic control[J]. Transportation Research Part B, 45: 1389-1409.

Smith M J, Wisten M B. 1995. A continuous day-to-day traffic assignment model and the existence of a continuous dynamic user equilibrium[J]. Annals of Operations Research, 60(1): 59-79.

Trench W F. 2003. Introduction to Real Analysis[M]. Englewood Cliffs, NJ: Prentice Hall/Pearson Education.

Vickrey W S. 1969. Congestion theory and transport investment[J]. The American Economic Review, 59(2): 251-260.

Wardrop J G. 1952. Some theoretical aspects of road traffic research[C]. Proceedings of the Institution of Civil Engineers, Part II, 1:325-378.

Weibull J. 1995. Evolutionary Game Theory[M]. Cambridge: The MIT Press.

Yang F. 2005. An evolutionary game theory approach to the day-to-day traffic dynamics[D]. Madison, WI: University of Wisconsin-Madison.

Yang F, Zhang D. 2009. Day-to-day stationary link flow pattern[J]. Transportation Research Part B, 43: 119-126.

Yang H, Huang H J. 2005. Mathematical and Economic Theory of Road Pricing[M]. Oxford, United Kingdom: Elsevier.

Zhang D, Nagurney A. 1996. On the local and global stability of a travel route choice adjustment process[J]. Transportation Research Part B, 30: 245-262.

Zhang D, Nagurney A, Wu J. 2001. On the equivalence between stationary link flow patterns and traffic network equilibria[J]. Transportation Research Part B, 35: 731-748.

第 14 章　公交网络流量平衡分析

14.1　概　　述

公交系统作为城市交通运输系统的重要组成部分,其规划及运营管理的效果直接影响着整个城市交通状况。如何尽快提升公共交通的客运能力和服务质量,吸引更多的出行者选择公交出行是目前面临的迫切需要解决的问题。

政府部门在制定公交政策、基础设施投资以及财政补贴之后,公交企业会制定线网设计、运行维护、票制设置、技术革新等决策,而出行者会根据交通状况来决定是否出行、乘公交车出行还是乘私家车出行、选择哪条线路出行等一系列的个人决策。因此,在制定公交规划及管理政策中,需要充分考虑公共交通使用者对这些政策或措施产生的反馈,只有这样,才能做出符合全局利益或满足既定目标的决策。

以公交网络中的乘客选择行为分析为核心的公交网络流量分配,就是在公交线路和有关参数(能力、频率、车间距分布)已知的条件下,通过模拟乘客的出行行为,将 OD 需求加载到公交线网上,从而得到线路流量的时空分布。在公交网络中,由于同一路段上可能有多条公交线路,且每条公交线路都有固定的行车路线和发车频率,因此,公交网络相对于城市道路网络更加复杂。在分析乘客公交出行选择行为时,不仅要考虑公交车辆在道路上的行驶时间,还要考虑换乘以及在车站的等待时间。同时,如果选择同一线路的乘客数量很多,那么在这条公交线路上就会产生拥挤,这也是影响乘客选择公交线路的重要因素。另外,如果没有直达线路或直达线路拥挤时,乘客还会考虑换乘方便性和换乘时间等因素。

在过去的几十年里,国内外专家学者对公交网络的乘客选择行为及由此所形成的公交网络流量分配问题进行了大量研究。早期的模型直接将城市道路交通网络的配流方法应用于城市公交网络(Dial, 1967; Fearnside and Draper, 1971; Le, 1972),由于缺少对城市公交系统特殊性的分析,效果并不理想。TRANSEPT 模型(Last and Leak, 1976)首次考虑了公交出行中的拥挤问题,但只适用于简单网络。后来发展的大量模型均基于用户平衡准则。根据研究方法和假设条件的不同,公交网络平衡配流模型可分为基于频率的平衡模型(Furth and Wilson, 1981; Kocur and Hendrickson, 1982; Nguyen and Pallottino, 1988; Spiess and Florian, 1989; 高自友等, 2000a)和基于时刻表的平衡模型(Nuzzolo et al., 2001; Nguyen et al.，2001；Nuzzolo，2003；Nuzzolo，2003；Cats et al.，2011；Hamdouch et al.，2014）；基于确定信息的平衡模型（De and Fernández，1993；Florian and Spiess，1983）和基于不确定信息的随机用户平衡模型（Lam et al.，1999；高自友等，2000a；高自友等，2000b）。目前，智能运输系统（intelligent transportation system，ITS）在世界上所有国家都得到了空前的重视和大力的发展，动态交通理论又是 ITS 项目中最重要的理论基础之一，因此研究基于时刻表的动态公交配流模型的成果也越来越多。

随着我国大城市的快速发展，2014 年中共中央　国务院印发了《国家新型城镇化规划（2014—2020 年）》，该规划首次提出"推进中心城区功能向 1 小时交通圈地区扩散，培育形成通勤高效、一体发展的都市圈"。[①]在这样的背景下，采用公交化运营的市郊铁路可兼顾轨道交通系统的运力和效率问题，更好地满足都市圈内的客运需求。基于时刻表的公交网络配流模型作为一个能够针对这类实际城市交通问题产生重大效益的重要课题，有待于进一步研究切合实际的模型并设计出更为快速有效的求解算法。

14.2　共线问题

通常，公交线路是指在公交网络中两个节点间具有相同行驶路径的一组车辆，这些车辆的型号、运力及运营组织相同。公交网络由一组车站及连接车站的公交线路组成，多条公交线路可能会经过相同的城市道路，乘客只能在车站上、下车或转乘其他线路。

图 14.1 直观地反映了道路网络与公交网络的不同。如图 14.1 所示，道路网络中，出行者可以在任意节点随意转弯（除非有禁限），可以任意选择路径。而公交网络则不同，乘客只能在既定的公交线路中进行选择，或在可转乘的车站转乘其他线路。图中乘客在公交网络上从节点 A 出行至节点 C 有两条可行路径：采用线路 I 在节点 B 换乘线路 II，或者选择线路 I 在节点 D 换乘线路 II。

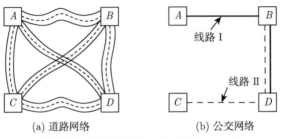

图 14.1　四个节点的道路网络与公交网络（Ceder，2007）

① 来源中国政府网，https：//www.gov.cn/gongbao/content_2644805.htm，2014。

基于既定的公交线路布局，常见的典型公交网络的原始表示方法如图 14.2、图 14.3 或图 14.4 所示。

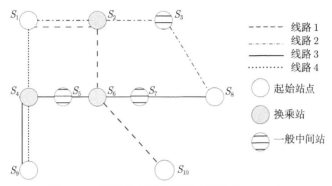

图 14.2　原始公交网络例图（杨兆升，2004）

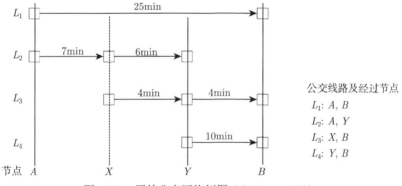

图 14.3　原始公交网络例图（Ceder，2007）

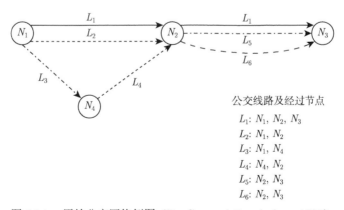

图 14.4　原始公交网络例图（De Cea and Fernández，1993）

公交网络最重要的特征之一就是存在线路的重叠，即在同一路段上运营的公交线路共享同样的站点，这就是公交网络中的共线（common-line）问题。

定义 14.1　共线是指公交网络中任意一对节点之间有多条公交线路通过的现象。

共线的存在导致公交配流问题和普通的道路交通配流问题明显不同：即公交乘客在车站乘车时，由于共线的存在，他（她）们并不是选择具体的公交线路，而更可能是一组共线；而一旦乘客选择了一组共线，为了减少等待时间，他（她）们将乘上共线中到达的第一辆公交车，则最终分到各条线路上的乘客数量将由乘客的到达规律和各条线路的到达情况来决定，而不是乘客本身。因此，如何处理共线问题且较好地反映乘客的实际出行选择行为是公交网络流量分配中的难点所在。

早期 Dial（1967）和 Le（1972）在计算公交网络中的最短路径时同时考虑了乘客等车时间和车辆行驶时间，并假定乘客会乘坐第一辆到达车站的公交车。基于这样的假设，Chriqui（1975）给出了乘客选择行为的描述，即乘客会从所有的备选线路集合中确定一个线路子集，且将乘坐这个线路子集中第一辆到达的车辆，这个子集中的线路被称为 “吸引集线路”（attractive line set）。

De Cea 和 Fernández（1993）首次提出了共线的概念，与 Chriqui（1975）的吸引集概念一致。为了说明这个概念，考虑如图 14.5 所示的简单公交网络，该网络只有一个 OD 对，连接此 OD 对的所有线路集合为 $A_s = \{l_1, l_2, \cdots, l_n\}$，乘客选择的公交线路吸引集为 $\bar{A}_s$。

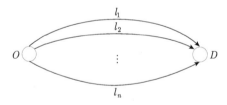

图 14.5　简单公交网络

用 f_l 和 t_l 分别代表公交线 l 的发车频率和车上行驶时间，且设为常数，假设公交车辆到达车站的间隔时间服从指数分布，而乘客到达公交车站的间隔时间为均匀分布，乘客等待公交线 l 的等车时间为具有均值 $1/f_l$ 的独立随机变量。再假设乘客选择公交线路的基本原则为：使其总出行时间（包含车站等车时间和车上行驶时间之和）最小，则可通过求解下列双曲线问题（hyperbolic problem）得到乘客的公交线路吸引集 $\bar{A}_s$，

$$（P1）\quad \min_{x_l} \frac{1 + \sum_{l=1}^{n} t_l \cdot f_l \cdot x_l}{\sum_{l=1}^{n} f_l \cdot x_l} \tag{14.1}$$

$$\text{s.t.} \quad x_l = 0, 1 \tag{14.2}$$

在上述的优化问题中，x_l 为决策变量，如果 $x_l = 1$，则公交线 l 属于吸引线路集，否则，l 不属于吸引线路集。也就是说，如果 $x_l = 0$，则乘客从出发点 O 点去 D 点将不会考虑公交线路 l。

分别用 $W_{\bar{A}_s}$ 和 $T_{\bar{A}_s}$ 表示吸引线路集的等车时间和车辆行驶时间，这两个值分别计算如下

$$W_{\bar{A}_s} = \frac{1}{\sum\limits_{l \in \bar{A}_s} f_l} \tag{14.3}$$

$$T_{\bar{A}_s} = \frac{1 + \sum\limits_{l \in \bar{A}_s} t_l f_l}{\sum\limits_{l \in \bar{A}_s} f_l} \tag{14.4}$$

则乘客从节点 O 出发到达节点 D 的总出行时间可表示为

$$\text{TV}(N_1, N_2) = W_{\bar{A}_s} + T_{\bar{A}_s} \tag{14.5}$$

14.3 乘客出行选择行为

与道路网络中出行者选择行为类似，公交网络中的乘客也是以最小化其总预期出行时间的原则来进行线路选择的，也就是说，乘客从一个包含全部可行路径的选择集中选择一条最佳路径。然而，在现实中，乘客的选择行为并非如此简单。比如，乘客可能先选择一组公交线路，而实际乘坐哪条线路取决于该组公交线路中哪条线路的车辆最先到达。在这种情况下，乘客并不是直接选择一条路径，或者说，乘客并不知道实际上会乘坐哪条线路。因此，公交网络的乘客路径选择问题相对于道路网络中的路径选择问题更为复杂。

在分析公交网络中乘客的路径选择行为时，基本条件通常包括：①由公交线路组成的公交网络；②公交线路在任意两个相邻节点之间的路段上的行驶时间；③在每个节点上，所有服务该节点的公交线路车辆到达间隔时间的分布；④每个节点上乘客的到达率。

对公交网络进行合理的描述是分析公交网络中乘客选择行为以及网络平衡配流的前提之一，为了让读者更好地了解公交网络特点并说明公交乘客选择行为的复杂性，下面对现有的几种比较经典的公交网络描述方法以及相应的乘客选择行为分析方法进行逐一介绍。

14.3.1　基于策略的乘客选择行为分析

Spiess 和 Florian（1989）在研究公交乘客的出行选择行为时，定义了策略的概念。策略由一些规则组成，乘客从任意节点开始基于这些规则进行线路选择，并到达终点。根据已知条件的不同，可以制定出不同的策略。

如图 14.3 所示，在该公交网络中，乘客在某个节点上（比如 A 节点）等车时，如果知道有哪些线路经过该节点，可以制定如下策略：在线路 1 和线路 2 之间选择下一辆车：如果选择了线路 1，就在节点 B 下车；如果选择了线路 2，则在节点 Y 处换乘线路 3 或线路 4 中的任意一条并在节点 B 下车。如果乘客可以获得更多信息（例如：已发生的等待时间、车辆到达时间、其他公交车辆信息等），有可能制定更加复杂的策略。例如：线路 1 的车辆最多等待 5min；否则选择线路 2；如果在节点 A 看到线路 3（假定为快车）的车辆经过，则在节点 X 换乘到线路 3，否则到节点 Y 并换乘线路 3 或线路 4 中的任何一条。

假设乘客在某个节点上（比如 A 节点）等车时，知道在该节点有哪些线路经过并看到有一辆公交车到达，乘客此时的决策则是：是否乘坐该车辆。在此条件下基于策略的乘客出行过程可描述为：

步骤 1　令当前节点为起始节点；

步骤 2　确定吸引集 $\bar{A}$，乘客选择属于吸引集 $\bar{A}$ 中第一辆到达该站点的公交车；

步骤 3　在事先选定的节点下车；

步骤 4　如果到达终点，则乘客完成出行；否则，令到达站点为起始节点，转到步骤 2。

为了便于描述基于策略的乘客出行行为，可以将原始公交网络进行一定的扩展，扩展后的网络包含：车站、每个车站根据其连接的线路扩展出来的节点、车站与小区相连的上网/下网路段、车站与线路连接的等车路段、线路行驶路段、换乘站从各线路下车到车站的换乘路段等。例如，图 14.3 所示的原始公交网络可以扩展为如图 14.6 所示的公交网络。

在上面的扩展公交网络中，路段上的数字分别表示路段行驶时间和等待时间，如果是下网路段则没有行驶时间（定义为 0）和等待时间（定义为 Δ）；如果是车辆行驶路段，则只有行驶时间而没有等待时间（定义为 Δ）；如果是上网路段，则没有行驶时间，只有等待时间。如果连接某个节点的路段只有一条进入路段和一条离开路段，则这两个路段可以合并，并进行节点简化。图 14.6 简化后的网络如图 14.7 所示。

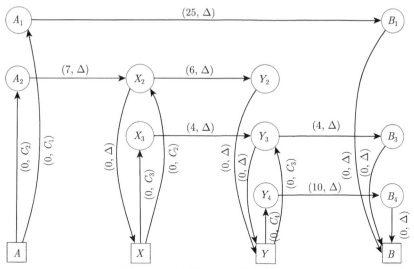

图 14.6 基于策略扩展的公交网络

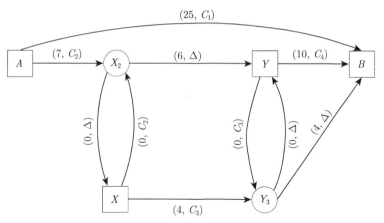

图 14.7 基于策略扩展的简化公交网络

针对图 14.7 给出的公交网络, 可建立如下寻找最优策略 $\bar{A}^*$ 的数学优化模型:

$$(\text{P2}) \quad \min \sum_{a \in A} c_a v_a + \sum_{i \in I} \frac{V_i}{\sum_{a \in A_i^+} f_a x_a} \tag{14.6}$$

$$\text{s.t.} \quad v_a = \frac{x_a f_a}{\sum_{a' \in A_i^+} f_{a'} x_{a'}} V_i, \quad a \in A_i^+, i \in I \tag{14.7}$$

$$V_i = \sum_{a \in A_i^-} v_a + g_i, \quad i \in I \tag{14.8}$$

$$V_i \geqslant 0, \quad i \in I \tag{14.9}$$

$$x_a = 0, 1, \quad a \in A \tag{14.10}$$

式中，A_i^+ 和 A_i^- 分别是离开和进入节点 i 的路段的集合；f_a 是路段 a 的频率（在公交车辆到达时间间隔符合指数分布、乘客均匀到达的假设下，其倒数为该路段的等待时间）；V_i 为节点 i 的需求，v_a 为路段 a 的流量。

模型（P2）是一个非线性混合优化问题，决策变量包含连续变量和 0-1 整数变量。通过引入如下等待时间变量 ω_i，可以将目标函数变换为线性函数（Spiess and Florian，1989）：

$$\omega_i = \frac{V_i}{\sum\limits_{a \in A_i^+} f_a x_a}, \quad i \in I \tag{14.11}$$

将节点约束（14.9）转换为路段流量约束：

$$v_a \geqslant 0, \ a \in A \tag{14.12}$$

根据 $\sum\limits_{a \in A_i^+} v_a = V_i$，可得

$$v_a = x_a f_a \omega_i, \quad a \in A_i^+, \ i \in I \tag{14.13}$$

非线性约束（14.7）可以替换为如下线性约束：

$$v_a \leqslant f_a \omega_i, \quad a \in A_i^+, \quad i \in I \tag{14.14}$$

显然，通过引入 ω_i，非线性混合优化问题（P2）就转化为如下的线性规划问题：

$$\text{（P3）} \quad \min \sum_{a \in A} c_a v_a + \sum_{i \in I} \omega_i \tag{14.15}$$

$$\text{s.t.} \quad \sum_{a \in A_i^+} v_a - \sum_{a \in A_i^-} v_a = g_i, \ i \in I \tag{14.16}$$

进一步，可给出线性规划问题（P3）的对偶问题，模型如下

$$\text{（P4）} \quad \max \sum_{i \in I} g_i u_i \tag{14.17}$$

$$\text{s.t.} \quad u_j + c_a + \mu_a \geqslant u_i, \ a = (i, j) \in A \tag{14.18}$$

$$\sum_{a \in A_i^+} f_a \mu_a = 1, \ i \in I \tag{14.19}$$

$$\mu_a \geqslant 0, \ a \in A \tag{14.20}$$

令 (v^*, ω^*) 和 (u^*, μ^*) 分别表示满足弱互补松弛条件的问题 (P3) 和 (P4) 的任意最优解。

求解公交配流问题 (P4) 的算法分为两步: 第一步计算从任意起点到终点 s 的最优策略 $\bar{A}^*$, 以及从任意起点到终点的总出行时间的期望 u_i^*; 第二步将 OD 需求根据最优策略分配到公交网络上。算法过程如下:

步骤 1 寻找最优策略。

步骤 1.1 初始化。$u_i := \infty, i \in I - \{s\}; u_r := 0; f_i := 0, i \in I; S := A; \bar{A} := \varnothing$。

步骤 1.2 检查下一个路段。如果 $S = \varnothing$, 则停止, 否则, 寻找 $a = (i, j) \in S$ 满足下式:

$$u_j + c_a \leqslant u_{j'} + c_{a'}, a' = (i', j') \in S;$$

$$S := S - \{a\}。$$

步骤 1.3 更新节点标签。如果 $u_i \geqslant u_j + c_a$, 则 $u_i := \dfrac{f_i u_i + f_a (u_j + c_a)}{f_i + f_a}$, $f_i := f_i + f_a; \bar{A} := \bar{A} + \{a\}$; 继续步骤 1.2。

步骤 2 根据最优策略分配公交需求。

步骤 2.1 初始化。$V_i := g_i, i \in I$; 将所有路段 $a \in A$, 以 $(u_j + c_a)$ 降序排列, 如果 $a \in A$, 则 $v_a := \dfrac{f_a}{f_i} V_i$, $V_j := V_j + v_a$; 否则 $v_a := 0$。

14.3.2 基于吸引路径集的乘客选择行为分析

Ren 等 (2012) 年提出了一种共同路线 common-route 的概念, 将共线的思想与公交路径相结合, 针对每个 OD 对同时考虑直达和换乘可到达的路径, 组合成吸引路径集合 (attractive route set)。

确定吸引路径集合的基本思路为:

(1) 将 OD 间的所有可达公交路径 (包含直达路径和有换乘的路径) 按照路径费用的 "等价车上时间" 从小到大进行排序, 其中路径费用的 "等价车上时间" 包括该路径上的车上时间 (如果是直达线路, 只包括车上行驶时间; 如果是换乘路径, 则包含两条线路的车上行驶时间之和) 和线路间换乘时必需的等车时间。这个过程可以利用改造的 k-最短路算法, 但是由于换乘的等车时间不可加, 并且与具体的线路换乘有关, 因此需要在当前节点判断是从哪条公交线路到达该节点, 从而决定所需要的换乘等车时间。

（2）所有可达公交路径按照路径费用的“等价车上时间”从小到大排序后，需要确定每一个 OD 对之间，哪些路径属于吸引路径集。从最短的一条公交路径开始，如果第二条路径的“等价车上时间”大于第一条路径的总出行时间，则第二条路径被加入吸引路径集。此时需要计算组合了这两条路径后的吸引路径集在起点的等车时间（频率的倒数）及总出行时间。然后比较第三条路径的“等价车上时间”与已经组合的吸引路径集的总出行时间。如果第三条路径的“等价车上时间”比吸引路径集的总出行时间少，则把第三条路径加入吸引路径集，继续重复这个过程。否则不考虑第三条路径，并停止这个过程，直到得到这个 OD 对之间的吸引路径集。

如图 14.8 的简单公交网络，对于 OD 对 N_2N_3 之间，有 3 条直达线路，如果符合共线定义，则可以组合成 1 条共线。对于 OD 对 N_1N_3 之间，有 6 条公交路径：L_1 直达，L_1 换乘 L_3，L_1 换乘 L_4，L_2 换乘 L_1，L_2 换乘 L_3，L_2 换乘 L_4。这 6 条路径按照“等价车上时间”进行排序，比如 L_2 换乘 L_3 的“等价车上时间”最小，L_2 换乘 L_1 次之，如果次长路径的“等价车上时间”小于最短路径的“等价车上时间”加上其等车时间，则这两条路径是 common-route，即把 L_2 与 N_2N_3 之间的 L_1 和 L_3 共线组合起来的路径，加入吸引路径集。而 common-route（或吸引路径集）的等车时间由于共线的原因会比分别看成两条路径进行叠加要小。如果“等价车上时间”排在第 3 位的路径是 L_1 直达，进一步比较其“等价车上时间”与当前吸引路径集的总出行时间，如果前者小，则第 3 条路径加入吸引路径集，否则不考虑。如果第 3 条路径加入吸引路径集，则在 N_1 处的等车时间考虑 L_1 和 L_2 的共线。在 N_2 处的等车时间要区别是乘坐哪条线路到达 N_2 处的：乘坐 L_1 到达的，不用等车；乘坐 L_2 到达的，等车时间是 L_1 和 L_3 共线的等车时间。

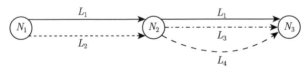

图 14.8   简单公交网络

从这个例子可以看出，公交乘客路径选择时依据的总出行时间不仅与吸引路径集包含的路径有关，还与这些路径的组合方法有关，因为涉及等车时间的计算。这里还需要注意公交乘客与小汽车出行者在出行选择行为上的一个极易被忽略的差异。小汽车出行者在出行途中一般只关心如何选择从当前节点到终点的最短路，而且路径费用是可加的，因此可以利用计算任意节点到终点的最短路的方法进行研究；而公交乘客在出行途中却很看重自己目前乘坐的是哪条线路，到终点是否需要换乘，也就是说公交乘客不仅考虑当前节点到终点的最短路，还考虑自己是从哪个起点出发乘坐的哪条线路（这会影响换乘点的等车时间），而且路径时间不可加。

对于根据路径的"等价车上时间"并采用上述算法计算出来的吸引路径集（记为 Ω），其出行总时间的计算方法如下（这里假设只考虑最多一次换乘，对于可以换乘两次的公交网络可以同理推广）。对于起点，其等车时间是吸引路径集中离开该起点的线路发车频率之和的倒数。而其"等价车上时间"与是否需要换乘有关：如果是直达线路，则其"等价车上时间"就是该线路的直达车上时间；如果需要一次换乘才能到达终点，则其"等价车上时间"分为三部分，即换乘点前的车上时间、换乘点后的车上时间以及换乘点的等车时间。换乘点前后的车上时间计算与共线的方法一致，换乘点的等车时间则由换乘点后的共线来计算。

乘客出行时一旦选择了某吸引路径集，乘客流量在起点各线路之间的分配遵循与线路相对频率成正比的规则；在换乘点，乘客流量在各线路之间的分配也遵循与线路相对频率成正比的规则。

基于吸引路径集概念来描述公交乘客的出行选择，其特点如下：

（1）考虑了换乘的惩罚，同时排除了换乘 3 次及以上的路径（公交网络规模较小的话也可以排除换乘 2 次及以上的），更符合公交乘客出行选择的心理。并且由于限制了换乘次数，当公交网络规模较大时，转换后的公交网络的规模明显比用共线方法转换的公交网络规模小得多。

（2）对于每一个 OD 对，所有被考虑的路径根据线路网络结构进行共线组合，得到每个 OD 对的基于 common-route 的子图，类似于超级路径（Wu et al., 1994）的概念。但需要特别注意公交乘客与小汽车出行者的出行选择行为的不同之处，不能完全套用道路交通出行选择的思路，只考虑当前节点到终点的最短路，而本节提出的 common-route 和吸引路径集的概念针对每个 OD 对进行考虑，则完全可以解决这个问题。

（3）根据每个 OD 对的基于 common-route 的子图计算出这个 OD 对之间实际的总出行时间（共线组合后，起点及换乘点的等车时间会变短）。在起点和换乘点，乘客乘上吸引路径集中第一辆到达的公交车，因此在该节点处分配到各线路上的乘客流量与各线路的频率成正比。

14.3.3 基于扩展网络的乘客选择行为分析

公交网络中的换乘行为是公交乘客出行选择的重要特征，也是影响乘客路径选择的重要因素。2013 年，四兵锋和高自友在其专著中提出了一种公交网络扩展方法来分析考虑换乘行为的乘客出行选择问题，他们所提出的扩展公交网络方法可以更为准确地反映公交网络中的拥挤效应。

首先，用 $\text{TN} = (S, R, L)$ 来表示一个城市公交系统，其中 S，R 和 L 分别表

示站点集合、路段集合和线路集合。通过构建扩展网络 $G = (N, A)$ 来描述公交系统 TN，其中 N 和 A 分别表示扩展节点集合和扩展路段集合。

对公交网络进行扩展的规则如下：

（1）将公交站点扩展成多个节点，每个扩展节点对应该站点上的一条公交线路；

（2）不同站点的扩展节点之间通过相应的线路运行路段连接起来；

（3）将 O 点及 D 点和与之相连的公交站点通过上网路段或下网路段连接起来；

（4）如果不同公交线路在车站可以换乘，则对应的扩展节点之间通过换乘路段连接起来。

在上述扩展规则中，应注意以下几点。首先，每个站点的扩展节点数量与通过该站点的公交线路的数量一致；另外，在原网络的两个站点之间有多少条公交线路，则在扩展网络的同一站点之间对应多少条线路运行路段。

下面通过一个简单例子来说明网络扩展的应用。例如，对于如图 14.9 所示的简单公交网络，包括一个 OD 对 $(i \to j)$，3 个车站和 4 条公交线路。在该网络中，从站点 S_1 到 S_2 有两条公交线路，L_1 和 L_2；从站点 S_2 到 S_3，有三条公交线路 L_1，L_3 和 L_4。

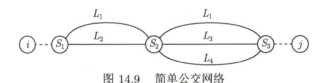

图 14.9 简单公交网络

对于上面的公交网络，乘客出行起点 i 与公交站点 S_1 相连，出行终点 j 与公交站点 S_3 相连，根据上述网络扩展规则，可以将图 14.9 的公交网络扩展为如图 14.10 所示的网络结构。

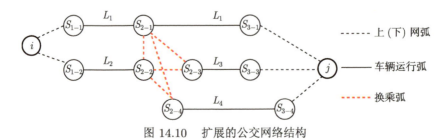

图 14.10 扩展的公交网络结构

可以看出，在公交站点 S_1，S_2 和 S_3 处，分别有 2 条、4 条和 3 条公交线路通过，相应地将站点 S_1，S_2 和 S_3 分别扩展为 2 个节点、4 个节点和 3 个节点；

i 点与站点 S_1 的扩展节点通过上网路段连接，j 点与站点 S_3 的扩展节点通过下网路段连接；在所有的站点处，不同线路之间如果可以换乘，则对应节点之间通过换乘路段连接起来；不同站点的扩展节点之间通过所对应的线路运行路段连接起来。

此外，在构造扩展公交网络时，需要特别注意换乘路段的连接，并非属于同一站点的不同线路之间都存在换乘，因此，换乘路段的连接一定要符合乘客的选择行为。一方面，对于和起点或终点相连的站点，其线路之间不存在换乘；另一方面，对于线路的起始站点或线路终点站，则线路之间不存在换乘。例如，在上述的例子中，扩展节点 S_{1-1} 和 S_{1-2} 之间，S_{3-1}、S_{3-3} 和 S_{3-4} 之间以及 S_{2-3} 和 S_{2-4} 之间不需要通过换乘路段将其连接起来。

在扩展公交网络 $G = (N, A)$ 中，扩展节点和扩展路段分别用变量 $s \in S$，$r \in R$ 表示，扩展节点表示为 (s, l)，其中 $s \in S$ 表示站点属性，而 $l \in L$ 则表示经过站点 s 的公交线路。对于乘客出行的起点和终点，需要特殊处理，分别用单变量 $i \in I$ 和 $j \in J$ 表示起点和终点，I 和 J 分别表示起点集合和终点集合。

根据扩展公交网络中各路段表示的连接关系的不同，扩展路段可分为四类，分别为：上网路段、车辆运行路段、换乘路段和下网路段，可分别用 A_1，A_2，A_3 和 A_4 表示这四类路段的集合，显然，$A = A_1 \cup A_2 \cup A_3 \cup A_4$。对于每一类路段，分别用不同的变量进行表示。例如，上网路段用 (i, s, l) 来表示，其中 $i \in I$ 表示乘客出行的起点，$s \in S$ 表示起点 i 附近的公交站点，$l \in L$ 表示通过公交站点 s 的公交线路，这类路段上的费用表示乘客从起点到公交站点的步行费用；车辆运行路段用 (r, l) 来表示，其中 $r \in R$ 表示相邻站点之间的路段，$l \in L$ 表示运行在路段 r 上的公交线路，这类路段上的费用表示乘客在不同站点之间乘坐公交车的时间费用；换乘路段用 (s, l_1, l_2) 来表示，其中 $s \in S$ 表示换乘车站，l_1，$l_2 \in L$ 分别表示换乘的两条公交线路，这类路段上的费用表示乘客在同一站点不同线路之间的换乘费用；下网路段用 (s, l, j) 表示，其中 $s \in S$ 表示终点 $j \in J$ 附近的公交站点，$l \in L$ 表示通过公交站点 s 的公交线路，$j \in J$ 表示乘客出行的终点，这类路段上的费用表示乘客从站点到终点的步行费用。

在扩展的城市公交网络中，路径被定义为从起点到终点的一系列扩展节点以及连接这些扩展节点的各类扩展路段的集合。显然，这样的路径包含了各类费用信息，例如步行时间、等待时间、换乘时间、车辆运行时间等。在一个扩展公交网络中，任意 OD 之间存在着多条连通路径，然而，在全部的路径中，有些路径明显地不会被乘客所考虑，尽管它们是连通的。例如，乘客不会在同一个站点连续两次换乘；乘客也不会从一个公交线路换乘到另一条公交线路，而后又重新换乘到前面已经搭乘过的公交线路，显然，这样的连通路径不符合现实。因此，在扩展公交网络中，需要对 OD 间的连通路径进行适当的约束，在此提出扩展公交网络有效路径的概念。

定义 14.2　在扩展公交网络 $G = (N, A)$ 中，任意 OD 之间的连通路径是有效的，需满足以下两个条件：

（1）在路径中所包含的扩展路段的序列中，不可连续地出现换乘路段；

（2）属于同一条公交线路的车辆运行路段不可间断地出现。

在上述条件中，条件（1）是为了避免在同一站点进行两次换乘，条件（2）是为了避免乘客重新换乘到已经搭乘过的公交线路。

以图 14.10 的扩展城市公交网络为例来说明有效路径的定义，显然，从起点 i 到终点 j 之间存在超过 10 条连通路径，然而，并非所有的这些路径都会被乘客所考虑。根据上面对有效路径的定义，路径 $(i \to S_{1-1} \to S_{2-1} \to S_{3-1} \to j)$ 和 $(i \to S_{1-1} \to S_{2-1} \to S_{2-3} \to S_{3-3} \to j)$ 是有效路径（图 14.11），而路径 $(i \to S_{1-1} \to S_{2-1} \to S_{2-2} \to S_{2-4} \to S_{3-4} \to j)$ 和 $(i \to S_{1-1} \to S_{2-1} \to S_{2-3} \to S_{2-2} \to S_{2-4} \to S_{3-4} \to j)$ 则不是有效路径（图 14.12）。

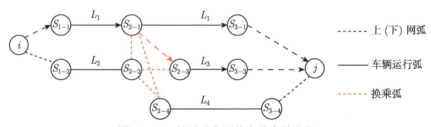

图 14.11　扩展公交网络中的有效路径

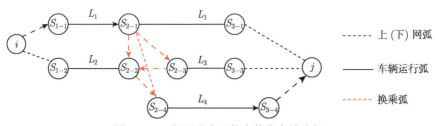

图 14.12　扩展公交网络中的非有效路径

在扩展公交网络中，乘客进行路径选择的主要考虑因素有：

（1）车辆运行时间。如果不考虑城市道路上社会车辆对公交车辆的影响，该时间可以用道路长度除以公交车辆的平均速度来表示。假定用 t_a^l 表示公交线路 l 的车辆在路段 a 上的行驶时间，则

$$t_a^l = d_a / v_a^l, \quad \forall a, l \tag{14.21}$$

式中，d_a 表示路段 a 的长度；v_a^l 表示路段 a 上公交线路 l 的车辆平均运行速度。

（2）平均等车时间。取决于乘客的达到分布及车辆到达的平均频率，根据 De Cea 和 Fernández（1993）的文献，乘客在车站的平均等车时间可以表述为

$$w_i^l = \frac{\kappa}{f_l}, \quad \forall i, l \qquad (14.22)$$

式中，w_i^l 表示乘客在站点 i 乘坐线路 l 的平均等车时间；f_l 表示公交线路 l 的平均发车频率；κ 为校正参数，如果车辆到达间隔固定，乘客到达服从均匀分布，则 $\kappa = 0.5$。

等车时间一般发生在乘客上车之前，因此，可以把等车时间作为上网路段和换乘路段上的费用。为便于计算，可以将等车时间合并到相应的路段费用中。

（3）步行时间，包括从起点到公交站点的步行时间、不同线路之间的换乘步行时间以及从公交站点到终点的步行时间，为了便于分析，假定这些步行时间均为常数。另外，步行不仅要消耗时间，还要消耗体力。因此，应对步行时间加以惩罚，假定用 e_b 表示乘客在扩展公交网络中上网路段或换乘路段 b 上的步行时间，这类路段上的费用可表示为

$$E_b = \tau \cdot e_b + \frac{\kappa}{f_l}, \quad \forall b \qquad (14.23)$$

式中，E_b 为乘客在虚路段 b 上的出行费用；τ 表示惩罚系数，且 $\tau \geqslant 1$。

（4）公交车内的拥挤度。通常，拥挤度与路段上的客流量以及车辆的承载能力相关。通常，当公交车上乘客数小于座位数时，由拥挤引起的额外费用可以假定为零；当乘客数大于座位数时，由于部分乘客必须站立甚至过度拥挤，由此造成额外的拥挤费用。可以用下式来表示城市公交网络中路段 a 上的拥挤系数：

$$H_a^l\left(x_a^l\right) = \begin{cases} 0, & f_l x_a^l \leqslant Z_l \\ \theta\left(f_l x_a^l / Z_l - 1\right), & Z_l < f_l x_a^l \leqslant C_l, \quad \forall a, l \\ \theta\left(f_l x_a^l / Z_l - 1\right) + \eta\left(f_l x_a^l / C_l - 1\right), & f_l x_a^l > C_l \end{cases}$$

$$(14.24)$$

式中 H_a^l 表示公交网络中车辆运行路段 a 上公交线路 l 的拥挤系数；x_a^l 表示车辆运行弧 a 上公交线路 l 的客流量；Z_l 和 C_l 分别表示第 i 条公交线路单位车辆的座位数以及能容纳的最大乘客数；θ 和 η 为校正参数。

根据上面的描述，在扩展公交网络中，有三类不同的路段，相应的费用也是不同的。在此，假定车辆运行路段上存在拥挤效用，而其他两类虚路段上不存在

拥挤效用, 其费用均为固定值。乘客在车辆运行路段 a 上乘坐公交线路 l 的乘车费用可表示为如下形式:

$$T_a^l\left(x_a^l\right) = t_a^l\left\{1 + H_a^l\left(x_a^l\right)\right\}, \quad \forall a, l \tag{14.25}$$

式中 T_a^l 表示乘客在车辆运行路段 a 上乘坐公交线路 l 的乘车费用。

在公交网络中, 路径是由一系列的节点和路段组成的, 因此, 路径上的费用是由组成该路径的路段费用累加而得到的, 即

$$c_k^{rs} = \sum_a \sum_l T_a^l \cdot \delta_{a,l,k}^{rs} + \sum_b E_b \cdot \phi_{b,k}^{rs}, \quad \forall r, s, k \tag{14.26}$$

其中, c_k^{rs} 表示 OD 对 rs 之间第 k 条路径上的出行费用; $\delta_{a,l,k}^{rs}$ 表示扩展网络中车辆运行路段 a 上公交线路 l 与 OD 对 rs 之间的第 k 条路径之间的关系, 若该路段的该公交线路在 rs 之间第 k 条路径上, 取值为 1, 否则为 0; $\phi_{b,k}^{rs}$ 表示换乘路段或上网 (下网) 路段与 OD 对 rs 之间的第 k 条路径之间的关系。

乘客依据扩展的公交网络上的公交路径费用进行出行选择, 与道路网络中出行者路径选择类似, 公交网络中的乘客也是以最小化其总出行时间这样的原则来进行选择的。因此, 基于扩展公交网络的乘客选择行为分析, 实质上就是一个搜索 OD 间的最短路径问题。值得注意的是, 在扩展网络中进行最短路搜索时, 须满足扩展网络的有效路径条件。

下面给出基于扩展公交网络的最短路算法。

首先, 为扩展网络中的每一个节点, 如节点 i, 设置两个记录: ①标号 l_i, 表示沿着最短路径从根节点到节点 i 的最小费用; ②紧前节点 p_i, 表示沿着最短路径到达节点 i 且最靠近 i 的节点。

对扩展网络中的每一条路段, 如路段 a, 假定其两个端点分别为 i 和 j, 设置一个记录 s_{ij}, 如果弧 (i, j) 为实弧 (即车辆运行弧), 则 $s_{ij} = 1$; 否则 $s_{ij} = 0$。

基于扩展公交网络的最短路算法的具体步骤如下:

步骤 1　初始化。置所有标号为一个很大的正数, 置所有的紧前节点为零, 将根节点 r 放入检查列中, 并令 $l_r = 0$。

步骤 2　从检查列中任选一个节点, 例如 i 节点, 扫描所有从 i 节点出发只经过一条弧便可到达的节点, 例如 j 节点, 判断路段 (i, j) 的属性:

• 如果 $s_{ij} = 1$, 判断 $l_i + t_{ij} < l_j$ 是否成立, 如果成立, 则令 $l_j = l_i + t_{ij}$, 同时, 修改 $p_j = i$, 且将 j 加入到检查列中; 否则, 不做任何改变;

• 如果 $s_{ij} = 0$, 令 $h = p_i$, 即 h 为节点 i 的紧前节点, 如果 $s_{ij} = 0$, 则不做任何改变; 如果 $s_{ij} = 1$, 判断 $l_i + t_{ij} < l_j$ 是否成立, 如果成立, 则令 $l_j = l_i + t_{ij}$, 同时, 修改 $p_j = i$, 且将 j 加入到检查列中, 否则, 不做任何改变。

其中，t_{ij} 是从节点 i 到节点 j 的路段的费用值，即

$$t_{ij} = \begin{cases} T_a^l, & \text{当 } s_{ij} = 1, \\ E_b, & \text{当 } s_{ij} = 0, \end{cases} \quad \forall i, j \qquad (14.27)$$

步骤 3 当检查列中不再有节点时，算法停止。此时从根节点到其他任意节点的最短路径可通过反向搜索最后的紧前节点序列识别出来。

图 14.13 给出了上述算法的计算流程。

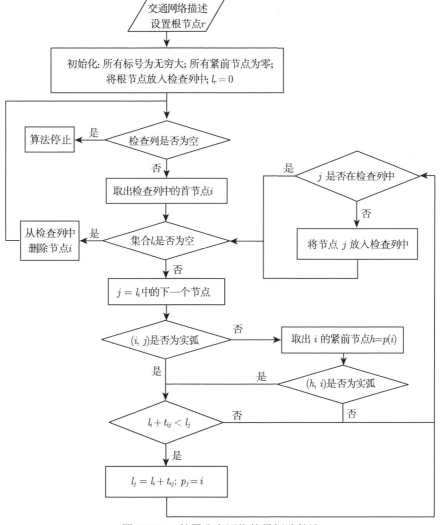

图 14.13 扩展公交网络的最短路算法

14.4　公交网络平衡配流模型

在制定公交线网规划以及运营管理策略的过程中,包括:线路调整、站点选址、公交优先策略、行车组织与计划等,首先需要研究的就是公交需求的时空分布规律,其核心为公交网络客流分配模型。如果公交需求相对其运输能力较低,公交网络中不存在拥挤效应,则公交网络客流分配就可以按照全有全无的思想进行分析,基本假设就是基于共线吸引集、出行策略或最短有效路径进行路径搜索并进行流量加载。然而,随着公交需求的不断提高,一旦超出其运输能力,公交网络中就会出现拥挤现象,包括车站拥挤和车内拥挤等,在考虑拥挤度的条件下,则需要对公交网络的平衡机制及配流模型进行分析。

相对于道路网络平衡建模,公交网络的平衡流量分配建模更加困难,其挑战主要来自以下几个方面:

(1)车站等车时间难以描述。随着乘客到达率的增加,车站的平均等待时间将会上升。如果采用排队论方法来描述车站等车时间,将得出非常复杂的数学公式,带来求解的困难。如果采取类似于 BPR 函数形式的简单解析式来表示车站拥挤,但需求较大时,会产生错误的配流结果(De Cea and Fernández,1993)。

(2)车辆行驶中的拥挤度较难刻画。同样,随着车内乘客数的增加,车内费用也会发生变化。较早的处理方法不考虑乘客在车内的拥挤度,而是将车辆行驶时间作为乘客流量的函数(Spiess and Florian,1989);另一种方法则是将车辆运行时间作为常数,考虑乘客在车内的拥挤度,采用一个类似 BPR 函数的形式来描述车内乘车费用(四兵锋和高自友,2013)。

(3)换乘费用难以准确描述。如果不对换乘进行适当的惩罚,则无法体现公交乘客出行选择特征。一种替代的方法是在公交网络中直接排除换乘超过一定次数(一般 2 次)的相关路径(Baaj and Mahmassani,1990;高自友和任华玲,2005;Ren et al.,2009;Ren et al.,2012),或在扩展公交网络中增加换乘路段(四兵锋和高自友,2013)。

建立公交网络平衡配流模型不仅要对公交网络进行描述,了解乘客在公交网络上的出行选择行为,还需要对平衡配流的原则进行各种假设。与道路交通网络配流模型类似,按照乘客对网络的熟悉程度,公交网络平衡配流模型可分为确定型配流模型和随机型配流模型;按照是否考虑时间的因素,可分为静态型配流模型和动态型配流模型。

14.4.1　确定型公交配流模型

确定型公交配流模型假设乘客对网络结构、线路运营情况及网络流量分布等具有完全信息,且乘客总是选择总费用(包括等车费用和车内费用)最少的公交路径来出行。当选择同一公交路径的乘客数持续增加时，公交线路的运输能力限制，将使得该路径的总费用上升，上升到一定程度时，该路径就不再是总费用最小的路径，部分乘客就会选择其他路径。与道路交通网络类似，最终公交网络客流分布会达到一个平稳状态，即用户平衡状态。

De Cea 和 Fernández（1993）提出的公交配流模型中引入 "有效频率" 的概念来描述乘客的等车时间。当系统不拥挤时，线路的有效频率等于零流情况下的设定频率。随着拥挤增加，乘客上下车将变得越来越困难，乘客的等待时间会随之增加，对应的有效频率将减少。可以为到达节点 $i(s)$ 的公交线路定义如下的平均等车时间：

$$w_l^\zeta \stackrel{\text{def}}{=} \frac{\alpha_l}{f_l} + \varphi_l \left(\frac{\tilde{v}_{\zeta l}}{\kappa_l} \right) \tag{14.28}$$

其中，式子的第一项是在非拥挤下的等待时间，α_l 取决于乘客和车辆到达规律；第二项是与等待线路相关的费用，与线路能力有关，φ_l 是线路客流量 $\tilde{v}_{\zeta l}$ 的单调递增函数，可以采用如下的幂函数形式：

$$\varphi_l = \beta_l \cdot \left(\frac{\tilde{v}_{\zeta l}}{\kappa_l} \right)^n = \beta_l \left(\frac{\tilde{v}_{\zeta l}}{f_l \kappa_l} \right)^n \tag{14.29}$$

其中，κ_l 是线路 l 的每辆车的容量（每车乘客数量）。

可通过等待时间和发车频率的关系来定义经过车站 $i(s)$ 的公交线路 l 的 "有效频率"，如下所示

$$f_l'^s = \left(\alpha_l / w_l^\zeta \right) \tag{14.30}$$

如果不存在拥挤，$\varphi_l = 0$，有效频率 $f_l'^s$ 与公交站无关，且等于零流频率 f_l。当存在拥挤时，φ_l 将减小，相应的有效频率也将减小，$f_l'^s \leqslant f_l$。

吸引集 s 的有效频率 f_s' 可以表示为属于 $\bar{A}_s$ 的线路有效频率总和，即

$$f_s' = \sum_{l \in \bar{A}_s} f_l'^s \tag{14.31}$$

吸引集 s 中使用各条线路的乘客数量与其相对有效频率成比例，即

$$v_l^s = \begin{cases} \dfrac{f_l'^s}{f_s'} V^s, & \text{如果 } l \in \bar{A}_s, \\ 0, & \text{如果 } l \notin \bar{A}_s, \end{cases} \quad \forall\, l \in A_s \tag{14.32}$$

通常，A_s 及 $\bar{A}_s$ 均取决于拥挤程度，同时又决定了公交网络的构造（De Cea and Fernández，1993）。

　　假定乘客在公交车上的出行时间是其客流的递增函数，在一定程度上此函数反映了车站乘客的排队延误、车内拥挤而带来的心理 "费用"、车辆在道路拥挤下行驶时间的变化等。

　　令 v_a^r 表示与目的地 r 相关联的路段 $a(a \in A)$ 上的乘客数量，则路段上的乘客数量 v_a 是到所有不同目的地 $r(r \in R)$ 的数量 v_a^r 的总和，即

$$v_a = \sum_{r \in R} v_a^r, \quad a \in A \tag{14.33}$$

　　假定每个乘客选择的策略都是最小化其预期总出行时间。设从任意节点 $i(i \in I)$ 到目的地 $r(r \in R)$ 的乘客需求为 g_i^r，令 K_r 表示去往目的地 r 的所有可行策略的集合，h_i^k 是需求 g_i^r 中选择策略 $k \in K_r$ 的乘客量，则有如下守恒方程成立。

$$\sum_{k \in K_r} h_i^k = g_i^r, \quad i \in I,\ k \in K,\ r \in R \text{（实数）} \tag{14.34}$$

　　在基于 $\bar{A}_s$ 构造的公交网络 $G'(N, \zeta')$ 上，如果一个可行的乘客流量集满足用户最优的 Wardrop 条件（Wardrop，1952），则称为平衡流量

$$C_r \begin{cases} = u_w, & \forall r \in R_w/h_r \geqslant 0, \\ > u_w, & \forall r \in R_w/h_r = 0, \end{cases} \quad \forall w \in W \tag{14.35}$$

其中，u_w 是连接 OD 对 w 的所有被使用路径的平衡出行费用。

　　可以证明（Florian and Spiess，1983），上述平衡条件可表示为如下的变分不等式（variational inequality，VI）模型

$$\mathbf{C}(\mathbf{V}^*)(\mathbf{V} - \mathbf{V}^*) \geqslant 0, \quad \forall \mathbf{V} \in \Theta \tag{14.36}$$

其中，$\mathbf{C}$ 是路径费用向量；$\mathbf{V}$ 是路径流量向量；$\mathbf{V}^*$ 表示平衡路径流量向量；Θ 为可行路径集合。

　　基于 common-route 和吸引路径集的公交配流模型可以用有效频率来表示等车时间延误。首先，为每条公交路段 $a \in A$ 定义一个连续递减的有效频率函数 f_a：$[0, \bar{v}_a] \to (0, \infty)$，它是路段流量 v_a 的函数，且当 $v_a \to \bar{v}_a$ 时，$f_a(v_a) \to 0$，其中 $\bar{v}_a$ 是路段满载的能力限制。

　　当网络中存在拥挤时，可以把每个 OD 对之间的路径分为快车路径集和慢车路径集，其中快车路径集可按照前面给出的在无拥挤条件下进行确定，把快车路径集之外的第一条路径作为慢车路径集的第一条路径，按照同样的吸引路径集的计算方法来确定慢车路径集。如果网络的拥挤现象特别严重，还可以进一步确定更慢的吸引路径集。

用 P^{rs} 表示 OD 对 rs 之间的吸引路径集。在不拥挤的时候，乘客只选择快车路径集，随着拥挤的增加，乘客可能会选择慢车路径集或更慢的吸引路径集，最终乘客选择吸引路径集的行为将达到一种用户平衡的状态，可表示如下

$$\tau_\Omega^{rs} - \mu_{rs} \begin{cases} = 0, & \text{如果} h_\Omega^{rs} > 0, \\ \geqslant 0, & \text{如果} h_\Omega^{rs} = 0, \end{cases} \quad \forall r, s, \Omega \in P^{rs} \tag{14.37}$$

其中，τ_Ω^{rs} 是吸引路径集 $\Omega \in P^{rs}$ 的出行费用；μ_{rs} 是 OD 对 rs 之间的最短出行费用；h_Ω^{rs} 是吸引路径集 Ω 的乘客流量。

乘客在吸引路径集内的分配与其相对有效频率成正比。同时，吸引路径集流量满足下面的流量守恒方程

$$\sum_{\Omega \in P^{rs}} h_\Omega^{rs} = d^{rs}, \quad \forall r, s \tag{14.38}$$

和非负条件

$$h_\Omega^{rs} \geqslant 0, \quad \forall r, s, \Omega \in P^{rs} \tag{14.39}$$

其中，d^{rs} 是 OD 对 rs 之间给定的乘客需求。

满足用户平衡条件的流量可通过求解如下的变分不等式来得到，即寻找平衡乘客流量 $\boldsymbol{h}^* \in \Theta$ 满足

$$\boldsymbol{\tau}\left(\boldsymbol{h}^*\right)\left(\boldsymbol{h} - \boldsymbol{h}^*\right) \geqslant 0, \quad \forall \boldsymbol{h} \in \Theta \tag{14.40}$$

其中，$\boldsymbol{h}$ 为乘客流量的向量形式；Θ 为满足约束（14.38）和（14.39）的可行流量集合。

求解变分不等式问题的迭代算法有很多，下面给出一种松弛算法，其迭代步骤如下。

步骤 1　计算初始吸引路径集，使用零流出行费用，初始化公交客流 $h_\Omega^{rs(1)}$（$\forall rs, \Omega \in P^{rs}$），令迭代次数 $n = 1$。

步骤 2　计算组合后的吸引路径集的出行费用 $\tau_\Omega^{rs(n)}$（$\forall rs, \Omega \in P^{rs}$）。

步骤 3　在每个 OD 对之间的各吸引路径集使用"全有全无"对公交需求进行流量加载，得到可行客流 $g_\Omega^{rs(n)}$（$\forall rs, \Omega \in P^{rs}$）。

步骤 4　更新公交客流

$$h_\Omega^{rs(n+1)} = h_\Omega^{rs(n)} + \left(g_\Omega^{rs(n)} - h_\Omega^{rs(n)}\right)/(n+1), \quad \forall rs, \Omega \in P^{rs} \tag{14.41}$$

根据线路"有效频率"将乘客流量分配到每个吸引路径集中的所有共线上。

步骤 5　如果满足收敛条件，则停止计算；否则，转至步骤 2。

例题 14.1　在如图 14.14 所示的 Sioux Falls 的公交网络，该公交网络有 24 个节点、5 条公交线路，每个节点至少有一条公交线路服务，考虑 3 个 OD 对分

别为 OD1（1，24），OD2（2，20）和 OD3（7，20）。基本的 OD 需求分别为
OD1：2000 乘客；OD2：3000 乘客；OD3：1000 乘客。根据已知条件，确定不
同 OD 之间的路径吸引集。

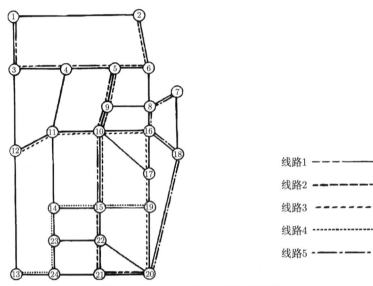

图 14.14　Sioux Falls 的公交网络

解　首先，列出各 OD 对之间的快车路径集和慢车路径集如表 14.1 所示。

表 14.1　吸引路径集

OD 对	吸引路径集	路径编号	路径上的等价车上时间 /min	路径行程
OD1	Set-11	1	27	线路 1（1-3-4-5-9-10-15）到线路 4（15-14-23-24）
	Set-21	2	24	线路 2（2-6-5-9-10）到线路 3（10-16-17-19-20）
OD2	Set-22	3	31	线路 2（2-6-5）到线路 1（5-9-10-15-22-21-20）
		4	31	线路 2（2-6-5-9）到线路 1（9-10-15-22-21-20）
		5	31	线路 2（2-6-5-9-10）到线路 1（10-15-22-21-20）
		6	31	线路 2（2-6-5-9-10-15）到线路 1（15-22-21-20）
OD3	Set-31	7	15.6	线路 5（7-8-16）到线路 3（16-17-19-20）
	Set-32	8	19	线路 5（7-8-16-18-20）

图 14.15 给出了不同需求水平下乘客选择各吸引路径集的比例变化情况。图中横坐标为 OD 需求系数，取值为 1 时表示基本需求水平，取值为 0.9 表示基本需求水平乘以系数 0.9，取值为 1.1 表示基本需求水平乘以系数 1.1，其他类似。从图中可以看出，OD 对 2 和 OD 对 3 中，随着 OD 乘客需求水平的增加，由于快车路径集变得拥挤，选择该路径集的乘客比例逐渐变小，选择慢车路径集的乘客比例则在逐渐变大。

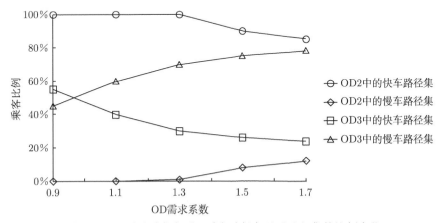

图 14.15　不同需求水平下乘客选择各吸引路径集的比例变化

14.4.2　随机公交网络平衡模型

Lam 等（1999）及高自友等（2000a，2000b）提出了一种基于节点扩展的方法对公交网络进行描述，这种描述方法既能表示乘客在节点选择时的共线问题，同时又可以反映乘客在节点的拥挤效应。

例如：图 14.16 中给出的简单公交网络有 3 个车站、4 条公交线路，其中节点 N_1，N_2，N_3 代表车站；L_1，L_2，L_3，L_4 代表公交线路；公交线 L_1 通过节点 N_1，N_2，N_3；公交线 L_2 通过节点 N_1，N_2；公交线 L_3 通过节点 N_2，N_3；公交线 L_4 通过节点 N_2，N_3。

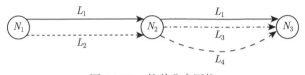

图 14.16　简单公交网络

扩展公交网络是由一系列节点和连接节点的路段组成，其中节点代表供乘客上、下车和换乘的公交车站；路段包括步行路段、公交运行路段、等车路段及换乘路段组成，其中步行路段连接乘客的起、讫点和车站，公交运行路段对应于两个相邻车站之间的所有公交线路，等车路段用于描述乘客在车站的等车行为，换乘路段用于描述由于换乘而给乘客带来的种种不便即额外的出行时间和费用。

图 14.17 给出了用等车路段和运行路段表示的扩展后的公交网络，其中节点 N_1 扩展为 3 个节点 N_1^*，N_1^1，N_1^2；节点 N_2 扩展为 4 个节点 N_2^*，N_2^1，N_2^2，N_2^3；并且增加了等车路段 W_1，W_2，W_3，W_4，W_5。

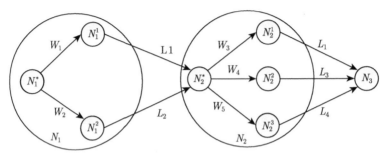

图 14.17　用等车路段和运行路段表示的公交网络

假设乘客从节点 N_1 出发到达节点 N_2，为了使出行者自身所感受到的出行时间最少，乘客总是选择 K 条线路中的 M 条（$M \leqslant K$），即乘客选择的公交线集合是 $\bar{A}_s$（$\bar{A}_s \subset C_s$），并将乘坐首先到达节点 N_1 的任意一辆属于 $\bar{A}_s$ 的公交车，$\bar{A}_s$ 就是从节点 N_1 出发到达节点 N_2 的公交线吸引集（attractive set）。

乘客从节点 N_1 出发到达节点 N_2 的出行时间为

$$\mathrm{TV}\,(N_1, N_2) = W_{\bar{A}_s} + T_{\bar{A}_s} \tag{14.42}$$

其中，$W_{\bar{A}_s}$ 和 $T_{\bar{A}_s}$ 分别代表乘客的等车时间和车上行驶时间。

用 $G' = (N, A)$ 表示扩展后的公交网络，其中 N 为网络中车站的集合，A 是网络中路段的集合。用 g_w 表示 OD 对之间的需求量，v_s 表示路段流量，h_r^w 表示路径流量，$\mathbf{\Lambda}$ 为路段/路径关联矩阵，其元素为 a_{sr}（如果路段 s 在路经 r 上，其值为 1；否则为 0）。

对于任意一个 OD 对 $w \in W$，如果网络中的流量满足如下方程，则认为其是可行的

$$\sum_{r \in R_w} h_r^w = g_w, \quad w \in W \tag{14.43}$$

$$v_s = \sum_{w \in W} \sum_{r \in R_w} a_{sr} h_r^w, \quad s \in A \tag{14.44}$$

$$v_s \leqslant k_s, \quad s \in A \tag{14.45}$$

其中，（14.43）式为路径流量和 OD 需求之间的守恒关系，（14.44）式为路段流量和路径流量之间的关联关系，（14.45）式表示路段能力约束。

在公交网络中，任意 OD 对之间的公交路径都对应一个固定的出行时间（包括车上时间、等车时间和拥挤延迟）。由于不同的乘客对同一条路径上感觉到的出行时间不同，以及其他诸如气候、事故等随机因素的存在，因此路径费用中还有随机因素。

设 T_r^w 为路径 $r \in R_w$ 上乘客感觉的车上时间，W_r^w 为在路径 $r \in R_w$ 上乘客等车时间，d_r^w 为乘客在路径 $r \in R_w$ 上的拥挤延迟，且 T_r^w 和 W_r^w 均为随机变量。进一步，设 t_r^w 为在路径 $r \in R_w$ 上的实际车辆运行时间，w_r^w 为在 $r \in R_w$ 上的等车时间，则

$$T_r^w = t_r^w + \tau_r^w, \quad r \in R_w,\, w \in W \tag{14.46}$$

$$W_r^w = w_r^w + \eta_r^w, \quad r \in R_w,\, w \in W \tag{14.47}$$

其中，τ_r^w 和 η_r^w 均表示随机误差项。

假设用 C_r^w 表示乘客感觉到的路径 $r \in R_w$ 上的出行时间，是随机变量。用 c_r^w 表示乘客在 $r \in R_w$ 上的实际出行时间，可得出下式：

$$c_r^w = t_r^w + w_r^w + d_r^w, \quad r \in R_w,\, w \in W \tag{14.48}$$

$$C_r^w = c_r^w + \xi_r^w, \quad r \in R_w,\, w \in W \tag{14.49}$$

其中，$\xi_r^w = \tau_r^w + \eta_r^w$ 为随机误差项，是对应路径上的 τ_r^w 和 η_r^w 之和，且假设 $\mathrm{E}\,[\xi_r^w] = 0$ 或 $\mathrm{E}\,[C_r^w] = c_r^w$，即乘客感觉到的出行时间的平均值等于同一路径上的实际出行时间。

基于多项式 Logit 随机效用模型，可建立如下的随机公交配流模型：

$$\min Z\,(\mathbf{h}) = \theta \sum_{s \in A} (t_s + w_s)\, v_s + \sum_{w \in W} \sum_{r \in R} h_r^w (\ln h_r^w - 1) \tag{14.50}$$

$$\text{s.t.} \quad (14.43),\, (14.45)$$

$$\mathbf{V} \leqslant \mathbf{K} \tag{14.51}$$

$$\mathbf{h} \geqslant \mathbf{0} \tag{14.52}$$

$\mathbf{V}$ 表示路段流量向量，$\mathbf{K}$ 表示路段通行能力向量，$\mathbf{h}$ 表示路径流量向量。可以证明，当且仅当与路段能力约束 $\mathbf{V} \leqslant \mathbf{K}$ 相对应的拉氏乘子 $\mathbf{m} = -\theta \mathbf{d}$ 时（其中 $\mathbf{d}$ 为向量表示的拥挤延迟），上述模型满足有能力限制约束的公交随机用户最优配流原则。

高自友等（2000a，2000b）将这个固定需求的随机公交配流模型扩展到考虑弹性需求的情况，建立了同时考虑需求弹性和能力限制约束的随机公交配流模型：

$$\min Z(\mathbf{g}, \mathbf{h}) = \theta \left\{ \sum_{s \in A} (t_s + w_s) v_s - \sum_{w \in W} \int_0^{g_w} D_w^{-1}(y) dy \right\}$$

$$+ \left\{ \sum_{w \in W} \sum_{r \in R} h_r^w \ln h_r^w - \sum_{w \in W} g_w \ln g_w \right\} \tag{14.53}$$

$$\text{s.t.} \quad (14.43), (14.45), (14.51), (14.52)$$

同样，可以证明，当且仅当与路段能力约束 $\mathbf{V} \leqslant \mathbf{K}$ 相对应的拉氏乘子 $\mathbf{m} = -\theta \mathbf{d}$ 时，模型（14.53）满足同时具有弹性需求和能力限制条件的公交随机用户最优配流原则。

14.4.3　基于时刻表的公交网络平衡模型

在 20 世纪 90 年代中期，一些路径选择与公交客流分配模型已经明确地将不同发车间隔（时刻表）作为输入条件，这类研究被归为基于时刻表的模型（Florian，1999；Tong and Wong，1999a；Tong and Wong，1999b；Nuzzolo et al.，2001）。在基于时刻表的公交配流方法中，需要考虑各班次车辆到达和离开各车站的具体时间，因此，需要构建一种时空网络用来描述各线路上各班次车辆的运行。

对于公交车辆各班次运行的时空网络表示方法基本可以分为三种（Nuzzolo et al.，2001）：对偶图网络描述、遍历式的网络描述和路网/时刻表混合描述三种方法，这里根据遍历式的网络描述方法并结合轨道交通网络的运行特点建立如图 14.18 所示的时空网络模型。

所建立的时空网络中，主要由节点和弧段组成，而一条出行路径可以由三种弧表示。

（1）时空节点

在时空网络中，每个节点有两种属性：一种属性表示该节点在物理网络中的位置，另一种属性显示其所属的时间段。一般情况下，任一个物理节点 $i(i \in N)$ 可以拓展成时空网络中的 $(n+1)$ 个节点 $i_t^l, t = 0, 1, \cdots, n$；$l \in L$ 表示平面轨道交通网络中的线路。例如网络节点 5_8^1，其含义是在时刻 5:23 时 1 号线上的复兴门站，即图 14.18 中的 F 点。

（2）时空弧

乘客在轨道交通的时空网络中的路径包含三种弧段类型，分别为乘车运行弧、换乘弧和等待弧。

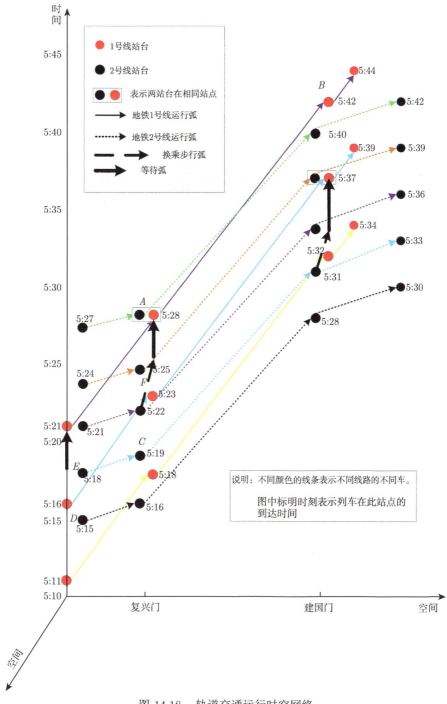

图 14.18 轨道交通运行时空网络

1）运行弧集合 E_1：元素 $e_1(i_t^l, j_{t+c_{ij}}^l)$；$c_{ij}$ 表示线路 l 列车在相邻两站 i, j 之间的运行时间。运行弧如图中的 $A \to B$ 所示。

2）换乘弧集合 E_2：元素 $e_2\left(i_{t_1}^r, i_{t_2}^l\right)$ 或 $\left(i_{t_1}^{l_1}, i_{t_3}^{l_2}\right), l_1 \neq l_2$；其中 $t_2 = t_1 + c_{rl}^i, t_3 = t_1 + c_{l_1 l_2}^i$。前者表示从刷卡进站到达线路 l 站台的步行弧，c_{rl}^i 为其步行时间；后者表示 i 站点换乘时从线路 l_1 的站台步行到线路 l_2 的站台上的步行弧，$c_{l_1 l_2}^i$ 为其步行时间。

3）等待弧集合 E_3：元素 $e_3\left(i_t^l, i_{t+c_{ii}}^l\right)$；$c_{ii}$ 表示乘客在线路 l 上 i 站点的站台等待时间；等待弧如图中的 $D \to E$ 所示。

（3）时空路径

时空网络中一条时空路径一般由运行弧、换乘弧和等待弧组成。例如在图 14.18 中序列 $1_1^2 \to 5_8^2 \to 5_{13}^1 \to 17_{30}^1$ 表示一条时空路径，其实际含义是：乘客 5:16 分在西直门乘坐 2 号线，5:23 到达复兴门站，花费 5 分钟的换乘时间（包含换乘步行时间和站台等车时间），5:28 分在复兴门站乘坐 1 号线，在 5:40 分到达终点建国门站。

在上述网络中，具有相同起始点且在同一时间段出发的乘客不一定会全部在同一时间段到达终点，反映到时空网络中就是同一终点对应着时间点不同的几个节点。因此除了上述三种网络弧外，为了后续建立配流模型的需要，我们假设时空网络中同一物理终点对应的不同时间段的节点都连接至同一虚拟节点 s'，并且此连接弧的费用为 0。

一条路径的广义费用反映了乘客选择该路径时的综合成本。在这里，乘客的出行费用主要为对应于时空网络中三种弧的乘车时间、换乘时间、等待时间；同时，还要考虑换乘对于乘客出行的影响，在乘客的出行费用中加入固定的换乘费用惩罚。

（1）乘车时间

考虑拥挤的影响，假设当乘客的数量小于一辆列车的座位数时不存在拥挤；当乘客流量大于列车座位数且两者的差值不断增大的时候，乘客的不舒适感将不断增强。据此定义运行弧 $e_1\left(i_{t_1}^{l_1}, j_{t_2}^{l_1}\right)\left(t_2 = t_1 + c_{ij}\right)$ 上的拥挤系数为 ρ，其表达式如下

$$\rho\left(x_{e_1}\right) = \begin{cases} 0, & \text{如果} x_{e_1} \leqslant Z_l, \\ \dfrac{\alpha\left(x_{e_1} - Z_l\right)}{z_l}, & \text{如果} Z_l < x_{e_1} \leqslant C_l, \quad \forall e_1 \in l \\ \dfrac{\alpha\left(x_{e_1} - Z_l\right)}{z_l} + \dfrac{\beta\left(x_{e_1} - C_l\right)}{C_l}, & \text{如果} x_{e_1} > C_l, \end{cases}$$

$$\tag{14.54}$$

其中，x_{e_1} 表示运行弧 e_1 上的乘客量；Z_l 表示线路 l 的座位数；C_l 表示线路 l 的

最大容量；α，β 是相应的参数，可由实际的调查统计得到。

假定轨道交通列车根据时刻表精确运行，那么列车在运行弧上的运行时间是固定的，可以根据列车时刻表得到。考虑拥挤的影响，乘客在运行弧段上的加权乘车时间为

$$T_{e_1} = c_{ij}\left(1 + \rho\left(x_{e_1}\right)\right) \tag{14.55}$$

（2）步行时间

步行时间 c_{e_2} 是乘客在换乘弧上所用时间，在这里假设乘客在站点换乘时的步行时间是固定的，为两站台之间的距离与乘客的平均步行速度之比，即

$$c_{e_2} = L_i^{l_1 l_2}/w \tag{14.56}$$

其中，$L_i^{l_1 l_2}$ 表示在站点 i 从线路 l_1 到线路 l_2 站台之间的步行距离；w 表示乘客的平均步行速度。

（3）换乘惩罚

对于步行换乘，在出行过程中，乘客可能经过多次换乘才能到达终点。乘客对于换乘步行时间和乘车时间有不同的敏感度，一般情况下乘客希望换乘次数较少，乘客每增加一次换乘，就要付出一定的额外感知费用，我们用 ω 表示换乘的惩罚。

（4）等待时间

等待时间 c_{e_3} 是乘客在等待弧 e_3 上的等待时间。乘客在等待弧上的等待时间等于乘客上车时间 t_{cs} 与乘客到达站台时间 t_{cd} 的差值，即

$$c_{e_3} = t_{cs} - t_{cd} \tag{14.57}$$

综上，在时空网络中，乘客在任一 OD 对 rs 之间第 t 个时间段出发时选择路径 p 的出行费用表示如下

$$\begin{aligned}
C_p^{rs',t} &= \sum_e T_e \delta_{e,p}^{rt,s'} = \sum_{e_1} T_{e_1} \delta_{e_1,p}^{rt,s'} + \sum_{e_2} T_{e_2} \delta_{e_2,p}^{rt,s'} + \sum_{e_3} T_{e_3} \delta_{e_3,p}^{rt,s'} \\
&= \sum_{e_1} c_{e_1}\left(1 + \rho\left(e_1\right)\right) \delta_{e_1,p}^{rt,s'} + \sum_{e_2} \left(c_{e_2}\eta^B + \omega\right) \delta_{e_2,p}^{rt,s'} + \sum_{e_3} c_{e_3}\eta^w \delta_{e_3,p}^{rt,s'}
\end{aligned} \tag{14.58}$$

其中，T_e 为乘客在弧 e 上的广义费用，弧 e 可以是 e_1，e_2，e_3 中任意类型的弧；η^B 为步行时间的权重系数；η^w 为等车时间的权重系数；n 为换乘次数；$\delta_{e,p}^{rt,s'}$ 是关联系数，$\delta_{e,p}^{rs',t} = 1$ 表示时空弧 e 属于 OD 对 $rt\text{-}s'$ 的时空路径 p，否则，$\delta_{e,p}^{rs',t} = 0$。

假设所有的乘客能够获知轨道交通网络的准确运行信息，且乘客都会选择使自身广义出行费用最小的路径，这样对于整个路网来说最终将会产生一个动态的

用户均衡模型：对于任意 OD 对，任意时段出发的乘客，他们所使用的时空路径的广义费用是相等的且最小，所有未被使用的路径上的广义费用都大于或等于这个最小广义费用。

这里需求 $q^{rs,t}$ 写成 $q^{rt,s'}$，其中 rt 表示时空网络上的需求起点，s' 表示时空网络上的虚拟终点。用数学公式表示上述均衡状态如下，当乘客的路径出行费用 $C_p^{rt,s'}$ 满足下面的关系式时，时空网络达到均衡状态：

$$\mu^{rt,s'} - C_p^{rt,s'} \begin{cases} = 0, & f_p^{rt,s'} > 0 \\ \leqslant 0, & f_p^{rt,s'} = 0 \end{cases} \tag{14.59}$$

其中，$\mu^{rt,s'}$ 表示均衡状态下时空路径费用的最小值。

进而构建适用于基于时空网络的乘客均衡配流模型如下

$$\sum_e T_e(\mathbf{x}^*)(x_e - x_e^*) \geqslant 0, \quad \forall \mathbf{x} \in \Theta \tag{14.60}$$

定义 $\Theta = \left\{ x_e \mid \sum_p f_p^{rt,s'} = q^{rt,s'}, f_p^{rt,s'} \geqslant 0, \forall r, s'p; x_e = \sum_{rt} \sum_{s'} \sum_{p \in P^{rt,s'}} f_p^{rt,s'} \delta_{e,p}^{rt,s'}, \forall e \right\}$。

另外，Tong 和 Wong（1999a）指出了基于发车频率与基于时刻表方法之间的差异，并用仿真方法构建了基于时刻表的随机动态模型。在他们的模型中，乘客或在步行路段走行，或在网络路段上排队等车，或在选择的线路上乘车。他们用时变的分支定界方法寻找最短路径，其中路径费用包括步行时间、等待时间、车上运行时间以及换乘的惩罚。

其他还有各种考虑不同条件的组合模型，在 Nuzzolo 等（2001）的基于时刻表的模型中，将带有乘客信息的随机效用函数用于公交客流分配过程。他们的随机模型还包括出发时间的选择与站点的选择。站点选择定义为从可达距离内的一系列站点中选择乘车点的概率。他们提出的模型适合高发车频率的公交服务，可以考虑一天之内以及各天之间变化的一系列选择过程。

复习思考题

1. 以下是来源于 EMME/2 用户手册的包含 4 条线路的公交网络示意图（图 14.19），该网络图中的数字为各线路的平均车上行驶时间；各线路的平均发车间隔分别为：线路 L_1 发车间隔 12min，线路 L_2 发车间隔 12min，线路 L_3 发车间隔 30min，线路 L_4 发车间隔 6min；另外，假设步行时间和换乘时间为 0。

（a）请计算出所有的共线。

（b）请描述从 A 到 B 可能的出行策略，包括乘客在不同的组合线路中选择的可能性；计算每种策略的期望车上行驶时间。

（c）请描述从 A 到 B 的吸引路径集，计算其"等价车上时间"。

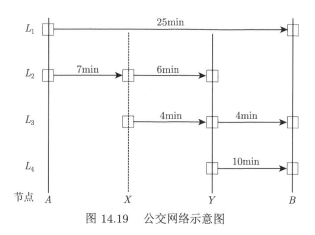

图 14.19 公交网络示意图

参 考 文 献

高自友, 宋一凡, 四兵锋, 等. 2000a. 公交网络中基于弹性需求和能力限制条件下的 SUE 配流模型及算法 (I) [J]. 北方交通大学学报, 24(6): 1-7.

高自友, 宋一凡, 四兵锋, 等. 2000b. 公交网络中基于弹性需求和能力限制条件下的 SUE 配流模型及算法 (II)[J]. 北方交通大学学报, 24(6): 8-13.

高自友, 任华玲. 2005. 城市动态交通流分配模型与算法 [M]. 北京: 人民交通出版社.

四兵锋, 高自友. 2013. 交通运输网络流量分析与优化建模 [M]. 北京: 人民交通出版社.

杨兆升. 2004. 城市智能公共交通系统理论与方法 [M]. 北京: 中国铁道出版社.

Baaj M H, Mahmassani H S. 1990. TRUST: A LISP program for the analysis of transit route configurations[J]. Transportation Research Record, 1283: 125-135.

Cats O, Koutsopoulos H, Burghout W, et al. 2011. Effect of real-time transit information on dynamic path choice of passengers[J]. Transportation Research Record Journal of the Transportation Research Board, 2217: 46-54.

Ceder A. 2007. Public Transit Planning and Operation: Theory, Modeling and Practice[M]. Boca Raton Elsevier Ltd.

Chiriqui C. 1975. Common bus lines[J]. Transportation Science, 9: 115-121.

De Cea J, Fernández E. 1993. Transit assignment for congested public transport systems: An equilibrium model[J]. Transportation Science, 27(2): 133-147.

Dial R B. 1967. Transit pathfinder algorithm[J]. Highway Research Record, 205: 67-85.

Fearnside K, Draper D P. 1971. Public transport assignment-A new approach[J]. Traffic Engineering Control, 12: 298-299.

Florian M. 1999. Deterministic time table transit assignment[C]. Paper of EMME/2 Users Group Meeting, Shanghai.

Florian M, Spiess H. 1983. On binary mode choice/assignment models[J]. Transportation Science, 17: 32-47.

Furth P, Wilson N H M. 1981. Setting frequency on bus routes, theory and practice[J]. Transportation Research Record, 818:1-7.

Hamdouch Y, Szeto W Y, Jiang Y. 2014. A new schedule-based transit assignment model with travel strategies and supply uncertainties[J]. Transportation Research Part B, 67: 35-67.

Kocur G, Hendrickson C. 1982. Design of local bus service with demand equilibrium[J]. Transportation Science, 16(2): 149-170.

Lam W H K, Gao Z Y, Chan K S, et al. 1999. A stochastic user equilibrium assignment model for congested transit networks[J]. Transportation Research Part B, 33: 351-368.

Last A, Leak S E. 1976. Transept: A bus model[J]. Traffic Engineering & Control, 17(1): 14-17, 20.

Le C F. 1972. A public transport assignment method[J]. Traffic Engineering and Control, 14(2): 91-96.

Nguyen S, Pallotino S. 1988. Equilibrium traffic assignment in large scale transit networks[J]. European Journal of Operational Research, 37(2): 176-186.

Nguyen S, Pallottino S, Malucelli F. 2001. A modeling framework for passenger assignment on a transport network with timetables[J]. Transportation Science, 35: 238-249.

Nuzzolo A. 2003. Transit Path Choice and Assignment Models[M]// Advanced Modeling for Transit Operations and Service Planning. Oxford, Pergamon: Elsevier Science, 93-124.

Nuzzolo A, Russo F, Crisalli U. 2001. A doubly dynamic schedule-based assignment model for transit networks[J]. Transportation Science, 35: 268-285.

Ren H L, Gao Z Y, Lam W H K, et al. 2009. Assessing the benefits of integrated en-route transit information systems and time-varying transit pricing systems in a congested transit network[J]. Transportation Planning and Technology, 32(3): 215-237.

Ren H L, Long J C, Gao Z Y, et al. 2012. Passenger assignment model based on common route in congested transit networks[J]. Journal of Transportation Engineering, 138(12): 1484-1494.

Spiess H, Florian M. 1989. Optimal strategies, a new assignment model for transit networks[J]. Transportation Research Part B, 23: 83-102.

Tong C O, Wong S C. 1999a. A stochastic transit assignment model using dynamic schedule-based network[J]. Transportation Research Part B, 33: 107-121.

Tong C O, Wong S C. 1999b. A schedule-based time-dependent trip assignment model for transit networks[J]. Journal of Advanced Transportation, 33(3): 371-388.

Wardrop J G. 1952. Some theoretical of road traffic research[C]. Proceedings of the Institute
    of Civil Engineers, VI, Part 2, 325-378.

Wu J, Florian M, Marcotte P. 1994. Transit equilibrium assignment, a model and solution
    algorithms[J]. Transportation Science, 28(3): 193-203.

第 15 章 多方式交通网络平衡流量模型

15.1 概   述

交通工具（即车辆）为出行需求提供出行方式，是交通系统中的重要组成部分，交通系统的主要功能是以交通工具在其网络上的运行来完成的。现代化城市交通系统是由多种交通方式组合而成的多元化复杂系统，不同交通方式之间相互协调，共同服务于城市发展并满足城市居民的多样化出行需求。

在多方式交通系统中，不同的交通工具在满足出行需求方面是有差异的。例如，公共交通是政府公共服务的重要组成部分，主要包括公共汽车和城市轨道交通。通常，公共交通的车辆按照固定路线行驶，运输能力大且运输成本高，对出行者来说，公共交通具有经济实惠的特点，但存在高峰时段舒适度降低等问题；出租汽车是一种辅助性的公共交通工具，它的特点是机动灵活，方便老、弱、妇、幼和携带行李物品的乘客出行，可满足公共交通所不能到达的地点及有特殊要求的乘客；自行车是我国居民普遍采用的交通工具，具有机动灵活、无燃料消耗、无污染等特点，在短途出行中占有很大优势，但安全性较差，且自行车的使用受地形、天气等自然条件的影响较大。表 15.1 给出了一些常见城市交通工具的主要特性。

表 15.1 城市主要客运工具的特性

交通方式		运量 /(人/h)	速度 /(km/h)	占用道路面积 /(m²/人)	适用 范围	特点
自行车		2000	10~25	6~10	短距离	成本低，无污染，灵活
小汽车		3000	20~50	10~20	较广	成本高，投入少，能耗多，污染严重
公共汽车		6000~9000	20~50	1~2	中距离	成本低，投入少，人均资源消耗和环境污染小
轨道交通	轻轨	10000~30000	40~60	高架道路: 0.25 专用道: 0.5	长距离	建设运营成本高，运输成本低，能耗和环境污染小，运输效率高
	地铁	30000 以上	40~60	不占用道路面积	长距离	

多方式交通系统管理的目标就是通过对各种出行方式进行有效的协同和组织，以满足各类出行者高效、便捷、安全的出行需要。在多方式交通系统的管理和组织中，不仅要考虑小汽车的出行特征，还要考虑公交车、轨道交通、自行车等的出行特征。同时，多方式交通网络不再是单一的道路网络，而是包括道路网、公交

网、轨道网在内的更为复杂的超级网络系统。在这样的超级网络中，网络流及其产生的交通现象是全体出行者在有限时空进行复杂决策所形成的宏观聚集结果。

近十几年来，一些研究学者对多方式交通网络流量分配问题进行了探讨和研究，取得了大量成果。在多方式交通网络流研究的最初阶段，大部分模型假定出行者在一次出行中只采用一种交通工具，而没有考虑不同方式之间的转换问题。例如：Florian 和 Nguyen（1987）将单一方式的交通配流问题拓展为双方式的交通网络流量分配问题；Lam 和 Huang（1992）针对多类型出行者，建立了方式选择、流量分配以及出行分布的组合模型；Abrahamsson 和 Lundqvist（1999）建立了方式选择、流量分配以及出行分布相结合的 Nested Logit 模型；周溪召和阴志强（2002）建立了网络出行起讫点、方式以及路径选择的综合模型；Sun 等（2008）考虑了小汽车和公交车之间的相互影响，提出一个方式分离和流量分配的综合交通模型；四兵锋等（2010）分析了包含小汽车、公交车和自行车在内的多方式交通网络的结构特征，考虑了不同方式道路流量之间的相互影响，提出了变分不等式模型来描述多方式交通网络的流量分配问题。从 20 世纪 90 年代以来，一些学者开始考虑多模式交通系统中的换乘因素，提出了相关模型与算法。例如，Fernandez 等（1994）考虑了私家车和地铁两种模式，出行者可在这两种模式之间进行转换，建立了网络流量分配模型；Lo 等（2003）将多模式交通系统表示为静态扩展多模式网络，提出了基于 Logit 的多模式交通流量分配模型；李志纯和黄海军（2005）同样只考虑了私家车和地铁两种模式，并假定选择私家车的出行者只进行路径选择，而组合模式出行时，则要对路径和换乘同时进行选择，给出了交通网络流量分配模型；Lam 等（2007）构造了超网络模型，采用变分不等式方法描述了多模式交通出行的网络流量分配模型。近些年来一些学者关注于不同交通方式间的相互影响、换乘费用的合理刻画、多模式组合出行的路径重叠等方面，提出了多方式交通网络流量分配模型。例如，张锐等（2014）基于路段实测交通流数据标定了相应条件下的阻抗函数，构建了出行方式和路径联合选择的 Nested Logit 模型；汪勤政和四兵锋（2017）基于超网络构建了可换乘的城市多方式交通超网络模型，在此基础上提出了城市多方式交通网络随机均衡模型；Yang 等（2020）同样基于超网络概念建立了多方式交通网络拓扑模型，选取了两类典型的组合出行模式，构建了阻抗函数并提出了多方式流量分配模型和求解算法；Fu 等（2014）采用增广状态下的多方式交通网络来描述多模式交通网络平衡问题，提出了基于可靠性的网络均衡交通分配模型；Wang 等（2020）采用 Path-size Logit 模型分析了组合出行下多方式交通网络中的路径重叠问题；Li 等（2021）提出了多层次混合 Logit 模型来解决多模式组合交通网络中物理路段和运输方式的重叠问题。这些研究工作为多方式网络交通流理论奠定了坚实基础。随着交通强国政策的推进及交通大数据的完善，多方式交通系统的网络流建模研究将成为交通理论发展的重要方向。

15.2　影响方式选择的主要因素

一般来说，影响方式选择的因素有很多，主要包括社会经济因素、出行特性因素、出行者属性以及交通运输系统特性等。

（1）社会经济因素

社会经济因素包括所研究地区的经济发展水平、产业结构、资源分布、自然地理条件、政策因素、土地规划等。这些因素可概括成经济因素、政策因素、文化因素、信息技术因素等。

经济因素：通常，国民经济与出行生成之间存在密切关系。经济水平的提高、产业结构的变化、经济体制的改革等都会影响出行行为。

政策因素：随着经济的发展，各国政府为了满足不断变化的出行需求以及达到交通与经济协调发展的目标，会制定一些运输政策，包括投资、运费和税收等，这些政策不可避免地会对出行产生影响。

文化因素：出行者所处的文化环境会对其出行行为产生较大影响，主要的外在表现是其选择交通方式时对衡量交通服务质量指标（安全性、舒适性、快速性、便捷性、准时性、经济性）重要性的排序。此外，出行者的心理因素（如从众心理、享受心理等）在交通方式的选择方面也会表现出差异。

信息技术因素：信息技术对交通运输的促进作用是显著的，两者之间具有相互促进和相互替代的关系。在通信不够发达或不能提供方便的服务时，交通运输的客运量中有相当一部分客流的出行目的是进行信息交换，信息技术的发展也会对出行行为产生巨大影响，比如共享单车、网约车、智能网联车等。

（2）出行特性因素

出行特性包括出行目的和出行距离。

出行目的主要包括上班、上学、公务、旅游、购物、文娱体育、探亲访友、看病等，也可以分为通勤出行和非通勤出行。不同出行目的的出行需求存在差异，例如，通勤出行一般对经济性比较敏感，而公务出行则对经济性需求会弱一些，对舒适性、快速性、便捷性的需求会强一些。

出行距离对出行行为有较大的影响，不同交通方式在出行距离上的优势有显著差异，例如，铁路客运的最优距离为 600km，小汽车在 500km 以内优于铁路，而运距在 600km 以上时最受欢迎的交通方式则为航空。

（3）出行者属性

出行者的经济收入是出行的决定性因素。出行者往往在经济承受力与出行需求之间寻找平衡点，具体表现是影响出行者对交通方式及出行路线的选择，有时也会影响出行目的及目的地选择。

出行者的年龄、性别、职业等属于出行者社会因素，这些因素对出行行为也会产生一定影响，也是通过影响出行者对交通运输服务质量指标的重要度排序及指标期望来施加影响的。

（4）交通运输系统特性

交通运输系统特性因素主要包括交通运输供应特性因素、运输定价因素、交通运输流特性因素等。

交通运输供应特性因素包括运输系统特征和运输消耗。运输系统特征包括时间消耗、运输能力以及服务水平等；运输消耗包括运输系统的建设费用、保养费用及运营费用等。出行需求的满足程度会受到交通运输供给水平的限制，这种限制来自交通运输企业的运能、运价以及需求本身的时空特性。

运输定价是一个综合指标，从宏观上，影响运价的因素很多，包括国家政策、顾客偏好、消费习惯、运输成本、供需状况等；从需求的角度考虑，运价影响因素包括出行量、出行心理、地区经济水平和人口增长速度、物价波动、环境污染和交通安全等。

交通运输流特性因素：从交通供需特性来说，交通流的产生及时空分布取决于城市土地空间布局和交通组织，交通运输流主要由出行者的交通选择行为所决定，表现为一种受消费者心理支配的自适应反馈平衡机制。影响出行者对交通方式选择的内在因素有时间、费用、舒适度、便捷性、安全性等。

15.3　交通方式选择模型

交通方式选择模型是以经济学中的效用理论为基础提出的，最为广泛的是离散选择模型。离散选择模型的研究始于 20 世纪 60 年代，美国麻省理工学院计量经济学家 McFadden 等（1973）将经济学中的效用理论引用过来，以概率论为理论基础，从个体选择心理的角度对方式划分问题展开了研究，提出了随机效用模型的 Logit 模型，在理论上取得了很大的进展。一些学者的研究（Manheim, 1979；Ben-Akiva and Lerman，1979；Lerman and Manski，1978）则将离散选择模型研究推向了实用化阶段。

为了描述出行者的心理活动，可为每种交通方式确定一个效用值，交通方式效用值反映了出行者选择该方式出行获得的满足程度。通常，影响出行效用的因素很多，除了一些确定性因素外，还有一些不确定因素。因此，可以把出行效用看作随机变量。

假定用 N 表示交通系统中出行方式集合，用 I 表示出行者类型集合，则第 i 类的出行者选择第 n 种出行方式的随机效用 U_n^i 可表示为

$$U_n^i = V_n^i + \varepsilon_n^i, \quad n \in N, i \in I \tag{15.1}$$

式中，V_n^i 表示第 i 类出行者选择第 n 种方式的可确定效用；ε_n^i 表示随机项。

根据出行经验或交通信息，出行者对第 n 种方式的可确定效用 V_n^i 包括很多因素，例如时间、价格、换乘、舒适、方便等。通常，V_n^i 可表示为这些因素的加权和，即

$$V_n^i = \sum_m a_{n,i}^m x_n^m, \quad n \in N, \, i \in I \tag{15.2}$$

式中，x_n^m 表示第 n 种方式第 m 类因素的量化值；$a_{n,i}^m$ 为待定参数，表示第 i 类出行者对第 n 种出行方式的第 m 类因素的偏好程度。

根据经济学基本原则，出行者总是希望能够选择对其出行效用最大的方式来出行，而出行效用为一个随机变量。因此，出行者的方式选择问题就变成了一个概率分布问题。出行者选择某种方式的概率就是该方式的效用在所有可选方式中最大的概率，即

$$p_n^i = \Pr(U_n^i \geqslant U_p^i, p \neq n, p \in N), \quad n \in N, \, i \in I \tag{15.3}$$

式中，p_n^i 表示第 i 类出行者选择第 n 种方式的概率。

选择概率 p_n^i 具有概率的基本特征，即

$$0 \leqslant p_n^i \leqslant 1, \quad n \in N, \, i \in I \tag{15.4}$$

$$\sum_{n \in N} p_n^i = 1, \quad i \in I \tag{15.5}$$

如果将式（15.1）代入式（15.3）中，可得

$$p_n^i = \Pr(V_n^i + \varepsilon_n^i \geqslant V_p^i + \varepsilon_p^i) = \Pr(\varepsilon_n^i - \varepsilon_p^i \geqslant V_p^i - V_n^i), \quad n \in N, \, i \in I \tag{15.6}$$

显然，出行者选择某种方式的概率取决于随机项 ε_n^i 的分布及可确定出行效用 V_n^i 的值，如果 ε_n^i 的概率分布已知，便可计算出出行方式选择概率。

例题 15.1　考虑一个两种交通方式（公交车/私家车）的选择问题，两种交通方式的效用函数分别为 $U_{\text{bus}} = 3 + \xi$，$U_{\text{car}} = 2$，假设效用函数的误差项 ξ 的密度均匀地处于 $[-2, 2]$ 内，试给出出行者选择公交车和私家车的概率。

解　根据式（15.6），公交车被选中的概率是

$$p_{\text{bus}} = \Pr(U_{\text{bus}} \geqslant U_{\text{car}}) = \Pr(3 + \xi \geqslant 2) = \Pr(\xi \geqslant -1)$$

因为效用函数的误差项 ξ 的密度均匀地处于 $[-2, 2]$ 内，所以

$$p_{\text{bus}} = \int_{-1}^{\infty} f(\xi)\mathrm{d}\xi = 0.75, \quad p_{\text{car}} = 1 - p_{\text{bus}} = 0.25$$

这就是说，在一群认同效用函数 $U_{\text{bus}} = 3 + \xi$，$U_{\text{car}} = 2$ 的决策者中，其中有 75% 的人选择公交车，25% 的人选择私家车。

15.3.1 Logit 模型

定理 15.1 如果随机效用中的随机项 ε_n^i 相互独立,且服从如下形式的 Gumbel 分布(也称双指数分布):

$$F(\varepsilon_n^i) = e^{-e^{-\theta \varepsilon_n^i}}, \quad n \in N, \ i \in I \tag{15.7}$$

则第 i 类出行者选择第 n 种方式的概率就满足如下的 Logit 形式:

$$p_n^i = \frac{e^{\theta V_n^i}}{\sum\limits_{p \in N} e^{\theta V_n^i}}, \quad n \in N, \ i \in I \tag{15.8}$$

证明 Logit 模型假设(15.7)式中效益函数的随机项 ε_n^i 相互独立,且服从同一的 Gumbel 分布。用概率变量 x 表示 ε_n^i,θ 作为参数,随机项的分布函数可表示如下

$$F_e(x) = \exp\left\{-\theta \exp(-x)\right\}, \quad (\theta > 0, -\infty < x < \infty) \tag{15.9}$$

将上式代入式(15.8),可推导出下式:

$$
\begin{aligned}
p(k) &= \int_{-\infty}^{\infty} \prod_{j \neq k} \exp\left\{-\theta \exp\left[-(V(k) - V(j)) + x\right]\right\} \theta e^{-x} \exp\left(-\theta e^{-x}\right) \mathrm{d}x \\
&= \int_{-\infty}^{\infty} \prod_{j} \exp\left\{-\theta \exp\left[-(V(k) - V(j)) + x\right]\right\} \theta e^{-x} \mathrm{d}x \\
&= \int_{-\infty}^{\infty} \exp\left[-\theta e^{-x} \sum \exp(V(j) - V(k))\right] \theta e^{-x} \mathrm{d}x \\
&= \frac{e^{V(k)}}{\sum\limits_{j} e^{V(j)}}
\end{aligned}
\tag{15.10}
$$

可以证明,参数 θ 与随机误差项 ε_n^i 的方差成反比,它可以起到调节方差的作用。例如,考虑两种极端情况,当 $\theta \to \infty$ 时,则 p_n^i 趋于 1,即出行者均选择最大出行效用的方案,在这种条件下,说明出行者具备完全交通信息;当 $\theta \to 0$ 时,出行者将均匀分布在所有可选方案上,在这种条件下,说明出行者选择完全随机,与各方案效用无关。

Logit 模型的一个重要特点是 IIA(independence of irrelevant alternative)特性,所谓 IIA 特性,就是指对某个特定的出行者来讲,任何一个选择方案的选择概率的比值不受其他的任何选择方案的系统效用的影响。一方面,IIA 特性使 Logit 模型在实际应用中具有优越性。例如,在模型标定时,对数据量的要求很低。此

外，比较容易预测新增加的选择方案。另一方面，当选择方案存在较大的相似性时，就会过高评价具有相似性的选择方案群，而造成错误的模型标定参数，导致预测偏差的问题。

下面通过一个简单例子说明 Logit 模型的 IIA 特性（四兵锋和高自友，2013）。如图 4-12 所示的三个简单网络，该网络有 1 个 OD 对、4 条路段、3 条路径，其中有 2 条路径存在重叠部分，假定重叠部分的路段阻抗为 c，路段阻抗标示在路段的上方。

可以看出，在图 15.1 的三个网络中，OD 间的三条路径阻抗都是 1，根据 Logit 模型的计算，所有路径的选择概率都是 1/3，因此，所有路径上的流量也都是相同的，这个结果在 c 较小时（图 15.1 中的第三种情况），是合理的，也就是说，当两条路径的重叠部分很小时，可以把它们看作相对独立的，则 Logit 模型比较符合现实。然而，当 c 值较大时，如图 15.1 中的第一种情况，两条路径的重叠部分很多，在这种条件下，两条路径只有很小的区别，特别地，当 $c \to 1$ 时，两条路径就会逐渐重叠为一条路径。因此，对于图 15.1 中的第一种情况，没有与其他路径重叠的路径的配流比例应该接近于 1/2，而另外两条有很少重叠的路径上的配流比例应该接近 1/4。显然，通过 Logit 模型，无法得到这个与现实接近的结果。

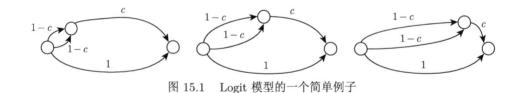

图 15.1　Logit 模型的一个简单例子

针对 Logit 模型的局限性，以及不同应用情况的需要，国内外专家学者以传统 Logit 模型为基础，提出了一些 Logit 模型的派生和改进模型。主要包括 Nested-Logit 模型（Daly and Zachary，1978）和 Mixed-Logit 模型（McFadden and Train，2000），还有 Box-Cox Logit 模型（Benedikt et al.，1997）、Cross-nested Logit 模型（Vovsha，1997）以及 Paired Combinatorial Logit 模型（Koppelman and Wen，2000）等。

15.3.2　Probit 模型

假定随机出行效用中的随机误差项 ε_n^i 服从多元正态分布（multi-variant normal distribution，MVN 分布），则所有误差的联合概率密度函数就是多元正态分布函数。MVN 是众所周知的正态密度函数的多项式扩展，它描述了随机向量 $\varepsilon^i = \left(\varepsilon_1^i, \varepsilon_2^i, \cdots, \varepsilon_N^i \right)$ 的分布，该向量有 N 期望值向量和 $(N \times N)$ 阶协方差矩阵。

考虑一组备选方案的效用函数集合 $U_n^i = V_n^i + \varepsilon_n^i$, $n \in N$, $i \in I$, 给定效用的数学期望值 $\mathbf{V}^i = (V_1^i, V_2^i, \cdots, V_N^i)$。

根据多元正态分布特性, 可知随机效用 $\mathbf{U}^i = (U_1^i, U_2^i, \cdots, U_N^i)$ 服从多元正态分布, 其期望值为 $\mathbf{V}^i = (V_1^i, V_2^i, \cdots, V_N^i)$, 其协方差矩阵为

$$\begin{bmatrix} \theta V_1^i & \theta V_{1,2}^i & \cdots & \theta V_{1,N}^i \\ \theta V_{2,1}^i & \theta V_2^i & \cdots & \theta V_{2,N}^i \\ \vdots & \vdots & & \vdots \\ \theta V_{N,1}^i & \theta V_{N,2}^i & \cdots & \theta V_N^i \end{bmatrix} \tag{15.11}$$

式中, θ 为一个比例常数, 可以表示为出行者对单位效用的理解方差; $V_{m,n}^i$ 表示备选方案 m 和备选方案 n 之间共有的一部分效用值。

由于累积正态分布函数不能以封闭的形式确定数值, 标准的数值求解也非常困难, 这使得求解选择概率非常困难, 对于维数 $N > 2$ 的情况, 既不能求出概率的数学解析式, 也难以用多重积分方法找出数值解, 通常采用近似解析法（例如 Clark 循环逼近法）或者模拟仿真方法（例如蒙特卡罗仿真法）。在这里重点介绍在交通中应用最为广泛的蒙特卡罗仿真法。

考虑一组备选方案的效用函数集合 $\mathbf{U}^i = (U_1^i, U_2^i, \cdots, U_N^i)$。进行如下迭代。

步骤 1　在每次迭代中, 从概率密度函数里随机地抽取 N 个随机变量值, 设第 k 次抽取的随机变量值为 $\boldsymbol{\varepsilon}^{i(k)} = (\varepsilon_1^{i(k)}, \varepsilon_2^{i(k)}, \cdots, \varepsilon_N^{i(k)})$。

步骤 2　将随机变量加到对应的期望效用值上, 得 $U_n^{i(k)} = V_n^{i(k)} + \varepsilon_n^{i(k)}$, $n \in N, i \in I$。

步骤 3　然后记录效用值最大的路径, 即令 $U_n^{i(k)} \geqslant U_l^{i(k)}$ ($\forall l \neq n$) 的备选方案。

如此重复 K 次, 设其中第 n 个备选方案被记录为效用值最大的次数是 K_n, 显然

$$\sum_{n \in N} K_n = K \tag{15.12}$$

则第 n 个备选方案的选择概率可表示为

$$p_n^i \approx K_n/K, \quad n \in N \tag{15.13}$$

根据大数定理, 当 $K \to \infty$ 时, $p_n^i = K_n/K$, $n \in N$。

15.4　多方式交通超网络

多方式交通网络是一个包括各种方式子网在内的、有规则叠加的、复合的网络系统。由于超网络可较好地描述出行者在多方式交通网络中的复杂行为，因此，目前对于多方式交通网络流量分析的研究大多数都是基于超级网络模型展开的。

15.4.1　超网络的概念

麻省理工学院的 Sheffi 教授最早于 1985 年在其专著中提出超网络的概念，而美国科学家 Nagurney 教授则于 2002 年将超网络理论应用在处理供应链系统以及知识管理等问题上，定义超网络为"高于而又超于现实网络的网络"，使其意义开始明确。Nagurney 教授所说的"高于而又超于现实网络"中所指的现实网络，是指节点对应于空间位置、边对应于物理连接的网络，而超于这样网络的则是带有虚拟节点和虚拟边的抽象网络。国内的王志平和王众托（2008）则将目前国内外关于超网络理论和相关应用的研究成果进行了归纳和梳理，使超网络理论更加系统化。

定义 15.1　超网络是在由物理节点和路段所构成的实体网络基础上，通过添加虚拟节点和虚拟路段，将出行者的交通行为抽象为网络元素，将不具有物理关系的出行活动进行关联而形成的虚拟网络。

通常，超网络具备下列一种或者几种特征：

（1）网络嵌套网络，或者网络中包含着网络。

（2）多层特征，层内和层间都有连接。

（3）多级特征，同级和级间都有连接。

（4）它的流量可以是多维的，例如，铁路、公路、水运和航空都是既有客运又有货运。

（5）多属性或多准则的，例如，在城市中出行不仅有路径的选择，而且有方式（驾车、公交、步行）的选择，运输网络需要同时考虑时间、成本、安全、舒适等。

（6）存在拥堵性，不仅交通运输网络中存在拥堵，信息网络中也存在拥堵问题。

（7）有时候全局优化和个体优化有冲突，需要协调。

近年来，超网络理论被广泛应用于处理具有复杂结构的网络系统中。超网络理论主要应用在供应链系统（雷延军和李向阳,2006）、知识管理（席运江等,2009）以及社会关系网络（沈秋英和王文平，2009）等方面。

15.4.2　多方式交通超网络构建

构建多方式交通系统超网络模型的基本思路为：首先，根据不同交通方式的运行特征，在道路网络的基础上，构建各方式交通子网；然后，根据不同交通子网之间的关联关系，通过设置虚拟换乘连接将不同方式的网络节点连接起来，将多方式交通系统中的各类子网进行集成。

　　为构建多方式交通系统超网络模型，需要分析各类交通子网的基本要素。例如，在公交和轨道交通网络中，节点表示车站，连接表示线路区段；在小汽车网络和非机动车网络中，节点表示道路交叉口或换乘枢纽，连接表示道路，可以把道路连接、公交或轨道线路区段连接等称为车辆运行弧。图 15.2 给出了多方式交通系统超网络的基本要素。

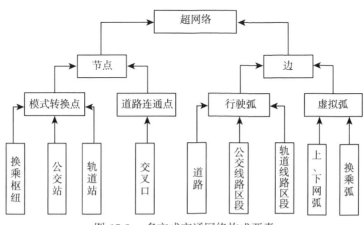

图 15.2　多方式交通网络构成要素

　　换乘连接是多方式交通超网络中的重要关系，在构建不同方式之间的换乘连接时需考虑不同交通工具的出行特点。比如，对公交和轨道交通而言，站点可表示为换乘节点；对自行车和小汽车等方式而言，换乘节点则是可停放车辆的换乘枢纽；出行者不会在任何公交站点都考虑换乘；如果起讫点间有直达公交线路，则不会考虑换乘。

　　换乘包括不同方式间的换乘和同一方式内部的换乘。比如，公共交通（包括公交车和轨道交通）线路之间的换乘是方式内部换乘，而小汽车或自行车与公共交通之间的换乘则是方式间换乘。在构建多方式交通超网络时，可通过添加虚拟连接将换乘节点连接起来，称为换乘弧。此外，各方式交通子网的起节点应与整个出行的起点相连接，各方式交通子网的终节点应与整个出行的讫节点相连接，这种连接分别称为上网弧和下网弧。在多方式交通超网络中，把上网弧、下网弧及换乘弧统称为虚弧，把道路连接、公交或轨道线路区段连接等车辆运行弧称为实弧。

　　通常，交通方式子网的构建主要分为三类：

　　（1）公交网络的构建；

　　（2）轨道交通网络的构建；

（3）小汽车、出租车、自行车和电动车等道路交通网络的构建。

小汽车、出租车、自行车和电动车等道路交通子网由节点（交通小区和交叉口）和路段（相邻交叉口之间的道路）组成，其拓扑结构相对简单。而公交和轨道交通子网内部存在不同线路之间的换乘，其拓扑结构相对复杂。可采用网络扩展技术对方式内部可换乘的交通网络进行描述，扩展规则如下（Si et al.，2009）：

（1）通过扩展技术，将一个站点用一组虚拟节点来描述，节点个数与经过该站点的线路数一致，即每条线路分别对应一个节点；

（2）如果两个节点分别表示同一条线路的相邻两个站点的节点，则用实线将两个节点连接，称该弧为行驶弧，表示有公交车线路或者轨道交通线路通过；

（3）除与起讫点相连接的节点外，如果乘客在该站点能进行不同线路之间的换乘，则用虚拟路段将该站点的分别表示不同线路的两个节点连接，称该路段为换乘弧，表示在该站点可进行换乘；

（4）与起讫点相连接的虚拟节点，分别用上、下网弧连接，表示出行者第一次到达路网节点或最后离开路网节点的行走或行驶过程。

为了说明多方式交通超网络模型的构建过程，以如图 15.3 给出的交通系统为例来描述网络构建过程。假设出行者从 A 点出发到达目的地 B，有公交车、轨道交通和小汽车三种交通方式可选择，节点 2 为小汽车的停车换乘枢纽，在此处可换乘到公交车或轨道交通，且公交车和轨道交通之间也可以进行换乘。

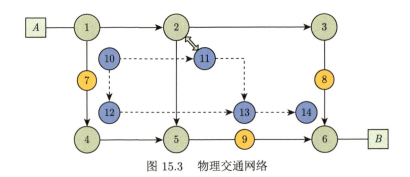

图 15.3　物理交通网络

按照这个多方式交通系统，各方式的交通网络物理拓扑关系如图 15.4 所示。

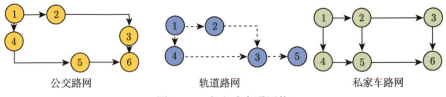

公交路网　　　　　　　　　轨道路网　　　　　　　　私家车路网

图 15.4　各方式交通网络

假设在公交子网和轨道交通子网中，各条公交线路和轨道交通线路的基本信息分别由表 15.2 和表 15.3 给出。

表 15.2   公交线路基本信息

线路	途经路段及其长度	换乘站点	换乘线路及其时间	发车间隔
1	1-2(1.5km) 2-3(1.0km) 3-6(0.8km)	—	—	5min
2	1-4(0.6km) 4-5(1.0km)	站点 4 站点 5	2 → 3(3min) 2 → 3(5min)	5min
3	4-5(1.0km) 5-6(1.5km)	—	—	10min

表 15.3   轨道交通线路基本信息

线路	途经路段及行驶时间	换乘站点	换乘线路及时间	发车间隔
1	1-2(3min) 2-5(5min)	3	1 → 2(10min)	5min
2	1-4(3min) 4-5(2min) 5-6(3min)	—	—	5min

根据图 15.4 中各方式交通网络基本结构，结合各方式的交通特征，构建各方式交通子网。

（1）公交子网

根据图 15.4 中公交路网结构，用公交线路表示站点间的连接，则 AB 间公交网络如图 15.5 所示。

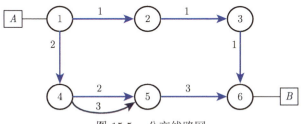

图 15.5   公交线路网

可以看到，城市公交网络由站点、路段和线路组成，且这三个元素之间存在相互关系：一方面，同一站点和同一路段上可包含多条公交线路，每条线路具有各自的运行特点；另一方面，在换乘站点，不同线路之间可以互相转换。

运用网络扩展技术，结合公交行驶信息构建公交子网的拓扑模型，如图 15.6 所示。

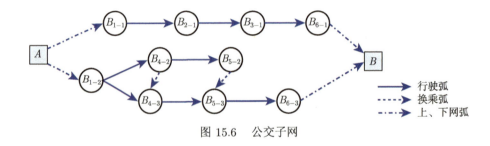

图 15.6　公交子网

在公交子网中，节点由字母和数字表示，字母 B 表示交通工具为公交车，数字分别表示站点号和公交线路。例如，节点 $B_{2\text{-}1}$ 表示公交线路 1 经过站点 2。公交子网中共有四类弧：上网弧表示从起点 A 步行到公交站点的路段；行驶弧表示有车次通达的公交线路；换乘弧表示从一条公交线路换乘到另一条公交线路；下网弧表示到达终点站后步行到讫点 B 的路段。

（2）轨道交通子网

同公交子网类似，轨道交通线路表示站点间的通达关系，AB 间轨道交通子网如图 15.7 所示。

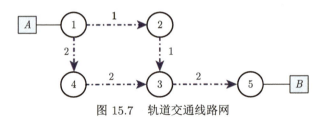

图 15.7　轨道交通线路网

轨道交通子网由站点和区段组成，同一区段通常只运行一条线路，在换乘站点，不同线路之间可以互相转换。同样，采用网络扩展技术建立轨道交通子网，如图 15.8 所示。

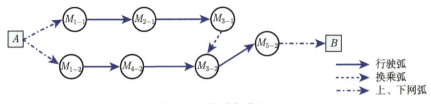

图 15.8　轨道交通子网

在轨道交通子网中，节点表示该线路列车所经过的站点。节点由字母和数字组成，字母 M 表示出行方式为轨道交通，数字分别表示站点序号和轨道交通线路。例如，节点 $M_{2\text{-}1}$ 表示轨道交通线路 1 经过的站点 2。同样，轨道交通子网也有四类弧：上网弧表示从起点 A 步行到轨道交通站点的路段；行驶弧表示轨道交通车辆行驶线路；换乘弧表示不同线路之间的换乘；下网弧表示从终点站步行到讫点 B 的路段。

（3）小汽车子网

小汽车子网由节点（交通小区和交叉口）和路段（相邻交叉口之间的道路）组成，其换乘点为停车换乘枢纽。以图 15.4 中私家车路网为例建立的小汽车子网络如图 15.9 所示。

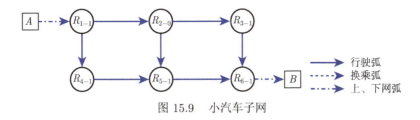

图 15.9　小汽车子网

在小汽车子网中，节点由字母和数字组成，代表交叉口或换乘点，字母 R 表示道路网，数字分别表示节点号和节点属性（例如，1 表示交叉口、0 表示换乘点），例如，节点 $C_{2\text{-}0}$ 表示小汽车在 2 处可进行换乘。小汽车子网有三类弧：上网弧表示从起点 A 到交叉口节点的路段，行驶弧表示交叉口之间的道路，下网弧表示从终节点到讫点 B 的行驶路段。

在各交通方式子网（分层网络）构建完成后，对各方式交通子网进行叠加，通过虚拟弧连接不同子网的换乘节点，最终得到 AB 间的多方式交通超网络，如图 15.10 所示。

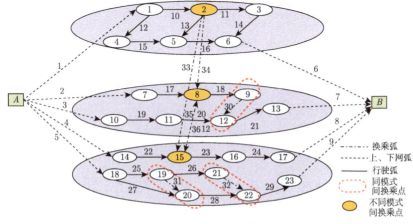

图 15.10　多方式交通超网络

15.4.3 交通超网络的数学描述

在多方式交通超级网络中，每种方式都有相对独立的子网络，不同方式子网通过换乘弧连接起来。用 G 来表示多方式交通超网络，即

$$G = (M, V, A) \tag{15.14}$$

式中，M 表示交通方式集合；V 表示节点集合；A 表示弧集合。

多方式交通超网络中有多种弧和节点，可根据出行过程对节点和弧进行分类。不同类别的节点和弧用不同的状态向量进行表示。在多方式交通超网络中，节点有多种属性，可表示交通小区、公交站点、轨道交通站点、道路交叉口或换乘枢纽，节点可以分为出行端点和中间节点，即

$$V = V_1 \cup V_2 \tag{15.15}$$

式中，V_1 表示出行端点集合，包括起点和终点，其元素可用单变量 r 或 s 表示，即 $r, s \in V_1$；V_2 表示出行中间节点，即除了出行端点外的其他节点，其元素可用二维向量 (m, v) 表示，即 $(m, v) \in V_2$，m 表示该节点的交通方式，v 表示该节点的空间位置。

在多方式交通系统中，一次出行通常包含四个过程，分别为：

（1）上网过程，即从出行起点步行或行驶到达某一网络中间节点；

（2）运行过程，即从某个网络中间节点行驶到该网络中的另一中间节点；

（3）换乘过程，即从某一种交通方式子网中的节点换乘到另一种交通方式子网的节点；

（4）下网过程，即从某一网络中间节点步行或行驶到达出行终点。

根据出行过程，超网中的弧可分为上网弧、车辆行驶弧、换乘弧和下网弧四类，即

$$A = A_1 \cup A_2 \cup A_3 \cup A_4 \tag{15.16}$$

式中，A_1 表示上网弧集合，其元素用 $\{r, (m, v)\}$ 表示；A_2 表示运行弧集合，其元素用 $\{(m, v_1), (m, v_2)\}$ 表示；A_3 表示换乘弧集合，其元素用 $\{(m_1, v), (m_2, v)\}$ 表示；A_4 表示下网弧集合，其元素用 $\{(m, v), s\}$ 表示。

15.5 超路径的概念

在多方式交通超网络中，从起点到终点的一条连通路径包含了多种类型的弧，采用传统路径表达方式无法体现出行中的方式选择问题，也无法描述不同方式之间的换乘关系。为了区别于单方式交通网络中的路径概念，在此提出如下的超路径概念。

定义 15.2   多方式交通超网络中从起点到终点的具有连接关系的节点序列，称为超路径。

例如，从起点 r 到终点 s 的一条超路径可表示为如下形式：

$$r \rightarrow (m_1, v_1) \rightarrow (m_1, v_2) \rightarrow \cdots \rightarrow (m_1, v_n) \rightarrow (m_2, v_n) \rightarrow \cdots \rightarrow (m_n, v_w) \rightarrow s \tag{15.17}$$

通常，多方式交通超网络中的超路径包括如下三种类型：

（1）单方式单车辆出行路径，如采用自行车和小汽车直接出行所行驶的路径及公交车或地铁无需换乘的路径，这类超路径不包含换乘弧。

（2）单方式多车辆出行路径，如采用公交或者城市轨道交通出行，且存在不同线路之间的换乘，这类超路径包含方式子网内换乘弧，但不包含方式间换乘弧。

（3）多方式组合出行路径，如各种交通方式组合的出行路径，这类超路径一定包括方式间换乘弧。

出行者在一条超路径上的出行行为，往往包含上网、车辆行驶、换乘和下网四个过程。在换乘或下网之前，出行者会在某一种交通子网中经过多段连续的车辆运行弧，然后在某一节点换乘到另一种方式的子网中或下网到达出行终点。

根据多方式交通出行特点，在超路径的基础上，定义如下子路径的概念。

定义 15.3   在一条超路径中，相邻的上网弧、换乘弧以及下网弧之间某一种方式子网中的连续运行弧的节点所组成的序列，称为该超路径的子路径。

例如，在超路径（15.17）中，方式 m_1 的子路径可用下面的节点序列来表示

$$(m_1, v_1) \rightarrow (m_1, v_2) \rightarrow \cdots \rightarrow (m_1, v_n) \tag{15.18}$$

根据子路径的定义，超路径也可以看成是由上网弧、交通子网中的子路径、换乘弧及下网弧组成。

下面，通过图 15.11 给出的多方式交通超网络，对超路径和子路径的含义及两者之间的关系进行说明。该超网络包含 m_1 和 m_2 两种交通方式子网，其中 $r \rightarrow (m_1, 1) \rightarrow (m_1, 2) \rightarrow (m_1, 5) \rightarrow (m_2, 5) \rightarrow (m_2, 8) \rightarrow (m_2, 9) \rightarrow s$ 是该超网络中的一条超路径。在该路径上，出行者由起点 r 出发，在点 $(m_1, 1)$ 上网，进入方式 m_1 的子网中，在子路径 $(m_1, 1) \rightarrow (m_1, 2) \rightarrow (m_1, 5)$ 上走行一段距离后，在 $(m_1, 5)$ 发生换乘，由方式 m_1 的子网换乘到方式 m_2 的子网中，然后继续在方式 m_2 的子路径 $(m_2, 5) \rightarrow (m_2, 8) \rightarrow (m_2, 9)$ 上走行，最后在 $(m_2, 9)$ 下网，到达出行终点 s。

在多方式交通超网络中，任意起、讫点之间连通的超路径有很多条，但并非所有连通超路径都是合理的，路径集合应能够真实反映出行者的一般心理和现实行为。为了对连通超路径进行合理的约束，下面给出可行超路径的定义。首先，引入同位节点和异位节点的概念。

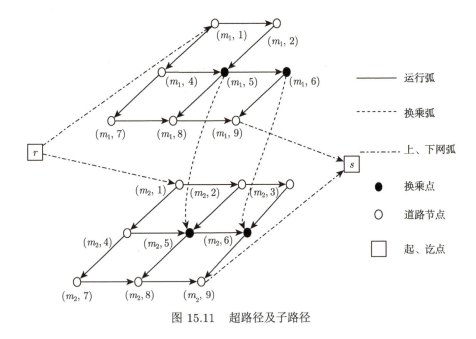

图 15.11　超路径及子路径

定义 15.4　由同一换乘节点扩展得到的超网络中的所有与之对应的虚拟节点称为同位节点；由不同换乘节点扩展而成的同位节点称为异位节点。

根据上述定义，在多方式交通超网络中，有多少个换乘节点就会有多少组同位节点。

下面，以图 15.10 所示的超网络为例，对同位节点和异位节点进行说明（如图 15.12 所示）。该超网络中，节点 19 与节点 20、节点 21 与节点 22、节点 9 与节点 12 互为（单方式）同位节点，节点 2、节点 8、节点 15 互为（多方式）同位节点。任意选取这四组同位节点的一个，则这些节点互为异位节点，比如节点 2 和节点 9、节点 8 与节点 12 等都互为异位节点。

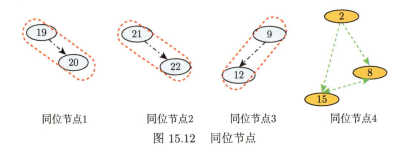

同位节点1　　　　　同位节点2　　　　　同位节点3　　　　　同位节点4

图 15.12　同位节点

通常，出行者不会考虑连接起讫点之间的所有连通超路径。例如，出行者不会在同一换乘节点进行连续换乘，出行者在一次出行中不会有太多换乘等。这样，包含连续换乘弧或者包含换乘弧数量过多的超路径在现实中就是不可行路径。下面给出多方式交通超网络可行超路径的定义。

定义 15.5 在多方式交通超网络中，任意 OD 对之间的连续同位节点数不超过 3 个（即不包含连续换乘弧）且总的互为异位节点数（即总换乘次数）不超过 2 个的超路径称为可行超路径，否则，称为不可行超路径。

下面，通过图 15.13 给出的简单超网络对可行超路径进行说明。图 15.13(a) 表示从起点 i 到终点 j 间的由一系列节点和弧段组成的超网，可以看到，从 i 到 j 间有两条连通超路径分别为 i-1-2-3-4-5-6-7-8-j 和 i-1-2-4-5-6-7-8-j；图 15.13(b) 表示一组同位节点的换乘关系，根据上面的定义，若某用户的换乘模式为从节点 2 到节点 4，那么，包含换乘节点序列 2-3-4 的超路径是不可行的，故第一条超路径是不可行超路径；而对于图 15.13(c) 所示的第二条超路径，由于节点 2（4）和节点 5（6）及节点 7（8）互为异位节点，也就是说换乘次数达到了 3 次，因此该路径也是不可行超路径。

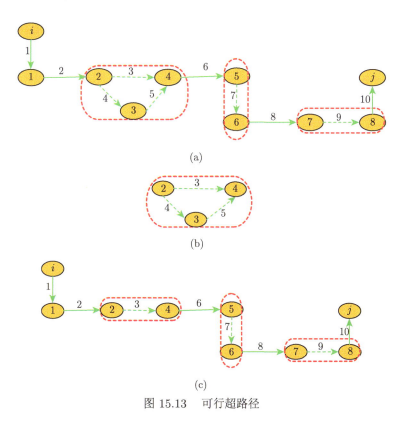

图 15.13   可行超路径

尽管通过可行超路径的概念对 OD 之间的连通路径进行了限制，但由于网络的复杂性，起讫点之间仍会存在数量巨大的可行超路径。事实上，出行者并不会考虑所有的这些可行超路径，而是仅考虑其中小部分的可行超路径。因此，在可行超路径的基础上，可对路径再进一步进行约束，在此提出有效超路径的概念。

定义 15.6　在多方式交通超网络中，若 OD 对 w 之间的可行超路径 k 满足下式，则称该路径为有效超路径，将 OD 对 w 之间有效超路径组成的集合称为有效超路径集合，记为 K_w：

$$G_w^k \leqslant (1+\sigma)G_w^{\min}, \quad \forall w \tag{15.19}$$

式中，G_w^k 表示 OD 对 w 之间可行超路径 k 的出行费用；$G_w^{\min}$ 表示 OD 对 w 之间可行超路径的最小出行费用；$\sigma>0$ 为伸展系数，反映出行者对费用的忍耐度。

15.6　最短超路径算法

在多方式交通超网络中寻找 OD 之间的最短超路径时，需要对超路径的可行性进行判断。显然，前面给出的面向单方式交通网络的最短路算法无法适用于多方式交通超网络的最短超路径搜索问题。

首先，给出相关符号的定义：

v_r：表示网络的起点；

v_s：表示网络的终点；

$(l(v_i), p(v_i))$：表示网络中节点 v_i 的两个标号值，其中 $l(v_i)$ 表示从起点 v_r 沿当前最短路到节点 v_i 的费用，$p(v_i)$ 表示沿当前最短路到节点 v_i 的相邻的上游节点；

$s(v_i, v_j)$：表示路段 (v_i, v_j) 的属性，若 (v_i, v_j) 为换乘路段，则 $s(v_i, v_j) = 1$，否则 $s(v_i, v_j) = 0$；

$H(v_r, v_i)$：表示从起点 v_r 到节点 v_i 当前最短路包含的换乘数，等于 $v_r \to v_i$ 所经过的所有弧段的属性值之和；

S：表示网络节点全集；

S^k：表示算法运行到第 k 步时，已找到从 v_r 出发的最短路的节点集合；

$\bar{S}^k$：表示算法运行到第 k 步时，尚未找到从 v_r 出发的最短路的节点集合；

v^*：表示算法完成后标号最小的节点，也是下一步迭代的根节点；

$w(v_i, v_j)$：弧段 (v_i, v_j) 的权重。

下面，给出多方式交通超网络的最短超路径算法，具体步骤如下。

步骤 1　初始化，置 $k = 0$ 并令 $S^0 = \{v_r\}$，$\bar{S}^0 = S - \{v_r\}$，$v^* = v_r, l(v_r) = 0, p(v_r) = 0, \forall v_i \neq v_r$，令 $l(v_i) = +\infty, p(v_i) = 0$。

步骤 2　$\forall(v^*, v_j), v_j \in \bar{S}^k$，计算 $\mathrm{ID}(v^*, v_j)$ 值，并进行如下判断。

● 如果 $ID(v^*, v_j) = 0$, 判断 $l(v_j) > l(v^*) + w(v^*, v_j)$ 是否成立, 不成立则保持 $l(v_j), p(v_j)$ 不变, 成立则进一步判定 $H(v_r, v^*) \leqslant 2$ 是否成立: 成立则令 $l(v_j) = l(v^*) + w(v^*, v_j), p(v_j) = v^*$, 否则保持 $l(v_j), p(v_j)$ 不变。

● 如果 $s(v^*, v_j) = 1$, 检验 $s(p(v^*), v^*)$ 是否为 1, 为 1 则保持 $l(v_j), p(v_j)$ 不变, 为 0 则判定 $l(v_j) > l(v^*) + w(v^*, v_j)$ 是否成立, 不成立则保持 $l(v_j), p(v_j)$ 不变, 成立则进一步判定 $ID(v_r, v^*) \leqslant 1$ 是否成立: 成立则令 $l(v_j) = l(v^*) + w(v^*, v_j), p(v_j) = v^*$, 否则保持 $l(v_j), p(v_j)$ 不变。

● 如果集合 $\{v_j | (v^*, v_j), v_j \in \bar{S}^k\}$ 中的所有节点检验完毕, 则转入**步骤 3**。

步骤 3 $\forall v_i \in \bar{S}^k$, 比较其 $l(v_i)$ 值, 找出 $l(v_i)$ 最小的节点并记为 v^*, 即 $l(v^*) = \min l(v_i), v_i \in \bar{S}^k$, 令 $H(v_r, v^*) = H(v_r, p(v^*)) + s(p(v^*), v^*), S^{k+1} = S^k \cup \{v^*\}, \bar{S}^{k+1} = \bar{S}^k - \{v^*\}, k = k + 1$, 转入**步骤 4**。

步骤 4 判断 $v_S \in S^k$ 是否成立: 成立, 则算法终止, 并回溯追踪 $v_r \to v_s$ 的最短路即为 $v_r \to v_s$ 之间的最短有效路径; 否则, 返回**步骤 2**。

例题 15.2 用图 15.14 中的简单超网络为例, 求出从 r 到 s 的最短超路径, 各弧段以及子路径的费用由表 15.4 给出。

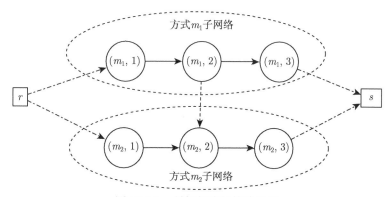

图 15.14 最短超路径算法算例

表 15.4 弧段及子路径费用

弧段或子路径	类型	费用
$\{r, (m_1, 1)\}$	上网弧	1
$\{r, (m_2, 1)\}$	上网弧	1
$\{(m_1, 1), (m_1, 2)\}$	m_1 运行弧	2
$\{(m_1, 2), (m_1, 3)\}$	m_1 运行弧	2
$(m_1, 1) \to (m_1, 2) \to (m_1, 3)$	m_1 子路径	5
$\{(m_2, 1), (m_2, 2)\}$	m_2 运行弧	3
$\{(m_2, 2), (m_2, 3)\}$	m_2 运行弧	2

续表

弧段或子路径	类型	费用
$(m_2, 1) \rightarrow (m_2, 2) \rightarrow (m_2, 3)$	m_2 子路径	6
$\{(m_1, 2), (m_2, 2)\}$	换乘弧	2
$\{(m_1, 3), s\}$	下网弧	1
$\{(m_2, 3), s\}$	下网弧	1

解　根据上述最短超级路径搜索算法，得到从 r 到 s 的最短路径为 $r\text{-}(m_1, 1)$ $\text{-}(m_1, 2)\text{-}(m_1, 3)\text{-}s$，其费用为 7，算法迭代过程由表 15.5 给出。

15.7　有效超路径算法

在多方式交通超网络中的有效超路径也要满足可行路径条件，面向单方式交通网络的有效路径算法无法满足可行超路径的约束条件。在此，以图的遍历算法为基础，提出了面向多方式交通超网络有效超路径的搜索算法。该算法的具体步骤如下。

步骤 1　初始化，给相关参数赋值。

步骤 2　根据前面提出的最短超路径算法，计算 OD 对 w 间的最小费用 $G_{\min}^w$，设 v_r 为当前节点。

步骤 3　从当前节点出发，例如 v_i，遍历与 v_i 相邻的节点，如 v_j，判断从起点 v_r 出发沿该遍历路径到达 v_j 的费用是否满足式（15.19），若满足，则转入步骤 4；否则，转入步骤 7。

步骤 4　如果 $s(v_i, v_j) = 1$，判断 $s(p_q(v_i), v_i) = 1$ 是否成立，若是，转入步骤 7；否则，令 $H(v_r, v_i) = H(v_r, p_q(v_i)) + s(p_q(v_i), v_i)$，转入步骤 5。如果 $s(v_i, v_j) = 0$，转入步骤 6。

步骤 5　如果 $H(v_r, v_i) \leqslant 3$，转入步骤 6；否则，转入步骤 7。

步骤 6　判断 v_j 是否为终点，若否，转入步骤 3；若是，记录该有效超路径。

步骤 7　利用回溯的方法返回到上一级节点，如果没有返回到起点，则转入步骤 3。

例题 15.3　超网络模型如图 15.15 所示。在这个超网络中，出行者从起点 i 到终点 j，可采用小汽车、公交和地铁三种交通方式，其中换乘节点为节点 2、节点 4、节点 5 和节点 8，在节点 2 可由私家车换乘到地铁，在节点 4 可由私家车换乘到公交和地铁，在节点 4、节点 5 和节点 8 可由公交换乘到地铁，超网络中每条弧段的费用值由表 15.6 给出，设路径伸展系数 $\sigma = 0.5$，最大换乘次数设为 2。试求出从 i 到 j 之间所有有效超路径。

表 15.5 最短超路径算法的迭代过程

迭代	0	1	2	3	4	5	6	7	8	9	10
检查行	r	$r,(m_1,1)$	$(m_1,1),(m_2,1)$	$(m_1,2),(m_2,1)$	$(m_1,2),(m_2,1),(m_2,2),$ $(m_2,2)$	$(m_1,2),(m_2,2)$	$(m_1,3),(m_2,2)$	$(m_1,3),(m_2,3)$	$(m_2,3),s$	s	
标号行											
R	0	0	0	0	0	0	0	0	0	0	0
$(m_1,1)$	∞	1	1	1	1	1	1	1	1	1	1
$(m_1,2)$	∞	∞	∞	3	3	3	3	3	3	3	3
$(m_1,3)$	∞	∞	∞	∞	∞	∞	6	6	6	6	6
$(m_2,1)$	∞	∞	1	1	1	1	1	1	1	1	1
$(m_2,2)$	∞	∞	∞	∞	5	4	4	4	4	4	4
$(m_2,3)$	∞	∞	∞	∞	∞	∞	∞	7	7	7	7
S	∞	∞	∞	∞	∞	∞	∞	∞	7	7	7
紧前节点行											
R	0	R	r	r	r	r	r	r	r	r	r
$(m_1,1)$	0	0	0	0	0	0	0	0	0	0	0
$(m_1,2)$	0	0	0	$(m_1,1)$	$(m_1,1)$	$(m_1,1)$	$(m_1,1)$	$(m_1,1)$	$(m_1,1)$	$(m_1,1)$	$(m_1,1)$
$(m_2,1)$	0	0	$(m_1,2)$	0	$(m_1,2)$	$(m_2,1)$	$(m_2,1)$	$(m_2,1)$	$(m_2,1)$	$(m_2,1)$	$(m_2,1)$
$(m_2,2)$	0	0	0	0	0	$(m_2,1)$	0	$(m_2,2)$	$(m_2,2)$	$(m_2,2)$	$(m_2,2)$
$(m_2,3)$	0	0	0	0	0	0	0	0	$(m_1,3)$	$(m_1,3)$	$(m_1,3)$
S	0	0	0	0	0	0	0	0	$(m_1,3)$	$(m_1,3)$	$(m_1,3)$

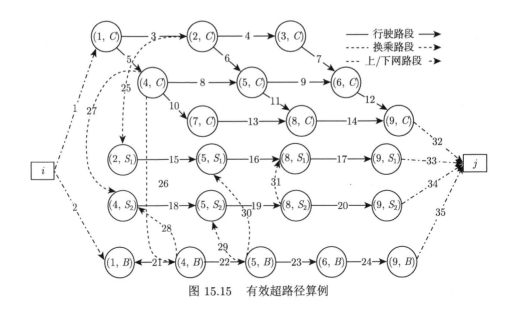

图 15.15　有效超路径算例

表 15.6　弧段费用值

路段编号	广义费用	路段编号	广义费用
1	2	19	4
2	2.5	20	4
3	3	21	5
4	4.5	22	4.5
5	3.5	23	5
6	5	24	5
7	5	25	4
8	5	26	5
9	5.5	27	4.5
10	4.5	28	5.5
11	5	29	6.5
12	4.5	30	6
13	5	31	3
14	6	32	2
15	3.5	33	2.5
16	4	34	2.5
17	4	35	2.5
18	3.5		

解　要寻找最短可行超路径，按照最短可行超路径的搜索算法搜索到超网络中的最短可行超路径为 i-$(1,C)$-$(2,C)$-$(3,C)$-$(6,C)$-$(9,C)$-j，其费用为 21，因此，路径费用小于 31.5 的可行超路径都是有效超路径。基于此，按照上面给出的有效超路径搜索算法对图 15.15 的超网络进行搜索，共找到 15 条有效超路径，如表

15.7 所示。下面，以部分超路径为例对算法的搜索过程进行分析。

首先，对于超路径 i-$(1,C)$-$(4,C)$-$(4,B)$-$(5,B)$-$(6,B)$-$(9,B)$-j 从起点 i 出发，检查与 i 相邻的节点 $(1,C)$，当前路径的费用 $G_{i(1,C)} = 2 < 31.5$，并且 $s(i,(1,C)) = 0$，节点 $(1,C)$ 不是终点；检查与 $(1,C)$ 相邻的节点 $(4,C)$，当前路径费用 $G_{i(4,C)} = 5.5 < 31.5$，且 $s(((1,C),(4,C)) = 0$，节点 $(4,C)$ 不是终点；检查与 $(4,C)$ 相邻的节点 $(4,B)$，当前路径的费用 $G_{i(4,B)} = 10.5 < 31.5$，且 $s((4,C),(4,B)) = 1$，$H_{i(4,B)} = 1 < 2$，$(4,B)$ 不是终点；检查与 $(4,B)$ 相邻的节点 $(5,B)$，当前路径的费用 $G_{i(5,B)} = 15 < 31.5$，且 $s(4,B),(5,B)) = 0$，$H_{i(5,B)} = 1 < 2$，$(5,B)$ 不是终点；检查与 $(5,B)$ 相邻的节点 $(6,B)$，当前路径的费用 $G_{i(6,B)} = 20 < 31.5$，且 $s((5,B),(6,B)) = 0$，$H_{i(6,B)} = 1 < 2$，$(6,B)$ 不是终点；检查与 $(6,B)$ 相邻的节点 $(9,B)$，当前路径的费用 $G_{i(9,B)} = 25 < 31.5$，且 $s((6,B),(9,B)) = 0$，$H_{i(9,B)} = 1 < 2$，$(9,B)$ 不是终点；检查与 $(9,B)$ 相邻的节点 j，当前路径的费用 $G_{ij} = 27.5 < 31.5$，且 $s((9,B),j) = 0$，$H_{ij} = 1 < 2$，j 是终点。所以，该路径为有效超路径并记录。

其次，对于超路径 i-$(1,C)$-$(4,C)$-$(4,B)$-$(4,S_2)$-$(5,S_2)$-$(8,S_2)$-$(9,S_2)$-j，从起点 i 出发，检查与 i 相邻的节点 $(1,C)$，当前路径的费用 $G_{i(1,C)} = 2 < 31.5$，且 $s(i,(1,C)) = 0$，节点 $(1,C)$ 不是终点；检查与 $(1,C)$ 相邻的节点 $(4,C)$，当前路径费用 $G_{i(4,C)} = 5.5 < 31.5$，且 $s((1,C),(4,C)) = 0$，节点 $(4,C)$ 不是终点；检查与 $(4,C)$ 相邻的节点 $(4,B)$，当前路径的费用 $G_{i(4,B)} = 10.5 < 31.5$ 且 $s((4,C),(4,B)) = 1$，$H_{i(4,B)} = 1 < 2$，$(4,B)$ 不是终点；检查与 $(4,B)$ 相邻的节点 $(4,S2)$，由于 $s((4,B),(4,S2)) = 1$ 且 $s((4,C),(4,B)) = 1$，出行者在节点 4 进行了连续换乘，所以停止搜索该路径，退回到上一层节点 $(4,B)$。超路径

$$i\text{-}(1,C)\text{-}(4,C)\text{-}(4,B)\text{-}(4,S_2)\text{-}(5,S_2)\text{-}(8,S_2)\text{-}(9,S_2)\text{-}j$$

和

$$i\text{-}(1,C)\text{-}(4,C)\text{-}(4,B)\text{-}(4,S_2)\text{-}(5,S_2)\text{-}(8,S_2)\text{-}(8,S_1)\text{-}(9,S_1)\text{-}j$$

均不满足连续换乘的约束；

$$i\text{-}(1,C)\text{-}(4,C)\text{-}(4,B)\text{-}(5,B)\text{-}(5,S_2)\text{-}(8,S_2)\text{-}(9,S_2)\text{-}j$$

和

$$i\text{-}(1,C)\text{-}(4,C)\text{-}(4,B)\text{-}(5,B)\text{-}(5,S_1)\text{-}(8,S_1)\text{-}(9,S_1)\text{-}j$$

不满足费用的约束；

$$i\text{-}(1,C)\text{-}(4,C)\text{-}(4,B)\text{-}(5,B)\text{-}(5,S_2)\text{-}(8,S_2)\text{-}(8,S_1)\text{-}(9,S_1)\text{-}j$$

不满足换乘次数的约束，因此，这些路径均不是有效超路径。

表 15.7　有效超路径搜索结果

路径编号	出行模式	有效超路径	路径费用
1	小汽车	i-$(1,C)$-$(4,C)$-$(7,C)$-$(8,C)$-$(9,C)$-j	23
2	小汽车	i-$(1,C)$-$(2,C)$-$(3,C)$-$(6,C)$-$(9,C)$-j	21
3	小汽车	i-$(1,C)$-$(2,C)$-$(5,C)$-$(6,C)$-$(9,C)$-j	27
4	小汽车	i-$(1,C)$-$(2,C)$-$(5,C)$-$(8,C)$-$(9,C)$-j	23
5	小汽车	i-$(1,C)$-$(4,C)$-$(5,C)$-$(6,C)$-$(9,C)$-j	22.5
6	小汽车	i-$(1,C)$-$(4,C)$-$(5,C)$-$(8,C)$-$(9,C)$-j	23.5
7	公交	i-$(1,B)$-$(4,B)$-$(5,B)$-$(6,B)$-$(9,B)$-j	24.5
8	小汽车-地铁 1	i-$(1,C)$-$(2,C)$-$(2,S_1)$-$(5,S_1)$-$(8,S_1)$-$(9,S_1)$-j	23
9	小汽车-地铁 2	i-$(1,C)$-$(4,C)$-$(4,S_2)$-$(5,S_2)$-$(8,S_2)$-$(9,S_2)$-j	24
10	小汽车-公交	i-$(1,C)$-$(4,C)$-$(4,B)$-$(5,B)$-$(6,B)$-$(9,B)$-j	27.5
11	公交-地铁 2	i-$(1,B)$-$(4,B)$-$(5,B)$-$(5,S_2)$-$(8,S_2)$-$(9,S_2)$-j	29
12	公交-地铁 2	i-$(1,B)$-$(4,B)$-$(4,S_2)$-$(5,S_2)$-$(8,S_2)$-$(9,S_2)$-j	28
13	公交-地铁 1	i-$(1,B)$-$(4,B)$-$(5,B)$-$(5,S_1)$-$(8,S_1)$-$(9,S_1)$-j	28.5
14	小汽车-地铁 2-地铁 1	i-$(1,C)$-$(4,C)$-$(4,S_2)$-$(5,S_2)$-$(8,S_2)$-$(8,S_1)$-$(9,S_1)$-j	24
15	公交-地铁 2-地铁 1	i-$(1,B)$-$(4,B)$-$(4,S_2)$-$(5,S_2)$-$(8,S_2)$-$(8,S_1)$-$(9,S_1)$-j	21.5

15.8　多方式交通超网络平衡配流模型

多方式交通超网络上的流量是基于人的出行和多种交通子网相互作用而产生的宏观现象，多方式交通网络流量分析的核心问题是出行者交通方式选择及出行路径选择的复杂决策行为。同单方式交通网络平衡原理类似，在多方式交通超网络中，同一 OD 之间的有效超路径之间也存在平衡机制。这种平衡问题可以描述为：当超网络达到平衡时，任意 OD 之间所有可供选择的有效超路径中，出行者选择的超路径上的广义费用最小且相等，未被选择的超路径上的广义费用均大于或等于最小广义费用。

多方式交通超网络用户平衡配流问题研究的是：在一定的换乘条件下，出行者如何选择出行线路、交通工具及换乘模式，设计数学模型和算法来计算满足平衡条件的网络中所有弧段的交通量。

本节的内容基于如下假设：

（1）选取私家车、公交车、地铁这三种交通模式作为研究对象，分别用 1，2，3 表示；

（2）交通网络中各 OD 之间的出行需求是固定且已知的；

（3）不同方式的车辆行驶不存在干扰。

15.8.1　出行广义费用

出行者在不同路段上出行活动的差异导致不同路段具有不同的广义费用，综合考虑时间、花费、舒适度等这三个影响出行者交通选择的主要因素，分别给出各类型路段上广义出行费用的计算方法。

（1）车辆行驶路段

假设公交车和地铁的行驶时间是固定的，且都采用单一票价。选择私家车的出行者，其舒适度损耗可忽略不计。对于选择公共交通的出行者，舒适度损耗会随时间的延长而增加，可通过对公共交通的行驶时间进行放大处理来表示舒适度损耗；对于私家车来说，出行费用主要是行驶中的燃油费，而对于公共交通来说，则是线路票价。综上，车辆行驶路段的广义费用 $G_{a_1}^m$ 可表示如下

$$G_{a_1}^m = T_{a_1}^m + P_{a_1}^m, \quad m \in M, a_1 \in A_1 \tag{15.20}$$

式中，$T_{a_1}^m$ 表示出行方式 m 在 a_1 上的出行时间；$P_{a_1}^m$ 表示出行方式 m 在 a_1 上的货币费用。

$T_{a_1}^m$ 和 $P_{a_1}^m$ 分别由式（15.21）和（15.23）进行计算：

$$T_{a_1}^m = \begin{cases} t_{a_1}^0 \left(1 + \alpha \left(\dfrac{x_{a_1}}{C_{a_1}} \right)^\beta \right), & m = 1, \\ T_m (1+\rho)^\omega, & m = 2, 3, \end{cases} \quad a_1 \in A_1 \tag{15.21}$$

式中，$t_{a_1}^0$ 表示私家车在 a_1 上的零流行驶时间；x_{a_1} 表示 a_1 上的流量；C_{a_1} 表示 a_1 的通行能力；假设私家车的平均载客为 1 人，α 取值 0.15，β 取值为 4；T_m 表示交通方式 m 在 a_1 上的固定行驶时间；ρ 表示惩罚系数，其取值如下式所示

$$\rho = \begin{cases} 0, & x_{a_1} < z_k, \\ b\left(x_{a_1} - z_k \right)/z_k, & z_k < x_{a_1} < K^m, \ m \in M, a_1 \in A_1 \\ b\left(x_{a_1} - z_k \right)/z_k + c\left(x_{a_1} - K^m \right)/K^m, & x_{a_1} > K^m, \end{cases} \tag{15.22}$$

式中，z_k 表示公交或地铁的座位数；K^m 表示公交或地铁的设计载客量；b 和 c 为参数。

$$P_{a_1}^m = \mu p^m, \quad m = 1, 2, 3, \quad a_1 \in A_1 \tag{15.23}$$

式中，μ 表示货币费用 × 时间系数；p^m 表示方式 m 单位里程燃油费 $(m = 1)$ 和票价 $(m = 2, 3)$。

（2）换乘路段

换乘路段费用包括换乘时间和舒适度损耗两部分，换乘时间由换乘步行时间和换乘等待时间组成。换乘舒适度损耗与换乘时间成正比。换乘路段费用 $G_{a_2}^m$ 可表示为

$$G_{a_2}^{m_1,m_2} = T_{a_2}^{m_1,m_2} + S_{a_2}^{m_1,m_2}, \quad m \in M, a_2 \in A_2 \tag{15.24}$$

式中，$T_{a_2}^{m_1,m_2}$ 和 $S_{a_2}^{m_1,m_2}$ 分别表示由方式 m_1 换乘到方式 m_2 的时间和舒适度损耗，可分别由式（15.25）和（15.26）进行计算。

$$T_{a_2}^{m_1,m_2} = T_{a_2}^b + T_{a_2}^d, \quad m_1, m_2 \in M, a_2 \in A_2 \tag{15.25}$$

式中，$T_{a_2}^b$ 表示出行者在 a_2 上的步行时间；$T_{a_2}^d$ 表示出行者在 a_2 上的平均等待时间。

$$S_{a_2}^{m_1,m_2} = \gamma T_{a_2}^{m_1,m_2}, \quad m_1, m_2 \in M, a_2 \in A_2 \tag{15.26}$$

式中，γ 表示换乘惩罚因子。

（3）上网路段

上网路段的费用主要指上网时间。对于选择公共交通的出行者，上网时间包括到达站点的步行时间和在站点的等待时间，对于私家车而言，则没有等待时间。上网费用 $G_{a_3}^m$ 可用式（15.27）表示

$$G_{a_3}^m = \begin{cases} T_{a_3}^b + T_{a_3}^d, & m = 2,3, \\ T_{a_3}, & m = 1, \end{cases} \quad a_3 \in A_3 \tag{15.27}$$

式中，$T_{a_3}^b$ 表示出行者在 a_3 上的步行时间；$T_{a_3}^d$ 表示出行者在 a_3 上的平均等待时间；T_{a_3} 表示私家车在 a_3 上的行驶时间。

（4）下网路段

下网路段的费用指下网时间。对于乘坐公交车、地铁或私家车的出行者来说，下网时间就是下车后的步行时间，故下网费用 $G_{a_4}^m$ 可表示如下

$$G_{a_4}^m = T_{a_4}^b, \quad m \in M, a_4 \in A_4 \tag{15.28}$$

式中，$T_{a_4}^b$ 表示出行者在 a_4 上的步行时间。

（5）超路径广义费用

超路径的广义费用由该路径上所有路段费用组成，为了便于分析，将超路径费用定义为组成该路径的所有路段费用的叠加，其表达式如下

$$G_k^w = \sum_a G_a \delta_{a,k}^w, \quad w \in W, \ k \in K^w \tag{15.29}$$

式中，G_k^w 表示 OD 对 w 间超路径 k 的费用；G_a 表示各种路段的费用，它由式（15.19）～（15.28）求得；$\delta_{a,k}^w$ 表示路径与路段的关联性，如果路段 a 在超路径 k 上，则 $\delta_{a,k}^w = 1$，否则 $\delta_{a,k}^w = 0$；W 表示 OD 对集合。

15.8.2 随机用户平衡模型及求解算法

构建如下的数学优化模型来描述多方式交通超网络的流量均衡问题。

$$\min Z(f) = \frac{1}{\theta} \sum_w \sum_k f_k^w \ln f_k^w + \sum_a \int_0^{x_a} G_a(x)\mathrm{d}x \tag{15.30a}$$

$$\text{s.t.} \quad \sum_k f_k^w = q^w, \quad \forall k \in K^w, w \in W \tag{15.30b}$$

$$f_k^w \geqslant 0, \quad \forall k \in K^w, w \in W \tag{15.30c}$$

$$x_a = \sum_w \sum_k f_k^w \delta_{a,k}^w, \quad \forall a \in A \tag{15.30d}$$

式中，f_k^w 为 OD 对 w 间超路径 k 的流量；q^w 表示 OD 对 w 间的总出行流量；θ 表示模型的随机特性，值越大，说明出行者对网络的感知越准确；$G_a(\cdot)$ 表示路段 a 上的广义费用。

定理 15.2 数学优化模型（15.30a）～（15.30d）的最优解满足如下的超路径流量条件：

$$f_k^w = \frac{\exp(-\theta G_k^w)}{\sum_l \exp(-\theta G_l^w)} q^w, \quad \forall k, w \tag{15.31}$$

证明 构造数学优化模型（15.30a）～（15.30d）的拉格朗日函数，为如下形式：

$$L = Z(\boldsymbol{x}, \boldsymbol{f}) + \sum_w \mu^w \left(q^w - \sum_k f_k^w \right) \tag{15.32}$$

数学优化模型（15.30a）～（15.30d）的一阶必要条件等价于拉格朗日函数的一阶必要条件，即

$$\frac{\partial L}{\partial f_k^w} = \frac{1}{\theta}(\ln f_k^w + 1) + \sum_a G_a \delta_{a,k}^w - \mu^w = 0, \quad \forall k, w \tag{15.33}$$

由式（15.29）和（15.33），可得

$$f_k^w = \exp(\theta \mu^w - \theta G_k^w - 1), \quad \forall k, w \tag{15.34}$$

根据约束条件（15.30b）有

$$\sum_k \exp(\theta \mu^w - \theta G_k^w - 1) = q^w, \quad \forall w \tag{15.35}$$

显然，可以可得到下式：

$$f_k^w = q^w \cdot \frac{\exp(\theta\mu^w - \theta G_k^w - 1)}{\sum\limits_l \exp(\theta\mu^w - \theta G_l^w - 1)} = q^w \cdot \frac{\exp(-\theta G_k^w)}{\sum\limits_l \exp(-\theta G_l^w)}, \quad \forall k, w \qquad (15.36)$$

证明完毕。

采用连续平均法对模型进行求解，具体步骤如下。

步骤 1　确定有效超路径的集合。

步骤 2　初始化。令 $t_a^0 = t_a(0)$，按照 Logit 模型（15.31）进行一次随机分配，得到有效超路径上各路段流量 x_a^1，置迭代次数 $n = 1$。

步骤 3　计算辅助路段流量。计算有效超路径集中所有路径的广义费用，并根据公式进行 Logit 流量加载，得到超路径流量，继而得到路段辅助流量 y_a^n。

步骤 4　更新路段流量。根据公式 $x_a^{n+1} = x_a^n + \dfrac{1}{n}(y_a^n - x_a^n)$ 得到 x_a^{n+1}。

步骤 5　收敛性检查。判断是否满足 $\max\limits_{a \in A} \left| x_a^{n+1} - x_a^n \right| \leqslant \varepsilon$，$\varepsilon$ 为提前给出的收敛精度。如果满足，则算法结束；否则，令 $n = n + 1$，转入步骤 3。

15.8.3　算例分析

多方式交通系统如图 15.16 所示，出行者从出发地 i 到目的地 j，可选择的交通方式有私家车、公交车和地铁三种，分别用数字 1，2，3 表示。节点 2，4，5 为换乘节点，出行者在节点 2 可以由私家车换乘到地铁，在节点 4 处可以由私家车换乘到公交车，在节点 5 处可以由公交车换乘到地铁。

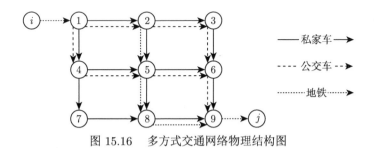

图 15.16　多方式交通网络物理结构图

模型中的相关参数采用以下取值：

（1）p_r^1=0.6 元/km；$p_p^2 = 1$ 元；$p_p^3 = 2$ 元；$v_p = 60$km/h；$q = 5000$ 人。

（2）$\mu = 0.7$；$\gamma = 0.2$；$\alpha = 0.1$；$b = 0.1$；$c = 0.2$；$H_{\max} = 2$。

各种交通方式的基本信息如表 15.8 ～ 表 15.12 所示。

表 15.8 私家车出行信息

路段	零流时间/h	通行能力/(veh/h)	路段	零流时间/h	通行能力/(veh/h)
1-2	0.183	700	4-7	0.300	700
2-3	0.183	700	5-8	0.317	500
1-4	0.167	700	6-9	0.167	500
2-5	0.317	500	7-8	0.250	700
3-6	0.183	500	8-9	0.250	500
4-5	0.200	700	5-6	0.200	700

表 15.9 公交车出行信息

线路	路段	平均行驶时间/h	座位数/个	设计载客量/人
1	1-4	0.250	280	2000
	4-5	0.300		
	5-6	0.300		
	6-9	0.250		
2	1-2	0.283	280	2000
	2-3	0.283		
	3-6	0.283		
	6-9	0.250		

表 15.10 地铁出行信息

线路	路段	平均行驶时间/h	座位数/个	设计载客量/人
1	2-5	0.267	50	100
	5-8	0.233		
	8-9	0.200		

表 15.11 换乘路段出行信息

换乘路段	换乘距离/m	换乘步行时间/h	换乘等待时间/h
27	600	0.108	0.033
28	400	0.075	0.067
29	500	0.917	0.033
30	500	0.917	0.067
31	400	0.075	0.033

表 15.12 上/下网路段信息

路段	上/下网路段	上/下网步行时间/h	上/下网等待时间/h
1	上	0.033	0
2	上	0.100	0.067
3	上	0.142	0.033
32	下	0.033	0
33	下	0.150	0
34	下	0.133	0
35	下	0.133	0

构建多方式交通超网络, 如图 15.17 所示。

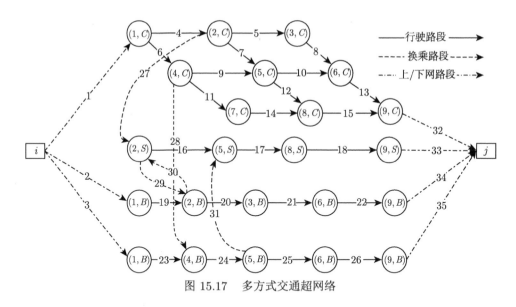

图 15.17　多方式交通超网络

通过每次迭代中上网路段 3 和下网路段 32 上的流量变化来表示算法的收敛性，图 15.18 给出了在总需求一定的情况下 MSA 算法前 42 次的收敛情况。可以看出，算法具有明显的收敛性质，迭代 36 次后，路段上的流量基本趋于稳定。

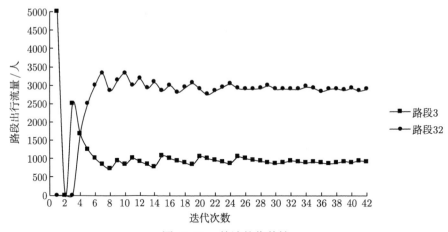

图 15.18　算法的收敛性

对于算例中的超网络，达到平衡时，超网络中的有效超路径一共有 11 条，每条超路径的出行方式以及广义费用如表 15.13 所示。可以看出，该算例中出行者可以采用单一的交通方式也可以采用多种交通方式组合并且可以选择不同的超路径到达终点，但是并不是每条出行超路径都会被出行者选择。例如，超路径 i-$(1, C)$-$(4, C)$-$(4, B)$-$(5, B)$-$(5, S)$-$(8, S)$-$(9, S)$-j，其费用为 6.3223，不满足有效超路径的条件，因此分配到该超路径上的流量为 0。对于超路径 i-$(1, C)$-$(2, C)$-$(2, S)$-$(2, B)$-$(3, B)$-$(6, B)$-$(9, B)$-j，出行者在节点 2 处进行连续换乘，不是可行超路径，因此，分配到此超路径上的流量也为 0。

表 15.13　有效超路径分配结果

路径编号	出行模式	超网络路径	换乘次数	广义费用
1	私家车	i-$(1, C)$-$(2, C)$-$(3, C)$-$(6, C)$-$(9, C)$-j	0	3.8936
2	私家车	i-$(1, C)$-$(2, C)$-$(5, C)$-$(6, C)$-$(9, C)$-j	0	3.9319
3	私家车	i-$(1, C)$-$(2, C)$-$(5, C)$-$(8, C)$-$(9, C)$-j	0	3.9278
4	私家车	i-$(1, C)$-$(4, C)$-$(5, C)$-$(6, C)$-$(9, C)$-j	0	3.9271
5	私家车	i-$(1, C)$-$(4, C)$-$(5, C)$-$(8, C)$-$(9, C)$-j	0	3.9231
6	私家车	i-$(1, C)$-$(4, C)$-$(7, C)$-$(8, C)$-$(9, C)$-j	0	3.9094
7	公交 1	i-$(1, B)$-$(2, B)$-$(3, B)$-$(6, B)$-$(9, B)$-j	0	3.9168
8	公交 2	i-$(1, B)$-$(4, B)$-$(5, B)$-$(6, B)$-$(9, B)$-j	0	3.9292
9	私家车–地铁	i-$(1, C)$-$(2, C)$-$(2, S)$-$(5, S)$-$(8, S)$-$(9, S)$-j	1	3.9289
10	公交 1–地铁	i-$(1, B)$-$(2, B)$-$(2, S)$-$(5, S)$-$(8, S)$-$(9, S)$-j	1	3.9233
11	公交 2–地铁	i-$(1, B)$-$(4, B)$-$(5, B)$-$(5, S)$-$(8, S)$-$(9, S)$-j	1	3.9260

图 15.19 给出了超网络达到平衡时各路段的流量。可以看出，选择单方式出行的流量占 78%，选择组合出行的流量占 22%，选择组合方式的出行明显低于选择单方式的出行。这是因为，与单方式出行相比，换乘会使出行者的舒适度损耗增加，同时，换乘也要花费一定的时间，使广义出行费用增加，因此，选择组合方式出行的流量相对会少。

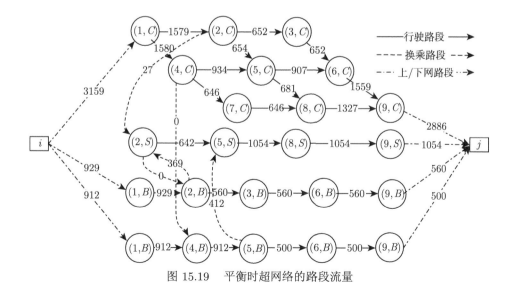

图 15.19　平衡时超网络的路段流量

复习思考题

1. 考虑交通方式选择 Logit 模型：$P_k = \exp\left(-\tau C_{ij}^k\right) / \sum_m \exp\left(-\tau C_{ij}^m\right)$，假设某一 OD 之间存在小汽车（car）和公交车（bus）两种交通工具，小汽车的广义费用表示为 $C_{car} = 0.22tt_{car} + 0.1c_{car} + 0.3et_{car}$，公交车的广义费用表示为 $C_{bus} = 0.22tt_{bus} + 0.1c_{bus} + 0.3et_{bus} + 0.3$，其中 tt 表示在车时间（min），$c$ 表示相关费用（元），et 表示等车及步行等时间（min），如若 τ 值给定为 0.4，每种交通工具的费用由表 15.14 给出。

表 15.14　小汽车和公交车时间与费用

方式	变量		
	tt	c	et
car	20	50	0
bus	30		5

试计算采用公交车和小汽车的比例各为多少？如若 τ 值未给定，请说明需要什么数据进行标定？

2. 考虑一个两种交通方式的选择问题，两种交通方式的效用函数表示为 $U_i = \theta X_i + \varepsilon_i (i = 1, 2)$，其中 ε 是满足相互独立的标准正态分布，试给出下面两个条件下某一交通方式的选择概率：

（1）$\theta = 4$；

（2）θ 与 ε 相互独立且满足正态分布 $N(3, 1)$。

3. 试着给出图 15.17 所示的超网络在初始条件下从 i 到 j 之间最短超路径，写出中间过程。

参 考 文 献

雷延军, 李向阳. 2006. 基于风险和双渠道的全球供应链 "超网络" 均衡优化模型研究 [J]. 中国管理科学, 14: 523-528.

李志纯, 黄海军. 2005. 弹性需求下的组合出行模型与求解算法 [J]. 中国公路学报, 18(3): 94-98.

沈秋英, 王文平. 2009. 基于社会网络与知识传播网络互动的集群超网络模型 [J]. 东南大学学报 (自然科学版), 39(2): 413-418.

四兵锋, 高自友. 2013. 交通运输网络流量分析与优化建模 [M]. 北京: 人民交通出版社.

四兵锋, 杨小宝, 高亮. 2010. 基于出行需求的城市多模式交通配流模型 [J]. 中国公路学报, 23(6): 85-91.

汪勤政, 四兵锋. 2017. 换乘约束下城市多方式交通分配模型与算法 [J]. 交通运输系统工程与信息, 17(4): 159-165, 181.

王志平, 王众托. 2008. 超网络理论及其应用 [M]. 北京: 科学出版社.

席运江, 党延忠, 廖开际. 2009. 组织知识系统的知识超网络模型及应用 [J]. 管理科学学报, 12(3): 12-21.

张锐, 姚恩建, 杨扬. 2014. 多方式条件下城市交通分配研究 [J]. 交通运输系统工程与信息, 14(6): 107-112, 170.

周溪召, 阴志强. 2002. 多模式变需求网络随机平衡模型 [J]. 系统工程理论方法应用, 11(1): 25-31.

Abrahamsson T, Lundqvist L. 1999. Formulation and estimation of combined network equilibrium models with applications to Stockholm[J]. Transportation Science, 33(1): 80-100.

Ben-Akiva M E, Lerman S R. 1979. Disaggregate travel and mobility choice models and measures of accessibility[C]. Proceedings of 3rd International Conference on Behavioral Travel Modelling, Adelaide, Australia.

Benedikt M, Marc G, Wemer R. 1997. A disaggregate Box-Cox Logit mode choice model of intercity passenger travel in Germany and its implications for high-speed rail demand forecasts[J]. Annals of Regional Science, 31: 99-120.

Daly A J, Zachary S. 1978. Improved Multiple Choice Models[M]. Westmead: Saxon House.

Fernandez E, DeCea J, Florian M, et al. 1994. Network equilibrium models with combined modes[J]. Transportation Science, 28: 182-192.

Florian M, Nguyen S A. 1987. A combined trip distribution, modal split and trip assignment model[J]. Transportation Research, 12: 241-246.

Fu X, Lam W H K, Chen B Y. 2014. A reliability-based traffic assignment model for multi-modal transport network under demand uncertainty[J]. Journal of Advanced Transportation, 48(1): 66-85.

Koppelman F S, Wen C. 2000. The paired combinatorial logit model: Properties, estimation and application[J]. Transportation Research Part B, 34: 75-89.

Lam W H K, Huang H J. 1992. A combined trip distribution and assignment model for multiple user classes[J]. Transportation Research Part B, 26: 275-287.

Lam W H K, Li Z C, Wong S C, et al. 2007. Modeling an elastic-demand bimodal transport network with park-and-ride trips[J]. Tsinghua Science and Technology, 12(2): 158-166.

Lerman S R, Manski C F. 1978. An estimator for the generalized multi-nomial probit choice model[C]. Proceedings of the 56th Annual TRB Meeting, Washington, D.C.

Li D W, Yang M, Jin C J, et al. 2021. Multi-modal combined route choice modeling in the MaaS age considering generalized path overlapping problem[J]. Transactions on Intelligent Transportation Systems, 22(4): 2430-2441.

Lo H K, Yip C W, Wan K H. 2003. Modeling transfer and non-linear fare structure in multi-modal network[J]. Transportation Research Part B, 37: 149-170.

Manheim M L. 1979. Fundamentals of Transportation Systems Analysis[M]. Cambridge: MIT Press.

McFadden D. 1973. Conditional logit analysis of qualitative choice behavior[J]. Frontiers in Econometrics, 105-142.

McFadden D, Train K. 2000. Mixed MNL models for discrete response[J]. Journal of Applied Econometrics, 15: 447-470.

Nagurney A, Dong J. 2002. Supernetworks: Decision Making for the Information Age[M]. Cheltenham: Edward Elgar Publishing.

Sheffi Y. 1985. Urban Transportation Networks: Equilibrium Analysis with Mathematical Programming Methods[M]. Upper Saddle River: Prentice Hall.

Si B F, Zhong M, Sun H J, et al. 2009. Equilibrium model and algorithm of urban transit assignment based on augmented network[J]. Science in China Series E, 52(11): 3158-3167.

Sun H J, Si B F, Wu J J. 2008. Combined model for flow assignment and mode split in two-modes traffic network[J]. Journal of Transportation Systems Engineering and Information Technology, 8(4): 77-82.

Vovsha P. 1997. The cross-nested logit model: Application to mode choice in the Tel-Aviv metropolitan area[J]. Transportation Research Record, 1607: 6-15.

Wang G C, Chen A, Kitthamkesorn S, et al. 2020. A multi-modal network equilibrium model with captive mode choice and path size logit route choice[J]. Transportation Research Part A, 136: 293-317.

Yang Y W, Chen J, Du Z X J. 2020. Analysis of the passenger flow transfer capacity of a bus-subway transfer hub in an urban multi-mode transportation network[J]. Sustainability, 12(6): 2435.

第 16 章　基于流量均衡的交通系统优化模型

16.1　概　　述

交通管理的目标是引导网络交通流分布满足 Wardrop 系统最优准则，以降低拥堵，提高交通系统运行效率。而网络交通流的分布状态与出行者交通行为直接相关，通常，以出行者交通选择为主导的网络交通流满足用户平衡条件，但并不满足系统最优准则。交通管理部门可以通过交通政策或管理手段，引导出行者行为，从而达到系统最优的目标。

交通系统优化的途径主要有两种：一种是从交通供给入手，比如新建道路、拓宽道路、优化交通信号、新建停车设施等；另一种是交通需求管理，比如停车收费、拥挤收费、公交票价及各种限行政策等。交通网络设计问题是第一种方法中的重要研究内容，而拥挤收费则是第二类方法中的代表性措施。

交通网络设计问题的主要内容就是通过优化方法寻找用于道路网络新建或改善的交通投资方案，即研究如何用最少的资金投入达到使整个交通网络某种指标最优的目的，这些指标可以是交通网络的系统总费用最小，也可以是交通网络所能容纳的出行量最大等。这方面最早的研究是 LeBlanc（1975），它提出了一个混合整数优化模型来描述新建道路的网络设计问题，但由于模型计算量巨大而无法应用于实际。Abdulaal 和 LeBlanc（1979）进一步做了改进工作，使用连续变量作为决策变量，提出了一个交通网络设计数学优化模型，这个模型奠定了连续交通网络设计问题的基础，此后，这方面的研究主要集中在连续交通网络设计上。长期以来，交通网络设计问题一直是众多交通研究人员感兴趣的研究热点之一。如今，全球很多城市交通需求增长超越了人们的预期，交通系统能够提供的交通服务能力更为有限，研究高效的交通网络设计方法对于缓解交通系统供需矛盾、有效利用交通资源、满足日益增长的出行需求等显得更为重要。

拥挤收费是一种交通需求管理的经济手段，目的是利用价格机制来限制城市道路高峰期的车流密度、控制交通出行需求、调整出行路径、调节交通量的时空分布、减少繁忙时段和繁忙路段上的交通负荷、提高道路设施的通行速度，以满足道路使用者对时间和经济效益的要求。通过道路拥挤收费还可以有效促进交通方式向高容量的公交系统转移，抑制小汽车交通量的增加。拥挤收费理论首先是由英国经济学家 Pigou（1920）和 Knight（1924）在 20 世纪 20 年代提出的。20

世纪 60 年代，西方发达国家产生了严重的交通拥挤问题，许多学者开始对拥挤收费理论展开研究，尤其是英国交通理论家 Walter（1961）对该理论进一步扩展，使得拥挤收费理论逐渐成为交通经济学的重要分支。之后，许多学者对拥挤收费理论进行了研究和扩展。早期拥挤收费研究是围绕最优收费理论展开的，即严格按照边际成本定价原理对每条道路都实施收费，而这样的拥挤收费在实际中是无法实现的。Verhoef 等（1996）提出了次优收费思想，这种收费模式更为现实。自此，关于拥挤收费的研究大部分是围绕次优收费理论开展的。

新加坡在 1975 年就开始征收车辆拥堵费。最初，新加坡的交通拥堵收费只针对交通繁忙的路段和区域进行，后来慢慢扩大到该国所有高速公路和国有一级公路上，其收费方法也于 1998 年从原先发放控制区域交通通行证升级发展为电子道路收费系统。伦敦从 2003 年开始实施城市道路拥挤收费，收费区域主要集中在中心区，2007 年又进一步扩展到西部的居住区。这两个城市的拥挤收费实践证明：在实施拥挤收费之后，收费路段和区域在高峰期每小时的单位车流量比收费前减少近 25 万辆，车速则提高了 20%；城市中心区的交通拥挤水平下降 30%，收费区总的交通拥挤程度下降 16%。

16.2　双层规划模型

在许多决策中经常会遇到一种双层博弈问题，即多个群体共同参与在一个博弈中，其中有一方处于决策层，其他参与者则处于跟随层。决策层以某种目标为决策方向制定政策，而下层追随者则根据决策层的决策，在满足决策约束的前提下，选择最符合自身利益的行为。

通常来说，决策者与追随者之间经常存在目标冲突。这种博弈形式在经济、交通、环保等领域经常发生。对于某些公众利益或与个体利益冲突的并且影响深远的议题，这种双层优化的需求往往十分迫切。比如，农民倾向在农田中过度施肥以增加短期的产量，但有可能导致环境污染，Whittaker 等（2017）就建立了一个双层模型，通过制定相应政策来控制过度施肥和环境污染的问题。再比如在国土安全领域，双层甚至三层优化结构也被用来设计防护设置，解决边境安全，以及应对核武入侵（Brown et al.，2005）。当然，这类问题在交通规划和管理领域也十分常见，比如交通网络设计问题（高自友等，2000）、公交网络设计问题（Huang et al.，2016）、停车换乘网络设计（Liu et al.，2018）以及道路拥挤收费问题（Liu et al.，2017）。

在双层博弈问题中的上下双方都有各自的目标和约束条件，但是两方并不是对等的。上层决策者完全了解下层追随者的行为逻辑，有权对博弈过程中的资源做出分配，而下层追随者并不完全了解上层决策者，只能服从上层决策者的决策，在不违反上层决策的前提下，根据自身目标做出最符合自身需求的决策。所以这就形成了一种相互影响，主从博弈的双层优化问题。

图 16.1 反映了一般双层问题的博弈结构。上层问题的解空间中任意决策变量都有一个对应的下层优化问题，这个下层优化问题反映了下层追随者对决策者所做决策的反应。令上层决策变量通过一组向量 $\mathbf{x}_u$ 来表示，下层决策变量通过另外一组决策变量 $\mathbf{x}_l$ 来表示，那么 $(\mathbf{x}_u, \mathbf{x}_l^*)$ 就表示上层规划问题的一个可行解，其中 $\mathbf{x}_l^*$ 表示下层追随者应对上层决策的最佳策略，即下层（通常是非线性）问题的最优解。

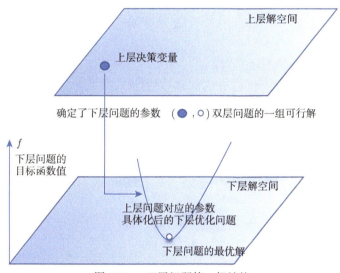

图 16.1　双层问题的一般结构

双层规划问题包含了两个层次的优化任务，其中一个优化任务是嵌套在另一个优化任务中，外层优化问题是决策者优化问题，又称为上层优化问题；内层优化问题是追随者优化问题，又称为下层优化问题。这两层问题都有各自的目标、约束条件，以及决策变量。下层优化问题是参数具体化的问题，上层优化问题的决策变量作为下层优化问题的输入参数。

定义 16.1　给定上层目标函数 $F : R^n \times R^m \to R$，下层问题的目标函数 $f : R^n \times R^m \to R$，双层规划问题可以表示为

$$\min_{\mathbf{x}_u \in X_U, \mathbf{x}_l \in X_L} F(\mathbf{x}_u, \mathbf{x}_l) \tag{16.1}$$

$$\text{s.t.}\quad \mathbf{x}_l \in \operatorname*{arg\,min}_{\mathbf{x}_l \in X_L} \{ f(\mathbf{x}_u, \mathbf{x}_l) : g(\mathbf{x}_u, \mathbf{x}_l) \leqslant 0, j = 1, \cdots, J \} \tag{16.2}$$

$$G_k(\mathbf{x}_u, \mathbf{x}_l) \leqslant 0, k = 1, \cdots, K \tag{16.3}$$

也可以表示为如下形式

$$\min_{\mathbf{x}_u \in X_U, \mathbf{x}_l \in X_L} F(\mathbf{x}_u, \mathbf{x}_l)$$

（上层优化问题） $\qquad\qquad$ (16.4)

$$\text{s.t.} \ G_k(\mathbf{x}_u, \mathbf{x}_l) \leqslant 0, k = 1, \cdots, K$$

其中，$\mathbf{x}_l$ 通过求解以下下层优化问题得到

$$\min_{\mathbf{x}_l \in X_L} f(\mathbf{x}_u, \mathbf{x}_l)$$

（下层优化问题） $\qquad\qquad$ (16.5)

$$\text{s.t.} \ g(\mathbf{x}_u, \mathbf{x}_l) \leqslant 0, j = 1, \cdots, J$$

其中，$G_k : X_U \times X_L \to R, k = 1, \cdots, K$ 表示上层约束条件，$g_j : X_U \times X_L \to R$ 表示下层约束条件。

上式的一个等价的表达式为：

定义 16.2　令 $\psi : R^n \Rightarrow R^m$ 为集值映射：

$$\psi(\mathbf{x}_u) = \arg\min_{\mathbf{x}_l \in X_L} \{f(\mathbf{x}_u, \mathbf{x}_l) : g_j(\mathbf{x}_u, \mathbf{x}_l) \leqslant 0, j = 1, \cdots, J\} \qquad (16.6)$$

式中 $\psi(\mathbf{x}_u)$ 表示一个被下层优化问题约束的集合，即 $\psi(\mathbf{x}_u) \subset X_L$，$\mathbf{x}_u \subset X_U$。

于是双层优化问题又可以表示为

$$\min_{\mathbf{x}_u \in X_U, \mathbf{x}_l \in X_L} F(\mathbf{x}_u, \mathbf{x}_l) \qquad\qquad (16.7)$$

$$\text{s.t.} \quad \mathbf{x}_l \in \psi(\mathbf{x}_u) \qquad\qquad (16.8)$$

$$G_k(\mathbf{x}_u, \mathbf{x}_l) \leqslant 0, k = 1, \cdots, K \qquad\qquad (16.9)$$

式中，ψ 可以表示为下层决策变量 $\mathbf{x}_l$ 参数化的约束范围。

双层规划问题的研究有两个来源。第一个源头是博弈论方面的研究，von Stackelberg（1952）使用了双层规划模型来描述决策行为和博弈过程。第二个源头是在数学规划领域，有一类优化问题的约束条件中还包含了一个内嵌的优化问题（Bracken and McGill，1973）。在这两篇初始文章之后，大量的围绕双层规划的研究开始涌现。考虑到这类优化问题的双层结构，从数学的角度会引起非凸、非连续等问题，即使是经过简化的双层问题也非常难以求解，并且已经被证明是强 NP 困难（NP-hard）问题（Vicente et al.，1994），例如最简单的线性双层规划问题，下层问题对上层任意决策都具有唯一最优解，也难以找到一个可以获取全局最优解的多项式算法（Deng，1998）。

由于双层规划的复杂性，目前还没有一种完善的算法可以进行高效求解。实际大规模复杂问题通常都需要将该问题简化为一个简单的单层优化问题，以获取近似最优解。一些专门设计的启发式算法也经常被用来求解这类问题。

16.3 交通网络设计问题

假设交通网络系统主要由四部分组成：①经济活动，记为 E；②交通系统容量，记为 Q；③交通需求/交通流量，记为 F；④交通管理措施，记为 M。交通网络系统的性能表现可以通过服务水平来衡量，记为 L。

一般来说，服务水平由交通系统容量、交通流量和交通管理措施三者共同决定，可以表示为

$$L = P(Q, F, M, \boldsymbol{\alpha}) \tag{6.10}$$

式中，向量 $\boldsymbol{\alpha}$ 是服务水平函数中的参数。

交通系统容量 Q 受到交通管理措施 M 和投资水平 I 的影响，故 Q 可以表示为 M 和 I 的函数：

$$Q = G(M, I) \tag{6.11}$$

交通网络中的出行需求/交通流 F 受到系统中经济活动 E 的影响，因此，可以认为是 E 的函数。交通网络中的经济活动和交通系统的服务水平代表了交通系统中的供需双方。假设两者经过一段时间的博弈，交通需求的分布 F 可以达到一个稳定的状态：

$$F = D(E, L, \boldsymbol{\beta}) \tag{6.12}$$

其中，向量 $\boldsymbol{\beta}$ 是交通需求函数中的参数。出行需求 F 可以认为是服务水平 L 的单调递增函数。

在式（16.10）中，服务水平 L 是关于交通流量 F 的单调递减函数，因此，F 与 L 之间会存在一个稳定的均衡状态，即存在一个均衡流量 F^* 和相应的服务水平 L^*，使得 F 与 L 处于稳定的状态。将式（16.10）～（16.12）结合，交通系统中的供给需求博弈可以表达为如下形式：

$$[F^*, L^*] = Z(E, M, I, \boldsymbol{\alpha}, \boldsymbol{\beta}) \tag{6.13}$$

式中，$[F^*, L^*]$ 代表了博弈达到的均衡点。给定经济活动 E 和交通管理措施 M，均衡点 F^* 于 L^* 就变成基于投资水平 I 的函数。网络设计模型就是决定最优的投资方式 I 来使得社会整体效益最优。

基于供需博弈的交通网络优化问题可以用双层规划模型来描述，在这个结构中，交通管理者是决策者，网络用户是追随者，可以用数学规划的形式表达为

$$\min_{\mathbf{u}} F(\mathbf{u}, \mathbf{v}(\mathbf{u})) \tag{6.14}$$

$$\text{s.t. } G(\mathbf{u}, \mathbf{v}(\mathbf{u})) \leqslant 0 \tag{6.15}$$

式中，$F, \mathbf{u}$ 和 G 分别是上层规划的目标函数、决策变量以及约束集合。$\mathbf{v}(\mathbf{u})$ 是一个隐函数，由如下的数学规划模型得到

$$\min_{\mathbf{v}} f(\mathbf{u}, \mathbf{v}) \tag{6.16}$$

$$\text{s.t. } \mathbf{g}(\mathbf{u}, \mathbf{v}) \leqslant 0 \tag{6.17}$$

可以看出，$f, \mathbf{v}$ 和 $\mathbf{g}$ 分别是下层规划的决策变量的目标函数、决策变量以及约束集合。下层模型反映了上层模型给定投资决策 $\mathbf{u}$ 后的交通网络供给与需求的平衡状态。上层模型表示交通规划者制定投资决策 $\mathbf{u}$ 来使交通网络的整体社会效益达到最优。假设给定任意投资决策 $\mathbf{u}$，相应的下层规划问题存在一个唯一的均衡网络流量 $\mathbf{v}(\mathbf{u})$。因此，$\mathbf{v}(\mathbf{u})$ 也可以称为 $\mathbf{u}$ 的反映函数。当双层规划模型中的系统目标函数 F 在给定约束条件 G 下达到最优时，这个网络设计双层规划模型就找到了最优决策方案 $\mathbf{u}^*$。

16.3.1 下层网络流量均衡模型

交通网络设计问题的难点在于其可行解中的交通流量受到均衡条件的约束，不同的网络设计方案会导致网络上不同的交通流分布状态。如果不通过定量的方式评估网络出行者对交通决策方案的反馈，而任意的新建道路或者拓宽道路很有可能不仅不能改善出行服务水平，反而会加剧网络层面的拥挤。这个现象就是著名的 Braess 悖论（Sheffi，1985；黄海军和李志纯，2006）。

交通网络设计下层均衡问题的标准模型假设出行需求是人为给定并且在未来较长一段时间内保持不变，出行者的路径选择行为服从用户均衡条件。假设路段出行费用函数是可分离、连续和关于路段流量单调递增的函数，记为 $t_a(v_a, u_a)$，其中 v_a 表示路段 a 上的流量，u_a 表示容量拓宽量。用户均衡问题可以表示如下形式：

$$\min_{\mathbf{v}} \sum_{a \in A} \int_0^{v_a} t_a(x, u_a) \, \mathrm{d}x \tag{16.18}$$

$$\text{s.t. } \sum_{r \in R_w} f_r^w = d_w, \quad \forall w \in W \tag{16.19}$$

$$f_r^w \geqslant 0, \quad \forall r \in R, w \in W \tag{16.20}$$

$$v_a = \sum_{w \in W} \sum_{r \in R} f_r^w \delta_{a,r}^w, \quad \forall a \in A \tag{16.21}$$

其中，A 表示交通网络中路段的集合；R 表示出行路径的集合；R_w 表示 OD 对 w 之间的出行路径集合；f_r^w 是 OD 对 w 之间路径 r 上的交通流量；$\mathbf{v}$ 是所有路

段流量组成的向量；d_w 表示 OD 对 w 之间的出行需求；约束条件（16.19）是流量守恒条件；约束条件（16.20）是路径流量非负约束；约束条件（16.21）表示路径流量与路段流量的联系。

这个用户均衡模型可以用 Frank-Wolfe 算法求解（Sheffi，1985；王炜，2011）。注意，该模型可以拓展到更加一般的情况，如路段出行函数是非对称的，可以通过变分不等式的形式进行建模。

用户均衡模型的一个缺陷是其假设网络出行者可以精确感知交通网络上的出行费用，事实上交通网络出行者很难精确获取网络拥堵状态，他们的出行行为往往是基于其感知的路径出行费用，因此具有一定的随机性。所以，更合理的假设是出行者的出行行为服从随机用户均衡条件。在随机用户均衡模型中，基于 Logit 的随机用户均衡模型具有唯一解析解，可以方便地进行计算。为了更合理地刻画网络出行者的出行行为，网络设计问题中也常采用如下基于 Logit 的随机用户均衡模型：

$$\min_f \frac{1}{\theta} \sum_{w \in W} \sum_{r \in R_w} f_r^w \ln f_r^w + \sum_{a \in A} \int_0^{v_a} t_a\left(x_a, u_a\right) \mathrm{d}x \tag{16.22}$$

$$\text{s.t.} \quad \text{公式}(16.19) \sim (16.21)$$

式中，θ 是一个大于 0 的常数，用来反映网络出行用户对出行费用的感知误差的离散程度。

在基于 Logit 的随机用户均衡状态下，出行者的路径选择行为服从如下的条件：

$$P_r^w = \frac{\exp\left(-\theta c_r^w\right)}{\sum\limits_{k \in R_w} \exp\left(-\theta c_k^w\right)}, \quad r \in R_w, w \in W \tag{16.23}$$

式中，c_k^w 是 OD 对 w 之间路径 k 的出行费用，$k \in R_w$，c_r^w 是路径上所有路段的出行费用的累加，即 $c_r^w = \sum\limits_{a \in A} t_a \delta_{a,r}^w$。

基于 Logit 的随机用户均衡模型可以通过连续平均算法（Method of Successive Average）进行求解（Sheffi，1985）。需要注意的是，尽管基于 Logit 的随机用户均衡模型可以描述交通网络用户出行行为的随机性，但是 Logit 离散选择模型具有 IIA 特性，因此 Logit 模型在相互重叠的路径上会高估路径流量，从而造成流量预测的误差。这种误差可能会导致交通投资决策在相互关联的路径上的过度投资。

除了考虑出行者的出行费用感知误差，交通网络设计问题也需要考虑交通需求的弹性。因为交通网络设计通常是决定长期的投资策略，而道路网络的改扩建毫无疑问会引起交通需求的波动。因此，考虑交通需求的弹性问题，可以更合理地设计交通网络。在很多网络设计模型中，评估 OD 出行需求通常都需要了解交通网络的服务水平（比如，通过 OD 对之间的出行时间来衡量 OD 对之间的服务水平）。在网络设计问题中，新建或扩建路段的服务水平是未知的，所以未来的交通需求通常是在假设的服务水平下进行评估的。在这种情况下，OD 之间的出行需求就不再是一个固定的常数，而是基于给定服务水平进行动态调整的函数。当一个交通网络得到改进，其相应的出行需求也会随之改变。考虑弹性需求的交通网络均衡问题可表示为

$$\min_{\mathbf{d},\mathbf{v}} \sum_{a \in A} \int_0^{v_a} t_a\left(x, u_a\right) \mathrm{d}x - \sum_{w \in W} \int_0^{d_w} D_w^{-1}(x) \mathrm{d}x \qquad (16.24)$$

$$\text{s.t. } 公式(16.19) \sim (16.21)$$

式中，$D_w^{-1}\left(d_w\right)$ 是交通需求函数 $D_w\left(c_w\right)$ 的逆函数，$\mathbf{d}$ 表示所有 OD 对之间的出行需求向量。

在随机用户均衡的条件下，弹性需求函数可以表示为感知出行费用的函数，即

$$d_w = D_w\left[\bar{S}_w\left(c_w\right)\right] \qquad (16.25)$$

在基于 Logit 的随机用户均衡模型中，感知出行费用可以表示为

$$\bar{S}_w\left(c_w\right) = E\left[\min_{r \in R_w}\left\{c_w^r\right\}\right] = -\frac{1}{\theta} \ln \sum_{r \in R_w} \exp\left(-\theta c_w^r\right) \qquad (16.26)$$

基于 Logit 的弹性需求下的随机用户均衡模型可以表示为凸规划问题：

$$\begin{aligned} \min_{\mathbf{d},\mathbf{f}} \frac{1}{\theta} & \left(\sum_{w \in W} \sum_{r \in R_w} f_r^w \ln f_r^w - \sum_{w \in W} d_w \ln d_w\right) \\ & + \sum_{a \in A} \int_0^{v_a} t_a\left(x, u_a\right) \mathrm{d}x - \sum_{w \in W} \int_0^{d_w} D_w^{-1}(x) \mathrm{d}x \end{aligned} \qquad (16.27)$$

$$\text{s.t. } \quad 公式 (16.19) \sim (16.21)$$

16.3.2　上层规划模型

交通网络设计问题根据不同的决策变量和目标函数具有不同的模型。决策变量和目标函数的选择依赖于问题的具体形式。决策变量的形式主要有以下几种。

（1）离散型决策变量

对于新建或增加整条车道的问题，大多数研究采用离散型变量来表示潜在备选路段。这类问题通常表示为离散型网络设计问题，适用于新建一个网络道路系统。通常考虑的优化目标包括：网络出行费用最小、网络总体出行流量最大等。出行者的出行行为通常采用出行分布与交通分配组合模型和随机交通分配模型来刻画。

（2）连续型决策变量

对于在现有道路或车道上拓宽和扩容的问题，大多数研究采用连续型变量，表示为连续型网络设计问题。连续型网络设计问题也适用于网络信号控制、车道汇流等问题。相较于离散型网络设计问题，连续型网络设计问题受到了更多的关注，因为连续型变量比较容易获取和利用梯度信息。

（3）混合型决策变量

除了连续型和离散型网络设计问题，很多实际问题中既包括现有车道路段的拓宽，又包括道路的新建，两类问题需要同时考虑。比如：将老旧主干道改进为高速公路，为了更有效地利用现有的道路网络，就需要同时考虑车道扩宽和道路新建的问题。所以，一些研究也考虑混合型网络设计问题，同时考虑连续型与离散型两种变量形式。这类离散型网络设计问题可以表达为混合非线性双层规划问题，从而更合理地反映实际规划决策过程中遇到的问题。

一般来说，进行交通网络设计的目的就是通过建设新的道路或拓宽已有道路，从而达到满足日益增长的交通需求量，缓解交通拥挤，提高城市道路交通的社会效益以及改善交通网络可靠性等目的。常用的上层目标函数有如下四种。

（1）系统出行费用最小

大多数网络设计问题都假设需求固定，网络设计的目标是网络上总体出行费用最小，同时网络设计受到总预算的约束，不能无限扩展。在这种假设条件下，上层问题可以表示为

$$\min_{\mathbf{u}} F(\mathbf{u}, \mathbf{v}(\mathbf{u})) = \sum_{a \in A} t_a(\mathbf{u}) \cdot v_a(\mathbf{u}) \tag{16.28}$$

$$\text{s.t.} \sum_{a \in A} g_a(u_a) \leqslant B \tag{16.29}$$

$$0 \leqslant u_a \leqslant u_a^{\max}, a \in A \tag{16.30}$$

式中，u_a 是表示路段 a 上容量增加量的连续型变量，$u_a^{\max}$ 表示容量增加的上限，$g_a(u_a)$ 表示建设费用方程，是关于 u_a 的函数，通常具有非负、单调递增和连续可微的性质。常见的建设费用方程是线性的，即 $g_a(u_a) = e_a u_a$，其中 e_a 是路段 a 上增加单位容量的建设费用。

有时候预算约束（16.29）可以通过对偶变量 λ 融合进目标函数（16.28）中去。于是，交通网络设计的上层问题也可以表示为

$$\min_{\mathbf{u}} F(\mathbf{u}, \mathbf{v}(\mathbf{u})) = \sum_{a \in A} t_a(\mathbf{u}) v_a(\mathbf{u}) + \lambda \sum_{a \in A} g_a(u_a) \tag{16.31}$$

$$\text{s.t. 公式 (16.30)}$$

对于问题（16.30）～（16.31），一个简单求解方法是假设一个固定的对偶变量 λ，将建设费用转化为日常出行费用，并在此基础上进一步求解。

（2）网络备用能力最大

备用能力的概念来源于单个信号控制交叉口的效能评估和信号设计，Wong 和 Yang（1997）将这个问题拓展到一般的信号控制的道路网络领域，建立了一个双层规划模型来决定最优的信号控制方案使网络的备用能力最大。交通网络备用能力可以用来评估交通网络在现有流量分布模式下的剩余容量，并可以在此基础上设置合理的交通政策和管制方案。采用网络备用能力最大作为网络设计的目标函数有许多优点，例如，可明确避免困扰网络设计问题的能力诡异现象，能够简化计算，能够预测改进后的网络所能容纳的最大需求量（Gao and Song，2002；Ceylan and Bell，2004）。网络储备容量是通过对 OD 需求矩阵应用统一的乘数变量来实现的。这个问题可以表达为

$$\max_{\mathbf{u}, \boldsymbol{\mu}} \mu \tag{16.32}$$

$$\text{s.t. } v_a(\mu \mathbf{d}, \mathbf{u}) \leqslant C_a(u_a) \tag{16.33}$$

$$\text{式}(16.29) \sim (16.30)$$

式中，$v_a(\mu \mathbf{d}, \mathbf{u})$ 是通过下层网络均衡问题获得的均衡流量，乘数变量 μ 是施加于 OD 需求矩阵，即将 OD 需求同比例扩大 μ 倍，同时路段流量服从路段容量的限制，即约束条件（16.33）。

（3）用户剩余最大

在弹性需求条件下的网络设计问题中，不能将系统总费用最小设定为优化目标，这是因为，根据弹性需求的概念可知，为了使系统总费用达到最小，可以将 OD 需求降低到最小，相应的投资费用当然也会很少。用户剩余是经济学上的概念，可用来评测交通系统给人们带来的社会效益（Williams and Lam，1991；Yang and Bell，1997）。

用户的收益可以表示为 $\sum_{w \in W} \int_0^{d_w} D_w^{-1}(x) \mathrm{d}x$，同时社会总体费用可以表示为

$\sum\limits_{w \in W} c_w d_w$。基于用户盈余的网络设计问题可以表示为

$$\min_u F(u, d(u), v(u)) = \sum_{w \in W} \left\{ \int_0^{d_w} D_w^{-1}(x)\mathrm{d}x - c_w d_w \right\} \tag{16.34}$$

s.t. 公式$(16.29) \sim (16.30)$

将用户盈余作为目标函数反映了最大程度地利用经济投资去扩大社会总体效益。同样，将弹性需求反映到网络设计问题中会导致对 Braess 悖论的不同解释。

（4）多目标优化

在道路投资决策过程中，往往存在很多目标，不同的交通管理与运营机构以及道路使用者都在追求不同的目标，因此，将多目标通过一定的方式进行组合形成一个多目标最优化问题也是网络设计的一个研究方向。通常来说，将不同的目标组合起来并不是一个简单的函数相加，或者单位的无量纲化。更加合适的方式是建立一个多目标数学规划模型去寻求一组帕累托最优解。大多数多目标网络设计问题考虑了如下三个目标函数：

$$\text{出行者出行总费用: } F_1 = \sum_{a \in A} t_a(v_a, u_a) \cdot v_a(\mathbf{u})$$

$$\text{建设总费用: } F_2 = \sum_{a \in A} g_a(u_a)$$

$$\text{车辆出行总里程: } F_3 = \sum_{a \in A} \beta_a v_a(\mathbf{u})$$

式中，F_1 描述网络层面的拥挤程度，F_2 反映了预算方面的考虑，F_3 是空气污染的替代指标。

16.4　道路拥挤收费问题

道路拥挤收费是一种利用市场力量缓解交通拥挤的方法。拥挤收费通过将一些高峰时段的道路出行需求转换交通方式或者转移到非高峰时段出行来发挥作用。只需要将拥挤道路上的一部分交通需求转移出去，道路交通拥挤就会显著改善，交通流的运行就会变得更有效率，从而允许更多的车辆通过拥堵区域。

道路拥挤收费理论依据经济学中的边际成本定价（marginal-cost pricing）原理，即道路出行者在使用拥挤路段的时候需要支付边际社会成本（marginal-social cost）与边际私人成本（marginal-private cost）之间的差额，使社会盈余（social surplus）最大。通过道路拥挤收费，交通网络上的每个出行者需要考虑的费用就从边际私人成本转变为边际社会成本。对于拥挤道路，边际社会成本包括拥挤引起的出行时间增加、尾气排放、噪声，以及事故风险。社会盈余是指道路上的总体利润与总体成本之间的差值，是用来衡量社会福利的重要指标。

最优道路收费的研究基础是匀质交通流在均匀分布的交通网络上的供给-需求曲线。在均质交通流的假设下，道路收费是用来弥补边际社会成本与边际私人成本的差额，将出行者对社会施加的成本内化，从而达到系统最优的交通流分布状态。

通过图 16.2 进一步阐明边际成本定价原理。图中 AC 曲线代表平均私人边际成本，MC 曲线代表社会边际成本，即出行者出行对社会造成的成本/费用。出行者在进行出行决策的时候，都依据私人边际成本（AC 曲线），即自身所付出的成本，而不去考虑自身对社会所施加的成本（成本包括拥挤引起的出行时间增加、尾气排放、噪声，以及事故风险等多方面）。所以，MC 曲线反映了出行者的社会边际成本，AC 曲线反映了私人边际成本，而 AC 曲线与 MC 曲线之间的差值就定量反映了拥挤收费的量值。理论上，系统最优流量是 v_e，但是由于出行者忽略了他们自身出行施加给其他出行者的拥挤成本，采用 AC 曲线进行出行决策，实际的均衡流量趋向 v_a。从公众角度看，第 v_a 个出行者得到的收益为 $\overline{ab}$，但是对社会施加的成本为 $\overline{ac}$，所以 v_e 到 v_a 区间内的出行者对社会施加的成本可以用 a, c, h, e 围成的区域表示（$\overline{ache}$），而得到的收益可以用 a, b, h, e 围成的区域表示（$\overline{abhe}$）。显然，v_e 到 v_a 区间内的出行者对社会总体福利造成了损失，可以用 b, c, h 围成的区域表示（$\overline{bch}$）。类似地，当交通流量小于 v_e 的时候，道路网络资源还没有充分被利用，社会总福利还可以进一步拓展。

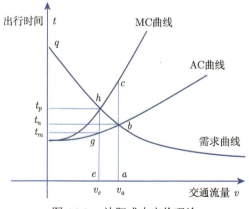

图 16.2　边际成本定价理论

令 $t(v)$ 表示 AC 曲线，网络出行总成本 TC 是关于 v 的函数，可以表示为

$$\mathrm{TC}(v) = v \cdot t(v) \tag{16.35}$$

相应地，社会边际成本可以表示为

$$\mathrm{MC}(v) = \frac{\mathrm{dTC}(v)}{\mathrm{d}v} = t(v) + v\frac{\mathrm{d}t(v)}{\mathrm{d}v} \tag{16.36}$$

式中，右式第一项即为 $t(v)$，表示 AC 曲线。拥挤收费的目的就是通过征收费用来更好地利用道路资源，其收费函数就是公式（16.36）中右式的第二部分：

$$u(v) = v\frac{\mathrm{d}t(v)}{\mathrm{d}v} \tag{16.37}$$

也就是说，最优收费 u 等于社会边际成本 MC 与私人边际成本 AC 的差。这种收费方式可以使道路容量资源得到最好利用，使社会总收益最大。

16.4.1 固定需求下的道路网络拥挤收费

根据第 11 章的知识，交通网络用户均衡与系统最优这两个模型对应了不同的交通流分布形态，可通过边际成本定价原则对网络上路段进行拥挤收费，使网络交通流从用户均衡分布状态转变为系统最优的分布状态。也就是说，通过对交通网络上的每个路段施加一个合理的基于流量的拥挤收费费率，出行者的出行行为就可以发生相应的变化，从而达到系统最优的状态。而这个施加的收费费率理论上等于网络新增用户对现有用户造成的负面影响，包括拥挤、环境、安全等方面。

为了更精确地描述这个理论，首先，在此回顾一下系统最优模型，即网络出行总成本/负效用（TC）最小化模型可表示如下

$$\min \mathrm{TC}(\mathbf{v}) = \sum_{a \in A} v_a \cdot t_a(v_a) \tag{16.38}$$

$$\mathrm{s.t} \sum_{r \in R_w} f_r^w = d_w, \quad w \in W \tag{16.39}$$

$$f_r^w \geqslant 0, r \in R_w, \quad w \in W \tag{16.40}$$

式中，路段流量 $\mathbf{v} = (v_a, a \in A)^{\mathrm{T}}$ 可以定义为

$$v_a = \sum_{w \in W} \sum_{r \in R_w} f_r^w \delta_{a,r}^w, \quad \forall a \in A \tag{16.41}$$

从式（16.38）～（16.41）的一阶最优化条件看，任意最优解 $(\mathbf{f}^*, \mathbf{v}^*)$ 都需要满足如下条件：

$$\begin{cases} c_r^w = \mu_w, & \text{如果} f_r^{w*} > 0, \\ c_r^w \geqslant \mu_w, & \text{如果} f_r^{w*} = 0, r \in R_w, w \in W \end{cases} \tag{16.42}$$

式中，μ_w 是关于公式（16.39）的拉格朗日乘子，

$$c_r^w = \sum_{a \in A} \tilde{t}_a(v_a) \delta_{a,r}^w, \quad r \in R_w, w \in W \tag{16.43}$$

$$\tilde{t}_a(v_a^*) = t_a(v_a^*) + v_a^* \frac{\mathrm{d}t_a(v_a^*)}{\mathrm{d}v_a}, \quad a \in A \tag{16.44}$$

注意到式（16.42）给出的最优化条件与用户均衡条件类似，仅在路段出行时间函数的定义上有所区别。新的路段出行时间函数包含了两个部分：$t_a(v_a)$ 反映了出行者的路段 a 上的出行时间，$v_a \mathrm{d}t_a(v_a)/\mathrm{d}v_a$ 反映了新增道路用户对道路上现有用户施加的出行时间（对其他出行者的影响）。新的路段出行时间函数可以解释为路段 a 上新增出行者对路段出行总时间的边际贡献，也就是说 $\tilde{t}_a(v_a) = \mathrm{d}(v_a t_a(v_a))/\mathrm{d}v_a$。假设路段出行时间函数是可分离的，新的路段出行时间函数也是网络出行者对总出行时间的边际贡献，即 $\tilde{t}_a(v_a) = \partial(\mathrm{TC}(\mathbf{v}))/\partial v_a$。在拥挤收费理论中，$v_a \mathrm{d}t_a(v_a)/\mathrm{d}v_a$ 称为拥挤的外部效应（congestion externality）。

需要指出的是，如果所有出行者都将式（16.44）作为其出行时间，道路网络上的交通流量分布也将达到系统最优的状态。但是，在实际情况中，出行者往往只考虑自己的出行时间 $t_a(v_a)$，而忽略了自身带来的外部效应，$v_a \mathrm{d}t_a(v_a)/\mathrm{d}v_a$。通过拥挤收费的方式对道路出行者施加等于其外部效应的费用，即

$$u_a = v_a \frac{\mathrm{d}t_a(v_a)}{\mathrm{d}v_a}\Big|_{v_a = v_a^{*,F}}, \quad a \in A \tag{16.45}$$

那么出行者就可以通过自主的出行行为选择来达到系统最优的状态。

16.4.2　次优道路网络拥挤收费

尽管最优道路收费从理论上非常完美，但实际上并不具备可操作性。原因在于如果对所有路段都施行最优拥挤收费，将会带来较高的运营成本以及较低的公众接受程度。交通管理者出于社会公平原因一般会保留一部分免费通行的路线，例如，为了保障低收入群体的出行，或者提高道路定价的可行性。所以，各种次优定价制度受到了广泛关注。

具有实际操作性的道路网络次优收费方案一般包括以下四种：①基于出行距离的拥挤收费；②基于旅行时间或旅行延误的拥挤收费；③基于路段的拥挤收费；④基于警戒线的拥挤收费。

基于出行距离的拥挤收费和基于旅行时间或旅行延误的拥挤收费是征收与出行距离或者出行时间成比例的通行费。基于路段的拥挤收费是从城市路网上选择一些路段，比如交通瓶颈处，来进行收费。这种收费方案在许多城市中都施行过，比如在一些城市桥梁、隧道、高速公路上收取拥堵费用，通过调节不同位置的通行费以减轻城市路网上的交通拥堵。近年来，也有一些城市采用基于警戒线的定价方案，而不是对单独的路段进行收费，以减少市中心的交通需求，例如新加坡市、奥斯陆、特隆赫姆和卑尔根。

本节介绍基本的次优道路网络拥挤收费方案。当最优网络拥挤收费方案不成立时，需要建立双层规划模型来优化预先设定的系统目标，同时也考虑出行者的均衡决策问题。

令 $\bar{A} \subset A$ 表示将被征收拥挤费用的路段的集合，$u = (\cdots, u_a, \cdots)^{\mathrm{T}}, a \in \bar{A}$ 表示道路收费向量。令 $\mathbf{d}(\mathbf{u}) = (\cdots, d_w(\mathbf{u}), \cdots)^{\mathrm{T}}, w \in W$ 和 $\mathbf{v}(\mathbf{u}) = (\cdots, v_a(\mathbf{u}), \cdots)^{\mathrm{T}}$ 表示 OD 需求和路段流量的向量，都是关于收费向量 $\mathbf{u}$ 的函数。由于施行道路收费，路段出行费用可以重新定义为

$$t_a(\boldsymbol{v}, \boldsymbol{u}) = \begin{cases} t_a(\boldsymbol{v}) + u_a, & \text{如果} a \in \bar{A}, \\ t_a(\boldsymbol{v}), & \text{否则} \end{cases} \tag{16.46}$$

则次优道路网络拥挤收费的双层规划问题可以表示为

$$\min_{\mathbf{u} \in U} F(\mathbf{u}, \mathbf{v}^*, \mathbf{d}^*) \tag{16.47}$$

$$\text{s.t.} \quad \mathbf{g}(\mathbf{v}^*, \mathbf{d}^*) \leqslant 0 \tag{16.48}$$

式中，$(\mathbf{v}^*, \mathbf{d}^*)$ 是给定道路拥挤收费量 $\mathbf{u}$ 后，满足用户均衡条件的均衡流量：

$$\mathbf{t}(\mathbf{v}^*, \mathbf{u})^{\mathrm{T}}(\mathbf{v}^* - \mathbf{v}) - B(\mathbf{d}^*, \mathbf{u})(\mathbf{d}^* - \mathbf{d}) \geqslant 0, \quad \forall(\mathbf{v}, \mathbf{d}) \in \Omega \tag{16.49}$$

其中

$$\Omega = \{(\mathbf{v}, \mathbf{d}) \mid \mathbf{v} = \Delta \cdot \mathbf{f}, \mathbf{d} = \Lambda \cdot \mathbf{f}, \mathbf{f} \geqslant 0, 0 \leqslant \mathbf{d} \leqslant \bar{\mathbf{D}}\} \tag{16.50}$$

式中，$\bar{\mathbf{D}} = (\cdots, \bar{D}_w, \cdots)^{\mathrm{T}}, w \in W$，$\bar{D}_w$ 是一个足够大的 OD 需求上限。当路段出行时间函数和 OD 需求函数是对称并且可分离的时候，式（16.49）所展示的变分不等式模型可以用最优化模型来替代：

$$(\mathbf{v}^*, \mathbf{d}^*) = \arg \min_{(\mathbf{v}, \mathbf{d}) \in \Omega} \sum_{a \in A} \int_0^{v_a} t_a(w, \mathbf{u}) \, \mathrm{d}w - \sum_{w \in W} \int_0^{d_w} B_w(w, \mathbf{u}) \, \mathrm{d}w \tag{16.51}$$

在上式中，U 是所有可行收费方案的集合，例如：可以定义为受到非负约束与收费上限约束的决策变量集合，$U = \{\mathbf{u} | 0 \leqslant u_a \leqslant \bar{u}_a, a \in \bar{A}\}$，$\bar{u}_a$ 是路段拥挤收费变量 $u_a, a \in \bar{A}$ 的上限。$B_w(d_w) = D_w^{-1}(d_w)$ 表示收益函数，是需求函数 $D_w(u_w)$ 的反函数。$\mathbf{g}(\mathbf{v}, \mathbf{d})$ 表示关于 $\mathbf{v}$ 和 $\mathbf{d}$ 的上层约束函数，例如：路段交通流量不能超过其物理上限，$v_a \leqslant C_a, a \in A$。给定拥挤收费费率后，就可以获得一组唯一的路段流量函数，于是网络经济收益（社会福利）就可以定义为

$$F(\mathbf{u}, \mathbf{v}^*(\mathbf{u}), \mathbf{d}^*(\mathbf{u})) = \sum_{w \in W} \int_0^{d_w} B_w(w) \, \mathrm{d}w - \sum_{a \in A} t_a(v_a) v_a \tag{16.52}$$

式（16.52）可以作为上层优化的目标函数。

16.4.3　基于警戒线的道路网络拥挤收费

基于警戒线的拥挤收费比较受交通管理部门的欢迎，因为这种方案可以严格控制交通拥挤区域的车流量，从而减轻市中心区域的交通拥堵和污染排放（Yang and Huang, 2005）。早在 1975 年，新加坡就施行了基于警戒线的拥挤收费措施，以控制进入城市中心区域的车流量。基于警戒线的道路网络收费形式也在伦敦、斯德哥尔摩、米兰等地施行。这类收费方案考虑的一个主要问题是警戒线的布设。在确定了警戒线位置的情况下，可以通过双层规划模型来制定基于警戒线的拥挤收费方案。例如，Ho 等（2005）针对基于警戒线的通行费设计问题建立了一个双层模型，该模型的上层是最大化社会总收益，下层是用户均衡问题。Maruyama 和 Sumalee（2007）使用带有用户均衡约束的变分不等式的双层规划模型，解决了基于警戒线方案的拥挤费设计问题，并将其与每日许可费或按入口付费的方案进行了比较。

较早基于警戒线的拥挤收费基本采用了固定的收费策略，但是固定收费策略对不同出行距离和不同出行时间的交通活动都收取相同的费用，对于出行者并不公平。而公平性对于公众接受度非常重要，所以，现有的一些研究对基于警戒线的收费方案进行了改进，可以分为三种类型：①基于出行时间的警戒线收费方案；②基于拥挤程度的警戒线收费方案；③基于出行距离的警戒线收费方案。May 和 Milne（2000）对比上述四种拥挤收费方案，并认为三种改进后的收费方案比固定收费方案更能缓解交通拥挤。但是基于出行时间的警戒线收费方案和基于拥挤程度的警戒线收费方案在某种程度上鼓励了不安全的驾驶方式，所以基于出行距离的警戒线收费方案就更适合实际应用。

从技术角度看，基于距离的收费模式的技术要求不再是限制，可以通过 GPS、电子地图的手段获取车辆行驶里程。新一代的拥堵收费方案已经考虑了基于距离的收费模式。例如，德国的货车收费计划和新加坡的电子道路收费系统（Meng and Liu, 2012)。与基于时间和拥挤的收费方案相比,基于出行里程的收费模式被认为是相对理想的方法。在英国利兹的一项基于警戒线方案的拥堵定价试验中评估了基于出行里程的收费模式(Namdeo and Mitchell, 2008),这项研究的结果表明基于里程的收费模式可以通过限制交通量来大大提高空气质量。在 2005 年 1 月,德国首次对重型货运汽车启用了基于里程的拥挤收费(Hensher and Puckett, 2007)。

为了更准确地描述基于警戒线的道路网络拥挤收费方案,本节继续介绍一般基于警戒线的道路网络拥挤数学模型,假设网络出行者的行为服从随机用户均衡条件,则用户感知的出行费用可以表示为

$$\bar{c}_k^w = c_k^w + \tau_k^w/\alpha + \xi_w^k \tag{16.53}$$

其中,$c_k^w = \sum_{a \in A} t_a \delta_{a,k}^w$ 表示路径出行时间,τ_k^w 是施加于路径的通行收费,$\boldsymbol{\tau}_w$ 表示 τ_k^w 的向量,α 是用户的时间价值,ξ_w^k 表示用户对出行时间的感知误差。基于出行距离的非线性收费函数可以表示为

$$\tau_k^w = \sum_{i=1}^l \phi\left(d_k^{w,i}\right) \tag{16.54}$$

式中,i 表示警戒区域,ϕ 表示收费函数(包括线性、二次、指数函数,以及分段线性函数),$d_k^{w,i}$ 表示出行路径 k 在收费区域 i 中的行驶里程:

$$d_k^{w,i} = \sum_{a \in \bar{A}_i} l_a \delta_{a,k}^w, \quad k \in R_w, w \in W \tag{16.55}$$

式中,l_a 表示路段 a 的长度,$\bar{A}_i$ 表示警戒区域 i 的路段集合。

在随机用户均衡的假设下,随机用户均衡条件可以建立为不动点(fix point)模型:

$$v_a(\phi) = \sum_{w \in W} \sum_{k \in R_w} \left[D_w\left(S_w\left(\mathbf{c}_w(\mathbf{v}), \tau_w(\phi)\right)\right) \times p_k^w\left(\mathbf{c}_w(\mathbf{v}), \tau_w(\varphi)\right) \delta_{a,k}^w\right], \quad a \in A \tag{16.56}$$

式中,$S_w(\mathbf{c}_w, \tau_w)$ 表示一般化的 OD 出行时间,在有的地方也称为满意度函数(Sheffi, 1985),$p_k^w(\mathbf{c}_w(\mathbf{v}), \tau_w(\varphi))$ 表示路径 k 被选择的概率。

拥挤收费的目标也相应地从系统最优转变为随机系统最优,即

$$Z(\phi) = \sum_{w \in W} \int_0^{q_w(\tau)} D_w^{-1}(x)\mathrm{d}x - \sum_{w \in W} q_w(\tau) S_w\left(\mathbf{c}_w(\mathbf{v}), \tau_w(\phi)\right)$$

$$+ \sum_{e \in E} \sum_{l \in \bar{R}_e} E\left(\frac{\bar{f}_{el}(\tau)\tau_{el}(\phi)}{\alpha} \right) \tag{16.57}$$

基于以上讨论，相应的双层规划模型就可以建立。

16.4.4　动态道路拥挤收费

相较于静态拥挤收费模型，动态拥挤收费模型考虑交通网络系统的时变特征。从时间轴看，动态拥挤收费问题可以分为两类：within-day 和 day-to-day 两种。within-day 模型在天内调整收费方案，采用了基于 within-day 的动态用户均衡模型和系统最优模型（Wie，2007）。day-to-day 模型假设出行者基于前一天的出行信息调整其出行行为，采用了 day-to-day 的用户均衡模型（Tan et al.，2015）。

动态用户均衡模型建立在 within-day 的基础上，交通需求是逐日演变的。理想的用户均衡条件是：对于每个 OD 对，在任意时刻，出行者实际出行时间是一致的（Ran and Boyce，2012）。

$$f_k^w(t)\left[\eta_k^w(t) - \pi_w(t)\right] = 0, \quad \forall w \in W, k \in R_w, t \tag{16.58}$$

$$\eta_k^w(t) - \pi_w(t) \geqslant 0, \quad \forall w \in W, k \in R_w, t \tag{16.59}$$

其中，$f_k^w(t)$ 和 $\eta_k^w(t)$ 分别表示路径 k 的均衡流量和出行时间，$\pi_w(t)$ 表示 OD 对 w 之间按最小出行时间，出行者可以调节他们的出发时间以减少出行时间。

Vickrey（1969）首先提出了动态拥堵收费（dynamic congestion pricing, DCP）模型，即单一交通瓶颈模型，在这个动态收费方案中，收取的通行费等于在原拥挤网络中的等待时间。Henderson（1974）考虑了出发时间的决策对动态拥挤收费的影响。随后，有大量学者在此基础上做出了拓展。在更一般的交通网络上，Carey 和 Srinivasan（1993）基于 KKT 条件，提出了一个动态拥挤收费的近似解析解。这些研究主要集中在日内动态拥挤收费上，该模型假设交通流量每天都处于稳定状态。但是交通流量的演变意味着旅行者可以每天不断学习和调整其行为，从而使网络从不均衡状态转变为均衡状态。Guo 等（2015）指出即使交通网络已经达到均衡状态，由于受到交通管控、随机事件、外部信息的影响，出行者仍将调整他们的出行行为，导致交通流分布状态重新进入不均衡状态。于是，也有大量研究是基于 day-to-day 的用户均衡模型。Sandholm（2002）考虑了出行者 day-to-day 路径调整行为，建立了连续型动态拥挤收费模型。Friesz 等（2004）也提出了基于 day-to-day 的动态网络收费模型，他们的方法需要可靠地预测交通流量、出行时间函数，以及 OD 出行需求。Yang 等（2007）考虑用前一天的路段流量、路段出行费用函数的导数来决定收费费率，提出了可以快速达到系统最优的模型。Guo 等（2016）提出了一种较为简单实用的动态拥挤收费方案，路段收费是在前一天的路段流量和收费的基础上决定的，不需要预先获取精确的 OD 出行需求和路段出行时间函数。Ye 等（2015）提出了一种不需要知道需求函数和流量演化机制的 day-to-day 边际费用收费方案，提出了试错法并研究其收敛性。Rambha 和 Boyles（2016）研究了离散时间设定下的拥挤收费方案。

复习思考题

1. 请简要叙述 Stackelberg 博弈的概念，以及双层规划数学模型的定义。

2. 考虑如图 16.3 所示的交通网络，假设 OD 之间的出行需求是 50。路段 1、路段 2，以及路段 3 的出行费用函数分别为 $t_1 = 2 + x_1$；$t_2 = 1 + 3x_2$；$t_3 = 3 + x_3$；t_a 表示路段 a 的出行时间，x_a 表示路段 a 的流量，$a = 1, 2, 3$。请分析该网络在用户均衡和系统最优两种条件下的路段均衡流量，并在此基础上以系统最优为目标分析最优网络收费方案。

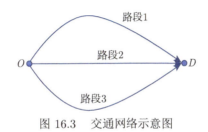

图 16.3　交通网络示意图

3. 在问题 2 的基础上，假设路段 3 不经过城市 CBD，不需要进行拥挤收费。出行者服从用户均衡条件，请以系统最优为目标建立相应的次优网络拥挤收费模型。

参 考 文 献

高自友, 宋一凡, 四兵锋. 2000. 城市交通连续平衡网络设计: 理论与方法 [M]. 北京: 中国铁道出版社.

黄海军, 李志纯. 2006. 组合出行方式下的混合均衡分配模型及求解算法 [J]. 北京: 系统科学与数学, 26(3): 352-361.

王炜. 2011. 道路交通工程系统分析方法 [M]. 2 版. 北京: 人民交通出版社.

Abdulaal M, LeBlanc L J. 1979. Continuous equilibrium network design models[J]. Transportation Research Part B, 13: 19-32.

Bracken J, McGill J T. 1973. Mathematical programs with optimization problems in the constraints[J]. Operations Research, 21(1): 37-44.

Brown G, Carlyle M, Diehl D, et al. 2005. A two-sided optimization for theater ballistic missile defense[J]. Operations Research, 53(5): 745-763.

Carey M, Srinivasan A. 1993. Externalities, average and marginal costs, and tolls on congested networks with time-varying flows[J]. Operations Research, 41(1): 217-231.

Ceylan H, Bell M G H. 2004. Reserve capacity for a road network under optimized fixed time traffic signal control[J]. Journal of Intelligent Transportation Systems: Technology, 8(2): 87-99.

Deng X. 1998. Complexity issues in bilevel linear programming, Multilevel optimization: Algorithms and Applications[M]. New York: Springer: 149-164.

Friesz T L, Bernstein D, Kydes N. 2004. Dynamic congestion pricing in disequilibrium[J]. Networks and Spatial Economics, 4(2): 181-202.

Gao Z Y, Song Y F. 2002. A reserve capacity model of optimal signal control with user-equilibrium route choice[J]. Transportation Research Part B, 36(4): 313-323.

Guo R Y, Yang H, Huang H J, et al. 2015. Link-based day-to-day network traffic dynamics and equilibria[J]. Transportation Research Part B, 71: 248-260.

Guo R Y, Yang H, Huang H J, et al. 2016. Day-to-day flow dynamics and congestion control[J]. Transportation Science, 50(3): 982-997.

Henderson J V. 1974. Road congestion: A reconsideration of pricing theory[J]. Journal of Urban Economics, 1(3): 346-365.

Hensher D A, Puckett S M. 2007. Congestion and variable user charging as an effective travel demand management instrument[J]. Transportation Research Part A, 41: 615-626.

Ho H, Wong S, Yang H, et al. 2005. Cordon-based congestion pricing in a continuum traffic equilibrium system[J]. Transportation Research Part A, 39: 813-834.

Huang D, Liu Z, Liu P, et al. 2016. Optimal transit fare and service frequency of a nonlinear origin-destination based fare structure[J]. Transportation Research Part E, 96: 1-19.

Knight F H. 1924. Some fallacies in the interpretation of social cost[J]. The Quarterly Journal of Economics, 38(4): 582-606.

Lawphongpanich S, Yin Y. 2012. Nonlinear pricing on transportation networks[J]. Transportation Research Part C, 20: 218-235.

LeBlance L J. 1975. An algorithm for the discrete network design problem[J]. Transportation Science, 9: 183-199.

Liu Z, Chen X, Meng Q, et al. 2018.Remote park-and-ride network equilibrium model and its applications[J]. Transportation Research Part B, 117: 37-62.

Liu Z, Wang S, Zhou B, et al. 2017. Robust optimization of distance-based tolls in a network considering stochastic day to day dynamics[J]. Transportation Research Part C, 79: 58-72.

Maruyama T, Sumalee A. 2007. Efficiency and equity comparison of cordon-and area-based road pricing schemes using a trip-chain equilibrium model[J]. Transportation Research Part A, 41: 655-671.

May A D, Milne D S. 2000. Effects of alternative road pricing systems on network performance[J]. Transportation Research Part A, 34: 407-436.

Meng Q, Liu Z. 2012. Impact analysis of cordon-based congestion pricing on mode-split for a bimodal transportation network[J]. Transportation Research Part C, 21: 134-147.

Meng Q, Liu Z, Wang S. 2012. Optimal distance tolls under congestion pricing and continuously distributed value of time[J]. Transportation Research Part E, 48: 937-957.

Namdeo A, Mitchell G. 2008. An empirical study of estimating vehicle emissions under cordon and distance-based road user charging in Leeds, UK[J]. Environmental Monitoring and Assessment, 136(1-3): 45-51.

Pigou A C. 1924. The Economics of Welfare[M]. London: Palgrave Macmillan.

Rambha T, Boyles S D. 2016. Dynamic pricing in discrete time stochastic day-to-day route choice models[J]. Transportation Research Part B, 92: 104-118.

Ran B, Boyce D. 2012. Modeling dynamic transportation networks: An intelligent transportation system oriented approach[C]. Springer Science & Business Media.

Sandholm W H. 2002. Evolutionary implementation and congestion pricing[J]. The Review of Economic Studies, 69(3): 667-689.

Sheffi Y. 1985. Urban transportation networks: Equilibrium analysis with mathematical programming methods[C]. Englewood Cliffs: Prentice Hall.

Tan Z, Yang H, Guo R Y. 2015. Dynamic congestion pricing with day-to-day flow evolution and user heterogeneity[J]. Transportation Research Part C, 61: 87-105.

Verhoef E, Nijkamp E, Rietveld P. 1996. Second-best congestion pricing: The case of an untolled alternative[J]. Journal of Urban Economics, 40(3): 279-302.

Vicente L, Savard G, Júdice J. 1994. Descent approaches for quadratic bilevel programming[J]. Journal of Optimization Theory and Applications, 81(2): 379-399.

Vickrey W S. 1969. Congestion theory and transport investment[J]. The American Economic Review, 59(2): 251-260.

von Stackelberg H. 1952. The Theory of the Market Economy[M]. London: Oxford University Press.

Walters A. 1961. The theory and measurement of private and social cost of highway congestion[J]. Econometrics, 29: 676-699.

Whittaker G, Färe R, Grosskopf S, et al. 2017. Spatial targeting of agri-environmental policy using bilevel evolutionary optimization[J]. Omega, 66: 15-27.

Wie B W. 2007. Dynamic Stackelberg equilibrium congestion pricing[J]. Transportation Research Part C, 15: 154-174.

Williams H C W L, Lam W M. 1991. Transport policy appraisal with equilibrium models I: Generated traffic and highway investment benefits[J]. Transportation Research Part B, 25(5): 253-279.

Wong S C, Yang H. 1997. Reserve capacity of a signal-controlled road network[J]. Transportation Research Part B, 31: 397-402.

Yang F, Yin Y, Lu J. 2007. Steepest descent day-to-day dynamic toll[J]. Transportation Research Record, 2039(1): 83-90.

Yang H, Bell M G. 1997. Traffic restraint, road pricing and network equilibrium[J]. Transportation Research Part B, 31(4): 303-314.

Yang H, Huang H. 2005. Mathematical and Economic Theory of Road Pricing[M]. London. Oxford, United Kingdom: Elsevier.

Ye H, Yang H, Tan Z. 2015. Learning marginal-cost pricing via trial-and-error procedure with day-to-day flow dynamics[J]. Transportation Research Procedia, 7: 362-380.

第 17 章　网络交通流理论发展与展望

17.1　静态网络交通流理论

静态网络交通流理论研究的对象是在某一时间段内平均状态或长期稳定状态下的交通网络，而没有考虑交通网络在不同时间段内的变化特征。这方面的成果主要应用于交通规划与管理或交通政策的制定等方面。

由于缺乏系统理论和计算手段，早期这方面的工作主要依靠交通工程师的个人经验和主观判断。进入 20 世纪 50 年代后，美国公路局在研究高速道路交通转移率时提出了转移率曲线方法，这是网络交通流理论发展的最初尝试。而网络中两点间最短路计算方法的发展对网络交通流理论发展产生了巨大的影响。随后以最短路方法为基础的全有全无法（all-or-nothing）配流方法在实际中得到应用。

在网络交通流实际应用及理论研究过程中，人们逐渐认识到，正确的网络交通流理论能较好地再现实际交通状态，而实际的交通状态事实上是出行者在交通网络中进行各类交通选择的聚集结果。基于这种认识，以出行者路径选择行为分析为基础的交通网络平衡配流理论逐步发展起来。早期在这方面做出最突出贡献的是英国道路研究所的 Wardrop，他在 1952 年发表了一篇论文，提出两个不同的交通流分配原则，即著名的用户平衡原则和系统最优原则。Wardrop 平衡准则的提出是现代交通流分配理论的源头。Beckmann 等（1956）建立了平衡理论的数学规划模型，Smith（1979）证明了该模型最优解的存在性、唯一性以及稳定性，Dafermos（1980）在对平衡原理进一步细致分析的基础上提出了变分不等式模型，他们的研究工作使得平衡模型理论形成了比较完整的体系。几十年以来，国内外专家学者在交通网络平衡建模方面取得了大量的研究成果，例如：路段通行能力受限制的均衡配流问题（Yang et al.，1994）、允许路段之间流量相互影响的均衡配流问题（Dafermos，1980；Smith，1984）、求解均衡配流模型的各种算法（Powell et al.，1982；Daganzo，1998）、将 OD 量预测与交通分配组合起来的综合配流模型（Boyce and Janson，1993；Lam et al.，1992；Huang et al.，1992）、时间与成本双准则交通分配问题（Dial，1996；Yang et al.，2004；Huang and Lam，2002）、交通均衡配流的变分不等式模型等。

经典的交通平衡理论假设出行者可以掌握整个路网的全部信息。显然，这并不符合实际。在实际的出行过程中，出行者对交通网络状况不可能完全了解，且存在一些难以量化的随机因素。因此，应该将出行费用看作一个随机变量。如果仍采用 Wardrop 平衡准则作为出行者的路径选择原则，这样的平衡配流问题就是随机平衡配流问题。Daganzo（1977，1979）是最早研究随机交通分配的学者。随后，Sheffi 和 Powell（1982）在 Daganzo 的工作基础上，找到了等价的 SUE 模型；Fisk（1980）的工作则侧重于构建流量加载形式为 Logit 的等价优化模型；van Vuren（1994）针对随机平衡模型提出了六个重要问题：路径集的确定、路径选择的相似性、算法收敛性、目标函数的计算方法、用户费用的计算方法，以及路径选择模型的参数标定等。

　　静态交通分配的求解算法经历了一个非常漫长的发展过程。Beckmann 模型提出来以后很长时间，都没有找到合适的求解方法。直到 LeBlanc（1973）把 Frank-Wolfe 算法成功应用于求解 UE 均衡交通分配问题，得到了基于路段的算法。之后，Fukushima（1984）、LeBlanc 等（1975）、Florian 和 Nguyen（1978）、Sheffi 和 Powell（1982）、Weintraub 等（1975）对这类算法进行了改进。该类算法由于实现简单，前期收敛速度快等特点在早期的交通规划实践中脱颖而出。然而，该类算法后期收敛太慢，收敛精度不高，不能满足我们当前在收敛精度方面的需求。于是，基于路径的交通分配算法逐步发展起来了（Dafermos，1968；Leventhal et al.，1973；Larsson and Patriksson，1992；Jayakrishnan et al.，1994；Florian et al.，2009）。由于每一个 OD 对通常需要存储多条路径才能保证达到均衡状态，基于路径的算法在求解大规模交通网络时需要存储和操作的路径数量会非常庞大，这在一定程度上影响了算法的收敛效率。由于早期基于路段和基于路径的算法对于现实大规模交通网络在求解效率和求解精度方面的限制，Bar-Gera（2002）提出了第一个基于丛的算法（bush-based algorithm）来求解 UE 交通分配问题。随后，Dial（2006）、Nie（2010，2012a）、Gentile（2012）、Xie 等（2013）、Zheng 和 Peeta（2014）、Zhang 等（2011）发展了该类算法，丛的这些数学特性是保证该类算法收敛效率的关键。Bar-Gera（2010）提出了基于可替换路径对（paired alternative segments，PAS）的求解 UE 问题的算法，PAS 可以被定义为两条具有相同起点和终点且中间没有重合的路径。TAPAS 算法则直接利用最小生成树搜索 PAS，并提出通过存储 PAS 来重复利用它们。TAPAS 算法相比于基于丛的算法在大规模交通网络上的应用有显著的效率优势。

　　早期的交通网络平衡理论研究主要针对单模式交通系统，无法适用于多模式交通环境。尽管有些学者对多模式交通系统进行了研究（Florian and Nguyen，1978；Friesz，1981；Safwat and Magnanti，1988；Lam and Huang，1992；Abrahamsson and Lundqvist，1999），但这些研究均假定出行者在一次出行中只采用一种交通方式，而没有考虑不同方式之间的转换。从 20 世纪 90 年代以来，一些学者开始考虑多模式交通系统中的换乘因素，提出了相关模型与算法（Fernandez et al.，1994；Lo et al.，2003；李志纯和黄海军，2005；Lam et al.，2007）。但这些模型对网络拓扑、费用函数及路径算法等方面存在诸多不足。近年来，一些学者对多模式交通网络流量分配问题进行了各种拓展研究（张锐等，2014；Fu et al.，2014；汪勤政和四兵锋，2017；Yang et al.，2020；Wang et al.，2020；Li et al.，2021）。

随着城市群、都市圈等新型空间规划的提出，人们出行距离持续增长，越来越多的出行活动需要通过多种交通方式组合的形式来完成，即形成多模式交通出行，这种多模式出行需求构成了现代化交通系统的关键部分。面向更加复杂的多模式综合一体化交通系统进行网络交通流建模分析，是当前静态交通模型研究的热点，这方面需关注以下问题：① 如何在传统的网络交通流模型中考虑非机动车出行及不同交通方式间的换乘问题；② 如何更加准确地刻画不同交通方式交通流之间的相互影响；③ 如何在更加复杂的多模式交通超级网络中实现快速最短路径搜索算法。此外，交通大数据为准确把握交通系统不同要素基本特征及准确辨识不同要素之间的复杂关系提供了更加完备的支撑条件，然而，单纯基于有限样本的统计方法无法获取更深层次的客流时空规律，也无法对未来网络交通流状态进行预测。在这样的背景下，如何基于大数据在时空维度上的连续性和广泛性，结合先进的交通建模理论方法，提出更为精细化的静态网络交通流建模方法也将是未来网络交通流理论的发展方向。

17.2　动态网络交通流量理论

相比于静态网络交通流模型，动态网络交通流（dynamic traffic assignment，DTA）模型可描述出行者动态出行选择，并预测网络交通流的动态变化，主要用于交通控制、交通诱导等智能交通系统。

动态网络交通流研究可追溯到 1971 年，当时，Yagar（1971）提出了基于仿真方法的 DTA 模型。但由于 DTA 问题的复杂性，早期 DTA 问题的研究进展缓慢。1978 年，Merchant 和 Nemhauser（1978）采用数学规划的方法提出了第一个 DTA 模型，直到 20 世纪 80 年代，关于 DTA 问题的研究主要集中在基于系统最优的 DTA 问题上，一些学者提出了各种基于系统最优原则的 DTA 模型（Ho，1980；Carey，1987；Friesz et al.，1989）。在这期间，Smith（1984）提出了逐日的 DTA 问题。

20 世纪 90 年代，DTA 理论进入快速发展阶段。一些学者陆续提出了基于用户最优的 DTA 模型（Friesz et al.，1993；Ran and Boyce，1996）和基于随机用户最优的 DTA 模型（Chen and Feng，2000）。在这期间，Friesz 等（1993）将变分不等式应用在基于用户平衡的 DTA 建模中，Nagurney 和 Zhao（1993）证明了用于描述 DTA 问题的变分不等式解的存在性及唯一性条件。除了变分不等式模型外，DTA 问题还被表示为最优控制模型（Friesz et al.，1989；Ran et al.，1993）、不动点模型（Smith，1993）等。除了对 DTA 问题进行数学建模外，一些学者还对动态网络加载算法进行了研究和拓展，较早的研究主要采用流出函数（Carey and Srinivasan，1993）和路段性能函数（Friesz et al.，1993；Ran and Boyce，1996），但由于这些研究无法描述激波向后传播以及排队后溢等真实的交通动力学行为，直到 Daganzo（1994，1995）提出了 CTM 模型求解动态网络加载问题，随后，CTM 作为动态网络加载模型被广泛应用于 DTA 问题中。

2000 年以后，DTA 的相关理论得到进一步发展。典型的工作包括：动态网络加载模型（Yperman，2007；Osorio et al.，2011；Himpe et al.，2016）、二维连续空间的 DTA 模型（Hoogendoorn and Bovy，2004；Jiang et al.，2011；Du et al.，2013，2015）、弹性的 DTA 模型（Szeto and Lo，2004；Long et al.，2016）、多用户模型（Szeto et al.，2011；Xiao et al.，2016）、时间连续的 DTA 模型（Ban et al.，2012；Ma et al.，2017）、基于活动的 DTA 模型（Lam and Yin，2001；Liu et al.，2015；Cantelmo and Viti，2019）、适用于一般网络的 SODTA 模型（Long et al.，2018；Long and Szeto，2019）等。已有的研究还关注了走行时间函数其他方面的性质，包括：先进先出（FIFO）（Huang and Lam，2002；Carey et al.，2003；Long et al.，2011），因果关系（Friesz et al.，1993；Carey et al.，2003；Carey and Ge，2007；Long et al.，2011）和退化为静态模型（Carey et al.，2003；Carey and Ge，2007）等。

对于基于解析方法的 DTA 模型，通过推导可得出其解的性质，如存在性和唯一性，因此，采用相应数学问题的求解算法就可以得到 DTA 模型的解。但是由于其问题的复杂性，已有的算法很难有效地应用于解决大规模交通网络的问题。这方面的研究一直是 DTA 理论中的难点和热点。在较早的研究中，基于 DUO 的 DTA 问题一般被描述为非线性互补问题或 VI 问题，可以采用任意符合收敛要求的非线性互补问题或 VI 问题的求解算法来求解相应的 DTA 模型。求解这类模型常用的算法包括：投影算法（任华玲和高自友，2006；Long et al.，2013，2016）、对角化方法（Ran and Boyce，1996）、交替方向法（Lo and Szeto，2002）、相继平均法（Tong and Wong，2000）、流量转换法（Huang and Lam，2002；Szeto and Lo，2006；Mounce and Carey，2011）等。基于 SDUO 的 DTA 问题主要被描述为 VI 问题和不动点问题，前者主要采用 VI 问题的相关算法来求解，后者主要采用相继平均法来求解（Ran and Boyce，1996）。针对相继平均法采用确定型的步长而致其收敛速度慢的问题，Liu 等（2009）提出了一个自适应平均法（SRAM）来解决这一收敛慢的问题，该方法已被成功地应用于求解基于 SDUO 的 DTA 问题上（Long et al.，2015）。基于 DSO 的动态交通分配问题一般被描述为线性规划模型，由于这些模型的约束条件都是线性的，它们的解可以通过求解一个或者一系列线性规划问题得到（Ziliaskopoulos，2000；Long and Szeto，2019）。

虽然经历了 40 多年的发展，城市动态交通分配无论是从理论，还是从实践上都存在着许多尚未解决的问题。一个不争的事实就是，其模型和算法在满足实际的 ITS 应用需求上还具有很遥远的距离。已有的模型和算法还不能够有效地解决大规模交通网络中的动态交通分配问题是制约其实际应用的最重要原因之一。

动态交通问题当前的发展热点和难点主要有：① 大规模交通网络上动态交通分配问题的有效求解算法。已有的 DTA 模型和算法还不能够有效地解决大规模交通网络中的 DTA 问题是制约其实际应用的最重要原因之一，这导致 DTA 模型和算法在满足实际的 ITS 应用需求上还具有很遥远的距离。因此，有必要进一步深入分析出行者动态出行选择行为，提出 DTA 新模型，利用模型的结构特征寻求有效的模型求解方法。② 基于活动链的超级网络上的动态交通分配问题。由于出行者所参加的活动与活动诱发的出行之间存在密切联系，传统的交通分配模型不能准确地描述出行者的出行行为，可能造成对交通政策的错误预测和评价。基于活动的建模理论始终把出行者的活动放在建模的核心地位，能够将交通供给和出行需求有力地结合在一起，高维度、无层级地直接完成日常活动和出行模式的分配，从而更系统深入地揭示人们日常活动与出行行为之间的关系。③ 动态交通分配模型在交通出行诱导中的应用。相比于静态交通分配模型，动态交通分配模型可以更准确地描述出行者的动态出行选择行为和预测交通流的动态变化。因而，基于动态交通流的城市交通规划与管理方法较传统基于静态平衡概念的方法具有显著的优势。交通管理部门在制定交通政策与措施时需要考虑出行者的动态出行选择行为，相应的问题可以采用双层规划模型来描述。由于不便计算下层问题对上层决策变量的梯度信息，得到的双层规划模型不适合采用传统的解析方法进行求解，可以采用智能优化算法来求解提出的优化模型。

17.3 基于 day-to-day 的交通网络平衡模型

自从 20 世纪 80 年代中期以后，交通学者逐渐意识到在研究交通分配问题时，不仅应该关注静态的用户均衡状态，而且还应该关注交通流达到用户均衡状态的演化过程。Smith（1984）首次提出了 day-to-day 交通网络模型。该模型被称为 Smith 动力学（Sandholm，2010），成对路径交换动力学已成为演化博弈文献中的标准参考模型。鉴于此模型不允许出行者在评估出行费用时考虑可能的误差，Smith 和 Watling（2016）对最初的 Smith 动力学进行修正，以纳入由随机效用模型（random utility model，RUM）刻画的误差，同时旨在尽可能多地保留最初提出的行为过程。

人们研究交通流的动态演化过程，可以为缓解交通拥堵提供新思路（从动态演化角度实施交通拥挤控制策略），为改善出行效用（例如降低出行成本或增加链路容量）开辟新途径。Friesz 等（2004）考虑交通流量的逐日调整过程，制定了 day-to-day 动态收费政策，从而在计划期内最大化累积净社会效益。Sandholm（2002）和 Yang 等（2007）应用边际成本定价原则来诱导日常交通流量向 SO 状态演化。在他们的方案中，交通流量和通行费用会随着时间的流逝而不断变化。Yang 等（2004）、Han 和 Yang（2009）、Yang 等（2010）及 Zhou 等（2015）提出了一种推动日常交通流向所需的交通流模式演化的试错方法。为了缓解不均衡状态下交通网络的拥挤问题，Guo 等（2019）建立了动态（周期调整）的可交易电子路票策略（tradable credit scheme），控制具有弹性需求的交通网络中交通流朝着系统最优状态的 day-to-day 演化过程。近年来，人们还针对 day-to-day 模型进行了实证研究。He 和 Liu（2012）利用双城（twin cities）高速公路系统的环路检测器数据发现大多数现有的 day-to-day 交通分配模型都不适合刻画网络中断情况下的交通流演变过程。Zhang 等（2018）利用实验室行为实验研究了社交信息对通勤者每日路径选择决策的影响。

对于 day-to-day 模型进行扩展，还可以构建描述出行者的理性行为调整过程（rational behavior adjustment process，RBAP，即当路径流量逐日变化时，基于前一天的路径出行成本，整个网络的总出行成本会有所减少）的模型，并从整体研究 RBAP 的属性以及此类控制策略（包括通行费、可变的消息标志和信号灯），从而迫使任何 RBAP 过程都朝着系统性能意义上更好的状态发展。更进一步地，可以：① 在随机行为调整过程中进一步研究类似 RBAP 的模型，例如研究行为规则，根据这些规则出行者的日常学习和行为调整过程可以收敛到 SUE；② 以 within-day 动态为背景，扩展 day-to-day 动态的研究从而捕获更现实的交通流动态；③ 考虑具有弹性出行需求的网络，分析交通均衡的稳定性；④ 交通均衡的稳定性分析被认为是动态路径选择调整过程中最重要的研究之一。

17.4　公交网络平衡流量建模

早期的公交客流分配问题主要集中在分析公交网络与道路网络的区别以及公交网络中乘客的出行选择与道路网络上私家车的出行选择的区别。最重要的成果是认识到公交网络共线问题的存在（De Cea and Fernández，1993），认为乘客出行选择时依据的是等车时间和车上行驶时间（Dial，1967；Le Clercq，1972），依照乘客选择行为特征，分别定义了"吸引线路集"（Chriqui and Robillard，1975）、策略（Spiess and Florian，1989）和超级路径（Nguyen and Pallotino，1988；Wu et al.，1994）等概念来描述乘客的出行选择过程。为了描述公交拥挤现象，引入了不舒适度函数（Spiess and Florian，1989；Nguyen and Pallotino，1988）和有效频率（De Cea and Fernández，1993）的概念来反映出行费用如何随着乘客流量的增加而增加，或者通过增加严格的车辆能力限制（Hamdouch et al.，2004；Hamdouch and Lawphongpanich，2008；Teklu，2008）、考虑车上座位数（Sumalee et al.，2009；Leurent，2012；Hamdouch et al.，2011；Schmöker et al.，2011）、引入上车失败率（Kurauchi et al.，2003；Schmöker et al.，2008）等来描述公交网络上能力不足引起的拥挤对乘客路径选择的影响。之后在用户最优和随机用户最优等平衡原则及不同的假设条件下分别建立了不同的公交配流模型：基于频率的公交网络平衡配流模型（Lam，1999；高自友等，2000a，2000b；Ren et al.，2012；Kurauchi et al.，2003；Szeto et al.，2011；Jiang and Szeto，2016），对于乘客到达规律和公交车辆车头距的不同假设，计算出的乘客等车时间是不同的，从而乘客的路径选择结果也不同；基于时刻表的公交网络平衡配流模型（Tong and Wong，1999；Cats et al.，2011；Ceder et al.，2013；Trozzi et al.，2013；Hamdouch et al.，2014），能够更加准确地描述公交车的运行行为、乘客在车站的准确等车时间以及乘上每一辆车的乘客数量；在此基础上建立了各种公交网络优化模型（Constantin and Florian，1991；单连龙和高自友，2000；Gao et al.，2004；Shi et al.，2018；Kang et al.，2019），包括公交网络线路设计（Yu et al.，2015；Phernea et al.，2015；Fan et al.，2018）、公交线路频率优化（Arbex and Cunha，2015；Jara-Díaz et al.，2017）、公交时刻表优化（Chu，2018；Carosi et al.，2019）、公交票价优化（Li et al.，2009；Deng et al.，2014）以及各类组合优化（Zhang et al.，2014；Amirgholy et al.，2017；Sun and Szeto，2019）等。

随着智能交通系统（intelligent transport system，LTS）在各个国家的大力发展和广泛应用，先进的公交系统（advanced public transportation systems，APTS）作为其子系统之一，不论在研究成果还是实际应用上，都得到了快速的发展，同时也面临着更多的机会和挑战。首先，出行者/乘客的需求不断呈现个性化、多样化的趋势，如何描述不同乘客在车站面对到达公交车的不同状况包括车上不同拥挤状况、不同座位情况、车站关于其他车辆信息等时如何进行决策，是挤上车、等待已选吸引集中的下一辆车，还是改乘其他更长线路的公交车，等等；车上乘客根据车上拥挤状况及可能要转乘车站的拥挤及到达车辆情况，决定是否转乘及在哪个车站转乘，等等，这些都需要进一步地深入研究。其次，随着大数据的广泛应用，如何挖掘大数据背后蕴涵的乘客出行规律，利用现代化的信息手段为乘客提供有用的出行信息以及提供何种信息，以引导乘客高效出行，同时高效利用公共交通系统资源。再有，公共交通服务只是人们整个出行过程中的一部分，研究如何打造全方位、一体化的出行服务，甚至提供多种定制公交等个性化服务，提高公交出行整个过程的良好体验，让乘车者实现从出门到进门多模式全过程无障碍完美衔接。总之，公共交通的良好规划和发展不仅是城市交通运输系统能够为出行者提供更完善的出行服务，而且在不改变土地利用率和道路密度的情况下，能够更有效地缓解城市交通问题、提高城市空间利用率；同时以公共交通引导城市土地开发利用、通过轨道交通引导城市发展，在优化城市及城市群可持续发展的交通结构、空间结构和产业结构等方面也起到积极作用。

17.5　基于网络交通流的交通系统优化

交通系统优化研究的是如何通过科学手段引导出行行为，调控交通需求的时空分布状态，使整个交通系统的运行更加高效，该问题持续得到众多经济学家和管理学家的关注。通常，交通系统优化方法主要有两类：一类从供给侧入手，如交通网络设计问题；另一类从需求侧入手，如拥挤收费问题。

在 20 世纪 70 年代和 80 年代，有关交通网络设计问题的研究主要集中在离散网络设计问题（LeBLance et al.，1975；Boyce and Janson，1980；Poorzahedy and Turnquist，1982）。到了 20 世纪 90 年代，连续网络设计问题才被广泛关注（Friesz et al.，1992；Yang，1995；Chiou，1999）。到了 20 世纪 90 年代后期，混合网络设计问题也开始被关注（Yang and Bell，1998；Yang and Meng，2000），这类问题因上层决策变量既包括离散决策变量又包括连续决策变量，非常难于求解。2000 年以后直到现在，交通网络设计问题都是交通管理领域的前沿和热点问题。

长期以来，探索高效的交通网络设计求解算法一直被认为是交通研究领域中最具挑战性的问题。由于连续交通网络设计问题的决策变量是连续的，因此，相对于离散网络设计问题还更容易设计算法（高自友等，2001）。早起的学者们所设计的针对连续交通网络设计问题的求解算法大部分为启发式算法，包括：迭代优化配流算法、路段使用比例算法和灵敏度分析法等；而离散网络设计问题一般表示为带网络平衡约束的非线性整数规划模型，求解这类模型的常用方法有 Bender 分解法（Bruynooghe，1972）、分支定界法（LeBlanc，1975）和启发式算法（Gao et al.，2005）；混合网络设计问题一般可表示为带网络平衡约束的非线性混合整数双层规划模型，求解该问题的算法一般采用直接枚举法，但这种直接枚举法无法应用于大规模交通网络问题。此外，包括模拟退火算法、遗传算法、神经网络算法、粒子群优化算法等在内的非数值优化算法在求解交通网络设计中也有着广泛的运用（Friesz et al.，1992；Ceylan and Bell，2004），但由于此类算法求解双层规划模型时的具体参数等难以确定，其收敛性一般难以保证，况且在实践应用中可解释性也不理想，所以这方面的研究还属于探索阶段。

拥挤收费理论首先是由英国经济学家 Pigou 和 Knight 在 20 世纪 20 年代提出的。20 世纪 60 年代初，英国学者 Walter 用定量的方法研究道路拥挤的外部效果，提出了短期边际成本定价模型，确定了拥挤收费理论的基础（Walter，1961）。之后，许多学者对拥挤收费理论进行了研究和扩展。例如，Dafermos 和 Sparrow（1971）提出了两种拥挤收费模式：基于路段的收费和基于路径的收费；Smith（1979）的研究发现当成本和需求函数满足一定的关系条件时，边际成本收费才能达到最优；Yang 和 Lam（1996）提出了一个双层规划模型来确定拥挤收费定价问题；Button 和 Verhoef（1998）则研究了交通拥挤收费中不同收入人群间的不公平问题。最早提出动态收费模型的是诺贝尔经济学奖获得者 Vickrey，他用确定性排队理论提出了瓶颈收费模型（Vickrey，1969），该模型清晰地描述了排队拥挤的消长过程和用户的出发时刻的选择。随后，很多学者对动态拥挤收费问题进行了研究（Henderson，1985；Ben-Akiva et al.，1986；Mun，1994；Braid，1996；Huang and Yang，1996）。

最初的静态拥挤收费研究都是围绕最优收费理论（first-best congestion pricing）进行的，即严格按照边际成本定价原理对每条道路都实施收费。而实际中由于受到技术、政治、经济等因素制约，对每条道路实施收费是不现实的。因此，Verhoef 在 1996 年提出了次优收费思想（second-best congestion oricing），该理论的主要思路是，通过对道路网中发生拥挤的个别道路进行收费，并采用不同收费费率来影响道路使用者的出行时间和路径选择方式，使路网上的交通流重新分布并达到平衡。后来，众多学者在次优收费理论方面进行了改进和拓展（Verhoef，2002；Zhang and Ge，2004）。近些年来，有些学者对交通系统管理中的社会公平性问题进行了研究，例如，拥挤收费的社会公平性（Button and Verhoef，1998）、网络设计的社会公平性（Szeto and Lo，2006；Feng and Zhang，2014）、土地使用的社会公平性（Lee et al.，2006）、交通投资的公平性（Cai，2013）、公交票价制定的社会公平性（Nahmias-Biran et al.，2014）等。另一方面，大部分交通系统管理的目标是降低整个路网的交通拥堵，忽略了出行者由于承担更多的出行成本而带来的社会损失。最近几年，基于帕累托改进思想的交通系统管理方法成为交通研究领域的热点，目前，这方面的研究主要集中在拥挤收费问题上。例如，Song 等（2009）研究了基于帕累托改进的多用户拥挤收费方法；Lawphongpanich 和 Yin（2010）研究了基于帕累托改进的拥挤收费问题的求解算法；Nie 和 Liu（2010）分析了拥挤收费中时间价值参数对帕累托改进的影响；Guo 和 Yang（2010）研究了基于帕累托改进的拥挤收费返还机制；Tan 等（2014）研究了考虑可靠性因素的帕累托改进拥挤收费问题；Song 等（2014）考虑了拥挤收费和道路资源分配两种手段，提出了基于帕累托改进的交通混合策略。

交通网络优化问题当前的发展热点和难点：① 多目标交通网络设计问题。多目标交通网络设计问题目前还没有受到足够多的注意。通过研究多条件决策和多目标交通网络优化问题来探究上下层决策者的反应及向均衡状态的行为过程是未来的研究方向。类似地，在双层网络设计问题中，研究其中一层或双层决策者的出行行为不确定性和随机性也是将来的研究方向，现有的研究还处于初级阶段。② 决策变量的内在不确定性。由于变量和参数自身存在的不确定性，现有的确定型网络设计问题通常不能找到鲁棒的近似最优解。而双层规划问题中内嵌了一个优化问题，这使得搜索鲁棒的近似最优解更加困难，这类问题已经有了一些研究，但在算法方面还有很多工作有待挖掘。③ 大规模交通网络设计问题。目前的交通网络设计问题往往都聚焦于概念阐述，用于测试的交通网络大多是小型网络。将并行计算技术用于交通网络设计问题也是一个潜在的研究方向。目前的并行计算技术已经有了较大的发展，比如基于 SPARK 的并行计算方案和前代 HADOOP 并行计算平台相比已经有了很大进步。所以，利用并行技术求解交通网络优化问题是一个值得探索的方向。

参 考 文 献

高自友, 宋一凡, 四兵锋, 等. 2000a. 公交网络中基于弹性需求和能力限制条件下的 SUE 配流模型及算法 (I)[J]. 北京交通大学学报, 2000, 24(6): 1-7.

高自友, 宋一凡, 四兵锋, 等.2000b. 公交网络中基于弹性需求和能力限制条件下的 SUE 配流模型及算法 (II)[J]. 北京交通大学学报, 24(6): 8-13.

李志纯, 黄海军. 2005. 弹性需求下的组合出行模型与求解算法 [J]. 中国公路学报, 18(3): 94-98.

任华玲, 高自友. 2006. 动态用户最优配流问题的投影算法研究 [J]. 管理工程学报, 20(3): 113-115.

单连龙, 高自友. 2000. 城市公交系统连续平衡网络设计的双层规划模型及求解算法 [J]. 系统工程理论与实践, 20(7): 85-93.

汪勤政, 四兵锋. 2017. 换乘约束下城市多方式交通分配模型与算法 [J]. 交通运输系统工程与信息, 17(4): 159-165, 181.

张锐, 姚恩建, 杨扬. 2014. 多方式条件下城市交通分配研究 [J]. 交通运输系统工程与信息, 14(6): 107-112, 170.

Abrahamsson T, Lundqvist L. 1999. Formulation and estimation of combined network equilibrium models with applications to Stockholm[J]. Transportation Science, 33(1): 80-100.

Amirgholy M, Shahabi M, Gao H O. 2017. Optimal design of sustainable transit systems in congested urban networks: A macroscopic approach[J]. Transportation Research Part E, 103: 261-285.

Arbex R O, da Cunha C B. 2015. Efficient transit network design and frequencies setting multi-objective optimization by alternating objective genetic algorithm[J]. Transportation Research Part B, 81: 355-376.

Arnott R, de Palma A, Lindsey R. 1992. Route choice with heterogeneous drivers and group-specific congestion costs[J]. Regional Science and Urban Economics, 22(1): 71-102.

Arnott R, de Palma A, Lindsey R. 1994. The welfare effects of congestion tolls with heterogeneous commuters[J]. Journal of Transport Economics and Policy, 28(2): 139-161.

Ban X G, Pang J S, Liu H X, et al. 2012. Modeling and solving continuous-time instantaneous dynamic user equilibria: A differential complementarity systems approach[J]. Transportation Research Part B, 46: 389-408.

Bar-Gera H. 2002. Origin-based algorithm for the traffic assignment problem[J]. Transportation Science, 36(4): 398-417.

Bar-Gera H. 2010. Traffic assignment by paired alternative segments[J]. Transportation Research Part B, 44: 1022-1046.

Beckmann M J. 1967. On optimal tolls for highways, tunnels, and bridges. Vehicular Traffic Science[M]. NewYork: Elsevier: 331-341.

Beckmann M, McGuire C B, Winsten C B. 1956. Studies in the Economics of Transportation[M]. New Haven: Yale University Press.

Ben-Akiva M, De Palma A, Kanaroglou P. 1986. Dynamic model of peak period traffic congestion with elastic arrival rates[J]. Transportation Science, 20(2): 164-181.

Boyce D E, Janson B N. 1980. A discrete transportation network design problem with combined trip distribution and assignment[J]. Transportation Research Part B, 14(1-2): 147-154.

Braid R M. 1996. Peak-load pricing of a transportation route with an unpriced substitute[J]. Journal of Urban Economics, 40(2): 179-197.

Bruynooghe M. 1972. An optimal method of choice of investments in a transport network[C]. London: The Planning and Transport Research and Computer Seminars on Urban Traffic Mode Research.

Button K. 2010. Transport Economics[M]. 3rd ed. Aldershot: Edward Elgar.

Button K, Verhoef E T. 1998. Road Pricing, Traffic Congestion and The Environment: Issues of Efficiency and Social Feasibility[M]. Cheltenham: Edward Elgar.

Cantelmo G, Viti F. 2019. Incorporating activity duration and scheduling utility into equilibrium-based Dynamic Traffic Assignment[J]. Transportation Research Part B, 126: 365-390.

Carey M. 1987. Optimal time-varying flows on congested networks[J]. Operations Research, 35(1): 58-69.

Carey M, Ge Y E. 2007. Retaining desirable properties in discretising a travel-time model[J]. Transportation Research Part B, 41(5): 540-553.

Carey M, Ge Y E, McCartney M. 2003. A whole-link travel-time model with desirable properties[J]. Transportation Science, 37(1): 83-96.

Carey M, McCartney M. 2003. Pseudo-periodicity in a travel-time model used in dynamic traffic assignment[J]. Transportation Research Part B, 37(9): 769-792.

Carey M, Srinivasan A. 1993. Externalities, average and marginal costs, and tolls on congested networks with time-varying flows[J]. Operations Research, 41(1): 217-231.

Carosi S, Frangioni A, Galli L, et al. 2019. A tool for practical integrated time-table design and vehicle scheduling in public transport systems[J]. A View of Operations Research Applications in Italy, 2018: 207-217.

Cats O, Koutsopoulos H N, Burghout W, et al. 2011. Effect of real-time transit information on dynamic path choice of passengers[J]. Transportation Research Record, 2217(1): 46-54.

Ceder A, Hassold S, Dano B. 2013. Approaching even-load and even-headway transit timetables using different bus sizes[J]. Public Transport, 5: 193-217.

Ceylan H, Bell M G H. 2004. Reserve capacity for a road network under optimized fixed time traffic signal control[J]. Journal of Intelligent Transportation Systems, 8(2): 87-99.

Chen H K, Feng G. 2000. Heuristics for the stochastic/dynamic user-optimal route choice problem[J]. European Journal of Operational Research, 126(1): 13-30.

Chiou S W. 1999. Optimization of area traffic control for equilibrium network flows[J]. Transportation Science, 33(3): 279-289.

Chriqui C, Robillard P. 1975. Common bus lines[J]. Transportation Science, 9(2): 115-121.

Chu J C. 2018. Mixed-integer programming model and branch-and-price-and-cut algorithm for urban bus network design and timetabling[J]. Transportation Research Part B, 108: 188-216.

Constantin I, Florian M. 1995. Optimizing frequencies in a transit network: A nonlinear bilevel programming approach[J]. International Transactions in Operational Research, 2(2): 149-164.

Dafermos S C. 1968. Traffic Assignment and Resource Allocation in Transportation Networks[D]. Baltimore: The Johns Hopkins University.

Dafermos S. 1980. Traffic equilibrium and variational inequalities[J]. Transportation Science, 14(1): 42-54.

Dafermos S, Sparrow F T. 1971. Optimal resource allocation and toll patterns in user-optimised transport networks[J]. Journal of Transport Economics and Policy, 5(2): 184-200.

Daganzo C F. 1994. The cell transmission model: A dynamic representation of highway traffic consistent with the hydrodynamic theory[J]. Transportation Research Part B, 28: 269-287.

Daganzo C F. 1995. The cell transmission model, part II: Network traffic[J]. Transportation Research Part B, 29: 79-93.

Daganzo C F, Sheffi Y. 1977. On stochastic models of traffic assignment[J]. Transportation Science, 11(3): 253-274.

De Cea J, Fernández E. 1993. Transit assignment for congested public transport systems: An equilibrium model[J]. Transportation Science, 27(2): 133-147.

Dial R B. 1967. Transit pathfinder algorithm[J]. Highway Research Record, 205: 67-85.

Dial R B. 2006. A path-based user-equilibrium traffic assignment algorithm that obviates path storage and enumeration[J]. Transportation Research Part B, 40: 917-936.

Du J, Wong S C, Shu C W, et al. 2013. Revisiting Jiang' s dynamic continuum model for urban cities[J]. Transportation Research Part B, 56: 96-119.

Du J, Wong S C, Shu C W, et al. 2015. Reformulating the Hoogendoorn: Bovy predictive dynamic user-optimal model in continuum space with anisotropic condition[J]. Transportation Research Part B, 79: 189-217.

Fan W B, Mei Y, Gu W H. 2018. Optimal design of intersecting bimodal transit networks in a grid city[J]. Transportation Research Part B, 111: 203-226.

Feng T, Zhang J Y. 2014. Multicriteria evaluation on accessibility-based transportation equity in road network design problem[J]. Journal of Advanced Transportation, 48: 526-541.

Fernandez E, De-Cea J, Florian M, et al. 1994. Network equilibrium models with combined modes[J]. Transportation Science, 28: 182-192.

Fisk C. 1980. Some developments in equilibrium traffic assignment[J]. Transportation Research Part B, 14: 243-255.

Florian M, Constantin I, Florian D. 2009. A new look at projected gradient method for equilibrium assignment[J]. Transportation Research Record, 2090(1): 10-16.

Florian M, Nguyen S. 1978. A combined trip distribution modal split and trip assignment model[J]. Transportation Research, 12(4): 241-246.

Friesz T L, Bernstein D, Smith T E, et al. 1993. A variational inequality formulation of the dynamic network user equilibrium problem[J]. Operations Research, 41(1): 179-191.

Friesz T L, Cho H, Mehta N J, et al. 1992. A simulated annealing approach to the network design problem with variational inequality constraints[J]. Transportation Science, 26(1): 18-26.

Friesz T L, Luque J, Tobin R L, et al. 1989. Dynamic network traffic assignment considered as a continuous time optimal control problem[J]. Operations Research, 37(6): 893-901.

Friesz T L. 1981. An equivalent optimization problem for combined multiclass distribution, assignment and modal split which obviates symmetry restrictions[J]. Transportation Research Part B, 15: 361-369.

Friesz T L, Bernstein D, Kydes N. 2004. Dynamic congestion pricing in disequilibrium[J]. Networks and Spatial Economics, 4(2): 181-202.

Fu X, Lam W H K, Chen B Y. 2014. A reliability-based traffic assignment model for multi-modal transport network under demand uncertainty[J]. Journal of Advanced Transportation, 48(1): 66-85.

Fukushima M. 1984. A modified Frank-Wolfe algorithm for solving the traffic assignment problem[J]. Transportation Research Part B, 18:169-177.

Gao Z Y, Sun H J, Shan L L. 2004. A continuous equilibrium network design model and algorithm for transit systems[J]. Transportation Research Part B, 38(3): 235-250.

Gao Z Y, Wu J J, Sun H J. 2005. Solution algorithm for the bi-level discrete network design problem[J]. Transportation Research Part B, 39: 479-495.

Guo R Y, Huang H J, Yang H. 2019. Tradable credit scheme for control of evolutionary traffic flows to system optimum: Model and its convergence[J]. Networks and Spatial Economics, 19(3): 833-868.

Guo R Y, Yang H, Huang H J, et al. 2016. Day-to-day flow dynamics and congestion control[J]. Transportation Science, 50(3): 982-997.

Guo X L, Yang H. 2010. Pareto-improving congestion pricing and revenue refunding with multiple user classes[J]. Transportation Research Part B, 44(8): 972-982.

Hamdouch Y, Ho H W, Sumalee A, et al. 2011. Schedule-based transit assignment model with vehicle capacity and seat availability[J]. Transportation Research Part B, 45(10): 1805-1830.

Hamdouch Y, Lawphongpanich S. 2008. Schedule-based transit assignment model with travel strategies and capacity constraints[J]. Transportation Research Part B, 42(7-8): 663-684.

Hamdouch Y, Marcotte P, Nguyen S. 2004. Capacitated transit assignment with loading priorities[J]. Mathematical Programming, 101(1): 205-230.

Hamdouch Y, Szeto W Y, Jiang Y. 2014. A new schedule-based transit assignment model with travel strategies and supply uncertainties[J]. Transportation Research Part B, 67: 35-67.

Han D, Yang H. 2009. Congestion pricing in the absence of demand functions[J]. Transportation Research Part E, 45(1): 159-171.

He X Z, Liu H X. 2012. Modeling the day-to-day traffic evolution process after an unexpected network disruption[J]. Transportation Research Part B, 46: 50-71.

Henderson J V. 1974. Road congestion: A reconsideration of pricing theory[J]. Journal of Urban Economics, 1(3): 346-365.

Henderson J V. 1985. Economic Theory and the Cities[M]. 2nd ed. New York: Academic Press.

Himpe W, Corthout R, Tampère M J C. 2016. An efficient iterative link transmission model[J]. Transportation Research Part B, 92: 170-190.

Ho J K. 1980. A successive linear optimization approach to the dynamic traffic assignment problem[J]. Transportation Science, 14(4): 295-305.

Hoogendoorn S P, Bovy P H L. 2004. Dynamic user-optimal assignment in continuous time and space[J]. Transportation Research Part B, 38: 571-592.

Huang H J, Lam W H. 2002. Modeling and solving the dynamic user equilibrium route and departure time choice problem in network with queues[J]. Transportation Research Part B, 36(3): 253-273.

Huang H J, Yang H J. 1996. Optimal variable road-use pricing on a congested network of parallel routes with elastic demand[C]. Proceedings of the 13th International Symposium on the Theory of Traffic Flow and Transportation. Oxford: 479-500.

Jara-Díaz S, Fielbaum A, Gschwender A. 2017. Optimal fleet size, frequencies and vehicle capacities considering peak and off-peak periods in public transport[J]. Transportation Research Part A, 106: 65-74.

Jayakrishnan R, Tsai W K, Prashker J, et al. 1994. A Faster Path-Based Algorithm for Traffic Assignment[J]. Transportation Research Record, 1443: 75-83.

Jiang Y, Szeto W Y. 2016. Reliability-based stochastic transit assignment: Formulations and capacity paradox[J]. Transportation Research Part B, 93: 181-206.

Jiang Y Q, Wong S C, Ho H W, et al. 2011. A dynamic traffic assignment model for a continuum transportation system[J]. Transportation Research Part B, 45: 343-363.

Kang L J, Zhu X L, Sun H J, et al. 2019. Last train timetabling optimization and bus bridging service management in urban railway transit networks[J]. Omega, 84: 31-44.

Knight F H. 1924. Some fallacies in the interpretation of social cost[J]. The Quarterly Journal of Economics, 38(4): 582-606.

Kurauchi F, Bell M G H, Schmöcker J D. 2003. Capacity constrained transit assignment with common lines[J]. Journal of Mathematical Modeling and Algorithms, 2 (4): 309-327.

Lam W H K, Gao Z Y, Chan K S, et al. 1999. A stochastic user equilibrium assignment model for congested transit networks[J]. Transportation Research Part B, 33(5): 351-368.

Lam W H K, Li Z C, Wong S C, et al. 2007. Modeling an elastic-demand bimodal transport network with park-and-ride trips[J]. Tsinghua Science and Technology, 12(2): 158-166.

Lam W H K, Yin Y F. 2001. An activity-based time-dependent traffic assignment model[J]. Transportation Research Part B, 35: 549-574.

Larsson T, Patriksson M. 1992. Simplicial decomposition with disaggregated representation for the traffic assignment problem[J]. Transportation Science, 26(1): 4-17.

Lawphongpanich S, Yin Y. 2010. Solving the Pareto-improving toll problem via manifold suboptimization[J]. Transportation Research Part C, 18: 234-246.

Le Clercq F. 1972. A public transport assignment method[J]. Traffic Engineering and Control, 14(2): 91-96.

LeBlanc L J. 1973. Mathematical programming algorithms for large scale network equilibrium and network design problems[D]. Evanston, IL: Northwestern University.

LeBlanc L J. 1975. An algorithm for the discrete network design problem[J]. Transportation Science, 9(3): 183-199.

LeBlanc L J, Morlok E K, Pierskalla W P. 1975. An efficient approach to solving the road network equilibrium traffic assignment problem[J]. Transportation Research, 9(5): 309-318.

Lee D H, Wu L, Meng Q. 2006. Equity-based land-use and transportation problem[J]. Journal of Advanced Transportation, 40: 75-93.

Leurent F. 2012. On seat capacity in traffic assignment to a transit network[J]. Journal of Advanced Transportation, 46(2): 112-138.

Li D W, Yang M, Jin C J, et al. 2021. Multi-modal combined route choice modeling in the MaaS age considering generalized path overlapping problem[J]. IEEE Transactions on Intelligent Transportation Systems, 22(4): 2430-2441.

Lin W H, Wang C H. 2004. An enhanced 0-1 mixed-integer LP formulation for traffic signal control[J]. IEEE Transactions on Intelligent Transportation Systems, 5(4): 238-245.

Liu D, Tian Q, Ding J. 2009b. Optimal transit fare structure and departure frequency under monopoly market regime[C]. 5th Advanced Forum on Transportation of China (AFTC 2009). Beijing: 162-166.

Liu H X, He X, He B. 2009a. Method of successive weighted averages (MSWA) and self-regulated averaging schemes for solving stochastic user equilibrium problem[J]. Networks and Spatial Economics, 9: 485-503.

Liu P, Liao F X, Huang H J, et al. 2015. Dynamic activity-travel assignment in multi-state supernetworks[J]. Transportation Research Procedia, 7: 24-43.

Liu Z Y, Wang S A, Meng Q. 2014. Optimal joint distance and time toll for cordon-based congestion pricing[J]. Transportation Research Part B, 69: 81-97.

Lo H K. 1999. A dynamic traffic assignment formulation that encapsulates the cell-transmission model[C]. Proceedings of the 14th International Symposium on Transportation and Traffic Theory, Jerusalem, Israel, 9: 327-350.

Lo H K, Szeto W Y. 2002. A cell-based variational inequality formulation of the dynamic user optimal assignment problem[J]. Transportation Research Part B, 36: 421-443.

Lo H K, Yip C W, Wan K H. 2003. Modeling transfer and non-linear fare structure in multi-modal network[J]. Transportation Research Part B, 37: 149-170.

Long J C, Gao Z Y, Szeto W Y. 2011. Discretised link travel time models based on cumulative flows: Formulations and properties[J]. Transportation Research Part B, 45(1): 232-254.

Long J C, Huang H J, Gao Z Y, et al. 2013. An intersection-movement-based dynamic user optimal route choice problem[J]. Operations Research, 61(5): 1134-1147.

Long J C, Szeto W Y. 2019. Link-based system optimum dynamic traffic assignment problems in general networks[J]. Operations Research, 67(1): 167-182.

Long J C, Szeto W Y, Gao Z Y, et al. 2016. The nonlinear equation system approach to solving dynamic user optimal simultaneous route and departure time choice problems[J]. Transportation Research Part B, 83: 179-206.

Long J C, Szeto W Y, Huang H J, et al. 2015. An intersection-movement-based stochastic dynamic user optimal route choice model for assessing network performance[J]. Transportation Research Part B, 74: 182-217.

Long J C, Wang C, Szeto W Y. 2018. Dynamic system optimum simultaneous route and departure time choice problems: Intersection-movement-based formulations and comparisons[J]. Transportation Research Part B, 115: 166-206.

Ma R, Ban X G J, Szeto W Y. 2017. Emission modeling and pricing on single-destination dynamic traffic networks[J]. Transportation Research Part B, 100: 255-283.

Meng Q, Yang H, Bell M G H. 2001. An equivalent continuously differentiable model and a locally convergent algorithm for the continuous network design problem[J]. Transportation Research Part B, 35: 83-105.

Merchant D K, Nemhauser G L. 1978a. A model and an algorithm for the dynamic traffic assignment problems[J]. Transportation Science, 12(3): 183-199.

Merchant D K, Nemhauser G L. 1978b. Optimality conditions for a dynamic traffic assignment model[J]. Transportation Science, 12(3): 200-207.

Mounce R, Carey M. 2011. Route swapping in dynamic traffic networks[J]. Transportation Research Part B, 45(1): 102-111.

Mun S. 1994. Traffic jams and the congestion toll[J]. Transportation Research Part B, 28: 365-375.

Nagurney A, Zhao L. 1993. Variational inequalities and networks in the formulation and computation of market equilibria and disequilibria: The case of direct demand functions[J]. Transportation Science, 27(1): 4-15.

Nahmias-Biran B, Sharaby N, Shiftan Y. 2014. Equity aspects in transportation projects: Case study of transit fare change in Haifa[J]. International Journal of Sustainable Transportation, 8(1): 69-83.

Nguyen S, Pallottino S. 1988. Equilibrium traffic assignment for large scale transit networks[J]. European Journal of Operational Research, 37(2): 176-186.

Nie Y M. 2010. A class of bush-based algorithms for the traffic assignment problem[J]. Transportation Research Part B, 44: 73-89.

Nie Y M. 2012a. A note on Bar-Gera's algorithm for the origin-based traffic assignment problem[J]. Transportation Science, 46(1): 27-38.

Nie Y M. 2012b. Transaction costs and tradable mobility credits[J]. Transportation Research Part B, 46: 189-203.

Nie Y M. 2015. A new tradable credit scheme for the morning commute problem[J]. Networks and Spatial Economics, 15(3): 719-741.

Nie Y, Liu Y. 2010. Existence of self-financing and Pareto-Improving congestion pricing: Impact of value of time distribution[J]. Transportation Research Part A, 44(1): 39-51.

Nie Y M, Yin Y F. 2013. Managing rush hour travel choices with tradable credit scheme[J]. Transportation Research Part B, 50: 1-19.

Osorio C, Flötteröd G, Bierlaire M. 2011. Dynamic network loading: A stochastic differentiable model that derives link state distributions[J]. Transportation Research Part B, 45: 1410-1423.

Peeta S, Yang T H. 2003. Stability issues for dynamic traffic assignment[J]. Automatica, 39(1): 21-34.

Pigou A C. 1920. The Economics of Welfare[M]. London: Macmillan.

Poorzahedy H, Turnquist M A. 1982. Approximate algorithms for the discrete network design problem[J]. Transportation Research Part B, 16: 45-55.

Ramadurai G, Ukkusuri S V. 2007. Dynamic traffic equilibrium: Theoretical and experimental network game results in single-bottleneck model[J]. Transportation Research Record, 2029(1): 1-13.

Ramadurai G, Ukkusuri S V, Zhao J, et al. 2010. Linear complementarity formulation for single bottleneck model with heterogeneous commuters[J]. Transportation Research Part B, 44: 193-214.

Ran B, Boyce D E. 1996. Modeling Dynamic Transportation Networks[M]. Berlin, German: Springer-Verlag.

Ran B, Boyce D E, LeBlanc L J. 1993. A new class of instantaneous dynamic user-optimal traffic assignment models[J]. Operations Research, 41(1): 192-202.

Ren H, Long J C, Gao Z Y, et al. 2012. Passenger assignment model based on common route in congested transit networks[J]. Journal of Transportation Engineering, 138(12): 1484-1494.

Safwat K N, Magnanti T L. 1988. A combined trip generation, trip distribution, modal split, and trip assignment model[J]. Transportation Science, 22(1): 14-30.

Sandholm W H. 2001. Potential games with continuous player sets[J]. Journal of Economic Theory, 97(1): 81-108.

Sandholm W H. 2002. Evolutionary implementation and congestion pricing[J]. The Review of Economic Studies, 69(3): 667-689.

Sandholm W H. 2003. Evolution and equilibrium under inexact information[J]. Games and Economic Behavior, 44(2): 343-378.

Sandholm W H. 2008. Population Games and Evolutionary Dynamics[M]. Cambridge: MIT Press.

Sandholm W H. 2010. Local stability under evolutionary game dynamics[J]. Theoretical Economics, 5(1): 27-50.

Schmöcker J D, Bell M G H, Kurauchi F. 2008. A quasi-dynamic capacity constrained frequency-based transit assignment model[J]. Transportation Research Part B, 42:925-945.

Schmöcker J D, Fonzone A, Shimamoto H, et al. 2011. Frequency-based transit assignment considering seat capacities[J]. Transportation Research Part B, 45:392-408.

Sheffi Y. 1985. Urban Transportation Networks: Equilibrium Analysis with Mathematical Programming Methods[M]. Englewood Cliffs: Prentice Hall.

Sheffi Y, Powell W B. 1982. An algorithm for the equilibrium assignment problem with random link times[J]. Networks, 12(2): 191-207.

Shi J G, Yang L X, Yang J, et al. 2018. Service-oriented train timetabling with collaborative passenger flow control on an oversaturated metro line: An integer linear optimization approach[J]. Transportation Research Part B, 110: 26-59.

Small K A. 1982. The scheduling of consumer activities: work trips[J]. The American Economic Review, 72(3): 467-479.

Smith M J. 1979a. The existence, uniqueness and stability of traffic equilibria[J]. Transportation Research Part B, 13: 295-304.

Smith M J. 1979b. The marginal cost taxation of a transportation network[J]. Transportation Research Part B, 13: 237-242.

Smith M J. 1983. The existence and calculation of traffic equilibria[J]. Transportation Research Part B, 17: 291-303.

Smith M J. 1984a. The existence of a time-dependent equilibrium distribution of arrivals at a single bottleneck[J]. Transportation Science, 18(4): 385-394.

Smith M J. 1984b. The stability of a dynamic model of traffic assignment: An application of a method of Lyapunov[J]. Transportation Science, 18(3): 245-252.

Smith M J, Watling D P. 2016. A route-swapping dynamical system and Lyapunov function for stochastic user equilibrium[J]. Transportation Research Part B, 85: 132-141.

Smith M J, Wisten M B. 1995. A continuous day-to-day traffic assignment model and the existence of a continuous dynamic user equilibrium[J]. Annals of Operations Research, 60(1): 59-79.

Smith M, Mounce R. 2011. A splitting rate model of traffic re-routeing and traffic control[J]. Transportation Research Part B, 45: 1389-1409.

Smith T E, Eriksson E A, Lindberg P O. 1995. Existence of optimal tolls under conditions of stochastic user-equilibria[M]. Road Pricing: Theory, Empirical Assessment and Policy. Dordrecht: Springer: 65-87.

Smith T E. 1997. A comparative analysis of two minimum-norm projective dynamics and their relationship to variational inequalities[C]. Proceedings of the International Conference on Complementarity Problems. SIAM: 405-421.

Smith M J. 1993. A new dynamic traffic model and the existence and calculation of dynamic user equilibria on congested capacity-constrained road networks[J]. Transportation Research Part B, 27(1): 49-63.

Song Z, Yin Y, Lawphongpanich S, et al. 2014. A Pareto-improving hybrid policy for transportation networks[J]. Journal of Advanced Transportation, 48: 272-286.

Song Z, Yin Y, Lawphongpanich S. 2009. Nonnegative Pareto-improving tolls with multiclass network equilibria[J]. Transportation Research Record, 2091: 70-78.

Spiess H, Florian M. 1989. Optimal strategies: a new assignment model for transit networks[J]. Transportation Research Part B, 23(2): 83-102.

Sumalee A, Tan Z, Lam W H. 2009. Dynamic stochastic transit assignment with explicit seat allocation model[J]. Transportation Research Part B, 43(8-9): 895-912.

Sun S, Szeto W Y. 2019. Optimal sectional fare and frequency settings for transit networks with elastic demand[J]. Transportation Research Part B, 127: 147-177.

Swinkels J M. 1993. Adjustment dynamics and rational play in games[J]. Games and Economic Behavior, 5(3): 455-484.

Szeto W Y, Jaber X Q, Wong S C. 2012. Road network equilibrium approaches to environmental sustainability [J]. Transport Reviews, 32(4): 491-518.

Szeto W Y, Jiang Y, Sumalee A. 2011a. A cell-based model for multi-class doubly stochastic dynamic traffic assignment[J]. Computer-Aided Civil and Infrastructure Engineering, 26(8): 595-611.

Szeto W Y, Lo H K. 2004. A cell-based simultaneous route and departure time choice model with elastic demand[J]. Transportation Research Part B, 38(7): 593-612.

Szeto W Y, Lo H K. 2006a. Dynamic traffic assignment: properties and extensions[J]. Transportmetrica, 2(1): 31-52.

Szeto W Y, Lo H K. 2006b. Transportation network improvement and tolling strategies: The issue of intergenerational equity[J]. Transportation Research Part A, 40: 227-243.

Szeto W Y, Solayappan M, Jiang Y. 2011b. Reliability-based transit assignment for congested stochastic transit networks[J]. Computer-Aided Civil and Infrastructure Engineering, 26(4): 311-326.

Tan Z J, Yang H, Guo R Y. 2014. Pareto efficiency of reliability-based traffic equilibria and risk-taking behavior of travelers[J]. Transportation Research Part B, 66: 16-31.

Teklu F. 2008. A stochastic process approach for frequency-based transit assignment with strict capacity constraints[J]. Networks and Spatial Economics, 8: 225-240.

Tian L J, Yang H, Huang H J. 2013. Tradable credit schemes for managing bottleneck congestion and modal split with heterogeneous users[J]. Transportation Research Part E, 54: 1-13.

Tobin R L, Friesz T L. 1988. Sensitivity analysis for equilibrium network flow[J]. Transportation Science, 22(4): 242-250.

Tong C O, Wong S C. 1999. A stochastic transit assignment model using a dynamic schedule-based network[J]. Transportation Research Part B, 33(2): 107-121.

Tong C O, Wong S C. 2000. A predictive dynamic traffic assignment model in congested capacity-constrained road networks[J]. Transportation Research Part B, 34(8): 625-644.

Trench W F. 2003. Introduction to Real Analysis[M]. Englewood Cliffs: Prentice Hall.

Trozzi V, Gentile G, Bell M, et al. 2013. Dynamic user equilibrium in public transport networks with passenger congestion and hyperpaths[J]. Procedia-Social and Behavioral Sciences, 80: 427-454.

van Vuren T. 1994. The trouble with SUE stochastic assignment options in practice [C]. Proceedings of the 22nd European Transport Forum, II, 380: 41-52.

Verhoef E T. 2002. Second-best congestion pricing in general networks. Heuristic algorithms for finding second-best optimal toll levels and toll points[J]. Transportation Research Part B, 36: 707-729.

Vickrey W S. 1969. Congestion theory and transport investment[J]. The American Economic Review, 59(2): 251-260.

Walters A A. 1961. The theory and measurement of private and social cost of highway congestion[J]. Econometrica, 29(4): 676-699.

Wang G C, Chen A, Kitthamkesorn S, et al. 2020. A multi-modal network equilibrium with captive mode choice and path size logit route choice[J]. Transportation Research Part A, 136: 293-317.

Wang G, Gao Z Y, Xu M, et al. 2014. Models and a relaxation algorithm for continuous network design problem with a tradable credit scheme and equity constraints[J]. Computers & Operations Research, 41: 252-261.

Wang H, Zhang X. 2016. Joint implementation of tradable credit and road pricing in public-private partnership networks considering mixed equilibrium behaviors[J]. Transportation Research Part E, 94: 158-170.

Wardrop J G. 1952. Some theoretical aspects of road traffic research[C]. Proceedings of the Institution of Civil Engineers, Part II, 1: 325-362.

Weibull J. 1995. Evolutionary Game Theory[M]. Cambridge : The MIT Press.

Wong S C, Yang H. 1997. Reserve capacity of a signal-controlled road network[J]. Transportation Research Part B,31: 397-402.

Wu D, Yin Y, Lawphongpanich S, et al. 2012. Design of more equitable congestion pricing and tradable credit schemes for multimodal transportation networks[J]. Transportation Research Part B, 46: 1273-1287.

Xiao F, Qian Z, Zhang H M. 2013. Managing bottleneck congestion with tradable credits[J]. Transportation Research Part B, 56: 1-14.

Xiao F, Yang H, Ye H. 2016. Physics of day-to-day network flow dynamics[J]. Transportation Research Part B, 86: 86-103.

Xie J, Nie Y, Liu X. 2018. A greedy path-based algorithm for traffic assignment[J]. Transportation Research Record, 2672(48): 36-44.

Xie J, Nie Y. 2019. A new algorithm for achieving proportionality in user equilibrium traffic assignment[J]. Transportation Science, 53(2): 566-584.

Xu X, Chen A, Jansuwan S, et al. 2018. Transportation network redundancy: Complementary measures and computational methods[J]. Transportation Research Part B, 114: 68-85.

Yagar S. 1971. Dynamic traffic assignment by individual path minimization and queuing[J]. Transportation Research, 5 (3): 179-196 .

Yang F, Yin Y, Lu J. 2007. Steepest descent day-to-day dynamic toll[J]. Transportation Research Record, 2039(1): 83-90.

Yang H, Bell M G H. 1998. Models and algorithms for road network design: A review and some new developments[J]. Transport Reviews, 18(3): 257-278.

Yang H, Huang H J. 1997. Analysis of the time-varying pricing of a bottleneck with elastic demand using optimal control theory[J]. Transportation Research Part B, 31: 425-440.

Yang H, Huang H J. 1998. Principle of marginal-cost pricing: How does it work in a general road network?[J]. Transportation Research Part A, 32: 45-54.

Yang H, Huang H J. 2005. Mathematical and Economic Theory of Road Pricing[M]. Oxford, United Kingdom: Elsevier.

Yang H, Lam W H K. 1996. Optimal road tolls under conditions of queuing and congestion[J]. Transportation Research Part A, 30: 319-332.

Yang H, Meng Q, Lee D H. 2004. Trial-and-error implementation of marginal-cost pricing on networks in the absence of demand functions[J]. Transportation Research Part B, 38(6): 477-493.

Yang H, Meng Q. 2000. Highway pricing and capacity choice in a road network under a build-operate-transfer scheme[J]. Transportation Research Part A, 34(3): 207-222.

Yang H, Xu W, He B S, et al. 2010. Road pricing for congestion control with unknown demand and cost functions[J]. Transportation Research Part C, 18(2): 157-175.

Yang H. 1995. Sensitivity analysis for queuing equilibrium network flow and its application to traffic control[J]. Mathematical and Computer Modelling, 22(4-7): 247-258.

Yang H. 1997. Sensitivity analysis for the elastic-demand network equilibrium problem with applications[J]. Transportation Research Part B, 31: 55-70.

Yang H. 1999. System optimum, stochastic user equilibrium, and optimal link tolls[J]. Transportation Science, 33(4): 354-360.

Yang Y W, Chen J, Du Z X J. 2020. Analysis of the passenger flow transfer capacity of a bus-subway transfer hub in an urban multi-mode transportation network[J]. Sustainability, 12(6): 2435.

Ye H, Yang H, Tan Z. 2015. Learning marginal-cost pricing via trial-and-error procedure with day-to-day flow dynamics[J]. Transportation Research Part B, 81: 794-807.

Yperman I. 2007. The Link Transmission Model for Dynamic Network Loading[D]. Ph.D. dissertation, Leuven: Katholieke Universiteit Leuven.

Yu B, Kong L, Sun Y, et al. 2015. A bi-level programming for bus lane network design[J]. Transportation Research Part C, 55: 310-327.

Zhang C, Liu T L, Huang H J, et al. 2018. A cumulative prospect theory approach to commuters' day-to-day route-choice modeling with friends' travel information[J]. Transportation Research Part C, 86: 527-548.

Zhang H M, Ge Y E. 2004. Modeling variable demand equilibrium under second-best road pricing[J]. Transportation Research Part B, 38: 733-749.

Zhang L, Yang H, Wu D, et al. 2014. Solving a discrete multimodal transportation network design problem[J]. Transportation Research Part C, 49: 73-86.

Zhang X, Yang H, Huang H J. 2011. Improving travel efficiency by parking permits distribution and trading[J]. Transportation Research Part B, 45: 1018-1034.

Zheng H, Peeta S. 2014. Cost scaling based successive approximation algorithm for the traffic assignment problem[J]. Transportation Research Part B, 68: 17-30.

Zhou B, Bliemer M, Yang H, et al. 2015. A trial-and-error congestion pricing scheme for networks with elastic demand and link capacity constraints[J]. Transportation Research Part B, 72: 77-92.

Zhu F, Ukkusuri S V. 2013. A cell based dynamic system optimum model with non-holding back flows[J]. Transportation Research Part C, 36: 367-380.

Ziliaskopoulos A K. 2000. A linear programming model for the single destination system optimum dynamic traffic assignment problem[J]. Transportation Science, 34(1): 37-49.

附录 A 轨道交通车流组织优化

A.1 概　　述

城市综合交通是城市社会经济活动的重要支撑，是城市和城际交通运输服务组织的聚集要素，涵盖了城市内及城市间的各种交通方式。通常地，按地域关系将其划分为城市内部交通和城市对外交通两大类。其中，城市内部交通是指连接城市内各组成部分的交通，以城市道路交通和城市轨道交通为主；城市对外交通是指衔接城市本身与城市范围之外地区的交通，主要通过公路、铁路、水运、航空、管道等运输方式来实现。不同交通方式通过功能互补来满足和引导交通需求，进而实现城市和区域社会经济活动的高效运转。本节主要对轨道交通的发展现状和轨道交通流的组织及优化问题进行简要介绍。

A.1.1 轨道交通发展现状

轨道交通是指铺设特定轨道线路、配备运输车辆及运营服务的公共交通模式，与其他交通方式相比，具有运量大、速度快、安全舒适、准点率高、服务时间长和节能环保等突出优点。随着交通需求量的持续迅猛增长，交通拥堵问题已成为制约各大城市可持续发展的瓶颈，而轨道交通的大容量、通道化运输等特点天然赋予其作为组织载体的重要角色。鉴于此，轨道交通将成为我国综合交通高质量发展的引领力量，将在我国经济发展和现代化建设中发挥越来越重要的作用。

一般而言，轨道交通可分为以下三大类：传统轨道交通、城市轨道交通和城际轨道交通。其中，传统轨道交通俗称铁路，包括普速铁路和高速铁路两种，主要服务于规模大、距离远的客货运输需求，是城市对外交通的重要组成部分；城市轨道交通是缓解城市内部密集客流交通压力的重要交通方式，具有干扰因素少、发车频率高、站间距离短等特点；城际轨道交通是一种介于传统轨道交通和城市轨道交通之间的新兴轨道交通方式，通过提供快捷的运输工具，满足中距离旅客对出行时效性的要求，实现城市群间的有机联动。接下来，将主要以城市轨道交通和传统轨道交通为例，简要分析轨道交通的发展现状。

（1）城市轨道交通发展现状

作为城市交通的骨干网络，城市轨道交通以其运量大、速度快、能耗低、安全、准时等特点，在城市经济和社会发展中发挥着不可替代的作用。截至 2022 年12 月 31 日，31 个省（区、市）和新疆建设兵团共有 55 个城市开通城市轨道交通运营线路 308 条，运营线路总长度达 10287.4 公里，其中地铁 8008.17 公里，占比 77.84%；其他制式城轨交通运营线路 2279.28 公里，占比 22.16%。此外，拥有 4 条及以上运营线路，且换乘站 3 座及以上，实现网络化运营的城市 26 个，占已开通城市轨道交通运营城市总数的 47.27%（中国城市轨道交通协会，2023）。图 A.1 给出了 2016 年到 2022 年城市轨道交通运营线路长度以及同比增长情况。我国城市轨道交通运营规模逐年持续扩大，在公共交通中发挥的骨干作用更加明显。

图 A.1　城市轨道交通运营线路长度及增长率

《城市公共交通分类标准》（CJJ/T 114—2007）明确了城市轨道交通主要包括以下七部分：地铁系统、轻轨系统、单轨系统、有轨电车、磁浮系统、自动导向轨道系统和市域快速轨道系统。近年来，我国城市轨道交通制式种类正在逐步增加，由以地铁为主体，逐步转变为现有多种制式共同发展的格局。不同的制式有其自身的独特优势，不可相互替代。鉴于此，城市轨道交通的制式选择要从市情、域情出发，根据城市发展需要，因地制宜。例如，超大和特大型城市的中心城区可选用大运量的地铁，而其郊区更适宜选用中低运量制式。

从上述分析看，我国城市轨道交通运营线路数量不断增多，里程逐步增长，客流需求持续增加，系统制式日益多元化。此外，随着城市轨道交通的不断发展，各城市还倾向于由单一线路过渡到网络化的运营模式，这种运营模式可以更好地满足乘客出行多样化的需求。

（2）传统轨道交通发展现状

中国作为一个典型的大陆国家，人口众多，幅员辽阔，需要一种强有力的交通方式联系全国的社会活动和国民经济，由此，具有运行速度快、运载量大等突出特点的铁路脱颖而出。铁路运输成本较低，在大宗、大流量的中长距离的客货运输方面具有绝对优势，是切合我国经济地理特征和人民收入水平的骨干运输方式。

　　自 2004 年国务院批准实施《中长期铁路网规划》以来，我国铁路发生了翻天覆地的变化。随着我国铁路运营里程（图 A.2）的持续快速增长，其对客流的吸引力也越来越大，铁路旅客发送量和旅客周转量均保持稳定增长态势（中国国家铁路集团有限公司 2022 年统计公报）。截至 2022 年末，我国铁路运营里程达到 15.5 万公里，其中，高速铁路运营里程 4.2 万公里，居世界第一位。

图 A.2　全国铁路运营里程及增长率

　　高速铁路作为一种新型的运输方式，具有载客量大、耗时少、安全性强、准点率高、舒适性好等优点，是城市综合交通的重要组成部分。2017 年 7 月 9 日，我国中长期铁路网规划中"四纵四横"铁路网最后一个关键的"短横"线路——宝兰高铁的顺利开通，意味着我国高速铁路运营管理网络化目标的初步实现。目前，我国高速铁路的建设取得了重大进展，路网几乎覆盖了所有大中型城市。下一步，我国高速铁路的发展目标是加快完善"八纵八横"高速铁路网，逐步形成相邻大中城市之间旅行时间小于四小时的轨道交通圈。

　　改革开放以来，铁路营业里程由 5.2 万公里增长到逾 15.5 万公里，形成了世界上最现代化的铁路网和最发达的高铁网。显而易见地，无论是城市轨道交通还是传统轨道交通都取得了长足的发展，换句话说，中国轨道交通行业整体规模呈现持续高速增长的态势。值得注意的是，轨道交通的发展要立足于更好满足广大人民群众高质量出行需求，因此要求我们对轨道交通流的组织及优化的相关问题进行分析以提高轨道交通系统的服务水平。

A.1.2 轨道交通流组织及优化

轨道交通系统是一个复杂巨系统，其规模庞大、构成复杂，给运营组织带来了极大的挑战。乘客是轨道交通运输系统的服务对象同时也是组成主体，因此在运营组织过程中，须将乘客的服务满意度纳入考虑范畴。一方面，为了增加乘客的满意度，需要面向客流–车流协同，针对轨道交通列车运行图进行系统优化；另一方面，为进一步降低高能耗带来的高运行成本和高碳排放量，减轻运营公司的经济压力，需对轨道交通列车节能优化方法进行研究。鉴于此，下面将对轨道交通的列车运行图问题以及节能优化问题的研究现状进行具体分析。值得注意的是，相对于传统轨道交通而言，城市轨道交通还需要更加精细地考虑客流，因此该节将轨道交通列车运行图优化问题分为列车运行图问题和基于客流的运行图问题两个方面进行叙述。

（1）列车运行图问题

列车运行图是轨道交通组织与运营工作的基础，规定了各车次列车占用区间的程序、列车在各车站的到发（或通过）时刻、列车在区间的运行时间、列车在车站的停站时间等。科学、合理的列车运行图对优化运能配置、降低运营成本、提高轨道交通服务水平具有极其重要的作用。在运营规划层面上，现有文献主要通过优化列车运行图来提高轨道交通系统的运营效率，接下来将详细介绍相关的研究现状。

1）宏观层面和微观层面

在宏观层面上，Caprara 等（2002）采用图的表示方法刻画列车运行图问题，为其构建了整数线性规划模型，并设计了一种基于拉格朗日松弛的启发式算法来求解该模型。Yang 等（2016）将列车停站计划整合到列车运行图优化过程中，构建了多目标混合整数线性规划模型，并通过线性加权技术处理多个目标，采用商业优化软件 CPLEX 对模型进行了求解。Gao 等（2018）以高速铁路走廊为背景，研究了既有运行图中增加临时列车的问题，建立了相应的双目标混合整数线性规划模型，并设计了基于三阶段的优化方法进行求解。在微观层面上，D'Ariano 等（2007，2008，2009）和 Corman 等（2010，2012，2014）考虑信号、闭塞、径路等信息，研究了基于选择图模型的运行图实时调整策略，并设计了轨道交通管理系统 ROMA (railway traffic optimization by means of alternative graphs)。此外，Caimi 等（2011）针对大规模网络周期运行图问题，设计了宏观和微观两个层面的求解方法，其中宏观层面的运行图只考虑了简化的轨道拓扑结构，微观层面考虑了更详细的拓扑结构。

2）周期性运行图和非周期性运行图

周期运行图由于容易被旅客所认知，并且可以有效降低问题求解规模，因而易于被铁路运营企业所采用。近年来，许多学者对周期运行图进行了研究。例如，Lindner 和 Zimmermann（2005）构建了周期性列车运行图的混合整数线性规划模型，旨在极小化所有列车的运营成本，并设计了割平面和分支定界相结合的算法对模型进行求解。Kroon 等（2008）在给定周期性运行图的前提下，运用随机优化模型来提升运行图的鲁棒性，并对该模型进行了验证。结果表明，通过对既定运行图进行微小调整，可显著减少列车的延误。谢美全和聂磊（2009）结合中国客运专线的实际情况，针对运营情况复杂的线路设计了基于定序的周期性列车运行图模型。需要说明的是，周期性列车运行图虽然存在一定的优势，但该运行模式并不适应所有国家和地区的轨道交通系统，因此很多国家和地区仍采用非周期运行图。目前，在非周期运行图的优化方面，较为常用的算法是启发式搜索算法。例如，Zhou 和 Zhong（2005）针对双线列车运行图问题，构建了极小化高速列车期望等待时间和所有列车总旅行时间的双目标优化模型，并设计了分支定界算法来求解高质量的列车运行图。Cacchiani 等（2008）为通道走廊网络下的非周期运行图问题设计了列生成算法，但该方法仅对小规模的问题较为有效。Barrena 等（2014）研究了单线上非周期运行图的优化问题，建立了以乘客候车时间最小化为目标的非线性规划模型，并设计了自适应邻域搜索算法来求解。

此外，鉴于轨道交通系统的复杂性，列车在实际运行中会受到各种不确定因素的干扰，不确定因素的存在不仅会导致轨道交通服务效率降低，同时也会对其运营成本和收益造成极大的影响。因此，为提高轨道交通系统应对不确定因素干扰的能力，许多学者采用鲁棒优化方法对列车运行图问题展开了研究（Kroon et al., 2008; Khan and Zhou, 2009; Cacchiani et al., 2012; Shafia et al., 2012）。

（2）基于客流的运行图问题

从乘客的角度而言，轨道交通应该在保证行车安全的基础上，减少其车站等待时间。国外诸多学者对基于客流的运行图问题展开了深入的研究。例如，Niu 和 Zhou（2013）将动态客流引入到列车运行图的优化中，构建了以极小化乘客等待时间和二次等待时间为目标的非线性整数规划模型，并设计了有效的启发式算法。此外，在给定时变乘客需求矩阵的情况下，Niu 等（2015）考虑了列车跳站模式，通过调整轨道交通系统中的列车运行图，车站的乘客总等待时间达到最少。Gao 等（2016）针对地铁线路中断后大量乘客滞留车站的情况，结合跳站策略设计了一种迭代优化模型以减少乘客的等待时间。Robenek 等（2016）在编制运行图时考虑乘客的满意度，构建了相应的优化模型，以提高列车运营的服务质量。Yin 等（2017）考虑客流的动态性，以极小化乘客等待时间和列车能耗为目标，建立了相应的线性混合整数规划模型，并设计了有效的拉格朗日松弛算法。

近年来，国内众多学者也对基于客流的列车运行图问题进行了一系列研究。

例如，郭根材等（2015）在找出备选列车接续冲突关系的基础上，建立了列车接续约束生成模型，该模型不仅可以避免列车接续约束间的冲突，也可以保证换乘客流的服务质量。进一步，对备选列车接续条件下周期性列车运行图的编制问题进行研究，构建了适合备选列车接续的周期性列车运行图编制模型，该模型既可以保证换乘客流的列车接续服务又可以满足周期性列车运行图的编制要求，极大地提高了周期性列车运行图在我国的适用性。李思杰等（2017）提出了一种基于实际客流数据的列车运行图能力与客流需求匹配度的评价方法，以衡量城市轨道交通列车运行图对于动态多维度客流的适应性，并在微观层面上考虑列车能力约束，构建了客流与列车交互模型。周文梁等（2019）将城际客流均衡分配与列车运行图优化相结合，以降低旅客乘车时间、换乘等待时间以及提高旅客始发、终到时间满意度为目标，构建了城际列车运行图优化的双层规划模型，并设计了模拟退火算法与遗传算法组合求解该模型。

（3）节能优化问题

随着轨道交通运营里程的持续增加和线网规模的不断扩大，轨道交通系统的总能耗急剧攀升，给轨道交通的运营组织带来了巨大压力。因此，研究有效降低城市轨道交通系统能耗的方法，已经成为运营单位关注的焦点。目前，降低城市轨道交通列车牵引能耗的两种有效方法分别是优化列车运行速度曲线和列车运行图。前者通过优化单列车在各站间的速度曲线以降低列车牵引能耗，后者则通过协调多列车的牵引-制动时间以提高再生能量的直接利用率，从而降低城市轨道交通系统的牵引能耗（高自友等，2019）。

在面向节能的列车速度曲线优化方面，Milroy（1980）以连续变化的牵引力、制动力为控制变量，提出了基于庞特里亚金最大值原理（Pontryagin's maximum principle）的最优控制模型，以获得牵引能耗最小的速度曲线。在此基础上，Howlett（2000）构建了不同的模型来确定给定运行时间下连续和离散的最优控制策略，以最小化牵引能耗。Liu 和 Golovitcher（2003）同样以最小化能耗为目标，提出了一种可计算列车最佳操作序列的分析方法。Ke 和 Chen（2005）针对台湾的捷运系统，设计了遗传算法来优化列车在各站间运行的速度序列。Albrecht 等（2016）研究了列车能耗计算模型，提出了列车最优控制模式，并考虑了速度限制下的最优控制策略。Wang 等（2017）考虑了列车运行时间和能耗两个评价指标，通过构建站间速度-距离网络，建立了随机约束最短路模型。在此基础上，设计了基于拉格朗日松弛和动态规划的启发式搜索算法，验证了所得列车运行速度曲线的有效性。李玉生和侯忠生（2007）针对如何降低列车运行能耗的问题进行了研究，通过利用惩罚函数法得到了列车节能优化数学模型，并设计了遗传算法求解该模型。此外，针对基于遗传算法的列车速度曲线优化，付印平等（2009）、马超云等（2010）、丁勇等（2011）也做了相应的研究并取得了较好的节能效果。

在面向节能的列车运行图优化方面，Ramos 等（2008）通过建立整数规划模型，协调非高峰期同一供电区间内所有列车的牵引和制动时间，有效地提高了再生能量的利用率。Peña-Alcaraz 等（2012）提出了以最大化再生能量利用率为目标的列车运行图优化方法，并应用到马德里地铁 3 号线，验证了所提方法的有效性。Li 和 Lo（2014a）根据牵引能耗与再生能源利用的差异，建立了一体化列车节能运行图模型，同时优化列车运行图和区间运行速度曲线，以降低线路列车能耗。进一步，基于北京地铁亦庄线的实际运行数据，设计了有效的遗传算法。此外，Li 和 Lo（2014b）提出了一种动态调整列车运行图的优化方法，可节约能耗近 11%。Huang 等（2016）基于系统节能策略和服务质量水平，为列车运行图问题建立了兼顾服务水平和系统节能的双目标模型，并设计了有效的遗传算法。此外，针对该类问题，国内学者也进行了大量研究。如周剑斌等（2004）论述了地铁列车制动系统提供的再生制动节能方式，并提出了一种以提高再生能量利用率为目标的运行图编制方法；胡文斌等（2013）以降低所有列车制动电阻的总能耗为目的，对列车在各车站停站时间进行优化，并提出了基于遗传算法的优化算法。基于单车节能和多车协同利用再生制动能量的策略，步兵等（2013）建立了节能运行图模型，并以北京地铁昌平线的数据进行算例实验，结果表明该模型可以获得较好的节能效果。

A.1.3　小结

本节首先对城市轨道交通发展现状和传统轨道交通发展现状进行介绍，并分析其运营里程和运行规模的变化趋势。其次，对轨道交通流组织及优化问题中的列车运行图问题、基于客流的运行图问题以及节能优化问题的研究现状进行了系统的分析。接下来，将在 A.2 节与 A.3 节中介绍轨道交通流组织及优化问题的建模思路以及解决方法。

A.2　城市轨道交通列车运行图

列车运行图是轨道交通行车组织的基础，可在二维坐标系中进行铺画，即利用二维线条图表示列车在各区间运行、在各车站停车或通过时刻。列车运行图能直观地反映各次列车在时间–空间上的相互位置和对应关系（王媛媛，2013）。实际运营中，车站依据列车运行图接发列车并组织客运，行车调度部门也基于列车运行图指挥列车运行，因而列车运行图的质量将直接影响运输组织的效率和安全。列车运行图问题可分为铁路列车运行图问题和城市轨道交通列车运行图问题。由于城市轨道交通运行图编制规律性较强，也较为简单，下面将以其为例，简要介绍运行图编制方法及其优化模型及算法。

A.2.1　城轨列车运行图编制的总体结构

城市轨道交通列车运行图的编制过程与诸多因素密切相关，如线路布置条件、折返站的布局、列车运行方式、列车开行交路种类、车场位置、客流的时空分布特点等（徐瑞华和江志彬，2004；田福生，2006），其总体结构如图 A.3 所示。

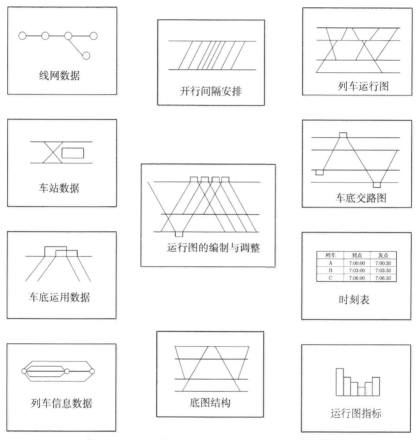

图 A.3　城市轨道交通列车运行图编制的总体结构（田福生，2006）

一方面，城市轨道交通主要服务于城市内部或市郊出行需求，该需求具有单日流量大、时段性高峰明显、变化幅度大等特征。另一方面，城市轨道交通线路具有站间运行距离短、车站配线数量少、列车开行交路种类多、车底上下线频繁等特征。上述事实造成了城市轨道交通列车运行图与铁路运行图之间存在较大差异，呈现出了一些自身特点（徐瑞华和江志彬，2004）。① 城市轨道交通多采用平行、成对运行图，且一般不存在列车之间的会让。具体地，城市轨道交通一般为双线，车种较为单一，上下行列车在两条线路上按照右侧行车方式成对开行，且一般均为站站停列车。车站配线较少，一般不设置侧线，列车需在车站正线停车进行旅客上下车作业，在折返站设置折返线进行折返作业，列车之间无越行或会让行为，停站时间相对稳定，其运行线基本呈平行线。② 列车发车间隔具有明显的时段性（高峰、平峰）特征，即城市轨道交通在不同时段采用不同的发车频率。这是因为轨道交通主要服务于城市居民的日常出行（通勤）活动，而这些活动具有明显的时段性特征。③ 列车区间运行时间短，起停车频繁，行车密度高。考虑到城市居民出行的时空特征，城市轨道交通的站间距离较短（1km 左右），列车运行速度较高（80km/h 左右），行车密度较高（最小行车间隔时间 2min）。上述设计使得列车区间运行时间较短，起停车频繁，行车密度高。④ 车底入库频率高。由于高峰、平峰过渡时段到达和发出列车数量不均衡，车底出入库频率较高。⑤ 城市轨道交通列车运行图种类繁多。受城市地区客流需求的影响，城市轨道交通运行图的编制种类较多，通常有工作日运行图、周末运行图以及节假日运行图等。

A.2.2　城市轨道交通运行图要素

城市轨道交通列车运行图的编制需要考虑出行乘客需求、车底数量和折返等多方面因素，这些影响因素可归结为三类：时间参数、开行方案和其他数据（张国宝，2006；徐瑞华等，2004，2006；王川，2011；王媛媛，2013；田福生，2006）。下面将详细介绍。

（1）运行图编制时间参数

1）区间运行时间

区间运行时间是指列车在两相邻车站之间的运行时间，需考虑列车的容许速度、列车制动力、机车车辆的构造、线路情况等影响因素，由机务部门采用理论计算和实际试验相结合的方法计算得到（张国宝，2006）。区间运行时间可表示如下

$$T_{运} = t_{纯运} + t_{起} + t_{停} \tag{A.1}$$

其中，$T_{运}$ 为列车区间运行时间；$t_{纯运}$ 为列车通过两个相邻车站所需的运行时间；$t_{起}$ 为列车启动附加时间；$t_{停}$ 为列车停车附加时间。考虑到站间的线路条件、机车技术状态、司机技术水平、列车重量、线路允许速度及气候条件、人为速度限制条件、列车的构造速度条件等因素的影响，列车区间运行时间的最小值设定为 $T_{运\min}$。考虑到行车安全、效率、节能和乘客舒适度等因素的影响，列车区间运行时间的最大值设定为 $T_{运\max}$。从而，$[T_{运\min}, T_{运\max}]$ 构成了列车区间运行时间的调整范围。当列车发生晚点时，可在上述范围内调节区间运行时间，以达到列车运行图调整的目的。

2）列车停站时间

在城市轨道交通列车运行过程中，列车在中间车站停车以提供客运服务作业，方便旅客上下车。列车停站时间 $T_停$ 受以下因素影响（张国宝，2006）：

- 车站上下车乘客人数；
- 单位乘客上下车平均用时，其受到列车车门数、车门宽度、车厢内的座椅布置方式、站台高度和车站客运组织措施等因素的影响；
- 列车车门和站台屏蔽门的开关时间；
- 列车车门关门良好确认时间。

在出行高峰时段，列车停站时间可能会成为限制线路运输能力的因素。因此，应在满足乘客出行需要的前提下，最大限度地缩短列车在中间站的停站时间，以提高线路通过能力和列车运输效率。一般情况下，满足列车运行调整的需要，可根据客流情况来设定列车在某一车站的最大停站时间 $T_{停max}$ 和最小停站时间 $T_{停min}$。从而，$[T_{停min}, T_{停max}]$ 构成了列车停站时间的调整范围。当列车发生晚点时，可在该范围内调节列车停站时间以达到列车运行图调整的目的。

① **区间列车追踪间隔时间**

城市轨道交通线路的闭塞模式一般为自动闭塞或移动闭塞，其通过确保列车间的追踪间隔，达到安全行车的目的。实际运行中，同一区间内可容纳两列或以上的列车，它们依据闭塞分区间隔来追踪运行。追踪运行列车之间互不干扰的最小间隔时间称为追踪列车间隔时间 $T_追$（王媛媛，2013），如图 A.4 所示。

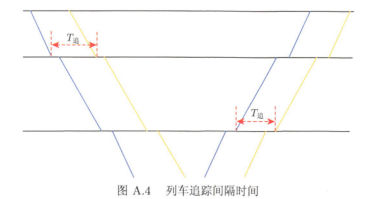

图 A.4　列车追踪间隔时间

通常情况下，列车的追踪间隔时间取决于同向列车相隔的距离、列车的运行速度、信号、联锁及闭塞的类型等。

② **到发时间间隔**

一般地，在城市轨道交通线路上，非折返车站通常不设置侧线。因此，为确保行车安全，在同一时间内，同一方向上只允许一列列车在站停留，而后行列车只有在前方列车驶离车站后方可进站。如图 A.5 所示，只有当前行列车驶出车站闭塞区间，后行列车方可进入。

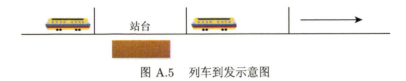

图 A.5　列车到发示意图

为确保运行安全，后行列车到达时刻与前行列车出发时刻应满足一定的时间间隔，该时间间隔被称为列车到发时间间隔，记为 $I_{到发}$，其计算公式如下（王媛媛，2013）

$$I_{到发} = t_{出站}^{前} + t_{信号} + t_{进站}^{后} \tag{A.2}$$

其中，$t_{出站}^{前}$ 为前行列车自站台启动至列车驶离闭塞分区时间；$t_{信号}$ 为确认进站信号机或闭塞分区信号机时间；$t_{进站}^{后}$ 为后行列车自进站信号机处进站停车时间。

　③　折返作业时间

列车折返作业时间指列车到达终点站或在区间站进行折返作业的时间。对于不同的折返站布置形式，列车折返所需时间不同。折返作业时间标准受折返方式、列车长度、列车制动能力、信号设备水平、司机操作水平等因素的影响。列车在车辆段和折返站的全部停留时间可表示为

$$T_{折返} = t_{到} + t_{入} + t_{整} + t_{出} + t_{发} \tag{A.3}$$

其中，$t_{到}$ 为列车到站后停车等待旅客下车时间；$t_{入}$ 为列车入库走行时间；$t_{整}$ 为列车在车辆段的整备时间；$t_{出}$ 为列车出库走行时间；$t_{发}$ 为列车在出发线上等待旅客上车的时间。列车折返作业时间如图 A.6 所示。

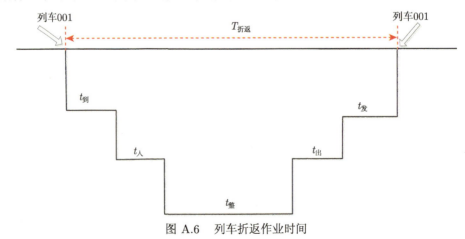

图 A.6　列车折返作业时间

④ 出、入车辆段停车场作业时间

由于车辆段停车场与线路接轨形式（终端接轨、中部一站接轨、中部两站接轨和中部一站一区间接轨）的不同，列车出、入车辆段作业与正线列车到发、列车折返作业等可能存在交叉干扰。在编制运行图时，应考虑列车出入段的交叉干扰（王川，2011）。

列车出入库作业与正线列车运行之间的交叉干扰是城市轨道交通列车运行图编制过程中必要考虑因素。由于正线运行列车和出入库车底都要经过接轨站，通过控制正线运行列车与出入库车底到达或自接轨站出发的时刻，能有效疏解交叉干扰。以图 A.7 为例进行说明，实际中两列车到达和出发具有一定的安全时间间隔，且某一时段内车底不可能同时出库和入库，则可能存在以下几种作业冲突：① 列车自车辆段从上行方向出库作业需在前一上行列车驶离车站后进行；② 列车自车辆段向下行方向出入库应与下行到达和出发列车保持一定的间隔时间；③ 列车自上行方向进入车辆段，与前后的上行大交路列车保持一定的时间间隔；④ 列车自下行方向进入车辆段，若列车出入库线路与正线为立体交叉，可不考虑此种冲突，若是平面交叉，则上行大交路列车到达交叉点的时刻与车底入段到达冲突点的时刻满足一定的时间间隔要求。

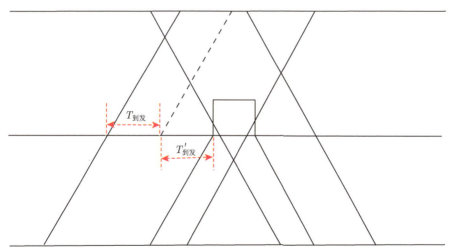

图 A.7　车辆段向下行方向出库与下行列车到发间隔示意图

不同车辆段接轨形势下，列车出入车辆段与折返作业交叉干扰时间不同。① 车辆段（停车场）与正线采用终端接轨形式时，当列车采用站前折返时，列车出入车辆段与列车折返不存在交叉干扰。而当列车采用站后折返时，列车折返与列车出入段存在较小的交叉干扰。因为列车均以一定的间隔到达或出发，该种交叉干扰可不考虑。② 车辆段停车场与正线采用中部一站式接轨形式下，车底出入库径路与车底折返径路存在严重的交叉干扰。受到折返站和折返线设置形式的影响其干扰形式不同，应依据具体的车站配置进行计算分析确定。③ 车辆段采用中部两站接轨和中部一站一区间接轨时，其交叉干扰也受到折返线配置形式和出入库线设置方式的影响，需具体问题具体分析。

（2）列车开行方案参数

1）列车交路类型

在城市轨道交通线路较长、客流分布不均衡的情况下，通过合理、可行的交路组合来安排列车输送能力是一种充分利用有限资源、降低运输成本的有效方法。列车交路类型是编制运行图的重要依据，城市轨道交通列车交路可分为常规交路和复杂交路，常规交路为长交路（如图 A.8（a）所示）。长交路列车在线路起、终点站间按最大需要开行贯通式列车的交路形式，其他形式的交路均为复杂交路。轨道交通常见的交路形式如图 A.8 所示（徐瑞华等，2005，2006）。

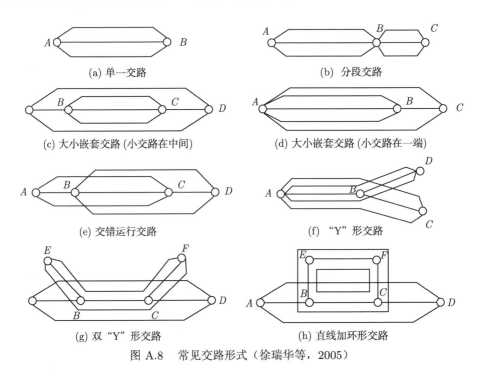

图 A.8　常见交路形式（徐瑞华等，2005）

① 单一交路

单一交路是在线路起点站、终点站间按最大需要开行贯通式列车的交路形式，即折返站设在线路两端的终点站，如图 A.8（a）所示。单一交路形式适用于整条线路断面客流量和全线客流都比较均匀的情况，列车运行组织形式比较简单，运营调整压力小，乘客的接受程度高。然而，当全线客流分布不均衡时，此种运营方式会造成运能浪费，从而影响运输能力的综合利用。在城市轨道交通开通运营初期，线路一般比较短，客流分布均匀，常采用单一列车交路。

② 分段交路

分段交路也是城市轨道交通运输组织中较为常见的交路形式，列车在中间某车站进行线上折返，如图 A.8（b）所示。分段交路一般适用于部分线路客流量较少，不宜开行长交路的城市轨道交通线路，通常组织在既有线和延伸线上。对分段交路而言，两交路的车底数量和开行对数可不同，组织形式较为灵活，两个区段可分别设定，能较好地解决线路相邻区段上客流差异较大的问题。然而，分段交路的缺点是运输组织对两个交路共用折返站的线路配置要求高，客运组织的要求也较高，且长途客流需在中间车站进行换乘，给客运组织增加了难度。

③ 大小嵌套交路

大小嵌套交路是根据客流需要，组织不同编组、不同开行对数的列车在各区段运行的交路形式。依据小交路区段所在线路中的位置，大小嵌套交路可分为两种，如图 A.8（c）和（d）所示。大小嵌套交路的运输组织形式较为灵活，适用于线路高峰小时客流不均衡、区间断面客流差异较大的线路。在实际运营中，大小嵌套交路在市郊线路上得到了广泛应用，在高峰时段的市域区段一般采取小交路形式来快速输运客流。合理的大小交路组织形式会在不增加运输成本的基础上，提高运营服务质量。

④ 交错运行交路

交错运行交路是两个小交路交叉重叠开行的一种交路形式，如图 A.8（e）所示。交错运行交路形式通常适用于郊区-市区之间，客流表现为向中心城区集中，具有明显的向心单峰客流特征。在这种情况下，开行两端郊区至中心城区的小交路列车，可以实现快速输运郊区到中心城区的客流，而两个小交路交叉重叠区段的列车开行密度大，可以满足高密度的中心城市内部出行。

⑤ "Y"（双"Y"）形交路

"Y"形交路的出现是由线路初期设计或后期延伸时出现分岔，且岔线又不宜采用独立交路形式运行而引起的，如图 A.8（f）所示。双"Y"形交路的两条线路在中部存在共线区段，如图 A.8（g）所示。"Y"（双"Y"）形交路可以实现多节点连通，网络结构简单，连通性较强，可组织列车跨线运行或开行多种交路，运输组织灵活。其缺点是对列车对数和运行周期的匹配性要求都很高，列车运行组织和调整都比较复杂，列车运行图编制难度较大。

⑥ **环线列车交路**

环线列车交路是指列车在环形线路上运行的交路形式，列车在线路上始终向一个方向运行，无需折返。环线列车交路因其便捷性而被较多的城市所采用，但采用此种交路应具备特定的环形线路条件。

⑦ **直线加环形交路**

直线加环形交路是城市轨道交通网络中一种非常特殊的交路形式，由一条直线和一条环线组成，如图 A.8（h）所示。一般地，直线和环线一般分属于两条城市轨道交通线路，且每条线路是独立运营的。在直线加环形交路中，直线和环线存在共线区段，从而实现互通，但在共线区段会互相干扰，因此其运输组织难度也较高。实际中，环线可以连在直线的中间段，也可以在两端。

2）分时列车开行对数

城市轨道交通系统的运输组织需要考虑客流需求的具体特点，以方便乘客出行、满足城市生活需要为目标。在我国，大多数城市的轨道交通系统的运营时间在 6:00 至 23:00 之间，而其他时段不运营，车底入库维修。在城市轨道交通列车运营的不同时段内，由于出行客流分布不均衡，列车开行的数量也不同。早晚高峰通勤时段，客流较大，需要开行较多数量的列车才能满足居民的出行需求。相较于高峰时段，平峰时段的客流较少，需要开行的列车数量也相应减少。综上所述，根据客流分布制定的分时列车开行对数是运行图编制的重要依据。

3）列车停站方案

在列车运行计划中，为方便乘客出行，通常的运营模式是列车站站停车。而为了优化列车运行组织、提高列车旅行速度和节约乘客出行时间，根据具体线路的客流分布特征，在满足需求的前提下，在长交路下也可能采用跨站停车（郑锂等，2009）、分段停车等停站方案（张要，2016），从而提高列车运行效率，降低运营成本。

跨站停车一般在长交路情况下采用，通常把列车分为 A 类和 B 类两种列车，将线路上的车站分为 A、B、AB 三种类型，A 类列车在 A、AB 两种车站停车，在 B 类车站不停车；B 类列车在 B、AB 类车站停车，在 A 类车站不停车。其相较于站站停车可以有效缩短长交路列车停站，提高列车运营效率。分段停车方案，则是将轨道交通线路划分为若干区段，列车在各区段内采取站站停开行方案在区段中段折返，其有助于加快车底周转，有利于快速输运短距离出行乘客。但相较于站站停车，这两种方式均会在一定程度上增加乘客换乘难度和乘客出行时间。

（3）其他相关参数

1）驾驶员作息时间

驾驶员的作息时间需考虑驾驶员作息制度、交接班地点与方式、途中用餐等因素。

2）车站的存车能力

城市轨道交通线路的终点站和少数中间车站设有停车线，因而可在停车线上存放一定数量的列车。在日常运行时段，停车线可用来停放备用车，以应对突发事件，而在夜间停运时段，停车线可存放车底以减少空驶里程，均衡次日发车的秩序。

3）车底数量及运用方式

列车车底是城市轨道交通系统的重要移动设备。列车运行图中的每条运行线，都要由具体的车底来完成。列车运行图所需要的车底数量受到高峰时段列车开行时间间隔、列车折返作业时间、车底运用方式等因素的影响。由于车站的存车能力有限，且车底价格昂贵，车底的保有量往往是受限的。当车底数量不能满足理想开行时间间隔的要求时，需要对运行图进行相应的调整。

A.2.3 城市轨道交通列车运行图优化方法

与一般铁路列车运行图的编制相比，城市轨道交通列车运行图的编制具有其自身的复杂特征。近年来，国内外诸多学者（Liebchen, 2008; Niu and Zhou, 2013; 许红等，2006; 李思杰等，2017）对城市轨道交通列车运行图编制的数学模型和求解算法进行了深入研究，取得了一系列重要的研究成果。

列车运行图的编制原则是在安全可靠的条件下，提高列车的旅行速度，缩小列车的运行时间，方便乘客出行（张国宝，2006）。列车运行图编制旨在充分利用线路和车辆的运输能力，在保证运量需求的条件下，尽量降低运营车数，减少运营成本。目前，线上运行列车包括载客列车、空驶列车、工程列车和调试列车。列车运行图编制过程涉及很多内容，可简化为图 A.9 所示的几个步骤。

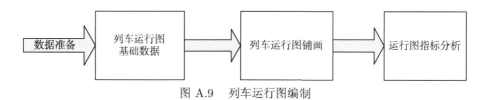

图 A.9　列车运行图编制

通常地，城市轨道交通系统运营中主要涉及的利益方分别为乘客和运营单位。一方面，出行乘客往往希望列车的开行时间间隔较小，以方便快速出行；另一方面，运营单位则希望扩大列车开行时间间隔，从而减少运营成本。因此，在获取基础客流和线路数据的基础上，采用不同的优化目标，运行图的编制过程可基于不同的层面进行。目前，文献上的相关研究主要集中在两个方面，即① 面向客流需求的列车运行图编制（Niu and Zhou, 2013; Gao et al., 2016; Robenek et al., 2016; 李思杰等，2017）；② 面向节能的列车运行图编制（Ramos et al., 2008; Li and Lo，2014a；Huang et al.，2016；步兵等，2013）。本节主要介绍基于客流需求的列车运行图优化建模思路和求解方法。

（1）面向乘客需求的城市轨道交通列车运行图优化模型

1）问题描述

通常同一城市轨道交通线路中，列车类型单一、编组数量固定、各列车在同一区段的运行时间波动较小，列车停站方案常采用站站停模式且停站时间相对固定，各列车按照发车顺序依次运行，不发生越行。图 A.10 所示为一条简化的城市轨道交通线路，其中包含 N 个车站、$N-1$ 个站间区段。为简化建模过程，下面仅考虑从车站 1 到车站 N 单向运行的列车（不考虑车底的衔接过程）。需解决的问题是：考虑乘客需求的动态特征，通过调整各列车在首站的发车间隔，确定发车频次（即有效车次数量），并生成以极小化运营成本和乘客等待时间的列车运行图。

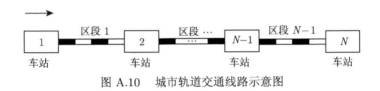

图 A.10　城市轨道交通线路示意图

实际运营中，乘客出行需求往往是动态变化的，为有效刻画乘客需求的动态特征，可采用与时间相关的 OD 矩阵对其进行表示（Barrena et al.，2014）。在该方法中，首先将考虑的连续时域进行离散化处理。用长度为 δ 的时间粒度将规划时域 $[T_s, T_e]$ 划分为 q 个时段，记第 t 个时段的开始时刻为 $t = T_s + (t-1) \cdot \delta$。特别地，将规划时域结束时刻 T_e 记为 $t = T_s + q \cdot \delta$。因此，有规划时域内所有离散时刻的集合 $\bar{T} = \{1, 2, 3, \cdots, q+1\}$。记 $P_{i,j}(t)$ 为在第 t 个时段 $[t, t+1)$ 内到达起点车站 i 并前往终点车站 j 的乘客数量，称为时间相关的 OD 客流需求（或时变的 OD 客流需求），并用如图 A.11（a）所示的矩阵记录该时段内的客流数据。此外，当优化问题中不涉及乘客终到站点时，可采用如 (A.4) 式所示，累计求和的方式将时间相关的 OD 客流需求转化为车站 i 的累计乘客到达量 $P_i(t)$，用来描述单位时段内车站 i 的乘客到达速率，其在时间–空间上的分布如图 A.11(b) 所示。

$$P_i(t) = \sum_{j=i+1}^{N} P_{i,j}(t), \quad \forall t \in \bar{T} \tag{A.4}$$

其中，N 为该条线路的终点站。

$$\begin{pmatrix} 0 & P_{1,2}(t) & P_{1,3}(t) & \cdots & P_{1,N}(t) \\ 0 & 0 & P_{2,3}(t) & \cdots & P_{2,N}(t) \\ \vdots & \vdots & \vdots & & \vdots \\ 0 & 0 & 0 & \cdots & P_{N-1,N}(t) \\ 0 & 0 & 0 & \cdots & 0 \end{pmatrix}$$

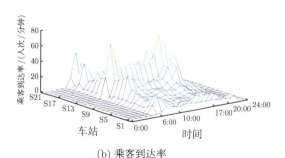

(a) OD 需求矩阵　　　　　　　　　　　(b) 乘客到达率

图 A.11　客流表示方式及客流特征

为了清晰描述客流的时空分布和列车到发时间之间的相互作用，下面将构建面向动态客流的列车运行图优化模型。

2）模型建立

① 基本假设

为构建列车运行图问题的数学优化模型，下面将依据城市轨道交通的运行特点，提出如下模型假设：

（a）列车在同一车站的停站时间相同，在同一区段的运行时间相同；

（b）列车的运力充足，可满足乘客总需求，各车站不存在乘客的二次等待；

（c）不考虑列车车底数量限制。

② 参数定义

（a）列车及车次相关参数：

$\overline{T} = \{1, 2, \cdots, q+1\}$：规划时域内离散时刻的集合；

$\overline{N} = \{1, 2, \cdots, N\}$：车站集合；

$\overline{K} = \{1, 2, \cdots, K\}$：可用服务车次的集合；

Q_0：单位有效车次对应的固定成本（职工工资、设备损耗等）；

$C_{\max}$：列车最大满载能力；

$h_{\min}$：保证相邻列车安全运行的最小发车间隔；

$h_{\max}$：保证服务质量的最大发车间隔；

h_k：车次 k 与车次 $k-1$ 之间在首站的发车时间间隔，首班车（$k=1$）即为其发车时刻与规划时域开始时刻之间的时间间隔；

r_i：列车在站间区段 $[i, i+1)$ 上的运行时间；

s_i：列车在车站 i 的停站时间；

$d_{i,k}$：车次 k 离开车站 i 的出发时刻；

$a_{i,k}$：车次 k 达到车站 i 的到达时刻。

（b）客流相关参数：

$\tilde{T}$：理想末班车在始发站的发车时刻；

$P_{i,j}(t)$：第 t 个时段内到达起点车站 i 并前往终点车站 j 的乘客数量；

$P_i(t)$：第 t 个时段内到达起点车站 i 的累计乘客数量；

$S_{i,k}(t)$：第 t 个时段内到达起点车站 i 并可搭乘车次 k 的累计乘客数量；

$C_{i,k}$：车次 k 离开车站 i 时车厢内乘客数量；

$A_{i,k}$：车次 k 在车站 i 的下车乘客数量；

$B_{i,k}$：车次 k 在车站 i 的上车乘客数量。

（c）决策变量：

y_k：表示是否执行车次 k 的二元决策变量。$y_k = 1$ 表示车次 k 为有效车次（即分配物理列车执行该车次）；$y_k = 0$ 表示车次 k 为虚拟车次；

$d_{1,k}$：表示车次 k 在首站出发时刻的整型决策变量，$d_{1,k} \in \bar{T}$；

$z_{i,k}(t)$：二元辅助决策变量。$z_{i,k}(t) = 1$ 表示 t 时刻车次 k 已经到达或通过车站 i；$z_{i,k}(t) = 0$ 表示 t 时刻车次 k 未到达且未经过车站 i；

$L_{i,k}(t)$：二元辅助决策变量。$L_{i,k}(t) = 1$ 表示 t 时刻到达车站 i 的乘客可乘坐车次 k 离开；$L_{i,k}(t) = 0$ 表示 t 时刻到达车站 i 的乘客无法乘坐车次 k。

注意到，上述决策变量与优化目标之间存在密切的联系。可以看出，较多的服务车次通常对应较高的运营成本和较少的乘客等待时间。因此，为在运营成本和乘客等待时间之间形成一种平衡，在考虑行车安全及乘客上下车行为的基础上，可构建基于动态客流需求的列车运行图优化问题的数学规划模型。接下来，将详细分析建模过程中涉及的系统约束条件及目标函数。

3）约束条件和目标函数

① 决策变量与辅助变量的耦合约束

在列车运行图优化问题中，通常可采用 $a_{i,k}$ 和 $d_{i,k}$ 表示车次 k 在车站 i 的到达和出发时刻的决策变量。本节中，为了构建该问题的线性规划模型，特引入二元辅助变量 $z_{i,k}(t)$ 和 $L_{i,k}(t)$ 来刻画车流和客流的具体时空特征（Niu et al., 2013）。图 A.12 给出了刻画列车经停状态的二元决策变量的图例，$z_{i,k}(t)$ 表示车次 k 在 t 时刻是否已经到达或通过车站 i。例如，车次 $k-1$ 在时刻 2 离开车站 i，因此，当时刻 $t \geqslant 2$ 时，$z_{i,k-1}(t) = 1$，而在其他时刻满足 $z_{i,k-1}(t) = 0$；同样，车次 k 在时刻 6 离开车站 i，因此当时刻 $t \geqslant 6$ 时，$z_{i,k}(t) = 1$，其他时刻 $z_{i,k}(t) = 0$。此外，该变量还满足以下非减约束：

$$z_{i,k}(t) \geqslant z_{i,k}(t-1), \quad \forall i \in \overline{N}, \ k \in \overline{K}, \ t \in \overline{T} \backslash \{1\} \tag{A.5}$$

因此，在规划时域内，即 $\forall t \in \overline{T}$，使得变量 $z_{i,k}(t) = 1$ 的第一个时刻 t 即为车次 k 在车站 i 的出发时刻，二元辅助变量 $z_{i,k}(t)$ 与决策变量 $d_{i,k}$ 之间需满足如下耦合关系：

$$d_{i,k} = z_{i,k}(1) + \sum_{t \in \overline{T} \setminus \{1\}} t \cdot [z_{i,k}(t) - z_{i,k}(t-1)], \quad \forall i \in \overline{N}, \, k \in \overline{K} \tag{A.6}$$

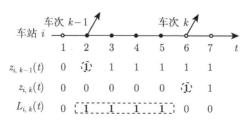

图 A.12　列车经停状态二元决策变量图例

进一步，引入车站 i 上刻画有效登车时间的指示变量 $L_{i,k}(t)$，用以表示第 t 个时段内到达车站 i 的乘客是否能够搭乘车次 k 离开，其可由相邻车次的 $z_{i,k}(t)$ 作差计算得出，满足约束 (A.7)。如图 A.12 所示，当 $t = 2,\ 3,\ 4,\ 5$ 时，$L_{i,k}(t) = 1$，即在时段 $[2,6)$ 内到达的乘客可搭乘车次 k 离开。

$$L_{i,k}(t) = \begin{cases} 1 - z_{i,k}(t), & \text{如果} k = 1, \\ z_{i,k-1}(t) - z_{i,k}(t), & \text{如果} k \neq 1, \end{cases} \quad \forall i \in \bar{N}, t \in \bar{T} \tag{A.7}$$

② 首站发车时间约束

实际运营中，列车开行次数是列车运行图的主要指标之一。在保障运输能力的前提下，优化投入运营的服务车次数量，对降低运营成本、提高运营效率具有极为重要的实际意义。在本问题中，提前给定的车次集合为服务候选集合（并非全部需要投入运营），在此基础上需要确定最优的运营车次。如图 A.13 所示，灰色方框所覆盖区域表示该时段内对应车站存在乘客，其他区域则表示不存在等待的乘客。此时，考虑 K 个备选车次，其中，在第 $K-2$ 个车次运营结束后，所有乘客均已被服务，因此，有效车次数量为 $K-2$，用黑色实线表示；而第 $K-1$ 和第 K 个车次即为虚拟车次，并用黑色虚线表示。简言之，有效车次即为参与载运乘客的车次，且最后一个有效车次离开后，站台中不存在等待的乘客。我们引入决策变量 y_k 作为有效车次指示变量（Mo et al., 2019），若 k 为有效车次，则 $y_k = 1$；若 k 为虚拟车次，则 $y_k = 0$。如图 A.13 所示，当 $k = 1,\ 2,\ \cdots,\ K-2$ 时，$y_k = 1$；当 $k = K-1,\ K$ 时，$y_k = 0$。有效车次指示变量 y_k 需满足以下非增约束：

$$y_k \geqslant y_{k+1}, \quad k \in \overline{K} \setminus \{K\} \tag{A.8}$$

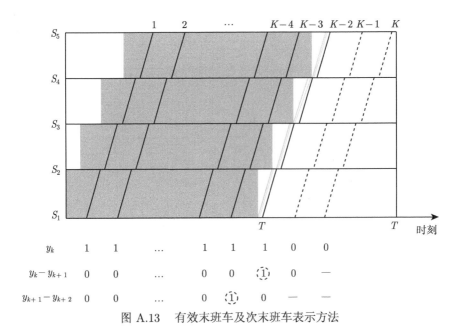

图 A.13　有效末班车及次末班车表示方法

　　为了区分有效车次和虚拟车次，在此引入理想末班车作为其边界（如图 A.13 中的灰色细实线所示），该车次可为最后到达车站的乘客提供有效服务。显然，早于理想末班车的有效车次不是有效末班车。将理想末班车在始发站的发车时刻记为 $\widetilde{T}$，则规划时域内有效末班车在始发站的发车时间应等于或晚于该边界 $\widetilde{T}$，且有效次末班车在始发站的发车时间应严格早于该边界 $\widetilde{T}$。如图 A.13 所示，对于车次 $k = 1, 2, \cdots, K-1$，当 $y_k - y_{k+1} = 1$ 时，车次 k 即为有效末班车；对于车次 $k = 1, 2, \cdots, K-2$，当 $y_{k+1} - y_{k+2} = 1$ 时，车次 k 即为有效次末班车。则以上条件等价于下列约束：

$$\sum_{k=1}^{K-1} d_{1,k} \cdot (y_k - y_{k+1}) + d_{1,K} \cdot y_K \geqslant \widetilde{T} \tag{A.9}$$

$$\sum_{k=1}^{K-2} d_{1,k} \cdot (y_{k+1} - y_{k+2}) + d_{1,K-1} \cdot y_K < \widetilde{T} \tag{A.10}$$

其中，(A.9) 式左边为有效末班车在始发站的发车时间，(A.10) 式左边为有效次末班车在始发站的发车时间。

③ 列车到发时刻约束

　　车次 k 离开车站 i 的时刻 $d_{i,k}$ 等于其到达车站 i 的时刻 $a_{i,k}$ 加上停站时间 s_i，车次 k 到达车站 $i+1$ 的时刻等于其离开车站 i 的时刻 $d_{i,k}$ 加上在站间区段

$[i, i+1]$ 上的运行时间 r_i。该过程可描述为以下约束：

$$d_{i,k} = a_{i,k} + s_i, \quad \forall i \in \overline{N}, \ k \in \overline{K} \tag{A.11}$$

$$a_{i+1,k} = d_{i,k} + r_i, \quad \forall i \in \overline{N} \backslash \{N\}, \ k \in \overline{K} \tag{A.12}$$

④ **安全时间间隔约束**

记首班车发车时刻与规划时域开始时刻之差为第 1 个发车时间间隔，车次 k 与前一车次 $k-1$ 在始发站的发车时刻之差为第 k 个发车时间间隔，计算公式如下

$$h_k = \begin{cases} d_{1,k}, & \text{如果 } k = 1 \\ d_{1,k} - d_{1,k-1}, & \text{如果 } k \neq 1 \end{cases} \tag{A.13}$$

通常，为保证列车安全运行，相邻两车次需保持一定安全距离，这就要求相邻两车次间发车间隔大于保证列车安全运行的最小发车间隔。同时，为保证服务质量，避免乘客等待时间过长，相邻两车次间发车间隔小于乘客能够忍耐的等待时间上限。因此，需满足如下约束：

$$h_{\min} \leqslant h_k \leqslant h_{\max}, \quad \forall k \in \overline{K} \tag{A.14}$$

⑤ **列车满载能力约束**

实际运营中，列车需在各站执行停站操作，供乘客上下车。此时，车厢内乘客数量将发生动态变化，如图 A.14 所示（Liu et al., 2018）。车次 k 在车站 i 下车人数的计算由以下约束给出，即在车次 k 已通过的车站上车，并前往当前车站的乘客总数。

$$A_{i,k} = \sum_{i'=1}^{i-1} \sum_{t \in \overline{T}} P_{i',i}(t) \cdot L_{i',k}(t), \quad \forall i \in \overline{N} \backslash \{1\}, \ k \in \overline{K} \tag{A.15}$$

同样，车次 k 在车站 i 的上车人数可由以下约束给出，即在时段 $[d_{i,k-1}, d_{i,k})$ 内到达车站 i，并搭乘车次 k 前往后续车站的乘客总数。

$$B_{i,k} = \sum_{j=i+1}^{N} \sum_{t \in \overline{T}} P_{i,j}(t) \cdot L_{i,k}(t), \quad \forall i \in \overline{N} \backslash \{N\}, \ k \in \overline{K} \tag{A.16}$$

因而，车次 k 停靠在车站 i 时车厢内乘客数量动态变化方程如约束 (A.17) 所示，即车次 k 离开车站 i 时车厢内乘客数量等于其到达该站时车厢内乘客数量减去在该站的下车人数 $A_{i,k}$ 再加上该站的上车人数 $B_{i,k}$（其中，首末站有所差异）。

$$C_{i,k} = \begin{cases} B_{i,k}, & \text{如果 } i = 1, \\ C_{i-1,k} - A_{i,k} + B_{i,k}, & \text{如果 } i \neq 1, N, \quad \forall k \in \bar{K} \\ C_{i-1,k} - A_{i,k}, & \text{如果 } i = N, \end{cases} \tag{A.17}$$

为保证服务质量，车次 k 离开车站 i 时车厢内乘客数量需小于列车的最大满载能力，即满足以下列车满载能力约束：

$$C_{i,k} \leqslant C_{\max}, \quad \forall i \in \overline{N}, \ k \in \overline{K} \tag{A.18}$$

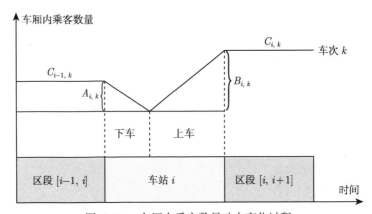

图 A.14　车厢内乘客数量动态变化过程

⑥ 目标函数

下面，将构建模型中考虑的目标函数。由决策变量 y_k 的定义可知，规划时域内开行的有效车次总数为 $\sum y_k$。根据有效服务单位固定成本 Q_0，可得到总运营成本的函数表达式：

$$\text{FC} = \sum_{k \in \bar{K}} y_k \cdot Q_0 \tag{A.19}$$

此外，在实际运营中，乘客进入站台后需等候进站列车，因此乘客总等待时间与列车运行图和乘客数量紧密相关（Shi et al., 2018）。搭乘车次 k 的乘客在车站 i 的累积过程如图 A.15 所示，图中用不同颜色的矩形区分不同时段进入车站的乘客（如：蓝色矩形表示第 2 个时段到达的乘客），纵坐标 $S_{i,k}(t)$ 表示在车站 i 处，车次 $k-1$ 离开后至车次 k 离开前，第 t 个时段内的乘客累积数量，用橙色曲线描述，其计算过程如式 (A.20) 所示。例如，车次 $k-1$ 在第 2 个时刻离开车站 i，搭乘车次 k 的乘客从该时刻开始累积；车次 k 在第 6 个时刻离开车站 i，

此时车站 i 的所有乘客均能乘坐车次 k 离开，没有乘客滞留，因此该时刻的乘客累计数量骤减为 0，车站 i 开始新的累积过程。

$$S_{i,k}(t) = \left(\sum_{\tau=1}^{t} P_i(t) \cdot L_{i,k}(t) \right) \cdot L_{i,k}(t), \quad \forall i \in \overline{N}, \ k \in \overline{K}, \ t \in \overline{T} \quad (A.20)$$

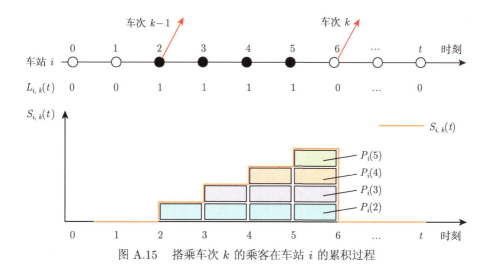

图 A.15 搭乘车次 k 的乘客在车站 i 的累积过程

因而，t 时段累积乘客的等待时间可表示为 $S_{i,k}(t) \cdot \delta$，则所有矩形所覆盖区域的面积即为在车站 i 搭乘车次 k 的所有乘客的总等待时间，如公式 (A.21) 所示。

$$W_{i,k} = \sum_{t \in \overline{T}} S_{i,k}(t) \cdot \delta, \quad \forall i \in \overline{N}, \ k \in \overline{K} \quad (A.21)$$

注意到，上述建模过程假定站台乘客不存在二次等待现象（例如，在客流需求较小的平峰时段）。事实上，在繁忙线路的高峰时段，通常会出现饱和客流及二次等待现象。此时，除以上涉及的变量和约束外，需增加表示客流滞留的辅助变量，相应地，乘客总等待时间的计算方式也会发生改变，具体过程可参考 Shi 等（2018）的文献。

在模型构建中，为了平衡运营成本和乘客等待时间两个目标函数，采用加权求和方法将其整合为该模型的总目标。综上所述，本节构建的面向动态客流的列车运行图模型可表示如下

$$\min = \beta_1 \cdot \text{FC} + \beta_2 \cdot \sum_{k \in \overline{K}} \sum_{i \in \overline{N}} W_{i,k}$$

$$\text{s.t.} \quad \text{约束}(A.4) \sim (A.20)$$

其中，β_1, β_2 为平衡运营成本和乘客等待时间的权重系数，其中 β_2 也可看作时间成本。

（2）求解算法

目前，求解列车运行图的优化算法可分为精确算法和启发式算法。当问题规模不大且模型为混合整数线性规划时，可采用分支定界算法或借助线性优化求解器（例如，CPLEX 等）对其进行精确求解。但当问题规模比较大时，需采用启发式算法。常用的启发式算法有禁忌搜索算法、粒子群算法、变邻域搜索算法等，可依据问题的实际情况进行选择。下面以变邻域搜索算法为例进行详细介绍。

变邻域搜索算法的主要思想是：对初始可行解设置多个不同邻域进行系统搜索。首先采用最小的邻域搜索，若无法改进当前解，则切换到稍大一点的邻域继续搜索；若能够改进当前解，则退回到最小的邻域，否则，继续切换到更大的邻域。为求解上述面向动态客流的列车运行图优化问题，以下将针对式 (A.22) 的非线性规划模型设计变邻域搜索算法，具体步骤可描述如下。

首先，根据决策变量的定义，设置可行解：根据规划时域总长以及始发站发车间隔的最大和最小值（$h_{\max}$, $h_{\min}$），分别计算出可行有效车次数量的最小和最大值（$K_{\min}$, $K_{\max}$）。随机选取有效车次数量 $K_{\min} \leqslant K_l \leqslant K_{\max}$，根据理想末班车在始发站出发时间 $\widetilde{T}$ 和相邻车次的安全时间间隔约束，反向按照 $K_l \rightarrow 1$ 的顺序，依次计算有效车次 k 的可行出发时间 $d_{1,k}$，生成可行的发车时间序列 $\overrightarrow{D} = (d_{1,1},\ d_{1,2},\ \cdots,\ d_{1,K_l})$，形成可行解 $\left(K_l,\ \overrightarrow{D}\right)$。

其次，设置抖动算子 $S_l = \text{produce}\left(K_l,\ \overrightarrow{D}\right)$，即生成有效车次数量为 K_l 的可行解 $\left(K_l,\ \overrightarrow{D}\right)$。其中，$l = 1,\ 2,\ \cdots,\ L$，$L = K_{\max} - K_{\min} + 1$ 且 $K_{\min} \leqslant K_l \leqslant K_{\max}$。因此，抖动算子数量为 L。

最后，设置邻域数量 $M = 2$。定义邻域结构 $N_1 = \text{swap}\,(h_{k_1}, h_{k_2})$，即交换当前发车间隔序列 $\overrightarrow{H} = (h_1,\ h_2,\ \cdots,\ h_{K_l})$ 中的第 k_1 与第 k_2 个发车间隔，生成新的发车时间序列 $\overrightarrow{D'}$，其中 k_1, k_2 为随机选取的有效车次编号，如图 A.16 (a) 所示；定义邻域结构 $N_2 = \text{reverse}\left(\overrightarrow{H}\right)$，即将当前有效车次数量为 K_l 时的发车间隔序列 $\overrightarrow{H} = (h_1,\ h_2,\ \cdots,\ h_{K_l})$ 反向置换 $\overrightarrow{H'} = (h_{K_l},\ h_{K_l-1},\ \cdots,\ h_1)$，生成新的发车时间序列 $\overrightarrow{D''}$，如图 A.16 (b) 所示。

设置解 X 的评价函数 $f(X)$ 为上述模型的目标函数。

记全局最优解为 X，局部最优解为 X'，找不到更优解的搜索次数 count $= 0$，停止条件为 count $\geqslant \text{MAX}_{\text{iteration}}$。输入：抖动算子集合 S_l，其中 $l = 1, 2, \cdots, L$；局部搜索邻域结构 N_m，其中 $m = 1, 2, \cdots, M$。算法执行步骤如下。

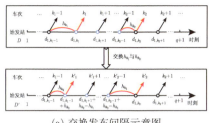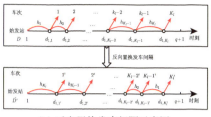

(a) 交换发车间隔示意图   (b) 反向置换发车间隔示意图

图 A.16 邻域动作示意图

步骤 1 产生初始可行解为 $X_0 = \left(K_l, \vec{D} \right)$，令 $X = X_0$，$l = 1$，执行步骤 2。

步骤 2 抖动操作，使用第 l 个算子 S_l 对当前解 X 进行扰动，产生 $X' = S_l(X)$。令 $m = 1$，执行步骤 3。

步骤 3 变邻域操作，变换邻域结构进行局部搜索，不断改进局部最优解 X'。使用邻域 $N_m(X')$ 对 X' 进行局部搜索，若找到邻居 X''，满足 $f(X'') < f(X')$，令 $X' = X''$，$m = 1$。否则，令 $m = m + 1$。若 $m \leqslant M$，重新执行步骤 3，否则，执行步骤 4。

步骤 4 比较局部最优解 X' 与当前最优解 X，若 $f(X') < f(X)$，令 $X = X'$，$l = 1$，count $= 0$。否则，令 $l = l + 1$。若 $l \leqslant L$，执行步骤 2，否则，令 count $=$ count $+ 1$，执行步骤 5。

步骤 5 若不满足终止条件（即 count $\leqslant$ MAX$_{\text{iteration}}$），令 $l = 1$，执行步骤 2。否则，算法停止，输出最优解 X。

变邻域搜索算法流程图，如图 A.17 所示。

（3）案例分析

图 A.18 所示为 2019 年福州地铁 1 号线，该线路共包含 21 个车站，20 个站间区段。给定如下相关参数：以某日早高峰和平峰时段各两小时的实测客流数据作为动态客流需求，该需求呈图 A.13 中灰色区域所示的阶梯状分布，以 15s 为时间粒度将上述两个时段划分为 480 个时间节点；设置规划时域总长为 700 个时间间隔；设置相邻两车次到达或离开同一车站的最小安全时间间隔为 3 分 30 秒，为避免等待时间过长，最大时间间隔为 10 分钟；根据规划时域长度和最小安全时间间隔，设置两小时内可用服务车次总数为 35；列车最大满载能力 $C_{\max}$ 为 1500 人，列车在各站间区段的运行时间如表 A.1 所示，在每个车站的停站时间均为 30 秒；列车每执行一次有效服务的固定成本（职工工资、设备损耗等）Q_0 为 2×10^4 元；模型中的权重系数 $\beta_1 : \beta_2$ 的值为 1:1，变邻域搜索算法的停止条件设置为 count $\geqslant 2000$。基于以上数据，下面调用变邻域搜索算法分别对高峰和平峰时段的运行图优化模型进行求解，并对计算结果做简要分析。

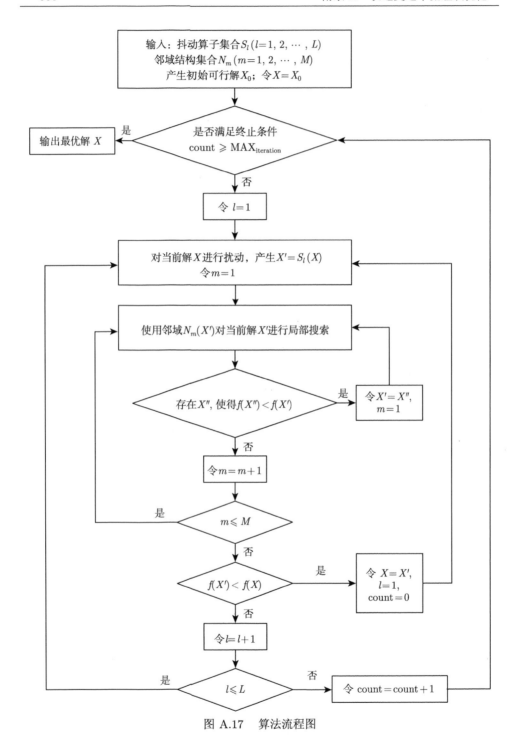

图 A.17　算法流程图

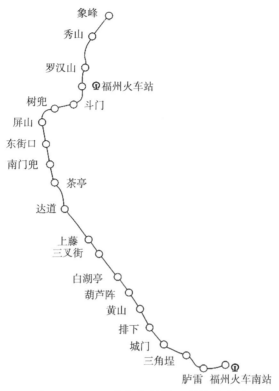

图 A.18　2019 年福州地铁 1 号线线路图

表 A.1　福州地铁 1 号线站间运行时间

区段	运行时间/秒	区段	运行时间/秒
象峰–秀山	120	达道–上藤	135
秀山–罗汉山	105	上藤–三叉街	90
罗汉山–火车站	120	三叉街–白湖亭	105
火车站–斗门	105	白湖亭–葫芦阵	105
斗门–树兜	75	葫芦阵–黄山	75
树兜–屏山	105	黄山–排下	90
屏山–东街口	90	排下–城门	75
东街口–南门兜	90	城门–三角埕	90
南门兜–茶亭	90	三角埕–胪雷	105
茶亭–达道	120	胪雷–火车南站	90

注：本节中用"火车站"代替站名"福州火车站"，用"火车南站"代替站名"福州火车南站"。

　　分别经过 120 秒和 65 秒的 CPU 时间，可得到高峰时段和平峰时段的列车运行图。如图 A.19 所示，高峰时段较平峰时段发车更为密集。在相应的运行图下，各车站的乘客累积过程如图 A.20 所示，两个时段的乘客均可在合理范围内在站台进行累积并被及时服务。其他各项指标列举在表 A.2 中。

表 A.2   计算结果及对比

时段	乘客需求总量 /人次	有效服务车次 数量	固定成本/元	乘客等待时间 （时段）	总成本
高峰 7:00~9:00	39168	23	460000	390567	850567
平峰 12:00~14:00	22098	15	300000	312284	612284

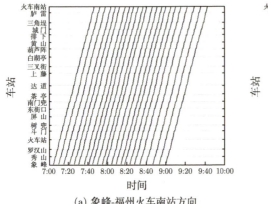

(a) 象峰-福州火车南站方向
高峰时段 列车运行图

(b) 象峰-福州火车南站方向
平峰时段 列车运行图

图 A.19   福州地铁 1 号线列车运行图

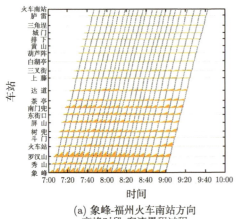
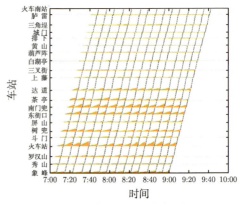

(a) 象峰-福州火车南站方向
高峰时段 客流累积过程

(b) 象峰-福州火车南站方向
平峰时段 客流累积过程

图 A.20   福州地铁 1 号线客流累积过程示意图

由上述结果可知，在高峰时段，由于客流量较大，需开行 23 趟有效车次，以降低乘客的等待时间，提升服务质量；而在平峰时段，客流量较小，相应的有效车次缩减到 15 趟。此时，运营公司能够在保证乘客等待时间不超过期望值的前提下将运营成本降低 33% 左右。此外，由于高峰时段乘客需求量较大，高峰时段的总成本明显高于平峰时段的总成本。

A.2.4 小结

本节首先介绍了轨道交通运行图的一般结构、相关参数以及交路形式，在此基础上介绍了轨道交通列车运行图的编制方法，并给出了一般的建模思路。针对面向乘客出行需求的城市轨道交通列车运行图问题，给出了具体的模型构建过程，并设计了变邻域搜索算法。最后，以福州地铁 1 号线某日的实测客流数据为基础设计了数值算例，对所提模型和算法进行了有效性验证。

A.3　城市轨道交通列车节能优化

随着城市轨道交通运营里程的快速增长、运营规模的不断扩大，城市轨道交通的能耗总量也快速攀升。由此产生的高运行成本和高碳排放量，给运营部门和城市环境带来一定压力。因此，寻找降低城市轨道交通系统能耗的有效方法已经成为运营单位目前关注的焦点之一，同时也对保持我国城市轨道交通可持续发展具有重要的现实意义。

在研究降低城市轨道交通系统能耗方法之前，需要了解其能耗的主要构成。城市轨道交通系统采用电力供应方式，其电力消耗主要体现在保障车辆牵引系统、车辆辅助系统、车站通风空调系统、车站电扶梯、车站照明系统、给排水系统等的正常运转上。按照用途，可将整个城市轨道交通系统能耗构成概括为列车牵引能耗和非列车牵引能耗，如图 A.21 所示。

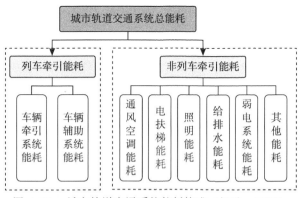

图 A.21　城市轨道交通系统能耗构成（杨欣，2016）

列车牵引能耗是城市轨道交通系统总能量消耗的主体，占 40%～50%。因此，减少列车牵引能耗是城市轨道交通系统节能的重要手段之一。注意到，列车运行过程中，供电网上的电能除用于车载辅助系统外，一部分用于克服阻力做功，另一部分则在牵引和制动过程中发生损耗（如变压器、变流器、变速箱等相关硬件设备的损耗）。此外，列车采用再生制动时，还可将自身的机械能转化为电能并反馈到接触网，以供其他牵引列车吸收利用。列车牵引能耗分布如图 A.22 所示。这里以 BR425 型城市轨道交通列车为例，不同类型列车在运行过程中的牵引能量各部分所占比例会有稍许不同，但与其类似。

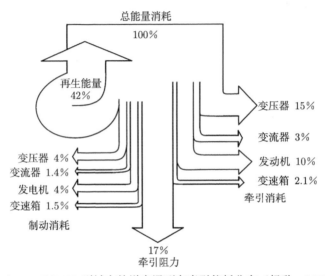

图 A.22　BR425 型城市轨道交通列车牵引能耗分布（杨欣，2016）

　　由图 A.22 可以看出，列车牵引能量消耗主要为牵引过程中的消耗（约 58%）和再生能量利用（约 42%）。因此，城市轨道交通系统节能优化的两个重要研究思路为：① 优化列车运行速度曲线，实现列车节能运行，从而直接降低列车牵引能耗；② 优化列车运行图，提高再生能量直接利用率，从而间接降低列车牵引能耗。接下来，将基于上述两种思路，介绍城市轨道交通节能优化方法。

A.3.1　列车速度曲线节能优化

　　城市轨道交通自动驾驶系统中，通常需要将一组预先生成的速度曲线嵌入到 ATO（automatic train operation）控制系统，列车通过追踪目标速度曲线以实现自动驾驶。因此，降低城市轨道交通系统能耗的一种有效途径是优化列车运行速度曲线，通过节能运行来降低系统能耗。下面，将简要介绍列车节能速度曲线的优化方法。

（1）问题描述

列车运行过程中，通常包括牵引、巡航、惰行、制动四种工况。当列车处于牵引工况时，速度不断增大；当列车处于巡航工况时，速度保持不变；而列车处于惰行与制动工况时，速度减小。四种工况的先后顺序及转换点能够确定列车的运行速度曲线。为了更清楚地说明列车运行工况与速度曲线之间的关系，图 A.23（绿色曲线为列车在站间的运行速度曲线，红色虚线为站间最大速度限制）给出了列车站间运行速度曲线示意图。可以看到，在该曲线中，列车由车站 A 到 S_1，速度不断增大，处于牵引阶段；由 S_1 到 S_2，速度保持不变，处于巡航阶段；自 S_2 速度增大，再次进入牵引阶段；由 S_3 到 S_4，速度不断减小，处于惰行阶段；之后由 S_4 到 S_5，速度保持不变，处于巡航阶段；经过 S_5 到 S_6 的惰行阶段，于 S_6 处开始制动，最后速度减为 0，到达车站 B。列车在运行过程中，只有牵引和巡航阶段需要牵引力做功，因而会产生牵引能耗，而在惰行阶段和减速阶段无需牵引力做功，故不产生牵引能耗。由于不同的工况对应不同的牵引能耗，因此，可通过合理安排列车运行中的加速、巡航、惰行、制动过程，优化列车运行速度曲线，从而达到最小化列车牵引能耗的目的。

列车运行过程中，为保障行车安全，运行速度禁止超过最大限速。由于站间各区段线路情况的差异，不同区段的最大限速可能不同。如图 A.23 中红色虚线所示，列车在车站 A 与车站 B 之间运行共有四种不同的最大限速。此外，轨道坡度（图 A.23 阴影部分）会影响列车牵引能耗，从而影响列车速度曲线优化。

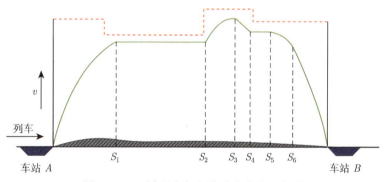

图 A.23   列车站间运行的速度曲线示意图

可以看出，图 A.23 中采用了距离–速度的形式刻画列车运行速度曲线。实际上，列车在站间运行时通常有一定的时间限制，因而运行时间在速度曲线的优化中也将成为一个重要的指标。鉴于此，为方便建立模型，下面将构建距离–时间–速度网络求解列车站间运行的速度曲线。

若将时间作为第三维加入列车速度曲线的刻画，即可将列车在站间的运行速度曲线看作距离–时间–速度三维空间中的一条路径。下面,将详细介绍距离–时间–速度三维网络的构建过程。首先,将列车在站间运行的时段 $[0, T]$ 按照时间粒度 Δt 离散为 N_1 个区段,则集合 $\{0, t_1 = \Delta t, t_2 = 2\Delta t, \cdots, t_{N_1} = T\}$ 即可看作列车站间运行时段 $[0, T]$ 的近似集合。显然,Δt 越小,N_1 越大(区段数越多),近似就越精确。同理,分别将列车站间运行速度和站间距离按照区间长度 Δv 和 Δs 进行离散,得到列车区间运行速度 $[0, V]$ 的近似集合 $\{0, v_1 = \Delta v, v_2 = 2\Delta v, \cdots, v_{N_2} = V\}$ 和站间距离 $[0, S]$ 的近似集合 $\{0, s_1 = \Delta s, s_2 = 2\Delta s, \cdots, s_{N_3} = S\}$。如图 A.24 所示,经上述过程,所涉及的距离–时间–速度空间即可采用一系列距离–时间–速度离散点来近似,这些离散点即构成了距离–时间–速度三维网络中的节点集 N。网络中任意两点 $i(s, t, v)$ 和 $j(s', t', v')$ 的连线构成网络中的弧 $(i, j) \in A$。综上,所构建的距离–时间–速度网络可表示为 $G(N, A)$。此外,为了符合实际运行过程的相关约束,需要对网络 $G(N, A)$ 进行如下限制。

① 节点

起点 o:列车出发位置、出发时刻、出发速度分别为 0,故起点应为 $(0, 0, 0)$;

终点 d:由于站间区间长度为 S,运行时间为 T,终点速度为 0,故终点为 $(S, T, 0)$;

中间节点 $i(s, t, v) \in N \backslash \{o, d\}$:首先,由于列车在站间运行不允许停车,故 $v > 0$ 或 $v \geqslant \Delta v$;其次,列车在站间运行速度不能超过区间允许的最大速度 $V_{\max}$,即 $v \leqslant V_{\max}$。

② 弧段

已知两点 $i(s, t, v)$ 和 $j(s', t', v')$,对于弧 $(i, j) \in A$,必有 $s' > s, t' > t$;此外,弧对应的加速度 $a_{ij} = (v' - v) / (t' - t)$,应当满足 $a_{\min} \leqslant a_{ij} \leqslant a_{\max}$。其中 $a_{\min}$ 和 $a_{\max}$ 分别为列车所能提供的最小和最大加速度。

可以看出,列车运行速度曲线实际是网络 $G(N, A)$ 中从起点 o 到终点 d 的一条三维空间曲线。如图 A.24,从 $o(0, 0, 0)$ 到 $d(S, t_4, 0)$ 的红色曲线即为一条速度曲线。其在 S-V 平面的蓝色投影为 S-V 曲线,也就是对应的二维空间的速度曲线;其在 T-V 平面的黄色投影为 T-V 曲线。由于本研究的目标为求解牵引能耗最小的速度曲线,因此可将网络中两点间对应的牵引能耗作为相应弧的属性。因此,最小化列车运行牵引能耗问题即可转化为网络 $G(N, A)$ 中的最短路问题。

接下来,将简要介绍计算列车在弧 (i, j) 上的牵引能耗的过程。

由戴维斯方程可得列车在弧 (i, j) 上运行的基本阻力为

$$F_{ij}^1 = Mg(A_2 V_{ij}^2 + A_1 V_{ij} + A_0) \tag{A.23}$$

其中,M 为列车运行过程中质量,g 为重力加速度,A_0, A_1, A_2 为基本阻力方程系数,V_{ij} 为列车在弧 (i, j) 上的运行速度。

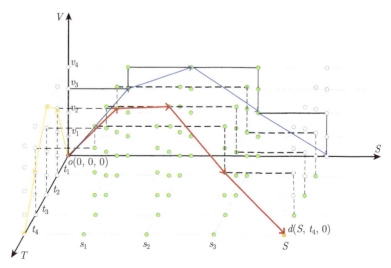

图 A.24   站间距离–时间–速度网络示意图

列车在实际运行过程中，当 Δs 取值足够小时，加速度的变化可忽略不计，因此，为了计算简便，在此假设每个 Δs 内，列车加速度恒定不变，列车做匀加速运动。故可用平均速度 $\overline{V}_{ij} = (V_i + V_j)/2$ 替换速度 V_{ij}，

$$F_{ij}^1 = Mg(A_2\overline{V}_{ij}^2 + A_1\overline{V}_{ij} + A_0) \tag{A.24}$$

设 θ_{ij} 为弧 (i, j) 上轨道和列车行驶方向的梯度角，由受力分析易知坡道附加阻力为

$$F_{ij}^2 = Mg\sin\theta_{ij} \tag{A.25}$$

一般地铁线路上的坡度都比较小，量级为千分度，则有 $\sin\theta_{ij} \approx \theta_{ij}$。因此

$$F_{ij}^2 = Mg\theta_{ij} \tag{A.26}$$

已知列车在弧 (i, j) 上运行的加速度为 a_{ij}，因此，由牛顿第二定律可知列车在弧 (i, j) 上受到的牵引力为

$$F_{ij} = Ma_{ij} + F_{ij}^1 + F_{ij}^2 \tag{A.27}$$

相应的牵引能耗为

$$e_{ij} = \gamma \int_{t=t_i}^{t=t_j} F_{ij}V_{ij}\mathrm{d}t = \gamma F_{ij}\overline{V}_{ij} \tag{A.28}$$

其中，γ 为列车运行过程中电能到机械能的转化率，t_i, t_j 分别为列车到达节点 i, j 的时间。

（2）数学模型

为便于表述，下面将建模过程中所用到的符号、参数、变量及其含义表述如下。

1）相关参数

N：距离–时间–速度网络中节点的集合；

A：距离–时间–速度网络中弧段的集合；

i, j：距离–时间–速度网络中的节点；

(i, j)：距离–时间–速度网络中的弧；

e_{ij}：列车按弧 (i, j) 运行的牵引能耗；

E：列车站间运行的总牵引能耗。

2）决策变量

x_{ij}：二进制变量，表示是否选择弧 (i, j)。如果弧 (i, j) 被选择，$x_{ij} = 1$；否则，$x_{ij} = 0$。

下面，将基于上述决策变量，介绍最优速度曲线生成过程中涉及的目标函数及系统约束条件。

由前面描述知，弧 (i, j) 对应的牵引能耗为 e_{ij}，故列车在站间运行的总牵引能耗为

$$E = \sum_{(i,j) \in A} e_{ij} x_{ij} \tag{A.29}$$

则该问题的目标函数为

$$\min E = \sum_{(i,j) \in A} e_{ij} x_{ij} \tag{A.30}$$

由前面分析知，该问题的本质是在距离–时间–速度三维网络中，搜索牵引能耗最小的列车运行曲线，即最短路径。因此，模型需满足如下的流量平衡约束：

$$\sum_{(i,j) \in A} x_{ij} - \sum_{(j,i) \in A} x_{ji} = \begin{cases} 1, & \text{如果 } i = o, \\ -1, & \text{如果 } i = d, \\ 0, & \text{如果 } i \neq o, d \end{cases} \tag{A.31}$$

综上，可构建如下列车节能运行速度曲线的优化模型：

$$\min E = \sum_{(i,j) \in A} e_{ij} x_{ij}$$

$$\text{s.t.} \sum_{(i,j) \in A} x_{ij} - \sum_{(j,i) \in A} x_{ji} = \begin{cases} 1, & \text{如果 } i = o, \\ -1, & \text{如果 } i = d, \\ 0, & \text{如果 } i \neq o, d \end{cases} \tag{A.32}$$

$$x_{ij} \in \{0, 1\}$$

（3）数值算例

下面将给出一系列数值实验以验证所提模型的可行性和有效性。在实验设计中，站间距离长度为 1000 米，列车站间运行时间设在 80s 到 90s 之间。在该站间，列车处于 [0,200]，[200,800] 和 [800,1000] 三个区段的最大速度限制分别为 16m/s，22m/s，15m/s。为了构建距离–时间–速度网络，将站间距离按照每 40 米离散为一个区段，区间运行时间按照每 0.2 秒离散为一个区段，速度按照每 2m/s 离散为一个区段。根据实际情况，得到每个距离区间对应的轨道坡度值。此外，列车质量设定为 300t。

通过分析知，所构建的模型为线性规划模型，因此可直接利用 CPLEX 求解得到最优速度曲线。根据经验，列车在站间运行消耗的能量同行驶时间有关，且列车在站间运行时间越长，消耗能量越少。因此，列车站间运行时间的设定，直接影响优化的速度曲线。接下来，将通过设定不同的站间运行时间，进行一系列数值实验，探讨其与速度曲线节能优化的关系。相关结果如表 A.3 所示。

表 A.3 实验结果对比

站间运行时间/s	数值实验结果	
	站间运行能耗/J	模型求解时间/s
82	1.51×10^8	0.9
84	1.50×10^8	1.4
86	1.48×10^8	1.7
88	1.27×10^8	3.3
90	1.25×10^8	4.0

由表 A.3 可以看出，随着站间运行时间上限的逐渐增大，最优速度曲线对应的能耗（模型目标值）逐渐减小，因而符合实际经验结论。对应于不同的运行时间上限，所得到的时间–距离–速度最优曲线及其在各平面内的投影可参见图 A.25。

从图 A.25 中可看出，求解得到的最优速度曲线均符合先加速到最大速度，再匀速行驶，之后再减速的大致趋势。不同之处在于加减速的持续时间（曲线的加速度大小不同）和最大速度的持续时间。一般地，时间限制越小，越快加到最大速度，对应的最大速度持续时间越长，能耗越大，符合实际运行情况。因此，上述数值实验结果也验证了所提模型的可行性和有效性。

综上可知，区间运行时间是列车节能速度曲线优化过程中的一个重要参数，也可将其视为连接节能速度曲线和列车运行图节能优化问题的关键纽带，从而在系统优化层面上实现列车运行图和速度曲线的协同优化。

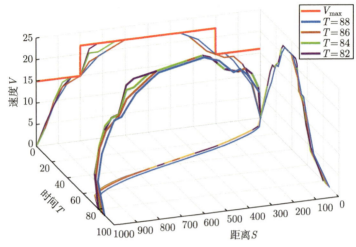

图 A.25   不同站间运行时间下的最优速度曲线

A.3.2   列车运行图节能优化

本节首先分析了城市轨道交通运营中客流、车流与能量流的三相耦合关系,在此基础上,提出基于运行速度曲线选择的列车运行节能优化模型。该模型基于多客流场景的动态特征,推演了不同方案下牵引能耗与再生制动能的变化,通过比选全线路列车速度曲线的选择方案,实现在列车运行图层面的鲁棒节能优化。最后,以北京地铁亦庄线的运营数据为背景设计了数值算例,对所提方法进行了分析与评价。

(1)列车曲线选择

实际运营中,通常需将一组预先生成的速度曲线嵌入到 ATO 系统中,列车通过追踪指定的速度曲线实现自动驾驶。如图 A.26 所示,区间上不同的速度曲线所对应的时间、距离和速度状态往往是不同的,因而其相应的能耗也不尽相同。由上一节分析可知,列车能耗与区间运行时间紧密相关。通常情况下,列车追踪具有较长运行时间的速度曲线,其耗能较少。此外,能耗与运载质量也有直接联系。在相同环境下,列车运载质量越小,其能耗越低。一般来说,列车运载质量通常包含车底轴重与乘客质量两个部分。在运营中,由于客流需求在一天之内随着时间的变化而变化,且不同日期的客流需求也具有明显的差异,因而客流具有动态性和随机性,从而导致了运载质量的动态随机性。鉴于此,下面将在考虑客流需求动态性和随机性的基础上,研究城市轨道交通线路上的鲁棒速度曲线选择问题,从而实现面向列车运行图层面的鲁棒节能优化。

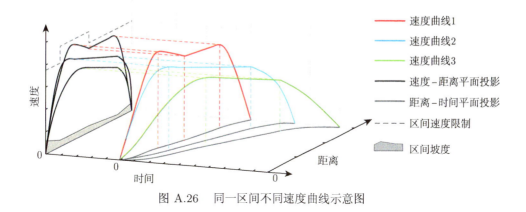

图 A.26 同一区间不同速度曲线示意图

（2）问题描述

城市轨道交通列车运行图规定了各次列车在车站的到发或通过时刻。如图 A.27 所示，当车头时距已知的情况下，运行图仅与区间运行时间和站台等待时间有关，其中区间运行时间又受到车底周转时间的限制。因此，基于轨道交通线路的列车速度曲线的选择通常侧重于对列车区间运行时间的优化，属于运行图编制的一部分。

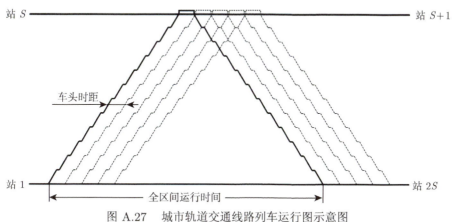

图 A.27 城市轨道交通线路列车运行图示意图

本研究考虑图 A.28 所示的城市轨道交通双向线路，其中包含 S 个物理车站，每个物理车站分为上行方向和下行方向的两个车站。线上列车首先从上行方向起始站 1 运行至站 S，再通过线上折返操作进入下行方向初始站 $S+1$，之后运行到站 $2S$ 后再次通过线上折返操作返回站 1，该过程如图 A.27 中实线运行线所示。我们将该过程定义为全区间运行过程，并将该过程经历的时间定义为全区间运行时间。本研究的目的是优化全区间运行过程中 $2S-2$ 个区间的速度曲线选择方案（其中，区间 S 和 $2S$ 为折返区间，不涉及速度曲线选择），之后各次列车将依据优化后的全区间运行速度曲线来运行。同时，为保证优化方案的鲁棒性，将考虑多组客流和车头时距场景，并采用多场景下的期望能耗作为优化的目标。下面将具体介绍模型的构建过程。

（3）速度曲线优化模型

1）决策变量和目标函数

本节以图 A.28 所示的城市轨道交通线路为例，介绍速度曲线选择优化方法。下面首先定义建模过程中涉及的集合及其索引。

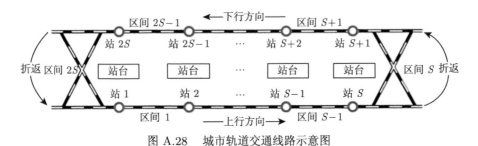

图 A.28　城市轨道交通线路示意图

$\mathcal{N} = \{1, \cdots, N\}$：车次集合，$k \in \mathcal{N}$；

$\mathcal{S} = \{1, \cdots, 2S\}$：车站集合，也是区间集合，$i, j \in \mathcal{S}$；

$\mathcal{T} = \{1, \cdots, T\}$：离散时间段集合，$t \in \mathcal{T}$；

$\mathcal{W} = \{1, \cdots, W\}$：场景集合，$\omega \in \mathcal{W}$；

$\mathcal{L}_i = \{1, \cdots, L_i\}$：区间 i 速度曲线备选集，$l \in \mathcal{L}_i$。

曲线选择问题的决策变量定义如下：

$x_{i,l}$：0-1 变量，若区间 i 的曲线 l 被选择时等于 1；否则等于 0。

本节考虑了多组客流场景，因此以最小化能耗的期望值作为目标函数。设每个场景发生的概率为 p^ω，客流场景 ω 下区间 i 上时间段 t 内的能耗为 $e_i^\omega(t)$，则目标函数可以表示为

$$z_{obj} = \sum_{\omega \in \mathcal{W}} \sum_{i \in \mathcal{S}} \sum_{t \in \mathcal{T}} p^\omega \cdot e_i^\omega(t) \tag{A.33}$$

其中，$p^1 = p^2 = \cdots = p^W$ 且 $\sum\limits_{\omega \in \mathcal{W}} p^\omega = 1$。

为刻画决策变量对目标函数的影响，需要分析城市轨道交通运营中车流、客流与能量流的三相耦合关系，并分别建立三个部分的模型。具体地，车流模型确定每个场景下的运行图，客流模型将各场景下的动态客流与各车次匹配，能量流

模型利用运行图信息和载客信息计算每个场景的能耗并求多场景的期望能耗。下面将分别介绍这三个部分的建模过程。

2）车流建模

城市轨道交通中车流由线上运行的各次列车组成。为便于构建车流模型，首先对其中涉及的参数和变量进行定义：

H_k^{ω}：场景 ω 下车次 k 与车次 $k-1$ 之间的车头时距；

$T_{i,l}^{(t)}$：区间 i 上速度曲线 l 对应的旅行时间；

$T_i^{(d)}$：列车在车站 i 的停站时间；

$T^{(a)}$：线上折返操作所需时间；

$T^{(c)}$：全区间运行时间；

$a_{k,i}^{\omega}$：场景 ω 下车次 k 到达车站 i 的时间；

$d_{k,i}^{\omega}$：场景 ω 下车次 k 离开车站 i 的时间。

车流模型包含基本的运行约束来刻画列车运行的基本情况，具体包含约束如下：

$$d_{k,1}^{\omega} = d_{k-1,1}^{\omega} + H_k^{\omega}, \quad \forall k \in \mathcal{N} \backslash \{1\}, \ \omega \in \mathcal{W} \tag{A.34}$$

$$a_{k,i}^{\omega} = d_{k,i-1}^{\omega} + \sum_{l \in \mathcal{L}_{i-1}} x_{i-1,l} \cdot T_{i-1,l}^{(t)}, \quad \forall i \in \mathcal{S} \backslash \{1, S+1\}, \ k \in \mathcal{N}, \ \omega \in \mathcal{W} \tag{A.35}$$

$$d_{k,i}^{\omega} = a_{k,i}^{\omega} + T_i^{(d)}, \quad \forall i \in \mathcal{S}, \ k \in \mathcal{N}, \ \omega \in \mathcal{W} \tag{A.36}$$

$$\sum_{l=\mathcal{L}_i} x_{i,l} = 1, \quad \forall i \in \mathcal{S} \backslash \{S, 2S\} \tag{A.37}$$

$$d_{k,2S}^{\omega} - d_{k,1}^{\omega} + T^{(a)} + T_1^{(d)} = T^{(c)}, \quad \forall k \in \mathcal{N}, \ w \in \mathcal{W} \tag{A.38}$$

约束 (A.34) 规定了相邻两个列车之间的车头时距，其中每个场景下各列车与前车之间的车头时距可以通过 H_k^{ω} 确定。通过约束 (A.35) 和 (A.36) 可以递推每个场景下各列车在各车站的到发时间。各区间的旅行时间与曲线选择方案 $x_{i,l}$ 有关，约束 (A.37) 规定了每个区间曲线选择方案的唯一性。约束 (A.38) 规定了曲线选择方案需要满足全区间运行时间的限制，其中全区间运行时间为一个给定的参数。

3）客流建模

客流模型是为了计算各次列车离开各站点时的载客人数，从而计算载客质量。建立客流模型涉及的参数和变量如下：

$P_{i,j}^{\omega}(t)$：客流场景 ω 下时间段 t 内到达车站 i 并以车站 j 为目的地 (OD 为 $i \to j$) 的乘客数量，其中不存在跨方向乘车的乘客，即当 $1 \leqslant i \leqslant S$ 且 $S+1 \leqslant j \leqslant 2S$ 时，或 $S+1 \leqslant i \leqslant 2S$ 且 $1 \leqslant j \leqslant S$ 时，$P_{i,j}^{\omega}(t) = 0$；

$m_{k,i}^{\omega}$：客流场景 ω 下车次 k 离开车站 i 时的载客人数；

$n_{k,i}^{\omega(\omega)}$：客流场景 ω 下在车站 i 等待车次 k 的乘客数量；

$n_{k,i,j}^{\omega(w)}$：客流场景 ω 下等待车次 k 且 OD 为 $i \to j$ 的乘客数量；

$n_{k,i}^{\omega(a)}$：客流场景 ω 下车次 k 在车站 i 下车的乘客数量；

$n_{k,i}^{\omega(b)}$：客流场景 ω 下车次 k 在车站 i 上车的乘客数量；

$n_{k,i,j}^{\omega(b)}$：客流场景 ω 下车次 k 在车站 i 上车且 OD 为 $i \to j$ 的乘客数量；

$n_{k,i,j}^{\omega(l)}$：客流场景 ω 下车次 k 离开车站 i 后在车站上滞留且 OD 为 $i \to j$ 的乘客数量。

客流模型建立如下。

首先，各次列车上的载客人数与前站载客人数和本站的上车人数、下车人数有关：

$$m_{k,i}^{\omega} = m_{k,i-1}^{\omega} - n_{k,i}^{\omega(a)} + n_{k,i}^{\omega(b)}, \quad \forall i \in \mathcal{S} \backslash \{1, S+1\}, \ k \in \mathcal{N}, \ \omega \in \mathcal{W} \quad (\text{A.39})$$

其中，车站 1 和车站 $S+1$ 各次列车上的载客人数等于该站的上车人数。此外，考虑到列车的容量有限，因此上车人数与列车的剩余容量有关：

$$n_{k,i}^{\omega(b)} = \min \left\{ n_{k,i}^{\omega(w)}, C^{(n)} - m_{k,i-1}^{\omega} + n_{k,i}^{\omega(a)} \right\}, \quad \forall i \in \mathcal{S} \backslash \{1, S+1\}, \ k \in \mathcal{N}, \ \omega \in \mathcal{W}$$
$$(\text{A.40})$$

其中，车站 1 和车站 $S+1$ 各次列车的剩余容量均为列车容量 $C^{(n)}$。若列车剩余容量足够，站台上等待的乘客全部可以上车，否则只能有部分等待乘客上车，未上车的乘客形成滞留乘客：

$$n_{k,i}^{\omega(b)} = \min \left\{ n_{k,i}^{\omega(w)}, C^{(n)} - m_{k,i-1}^{\omega} + n_{k,i}^{\omega(a)} \right\}, \quad \forall i \in \mathcal{S} \backslash \{1, S+1\}, \ k \in \mathcal{N}, \ \omega \in \mathcal{W}$$
$$(\text{A.41})$$

滞留乘客继续在站台等待下一次列车：

$$n_{k,i,j}^{\omega(w)} = n_{k-1,i,j}^{\omega(l)} + \int_{d_{k-1,i}^{\omega}}^{d_{k,i}^{\omega}} P_{i,j}^{\omega}(t) \mathrm{d}t, \quad \forall i, j \in \mathcal{S}, \ k, k-1 \in \mathcal{N}, \ \omega \in \mathcal{W} \quad (\text{A.42})$$

且规定当最后车次列车驶离时，各个站没有滞留乘客：

$$n_{N,i}^{\omega(l)} = 0, \quad \forall i \in \mathcal{S}, \ \omega \in \mathcal{W} \quad (\text{A.43})$$

上车乘客的数量通过公式 (A.40) 可得到，而对于上车乘客的 OD，引入均匀混合假设，即上车乘客的 OD 分布与站台等待乘客的 OD 分布保持一致，即

$$n_{k,i}^{\omega(a)} = \sum_{j \in \mathcal{S} \ \text{且} j < i} n_{k,j,i}^{\omega(b)}, \quad \forall i \in \mathcal{S}, \ k \in \mathcal{N}, \ \omega \in \mathcal{W} \quad (\text{A.44})$$

通过上车乘客的数量信息和 OD 信息，可以推算各次列车在各车站下车的人数：

$$n_{k,i}^{\omega(a)} = \sum_{j\in\mathcal{S}\ \text{且}\ j<i} n_{k,j,i}^{\omega(b)}, \quad \forall i\in\mathcal{S},\ k\in\mathcal{N},\ \omega\in\mathcal{W} \tag{A.45}$$

另外，模型还需要以下两个基本约束：

$$n_{k,i}^{\omega(w)} = \sum_{j\in\mathcal{S}\ \text{且}\ j>i} n_{k,i,j}^{\omega(w)}, \quad \forall i\in\mathcal{S},\ k\in\mathcal{N},\ \omega\in\mathcal{W} \tag{A.46}$$

$$n_{k,i}^{\omega(b)} = \sum_{j\in\mathcal{S}\ \text{且}\ j>i} n_{k,i,j}^{\omega(b)}, \quad \forall i\in\mathcal{S},\ k\in\mathcal{N},\ \omega\in\mathcal{W} \tag{A.47}$$

式 (A.39)~(A.47) 构成了客流模型，在各场景的客流和车流信息已知的情况下，通过客流模型可将客流与车流进行合理匹配，从而得到各次列车的载客人数。

4）能量流建模

如图 A.29 所示，城市轨道交通列车在区间运行的过程中伴随多种能量转化。在牵引过程中电机将供电网供给的电能转化为机械能牵引车辆，在制动过程中如果满足条件可以使用再生制动将机械能转化为电能，不满足条件则使用空气制动将机械能转化为热能，并使用空调系统降温。在能量流模型中，首先通过速度曲线计算机械能，再利用图 A.29 中的转化率参数进一步求得供电网供给能耗和再生能量，从而最终计算速度曲线在运行图层面的净能耗。

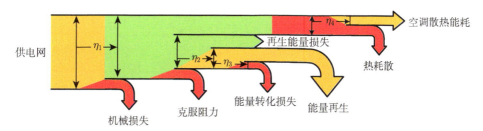

图 A.29　列车区间运行能量流转化过程

能量流建模涉及的参数和变量如下：

$R_{i,l}^{(g)}(t)$：区间 i 上的曲线 l 在时间段 t 对应的重力阻抗；

$R_{i,l}^{(c)}(t)$：区间 i 上的曲线 l 在时间段 t 对应的轨道阻抗；

$F_{i,l}^{(b)}(t)$：区间 i 上的曲线 l 在时间段 t 对应的基本阻力；

$V_{i,l}(t)$：区间 i 上的曲线 l 在时间段 t 对应的平均速度；

$A_{i,l}(t)$：区间 i 上的曲线 l 在时间段 t 对应的平均加速度；

$G_{i,l}(t)$：区间 i 上的曲线 l 在时间段 t 对应的曲柄操作状态；

$f_{k,i,l}^{\omega(a)}(t)$：客流场景 ω 下车次 k 在区间 i 上执行曲线 l 在时间段 t 对应的牵引力；

$f_{k,i,l}^{\omega(b)}(t)$：客流场景 ω 下车次 k 在区间 i 上执行曲线 l 在时间段 t 对应的制动力；

$r_{k,i}^{\omega(a)}(t)$：客流场景 ω 下车次 k 在区间 i 上在时间段 t 对应的牵引功率；

$r_{k,i}^{\omega(b)}(t)$：客流场景 ω 下车次 k 在区间 i 上在时间段 t 对应的制动功率；

$e_i^{\omega}(t)$：客流场景 ω 下区间 i 上在时间段 t 对应的净能耗；

η_1：能量转化系数；

$M^{(p)}$：乘客平均质量；

$M^{(n)}$：空载列车轴重。

能量流模型建模如下。

城市轨道交通列车在运行的过程中，电机的状态根据曲柄操作状态分为牵引、空转和制动三个状态，对应 $G_{i,l}(t)$ 的取值分别为 1,0 和 -1。具体来说，当 $G_{i,l}(t) = 1$ 时，发动机牵引列车，为列车提供动能；当 $G_{i,l}(t) = 0$ 时，发动机空转，不耗能不产能；当 $G_{i,l}(t) = -1$ 时，发动机反转进入制动状态，该状态下可以再生电能。根据 $G_{i,l}(t)$ 可求得客流场景 ω 下车次 k 在区间 i 上执行曲线 l 在时间段 t 对应的牵引力和制动力分别如下

$$f_{k,i,l}^{\omega(a)}(t) = \begin{cases} \begin{aligned} &\left(M^{(n)} + M^{(p)} \cdot m_{k,i}^{\omega}\right) \\ &\cdot \left[A_{i,l}(t) + \left(R_{i,l}^{(g)}(t) + R_{i,l}^{(c)}(t)\right) \cdot g\right] + F_{i,l}^{(b)}(t), \end{aligned} & \text{如果 } G_{i,l}(t) > 0 \\ 0, & \text{如果 } G_{i,l}(t) \leqslant 0 \end{cases}$$

$$\forall i \in \mathcal{S}, k \in \mathcal{N}, l \in \mathcal{L}_i, \omega \in \mathcal{W}, t \in \left(0, T_{i,l}^{(t)}\right]$$

$$(\text{A.48})$$

$$f_{k,i,l}^{\omega(b)}(t) = \begin{cases} \begin{aligned} &\left(M^{(n)} + M^{(p)} \cdot m_{k,i}^{\omega}\right) \\ &\cdot \left[A_{i,l}(t) - \left(R_{i,l}^{(g)}(t) + R_{i,l}^{(c)}(t)\right) \cdot g\right] + F_{i,l}^{(b)}(t), \end{aligned} & \text{如果 } G_{i,l}(t) < 0 \\ 0, & \text{如果 } G_{i,l}(t) \geqslant 0 \end{cases}$$

$$\forall i \in \mathcal{S}, k \in \mathcal{N}, l \in \mathcal{L}_i, \omega \in \mathcal{W}, t \in \left(0, T_{i,l}^{(t)}\right]$$

$$(\text{A.49})$$

基本阻力 $F_{i,l}^{(b)}(t)$ 可通过戴维斯方程 $F_{i,l}^{(b)}(t) = R_0 + R_1 V_{i,l}(t) + R_2 V_{i,l}^2(t)$ 求得。其中 R_1, R_2 和 R_3 均为参数。已知牵引力和制动力信息，可以进一步根据曲线选择方案 $x_{i,l}$ 来得到列车实际在各个区间上的牵引功率和制动功率分别如下

$$r_{k,i}^{\omega(a)}(t) = \begin{cases} \dfrac{1}{\eta_1} \cdot \sum\limits_{l \in \mathcal{L}_i} x_{i,l} \cdot f_{k,i,l}^{(a)}\left(t - d_{k,i}^{\omega}\right) & \text{如果 } t - d_{k,i}^{\omega} \in \left(0, T_{i,l}^{(t)}\right] \\ \cdot V_{i,l}\left(t - d_{k,i}^{\omega}\right), & \\ & \text{如果 } t - d_{k,i}^{\omega} \notin \left(0, T_{i,l}^{(t)}\right] \\ 0, & \forall k \in \mathcal{N}, \ i \in \mathcal{S}, \ \omega \in \mathcal{W} \end{cases} \tag{A.50}$$

$$r_{k,i}^{\omega(b)}(t) = \begin{cases} \eta_2 \cdot \sum\limits_{l \in \mathcal{L}_i} x_{i,l} \cdot f_{k,i,l}^{(b)}\left(t - d_{k,i}^{\omega}\right) & \text{如果 } t - d_{k,i}^{\omega} \in \left(0, T_{i,l}^{(t)}\right] \\ \cdot V_{i,l}\left(t - d_{k,i}^{\omega}\right), & \\ & \text{如果 } t - d_{k,i}^{\omega} \notin \left(0, T_{i,l}^{(t)}\right] \\ 0, & \forall k \in \mathcal{N}, \ i \in \mathcal{S}, \ \omega \in \mathcal{W} \end{cases} \tag{A.51}$$

线上列车在运营过程中,列车制动时如果有其他列车处于牵引状态,则可产生再生电能供同一供电区间内牵引列车即时利用,未能利用的部分则通过空气制动转化为热能并由空调系统转移。因此,各区间列车净能耗可通过如下公式计算:

$$e_i^{\omega}(t) = \begin{cases} \sum\limits_{k \in \mathcal{N}} \left[r_{k,i}^{\omega(a)}(t) - r_{k,i}^{\omega(b)}(t) \cdot \eta_3 \right], & \text{如果 } \sum\limits_{k \in \mathcal{N}} r_{k,i}^{\omega(a)}(t) > \sum\limits_{k \in \mathcal{N}} r_{k,i}^{\omega(b)}(t) \cdot \eta_3 \\ \sum\limits_{k \in \mathcal{N}} \left[r_{k,i}^{\omega(b)}(t) \cdot \eta_3 - r_{k,i}^{\omega(a)}(t) \right] \cdot \eta_4, & \text{如果 } \sum\limits_{k \in \mathcal{N}} r_{k,i}^{\omega(a)}(t) \leqslant \sum\limits_{k \in \mathcal{N}} r_{k,i}^{\omega(b)}(t) \cdot \eta_3 \end{cases}$$
$$\forall i \in \mathcal{S}, \ \omega \in \mathcal{W}, \ t \in \mathcal{T} \tag{A.52}$$

显然,通过公式 (A.52),我们即可计算模型的目标函数公式 (A.33)。

5)列车曲线节能优化模型

综合上述车流模型、客流模型和能量流模型,本节提出的列车曲线节能优化模型建立如下

$$\begin{cases} \min z_{obj} = \sum\limits_{\omega \in \mathcal{W}} \sum\limits_{i \in \mathcal{S}} \sum\limits_{t \in \mathcal{T}} p^{\omega} \cdot e_i^{\omega}(t) \\ \text{s.t. 车流约束 (A.34)}{\sim}\text{(A.38)} \\ \text{客流约束 (A.39)}{\sim}\text{(A.47)} \\ \text{能量流约束 (A.48)}{\sim}\text{(A.52)} \end{cases} \tag{A.53}$$

该模型中,车流约束 (A.34)~(A.38) 规定每个场景下的运行约束,将曲线选择的决策变量 $x_{i,l}$ 与各次列车的到发时间建立联系。客流约束 (A.39)~(A.47) 则

是将各场景下的动态客流与各车次匹配，从而计算各次列车的载客人数。能量流约束 (A.48)~(A.52) 利用运行图信息和载客量信息计算每个场景的能耗并求取多场景的期望能耗。

（4）求解算法

注意到，所提出模型中客流模型与能量流模型中均存在非线性约束（如约束 (A.40)，(A.42)，(A.44)，(A.48)，(A.52)），下面将设计启发式算法对模型进行求解。该算法的基本框架类似于遗传算法，流程图如图 A.30 所示。

如图 A.30 所示，首先将各区间的曲线选择定义为染色体 $H = (l_1, l_2, \cdots, l_{2S})$，其中 $l_i = \sum_{l \in L_i} l \cdot x_{i,l}$ 且 l_{2S} 和 l_S 被设定为空（图中采用不同数字表示曲线标号，如 1, 2, 3）。算法首先生成一组染色体，构成初始种群，种群内的每一个染色体对应原问题的一个可行解。初始种群首先基于单场景进行更新，每次更新仅考虑模型的目标函数和约束中单场景的部分。以场景 1 为例，首先根据 $z_{obj}^1 = \sum_{i \in S} \sum_{t \in T} e_i^1(t)$ 计算种群中每个染色体对应的目标函数，并计算每个染色体对应的适应度，其中适应度定义如下

$$\text{染色体适应度} = \frac{\text{染色体个体目标值}}{\text{所有染色体目标值总和}}$$

根据染色体适应度随机选择一部分染色体参与后续计算，未被选中的染色体被淘汰。被选择的染色体形成新的种群，随机选择其中部分染色体进行交叉变异操作产生新染色体，产生的新染色体若不满足约束 (A.34)~(A.52) 中对应 $\omega = 1$ 的部分，则需要进行修复操作以满足这部分约束。具有新染色体的种群若未达到种群数量的要求，则需要基于 $\omega = 1$ 的模型产生新的可行解构成新染色体，至此完成了在场景 1 下的一次更新过程。之后在场景 2 到 W 内依次执行更新过程，需要说明的是，当种群更换场景时，首先需要根据新场景对应的约束将原种群中不可行的染色体淘汰掉。当种群在场景 1 到 W 内完成更新后，需要执行全局选择过程，即满足 (A.34)~(A.52) 中全部约束的染色体留存，将违反任一约束的染色体淘汰。留存的染色体根据公式 (A.33) 计算目标值，并记录最优目标值和对应的染色体，至此完成初始群落的一次单场景更新过程。

可以发现单场景更新过程中在每个场景下都对种群进行了新染色体的产生和添加过程，然而单场景更新指标，即每个场景下的染色体个体目标值，实际上仅仅是目标函数的一部分，更新过程理论上无法达到种群对原问题的收敛。因此，在此设置转换条件，当单场景更新过程满足迭代次数的时候，算法进入全场景更新过程。全场景更新过程与单场景更新过程中在每个场景下的更新过程类似，区别在于模型中所有的目标函数和约束都要考虑在内，而非仅考虑场景 ω 下的部分模

型，且不需要进入全局选择过程。

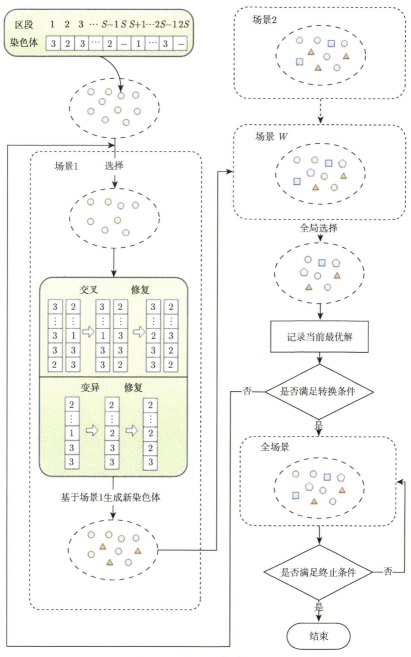

图 A.30　启发式算法流程图

最后，根据终止条件（如满足迭代次数）结束全场景更新过程，输出得到的最优解。相比于一般的遗传算法，我们加入了单场景更新过程，相比于全场景更新过程，单场景更新过程完成一次种群更新所需的计算量明显更少，因此可以加速种群的初始更新速度从而加速收敛。同时设置转换条件，在满足转换条件后，算法将在全场景下更新以保持收敛方向的准确性。

（5）数值算例

下面，将以北京地铁亦庄线的实际运营环境为背景进行案例分析。北京地铁亦庄线包含 13 个车站（截至数据采集时亦庄火车站未运营使用），列车在每个车站的等待时间均设定为 45 秒。算例中涉及 24 个区间的速度曲线选择。每个区间考虑 3 组速度曲线，对应 3 种不同的旅行时间，如表 A.4 所示。

表 A.4 各区间速度曲线数据

编号与区间	速度曲线选择/s	编号与区间	速度曲线选择/s
1 宋家庄–肖村	165,195,225	14 次渠–次渠南	90,105,120
2 肖村–小红门	90,105,120	15 次渠南–经海路	120,150,180
3 小红门–旧宫	135,165,195	16 经海路–同济南路	120,150,180
4 旧宫–亦庄桥	105,135,165	17 同济南路–荣昌东街	135,165,195
5 亦庄桥–亦庄文化园	75,90,105	18 荣昌东街–荣京东街	90,105,120
6 亦庄文化园–万源街	90,120,150	19 荣京东街–万源街	90,105,120
7 万源街–荣京东街	90,105,120	20 万源街–亦庄文化园	90,120,150
8 荣京东街–荣昌东街	90,105,120	21 亦庄文化园–亦庄桥	75,90,105
9 荣昌东街–同济南路	135,165,195	22 亦庄桥–旧宫	105,135,165
10 同济南路–经海路	120,150,180	23 旧宫–小红门	120,150,180
11 经海路–次渠南	105,135,165	24 小红门–肖村	90,105,120
12 次渠南–次渠	90,105,120	25 肖村–宋家庄	165,195,225

算例中考虑 6 组不同时段的场景，其中运行图数据如表 A.5 所示，客流数据如图 A.31 所示。算例中时间均按照 15s 为单位进行离散。此外，设列车定员 1470人，轴重 200t，人均质量 60kg，能量流模型中的转化系数 η_1, η_2, η_3 和 η_4 分别为 0.8，0.3，0.9 和 0.3。

表 A.5 场景运行图参数

场景编号	1	2	3	4	5	6
时段开始时间	5:30	8:00	10:00	14:00	17:00	20:00
时段持续时间/s	10125	10125	13500	13500	9450	13500
车头时距/s	375	375	600	600	330	600

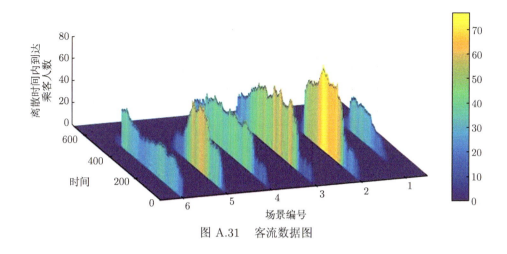

图 A.31 客流数据图

启发式算法中种群规模设定为 20，选择率为 0.9，交叉和变异概率皆为 0.4，设定算法的运算时间为 10 分钟。此外，将得到的全区间速度曲线选择方案与 2015 年执行的速度曲线方案进行对比，如图 A.32 所示。红线代表优化后的方案，蓝线代表当前执行的方案，优化方案的曲线选择方案在对应区间上标出，其中②代表 2015 年执行的速度曲线，①代表旅行时间小于该区间上速度曲线②的速度曲线，③代表旅行时间大于同区间速度曲线②的速度曲线。如表 A.4 所示，在区间 1 中，速度曲线①，②，③分别代表旅行时间分别为 165s，195s 和 225s 的速度曲线。可以看到，与 2015 年执行的速度曲线相比，共有 13 个区间的速度曲线发生了改变。

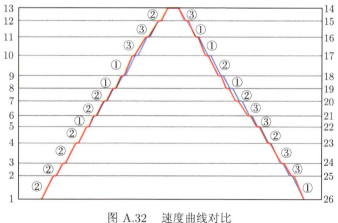

图 A.32 速度曲线对比

在各场景下，原执行的速度曲线方案和本节优化的速度曲线方案对应的能耗如表 A.6 所示。可以看出，相较于原执行的速度曲线方案，本节得到的速度曲线优化方案在各场景下的能耗均得到了一定的降低，平均降低百分比为 5.321%，从而验证了所提模型的可行性和有效性。

表 A.6   计算结果对比

场景编号	原执行方案能耗/kJ	优化结果能耗/kJ	优化效果/%
1	29764924965	27941065040	6.128
2	32039185978	30078077932	6.121
3	32117587370	30443368611	5.213
4	30806100942	29261439664	5.014
5	30534680768	29108585419	4.670
6	30758869817	29290779468	4.773
合计	186021349839	176123316134	5.321

A.3.3 小结

本节分别从优化列车速度曲线和列车运行图两个角度出发，介绍了城市轨道交通节能优化的两种方法。其中，针对列车速度曲线优化问题提出了一种基于距离–时间–速度网络的建模方法。该方法将最优速度曲线优化问题转化为距离–时间–速度网络中的最短路问题，并以数值算例验证了模型的有效性。针对列车运行图节能优化问题提出了基于多场景的全区间列车速度曲线选择方法，通过分析客流、车流和能量流的三相耦合关系，提出了数学优化模型，并针对模型的非线性特征和问题的多场景背景设计了改进的遗传算法。最后，通过北京地铁亦庄线的数值算例对提出的模型进行了计算、分析与评价。

复习思考题

1. 阐述周期性运行图和非周期性运行图的特点和区别。
2. 设计城市轨道交通列车运行图时需要考虑哪些要素？
3. 列车运行图优化问题的求解算法包括哪些，以及如何选择这些算法？
4. 城市轨道交通系统能耗构成以及实现系统节能的手段包括哪些？
5. 解释城市轨道交通客流、车流以及能量流之间的相互耦合关系。

参 考 文 献

步兵, 丁奕, 李辰岭, 等. 2013. 列车控制与行车调度一体化节能方法的研究 [J]. 铁道学报, 35(12): 64-71.

丁勇, 刘海东, 柏赟, 等. 2011. 地铁列车节能运行的两阶段优化模型算法研究 [J]. 交通运输系统工程与信息, 11(1): 96-101.

付印平, 高自友, 李克平. 2009. 路网中的列车节能操纵优化方法研究 [J]. 交通运输系统工程与信息, 2009, 9 (4): 90-96.

高自友, 杨立兴, 吴建军. 2019. 城市轨道交通优化管理与控制 [M]. 北京: 科学出版社.

郭根材, 聂磊, 佟璐. 2015. 高速铁路网周期性列车运行图接续约束生成模型 [J]. 铁道学报, 37(8): 1-7.

郭根材, 聂磊, 佟璐, 等. 2016. 基于备选列车接续的周期性列车运行图编制模型研究 [J]. 铁道学报, 38(8): 8-15.

胡文斌, 王勇博, 吕建国, 等. 2013. 优化地铁时刻表减少列车制动电阻能耗 [J]. 城市轨道交通研究, 16(11): 90-94.

李思杰, 徐瑞华, 江志彬. 2017. 城市轨道交通列车运行图能力与客流需求匹配度的评价方法 [J]. 中国铁道科学, 38(3): 137-144.

李玉生, 侯忠生. 2007. 基于遗传算法的列车节能控制研究 [J]. 系统仿真学报, 19(2):384-387.

马超云, 丁勇, 杜鹏, 等. 2010. 基于遗传算法的列车节能运行惰行控制研究 [J]. 铁路计算机应用, 19(6): 4-8.

田福生. 2006. 城市轨道交通行车组织的相关问题研究 [D]. 成都: 西南交通大学.

王川. 2011. 城市轨道交通列车运行图编制模型和算法研究 [D]. 成都: 西南交通大学.

王媛媛. 2013. 城市轨道交通列车运行图编制理论与方法研究 [D]. 成都: 西南交通大学.

谢美全, 聂磊. 2009. 周期性列车运行图编制模型研究 [J]. 铁道学报, 31(4): 7-13.

徐瑞华, 陈菩菩, 杜世敏. 2005. 城轨交通多种列车交路模式下的通过能力和车底运用研究 [J]. 铁道学报, 27(4): 6-10.

徐瑞华, 江志彬. 2004. 城轨交通列车运行图的计算机编制有关问题探讨 [M]. 2004 海峡两岸智能运输系统学术会议论文集. 哈尔滨工业大学, 2004: 486-490.

徐瑞华, 江志彬, 朱效洁, 等. 2005. 城市轨道交通列车运行图计算机编制的关键问题研究 [J]. 城市轨道交通研究, 5: 31-35.

徐瑞华, 李侠, 陈菁菁. 2006. 市域快速轨道交通线路列车运行交路研究 [J]. 城市轨道交通研究, 9(5): 36-39.

许红, 马建军, 龙建成, 等. 2006. 城市轨道交通列车运行图编制的数学模型及方法 [J]. 北京交通大学学报, 30(3): 10-14.

杨欣. 2016. 面向节能的城市轨道交通列车运行图优化研究 [D]. 北京: 北京交通大学.

张国宝. 2006. 城市轨道交通运营组织 [M]. 上海: 上海科学技术出版社.

张要. 2006. 城市轨道交通超长线停站方案优化研究 [D]. 成都: 西南交通大学.

郑锂, 宋瑞, 何世伟, 等. 2009. 城市轨道交通跨站停车方案优化模型及算法 [J]. 铁道学报, 6:1-8.

中国城市轨道交通协会. 2019. 城市轨道交通 2018 年度统计和分析报告 [R]. 城市轨道交通, 04:16-34.

中国国家铁路集团有限公司. 2023. 中国国家铁路集团有限公司 2022 年统计公报 [Z].

周文梁, 张先波, 屈林影, 等. 2019. 基于客流均衡分析的城际铁路列车运行图优化 [J]. 铁道科学与工程学报, 1: 231-238.

周剑斌, 苏浚, 何泳斌. 2004. 地铁列车运行再生能利用的研究 [J]. 城市轨道交通研究, 7(4): 33-35.

Albrecht A, Howlett P, Pudney P, et al. 2016. The key principles of optimal train control-Part 1: Formulation of the model, strategies of optimal type, evolutionary lines, location of optimal switching points[J]. Transportation Research Part B, 94: 482-508.

Barrena E, Canca D, Coelho L C, et al. 2014. Single-line rail rapid transit timetabling under dynamic passenger demand[J]. Transportation Research Part B, 70: 134-150.

Cacchiani V, Caprara A, Fischetti M. 2012. A Lagrangian heuristic for robustness, with an application to train timetabling[J]. Transportation Science, 46(1): 124-133.

Cacchiani V, Caprara A, Toth P. 2008. A column generation approach to train timetabling on a corridor[J]. 4OR- A Quarterly Journal of Operations Research, 6(2): 125-142.

Caimi G, Fuchsberger M, Laumanns M, et al. 2011. Periodic railway timetabling with event flexibility[J]. Networks, 57(1): 3-18.

Caprara A, Fischetti M, Toth P. 2002. Modeling and solving the train timetabling problem[J]. Operations Research, 50(5): 851-861.

Corman F, D'Ariano A, Pacciarelli D, et al. 2010. A tabu search algorithm for rerouting trains during rail operations[J]. Transportation Research Part B, 44: 175-192.

Corman F, D'Ariano A, Pacciarelli D, et al. 2012. Bi-objective conflict detection and resolution in railway traffic management[J]. Transportation Research Part C, 20: 79-94.

Corman F, D'Ariano A, Pacciarelli D, et al. 2014. Dispatching and coordination in multi-area railway traffic management[J]. Computers & Operations Research, 44: 146-160.

D'Ariano A, Corman F, Pacciarelli D, et al. 2008. Reordering and local rerouting strategies to manage train traffic in real time[J]. Transportation Science, 42(4): 405-419.

D'Ariano A, Pranzo M. 2009. An advanced real-time train dispatching system for minimizing the propagation of delays in a dispatching area under severe disturbances[J]. Networks and Spatial Economics, 9(1): 63-84.

D'Ariano A, Pranzo M, Hansen I A. 2007. Conflict resolution and train speed coordination for solving real-time timetable perturbations[J]. IEEE Transactions on Intelligent Transportation Systems, 8(2): 208-222.

Gao Y, Kroon L, Schmidt M, et al. 2016. Rescheduling a metro line in an over-crowded situation after disruptions[J]. Transportation Research Part B, 2016, 93: 425-449.

Gao Y, Kroon L, Yang L, et al. 2018. Three-stage optimization method for the problem of scheduling additional trains on a high-speed rail corridor[J]. Omega, 80: 175-191.

Howlett P. 2000. The optimal control of a train[J]. Annals of Operations Research, 98(14): 65-87.

Huang Y, Yang L, Tang T, et al. 2016. Saving energy and improving service quality: Bicriteria train scheduling in urban rail transit systems[J]. IEEE Transactions on Intelligent Transportation Systems, 17 (12): 3364-3379.

Ke B R, Chen N. 2005. Signalling blocklayout and strategy of train operation for saving energy in mass rapid transit systems[C]. IEE Electric Power Applications, 152(2): 129-140.

Khan M B, Zhou X. 2009. Stochastic optimization model and solution algorithm for robust double-track train-timetabling problem[J]. IEEE Transactions on Intelligent Transportation Systems, 11(1): 81-89.

Kroon L, Maróti G, Helmrich M R, et al. 2008. Stochastic improvement of cyclic railway timetables[J]. Transportation Research Part B, 42: 553-570.

Liebchen C. 2008. The first optimized railway timetable in practice[J]. Transportation Science, 42(4): 420-435.

Lindner T, Zimmermann U T. 2005. Cost optimal periodic train scheduling[J]. Mathematical Methods of Operations Research, 62(2): 281-295.

Liu R, Li S, Yang L, et al. 2018. Energy-efficient subway train scheduling design with time-dependent demand based on an approximate dynamic programming approach[J]. IEEE Transactions on Systems, Man, and Cybernetics: Systems, 50(7): 2475-2490.

Liu R R, Golovitcher I M. 2003. Energy-efficient operation of rail vehicles[J]. Transportation Research Part A, 37: 917-932.

Li X, Lo H K. 2014a. An energy-efficient scheduling and speed control approach for metro rail operations[J]. Transportation Research Part B, 64: 73-89.

Li X, Lo H K. 2014b. Energy minimization in dynamic train scheduling and control for metro rail operations[J]. Transportation Research Part B, 70: 269-284.

Milroy I P. 1980. Aspects of Automatic Train Control[D]. Leicestershire: Loughborough University.

Mo P, Yang L, Wang Y, et al. 2019. A flexible metro train scheduling approach to minimize energy cost and passenger waiting time[J]. Computers & Industrial Engineering, 132: 412-432.

Niu H, Zhou X. 2013. Optimizing urban rail timetable under time-dependent demand and oversaturated conditions[J]. Transportation Research Part C, 36: 212-230.

Niu H, Zhou X, Gao R. 2015. Train scheduling for minimizing passenger waiting time with time-dependent demand and skip-stop patterns: Nonlinear integer programming models with linear constraints[J]. Transportation Research Part B, 76: 117-135.

Peña-Alcaraz M, Fernández A, Cucala A P, et al. 2012. Optimal underground timetable design based on power flow for maximizing the use of regenerative-braking energy[J]. Journal of Rail and Rapid Transit, 226(4): 397-408.

Ramos A, Pena M T, Fernández A, et al. 2008. Mathematical programming approach to underground timetabling problem for maximizing time synchronization[J]. Dirección y Organización, (35): 88-95.

Robenek T, Maknoon Y, Azadeh S S, et al. 2016. Passenger centric train timetabling problem[J]. Transportation Research Part B, 89: 107-126.

Shafia M A, Aghaee M P, Sadjadi S J, et al. 2012. Robust train timetabling problem: Mathematical model and branch and bound algorithm[J]. IEEE Transactions on Intelligent Transportation Systems, 13(1): 307-317.

Shi J, Yang L, Yang J, et al. 2018. Service-oriented train timetabling with collaborative passenger flow control on an oversaturated metro line: An integer linear optimization approach[J]. Transportation Research Part B, 110: 26-59.

Wang L, Yang L, Gao Z, et al. 2017. Robust train speed trajectory optimization: A stochastic constrained shortest path approach[J]. Frontiers of Engineering Management, 4(4): 408-417.

Yang L, Qi J, Li S, et al. 2016. Collaborative optimization for train scheduling and train stop planning on high-speed railways[J]. Omega, 64: 57-76.

Yin J, Yang L, Tang T, et al. 2017. Dynamic passenger demand oriented metro train scheduling with energy-efficiency and waiting time minimization: Mixed-integer linear programming approaches[J]. Transportation Research Part B, 97: 182-213.

Zhou X, Zhong M. 2005. Bicriteria train scheduling for high-speed passenger railroad planning applications[J]. European Journal of Operational Research, 167(3): 752-771.

附录 B　水运交通流

B.1　概　　述

广义的水运交通流（waterway traffic flow）是指在水道、海峡、港口辖区等水域范围内发生的所有交通工具之间及与其他设施主体之间的行为活动的总和。狭义的水运交通流也可以从面向对象的角度，将之称为船舶交通流（vessel traffic flow），是研究船舶运动所表现出来的各项特征与大量船舶行为的总体随时间与空间变化规律的一门学科。虽然在水运交通流的研究中将会不可避免地涉及具体船只的属性分析及管理系统，但水运交通流的管理重点并不是某个船舶，而是大量船舶经历某片区域时所产生的交通。这一概念可以从交通工具流和交通事件流两方面来理解和分析（吴兆麟，1993）。工具流是指作为一种物体（交通工具）的船舶的运动本身像流水一样连续不断；事件流是指船舶到达水域中某一地点（锚地、泊位、水道某一断面等）的事件发生像水流一样连续不断。因此，与一般水上交通研究相比，本概念侧重"流"的分析和探讨。

早期的水上交通研究更加关注的是交通安全而不是组织效率，研究主要体现在两个方面：其一，研究水上避让规则以减少船舶之间的碰撞和冲突；其二，研究海域环境、制定航海路线以减少船舶与暗礁等障碍物之间的碰撞。如日本的藤井教授于 1981 年著写的《海上交通工学》中主要涉及的就是有关海上交通事故、海上交通的避让操作、航路规划等类似内容。而随着海洋经济的发展，水路交通运输已经成为当前世界最重要的运输方式，以新加坡海峡为例，它连接着亚非欧的 400 多条航线，年通过量超过十万艘，世界三分之一的贸易货物、运输到东南亚的 80%的石油都要通过该航道（Meng et al.，2014）。因此，在安全之外，如何提高在繁忙航段等水域的组织效率，避免交通堵塞以减少通行时间就显得非常重要。借鉴发展较早也更加成熟的道路交通流理论（traffic flow theory），以研究船舶为主的水运交通流理论逐渐发展起来。其中比较具有代表性的成果有：Dimitris 和 Kiremidjian（2003）提出了港口内船舶的仿真建模方法并为港口整体运营提供指导；Yip（2013）从宏观视角建立了基于流体动力学的海洋船舶交通流的微分方程，Qi 等（2017a）从微观视角建立了基于元胞自动机的船舶交通中的空间逻辑映射模型；等等。

虽然由于水路交通与道路交通之间存在相似之处，水运交通流的建模方法大多从道路交通流方法衍化而来，但水运交通流却由于其独特性相比较而言更加复杂。船舶的异质性：道路上的车辆体形基本相同，在建模中可以看成是同质的质点或者占据一个单位的单元；而在水运中，各种船舶的尺度相差很大，不同类型船舶在船体长度、吃水、惯性等方面相差是数量级级别的，在仿真规则等设计中需要考虑此类异质性带来的困难。航道的立体性：车辆在行驶过程中，相对于道路而言可以看成是平面运动，是一个二维问题；而在水运中，不同航道的水深不同，甚至同一航道的水深都在变化之中（潮汐影响），不同船舶、相同船舶不同载重时的吃水也不相同，因此是一个三维问题。气象的不确定性：车辆行驶在城市中遭遇极端恶劣天气的概率和所受影响都比较小，避难也比较容易；而在水运中，船舶航行时间较长，海域环境更加复杂，台风引起的波浪起伏与能见度不良引起的搁浅、触礁等都将带来灾难性的后果。此外，水路没有像公路中明确的路边划线，航道的宽度也经常在狭窄、宽广之间陡然变换，船舶之间相遇时由于水流压力会产生相互的吸引效应，超长时间水上航行对驾驶人员的心理影响，等等，都大大增加了研究的难度。

B.1.1　水运交通流基本图

与道路交通流相类似，水运交通流具有三个基本特性。其一，双重性，船舶运动既受到航道等自然条件及交通管控的客观约束，同时又受到驾驶员的性格、心理等主观意志的影响；其二，局限性，由于航道通行能力的限制，会发生船舶之间的相互干扰以及航道中的交通拥挤；其三，时空性，不同船舶的速度是不同的而且受到很多随机因素的影响，所以整个交通呈现出随时间及空间演化的规律。从这三个基本特性出发，可以将水运交通流利用船舶流量、船舶速度、船舶密度三个主要参数加以描述，并通过分析各参数间的关系得到水运交通流的基本图（fundamental diagram）。

（1）水运交通流基本参数

1）船舶流量

船舶流量是表征某一水域内的交通状况最基本的量，是指在单位时间内通过水域内某一地点或者某一断面的所有船舶的数量，其大小直接反映该水域的水运交通的规模及繁忙程度，并在一定程度上可以显示该水域的拥挤程度和危险程度。由于在一个水域内活动的船舶在尺度大小、停留时间等各个方面都非常不同，仅用单位时间内的船舶数量进行统计是不够全面也不够细致的。因此，在实际调查过程中必须按照船舶的种类、吃水、尺寸等分别统计。一般常用的统计量，包括平均小时流量、平均日流量、高峰小时流量、高峰日流量等，并需要在交通量的研究中引入"换算交通量"的概念，选择一个标准船型作为换算基准，将原始数据按照船舶换算系数进行换算，得到标准量值。

平均流量可以按照如下式子进行计算，$\bar{Q} = \sum\limits_{t=1}^{n} Q_t/n$；其中，$\bar{Q}$ 表示平均流量，Q_t 表示在单位时间间隔 t 内的统计数量，n 表示时间间隔数量。随后，水域内的流量及通行能力可以以标准船型为基准，结合船型换算系数表，为航道规划提供依据（杜安民，2009）。

2）船舶速度

此处的船舶速度不是指单艘船的航行速度或者额定设计最大速度，而是指活动在某一水域的所有通行船舶的平均速度或者速度范围。在求取平均速度时，一般是用某一航段的长度，除以通过该航段的船舶平均航行时间。平均速度的计算公式如下所示，$\bar{V} = S/\left(\sum\limits_{i=1}^{Q} t_i/Q\right)$；其中，$\bar{V}$ 表示平均速度，S 表示航段长度，t_i 表示第 i 艘船舶的通行时间，Q 表示该时段内通过的船舶数量。

与道路交通流中的车辆速度不同，船舶行驶在水流之上，因此在不同场景下需要计算两种不同的速度。其一，水面速度 V_1，是指船只相对于水流而言的速度；其二，对岸速度 V_2，是指船只相对岸边的速度。显然，V_2 和 V_1 的大小关系，取决于船舶航向方向与水流方向的夹角，若用 V_3 表示水流速度，在两种极端情况下，分别为 $V_2 = V_1 + V_3$（完全同向），$V_2 = V_1 - V_3$（完全反向）。

3）船舶密度

船舶密度是指某一时刻单位面积的水域中船舶的数量。它是描述船舶交通流的重要参数，反映了船舶之间相互接近的程度，也同时反映了水域内该时刻的繁忙程度和危险程度。尽管密度参数在物理意义上非常直观，但想精准测量该值的难度较大、成本较高、不容易获取，特别是动态数据的获取。显然，密度应该与交通流量、船舶速度之间存在一定关系，该关系将在下节中阐述。

通常在实际应用中，船舶密度是通过水上交通调查得到的数据资料，按照如下公式进行计算的，$\rho = 1/(rs)$；其中，ρ 表示交通密度，r 表示船舶领域长轴，s 表示船舶领域短轴。船舶领域是水运交通流相对于道路交通流的一大区别，后文将详细阐述。

4）其他参数

除了这三个基本参数，还有若干次要参数，比如位置和方向。在狭窄水道或者分道管制的航道中，主要是顺水道的方向（往复式交通流），若水道两侧存在港口则可能存在穿越式交通流。而在海洋等宽广的水域中，模型参数则需要根据调查观测得到的航迹分布图确定。

（2）基本参数间的关系

1）速度—密度曲线

一般而言，假设船舶种类单一、方向趋同、航迹宽度一致，就可以得到交通流量、速度、密度之间的基本关系式，$Q = \rho \times V \times W$，式中 W 表示交通流的宽度。但实际上，船舶之间差异很大，随机因素也很多，这导致航行参数时时变化，故该公式只能从理论上给出参数间的基本关系，计算结果也只是一个估算，与实际情况有一定的误差。

然而，在既定航道环境下，仍然可以从上述公式定性地得出如下结论。当交通流密度为零时，水域内的船舶数量为零，所以交通流量为零，此时船舶驾驶员不会受到其他船舶的影响。而随着交通流密度的增加，船舶间出现相互干扰将会影响船舶的运行速度。当交通流密度达到临界值时，水域内船舶数量达到最大，若此时密度继续增大，将会引起水域内的拥挤甚至堵塞，最终使得船舶速度降至零。因此，为了保证较大的交通流量，必须保持适当的船舶速度与船舶密度。

2）基于大数据的基本图

随着信息化时代的步伐，数据的获取日益便捷而数据量也在不断增加，对大数据进行处理并分析其中的规律为科学的进步提供了另一种途径。例如，新加坡海峡中官方渠道的船舶自动识别系统（automatic identification system，AIS）数据集中每周就可以产生 4300 万条数据（Kang et al.，2018），利用这些数据中的一部分进行拟合就可以得到定量的速度–密度曲线，继而得到所需的基本图。具体步骤如下所示。

步骤 1　原始数据提取与数据清洁。仅提取 AIS 数据集中的船识别号、船长、船宽、速度、时间五项数据即可，逐行或者逐列挑选出现字段信息存在错误的记录并删除。

步骤 2　数据中间计算。根据 Wardrop（1952）中空间–平均速度与时间–平均速度的关系，利用 AIS 数据计算谐波平均速度（harmonic mean speed），$V_j = n_j / \left(\sum_{\mathrm{id}=1}^{n_j} 1/V_{\mathrm{id},j} \right)$，其中 $V_{\mathrm{id},j}$ 是数据集中第 j 次观测时船 id 的速度；同时计算航道内的船舶密度值，$\rho_j = n_j / L$，其中 L 是航道长度。

步骤 3　数据拟合。选取经典的速度–密度曲线类型，如 Greenshields 模型（Greenshields et al.，1935）、Greenberg 模型（Greenberg，1959）、Underwood 模型（Underwood，1961）、Pipes 模型（Pipes，1967），将步骤 2 中的速度和密度参数组合，利用加权最小二乘法以最小化拟合误差为目标计算相应曲线的参数值。

B.1.2　水运交通流影响因素

港口作为水陆运输的中转站，其交通运输体系的构建就是以港口为平台和枢纽，充分发挥各种交通方式的优势而形成综合运输体系，实现江海联运、水铁联运以及各种形式的国际多式联运。目前，我国基本形成了包括主要港口、地区性重要港口和其他一般性港口三个层次的港口体系，并且在长三角、珠三角、环渤海、东南沿海、西南沿海五大区域形成了规模庞大的港口群（朱坚真，2017）。

包括港口在内的整体通航系统是完成既定服务能力的前提和基础，系统中的各种因素直接或者间接地作用于船舶，决定着水域内船舶的种类及其行为表现。在各个影响因素中，自然条件在影响船舶流量的同时也在影响着服务水平、管理机制；而社会经济在影响船舶流量的同时，也在不断改变着通航环境。这使得各个子系统之间相互影响，形成一种耦合关联关系。因此，界定清楚复杂通航整体系统中各个子系统，是研究水运交通流特征及演化的前提。

（1）自然条件子系统

自然条件子系统包括风、雾、冰、雨、雪、潮汐、洋流、波浪等自然要素。风、洋流和波浪对船舶航行的影响基本表现为船舶的失速、过速、偏转、漂移等。潮汐对其影响主要表现为改变航道的水深，对吃水较深的大型船只仅能提供一段时间的窗口期。雾、雨、雪、冰等天气或是通过降低可见度或是通过增大航行阻力对船舶的正常航行产生一定的限制。自然条件子系统直接作用于功能水域子系统，并对交通组织子系统、船舶管理子系统产生较大影响，比如限制船舶在通航系统中的通过时间、影响靠泊与离泊的契机等。

（2）功能水域子系统

功能水域子系统主要包括泊位（berth）、航道（channel）、锚地（anchorage）三个部分。泊位是船舶停靠及货物转运的重要节点，航道是船舶进出港口的必经通道，锚地是泊位或航道无法满足船舶的进出港需求时为船舶提供临时锚泊服务的区域，水域内的交通流受三个子系统的服务能力的联合影响。若泊位之处的岸桥等设施无法正常工作，船舶无法正常地靠泊离泊则会影响货物的装卸、船公司的后续日程，继而引起相应船舶的延迟和等待。锚地作为中间等待区，其锚位数、锚位类型也决定了船舶进港后的排队等待时间。而航道则是连接外部水域与泊位、锚地三者之间的通道，直接影响着船舶在水域内的停留时间。

泊位是岸边侧（seaside）最为紧缺和重要的资源，其基本属性包括泊位类别、泊位长度、泊位宽度、前沿水深和装卸效率等。泊位分配问题（berth allocation problem，BAP）也是当前港口运营领域最热门的研究问题之一，当前 BAP 研究可根据物理上岸线泊位划分定位方式的不同分为两类：① 离散型泊位——岸线被划分为若干区段，每区段作为一个泊位，船舶只能靠泊在某个泊位而不能跨越相邻泊位；② 连续型泊位——岸线不作划分，泊位作为整体，船舶可停靠在任意位置。

一般而言，泊位分配由港口运营公司制定，而船舶何时才能通过航道入港则由船舶交通管理（vessel traffic service，VTS）系统管理人员制定。航道的实际通行能力受到交通巷（lane）数量和航行安全距离（safety clearance）的限制（Jia et al.，2019）。VTS 人员会参考泊位的分配计划以及船公司上传的预计到港、离港时间，结合潮汐窗口期，调度船舶在航道的具体进出时间以及锚泊位的分配。而航道通过能力的静态计算可利用时空消耗计算模型将航道的时间资源、空间资源作为总资源建立评估的数学模型（段丽红等，2012）。

（3）服务管理子系统

服务管理子系统包括管理部门以及相应的规则制度。目前的大型港口，均采用 VTS 进行交通组织服务，主要作用是防止所覆盖水域发生危险事故并提供高效的通行保障服务。同时，随着船舶大型化趋势的日益显著，越来越多的船舶需要引航员引航和拖轮协助进港，因此，包括拖轮、引航机构、护航艇、VTS 系统、导助航标识等在内的港口支持系统是否完备健全，对港区的运营效率、船舶在港内的停留时间具有重要影响。

在自然条件和功能水域不变的情况下，为了尽可能多地满足吞吐量、通行量的需求，服务管理子系统需要根据交通流情况、气候情况等的变化做出最优匹配。而水运交通流的增加和改变，也会造成某个子水域或者管理服务能力相对不足，也就进一步地推进相应系统进行再优化。而当今社会经济系统通过货物等的运输需求，从最本源的角度刺激水运交通流的上升趋势，对当前的基础设施建设以及管理水平不断提出挑战。

（4）通航系统复杂性

复杂性是指系统内部多个因素之间由于存在非线性的关联关系而使得整体行为界于完全有序与完全随机之间的状态，目前关于复杂性研究的学者可以划分为混沌学派、结构学派、系统动力学学派、暧昧学派等等。根据行为学的研究理论，可以说本船的行为所产生的影响，并不取决于自身的意愿，而取决于整体局面的态势。因此整体系统的复杂性，衡量的是个体船舶行为与整个水上交通流态势之间相互影响的强度。

结合通航系统的各个子系统的特点，此系统的复杂性主要体现在以下几个方面。其一，船舶的行为特征是一种在规则体系（系统通过规则制度约束船舶）下的随机行为（驾驶员心理因素及其他突发事件）；其二，系统中的船舶通过与自然条件、航道等功能水域相互作用，不断调整自身的行为实现既定的运输目标；其三，系统中的泊位、锚地等基础设施及规章管理制度在随着时代发展，不断进行扩建、调整，以适应运输的需求。而复杂性的度量，可以用复杂度（degree of complexity）

来定义，包含认知复杂度和本质复杂度两个角度。从宏观层面上看，当认知复杂度较高时，整体交通态势比较复杂，管理人员难以掌握整个交通状态，也就无法提供有效的服务；从微观层面上看，当本质复杂度较高时，任何一艘船舶发生的异变将会迅速对整个局面造成严重的影响，从而容易发生危险。

B.1.3　水运交通流的信息技术

水运交通流的信息采集手段基本可以分为两类，其一是建立在船舶和岸边设施互相交流基础上的信息采集系统，如 AIS、IC（integrated circuit）卡、RFID（radio frequency identification）等，其二是建立在岸边主动检测设备基础上的信息采集系统，如 VTS 系统、CCTV（closed circuit television）系统。通过对所采集的数据进行整合、把各项数据进行分类，不仅可以利用图表将数据直观地显示出来，同时可以分析当前交通流的基本状况、对未来交通流进行合理预测，从而为航道建设、船舶管理提供指导意见。本节主要介绍在水运中最重要的两个信息系统。

（1）船舶交通管理系统 VTS

VTS 是利用基站、雷达、无线电话以及船载终端等通信设施监控所在水域并向水域内船舶提供航行所必需信息的主动封闭式系统。VTS 所需要采集的信息包括船舶实时运动数据、航行计划、船舶类型、船载设备等交通状况信息数据，以及水文气象、港口设施、航道利用情况等环境信息数据。这些信息的采集需要雷达子系统、甚高频（very high frequency，VHF）通信子系统、船舶数据管理子系统、信息记录子系统等多个模块的协同工作。上海的两个 VTS 中心（吴淞 VTS、洋山 VTS）统一新系统后涵盖了 20 个雷达站，是国内规模最大、技术最先进的VTS 系统，该系统能够全天候对覆盖水域内的船舶进行监控和交通组织，较好地实现以下六项功能（陈珺和常德化，2019）：维护水上交通秩序，改善通航环境；保障船舶航行安全，降低水上交通事故率；打击水上交通肇事逃逸；为事故现场提供现场证据；有效支持定线制的实施；在防台风、雾航管理中发挥重大作用。

（2）船舶自动识别系统 AIS

由于传统雷达在工作模式上的局限性，即通过主动监测以及船岸之间利用无线电话询问、报告、录入信息这种方式，随着水域内部交通密度的增加、船舶类型的日益复杂多样，交通管理部门的压力越来越大。在此背景下，AIS 应运而生。AIS 系统可以配合全球定位系统（GPS）、无线通信系统等将船舶航行信息如航行方向、航速、转向率等结合自己的船号、呼号、载货信息等以公开广播的形式发送给其他船舶以及岸基设施，使船舶之间、船岸之间可以及时获得附近水域的最新信息。

AIS 系统数据的质量取决于船舶中 AIS 设备的种类。目前，AIS 按照等级分为两类：Class A 和 Class B（Xiao et al., 2015; Gao et al., 2017）。对于 300 总吨以上的国际航线船舶、500 总吨以上的内河船舶、客轮船舶等大型、重要船舶必须安装 A 级设备（完全满足国际海事组织（International Maritime Organization, IMO）要求），其他船舶则必须安装 B 级设备（部分满足 IMO 要求）。两类设备都可以传输船舶种类等静态信息以及航行速率等动态信息，但在报告更新率、报文用户使用方便程度等方面略有不同。

AIS 的诞生使得船舶自动识别以及船岸之间直接数据交换成为了可能，也使得目标船舶的监控和跟踪精度大为提高，此类数据可以直接显示到 VTS 系统之中，两者的融合大大提高了 VTS 中心的工作效率。同时，相对于 VTS 中心由于"管理、监控"的原因造成很多数据必须是封闭的，而 AIS 则是一个更加开放的数据采集、共享平台。比如，装载了 AIS 的船舶可以直接获得其他船舶 AIS 中的开放数据，彼此之间直接的信息交流如船舶类型、航行信息、转向点等，大大降低了船舶间的碰撞概率。而 AIS 作为一种自组织无线链路数字通信系统，在系统兼容性方面更加强大，可以进一步开发基于 AIS 的监控平台、防碰撞平台等。

B.1.4 水运交通流特征分析

根据数据信息系统采集的大量数据，可以从特征工程的角度对水运交通流在微观和宏观两个层面上的运动形式进行表征，从而建立水运交通流的特征模型。微观层面的特征主要以单船为研究对象，单船自身在运动过程中所呈现出来的形式和状态；宏观层面的特征主要以船舶群为研究对象，以微观层面特征为基础，反映交通流在整体上的分布特性。通过进一步解析各特征之间的关系，为水运交通流的仿真模拟、预测技术、演化分析等后续工作提供研究基础。

（1）特征分类

1）微观特征

船舶在航行过程中存在两类属性：固有属性和行为属性。前者是指和船舶本身相关的结构特征，包括船型、船龄、船籍、吨级、尺度等等；后者是指和船舶的运动状态相关的行为特征，包括航向、航速、位置、装载状态等等。船舶的行为属性与时间紧密联系，随着时间序列而在不断发生变化，从而衍生出轨迹、到达时间间隔、服务时间长度等属性特征；此外，船舶吃水虽然主要受到船舶装载状态的影响，但也受到水密度、船舶管理等影响，此处也将其归为行为属性之列。

结构特征相对而言比较稳定，除了随着船龄的增加而出现的船舶设备退化，其他结构特征基本可以视为一个常量。而行为特征却在不断变化之中，相应的量则随时间演化形成一串数据流。由于 AIS 系统本身采集数据的频率非常高，会产生大量的冗余信息，航迹数据过多不仅会占用计算机大量存储空间，而且会对数据处理带来计算时间上的压力。因此，需要在对航行整体分析的基础上，重点关注有关转向点的信息，在不影响船舶航迹分析及其他分析的基础上尽可能剔除一些冗余信息。

2）宏观特征

单个船舶的微观特征汇集成了整个交通流的宏观特征，按照微观特征来源的不同，宏观特征也可以分为静态宏观特征和动态宏观特征。显然，此类特征主要是和统计分布相关。水运交通流结构特征是指在某一水域的所有船舶中各类型船舶在总体中占据的比例，比如船舶种类分布、吨级分布、船籍分布、船龄分布、尺度分布等，其多样性一定程度上反映了该水域内交通管理的复杂性及航行的风险性。水运交通流时空分布特征是指某一水域内船舶在一定时间范围内的位置分布、速度分布、航向分布、密度分布、到达时间分布、等待时间分布、船舶时间距分布等，其多变性一定程度上反映了该水域内的繁忙程度和时间特性，这对于确定水域内的重点监控区域及重点监控时段具有重要参考价值。

随着水运的发展及水运交通流中大数据的应用，如何有效地从海量数据块中提取符合用户需求的特定信息、特征，对于各类型单位的管理工作都具有重要支持作用。为此可以将水运交通流类型、水运交通流结构特征、水运交通流时空分布特征作为第一层次，将各类特征的微观和宏观特点作为第二层次，将具体的水运交通流特征作为第三层次，应用 AND-OR 图等关系方法构建交通流的整体特征模型。

（2）船舶领域

在水上交通过程中，为了防止船舶发生碰撞，在水上相遇的船舶之间或者前后航行的船舶之间需要保持一定的安全距离，由此构成了围绕着船舶的安全区，将其称之为船舶领域。此概念在计算航道通过能力时非常重要，考虑到不同船舶的领域之间存在一定的重叠，在船舶领域与岸边之间的狭窄空间无法通行其他船舶等因素，需要从时间资源、空间资源两个角度同时对航道资源的消耗进行测算。

常见的船舶领域模型有藤井椭圆领域模型（Fujii and Tanaka，1971）、Goodwin 扇形领域模型（Goodwin，1975）、平滑圆形领域模型（Davis et al.，1980）、变更中心的领域模型（van der Tak and Spaans，1977）等等。一般而言，船舶领域属于船舶的固有特征，它主要受到船体本身结构的影响，上述基于藤井的模型主要也是如此考虑的，然而，船舶领域同时也与船速及航行场景相关联，体现出了一定的行为特性。Liu 等（2016）在静态模型基础上考虑船舶航行、穿越、会遇、回旋场景设计了不同的动态模型。

航行领域，船舶在航道正常航行的时候，需要与前后的船舶保持一定的距离，这个距离就是船舶航行长轴 A_{nav}，同时也需要与左右的船舶保持一定的距离，这个距离称为短轴 W_{nav}。一般沿海水域基本计算公式如下 $A_{\mathrm{nav}} = 6l$，$W_{\mathrm{nav}} = A + 2c$。其中，$l$ 为船体长度，A 为航迹带宽度，c 为富裕宽度。

穿越领域，船舶在航道交叉水域沿航道 2 航行且从航道 1 的一侧穿越到另一侧，此船舶的穿越长轴 A_{cro} 和穿越短轴 W_{cro} 计算公式如下 $A_{\text{cro}} = \left(D^{\text{in}} + D^{\text{out}}\right) / \cos\theta$，$W_{\text{cro}} = \left(A_{\text{nav}}^2\right)\cos\theta$，$D^{\text{in}} + D^{\text{out}} = \left(\left(D_{\text{cro}} + L_{\text{cro}}\right)/V_{\text{cro}}\right) \cdot V_{\text{nav}}^{\text{in}} + \left(\left(D_{\text{cro}} + L_{\text{cro}}\right)/V_{\text{cro}}\right) \cdot V_{\text{nav}}^{\text{out}} + A_{\text{nav}}^1 + B_{\text{cro}}$。其中，$D^{\text{in}}$ 为进港船舶距离穿越船舶的安全距离；D^{out} 为出港船舶距离穿越船舶的安全距离；θ 为穿越船舶和航道 1 的夹角；A_{nav}^2 为穿越船舶的航行长轴；A_{nav}^1 为航道 1 中船舶的航行长轴；D_{cro} 为穿越船舶的穿越距离；$L_{\text{cro}}, B_{\text{cro}}$ 分别为穿越船舶的长和宽；$V_{\text{nav}}^{\text{in}}, V_{\text{nav}}^{\text{out}}$ 分别为进出港船舶的船速。

会遇领域，两股交通流以一定的夹角汇合成为一股交通流时，船舶的会遇领域长轴 A_{enc}、会遇领域短轴 W_{enc}，可通过如下公式计算，$A_{\text{enc}} = V_{\text{nav}}^{\text{in}} \cdot T_{\text{enc}} + L_{\text{enc}} + A_{\text{nav}}^1, W_{\text{enc}} = A_{\text{nav}}^2 \cdot \sin(\varphi/2)$。其中，$T_{\text{enc}}$ 为船舶的转弯时间，L_{enc} 为转弯船舶的长度，φ 为转弯船舶的转向角。

回旋领域，船舶在靠离码头等需要回旋掉头的时候，必须保证附近船舶不出现在其安全虚线范围之内。船舶在不影响其他船舶交通流的时候，其回旋尺度 A_{turn} 可按照如下公式计算，$A_{\text{turn}} = 2l + W_{\text{nav}}$。其中，$l$ 为回旋船舶的船长，W_{nav} 为该船的航行领域短轴。若该回旋船舶和其他正常航行船舶、穿越船舶、会遇船舶存在影响时，还需要根据安全要求结合前述各自领域公式重新计算安全领域范围。

B.2　水运交通流建模方法

作为综合运输体系和水资源综合利用的重要组成部分，水运具有占地少、运量大、污染小、能耗低及安全可靠等优点，是实现货物流通的主要方式之一。近年来，我国对外贸易及国内消费的双重增长促使水运货物吞吐量激增。为适应快速增长的水运货物吞吐量，水运船舶逐步向数量变多、吨位变大、速度变快、载货量变重等方向演进，水运交通流由此变得日益复杂并对海事安全监管设施的建设及海事安全保障技术的应用提出新要求，但已有港口及航道普遍存在无法满足水运货物吞吐量激增对运量及基础设施的需求，因而可能导致水上交通事故的发生。为提高水运效率并减少因水上交通事故引起的经济损失，需要对水运港口及航道的通航能力进行有效研究，然而传统方法却囿于客观因素限制而无法有效展开，建模方法作为一种具有高度抽象性、一般性特征的水运交通流方法，为解决上述问题提供了有利方法，主要包括蒙特卡罗建模方法、元细胞自动机建模方法、智能体建模方法等。

B.2.1　蒙特卡罗建模方法

蒙特卡罗（Monte-Carlo，MC）方法，又称随机模拟法、随机抽样技术，它是一种随机现象模拟技术，是以概率和统计理论方法为基础的一种计算方法，通过使用随机数（或伪随机数）来解决很多计算问题。蒙特卡罗方法将所求的问题同一定的概率模型相联系，用电子计算机进行随机试验实现统计模拟或抽样，求得某些统计特征值，进而获得问题的近似解。

蒙特卡罗方法的基本思想为：当所求问题的解是某个事件的概率，或者是某个随机变量的数学期望，或者是与概率、数学期望相关的量时，可以通过重复多次随机模拟实验的方法进行仿真，得出该事件发生的概率，或者通过计算该随机变量若干具体观察值的算术平均值等统计量，得到问题的解。

尹增谦等（2002）总结运用蒙特卡罗方法解决实际问题的主要步骤包括：① 构造或描述概率过程。对于本身就具有随机性质的问题，如粒子输运问题，主要是正确地描述和模拟这个概率过程；对于本来不是随机性质的确定性问题，比如计算定积分、解线性方程组、偏微分方程边值问题等，需要事先构造一个人为的概率过程，将不具有随机性质的问题，转化为随机性质的问题，它的某些参量正好是所要求问题的解。② 建立各种估计量，使其期望值是所要求解问题的解。③ 根据所构造的概率模型编制计算程序并进行计算，获得计算结果。

蒙特卡罗的优点在于：① 能够比较逼真地描述具有随机性质的事物的特点及物理实验过程；② 受几何条件限制小；③ 收敛速度与问题的维数无关；④ 具有同时计算多个方案与多个未知量的能力；⑤ 误差容易确定；⑥ 程序结构简单，易于实现。其缺点在于：① 收敛速度慢；② 误差具有概率性。

目前，蒙特卡罗方法已因其能有效刻画随机性问题且具有程序结构简单的特点而在具有概率性质的问题及确定性问题的计算中被普遍使用。计算机技术的快速发展进一步促使蒙特卡罗随机模拟方法突破雏形时代的实验方法，在各研究领域得到广泛应用。

近年来，全球海运量的快速增加推动船舶向大型化、巨型化及高速化转变，且大量船舶频繁活跃于港口水域，使港口、航道等水域通航密度大大增加，水运交通环境由此变得日益复杂，这对水运交通流研究方法提出新要求。传统方法上，研究者通常用数学分析或仿真的方法来研究水运交通流相关的问题，初秀民等（2014）提到比较有影响的数学分析公式是应用于评估航道通过能力的西德公式、长江公式、苏南运河公式和川江公式，这些公式均涉及与航道和船舶等诸多参数。然而，由于水运交通系统受到人、船、环境和管理等多种因素的影响和制约，且随时空动态变化，在现实情况中这些参数的确定并不容易实现，难以用精确的数学模型来描述。另外，由于水运交通的实际情况不可能用大量实船开展试验，其计算结果的准确性也难得到有效验证。这使研究者很自然想到利用仿真的方法来模拟船舶行为，通过对交通流的仿真研究，可以定量或形象地分析水运交通系统的特征和规律。众多研究者在水运交通领域采用蒙特卡罗建模方法进行仿真模拟，作了大量的研究工作，并取得了一些重要成果。

徐武雄等（2014）分析总结了国内外船舶交通流建模和仿真的进展情况，回顾了船舶交通流仿真的国内外研究现状，同时探讨了船舶交通流的建模方法，认为采用数理统计理论中的蒙特卡罗方法可以帮助实现水运交通流的仿真。Jiang 等（2019）采用蒙特卡罗方法对潮汐水域的船舶交通流进行了仿真模拟，对长江感潮河段的特征进行了研究，揭示了航道规则对内河船舶交通流的影响。

采用蒙特卡罗方法对水上船舶交通流进行仿真可以动态和逼真地模拟复杂的船舶行为和各种交通现象，对航道的通过能力进行评估。航道通过能力受到航道、船舶和运输组织形式等多种因素的影响，在仿真时通常可以设置一些因素不变、其余因素变化时的仿真场景进行随机模拟。Xu 等（2015）提出基于蒙特卡罗方法的船舶生成模型、队列模型、航路模型和船舶运动模型等，开发仿真模拟系统并进行随机模拟实验，以确定多桥水域的航道通过能力，仿真结果验证了模型的可行性和有效性。

在船舶交通流的建模和仿真过程中，关键的问题之一就是要按照一定的规律生成船舶。由于船舶交通流特性服从随机分布，Xu 等（2014）利用蒙特卡罗方法对长江武汉桥区的船舶交通流的历史数据进行了分析，获取船舶类型、船舶尺寸、船到达规律、船舶间时距和船舶到达速度等概率分布规律，并根据这些分布规律提出了交通流仿真过程中船舶生成的方法，并通过计算机编程实现了仿真船舶的生成，验证了可行性。

高帅等（2011）采用蒙特卡罗方法建立水上交通风险的仿真模型，通过该模型对该港口水域的水上交通风险进行仿真，得到了某海域一天各个时间段的水上交通风险的平均值，并对其进行了拟合，得到了一天的风险曲线。

通过蒙特卡罗仿真模拟来评价航行风险，通常的做法是设置不同影响因素下的仿真场景，统计船舶之间和船舶与碍航物会遇的次数，次数越多，风险越高。Goerlandt 和 Kujala（2011）对芬兰海湾船舶的到达时间、类型、尺寸和航行路径这些随机变量的历史数据进行了统计分析，提出了一种评估船舶碰撞概率的方法，应用蒙特卡罗方法对给定区域内的船舶交通进行了广泛的时域微观仿真模拟，对碰撞事件的相关因素进行预测，以确定事故的预期数量、最可能发生事故的地点和时间，同时为与预期后果相关的模型提供输入。

Hasegawa 等（2001）所开发的智能海上仿真器中，用蒙特卡罗方法生成船舶，以评估海洋交通的任何配置的海域、车道和交通条件。它包括人类操作员的建模，每艘船将根据其原始任务自动航行，以及必要时的避碰操作。利用该仿真器可以很容易地评估交通系统的变化、交通质量和数量的变化、航行区域的变化（包括港口和跨海大桥的增加）对船舶安全的影响程度。

卓永强等（2008）对海上交通流采用蒙特卡罗方法进行了仿真模拟，考虑了船舶交通的随机性，可将船舶交通实态观测所得数据通过计算机处理确定航路形状。

B.2.2 元胞自动机建模方法

元胞自动机的概念最初由 20 世纪 50 年代的 Brown 和 von Neumann（1950）提出，主要用于模拟生命系统的自复制功能（柯姜岑，2012）。随后凭借其能简单复制复杂的现象或动态过程，被推广应用到众多领域。除了广泛应用于交通流研究中，元胞自动机模型在海岸带管理、生态学、计算机科学、物理科学等领域都有着广泛的应用。元胞自动机模型是一种空间、时间、状态都离散，以空间相互作用和时间因果关系为局部的网络动力模型，通过一种简单的规则来模拟现实世界中的复杂现象，具有空间、时间和状态离散化、计算算法易于实现等优点。Nagel 和 Schreckenberg（1992）提出的 NaSch 模型以及 Biham 等（1992）提出的 BML 模型都是基于元胞自动机模型的经典交通流模型。

元胞自动机是由一系列的网格组成，每个网格可以被视为一个元胞，每个元胞有多个状态，但它每次都只能在一个状态。所有的元胞按照进化规律在每个时间步同步改变其状态。元胞自动机模型主要包含四个最基本的组成单位：元胞、元胞空间、邻域和更新规则。除四个基本组成单位外，还包括元胞的状态和时间。元胞又可以称为单元、细胞，其分布在一维、二维或多维欧几里得空间的晶格点上，在每个演化时刻，每个元胞都拥有各自的状态。元胞空间是指元胞所分布的空间上所有元胞的集合，最常见的二维元胞自动机常采用矩形、三角形、六边形等形式划分。由于元胞演化的局部性，元胞的邻居是指某一状态更新时所需要的搜索空间。而演化规则是按照元胞及其邻居的当前状态判断下一时刻该元胞状态的动力函数，元胞自动机的演化规则十分关键，它关系着模型能否成功模拟出真实的状态或演化过程。元胞自动机是时间、空间和状态离散的网格动力学模型。与一般的动力学模型不同，元胞自动机是由一系列演化规律而不是公式方程来建立的，所有遵循这些规律的模型都可以看作元胞自动机模型。所以准确地说，元胞自动机模型是一种模型或方法的框架。元胞自动机模型的结构规律可以概括为以下四个方面：所有元胞单元都分布在离散和规则的网格中；元胞单元的状态是有限的；时间是离散的；一个元胞单元的状态跟随连续元胞单元的状态同步变化（Lin et al., 2019）。

由于在描述复杂的驾驶员行为和模拟相应的交通模式方面具有很高的效率，元胞自动机模型最初广泛应用于道路交通领域。Tang 等（2014）建立了考虑道路条件变化的宏观交通流模型。Jin 等（2015）提出了一种改进的多值元胞自动机模型，改进了普通自行车和电动自行车的速度更新规则，结果表明改进的扩展伯格斯元胞自动机模型较以往模型更符合现场观测结果。之后学者将其应用到水运交通领域且此类研究呈上升趋势。将元胞自动机模型应用于水运交通领域相较于道路交通领域存在以下四点困难：① 与标准车辆不同，船舶的类型和尺寸差异较大；② 适航水域宽广，船舶航行相对自由；③ 水运交通管制和导航设施虽相对简单稀少，但航行规则复杂、技术性强；④ 道路交通规则更新不能简单应用于水运交通流。所以，元胞自动机船舶模型应该根据相应的水运特性来建立。

根据空间离散化规则和更新规则，船舶元胞自动机模型可分为两类：在第一种类型中，将水路想象成一条或两条无任何瓶颈约束的车道，考虑船舶的运动特性，模拟复杂的船舶交通流现象，研究表明该方法在研究航道无瓶颈的船舶交通流方面表现得很好；在第二种类型中，将水路想象成一条或两条存在瓶颈约束的车道，该模型能较好地模拟船舶在航道中遇到障碍物时的航行情况，并能较好地模拟船舶的航行情况。基于一维元胞自动机模型，Qu 和 Meng（2012）提出了二维元胞自动机模型，将水道模拟为二维离散空间单元，船舶的速度也分为两个方向，利用该模型可以更好地研究交通冲突问题，比如在交通十字路口、港口处的交通流。与此同时，二维元胞自动机模型相较于一维元胞自动机模型的复杂度更高，所消耗的计算资源也更多。

以下是将元胞自动机模型应用于水运交通领域的相关研究。Qi 等（2017a）提出了一种新的船舶航道交通流元胞自动机模型——空间逻辑映射模型，该模型包含一个映射规则，通过该规则可以重新定义船舶的航线，使船舶变道更符合瓶颈处的实际情况；另外在构建更新规则以定义船舶之间的安全间隙时，还考虑了动态船舶域，使之更准确地描述船舶之间的相互作用。Feng 等（2015）提出了一种基于通道的可变双向通道元胞自动机模型，进行允许变道和禁止变道两种情况的数值模拟，得到了交通流（速度）与密度之间的基本函数，即随着船舶到达率的增加，航道系统的流量减小，平均航速增大；基于以上发现，研究得出在不影响交通秩序的前提下，改变车道可以提高双向航道系统的流量和平均速度。Feng（2013）考虑集成桥系统，建立局部约化航道的船舶交通元胞自动机模型，通过数值模拟给出了船舶交通流的基本图和时空点图以及事故发生和恢复的时间点图，通过数值算例分析了预警区长度和船舶到达率对航道通行能力的影响。

水运交通和公路交通有两个主要区别：① 水流方向和流速都可以加速或阻碍船只前进；② 船舶的相互作用会影响船只的行进。所以在狭窄的水通道中，船舶交通会受到水流和船舶交互的影响。Hu 等（2017）提出了双车道元胞自动机模型，通过设置不同的水流速度以及考虑船舶的交互来分析船舶交通的行为，数值实验结果表明船舶交通密度关系明显不同于经典模型获得的结果。为了避免船舶之间的冲突，需要不同的换道规则，Sun 等（2015）提出了一种双车道元胞自动机模型来研究狭窄水域的交通流模式，数值实验表明船舶之间的相互作用会在交通流中形成"团块"，而团块对交通流通量有显著的抑制作用，研究建议限制快船换道的频率。Qu 和 Meng（2011）基于改进的元胞自动机模型提出了一种适用于狭窄繁忙航道中的船舶运动仿真模型，模型考虑了连续船舶之间的相互作用，采用离散事件模型生成不同类别和速度的船舶，二维速度表示船舶运动，通过船长专家判断为基础的船舶交互模型模拟船员对各种航行场景的反应，模拟结果进一步验证了模型的正确性并给出了该模型的应用实例。

另外，船舶的航速变化受到天气和海洋的影响，如风、海浪、海流、潮汐等，其变化是显著的，必须在水运交通模型中加以考虑。Qi 等（2017b）考虑了船舶速度变化的特点，提出了一种新的基于元胞自动机的船舶交通模型，仿真结果表明该模型能较好地模拟海洋和天气对船舶速度的影响，船舶航速特性与自动识别系统的实测数据吻合较好，虽然不同区域的交通流特性不同，但可以正确地模拟船舶的速度。北极水域的大多数航运活动都需要破冰船的护航，在护航过程中，个别船只之间以及破冰船与领头船只之间可能发生的碰撞，使船员和船只都处于潜在的危险之中，所以 Khan 等（2019）采用元胞自动机技术研究海上护航运输风险问题。港口交通系统是一个复杂的系统，具有复杂性和非线性的特点。Liu 等（2010）考虑了不同类型的船只、安全距离、船到达法律和泊位的服务水平，建立了水路交通流元胞自动机模型，模拟结果表明该模型符合实际情况，可有效模拟和解决港口交通问题的复杂性和非线性。柯姜岑等（2013）针对三峡水利枢纽船闸的通行能力不足问题，结合三峡船闸入口船舶流特征和道路交通中三线轨道交通模型，基于船舶过闸调度原理和元胞自动机理论建立水利枢纽区域过闸组织模型，模拟结果反映了船舶达到规律对船舶流聚集和疏散的影响。

B.2.3 智能体建模方法

研究某一系统时，当只能了解到系统中实体的行为，却无法知道系统中的过程流、系统的行为以及系统的关键变量之间的相关关系时，就可以考虑使用智能体建模仿真方法。通过建立智能体、对智能体行为进行设定、让智能体在特定动态环境中行动以及实现智能体之间的信息交互等一系列过程，以大量的智能体行为使系统的全局行为得到体现（薛梦婕，2019）。

智能体的概念由 Minsky（1991）在其书中提出，他将计算系统内的最小个体称之为智能体。同时他认为智能体之间应该具备类似社会角色交互能力的性质，体现社会组成结构中不同角色。智能体的定义在不同类别的研究中存在着争议，Franklin 和 Graesser（1996）在深入整理了大量前人研究的基础上，提出自己的定义：一个自治智能体系统是环境中的一部分，它能够感知环境对其的影响，并以此产生相关反应，系统按照这样的模式永远进行，并对未来有可能产生的新的感知提供条件。自智能体概念被引入到人工智能与计算机领域的研究中以来，这一直是专家学者们的研究热点，在分布式计算领域，人们通常把在系统中可以持续自主发挥作用的、具备自治性、反应性、社会性、主动性等特征的计算实体称为智能体。

　　上述智能体属于单个智能体范畴，如果需要模拟港口航行作业等比较复杂的系统则会用到多智能体模型。多智能体模型中，系统由多个可以相互协调并行求解的智能体组成，其中存在的智能体是完全自主的，可以是不同的人或组织采用不同方法以及语言开发而成的计算实体，可以不具备全局数据不实现全局控制。多智能体系统是完全开放的系统，智能体的加入或离开都是自由的，当然也可以由创建者对其进行设定，身处其中的智能体是相互协作的关系，系统中的智能体共同协作，协调各自的能力与目标实现问题的求解。同时，智能体之间又是相互独立的，它们拥有不同的逻辑并且有不一样的设计方法，每个智能体都可以自由进出系统。

　　多智能体建模目前的研究主要是借鉴面向对象和知识工程的方法与手段，对象与智能体这两种工具在对客观世界进行观察刻画时一致性较高。多智能体建模的核心思想是由局部到全局、由细节到整体表现，通过这种从局部到整体的循环反馈不断修正，研究复杂的全局行为如何在局部细节变化中突现。多智能体建模一般需要进行以下步骤：

　　（1）理解分析系统全局。分析系统中智能体分布的层次结构以及系统整体属性、功能结构等全局行为，全局行为作为系统中某些单个智能体进行决策的环境依据、表现形式以及逻辑关系可能极为复杂。

　　（2）分析系统局部。客观世界中的事物可能具有多重属性，功能也极具多样性，分析系统局部的过程是厘清系统边界、环境以及约束等条件的过程，将局部系统中与研究部分无相关关系的内容分离，仅将研究所需要的内容建立模型。

　　（3）细节分析整理系统局部的内容。针对系统研究的不同需求，对应复杂系统仿真模型粒度要求各不相同，这一步工作的内容就是在对系统底层单元最小组成模块的规则属性、行为规律、规则进行分析，确定其局部粒度。

　　（4）建立具备典型细节的局部模型。客观世界对系统进行建模要求所建立的模型相对于原型系统保持极高的相似性，同时要求模型的复杂度低于原型。从客观事实来说，研究系统原型时并不具备获知全部复杂性信息的可能，最佳选择是选取具备系统典型信息的细节来对全局行为进行表述，维持所建立模型的全局表现与原型系统的相似性。

　　（5）定义模型空间的整体。根据研究目标的不同，从不同层次研究具备的不同整体中抽取选择需要的整体。在分层系统中，某个整体可以同时作为下一层次的整体和上一层次的单元。

　　（6）描述整体典型行为。描述系统整体的属性，找准系统模型的输出。如何进行整体行为在时空不确定性突出、表现形式不可预知的条件下的检测，是非常困难的，特别是个体间大量交互行为以及相互作用下产生的表现在整个系统层级的突现行为，需要多学科知识的融合解决。

（7）确定系统模型整体行为的完备性。采用经验分布、方差、期望等统计描述方法对系统整体行为进行检验，当模型整体行为在不同规则的扰动下与对应的典型行为存在差异性时，将这些规则按级别与标准分类，当模型整体经过细节与规则的扰动检验产生了多样性的行为，则模型整体达到标准。

（8）对比模型整体与实际系统的行为。模型整体的可行性作为建模的评价指标之一，描述的是模型行为对实际情况的符合程度，另一个评价指标是模型行为丰富程度，通过丰富又多层次的整体行为可以表现复杂系统的复杂性。

（9）获取模型对扰动的响应。更改模型的参数去对模型进行测试，检验参数在什么范围内有效，规则变化扰动模型的整体行为，通过人为作用于模型的方式，获取符合需求的系统行为以及系统反应行为。

（10）描述整体表现行为的变化规律。完成这一工作有利于对系统的观测及预测，同时当系统受到输入影响产生变化时，通过对整体行为稳定性、触发条件、时机等的观察控制系统趋向于稳定（段佳奕，2017）。

智能体仿真方法很适合模拟复杂系统，给出特定条件的智能体可以作为环境中的任何一环，人、车、船抑或是基础设施。它可以通过自身行为的表现展现出整个系统（全局）的特性，而且多智能体模型的智能化和自治性特点能够保证智能体自己根据环境、信息等做出决策。方丹丽（2015）结合人工交通系统思想，提出基于智能体的人工交通系统建模方法，建立可行性和仿真性较高的人工交通系统。段佳奕（2017）根据道路交叉口信号控制系统特性结合多智能体建模方法，建立包含多交叉口信号控制智能体协同决策的多智能体交叉口信号控制模型。刘景昊（2019）通过多智能体建模方法实现宏观视角和微观视角下的大规模场景人群仿真。

与陆上交通流相比，水上交通流具有一定的特殊性。其作业系统包含了船舶、锚地、泊位、航道等多种元素，它们共同构建了一个内部元素互相关联的复杂系统，系统中每种元素都可视为智能体，通过个体的行为表现出全局的特征。对相关研究成果的表述如下：

刘硕（2016）基于智能体建模方法针对船舶的编队控制、一致性控制和避障控制问题进行研究，优化了基于多智能体一致性的船舶编队及避障控制方法，解决了有目标导向的船舶编队以及避障控制问题。何鑫（2017）在分析港口系统特征、内部要素和作业流程的基础上，针对港口交通特性，结合港口元胞演化规则，建立智能体方法结合元胞自动机方法的港口交通流仿真模型。徐武雄（2017）采用蒙特卡罗方法生成船舶智能体及航路，分析武汉长江多桥航道的通航环境，根据航道内船舶交通流的特征，建立了基于多智能体的内河多桥航道船舶交通流模型。左天立等（2017）考虑不同船舶在多航道情景下进出港的动态变化，以航道通过能力和服务水平为目标函数，基于多智能体仿真技术，构建复杂水域下的沿海进出港航道仿真模型，有效评估航道对港口营运的影响程度，为我国沿海的航道规划、建设和评估提供更多理论和技术支撑。薛梦婕（2019）在充分考虑潮汐、泊位和锚地的使用、船舶安全间距、船舶到达规律、船舶优先级、船舶速度以及航行限制规则等诸多条件的基础上，基于 Anylogic 仿真平台结合多智能体建模方法建立了用于模拟港口多主体的船舶交通流的仿真模型。吕建伟等（2019）采用多智能体仿真方法对动力系统航渡过程和设备情况进行仿真，分析舰船动力系统在航渡阶段的不同状态，得到设备级分辨率水平的舰船动力系统在航渡阶段的任务成功率指标的仿真结果，为开展船上其他系统对应研究提供借鉴和依据。

　　多智能体建模仿真是一种分布式智能方法，而港口作业系统中每种元素均分布在不同位置并都有自己的任务和目的然后完成系统的一部分功能；两者的建模方法都是由下至上的建模。除此之外，多智能体模型弥补了元胞自动机在港口交通流仿真研究中的短板，多智能体模型每个个体的构成都层次分明且具有自治性，不同个体之间拥有不同的变化规则，船舶尺寸以及速度都可以自由设定，并且不同于元胞自动机的运行时必须全部更新，多智能体只需要改变个体状态。所以多智能体建模方法能较好地应用于港口交通流仿真场景。

B.2.4　建模方法比较

　　在水运交通流微观分析的三种主要建模方法中，蒙特卡罗建模方法适用于本身具有随机性的问题及能够被转化为概率模型加以求解的确定性问题，在水运交通流研究中主要被用于生成与实际交通流特征相符合的船舶交通；元胞自动机建模方法是一种考虑时间、空间及状态的网格动力学模型，通过系统构成单元间的相互作用体现复杂系统的整体行为，因而被广泛应用于交通流研究中；智能体建模方法作为适合复杂系统的仿真方法，其自主性、反应性及社会性三大主要特征十分符合水运交通流的建模过程，因而被作为水运交通流建模方法之一，可行性极高。

B.3　水运交通流模型的应用

　　水运业是支撑我国社会经济发展的基础性、先导性行业，无论是"长江经济带"还是"海上丝绸之路"，都体现出水运交通的重要地位。1978 年，全国港口货物吞吐量仅为 2.8 亿吨，而经过改革开放后的快速发展，2003 年是中国港口具有重要意义的一年，全国港口完成货物吞吐量 26 亿吨，港口集装箱吞吐量增长速度遥遥领先于世界水平，总量达到 4800 万标准箱，超过美国成为世界第一（陈英明，2019）。2019 年全国港口货物总吞吐量已超过 139.5 亿吨，集装箱吞吐量超过 2.61 亿标准箱。与此同时，港口经营涉及的主体也越来越多，船舶在大型化的同时也在不断复杂化,对现有各类设施的有效管理、对未来建设的合理规划都需要科学的理论依据。

水运交通流研究是保证水上交通安全以及水上交通效率的重要支持力量,通过研究系统的基本参数、影响因素之间的关系、船舶行为特征分析、交通流仿真模拟及时空分布的演化机理,可以为评价航道的通行能力、预测航行风险及安全指数、组织和管理船舶及水、陆两侧其他各项设施提供理论基础及技术手段。研究成果可为海事主管机关、港口调度人员、船公司决策层以及行业相关机构工作人员提供参考,对于未来水上交通工程的发展方向、航道建设规模的确定以及水运经济的管理战略制定等都具有重要的意义。同时水运交通流也是中国在经济高速发展过程中现代交通流领域中不可缺少的组成部分。

B.3.1 航行安全评估

航行安全评估问题是一类典型的水运交通流问题。航道内偶尔发生的交通事故可能会造成严重的人员伤亡和财产损失。当前,关于航行交通事故的研究主要关注于:

(1)运用 VTS 和 AIS 等技术采集数据,基于对数据的统计分析开发航行风险评估模型

Tsou(2019)以基隆港周边采集的 AIS 数据为基础,结合气象随时间变化的数据,利用地理信息系统和决策树算法进行大数据分析得到了在不同气象条件下进入基隆港的各类船舶的航行特性,从而建立基隆港进港的安全评估模型。Zhang(2019)研究了影响船舶交通流冲突的因素,建立了基于人–机–环境–管理模型的船舶交通流冲突严重程度系统,利用 SPSS 统计软件进行多元线性回归分析和处理采集到的 AIS 数据,通过聚类分析得到判别函数,对不同冲突严重程度的水域进行分类,从而得到海上交通流冲突严重程度判别模型。Zhang 等(2019)为了揭示船舶网络的时空自相关性,建立了船舶运量时空预测模型,利用 2011~2016年南海 AIS 数据构建区域船舶网络,提出了基于网络相关性的邻域判别规则,并基于重力模型估计了港口内的交通需求。Xin 等(2019)基于 AIS 数据,对船舶加减速的幅度和时间进行了识别,建立了船舶安全距离的经验域模型。将船舶间相互作用的更新规则、经验船舶域模型和航道中过境规则进一步用于模拟船舶在各种航行场景下的运动行为。该模型能够有效评估航行效率和风险、新的操作策略以及理论航道容量与船舶大小之间关系。Xu 等(2013)通过收集 AIS 数据,分析得到了船舶交通流的概率分布。在此基础上,建立交通流路径模型和船舶运动模型,提出了船舶交通流的生成算法进行求解。通过对桥区航道交通流进行仿真研究,能够减少交通事故的发生。

（2）针对船舶实时交通流量变化，提出不同的数学模型来预测和分析航行风险

Wen 等（2015）提出了一个海洋交通复杂度模型来评估交通状况，并支持海员和交通管制员获得交通状况感知。利用复杂性来研究拥挤程度和碰撞风险，利用船舶相对距离、相对速度、相交轨迹等两两并行的交通特性，建立了交通单元复杂性模型，并通过插值后将该模型处理扩展为区域交通复杂度模型。Jiang 等（2019）研究了长江深水航道治理工程对船舶交通流的影响。研究了船舶尺寸、航速和交通量的概率分布。针对复杂的航行环境，采用蒙特卡罗模拟法对潮汐水域船舶交通流进行了模拟。利用 LCG 算法生成伪随机数，通过与现场观测结果比较，验证了模型的有效性，为进一步开展船舶行为研究和潮汐水域航行风险评估提供了依据。Yoo 和 Lee（2019）考虑到即使目标船不在本船的船舶域范围内，碰撞也有可能发生在最近的接近点，根据航海家对船舶遭遇情况的感知，提出了 CoRI 模型评估避碰行为的风险。Zhao 等（2019）提出了一个基于智能体的仿真模型来预测船舶相遇概率。将个体船舶的航行行为建模为智能体，利用基于 GIS 的智能算法对个体船舶的相遇进行检测。设计并实现了基于该方法框架的仿真样机，并将其应用于我国渤海中西部海域来验证该方法的实用性和实用性。Bushra 等结合元胞自动机建模方法提出了一种更新的基于贝叶斯网络概率方法的海上护航交通模型，用于预测船舶安全航行的最大航道密度和船舶在护航过程中的碰撞概率，从而提高航行安全和海上安全。Yip（2013）利用经典的交通模型，考虑水流和船舶域两种特殊的海洋交通特性，首次尝试研究船舶的动态特性，为船舶交通管制提供了一个可支持的基础。Zhang 等（2016）在考虑泊位的调度顺序、行驶方向和距离的基础上，建立了以总等待时间最小为目标的数学模型，并应用模拟退火和自适应多种群遗传算法（self-adaptive multi-population genetic algorithm, SAMPGA）进行求解，该模型和算法能同时保证船舶运输调度的安全性和提高调度效率。刘芳武（2015）提出了一种基于信息融合的船舶碰撞避免决策模型，该模型包含船舶智能体、VST 智能体等融合层次，通过建立该模型使得不同船舶之间可以通过相互协作，来作出船舶碰撞避免决策。邵俊倩（2018）提出了一个基于多智能体技术的船舶智能交通模型，对船舶交通流进行模拟，有效促进了海上航线规划水平，提高海上船舶的交通管理能力。

（3）基于神经网络和模糊等不确定的方法对航行安全进行预警和评价

王金浩等（2016）基于 BP 神经网络算法，对渔船吨位、发动机功率、渔船材质、渔船船龄以及渔船所处海面风等级和海面浪等级等 6 个预警指标要素构成的渔船预警模型进行评估，最终确定渔船在海上航行时的风险等级。陆璐等（2016）提出了一种基于粒子群优化算法的反馈神经网络，对船舶航行的安全进行预测。刘坤（2019）基于 BP 神经网络提出了一种船舶网络安全状态评价方法。该方法首先分析船舶网络安全状态评价影响因素，采集船舶网络安全状态评价数据，其次将影响因素和船舶网络安全状态评价分别作为 BP 神经网络的输入和输出，通过 BP 神经网络学习，对船舶网络安全状态进行评价，最后编程实现了船舶网络安全状态评价仿真实验，提升了船舶网络安全状态评价效率，可以有效保证船舶网络安全。张笛等（2018）通过利用模糊理论构造内河船舶航行安全评价模型，实现了在不确定性条件下对内河船舶航行安全进行的有效评价，为风险防控和预警提供依据。付姗姗等（2017）针对北极水域船舶航行所面临的复杂环境风险的识别问题，在风险因素识别中面临的不确定环境下，结合层次分析法、三角模糊数和蒙特卡罗仿真，提出了基于蒙特卡罗仿真的模糊层次分析方法，并运用该方法识别北极水域船舶航行重要的环境风险因素。于精忠等（2011）运用结合专家调查法的层次分析方法、多级模糊综合评价法对黄浦江各弯曲航道进行了航行危险度评价。付肖燕等（2012）针对水下航行特点和航行对安全性的要求，采用模糊数学方法构建环境要素对水下航行安全影响的隶属函数，对主要海洋环境要素的航行安全影响效能进行综合评估，通过模型仿真实验，得到影响评估的量化结果，并根据评估结果分析海洋环境要素对水下航行安全影响效能的时空分布特点。

B.3.2　航道通过能力估计

航道通过能力（或称航道容量）是指在一定的船舶技术性能和一定的运行组织条件下，一定航道区段单位时间（年、月、日或航期）内可能通过的最大货物吨数或船吨数，其中，前者又称货物通过能力，以万吨/年为计算单位，后者又称船舶通过能力，以万艘/年为计算单位。

港口航道通过能力影响因素大致可以分为自然条件和人为设置因素。具体来说，例如航道水深、涨落潮影响、航道宽度等自然因素，以及船舶类型、船速、吨位等船舶自身因素，还有港口情况、泊位数量等港口条件。根据情况可以分为以下五个因素。

（1）自然条件

港口航道涉及的海域、气象条件、航道水深、潮汐等都影响了进出港船舶的停靠、航行以及装卸作业；港口航道等级、航道水深吃水比、航道宽度等因素也构成了影响通过能力的自然条件，这些因素导致了港口航道船舶总的通行时间的长短。

（2）船舶特征

进出港船舶的航速、类型、载重吨位以及船上的装卸设备的类型、数量和起重量等。同时包括船舶进出港的排队规则、货物的装卸工艺流程以及港口泊位的装卸效率。船舶排队进港的时候过于集中，航道的利用率会产生影响，尤其是单向航道的瓶颈现象突出。

（3）港口布局

港口码头的安排布局，比如码头前沿、堆场和码头仓库的位置，港口内交通的便利情况以及与外界的交通衔接程度。航道的单双向问题，港口的航行限速问题等也影响了港口航道通过能力的大小。

（4）泊位的装卸设施及作业条件

泊位装卸设备的作业时间、作业人员的技术水平、轮班情况以及调度安排。

（5）船型组合

进港的船舶类型不一，会引起船舶排队现象，船舶在航道的间距不一，船舶的密度过大，泊位的利用率不能充分发挥这一系列问题，因此准确、合理地进行船舶类型的引导，将会提高航道通过能力。

目前，国内外尚缺乏研究航道通过能力的系统性理论体系，且研究主要集中于内河航道。水运工程学者在分析研究内河航道通过能力时，其理论方法、资料收集、观测手段不太完备，由于缺乏对航道内在交通运行机理的分析，提出的经验公式比较多，最著名的是 1969 年国际航运会议上提出的西德公式。国内研究多数直接借鉴国外经验公式，或基于西德公式推导出的适用于内河航道通过能力的计算公式，如长江公式、苏南运河公式、川江航道公式等。这些公式中包含如下影响航道通过能力的因素：船舶平均载重吨位、船舶长度、船舶速度、船流密度、船舶交会和乘潮影响等。

上述公式都使用不同数量的系数修正公式，将船流密度与船舶速度视为定值。但在实际当中，船流密度与船舶速度都是变量，且对航道通过能力有直接影响，船流密度的影响尤大。因此，仅仅用系数对公式进行修正欠妥。

杨锦华（1993）采用模糊数学方法，建立了长江中下游航道通过能力的计算公式；徐婷婷（2007）着重考虑船舶运行状态，基于交通流模型理论，建立了在不同安全条件下的航道通过能力公式；孟宁（2013）对传统多浅段航道乘潮方式计算方法进行改进，应用离散事件仿真理论建立了航道设计通过能力的计算模型。

长期以来，由于港口吞吐量主要受泊位多寡的限制，国内外偏向于对港口码头通过能力的研究，而忽略了港口航道通过能力的研究较少，用于计算海港航道通过能力的经验公式更是鲜见。内河航道与海港航道有着很大的不同，内河航道的服务对象是流域范围内的所有码头，具有很强的公共性；海港航道的服务对象通常限定为一个特定的港区，其专用性比较突出。因此，无法将内河航道经验公式用于估算海港航道的通过能力，而必须予以单独研究分析。

近年随着我国进出口贸易的持续增长，各大港口吞吐量持续提升，港口航道通过能力的研究逐渐得到学者的重视。李德春（2007）研究了不同通航规则下天津港的最大通航船舶艘次；李云斌（2008）以天津港为研究对象，基于船舶领域模型和排队论模型，提出了航道在静态和动态条件下的通过能力计算模型；张保华（2009）基于藤井弥平理论，结合海上交通工程理论，分析了大连老铁山水道的通过能力；文元桥和刘敬贤（2010）重新定义了航道通过能力，提出以单位时间内通过港口航道某一断面的进港和出港船舶的最大艘次作为航道通过能力，将航道饱和度作为航道服务水平的评估指标，研究了进港航道的通畅程度。

港口航行作业系统是复杂度高、内部关联复杂的离散事件系统，用传统数学方法很难分析港口运营过程当中各个要素的随机动态变化特点。因此，采用计算机系统仿真的方法计算港口航道通过能力，已经成为研究者们的共识。

吴丹（2007）基于离散事件系统仿真的理论，结合 Rockwell Arena 仿真软件，选取黄骅港作为目标港口，研究了理论通过能力和设计通过能力的计算方法，对不同的进港船舶分布分别讨论，计算得出航道的通过能力和服务水平，提出针对目标港口的改进方案。赵景丽（2010）建立了基于排队理论的港口通过能力计算模型，研究了进港排队系统和出港排队系统，基于 Queueing Toolpack 软件计算出青岛主航道的通过能力，为青岛主航道的扩建工程提供指导意见。Huang 等（2013）以海上交通枢纽港为研究对象，基于水路网络的规模性和复杂性，结合历史数据和专家意见，构建港口仿真系统分析交通流量，评估枢纽港的航道通航能力。

B.3.3 港口运营管理

全球贸易总重量的 80% 和总价值的 70% 需要经由海洋运输和港口装卸完成，而作为其重要组成部分，集装箱化运输在过去数十年中也经历了飞速的增长，目前已占世界海运贸易总重量的 17% 和总价值的 52%。相应地，集装箱港口码头已成为全球物流链的枢纽和增值服务中心，凭借其规模化的集散能力，为所在区域和世界范围内的经济活动提供基础。通常集装箱码头系统可视为具有双物流进出界面的开放式系统，即分别为进行船舶装卸的岸边侧界面以及进行集卡/火车装卸的陆地侧界面，两界面之间由堆放集装箱的堆场间隔。集装箱港口系统运作涉及多个市场参与者，包括港口管理者（商务部门、运营部门、安全部门）、码头运营者（码头运作及相关服务公司）、进出口商及航运公司客户、政府部门等。不同的市场参与者利益间存在协同或矛盾的关系，作为研究人员需要在这些利益优化目标之间进行权衡，并利用交通管理、运筹优化、仿真模拟、系统工程等多学科知识为管理层决策人员提供科学管理工具和决策支持。

（1）港口管理者视角

一般而言，港口内的船舶运输（vessel transportation）计划由 VTS 系统决策人员制定具体调度方案。首先，码头运营公司会根据所拥有资源及经验制定初步的泊位分配计划。其次，船公司会在到港之前将预计的到港时间、离港时间上报给 VTS 人员。随后，VTS 人员根据上述两块信息，尽量协调两者的时间，并遵循航道的基本规则如安全距离、利用效率等，确定进港船舶和离港船舶驶入航道的时间、进入港区后是否需要在锚泊区等候服务等计划。最后，VTS 将计划方案发布给上述双方并进行沟通，如有需要可能进行再次重调度。此外，对于特殊船舶，需要派遣引航员以及辅助设施帮助船舶进港。

Zhang 等（2016）以最小化船舶等待时间为目标函数，并假设有充足的锚泊位及引航设施，建立了相应的混合整数规划数学模型，并设计了多种群遗传算法（SAMPGA）求解该数学模型；对于 20 艘船的问题，数值实验显示船舶等待时间总和为 1731 分钟，相比较"先到先服务"规则及简单遗传算法，SAMPGA 在目标值上显著减少。Kelareva 等（2012，2014）以最大化港口的吞吐量为目标函数，考虑给定的泊位计划和拖驳能力，决策船舶的进出港时间。Lalla-Ruiz 等（2018）、Hill 等（2019）、Tang 等（2016）也进行了类似的研究，而 Jia 等（2019）针对此问题取得了优异的成就，研究中不仅考虑了泊位、航道等基本信息，同时考虑了有限的锚地资源、船舶的拒绝惩罚、各方的沟通方式，建立了完整的数学模型，并采用拉格朗日松弛的思想对模型进行合理分解，证明了潮汐时间窗口的嵌套特性，利用非对称二部图匹配算法对子问题实现快速求解，从而完成了对模型的整体求解；研究中利用洋山深水港的数据，将所设计算法与 CPLEX 进行比较，验证了所设计算法的有效性及时间上的效率性。

（2）码头运营者视角

一般而言，港口内的泊位资源、岸桥资源的分配由码头运营公司决策人员制定具体计划方案。BAP 需要为到港船舶分配所靠泊的岸线位置及靠泊时间窗口，一般以向船舶提供快速可靠的服务为优化目标，考虑最小化船舶的在港/延迟时间、移位/换港成本、设施设备资源利用率等参数或者几项参数的加权之和。船公司通常与码头签订关于服务持续或完成时间的协议，以确保船舶在整条航线上的航期，这也常作为码头生成作业计划所需考虑的约束。Imai 等（1997）最早研究了静态船舶到港情况，目标函数除船舶在港时间，还包括服务顺序相对到港顺序的改变值，以此衡量客户满意度水平。随后 Imai 等（2001）研究了动态船舶到港的情况，使用基于拉格朗日松弛的启发式算法进行求解，Hansen 和 Oğuz（2003）对其静态和动态模型结构进行了压缩改进。岸桥调度问题（quay crane scheduling problem，QCSP）是基于单船装卸集装箱作业任务集合及所分配岸桥集合，需要考虑某些任务间的先后顺序关系以符合装卸作业特殊要求，包括某些舱位间的先装后卸和按照积载图的装卸顺序。早期 QCSP 多以多个贝位组成的贝区为作业任务对象，不涉及岸桥设备干扰约束，其问题可降解为分割问题（partition problem），求解相对简单（Lim et al.，2004）。但实际上，岸桥设备本身属性决定了 QCSP 中机器设备不可互相跨越且在作业过程中需要保持一定的安全距离，问题求解难度也随着作业任务对象颗粒度的细化而增加。除作业能力外，岸桥参数还包括可用时间窗口、初始和结束位置、贝间移动时间等等。

当然实际决策中，泊位和岸桥分配互相影响，进行调度计划时需要同时考虑两类资源。Han 等（2010）以船舶到港时间为随机参数的离散型泊位系统为研究对象，通过定义和区分确定型关键决策变量与随机型反应决策变量，在不确定参数下，建立在给定对船分配数量下允许岸桥重分配，且基于 QCSP 预估船舶作业时间的前摄型泊位岸桥集成调度优化模型；依据两类决策变量区分，提出基于蒙特卡罗抽样和仿真评估的遗传算法搜索框架，使用确定型关键决策变量编码、对不确定性因素影响下的随机型反应决策变量使用启发式解码，以快速有效搜索兼顾效能和稳定性的基础计划。研究表明所得前摄型调度计划在随机环境下具有很好的鲁棒性和统计学表现。

复习思考题

1. 水运交通流相比较其他运输方式对应的交通流具有哪些特点？
2. 水运交通流的特征按照宏观层面和微观层面如何划分？
3. 元胞自动机方法在水运交通流的单航道问题与双航道问题建模过程中的区别有哪些？
4. 智能体建模、蒙特卡罗建模、元胞自动机建模在水运交通流研究中的优势与劣势？
5. 如何利用水运交通流模型评估航道的通行能力？

参 考 文 献

陈珺, 常德化. 2019. 船舶交通管理系统（VTS）概况及进展 [J]. 中国水运, 19(9): 37-38.

陈英明. 2019. 中国港口现状及未来走势 [J]. 中国水运, 6:7.

初秀民, 李祎承, 余玉欢. 2014. 长江中下游航道通过能力计算方法 [J]. 交通运输系统工程与信息, 14(2): 213-219.

杜安民. 2009. 基于标准船型的港口航道通过能力研究 [D]. 大连: 大连理工大学.

段佳奕. 2017. 基于 Agent 的城市交叉口信号协同控制策略 [D]. 重庆: 重庆大学.

段丽红, 文元桥, 戴建峰, 等. 2012. 水网航道通过能力的时空消耗计算模型 [J]. 船海工程, 41(5): 134-137.

方丹丽. 2015. 基于 Agent 的人工交通系统建模与评估 [D]. 北京: 北京交通大学.

付姗姗, 张笛, 张明阳, 等. 2017. 北极水域船舶航行环境风险影响因素识别 [J]. 哈尔滨工程大学学报, 38(11): 1682-1688.

付肖燕, 沈继红, 赵玉新. 2012. 潜艇水下航行的安全性评估 [J]. 系统工程与电子技术, 34(11): 2407-2412.

高帅, 郝严斌, 黄常海. 2011. 蒙特卡罗方法在水上交通风险仿真中的应用 [J]. 中国水运, 11(6): 76-77.

何鑫. 2017. 基于 Agent 和元胞自动机的港口交通流建模与仿真 [D]. 大连: 大连海事大学.

柯姜岑. 2012. 基于元胞自动机的水运枢纽运输组织研究 [D]. 武汉: 武汉理工大学.

柯姜岑, 甘露, 程超. 2013. 基于元胞自动机的船舶过闸运输组织仿真 [J]. 水运工程, 13(1): 124-129, 134.

李德春. 2007. 港口航道通航能力仿真分析 [D]. 天津: 天津大学.

李云斌. 2008. 天津港主航道通过能力（饱和度）评价和预测研究 [D]. 武汉: 武汉理工大学.

刘芳武. 2015. 一种多智能体信息融合船舶避碰系统 [J]. 舰船科学技术, 37(3): 198-201.

刘景昊. 2019. 基于多智能体的虚拟行人与人群仿真研究 [D]. 北京: 中国科学技术大学.

刘坤. 2019. 基于 BP 神经网络的船舶网络安全状态评价 [J]. 舰船科学技术, 41(20): 157-159.

刘硕. 2016. 基于多智能体一致性的船舶编队及避障研究 [D]. 哈尔滨: 哈尔滨工程大学.

吕建伟, 郭顺合, 徐一帆, 等. 2019. 基于多智能体仿真的舰船动力系统航渡任务成功性研究 [J]. 系统工程与电子技术, 41(8): 1896-1902.

陆璐, 杨志献, 姜永亮. 2016. 改进 PSO-ANN 神经网络算法在船舶安全性预测方面的研究应用 [J]. 舰船科学技术, 38(6A): 55-57.

孟宁. 2013. 基于船舶调度优化的港口建设规模仿真研究 [D]. 大连: 大连海事大学.

邵俊倩. 2018. 基于多智能技术的船舶交通流仿真研究 [J]. 舰船科学技术, 40(06): 34-36.

王金浩, 李小娟, 孙永华, 等. 2016. BP 神经网络在渔船航行安全预警中的应用 [J]. 渔业现代化, 43(1): 47-51,61.

文元桥, 刘敬贤. 2010. 港口公共航道船舶通过能力的计算模型研究 [J]. 中国航海, 33(2): 35-39,55.

吴丹. 2007. 基于系统仿真的港口航道通过能力研究 [D]. 大连: 大连理工大学.

吴兆麟. 1993. 海上交通工程 [M]. 大连: 大连海运学院出版社.

薛梦婕. 2019. 基于 Anylogic 和多主体的船舶交通流仿真研究 [D]. 厦门: 集美大学.

徐婷婷. 2007. 不同安全条件下的航道通过能力研究 [D]. 南京: 河海大学.

徐武雄. 2017. 基于 Multi-Agent 的内河多桥航道船舶交通流建模与仿真研究 [D]. 武汉: 武汉理工大学.

徐武雄, 初秀民, 刘兴龙. 2014. 船舶交通流建模与仿真研究进展 [J]. 水利水运工程学报, 6: 91-99.

杨锦华. 1993. 长江中下游航道通过能力的初步研究 [J]. 水运工程, 93(8): 25-29.

尹增谦, 管景峰, 张晓宏, 等. 2002. 蒙特卡罗方法及应用 [J]. 物理与工程, (3):45-49.

于精忠, 陈锦标, 肖英杰, 等. 2011. 基于多级模糊综合评价法的黄浦江各弯曲航道航行危险度评价 [J]. 上海海事大学学报, 32(2): 42-46.

张保华. 2009. 基于船舶领域理论的水道通过能力研究 [D]. 大连: 大连理工大学.

张笛, 姚厚杰, 万程鹏, 等. 2018. 基于模糊证据推理的内河船舶航行安全状态评价 [J]. 安全与环境学报, 18(4): 1272-1277.

赵景丽. 2010. 基于排队论的沿海港口航道通过能力及服务水平研究 [D]. 青岛: 中国海洋大学.

朱坚真. 2017. 中国沿海港口交通体系与海上通道安全 [M]. 北京：海军出版社.

卓永强, 方祥麟, 陈沈阳. 2008. 船舶交通系统模拟技术的开发与研究 [J]. 中国航海, 2008(2): 139-143.

左天立, 聂向军, 郝军, 等. 2017. 基于多智能体的复杂水域航道通航仿真优化 [J]. 中国航海, 40(1): 97-101.

Biham O, Middleton A A, Levine D. 1992. Self-organization and a dynamical transition in traffic-flow models[J]. Physical Review A, 46 (10): R6124-R6127.

Brown G W, von Neumann, J. 1950. Solutions of games by differential equations[M]// Kuhn H W, Tucker A W. Contributions to the Theory of Games I. Princeton: Princeton University Press, 73-79.

Davis P V. Dove M J, Stockel C T. 1980. A computer simulation of marine traffic using domains and arenas[J]. Journal of Navigation, 33: 215-222.

Dimitris P, Kiremidjian A S. 2003. Ship traffic modeling methodology for ports[J]. Journal of Waterway, Port, Coastal and Ocean Engineering, 129(5): 193-202.

Feng H X. 2013. Cellular automata ship traffic flow model considering integrated bridge system[J]. International Journal of u- and e- Service, Science and Technology, 6(6): 121-132.

Feng H X, Bao X G, Zhou J H, et al. 2015. Cellular automata model on AIS-based for variable two-way waterway[J]. Journal of Industrial Engineering and Management, 8(3): 674-692.

Franklin S, Graesser A. 1996. Is it an agent, or just a program: A taxonomy for autonomous agents[C]. International Workshop on Agent Theories, Architectures, and Languages, 21-35.

Fujii Y H, Tanaka K. 1971. Traffic capacity[J]. Journal of Navigation, 24: 543-552.

Gao X, Makino H, Furusho M. 2017. Analysis of ship drifting in a narrow channel using automatic identification system (AIS) data[J]. WMU Journal of Maritime Affairs, 16: 351-363.

Goerlandt F, Kujala P. 2011. Traffic simulation based ship collision probability modeling[J]. Reliability Engineering & System Safety, 96(1): 91-107.

Goodwin E M. 1975. A statistical study of ship domains[J]. Journal of Navigation, 28(3): 328-334.

Greenberg H. 1959. An analysis of traffic flow[J]. Operations Research, 7(1): 78-85.

Greenshields B D, Bibbins J R, Channing W S, et al. 1935. A study of traffic capacity[J]. Highway Research Board, 14: 448-477.

Han X, Lu Z, Xi L. 2010. A proactive approach for simultaneous berth and quay crane scheduling problem with stochastic arrival and handling time[J]. European Journal of Operational Research, 207: 1327-1340.

Hansen P, Oğuz C. 2003. A Note on Formulation of the Static and Dynamic Berth Allocation Problems[M]. Montréal: Les Cahiers du GERAD.

Hasegawa K, Tashiro G, Kiritani S, et al. 2001. Intelligent marine traffic simulator for congested waterways[C]. 7th IEEE International Conference on Methods and Models in Automation and Robotics, 632-636.

Hill A, Lalla-Ruiz E, Voß S, et al. 2019. A multi-mode resource-constrained project scheduling reformulation for the waterway ship scheduling problem[J]. Journal of Scheduling, 22(2): 173-182.

Hu H, Chen X, Sun Z. 2017. Effect of water flows on ship traffic in narrow water channels based on cellular automata[J]. Polish Maritime Research, 24(3): 130-135.

Huang S Y, Hsu W J, Fang H, et al. 2013. A marine traffic simulation system for hub ports[C]. Proceedings of the 1st ACM SIGSIM Conference on Principles of Advanced Discrete Simulation, 295-304.

Imai A, Nagaiwa K, Tat C W. 1997. Efficient planning of berth allocation for container terminals in Asia[J]. Journal of Advanced Transportation, 31(1): 75-94.

Imai A, Nishimura E, Papadimitriou S. 2001. The dynamic berth allocation problem for a container port[J]. Transportation Research Part B, 35: 401-417.

Jia S, Li C L, Xu Z. 2019. Managing navigation channel traffic and anchorage area utilization of a container port[J]. Transportation Science, 53(3): 728-745.

Jiang Z L, Yu Z, Zhang D Y, et al. 2019. Characteristics of vessel traffic flow during waterway regulations: A case study in the Yangtze River[C]. 2019 5th International Conference on Transportation Information and Safety.

Jin S, Qu X, Xu C. 2015. An improved multi-value cellular automata model for heterogeneous bicycle traffic flow[J]. Physics Letters A, 2015, 379(39): 2409-2416.

Kang L, Meng Q, Liu Q. 2018. Fundamental diagram of ship traffic in the Singapore Strait[J]. Ocean Engineering, 147: 340-354.

Kelareva E, Brand S, Kilby P, et al. 2012. CP and MIP methods for ship scheduling with time-varying draft[C]. Proceedings of 22nd International Conference of Automated Planning Scheduling, 110-118.

Kelareva E, Tierney K, Kilby P. 2014. CP methods for scheduling and routing with time-dependent task costs[J]. EURO Journal on Computational Optimization, 2(3): 147-194.

Khan B, Khan F, Veitch B. 2019. A cellular automation model for convoy traffic in Arctic waters[J]. Cold Regions Science and Technology, 164, 102783.

Lalla-Ruiz E, Shi X, Voß S. 2018. The waterway ship scheduling problem[J]. Transportation Res. Part D, 60: 191-209.

Lin J T, Chiu C C, Chang Y H. 2019. Simulation-based optimization approach for simultaneous scheduling of vehicles and machines with processing time uncertainty in FMS[J]. Flexible Services and Manufacturing Journal, Springer US, 31(1): 104-141.

Lim A, Rodrigues B, Xiao F, et al. 2004. Crane scheduling with spatial constraints[J]. Naval Research Logistics, 51(3): 386-406.

Liu J X, Zhou F, Li Z Z, et al. 2016. Dynamic ship domain models for capacity analysis of restricted water channels[J]. Journal of Navigation, 69(3): 481-503.

Liu J X, Zhou F, Wang M. 2010. Simulation of waterway traffic flow at harbor based on the ship behavior and cellular automata[C]. 2010 International Conference on Artificial Intelligence and Computational Intelligence. IEEE, 3: 542-546.

Meng Q, Weng J, Li S. 2014. Analysis with automatic identification system data of vessel traffic characteristics in the Singapore Strait[J]. Transportation Research Record, 2426: 33-43.

Minsky M. 1991. Society of Mind: A response to four reviews[J]. Artifical Intelligence, 48: 371-396.

Nagel K, Schreckenberg M. 1992. A cellular automaton model for freeway traffic[J]. Journal de Physique I, 2(12): 2221-2229.

Pipes L A. 1967. Car following models and the fundamental diagram of road traffic[J]. Transportation Research, 1: 21-29.

Qi L, Zheng Z, Gang L. 2017a. A cellular automaton model for ship traffic flow in waterways[J]. Physica A, 471: 705-717.

Qi L, Zheng Z, Gang L. 2017b. Marine traffic model based on cellular automaton: Considering the change of the ship's velocity under the influence of the weather and sea[J]. Physica A, 483: 480-494.

Qu X, Meng Q. 2011. Simulation model for ship movements in singapore strait and its applications[C]. Transportation Research Board 90th Annual Meeting, 11-0881.

Qu X, Meng Q. 2012. Development and applications of a simulation model for vessels in the Singapore Straits[J]. Expert Systems with Applications, 39(9): 8430-8438.

Sun Z, Chen Z, Hu H. 2015. Ship interaction in narrow water channels: A two-lane cellular automata approach[J]. Physica A, 431: 46-51.

van der Tak C, Spaans J A. 1977. A model for calculating a maritime risk criterion number[J]. The Journal of Navigation, 30: 287-295.

Tang G, Wang W, Song X, et al. 2016. Effect of entrance channel dimensions on berth occupancy of container terminals[J]. Ocean Engineering, 117: 174-187.

Tang T Q, Caccetta L, Wu Y H. et al. 2014. A macro model for traffic flow on road networks with varying road conditions[J]. Journal of Advanced Transportation, 48(4): 304-317.

Tsou M C. 2019. Big data analytics of safety assessment for a port of entry: A case study in Keelung Harbor[J]. Proceedings of the Institution of Mechanical Engineers.

Underwood R T. 1961. Speed, volume, and density relationship: Quality and theory of traffic flow[R]. Yale Bureau Highwaw, 141-188.

Wardrop J G. 1952. Some theoretical aspects of road traffic research[C]. Proceedings of the Institute of Civil Engineers, 2: 325-378.

Wen Y, Huang Y, Zhou C, et al. 2015. Modelling of marine traffic flow complexity[J]. Ocean Engineering, 104:500-510.

Xiao F, Ligteringen H, von Gulijk C, et al. 2015. Comparison study on AIS data of ship traffic behavior[J]. Ocean Engineering, 95: 84-93.

Xin X, Liu K, Yang X, et al. 2019. A simulation model for ship navigation in the "Xiazhimen" waterway based on statistical analysis of AIS data[J]. Ocean Engineering, 180: 279-289.

Xu W X, Chu X M, Chen X Q, et al. 2013. Method of generating simulation vessel traffic flow in the bridge areas waterway[C]. 2013 International Conference on Computer Sciences and Applications (CSA). IEEE.

Xu W X, Chu X M, Chen X Q, et al. 2014. Methods of generating vessels for traffic flow simulation of bridge areas waterway[J]. Journal of System Simulation, 26(8): 1644-1651.

Xu W X, Chu X M, Liu X L. 2015. Simulation for transit capacity of a multi-bridge waterway[J]. Journal of Transportation Systems Engineering and Information Technology, 15(3):127-133.

Yip T L. 2013. A Marine traffic flow model[J]. International Journal on Marine Navigation and Safety of Sea Transportation, 7(1): 109-113.

Yoo Y J, Lee, J S. 2019. Evaluation of ship collision risk assessments using environmental stress and collision risk models[J]. Ocean Engineering, 191: 0029-8018.

Zhang G. 2019. Research for conflict severity level of ship traffic flow[C]. 2019 5th International Conference on Transportation Information and Safety (ICTIS), Liverpool, United Kingdom, 1506-1510.

Zhang X, Chen G, Wang J. 2019. A gis-based spatial-temporal autoregressive model for forecasting marine traffic volume of a shipping network[J]. Scientific Programming, 1-14.

Zhang X, Lin J, Guo Z, et al. 2016. Vessel transportation scheduling optimization based on channel–berth coordination[J]. Ocean Engineering, 112: 145-152.

Zhao M, Yao X, Sun J, et al. 2019. GIS-based simulation methodology for evaluating ship encounters probability to improve maritime traffic safety[J]. IEEE Transactions on Intelligent Transportation Systems, 20: 323-337.

附录 C 航空网络设计与优化

C.1 概 述

1903 年莱特兄弟试飞了第一架飞机，1933 年美国道格拉斯公司生产出适用于民航运输的 DC-1 型飞机，1949 年英国研制了第一架喷气客机，1958 年美国第一架波音 707 投入商用。随着世界经济和航空工业的发展，民用航空运输业也逐步发展并走向成熟。国际航空运输协会（IATA）发布的业绩数据显示，2018 年全球航空公司定期航班总计运送旅客达 44 亿人次。航空运输已然成为现代社会经济发展的一种重要运输方式，并逐渐成为大众化的日常选择。

一般地，航空运输系统包括航空公司、机场和空管三个子系统。航空公司直接面向旅客提供出行服务，机场和空管为航空公司的生产运营提供支持。

航空公司的销售产品是航班，更具体地，是从一个机场到另一个机场的运输服务。航空公司拥有的航班构成了航线网络。航线网络结构对于航空公司的生产经营活动有着重要影响，体现了航空公司的战略目标和市场定位。合理的航线网络规划是航空公司生产运营的前提。每时每刻空中都有大量的航班在执行，执行航班的飞机由空管指引。空域规划和空中交通流量管理对于航班的有效执行是非常重要的。

本附录 C 聚焦现代交通流理论在航空运输网络中的应用，重点关注航空公司相关的航线网络设计与优化，以及空管相关的空域规划、空中交通流量管理。

C.2 航线网络结构

航班计划是航空公司的核心产品，航线网络布局是产生航班计划的前提。合理的航线网络结构对于航空公司的生产经营活动有着重要影响。航线网络结构体现了航空公司的市场定位和目标客户群体，决定了公司的经营目标是否能实现。以我国为例，依据经营航线类别、市场规模和航线网络结构，航空公司可以分为三类（夏洪山，2012）：① 国际航空公司：经国家授权，同时经营国内和国际民航运输业务的航空公司。目前，我国的国际航空公司主要是中国国际航空股份有限公司、中国南方航空股份有限公司、中国东方航空股份有限公司以及海南航空控股股份有限公司。② 干线航空公司：主要经营首都到省会以及省会间的航线为主的航空公司。③ 支线航空公司：经营省级及以下城市之间航线为主的航空公司，通常都是小型航空公司。此外，航线网络结构很大程度上决定了航空公司的市场占有情况和长期的运营管理成本。

本节主要介绍了两种常见的航线网络结构，即城市对航线网络和轴辐式航线网络，并就其特征作简要对比。此外，给出轴辐式航线网络枢纽选址问题的两种建模方式。

C.2.1   城市对航线网络

城市对结构又称点对点结构，其航线为两个机场间的直飞航线，客货不需要经过第三个机场进行周转。图 C.1 为简单的城市对航线示意图。由于其为直达没有中间经停点，其具有航程短、周转快、机组资源配备简单的特点。这种模式在客货运输量较大的城市对之间有一定的优势，深受旅客特别是商务旅客欢迎。

图 C.1   城市对航线

城市串式航线也称甩辫子航线，飞机在始发机场和目的机场之间，经过一个经停点进行客源的补充，回程按原路返回，形成串珠状网络。采用这种模式的主要原因是直飞航线没有足够的客货运量，需要通过中途经停补充客货源，以提高乘坐率或者载运率降低航班成本。总体而言，这种结构适合较小的空域市场，但是规模不稳定。图 C.2 为典型的城市串式航线。

图 C.2   城市串式航线

环形航线是城市串式航线的变形，航线之间有经停点，不同之处在于环形航线来回程不是同一航线，如图 C.3 所示。这种形态的航线主要由客货运输中单项需求所决定的，在货运中应用比较多。

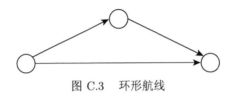

图 C.3   环形航线

值得注意的是，无论是城市串式航线还是环形航线，都是城市对航线的简单变形。由于增加了中间经停点，对于航空公司而言，能够提高航班乘坐率和航班收入，但是对于旅客而言则增加了旅途时间。另一方面，由于增加了经停点，资源调配方面会比较复杂，也增加了起降次数，因此会增加航班运行成本。

C.2.2 轴辐式航线网络

城市对航线网络，能最大限度地节约时间成本，是最能体现航空运输快捷特点的一种方式。同时，对于航空公司而言，航班间的经营没有任何相互关联，易于操作，没有高峰点运营压力。然而，这种网络结构只是简单的运送系统，并不具备吸引、开发需求的功能，难以形成 $1+1>2$ 的效果，航线之间无法配合。此外，由于单一航班对之间的市场需求有限，从根本上限制了航班的频率、客座率或载运率，造成航线资源的浪费。

随着民航业务需求的日益增长，单一的网络结构难以满足需求，新的网络结构被提出。1979 年，美国放松对于航空运输的管制，航空公司为了市场需要，探索出了一种兼顾效率和规模经济的运营方式，逐步形成了以枢纽机场为轴心、非枢纽机场为辐射支撑点的轴辐式（hub-and-spoke）的航空网络，也称为中枢辐射型航空网络。对于市场需求充沛的城市对，航空公司采取点对点的直飞航线；对于一些需求不充沛的市场，航空公司既要保持市场占有，又要保障航班效益，通常将其与航线多、航班密度高的区域性中心机场或者大型门户机场构建如图 C.4 所示的轴辐式航空网络。

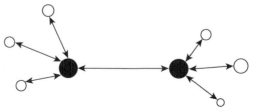

图 C.4　轴辐式航空网络示意图

C.2.3 航线网络结构分析与比较

相对于点对点网络，轴辐式网络有利于资源的合理配置，有利于网络规模经济的有效发挥。但是，对于乘客而言，轴辐式网络迫使旅客要接受更长的旅行时间，以及中转带来的种种不便。对航空公司而言，航班时刻的安排、运力的调配和人力的安排都变得更加复杂，运营管理成本增加。在复杂网络下，往往牵一发而动全身，航班的延误率增大。对于机场而言，"航班被"带来的客货流的高峰极易造成枢纽机场和航路上的堵塞，增加枢纽机场运营压力。进入 21 世纪以来，随着人们对运输效率的要求提高，轴辐式网络的弊端凸显，许多航空公司都在着力于航线网络的改造。

C.2.4 轴辐式航线网络的枢纽选址问题

枢纽机场在轴辐式网络中有着至关重要的集散作用,大量的旅客和货品在枢纽机场中转。因此,枢纽机场选址问题(hub location problem)的求解很大程度地影响着整体航线网络的运输效率。

Campbell(1994)给出了 p-枢纽中位问题(the p-hub median problem)的整数规划模型。他们假设任意的 OD 流(客流或者货流,从出发地到目的地)至多中转 2 次、机场和航线没有容量限制,求解模型从所有城市中选出 p 个作为枢纽,使得总体运输成本最小。

利用以下集合、参数和决策变量,该 p-枢纽中位问题的数学模型如式 (C.1)~(C.7) 所示。

(1)集合

A:城市集合,用 i, j, k 和 m 索引。

(2)参数

p:拟选出的枢纽个数;

w_{ij}:从城市 i 到城市 j 的流量;

c_{ij}:从城市 i 到城市 j 的单位流量的运输成本;注意,若 $i = j$,则 $c_{ij} = 0$;

$c_{ijkm} = c_{ik} + c_{mj} + \alpha c_{km}$,其中 c_{ik}, c_{mj} 和 c_{km} 是从城市间的运输成本, $\alpha \in (0,1)$ 用于表示枢纽机场 k 和 m 间由于客流聚集产生的规模经济。

(3)决策变量

$x_{ijkm} \in \{0,1\}$:如果从城市 i 到城市 j 的 OD 流经过城市 k 和城市 m 中转, $x_{ijkm} = 1$;否则, $x_{ijkm}=0$;

$y_k \in \{0,1\}$:如果城市 k 被选为枢纽, $y_k = 1$;否则, $y_k = 0$。

模型 1 p-枢纽中位问题优化模型:

$$\min \sum_{i \in A} \sum_{j \in A} \sum_{k \in A} \sum_{m \in A} w_{ij} c_{ijkm} x_{ijkm} \tag{C.1}$$

$$\text{s.t.} \quad \sum_{k \in A} y_k = p \tag{C.2}$$

$$\sum_{k \in A} \sum_{m \in A} x_{ijkm} = 1, \quad \forall i, j \in A \tag{C.3}$$

$$\sum_{m \in A} x_{ijkm} \leqslant y_k, \quad \forall i, j, k \in A \tag{C.4}$$

$$\sum_{k \in A} x_{ijkm} \leqslant y_m, \quad \forall i, j, m \in A \tag{C.5}$$

$$x_{ijkm} \in \{0,1\}, \quad \forall i, j, k, m \in A \tag{C.6}$$

$$y_k \in \{0,1\}, \quad \forall k \in A \tag{C.7}$$

在该模型中，目标函数 (C.1) 最小化总体的运输成本。约束 (C.2) 限定所有城市中选出 p 个作为枢纽。约束 (C.3)~(C.5) 表示对于 $\forall i,j \in A$ 有如下约束：

$$\sum_{k \in A} \sum_{m \in A} x_{ijkm} = 1 \tag{C.3}$$

$$\sum_{m \in A} x_{ijkm} \leqslant y_k, \quad \forall k \in A \tag{C.4}$$

$$\sum_{k \in A} x_{ijkm} \leqslant y_m, \quad \forall m \in A \tag{C.5}$$

约束 (C.3) 表示从 i 到 j 只选择一种路由方式，即 $i \to k \to m \to j$。特殊地，若 $k = m$，则 i 到 j 只经过一次枢纽进行中转，有 $c_{ijkm} = c_{ik} + c_{mj}$；若 $i = k$ 且 $m = j$，则 i 到 j 是直达，有 $c_{ijkm} = c_{ij}$。式 (C.4) 统计从 i 到 j 是否将 k 作为中转点，即先从 i 到 k，是则 $y_k = 1$，即城市 k 应该被选为枢纽机场；相似地，式 (C.5) 统计从 i 到 j 是否将 m 作为中转点，即从 k 到 m 后再到 j，是则 $y_m = 1$，即城市 m 应该被选为枢纽机场。

当城市数量较多时，该模型的决策变量和约束规模将呈现指数级增长，如表 C.1 所示。

表 C.1　p-枢纽中位问题优化模型的变量和约束规模

变量或约束	空间复杂度
x_{ijkm}	$O(|A|^4)$
y_k	$O(|A|)$
约束 (C.3)	$O(|A|^2)$
约束 (C.4)	$O(|A|^3)$
约束 (C.5)	$O(|A|^3)$

若不给定拟选出的枢纽个数 p，并考虑在枢纽城市的机场建设费用 c_k，则枢纽网络选址问题的目标函数可改为式 (C.8)。

$$\min \sum_{i \in A} \sum_{j \in A} \sum_{k \in A} \sum_{m \in A} w_{ij} c_{ijkm} x_{ijkm} + \sum_{k \in A} c_k y_k \tag{C.8}$$

由于转机、安检等实际因素，枢纽机场的客货流处理能力并非是无限的。若考虑枢纽机场的容量限制 CAP_k，则增加约束 (C.9)。

$$\sum_{i \in A} \sum_{j \in A} w_{ij} \left[\sum_{k \in A} (x_{ijmk} + x_{ijkm}) - x_{ijkk} \right] \leqslant \mathrm{CAP}_k \tag{C.9}$$

Ernst 和 Krishnamoorthy（1998）给出了另一种建模方式，一定程度减少了决策变量的规模，但引入了可能影响模型求解的 Big-M 约束。具体地，利用以下集合、参数和决策变量，该数学模型如式 (C.10)~(C.18) 所示。

（1）集合

A：城市集合，用 i，j，k 和 m 索引。

（2）参数

p：拟选出的枢纽个数。

w_{ij}：从城市 i 到城市 j 的流量。

c_{ij}：从城市 i 到城市 j 的单位流量的运输成本；注意，若 $i=j$，则 $c_{ij}=0$。此外，αc_{ij} 表示单位流量在枢纽机场间转运成本，βc_{ij} 表示单位流量从 i 汇集到枢纽 j 的成本，γc_{ij} 表示单位流量从枢纽 i 分运到 j 的成本。

（3）决策变量

u_{ik}：从城市 i 汇集到城市 k 的流量。

v_{km}^i：从城市 i 发出的流量，经过 $k \to m$ 的城市间转运。

x_{mj}^i：从城市 i 发出的流量，经过城市 m 转运，到达城市 j。

$y_k \in \{0,1\}$：如果城市 k 被选为枢纽，$y_k=1$；否则，$y_k=0$。

模型 2 Ernst 和 Krishnamoorthy（1998）的 p-枢纽中位问题优化模型：

$$\min \quad \sum_{i\in A}\left(\sum_{k\in A}\beta c_{ik}u_{ik} + \sum_{k\in A}\sum_{m\in A}\alpha c_{km}v_{km}^i + \sum_{m\in A}\sum_{j\in A}\gamma c_{mj}x_{mj}^i\right) \tag{C.10}$$

$$\text{s.t.} \quad \sum_{k\in A}y_k = p \tag{C.11}$$

$$\sum_{k\in A}u_{ik} = \sum_{j\in A}w_{ij}, \quad \forall i\in A \tag{C.12}$$

$$\sum_{m\in A}x_{mj}^i = w_{ij}, \quad \forall i,j\in A \tag{C.13}$$

$$u_{ik} + \sum_{m\in A}v_{mk}^i - \sum_{m\in A}v_{km}^i - \sum_{j\in A}x_{kj}^i = 0, \quad \forall i,k\in A \tag{C.14}$$

$$u_{ik} \leqslant \left(\sum_{j\in A}w_{ij}\right)y_k, \quad \forall i,k\in A \tag{C.15}$$

$$x_{mj}^i \leqslant w_{ij}y_m, \quad \forall i,j,m\in A \tag{C.16}$$

$$u_{ik},v_{km}^i,x_{mj}^i \geqslant 0, \quad \forall i,j,k,m\in A \tag{C.17}$$

$$y_k \in \{0,1\}, \quad \forall k\in A \tag{C.18}$$

　　该模型的优化目标为最小化航线网络的总体运输成本（式 (C.10)），包括从各城市汇集到枢纽点的成本、枢纽点之间的转运成本以及从枢纽点分运到目标城市的成本。约束 (C.11) 表示需要选出 p 个城市建设枢纽机场。约束 (C.12)～(C.14) 是网络流量平衡约束。约束 (C.12) 表示从城市 i 汇集到各枢纽点的总流量应该等于城市 i 对各个目标城市的运输总需求。约束 (C.13) 表示从城市 i 到城市 j 的需求经过各枢纽转运后到达城市 j 的总量应当等于原始需求量。约束 (C.14) 表示给定城市 i，从 i 发出的所有运输流在城市 k 转运时应当保持流量平衡。具体地，对于所有从 i 发出的客货流有：从 i 直接汇集到 k 的流量，加上经其他机场转运到 k 的流量，应当等于，从 k 转运到其他机场的流量，加上从 k 直接发到目的地的流量。约束 (C.15) 表示当且仅当 k 被选为枢纽时（$y_k = 1$），k 有汇集客货流的能力，即 u_{ik} 可取正值。约束 (C.16) 表示当且仅当 m 被选为枢纽时（$y_m = 1$），m 有分运客货流的能力，即 x_{mj}^i 可取正值。

　　值得注意的是，虽然 Ernst 和 Krishnamoorthy（1998）引入了可能影响模型求解的 Big-M 约束，即约束 (C.15) 和 (C.16)，但是他们的模型未对转运次数加以限制，也未要求从 i 到 j 只选择一种路由方式，因此可以将从 i 到 j 的客货流分多条路由、多次转运。

　　Campbell（1994）与 Ernst 和 Krishnamoorthy（1998）的模型的各项指标对比如表 C.2 所示。

表 C.2　两种枢纽选址模型比较

指标	Campbell（1994）	Ernst 和 Krishnamoorthy（1998）
变量规模	$O(\|A\|^4)$	$O(\|A\|^3)$
约束规模	$O(\|A\|^3)$	$O(\|A\|^3)$
复杂约束	—	Big-M 约束
路由限制	每个 OD 只能有一条路由；至多 2 次转运	每个 OD 允许分多条路由；无转运次数限制

C.3　航线网络规划

　　航线是航空公司重要的资源，航班计划（flight schedule）是航空公司的核心产品。航班计划规定了要执行的航班及其计划起降时刻，在很大程度上决定了航空公司在市场中的竞争地位，也是决定航空公司盈利能力的关键因素。飞机、机组、时刻都是航空公司的重要生产资源，昂贵且有限。票价和需求受到市场行情和其他竞争者的影响，难以准确描述。然而，并不存在一个可以将所有因素都考虑周到的模型。即便存在这样的模型，过大的约束规模和变量规模也会使得模型难以求解。相反地，如果忽略这些要素，将航班计划割裂出来单独处理同样是不合理的。因此，设计一个完美的航班计划来实现利润最大化是非常复杂的，几乎不可能实现。

实际生产中，航班计划总是由航空公司市场部门经验丰富的人员手工设计。影响航线决策的外部因素涉及国内外政治、经济、文化等各方面，具体包括政府对航空业的管制政策、全球国际贸易与金融环境、社会对航空服务的需求。与航空业密切相关的因素包括空域资源、机场地面资源、行业内竞争（航空公司之间）、行业间竞争（如中国的高铁和民航间的竞争）等。影响航线决策的内部因素包括航空公司的公司定位与战略目标、现有的航线网络资源、现有的飞机/机组资源、市场占有率等。

数学建模和优化算法一般是基于给定的候选航班集合构建最优的航班计划，或者基于已有的航班计划做出优化。例如，微调航班的起降时刻就是较为常见的航班计划优化策略。微调后的航班计划可能产生更多的旅客连接、更好的飞机/机组衔接等，从而提高收入、降低成本。从候选航班集中选出最合适的航班构建航班计划，或者基于已有的航班计划做出改进一般是通过机型分配模型（fleet assignment model, FAM）实现。机型分配问题（fleet assignment problem, FAP）旨在为每个要执行的航班确定执飞的机型（即飞机类型）。同一机型的飞机在机务维修、机组人员资格等方面经常有相似的要求和相似的座位数（具体座位数取决于飞机的内部布局）。一般地，机型分配问题就是利用有限的飞机资源尽可能地满足旅客需求，以获得最大的利润。由于飞机座位是易逝商品，具有很强的时效性，且成本较高，因此机型分配问题需要准确决策、向旅客提供"最正确"的座位数。

本节主要介绍两种基本的网络模型并介绍了相关的拓展模型。

C.3.1　连接网络模型

Abara（1989）构建了如图 C.5 的连接网络（connection network）。在连接网络中，每个机场对应两条时间线（timeline），即出发时间线和到达时间线。节点表示航班出发以及到达的时间点。连接网络中存在三种类型的弧（arc），即航班弧、连接弧和初始/终止弧。航班弧表示机场之间的不同航班。连接弧表示到达航班和离开航班之间满足衔接要求的可能的连接。初始弧表示一天开始的时候飞机从机场起飞，终止弧表示飞机结束一天的活动到达机场且剩余时间都留在该机场。

利用以下集合、参数和决策变量，基于连接网络的机型分配模型的数学表达如式 (C.19)~(C.24) 所示。

（1）集合

K：机型集合，用 k 索引；

L：航班集合，用 l，i 或 j 索引；

$L^+ = L \cup \{0\}$：给定一个航班连接 $i \to j$，i，$j \in L^+$，如果 $i = 0$，则 j 是一

条每日飞机路径的第一个航班；如果 $j = 0$，则 i 是一条每日飞机路径的最后一个航班；

S：机场集合，用 s 索引；

L_s^A：所有到达机场 s 的航班的集合；

L_s^D：所有从机场 s 出发的航班的集合。

（2）参数

M_k：机型 k 可用飞机数量；

c_k：机型 k 每架飞机使用成本；

p_{jk}：用机型 k 飞航班 j 的收入。

（3）决策变量

$x_{ijk} \in \{0,1\}$：如果机型 k 覆盖连接 $i \to j$，即在执行完航班 i 后接着执行航班 j，$x_{ijk} = 1$；否则，$x_{ijk}=0$ 注意，不生成变量 x_{iik} 或 $x_{iik} = 0$。

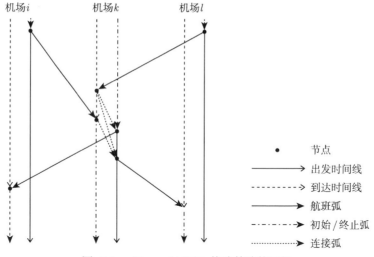

图 C.5　Abara（1989）构建的连接网络

模型 3　基于连接网络的机型分配模型：

$$\max \sum_{i \in L^+} \sum_{j \in L} \sum_{k \in K} p_{jk} x_{ijk} - \sum_{j \in L} \sum_{k \in K} c_k x_{0jk} \tag{C.19}$$

$$\text{s.t.} \sum_{i \in L^+} \sum_{k \in K} x_{ijk} \leqslant 1, \quad \forall j \in L \tag{C.20}$$

$$\sum_{i \in L^+} x_{ilk} - \sum_{j \in L^+} x_{ljk} = 0, \quad \forall l \in L, \ \forall k \in K \tag{C.21}$$

$$\sum_{l \in L_s^D} x_{0lk} - \sum_{l \in L_s^A} x_{l0k} = 0, \quad \forall s \in S, \forall k \in K \tag{C.22}$$

$$\sum_{l \in L} x_{0lk} \leqslant M_k, \quad \forall k \in K \tag{C.23}$$

$$x_{ijk} \in \{0, 1\}, \quad \forall i, \ j \in L^+, \ \forall k \in K \tag{C.24}$$

该模型中，(C.19) 中的目标函数由两部分组成。第一部分是执行航班的利润，第二部分是使用飞机的成本。其中，$\sum_{j \in L} \sum_{k \in K} x_{0jk}$ 统计了所使用的飞机的数量。覆盖约束（cover constraints）(C.20) 要求每个航班至多覆盖一次，即从航班候选集中选择要执行的航班。飞机连续性约束（continuity constraints）(C.21) 要求，开始或结束于同一航班的两个连接由同一个机型覆盖，从而维持网络流平衡。时间平衡约束（schedule balance constraints）(C.22) 确保一天开始时从一个机场起飞的飞机数量等于当天结束时回到该机场的飞机数量。约束 (C.21) 和约束 (C.22) 共同构成了流平衡约束（flow balance constraints），并保证计划是可每天重复执行的。飞机数量限制 (C.23) 确保使用的飞机数量不超过每个机型的可用飞机总数。

C.3.2   时空网络模型

时空网络最早是由 Hane 等（1995）提出的，如图 C.6。时空网络涉及三种类型的弧，即航班弧、地面弧和回旋弧。航班弧表示机场之间的航班；地面弧表示飞

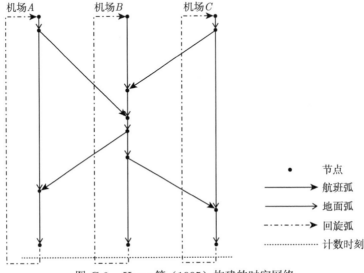

图 C.6   Hane 等（1995）构建的时空网络

机停留在地面上；回旋弧连接机场的最后一个事件和同一机场的第一个事件，回旋弧表示在该机场过夜的飞机。时空网络中的节点代表航段出发和到达时间。到达时间节点等于航段的实际到达时间加上飞机的最小过站时间（minimum turn time）。

补充下列集合、参数和决策变量，基于时空网络的机型分配模型可表示式 (C.25)∼(C.30)。

（1）集合：

K：机型集合，用 k 索引；

L：航班集合，用 l，i 或 j 索引；

N_k：机型 k 对应时空网络中的节点集合，用 n 索引；

L_{n+}：在节点对应时刻到达的航班集合；

L_{n-}：在节点对应时刻出发的航班集合；

L^P：所有经过飞机计数时刻的航班集合；

N_k^P：机型 k 对应时空网络中的节点，且指向该节点的地面弧经过了飞机计数时刻。

（2）参数：

M_k：机型 k 可用飞机数量；

p_{lk}：用机型 k 飞航班 l 的收入。

（3）决策变量：

$x_{lk} \in \{0,1\}$：如果机型 k 执行航班 l，$x_{lk}=1$；否则，$x_{lk}=0$；

y_{n+}：指向节点的地面弧上的飞机的数量，$\forall n \in N_k$，$\forall k \in K$；

y_{n-}：从节点指出的地面弧上的飞机的数量，$\forall n \in N_k$，$\forall k \in K$。

模型 4　基于时空网络的机型分配模型：

$$\max \quad \sum_{l \in L}\sum_{k \in K} p_{lk} x_{lk} \tag{C.25}$$

$$\text{s.t.} \quad \sum_{k \in K} x_{lk} \leqslant 1, \quad \forall l \in L \tag{C.26}$$

$$\sum_{l \in L_{n+}} x_{lk} + y_{n+} - \sum_{l \in L_{n-}} x_{lk} - y_{n-} = 0, \quad \forall n \in N_k, \ \forall k \in K \tag{C.27}$$

$$\sum_{l \in L^P} x_{lk} + \sum_{n \in N_k^P} y_{n+} \leqslant M_k, \quad \forall k \in K \tag{C.28}$$

$$x_{lk} \in \{0, 1\}, \quad \forall l \in L, \ \forall k \in K \tag{C.29}$$

$$y_{n+}, \ y_{n-} \geqslant 0, \quad \forall n \in N_k, \ \forall k \in K \tag{C.30}$$

该模型以总利润最大化为优化目标 (C.25)。约束 (C.26) 是航班覆盖约束，即每个航班至多被分配给一个机型。流平衡约束 (C.27) 保证了各节点的飞机流量平衡。约束 (C.28) 是飞机数量约束。在约束条件 (C.28) 的左边，$\sum\limits_{l \in L^P} x_{lk}$ 计算了空中的飞机数量，$\sum\limits_{n \in N_k^P} y_{n+}$ 统计了在计数时刻停留在地面的飞机数量，从而，使用的飞机总数不超过机型 k 的机队规模。

C.3.3　航线网络规划模型分析与比较

连接网络模型和时空网络模型在变量数量、约束数量和所包含的信息量三方面均有差异（见表 C.3）。给定航班集合，两种模型的节点数均与航班数呈线性关系。一般地，可行的航班衔接数量大于航班数量，且随着航班数的增加，连接网络模型中弧的数量比时空网络模型中弧的数量增长得更快。换而言之，随着航班数的增加，连接网络模型的变量规划的增长远大于时空网络模型。约束方面，连接网络模型和时空网络模型均包括了航班的覆盖约束、飞机的流平衡约束以及飞机数量约束。虽然具体约束数量有所不同，但是两者在同一数量级。

虽然时空网络相对连接网络而言变量规模更小，但是这是以牺牲航班衔接信息为前提的。时空网络模型中并没有描述航班衔接关系，从而不知道航班的衔接情况，也无法考虑航班衔接所对应的额外收益或成本。

表 C.3　连接网络模型与时空网络模型比较

指标	连接网络	时空网络
节点数量	$O(\|L\|)$	$O(\|L\|)$
弧数量	$O(\|L\|^2)$	$O(\|L\|)$
变量数量	$O(\|L\|^2\|K\|)$	$O(\|L\|\|K\|)$
约束数量	$O(\|L\|\|K\|)$	$O(\|L\|\|K\|)$
考虑成本	分配成本 + 衔接成本（一般为负）	分配成本
航班衔接信息	知道	不知道

不论是连接网络模型还是时空网络模型，在数量方面占主导的都是流平衡约束。这些流平衡约束被认为是"简单"约束，可以用商业求解器（如 CPLEX）较为轻松地求解。目前，上述两个模型均可以有效求解最大规模的实际问题。

C.3.4　模型拓展

（1）以周为单位的模型

一般地，航班表以日为单位重复执行是一个被广泛采用的假设。在实际中，每天的航班时刻表可能不尽相同，例如，有的航班隔天执行，有的航班只在一周的固定某几天执行。此外，同时刻、同起降机场的航班在一周中不同星期的需求和价格可能存在波动。因此，考虑以周为单位的模型是有必要的，尤其在中国，多数航空公司的航班表是以周为单位重复执行的。

Ioachim 等（1999）提出了时刻同步约束（synchronization constraints），要求使用相同航班号的航班在一周内的不同星期应该安排相同的起飞时刻。满足时刻同步约束的航班计划表可以帮助提高飞机计划的可靠性，在实际执行阶段的可维护性强，从而节省开支。他们提出了一种基于 Dantzig-Wolfe 分解的解决方案，其计算实验表明，106 个航班的测试算例可以在 80 秒内完成求解。除了时间同步外，机型一致性约束（fleet homogeneity constraints）是航空公司和乘客关心的另一个问题。机型一致性约束要求使用相同航班号的航班在一周内的不同星期应该安排相同的机型执飞。满足机型一致性约束的航班计划表使地面服务的安排变得更加容易，从而也会提高旅客的满意度。Bélanger 等（2006）将机型一致性约束纳入模型，并通过惩罚相应的机型差异来促进一致性的实现。他们的研究结果表明，牺牲小部分盈利即可实现较好的机型一致性。

（2）考虑旅客需求的模型

在前文所述模型中，利润 p_{jk} 是根据预测的单个航节（leg）的需求和票价估算的，但实际中存在不少旅客会乘坐联程航班，尤其是在轴辐式航线网络中。一个航节对应飞机的一次起飞降落（后文在不引起歧义的情况下也直接称航节为航班）。一个完整的旅客行程是由连接旅客出发地和目的地的一个或多个航节序列构成的。在实际中，由于航空公司未能运营相应的直达航班，或者考虑营销因素向旅客提供低价的联程航班，从而产生了旅客对于多航节行程的需求。联程航班的票价通常低于所包含的单个航班的票价总和。因此，多航节行程的成本和需求不能用基于航节的模型来建模。

为了刻画这种航班间的相关性，成为网络效应（network effect），Farkas（1996）在时空网络模型中考虑旅客需求时，不再是基于航节的需求，而是基于旅客行程的需求。

新增如下集合、参数和决策变量，基于旅客行程需求的时空网络模型可以用式 (C.31)、(C.26)~(C.30)、(C.32)~(C.34) 表示。

① **集合（续）**

I：旅客行程集合，用 i 索引；

I_l：包含了航班 l 的旅客行程集合。

② **参数（续）**

CAP_k：机型 k 所属飞机的座位数；

DMD_i：旅客行程 i 的需求；

p_i：旅客行程 i 对应票价；

c_{lk}：用机型执飞航班。

③ **决策变量（续）**

z_i：得到满足的旅客行程 i 的需求人数。

模型 5　基于旅客行程需求的时空网络模型：

$$\max \quad \sum_{i \in I} p_i z_i - \sum_{l \in L} \sum_{k \in K} c_{lk} x_{lk} \tag{C.31}$$

$$\text{s.t.} \quad \text{(C.8)} \sim \text{(C.12)}$$

$$\sum_{k \in K} \text{CAP}_k x_{lk} - \sum_{i \in I_l} z_i \geqslant 0, \quad \forall l \in L \tag{C.32}$$

$$z_i \leqslant \text{DMD}_i, \quad \forall i \in I \tag{C.33}$$

$$z_i \geqslant 0, \quad \forall i \in I \tag{C.34}$$

该模型以总利润最大化为目标 (C.31)。飞机容量约束 (C.32) 将基本时空网络模型和基于旅客行程的需求联系起来。给定航班，飞机容量约束要求包含该航节的所有旅客行程所接受的需求总和不得超过分配给该航节的机型的飞机座位数。需求约束 (C.33) 确保接受的需求不大于实际存在的需求。Farkas（1996）提出了两种求解该模型的方法，即列生成算法和将航线网络划分成子网络的启发式方法。

试考虑，如果一个航节的所有座位售罄，则包含该航节的旅客行程的需求就不能得到满足。这些 "溢出" 的旅客可能会选择其他相同起始机场和目的机场的行程，这种现象称为 "重捕获效应"（recapture effect）。重捕获效应同样不能用基于航节的模型来刻画。因此，Barnhart 等（2002）为解决这一问题，改进了 Farkas（1996）的模型，如式 (C.35)、式 (C.26)~(C.30) 所示。

① **参数（续）**

b_{ij}：捕获率，即从旅客行程 i 溢出、被导向旅客行程 j 且被旅客行程 j 成功捕获的需求比例。注意，$b_{ii} = 1$。

② **决策变量（续）**

z_{ij}：从旅客行程 i 溢出、被导向旅客行程 j 的需求人数。注意，$b_{ij} z_{ij}$ 表示从旅客行程 i 溢出、被导向旅客行程 j 且被旅客行程 j 成功捕获的需求人数；z_{ii} 表示旅客行程 i 没有溢出的需求人数。

模型 6　考虑重捕获效应的时空网络模型：

$$\min \quad \sum_{l \in L} \sum_{k \in K} c_{lk} x_{lk} + \sum_{i \in I} \sum_{j \in I} (p_i - b_{ij} p_j) z_{ij} \tag{C.35}$$

$$\text{s.t.} \quad \text{(C.26)} \sim \text{(C.30)}$$

$$\sum_{i \in I_l} \text{DMD}_i - \sum_{i \in I_l} \sum_{j \in I} z_{ij} + \sum_{i \in I_l} \sum_{j \in I} b_{ji} z_{ji} \leqslant \sum_{k \in K} \text{CAP}_k x_{lk}, \quad \forall l \in L \tag{C.36}$$

$$\sum_{j \in I} z_{ij} \leqslant \mathrm{DMD}_i, \quad \forall i \in I \tag{C.37}$$

$$z_{ij} \geqslant 0, \quad \forall i, \ j \in I \tag{C.38}$$

式 (C.35) 表示运营成本和损失收入之和。当 $i \neq j$，$\sum_{i \in I} \sum_{j \in I} (p_i - b_{ij} p_j) z_{ij}$ 可以写成 $\sum_{i \in I} \sum_{j \in I} p_i z_{ij} - \sum_{i \in I} \sum_{j \in I} p_j b_{ij} z_{ij}$。第一部分 $\sum_{i \in I} \sum_{j \in I} p_i z_{ij}$ 计算了最多可实现的售票收入，第二部分 $\sum_{i \in I} \sum_{j \in I} p_j b_{ij} z_{ij}$ 计算了实际收入。因此，$\sum_{i \in I} \sum_{j \in I} (p_i - b_{ij} p_j) z_{ij}$ 计算了损失的收入。约束 (C.36) 是飞机容量约束。给定航节 l，$\sum_{i \in I_l} \sum_{j \in I} z_{ij}$ 表示包含了该航节的所有旅客行程所溢出的需求，$\sum_{i \in I_l} \sum_{j \in I} b_{ji} z_{ji}$ 表示包含了该航节的所有旅客行程被捕获的总需求。需求约束 (C.37) 确保每个旅客行程对应的溢出和未溢出的需求总数等于或少于实际存在的需求。Barnhart 等（2002）开发了一种基于行列生成的启发式方法来求解该模型，其计算结果表明，这种建模方式和求解方案可帮助美国一家主流航空公司每年提高 1.532 亿美元的收入。

Barnhart 等（2002）所考虑的捕获率 b_{ij} 是固定的，但是在现实生活中，捕获率会受到可选择的候选行程的集合的影响，因此很难准确测量。例如，当可供选择的行程很少时，捕获率可能就比较高；当可供选择的行程较多时，捕获率可能就比较低。为了解决这个问题，Lohatepannt 和 Barnhart（2004）考虑了航班频率和起飞时间对溢出乘客选择候选行程的偏好的影响。他们利用和 Barnhart 等（2002）相似的启发性方法求解模型，实验结果显示，与规划者的计划相比，该模型实现了每日 561776 美元的收入增长。Barnhart 等（2009）更加细致地刻画收入函数来考虑网络效应和重捕获效应。他们将整个网络分解成小的子网络，其中每个子网络的收入都可以独立地准确计算，并且能够反映出原始的收入函数。该模型提供具有比 Barnhart 等（2002）的模型更紧的线性规划松弛，并且在利润和求解时间方面更为优越。

（3）考虑鲁棒性的模型

好的排班计划不仅仅要考虑理想情况下的利润最大化和/或成本最小化，也应当考虑计划的鲁棒性。当不可预测的事件（如恶劣天气、空中交通管制和资源短缺）发生时，航班可能无法按计划如期起飞或抵达。考虑鲁棒性是缓解突发事件带来的经济影响的重要手段。Rosenberger 等（2004）提出同一架飞机应尽可能在单一基地和其他非基地机场间往返，减少多个基地机场间的耦合性。这样得到的计划在实际执行阶段可以提供更多的航班取消机会。Smith 和 Johnson（2006）

提出以 "机场纯度"（station purity）来衡量计划的鲁棒性。给定机场，机场纯度表示为该机场服务的机型的数量。通过限制每个机场的机场纯度，可以为飞机以及机组人员提供更多的交换航班的机会，从而提高计划的鲁棒性。

C.4　空　域　规　划

C.4.1　各国空域分类方案及比较

空域分类的目的是满足公共运输航空、通用航空和军事航空三类主要空域用户对不同空域使用需求，确保空域得到安全、合理、充分、有效的利用。空域分类是复杂的系统性标准，包括对空域内运行的人员、设备、服务、管理的综合要求。国际民用航空组织 (International Civil Aviation Organization, ICAO) 提供的空域分类标准是一个较为原则的模板，各国根据空域分类的精神并结合本国的实际情况对之进行选择和扩充，丰富了空域分类的内涵。

（1）ICAO 标准

1990 年，ICAO 通过并实施了目前的空域分类计划，标准中把空域分为七类，分别为 A、B、C、D、E、F、G 类，由 A 到 G 空域的限制等级逐渐递减。具体如表 C.4。

（2）美国空域的分类

1993 年，美国联邦航空局（Federal Aviation Administration, FAA）将美国空域划分为 A、B、C、D、E、G 六类，没有 F 类。其中，A 类为绝对管制空域，B、C、D、E 类为管制空域，G 类为非管制空域。具体如下：

A 类为绝对管制区，横跨美国全境，从 18000 英尺[①] 平均海平面（mean sea level, MSL）至 60000 英尺，只有 IFR 飞行，ATC 机构负责所有飞行间的间隔。

B 类为终端管制区，一般建立在繁忙机场附近，从地面至 10000 英尺 MSL，每个终端区的建立应极大地满足当地地形特点和航线的要求。IFR、VFR 均可飞行，ATC 机构负责飞行间的间隔，每架飞机应有通信、导航、应答机等设备。

C 类为机场雷达服务区，一般建立在中型机场，从地面或从某一高度至地面以上 4000 英尺 MSL，该区域一般由两部分组成即内环（半径 5 海里）和外环（半径 10 海里，下限 1200 英尺），飞行员要保持和管制员的通信联络，飞机具有应答机、间隔的提供取决于飞行的种类。

D 类为机场交通区，一般建立在有管制塔台的机场，从地面至 2500 英尺 MSL 空域，标准半径为 4.3 海里。

E 类为过渡区，一般从 1200 英尺地面以上高度（above ground level, AGL）至管制空域的下限，除 A、B、C、D 以外部分，也可以是 1200 英尺 AGL 以下

---

① 1 英尺 ≈0.3048 米。

的空域,以确保飞机的进近过程为管制空域所包围。ATC 机场只负责 IFR 间的间隔。

G 类为非管制空域,一般指 1200 英尺 AGL 以下的空域,飞行安全由飞行员本人负责。

表 C.4 ICAO 空域分类

空域种类	飞行种类	间隔配备	提供服务	速度限制	无线电通信要求	ATC 许可
A	IFR	所有航空器	ATC 服务	不适用	持续双向	需要
B	IFR	所有航空器	ATC 服务	不适用	持续双向	需要
	VFR	所有航空器	ATC 服务	不适用	持续双向	需要
C	IFR	IFR 与 IFR IFR 与 VFR	ATC 服务	不适用	持续双向	需要
	VFR	VFR 与 IFR	1.IFR 与 IFR 间隔的 ATC 服务 2.VFR 与 VFR 间提供交通情报服务和根据要求提供避让交通建议	3050m 以下: 表速 250 节以下	持续双向	需要
D	IFR	IFR 与 IFR	ATC 服务,VFR 飞行的交通情报服务和根据要求提供避让交通建议	3050m 以下 表速 250 节	持续双向	需要
	VFR	不配备	IFR/VFR 和 VFR 之间的交通情报服务和根据要求提供避让交通建议	3050m 以下 表速 250 节	持续双向	需要
E	IFR	IFR 与 IFR	ATC 服务和尽可能提供关于 VFR 飞行的交通情报	3050m 以下 表速 250 节	持续双向	需要
	VFR	不配备	尽可能提供交通情报	3050m 以下 表速 250 节	不需要	不需要
F	IFR	尽可能保证 IFR 与 IFR 间的间隔	空中交通咨询服务和飞行情报服务	3050m 以下 250 节	持续双向	不需要
	VFR	不配备	飞行情报服务	3050m 以下 250 节	不需要	不需要
G	IFR	不配备	飞行情报服务	3050m 以下 250 节	持续双向	不需要
	VFR	不配备	飞行情报服务	3050m 以下 250 节	不需要	不需要

注:仪表飞行规则(Instrument flight rules, IFR),视觉飞行规则(visual flight rules, VFR),空中交通管制(air traffic control, ATC)。

(3)我国空域的分类

我国《民用航空空中交通管理规则》规定,我国空域分为飞行情报区、管制区、限制区、危险区、禁区、航路和航线。飞行情报区是指为提供飞行情报服务和告警服务而划定范围的空间。为了便于对在我国境内和经国际民航组织批准由我国管理的境外空域内飞行的航空器提供飞行情报服务,全国共划分沈阳、北京、上海、广州、昆明、武汉、兰州、乌鲁木齐、香港和台北 10 个飞行情报区。管制空域为一个划定的空间，在其中飞行的航空器要接受空中交通管制服务，分为 A、B、C、D 四类，具体如下：

A 类为高空管制空域。在我国境内 6600 米（含）以上的空间，划分为若干个高空管制空域，在此空域内飞行的航空器必须按照 IFR 飞行并接受空中交通管制服务。

B 类为中低空管制空域。在我国境内 6600 米（不含）以下最低高度层以上的空间，划分为若干个中低空管制空域。在此空域内飞行的航空器，可以按照 IFR 飞行，也可以在符合条件以及获得批准的前提下按照 VFR 飞行，并接受空中交通管制服务。

C 类为进近管制空域。通常是指在一个或几个机场附近的航路汇合处划设的便于进场和离场航空器飞行的管制空域。它是中低空管制空域与塔台管制空域之间的连接部分，其垂直范围通常在 6000 米（含）以下最低高度层以上；水平范围通常为半径 50 千米或走廊进出口以内的除机场塔台管制范围以外的空间。在此空域内飞行的航空器，可以按照 IFR 飞行，也可以在符合条件以及获得批准的前提下按照 VFR 飞行，并接受空中交通管制服务。

D 类为塔台管制空域，通常包括起落航线、第一等待高度层（含）及其以下地球表面以上的空间和机场机动区。在此空域内运行的航空器，可以按照 IFR 飞行；也可以在符合条件并获得批准的前提下按照 VFR 飞行，并接受空中交通管制服务。

危险区、限制区、禁区是根据需要，经批准划设的空域。飞行中的航空器应当使用机载和地面导航设备，准确掌握航空器位置，防止航空器误入危险区、限制区、禁区。

航路是由国家统一划定的具有一定宽度（通常为 10km）的空中通道，就好像地面上的马路一样。而航线则是飞机飞行的路线，从一个城市飞到另外一个城市，中间会经过哪些地方。

C.4.2 扇区设计

我国《民用航空空中交通管理规则》规定，为适应交通量的增长和提高空中交通服务效率，空中交通管制单位空域将其管制责任分为若干工作席位或扇区。简单而言，扇区为由一组管制员指挥的小的空域单元。扇区的合理设计，对提高空域资源的利用率、均衡管制员工作负荷和保障航空器在空域内安全高效地运行有着重要作用。

总体而言，扇区的划分是为了减轻单一管制席位的工作负担，保证空中交通安全有效运行。因此，扇区设计应考虑：① 本地区空域结构；② 空中交通管制航路网,包括航路数量、交叉点数量及位置,航空器平飞、上升、下降的百分比;③ 控制空中交通量;④ 航空器活动的地理分布;⑤ 管制员能力;⑥ 通信、导航、监视设备能力;⑦ 机场及跑道情况;⑧ 飞行剖面;⑨ 空域需求;⑩ 管制方法;⑪ 与其他单位的协调;⑫ 航空器转换扇区飞行的航路及高度。

值得注意的是,扇区并不是一成不变的。例如,当夜间交通流少的时候,空域将几个邻近的扇区合并成一个扇区,由一组管制员进行指挥,俗称合扇;当白天交通流大的时候,将这几个扇区分开,由多组管制员进行指挥,俗称开扇。

扇区容量指单位时间内扇区所能提供服务的最大航空器架次,分为主观容量和客观容量。其中,主观容量为在管制员工作负荷处于可接受水平下的容量,而客观容量为在空域结构、航班流比例等限制下的容量。容量的评估方法主要分为四种:基于计算机仿真模型的评估方法、基于管制员工作负荷的雷达模拟机评估方法、基于历史统计数据分析的评估方法、基于数学计算模型的评估方法。四种方法各有利弊,在实际中通常结合使用。

C.5 空中交通流量管理

空中交通服务、空域管理和空中交通流管理为空中交通管理的三大核心。其中,空中交通服务包括飞行情报服务、告警服务、空中交通管制服务等。空域管理旨在依据国家空域系统使用需求及空防空管发展要求,优化空域结构,改善空域环境。空中交通流管理旨在优化流量分布,减少航班延误,缓解空域拥挤,提高时空资源利用率。三者的任务目的、管理对象和实施时间等各有不同,具有互补性、交叉性和不可替代性,共同有效维护和促进空中交通安全,维护空中交通秩序,保障空中交通流畅。

近年来,随着航空运输行业的蓬勃发展,因流量控制造成的航班延误日益严重。同时,流量控制措施还引发了飞行延迟、燃油损耗、旅客拥堵等一系列问题。因此,空中交通流量管理已经成为民航焦点。空中交通系统中产生拥挤的瓶颈可能出现在机场、航路交叉点等处在没有可通过机场跑道扩建或空管设施更新获得容量长期改善的情况下,空中交通流量管理(air traffic flow management,ATFM)需要按照一定的规则动态地将空中交通需求与机场和空域容量相匹配,以此来减少或者避免拥堵。朱金福(2009)讨论了空中交通流量管理中的空中等待策略和地面等待策略,本节主要介绍两种模型:① 关注机场容量的单机场地面等待问题;② 关注扇区容量的空中交通流量管理问题。

C.5.1 考虑机场容量分配模型

机场是航空网络中的重要节点,机场的容量特别是降落容量往往是整个网络中的瓶颈。此外,当空中交通发生拥挤时,空中排序等待既增加了飞行成本,又增加了不安全因素，实践中通常会把空中等待转移到地面等待。因此，地面等待问题（ground holding problem，GHP）是空中交通流量管理中的重要问题之一。

如果在交通网络中，只有一个机场发生拥堵，那么可以求解一个单机场地面等待问题（single airport ground holding problem，SAGHP）来解决。该问题旨在决策各架飞机在地面的等待时间，以此解决机场拥堵问题。如果机场在未来一段时间的容量是确定的，SAGHP 可以转换成一个最小费用流问题（Terrab, 1990; Terrab and Odoni, 1993; Richetta and Odoni, 1993; Hoffman and Ball, 2000）。利用以下集合、参数和决策变量，SAGHP 的确定性模型的数学表达如式 (C.39)～(C.42) 所示。

（1）集合

F：预计在拥堵时段内降落在目的机场 Z 的航班集合，用 f 索引；

T：离散时间段集合，一般一个时间段为 15 分钟，用 t 索引。

（2）参数

a_f：航班 $f \in F$ 的预计到达时间；

C_f：航班 $f \in F$ 的权重；

M_t：时间段 t 内，目的机场 Z 的容量；

$g(\cdot)$：任意成本函数。

（3）决策变量

$x_{ft} \in \{0,1\}$：如果航班 f 分配到时间段 t，$x_{ft} = 1$；否则，$x_{ft} = 0$。注意当 $t < a_f$ 时，不生成相关。

模型 7 确定性 SAGHP 模型：

$$\min \sum_{f \in F} \sum_{t \in [a_f, |T|]} C_f g(t - a_f) x_{ft} \tag{C.39}$$

$$\text{s.t.} \sum_{t \in [a_f, |T|]} x_{ft} = 1, \quad \forall f \in F \tag{C.40}$$

$$\sum_{f \in F} x_{ft} \leqslant M_t, \quad \forall t \in T \tag{C.41}$$

$$x_{ft} \in \{0,1\}, \quad \forall f \in F, \forall t \in T \tag{C.42}$$

该模型中，(C.39) 中的目标函数旨在最小化延误成本。值得注意的是，无论成本函数 $g(\cdot)$ 是不是线性的，目标函数都是线性的。因此，该模型为线性规划模型。覆盖约束 (C.40) 确保了每一个航班都分配到唯一的时间段中。约束 (C.41) 确保每一个时段的飞机数量均不超过机场容量。由于上述模型约束中的系数矩阵都是单位模的，其线性松弛解保证了整性。

随着民航事业的发展，一些新的需求不断出现。与此同时，许多学术研究在基础模型的基础上进行了拓展。Hoffman 和 Ball（2000）在基础模型上增加了一系列库约束。其中，库指几个因生产需要被绑在一起的航班，通常在中心枢纽机场。举例来说，温州-北京、广州-北京、成都-北京这三个航班都为接下来的北京-法兰克福航班提供了中转旅客，那么这四个航班需要被绑在一起，确保前三个航班在第四个航班出发前到达。一般情况下，到达容量是机场运营的瓶颈，但在极端恶劣天气下，出发容量也会成为瓶颈。Gilbo（1993）提出了一个同时考虑出发和到达交通流的单机场地面等待问题。

在确定性模型中，机场未来一段时间的容量是确定的。在实际中，这是不可能的。一方面，机场容量的预测是带有一定的不确定性的；另一方面，机场容量随着实际情况在不断更新。Andreatta 和 Romanin-Jacur（1987）几乎最早提出用数学规划的方法求解不确定性 SAGHP。其研究只考虑了一个时段并假设下一时段机场容量无限大。其考虑的时段机场的容量不确定，但给定了概率分布。同时，他们提出了一个递归算法来解决此问题。Terrab 和 Odoni（1993）对此不确定性问题进行了拓展，考虑了多个时段的优化，并设计了几个启发式算法进行求解。Richetta 和 Odoni（1993）首次提出一个整数规划模型用于求解多时段静态随机 SAGHP。在其模型中，机场容量的不确定性，是由一系列的情境（scenarios）表示的。Richetta 和 Odoni（1994）首次提出一个多阶段随机整数规划模型用于求解 SAGHP。其模型不仅考虑了机场容量的不确定性，还可以随着机场容量的不断更新，改变地面策略。除了机场容量的不确定性，到达航班量也具有不确定性，这方面的研究还相对较少。

C.5.2　考虑扇区容量分配模型

在实际运营中，一架飞机往往执行多个航班，不可避免地，延迟在航空网络中有很强的传递效应。因此，从一个整体系统的角度来优化交通流十分重要。多机场地面等待问题（multi-airport ground holding problem, MAGHP）是其中一个非常重要的问题（Vranas et al., 1994a; Vranas et al., 1994b; Terrab and Paulose, 1992）。

然而，飞机从起飞机场到目的机场，除了两个进近区的容量限制，在航路交叉点等处也有容量的约束。这个容量和管制员的能力、地理位置和天气情况等有关。实际上，在空中的延误和在地面的延误都不利于稳定运营。因此确定一个最优的时间经过这些区域，能有效减少飞机总体延误成本。Bertsimas 和 Patterson（1998）提出了一个确定型 0-1 整数规划模型，用于求解确定型多个机场的空中交通流管理问题（air traffic flow management, AFTM）。具体来说，在每一架飞机的起讫机场、航路所经过的扇区是确定的情况下，决策每个航班最优的起飞时间和经过每个扇区的时间。其集合、参数、变量以及模型的数学表达如下所示。

（1）**集合**

F：航班集合，用 f 索引；

K：机场集合，用 k 索引；

J：航路扇区集合，用 j 索引；

T：离散时间段集合，一般一个时间段为 15 分钟，用 t 索引；

Ψ：连续航班对集合，$\Psi = \left\{ \left(f', f \right) \right\}$，其中 f 紧挨着 f'，且由同一架飞机执行；

P_f：航班 $f \in F$ 的航路所包含的起飞机场、扇区和降落机场的集合；

T_f^j：航班 f 允许到达扇区 j 的时间段集合，$\left[\underline{T}_f^j, \bar{T}_f^j \right]$。

（2）**参数**

N_f：航班 $f \in F$ 的航路上所包含的扇区个数；

$P(f, i)$：航班 $f \in F$ 的航路的第 i 个扇区，当 $i = 1$ 时，为起飞机场，当 $i = N_f$ 时，为降落机场；

$D_k(t)$：机场 $k \in K$ 在时间段 t 的起飞容量；

$A_k(t)$：机场 $k \in K$ 在时间段 t 的降落容量；

$S_j(t)$：扇区 j 在时间段 t 的容量；

d_f：航班 f 的计划起飞时间；

r_f：航班 f 的计划降落时间；

s_f：航空器完成 f 后所需要的周转时间（turnaround time）；

c_f^g：航班 f 在地面等待的单位成本；

c_f^a：航班 f 在空中等待的单位成本；

l_{fj}：航班 f 经过扇区 j 的最少时间段个数。

（3）**决策变量**

w_{ft}^j：如果航班 f 在时间段 t 前到达扇区 j，则 $w_{ft}^j = 1$，否则 $w_{ft}^j = 0$。

（4）**中间变量**

$u_{ft}^j = w_{ft}^j - w_{f,t-1}^j$：航班 f 在时间段 t 到达扇区 j，则 $u_{ft}^j = 1$，否则，$u_{ft}^j = 0$；

$g_f = \sum\limits_{t \in T_j^k, k = P(f,1)} t u_{ft}^k - d_f$：航班 f 在地面等待的时间，即实际起飞时间减去预计起飞时间；

$a_f = \sum\limits_{t \in T_j^k, k = P(f, N_f)} t u_{ft}^k - r_f - g_f$：表示航班 f 在空中等待的时间，为实际到达时间减去预计到达时间再减去地面等待时间。

模型 8　考虑扇区容量分配模型：

$$\min \quad \sum_{f \in F} \left(c_f^g g_f + c_f^a a_f \right) \tag{C.43}$$

$$\text{s.t.} \quad \sum_{f:P(f,1)=k} \left(w_{ft}^k - w_{f,t-1}^k \right) \leqslant D_k(t), \quad \forall k \in K, \forall t \in T \tag{C.44}$$

$$\sum_{f:P(f,N_f)=k} \left(w_{ft}^k - w_{f,t-1}^k \right) \leqslant A_k(t), \quad \forall k \in K, \forall t \in T \tag{C.45}$$

$$\sum_{f:P(f,i)=j,P(f,i+1)=j',i<N_f} \left(w_{ft}^j - w_{ft}^{j'} \right) \leqslant S_j(t), \quad \forall j \in J, \forall t \in T \tag{C.46}$$

$$w_{f,t+l_{fj}}^{j'} - w_{ft}^j \leqslant 0, \left\{ \begin{array}{l} \forall f \in F, \ \forall t \in T_f^j, j = P(f,j) \\ j^i = P(f,i+1), i < N_f \end{array} \right. \tag{C.47}$$

$$w_{ft}^k - w_{f',t-s_{f'}}^k \leqslant 0, \left\{ \begin{array}{l} \forall (f,f') \in \Psi, t \in T_j^k \\ k = P(f,1) = P(f',N_f) \end{array} \right. \tag{C.48}$$

$$w_{ft}^j - w_{f,t-1}^j \geqslant 0, \quad \forall f \in F, \forall j \in P_f, t \in T_f^j \tag{C.49}$$

$$w_{ft}^j \in \{0,1\}, \quad \forall f \in F, \ \forall j \in P_f, t \in T_f^j \tag{C.50}$$

该模型中，目标函数 (C.43) 旨在最小化所有航班在地面等待的成本和在空中等待的成本。约束 (C.44)~(C.46) 为容量约束，分别考虑了起飞容量限制、降落容量限制、扇区容量限制。约束 (C.47)~(C.49) 为连接性约束。其中，约束 (C.47) 确保了航空器依次经过对应航路上的一系列扇区。约束 (C.48) 确保了一架航空器执行的两个连续航班之间有充足的滑行时间。约束 (C.49) 确保了决策变量为非递减的。

关于空中交通流管理问题的研究在近些年有了进一步的扩展与创新。Sherali 等（2003）和 Sherali 等（2006）开发了空域规划和协同决策模型（airspace planning and collaborative decision-making model，APCDM），用于决策航班的延迟计划和航路。Bertsimas 等（2011）提出了一个新的整数规划模型，用于求解考虑了地面等待、路径重排、速度控制、空中等待等多种策略的 ATFM 问题。此外，作者提出了三类有效不等式加速求解。Liang 等（2014）提出一个整数规划模型，用于在时间和空间两个维度同时优化繁忙航路排程问题，其在考虑航班延误的同时，也考虑不同飞行高度层对飞机飞行油耗的影响。为增加模型的实际应用价值，其在调整航班时还考虑了不同航空公司所受到影响的公平性。此外，Liang 等（2014）提出了一个基于列生成的算法用于求解此问题。

复习思考题

1. 枢纽选址问题算例分析。

假设三个城市 S_1，S_2 和 S_3 之间的流量如表 C.5 所示，现要在这三个城市中选一个城市为枢纽城市，请建立相应数学模型并分析求解。

表 C.5　OD 流量表

O	D	预测流量	单位运输成本
S_1	S_2	220	320
S_1	S_3	485	475
S_2	S_1	435	380
S_2	S_3	560	280
S_3	S_1	620	550
S_3	S_2	310	350

2. 机型分配问题算例分析。

假设某航空公司有 F_1 型飞机 2 架，F_2 型飞机 2 架，机型运行参数、成本信息如表 C.6 所示。该航空公司一天执行 14 个航班，其航班号、航班时刻、预测旅客量以及平均票价等信息如表 C.7 所示。现要给每个航班指派机型，请基于连接网络和时空网络分别建立数学规划模型，并分析求解。

表 C.6　航空公司飞机信息表

机型	架次	座位数	过站时间/min	运行成本/(元/h)
F_1	2	100	25	20000
F_2	2	220	30	35000

表 C.7　航空公司航班信息表

航班号	出发机场	出发时间	到达机场	到达时间	预测旅客量	平均票价
A	S_1	7:45	S_2	8:55	80	320
B	S_1	7:45	S_3	9:40	90	450
C	S_3	7:55	S_2	9:55	180	400
D	S_1	9:15	S_3	11:25	150	600
E	S_2	10:15	S_1	11:25	100	450
F	S_3	10:55	S_2	13:10	60	550
G	S_1	12:25	S_3	14:40	210	550
H	S_3	15:10	S_1	17:05	300	635
I	S_2	15:35	S_1	17:00	320	600
J	S_2	17:55	S_3	19:10	160	500
K	S_3	18:30	S_1	20:45	180	730
L	S_1	20:05	S_2	21:20	120	460
M	S_3	21:05	S_1	23:15	70	300
N	S_2	22:15	S_3	23:25	260	700

3. 单机场地面等待问题算例分析。

假设上述算例中各航班的执行机型和航班权重如表 C.8 所示。由于天气原因，现机场 S_1 每 3 小时只能降落一架飞机。请以最小化总加权延迟时间为目标，建立对应数学模型，并分析求解。

表 C.8　各航班的执行机型和航班权重表

航班	执行机型	航班权重
A	F_2	1
B	F_1	1
C	F_2	3
D	F_1	5
E	F_2	5
F	F_1	4
G	F_2	2
H	F_2	5
I	F_2	5
J	F_1	5
K	F_1	3
L	F_2	3
M	F_1	3
N	F_2	4

4. 空中交通流管理问题算例分析。

现有两个航班，如图 C.7 所示，请分析其对应航路，根据模型 (C.1)~(C.8) 解释决策变量的含义并给出当前取值。

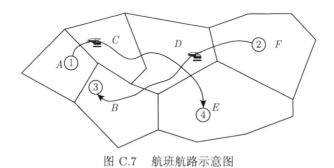

图 C.7　航班航路示意图

参 考 文 献

夏洪山. 2012. 现代航空运输管理 [M]. 北京: 科学出版社.

朱金福. 2009. 航空运输规划 [M]. 西安: 西北工业大学出版社.

Abara J. 1989. Applying integer linear programming to the fleet assignment problem[J]. Interfaces, 19(4): 20-28.

Andreatta G, Romanin-Jacur G. 1987. Aircraft flow management under congestion[J]. Transportation Science, 21(4): 249-253.

Barnhart C, Farahat A, Lohatepanont M. 2009. Airline fleet assignment with enhanced revenue modeling[J]. Operations Research, 57(1): 231-244.

Barnhart C, Kniker T S, Lohatepanont M. 2002. Itinerary-based airline fleet assignment[J]. Transportation Science, 36(2): 199-217.

Bélanger N, Desaulniers G, Soumis F, et al. 2006. Weekly airline fleet assignment with homogeneity[J]. Transportation Research Part B, 40: 306-318.

Bertsimas D, Lulli G, Odoni A. 2011. An integer optimization approach to large-scale air traffic flow management[J]. Operations Research, 59(1): 211-227.

Bertsimas D, Patterson S. 1998. The air traffic flow management problem with enroute capacities[J]. Operations Research, 1998, 46(3): 406-422.

Campbell J F. 1994. Integer programming formulations of discrete hub location problems[J]. European Journal of Operational Research, 72(2): 387-405.

Ernst A T, Krishnamoorthy M. 1998. An exact solution approach based on shortest-paths for p-hub median problems[J]. Informs Journal on Computing, 10(2): 149-162.

Farkas A. 1996. The Influence of Network Effects and Yield Management on Airline Fleet Assignment Decisions[D]. Cambridge: Massachusetts Institute of Technology.

Gilbo E P. 1993. Airport capacity: Representation, estimation, optimization[J]. IEEE Transactions on Control Systems Technology, 1(3): 144-154.

Hane C A, Barnhart C, Johnson E L, et al. 1995. The fleet assignment problem: Solving a large-scale integer program[J]. Mathematical Programming, 70(1-3): 211-232.

Hoffman R, Ball M O. 2000. A comparison of formulations for the single-airport ground-holding problem with banking constraints[J]. Operations Research, 48(4): 578-590.

Ioachim I, Desrosiers J, Soumis F, et al. 1999. Fleet assignment and routing with schedule synchronization constraints[J]. European Journal of Operational Research, 119(1): 75-90.

Liang Z, Chaovalitwongse W A, Elsayed E A. 2014. Sequence assignment model for the flight conflict resolution problem[J]. Transportation Science, 48(3): 334-350.

Lohatepanont M, Barnhart C. 2004. Airline schedule planning: Integrated models and algorithms for schedule design and fleet assignment[J]. Transportation Science, 38(1): 19-32.

Richetta O, Odoni A R. 1993. Solving optimally the static ground-holding policy problem in air traffic control[J]. Transportation Science, 27(3): 228-238.

Richetta O, Odoni A R. 1994. Dynamic solution to the ground-holding problem in air traffic control[J]. Transportation Research Part A, 28: 167-185.

Rosenberger J M, Johnson E L, Nemhauser G L. 2004. A robust fleet-assignment model with hub isolation and short cycles[J]. Transportation Science, 38(3): 357-368.

Sherali H D, Staats R W, Trani A A. 2003. An airspace planning and collaborative decision-making model: Part I—probabilistic conflicts, workload, and equity considerations[J]. Transportation Science, 37(4): 434-456.

Sherali H D, Staats R W, Trani A A. 2006. An airspace-planning and collaborative decision-making model: Part II—cost model, data considerations, and computations[J]. Transportation Science, 40(2): 147-164.

Smith B C, Johnson E L. 2006. Robust airline fleet assignment: Imposing station purity using station decomposition[J]. Transportation Science, 40(4): 497-516.

Terrab M. 1990. Ground holding strategies for air traffic control[D]. Cambridge: Massachusetts Institute of Technology.

Terrab M, Odoni A R. 1993. Strategic flow management for air traffic control[J]. Operations Research, 41(1): 138-152.

Terrab M, Paulose S. 1992. Dynamic strategic and tactical air traffic flow control[C]. IEEE International Conference on Systems, Man, and Cybernetics. IEEE, 243-248.

Vranas P B M, Bertsimas D J, Odoni A R. 1994a. Dynamic ground-holding policies for a network of airports[J]. Transportation Science, 28(4): 275-291.

Vranas P B M, Bertsimas D J, Odoni A R. 1994b. The multi-airport ground-holding problem in air traffic control[J]. Operations Research, 42(2): 249-261.

附录 D 未来城市交通流理论与方法面临的挑战

D.1 概　　述

　　城市交通随着城市的发展而产生，随社会的进步而演化。现代城市规模变得越来越大，结构越来越复杂，功能越来越强，但是问题也越来越多。众所周知，当前我国城市普遍存在着严重的交通拥堵，同时还引发了交通事故多发、空气污染加剧、能源消耗攀升等等。面对这样的世界性难题，传统粗放式的交通管理方式难以应对城市快速发展带来的挑战。此外，随着我国城市化进程的不断加快，未来以城市为中心的各种交通出行活动愈加集中，这对未来城市交通管理也必将会带来巨大挑战。

D.2 未来城市交通的特征

　　城市交通的本质要求不仅是车辆的移动，而是服务于人的需求和组织支持城市的高效可持续运行。现阶段城市交通系统已从满足基本出行向快捷出行和交通出行品质提升的层面上转换，由单一、固定、有效的交通供给模式，向多元、定制、弹性的供给模式转换。信息化、移动互联等新技术的普及应用，改变了人们的出行需求和行为，更加强调即时性、开放性和体验性，提高了人们对交通信息的渴求和交通方式的要求。

　　新一代信息技术的创新将为未来城市发展注入源源不断的动力。未来城市交通将呈现共享移动性、汽车电气化、自动驾驶、新型公共交通、可再生能源、新型基础设施等趋势，朝着智能化、高速化、绿色化、共享化方向发展。未来城市和交通系统将以万物互联和全息感知为基础，以城市的精明治理和人的出行为核心打造可持续移动性服务，交通模式将出现系统转变，包括更大的流动性、新的工作方法和工作时间、可持续的移动解决方案、车辆使用能力的提高等，未来城市充满无限可能。

D.2.1 万物互联、多元化、多维度的全息交通感知

　　未来城市交通系统将集成多源传感、机器视觉、计算机网络等技术，面向全对象、覆盖全时空、触及全粒度的大数据全息感知体系。系统体系更加庞大、组织更加复杂、需求更加多样、范围更加宽广，更加注重海量数据知识的精加工，以

实现复杂交通系统中各要素的行为和特征的动态辨识与重构。数字化与信息化作为城市发展和交通设施的重要基础，需要通过加强无线通信和传感系统，构建新一代交通设施信息感知环境，实现智慧交通系统的全面感知、高效计算、无延传输与智能控制，建立满足未来城市和交通系统的大数据全息感知体系。

D.2.2　智能化、电动化、绿色化的交通工具

随着科技的进步，未来智慧轨道交通、新能源汽车以及无人驾驶汽车等各种交通工具将不断发展壮大，持续为城市交通带来新的变化和挑战。在技术手段层面将呈现出人工驾驶车和自动驾驶车混行、多种能源类型车辆共存、人车路协同互联、多元交通数据融合等特征。以自动驾驶为特征的智能车辆将在特定场景交通中率先得到广泛应用。以轨道为牵引的城市多方式交通系统运行效率将得到极大提高，随着能量回馈装置、储能系统、清洁电力与电动机、氢燃料电池汽车等的普及应用，交通系统的碳排放大幅降低。

D.2.3　定制化、个性化、多样化的交通出行

未来的交通服务更加强调定制化的组织，向用户提供满足个性化需求、注重出行体验的全过程一体化服务。基于大数据和移动互联的一体化交通运输服务供给（MaaS 出行即服务）模式成为发展趋势。在运营组织层面，未来城市交通将呈现出网联共享化、链式一体化、多模式复杂化、即时响应化等特征。未来交通将以满足不同出行者的个性化需求为目标，订制符合实际需求的服务方案，提供差异化、多样化、可预约的全过程服务，对出行链进行一体化整合与优化，以高品质、高质量、高效率的服务方式满足市民出行需求。

D.2.4　多方式、无缝化、立体化的交通切换

城市交通出行工具将是空前多样，多方式的交通组合，给出行换乘带来了新的挑战。通过智能互联，慢行交通、道路交通、轨道交通等不同交通方式间的换乘能够实现无缝衔接，极大提高交通效率。未来交通主要提供门到门的服务以及按需求的一体化联运，私人交通、共享交通和公共交通的界限模糊化。未来交通系统更加强调超大规模、多方式、多层次、立体化交通网络协同运行，为建成多方式协同运行的交通组织与服务模式赋能。未来城市将从关注交通的通行能力向提升出行的可达性、公平性与可持续性转变，更注重多种出行方式融合与出行体验提升。

D.2.5　数字化、精准化、智能化的交通治理

未来城市交通更多强调治理，城市交通发展将突出精明治理、精明增长。随着大数据、人工智能和移动互联等新技术应用，出行主体在交通过程中的行为可

预测性、管控动态自适应性，将会催生城市交通精准高效治理的新格局。此外，新理论、新方法以及新技术的不断应用，使得未来城市交通组织将不断向系统最优靠近，但是在系统整体效能提高的同时，将会增加系统运行的风险和脆弱性。同时，大规模仿真推演和数字孪生技术将为城市交通治理的智慧化实现提供技术支撑，未来城市交通治理体系将更加关注交通需求的精准管控、交通管理的精明控制和交通服务的个性提供，以形成自学习、自组织、闭环反馈的城市智能交通决策支持原型系统。

因此，面向交通强国、综合立体交通等国家重大战略需求，针对未来城市交通发展可能出现的新特征，需要紧密结合未来城市交通系统管理研究前沿，加快城市交通管理基础理论与方法的变革与创新，从精细化出行行为刻画、精准化资源优化配置、智能化动态协同调控、韧性化应急响应提升、智慧化仿真决策推演等层面开展未来城市交通管理理论和方法的原创性研究。

D.3   现代城市交通流理论与方法面临的挑战

信息、传感、移动互联、大数据、人工智能和新能源汽车等技术快速发展并广泛应用于城市交通系统，带动了车联网、自动驾驶、共享出行、新型公共交通方式等不断涌现的新一代智能交通模式与技术，推动了城市交通运营智能化与出行服务多样化。新一代交通技术革命正逐渐从环境构成、组织结构、出行服务等各方面融入现有城市交通系统管理，并产生了深刻影响。当前，城市智慧交通正处于萌芽与快速成长期，已逐渐显现出未来城市交通发展的基本态势，然而在城市交通系统管理与应用方面仍然面临诸多挑战。

D.3.1   城镇化进程导致城市交通供需失衡愈发显著

我国城市化的进程仍处于快速发展阶段，人口持续向沿海、沿江、铁路沿线等交通便利地区集聚，特大、超大城市（群）加快形成，城市机动车保有量迅猛增加。由于城市中心道路资源供给有限，出行需求激增引起的交通系统供需失衡愈发显著。此外，城市交通需求具有波峰和波谷的非均匀周期性特征，这就意味着即使供需总体均衡，也势必会有部分区域和时段上严重的失衡存在。城市交通问题的产生与存在在一定时间和范围内难以避免。不仅如此，我国城市化进程中机动车快速激增的势头是国外各国和地区所没有的，面临的城市交通问题远比发达国家更多、更复杂！当前，我国城市交通体系正面临着从"基础设施建设"为主向"交通效能提升"为主的重大转型，迫切需要科学有效的管理手段和方法，减少交通供需矛盾，缩小供需缺口。现代城市轨道交通具有运量大、绿色高效、自动化程度高的特征，大力发展轨道交通牵引的城市交通系统是解决未来城市交通问题的重要手段之一。

D.3.2 新一轮科技革命所引发的交通新业态与新模式为城市交通管理带来全新挑战

全球新一轮科技革命加速演进，移动互联、5G 通信、大数据、人工智能和新能源汽车等新兴技术和理念迅速应用于城市交通领域，不断涌现出新的出行模式，城市居民的出行服务更加多样化，重塑了交通个体微观选择行为与交通需求宏观时空分布规律。传统粗放型城市交通管理在技术和科学两大层面都难以适应智慧交通的发展。城市交通管理系统智慧化迫在眉睫，需要着重解决全息感知下多源数据驱动的交通需求可靠预测、城市交通系统重构、大规模网络快速计算、交通管理与控制的区域协同等问题。新一轮科技革命和产业变革为城市交通管理智慧化提供了重要的实现途径，为了实现交通强国建设战略目标，必须抓住新一轮科技革命带来的机遇，推动新能源、新设施和新一代信息技术在交通领域的集成创新应用，加快安全、便捷、高效、绿色、经济的城市综合交通系统建设，加快城市综合交通网络结构调整，实现多方式融合协同发展；加强互联网、大数据、人工智能等新技术在城市交通领域的应用，推动车路协同、共享预约、MaaS 出行即服务等新型服务模式发展，提升城市综合交通的智能化管控水平；基于数字孪生技术构建城市交通智能决策支持原型系统，实现大规模交通运行状态在线智能研判和态势推演。

D.3.3 不断涌现的新特征使得大规模、网络化城市交通系统的建模与求解极其复杂

城市交通系统涉及的要素众多、功能多样、关系复杂、规模庞大，呈现复杂性、动态性、随机性等特点，而且我国城市交通参与者还包括大量的行人、自行车、电动自行车等慢行模式，未来的城市交通中人工驾驶车和网联自动驾驶车混合行驶，这些特征进一步增加了我国城市交通系统管理的复杂度。在高度人工智能计算环境下，ALPHA GO 面临的状态空间是 10 的 170 次方，ALPHA STAR 为 10 的 1000 次方，而典型城市的交通状态为 10 的亿次方规模，再加上连续空间问题，建模和求解的难度异常巨大。城市交通管理的智能决策，其复杂性、开放性、大规模、不完全信息、动态博弈等特点更为突出，更迫切需要开放、动态、适应性的智能决策方法。面向未来城市的智能交通管理系统需要突破精细化需求预测、全局化资源配置、智慧化出行诱导及协同化管控等核心技术瓶颈，亟需开发先进的数学模型与快速求解算法研究城市交通出行行为及其时空分布，设计精细化、智慧化管理与控制手段以提高系统运行效率。

D.3.4　复杂不确定场景下的城市交通系统的韧性运行与应急保障能力面临巨大挑战

　　党的十九届五中全会审议通过的《中共中央关于制定国民经济和社会发展第十四个五年规划和二○三五年远景目标的建议》提出建设"韧性城市"。近年来，极端天气事件、自然灾害等环境问题成为全球面临的最大风险，例如 2021 年郑州"7·20"特大暴雨致使地铁停运，全市交通瘫痪。历次重大突发事件的处置经验教训表明，高效的交通系统是有效开展应急救援、恢复社会秩序的基本保障。重大突发事件具有随机性强、破坏性大、实时性要求高等特点，一旦发生会导致区域性综合交通网络的损毁和破坏，进而给综合交通系统的运行效率带来极大影响。同时，短时暴增的受灾人员疏散需求以及救援物资的运输需求，使得城市综合交通系统成为稀缺性资源，需要应急指挥部门进行统一的资源配置和调度指挥。通过城市智慧交通系统的建设，增强交通系统运行稳健性、可靠性和韧性，保障城市交通系统平稳运行，是韧性城市建设的重要支撑。

　　交通是未来城市发展的重中之重，是人类社会发展面临的综合性、复杂性重大问题。发展未来城市交通管理理论与技术，既是从全新视角解决城市交通问题的基本需求，也符合未来城市交通发展的"高效、安全、绿色、舒适"等基本理念。由于城市交通系统涉及人、车、路、环境，同时受到交通管控措施的影响，是典型的复杂开放巨系统，具有复杂性、非线性、动态性、随机性等特征，基于新理念和新技术重构未来城市交通系统，需要深度融合多学科领域的理论与技术，并且产业范围涉及面广。未来城市交通管理需要面对各种前所未有的挑战，亟需深入研究未来城市交通出行行为机理，探索未来城市交通系统资源配置与运行优化及应急管控方法，并构建未来城市交通系统智慧推演系统。因此，研究并建立面向未来的城市交通系统管理理论与方法，不仅可在城市交通管理前沿领域做出重要的原创性研究成果，推动和引领多学科之间的交叉融合，而且可为我国未来城市交通管理科学理论与方法的创新发展和实践应用提供重要基础和支撑。

《交通与数据科学丛书》书目